Wissenschaftliche Monogaphien zum Alten und Neuen Testament

Begründet von
Günther Bornkamm und Gerhard von Rad

Herausgegeben von
Cilliers Breytenbach, Bernd Janowski,
Reinhard G. Kratz und Hermann Lichtenberger

104. Band
Christian Münch
Die Gleichnisse Jesu im Matthäusevangelium

Neukirchener Verlag

Christian Münch

Die Gleichnisse Jesu
im Matthäusevangelium

Eine Studie zu ihrer Form und Funktion

2004

Neukirchener

© 2004
Neukirchener Verlag
Verlagsgesellschaft des Erziehungsvereins mbH, Neukirchen-Vluyn
Alle Rechte vorbehalten
Umschlaggestaltung: Kurt Wolff, Düsseldorf
Satz und Druckvorlage: Christian Münch
Gesamtherstellung: Breklumer Druckerei Manfred Siegel KG
Printed in Germany
ISBN 3-7887-2035-2

Vorwort

Die vorliegende Untersuchung zu den „Gleichnissen Jesu im Matthäusevangelium" wurde im WS 2002/03 von der Katholisch-Theologischen Fakultät der Ruhr-Universität Bochum als Dissertation angenommen. Sie ist für die Veröffentlichung an einigen Stellen geringfügig überarbeitet worden.

An der Entstehung der Arbeit waren mehrere neutestamentliche Lehrstühle beteiligt. An erster Stelle danke ich von Herzen meinem akademischen Lehrer Prof. Dr. Thomas Söding, als dessen Mitarbeiter in Münster und Wuppertal ich seit vielen Jahren tätig sein darf und der die Dissertation von ihren Anfängen an mit Rat und Kritik begleitet hat. Die konzentrierten Diskussionen im Wuppertaler Oberseminar (auch mit den Doktorandenkollegen) waren mir sehr wertvoll. Prof. Söding hat das zweite Gutachten zur Arbeit erstellt.

In den ersten Semestern ihrer Entstehung hatte ich Gelegenheit, die Arbeit im Bonner Oberseminar von Prof. Dr. Helmut Merklein vorzustellen. Ihm sowie den Bonner Doktoranden und Habilitanden danke ich für die anregenden Gespräche. Nach dem Tod Prof. Merkleins hat Prof. Dr. Peter Dschulnigg in Bochum mich und mein Projekt „adoptiert". Für die freundliche Aufnahme, für die sorgfältige Begleitung, für das offene Ohr zum Gespräch und schließlich für die Erstellung des ersten Gutachtens danke ich ihm herzlich.

Mein Dank gilt sodann Prof. Dr. Hermann Lichtenberger und Prof. Dr. Cilliers Breytenbach für die Aufnahme der Arbeit in die Reihe WMANT sowie Herrn Dr. Volker Hampel vom Neukirchener Verlag für die freundliche und hilfsbereite Unterstützung bei der Erstellung der Druckvorlage.

In besonderer Weise hat auch meine Familie das Buch, das nun fertig ist, mitgetragen. Ohne Ingrid, Stephanie, Frederike, Inge und Rolf wäre es nicht geworden, wie es ist und was es ist.

Ostbevern, im Februar 2004   Christian Münch

Inhaltsverzeichnis

TEIL A.
PROBLEMATISIERUNG

I. Fragestellung

Die Gleichnisse waren und sind ein Paradestück der Jesusforschung. Berühmt ist Joachim Jeremias' Diktum von den Gleichnissen als Urgestein der Überlieferung, bei dem man auf besonders festem historischem Grund stehe.[1] Die Hochschätzung der Gleichnisse als Gleichnisse Jesu teilten und teilen viele Exegeten, auch wenn die Jeremias eigene theologische Rückbindung an den historischen Jesus auf Kritik stieß.[2] Forschungsgeschichtlich kann man von einem Primat der Rückfrage nach Jesus in der Gleichnisexegese sprechen, der in der theologischen Wertschätzung der Gleichnisse Jesu seinen Grund hat.

Als Folge dieser Entwicklung wurde auch das „Wesen" der Gleichnisse, wie Jülicher formulierte, wurden Form und Funktion dieser Texte in erster Linie auf der Grundlage rekonstruierter jesuanischer Gleichnisse und aus dem Zusammenhang des Wirkens Jesu heraus bestimmt. Auch Gleichnisse *als Teil der Evangelien* wurden vor allem vom Standpunkt des historischen Jesus aus betrachtet, mit Blick auf die *Veränderungen* der Gattungsmerkmale in der nachösterlichen Überlieferung. Besonders in der Frühzeit der Forschung (Literarkritik, Formgeschichte) war dabei das Interesse an der Rückgewinnung der Gleichnisse im Munde Jesu leitend.

Ziel dieser Arbeit ist es die Blickrichtung umzukehren, einen Gleichnisbegriff und ein Verständnis der Gattung an den Evangelien zu gewinnen. Die Fragestellung erfolgt ausdrücklich nicht unter Absehen von der Jesusforschung oder gar um den Zugriff auf Jesus zu ersetzen, zu diskreditieren o.ä. Es geht vielmehr um den Versuch, einerseits der auf die Rückfrage nach Jesus konzentrierten Gleichnisforschung von den Quellentexten her „entgegenzugehen", andererseits ihre Impulse für die nachjesuanische Gleichnisüberlieferung fruchtbar zu machen. Eine solche Fragestellung erscheint in mehrfacher Hinsicht sinnvoll und lohnend. Zum Teil im Vorgriff auf die nachfolgenden forschungs-

---

[1] Vgl. *J. Jeremias*, Gleichnisse 7.

[2] Vgl. zu Letzterem den nicht weniger bekannten Satz aus dem Vorwort zur sechsten Auflage seines Gleichnisbuches: „Niemand als der Menschensohn selbst und Sein Wort kann unserer Verkündigung Vollmacht geben." (*J. Jeremias*, Gleichnisse 5); außerdem *ders.*, Theologie 295. Zur Kritik an der Stellung des historischen Jesus in der Theologie von Jeremias z.B. *E. Käsemann*, Sackgassen 32-41; *P. Stuhlmacher*, Theologie I 23; *B. S. Childs*, Canon 537, zum Problem grundsätzlich v.a. *W. Thüsing*, Theologie I.

geschichtlichen Überlegungen kann auf Folgendes hingewiesen werden:

Erstens: Spätestens seit den Einsichten der Redaktionskritik bedarf es grundsätzlich keiner Rechtfertigung mehr, um nach den Anliegen der Evangelisten zu fragen.[3] Sowohl zu den Gleichnissen wie zu anderen Gattungen in den Evangelien liegen entsprechende Studien vor.[4]

Zweitens: Sie ist aus historisch-quellenkritischen Gründen notwendig. Der Zugriff auf Jesus ist nur vermittelt durch die Texte der späteren Überlieferung möglich. Dies erfordert eine Untersuchung der Quellen nach Alter, Entstehung, Gattung, Intention etc.[5] Das Gattungsverständnis der Evangelien ist für die Gleichnisforschung ein nicht unwesentlicher Aspekt der Quellenkritik.

Drittens: Die Wahrnehmung der Gleichnisse als Teil der Evangelien ist ein Beitrag zur Gattungsgeschichte der Gleichnisse und zur Literaturgeschichte des Neuen Testaments. Diese Geschichte spielt sich auch auf den verschiedenen Stufen der synoptischen Überlieferung ab. Darüber hinaus wurden die Gleichnisse Jesu immer wieder mit denen der rabbinischen Überlieferung verglichen.[6] Wie im Neuen Testament liegen dort in literarische Kontexte eingebundene Texte als Quellen vor. Nach deren (schriftlicher und mündlicher) Vorgeschichte kann gefragt werden. Für den Vergleich bieten sich möglicherweise verschiedene Überlieferungsstufen an. Im Falle der rabbinischen Gleichnisse ist die Diskussion um die Überlieferungsgeschichte jedoch noch nicht so weit fortgeschritten wie bei den Gleichnissen Jesu.[7] Deshalb ist der Vergleich auf der Ebene der literarischen Endtexte, den eine Untersuchung des Gleichnisverständnisses der Evangelien vorbereitet,

---

[3] Vgl. aber schon *A. Jülicher:* „Es bliebe nun noch die reizvolle Aufgabe übrig, die Stellung der einzelnen Evangelisten in dem stufenweis fortschreitenden Prozess der Parabelaufzeichnung, der ja zugleich ein Prozess der Parabelumschaffung ist, zu zeichnen." (Gleichnisreden I 194).

[4] Zu den Gleichnissen vgl. z.B. *M. D. Goulder,* Characteristics; *C. E. Carlston,* Parables; *J. Drury,* Parables; *J. R. Donahue,* Gospel, sowie weitere Studien zu einzelnen Evangelien. Weitere Textgruppen wären die Wundererzählungen oder die Passionsgeschichten.

[5] Vgl. *F. Lentzen-Deis,* Kriterien 94-97; *J. Becker,* Jesus 1-20, bes. 10-16; *Th. Söding,* Wege 277; vgl. auch *G. Theißen/A. Merz,* Jesus 98-120.

[6] Vgl. etwa die Beiträge von *P. Fiebig* (Gleichnisse; Gleichnisreden); *J. B. Bauer* (Gleichnisse); *D. Flusser* (Gleichnisse); *P. Dschulnigg* (Gleichnisse); *B. H. Young* (Jesus; Parables); *C. Hezser* (Lohnmetaphorik; speziell zu Mt 20,1-16); *D. Stern* (Parables 188-206); *C. A. Evans* (Jesus; stützt sich v.a. auf *H. K. McArthur – R. M. Johnston,* They also Taught in Parables. Rabbinic Parables from the First Centuries of the Christian Era, Grand Rapids 1990). Darüber hinaus liegt eine Reihe von Beiträgen vor, die sich „nur" den rabb. Gleichnissen widmen, ohne einen Vergleich anzustreben.

[7] Vgl. dazu *C. Hezser,* Lohnmetaphorik 189-192.

derzeit am leichtesten möglich.[8] Ähnliche Überlegung gelten für andere Textgruppen wie alttestamentliche Vergleiche und Gleichnisse[9], griechische und lateinische Gleichnisse und Fabeln aus der paganen Literatur[10] oder die Gleichnisüberlieferung in den Apokryphen[11]. Dabei geht es nicht nur um die Gleichnisse an sich. Auch die Frage nach einer Wechselwirkung der Gleichnisse mit der Rahmengattung 'Evangelium' (oder anderen Großgattungen) wäre zu bedenken.

Viertens: In der Forschung werden zum Teil sehr anspruchsvolle theologische und hermeneutische Konzepte mit den Gleichnissen Jesu als Rede von der Gottesherrschaft verbunden. Sehr deutlich tritt an diesen pointierten Positionen eine Frage hervor, die auch unabhängig von dieser spezifischen Sicht der Gleichnisse zu stellen ist: Was verändert sich durch den Osterglauben für die Gleichnisse, die im Neuen Testament immer Worte *Jesu* sind? Wie spiegelt sich dieser Umbruch in der Gleichnisform? Was bedeutet Ostern für die Thematik der Gleichnisse?[12]

Die Frage nach dem Gleichnisverständnis der Evangelisten trifft prinzipiell alle Evangelien, faktisch v.a. die Synoptiker. Für die historischen und gattungsgeschichtlichen, jedoch auch für die theologischen Aspekte der Fragestellung wäre überdies die außerkanonische Überlieferung der Gleichnisse Jesu einzubeziehen. Die vorliegende Arbeit beschränkt sich aus Gründen der Durchführbarkeit des Projektes auf eine Textauswahl, nämlich die Gleichnisse des Matthäusevangeliums. Diese Entscheidung ist kurz zu erläutern.

Die Wahl fällt auf *ein* Evangelium (nicht auf ein Auswahl aus verschiedenen), weil mit Unterschieden im Verständnis der Gleichnisse zwischen den Evangelien zu rechnen ist und die jeweilige Eigenart eines Evangeliums möglichst gut wahrgenommen werden soll. Ein Vergleich der Evangelien oder ein Gesamtblick auf das Neue Testament müssen bei dieser Entscheidung zurücktreten.

---

[8] Prinzipiell skeptisch gegenüber den Möglichkeiten, ältere Traditionsstufen zu rekonstruieren, ist *P. Dschulnigg* (Gleichnisse 531; zu den Gleichnissen Jesu). Er geht aber davon aus, dass sowohl in der Jesusüberlieferung wie bei den rabbinischen Gleichnissen im Zuge der Überlieferung das Wesentliche bewahrt blieb (vgl. Gleichnisse 531 bzw. 26-28).

[9] Zum Vergleich von AT und NT: *C. Westermann,* Vergleiche; auch *J. Drury,* Parables, bes. 7-20; *C. A. Evans,* Parables, bes. 54-61.

[10] Das Material ist im Hinblick auf das NT wenig erschlossen, vgl. *K. G. Eckart,* Plutarch; *K. Berger,* Gattungen 1110-1124; *D. Dormeyer,* Literaturgeschichte 141-146; zu für uns relevanten Fragen der Literarisierung Ansätze bei *F. Vouga,* Überlegungen; *ders.,* Parabeln.

[11] Vgl. z.B. *K. Berger,* Materialien; *ders.,* Frage; *A. Lindemann,* Gleichnisinterpretation; *C. W. Hedrick,* Kingdom Sayings; *H. Koester,* Gospels 96-107; 196-200.

[12] Exemplarisch sei auf die Überlegungen bei *H. Weder* (Gleichnisse 275-283) und *W. Harnisch* (Gleichniserzählungen 305-314) verwiesen. Ausführlicher zum Problemfeld unten.

Die Wahl fällt auf das Matthäusevangelium zunächst wegen der relativen Breite des Materials. (Ähnliches gilt für Lukas.) Darüber hinaus erscheint das Gleichnisverständnis dieses Evangeliums schon auf den ersten Blick hin reizvoll. Dem Evangelisten wird von *Adolf Jülicher* eine starke Neigung zur Allegorese und „ein guter Schritt vorwärts ... auf dem Wege zum Verfall der Parabeln" bescheinigt.[13] Der Vergleich von Mk 4 mit Mt 13 oder Mk 12,1-10 mit Mt 21,28 - 22,14 lässt intensive redaktionelle Tätigkeit vermuten. Schließlich bezeugt Matthäus die meisten Basileia-Gleichnisse.

Die Gattungskritik unterscheidet verschiedene Formen gleichnishafter Rede, der einflussreichen, an Jülicher angelehnten Systematik *Rudolf Bultmanns* folgend: Bildworte, Metaphern, Vergleiche, Gleichnisse im engeren Sinne, Parabeln und Beispielerzählungen.[14] Den Schwerpunkt der Forschung bilden die letzten drei. Aus dem Interesse am Gespräch mit der Gleichnisforschung heraus wird diese Entscheidung übernommen. Vor dem Hintergrund der Fragestellung dieser Arbeit, das Gleichnisverständnis des Matthäusevangeliums zu erheben, kann dies freilich nicht unkritisch geschehen. Den Kernbereich der zu untersuchenden Texte bilden (in der Reihenfolge des Vorkommens im Matthäusevangelium)[15]:
- Das Gleichnis vom Hausbau (Mt 7,24-27)
- Das Gleichnis von den spielenden Kindern (Mt 11,16-19)
- Das Gleichnis vom Sämann (Mt 13,3-9.18-23)
- Das Gleichnis vom Unkraut unter dem Weizen (Mt 13,24-30.37-43)
- Das Gleichnis vom Senfkorn (Mt 13,31f)
- Das Gleichnis vom Sauerteig (Mt 13,33)
- Das Gleichnis vom Schatz im Acker (Mt 13,44)
- Das Gleichnis von der Perle (Mt 13,45f)
- Das Gleichnis vom Fischnetz (Mt 13,47-50)
- Das Gleichnis vom verlorenen Schaf (Mt 18,12-14)
- Das Gleichnis vom Schalksknecht (Mt 18,23-35)
- Das Gleichnis von den Arbeitern im Weinberg (Mt 20,1-16)
- Das Gleichnis von den zwei Söhnen (Mt 21,28-30)
- Das Gleichnis von den Weinbergspächtern (Mt 21,33-41)
- Das Gleichnis vom Hochzeitsmahl (Mt 22,1-14)
- Das Gleichnis vom Feigenbaum (Mt 24,32f)
- Das Gleichnis vom Dieb (Mt 24,43f)
- Das Gleichnis vom (un)treuen Knecht (Mt 24,45-51)

---

[13] Beides Gleichnisreden I 196.
[14] Vgl. *R. Bultmann*, Geschichte 181-193; auch *G. Strecker*, Literaturgeschichte 182-184, der die Allegorie hinzu nimmt (dazu *R. Bultmann*, a.a.O. 213ff). Für eine leicht andere, erweiterte Systematik vgl. *K. Berger*, Formgeschichte 25-62 und (Berger nochmals variierend) *K. Erlemann*, Gleichnisauslegung 63-98.
[15] Zur folgenden Liste vergleiche *D. Dormeyer*, Literaturgeschichte 149f, der seine Zusammenstellung in Auseinandersetzung mit *R Bultmann* und *O. Knoch* gewinnt.

- Das Gleichnis von den Jungfrauen (Mt 25,1-13)
- Das Gleichnis vom anvertrauten Geld (Mt 25,14-30)

Ausgewählt werden in erster Linie längere Gleichnisse. Die Auswahl impliziert in der Folge einen Gleichnisbegriff, zu dem der Aspekt einer relativen 'Ausführlichkeit' hinzugehört.[16] Häufiger wird statt der „Ausführlichkeit" o.ä. der erzählende Charakter der Gleichnisse zum Kriterium erhoben, wobei zwischen beidem eine deutliche Affinität besteht.[17] Die Berechtigung der Auswahl, die Einheitlichkeit der Gruppe und ihre Abgrenzbarkeit von anderen Texten muss sich im Laufe der Arbeit erweisen. Auf einige Grenz- und Streitfälle sei hier schon hingewiesen. 24,32f gilt häufig als Gleichnis[18], wird zum Teil aber auch wegen des fehlenden erzählenden Charakters herausgenommen.[19] Mt 5,13.14-16.25f und weitere Texte ließen sich diesem an die Seite stellen.[20] Für andere, ohne Zweifel längere, erzählende Perikopen ist die „Gleichnishaftigkeit" strittig (v.a. Mt 12,43-45 und 25,31-46). Diese und andere Grenzfälle werden immer dann herangezogen, wenn anhand der „Kerntexte" gewonnene Merkmale wie Vergleichsformeln, geprägte Metaphern oder Anwendungen auch bei ihnen zu beobachten sind.

---

[16] Das Unterscheidungskriterium 'Ausführlichkeit' bei *R. Bultmann*, Geschichte 184; vgl. auch *G. Strecker*, Literaturgeschichte 183; *K. Erlemann*, Gleichnisauslegung 75 („Die größeren Texteinheiten").

[17] Vgl. *H. Weder*, Gleichnisse 60; *W. Harnisch*, Gleichniserzählungen 108; *B. B. Scott*, Hear 35 u.ö.; *W. Carter/J. P. Heil*, Parables 19; *K. Erlemann*, Gleichnisauslegung 75f; u.a.

[18] Neben *A. Jülicher*, Gleichnisreden II 3-11; *R. Bultmann*, Geschichte 187, und *D. Dormeyer*, Literaturgeschichte 149, sind aus der Literatur zu den matthäischen Gleichnissen zu nennen z.B. *C. E. Carlston*, Parables 45f; *J. Lambrecht*, Treasure 21; *I. H. Jones*, Parables 425-428.

[19] Vgl. *W. Carter/J. P. Heil*, Parables 19. Es fehlt auch bei *J. Drury*, Parables 72, und wird in den Gleichnisbüchern z.B. von *H. Weder* und *B. B. Scott* nicht besprochen.

[20] Bei *A. Jülicher* sind sie alle „Gleichnisse" (vgl. Gleichnisreden II, S. VII; auch *J. Drury*, Parables 70). *R. Bultmann* (Geschichte 185) und *J. Lambrecht* (Treasure 20) nehmen 5,25f zu den Gleichnissen; *I. H. Jones* bespricht ausführlicher 5,13-16 (Parables 359-364).

II. Forschungsgeschichtliche Schlaglichter zur Gleichnisüberlieferung und zu den Gleichnissen im (Matthäus-)Evangelium

Mit einem Kapitel über die *Echtheit* der Gleichnisse Jesu beginnt Adolf Jülichers berühmtes und wirkmächtiges Gleichnisbuch. Betont sind es die Gleichnisse *Jesu,* denen sich Jülicher zuwendet, „denn ihren ungeheuren Wert haben diese Parabeln doch nur, insofern sie Zeugnisse aus Jesu Munde sind".[21] Nach den Gleichnissen Jesu zu fragen aber heißt für den liberalen Theologen Jülicher[22] mit den Mitteln der historischen Kritik zu fragen.[23] Er erkennt in quellenkritischer Sicht eine „frei weiterbildende Thätigkeit der Evangelisten und schon ihrer Vorgänger, die unter den gleichen Bedingungen in Wort und Schrift arbeiten"[24], rechnet jedoch mit einer relativen Echtheit der überlieferten Gleichnisse: „fast ohne Ausnahme haben sie einen echten, auf Jesus selber zurückgehenden Kern".[25] Wie die im ersten Kapitel der „Gleichnisreden" geführte Diskussion zeigt, bezieht Jülicher damit eine seinerzeit durchaus gemäßigte Position.[26]

Mit diesen Überlegungen hat Jülicher eine für sein Werk wie für die Folgezeit enorm folgenreiche Differenzierung in der Gleichnisexegese etabliert: zwischen einem Jesus zuzuordnenden historischen Kern und der späteren Bearbeitung des Stoffes.[27] Sehr schnell drängt sich die Frage nach dem Verhältnis zwischen Ursprung und späterer Bearbeitung, zwischen Jesus und den Tradenten auf. Jülicher bestimmt dieses Verhältnis als ein Missverstehen:

„Soviel ich sehe, können wir nicht umhin, den Sinn und Verstand der Evangelisten vom Wesen der Parabeln Jesu für Missverstand zu erklären. Der Unterschied lässt sich mit einem Worte so formulieren: Nach der Theorie der Evangelisten sind die

---

[21] Gleichnisreden I 10.
[22] Vgl. zu Person und Werk Jülichers *H.-J. Klauck,* Adolf Jülicher.
[23] Vgl. Gleichnisreden I 1f.
[24] Gleichnisreden I 9; vgl. zur Begründung ebd. I 2-11.
[25] Gleichnisreden I 11.
[26] Vgl. auch *H.-J. Klauck,* Adolf Jülicher 121f; zu Jülichers forschungsgeschichtlicher Verortung ebd. 111-113.
[27] Diese Differenzierung war ebenso wie andere Elemente von Jülichers Entwurf in der Exegese prinzipiell schon wesentlich länger vertraut, vgl. die Entstehung der Literarkritik und die Leben-Jesu-Forschung. Die Wirkmächtigkeit von Jülichers Buch liegt in der durchdachten Kombination der Ansätze mit Blick auf die Gleichnisse begründet, vgl. *H.-J. Klauck,* Adolf Jülicher 113f.

παραβολαί Allegorien, also uneigentliche, gewissermassen der Uebersetzung bedürftige Rede, in Wirklichkeit sind sie – resp. waren sie, ehe die Hand eifriger Ueberarbeiter an sie kam – recht Verschiedenes zwar, Gleichnisse, Fabeln, Beispielerzählungen, aber immer eigentliche Rede."[28]

Er beschränkte diesen Vorwurf nicht auf die Anfänge der Überlieferung, sondern richtete ihn gegen nahezu die gesamte Gleichnisauslegung in der Geschichte der Kirche.[29] Die nachfolgende Forschung hat sich in erster Linie mit Jülichers Theorie der Gleichnisse Jesu, mit ihrer Definition als Gleichnisse, Fabeln/Parabeln und Beispielerzählungen, mit der Unterscheidung von Bild und Sachhälfte und dem *tertium comparationis* etc., auseinandergesetzt.[30] Weniger im Zentrum der Aufmerksamkeit stand Jülichers Beurteilung der Evangelisten und ihres Gleichnisverständnisses.

1. Der Ausgangspunkt: Adolf Jülichers These vom Missverständnis der Gleichnisse als Allegorien

Zur Begründung seines Urteils nimmt Jülicher im gleichnistheoretischen Part seines Werkes (Band I, II. Kapitel) seinen Ausgang bei der Frage, was unter dem Begriff und der Sache παραβολή zu verstehen ist. In einem ersten, semantisch orientierten Gedankengang konstatiert Jülicher für das hellenistische Judentum eine Bedeutungsverschiebung für den Begriff, der dort eine vergleichende, bildliche Redefigur bezeichne, die - gänzlich gegen die Sprachtradition des Alten Testaments[31] - den Charakter des Rätselhaften, Dunklen, Deutungsbedürftigen trage.[32] Die Evangelisten haben nun nach Jülichers Urteil die παραβολαί Jesu im Sinne der hellenistisch-jüdischen Tradition als deutungsbedürftige Rätselrede verstanden. „Drei Momente konstituieren demgemäss ihre παραβολή, ein vollständiger Gedanke muss es sein, eine Rede von vergleichendem Charakter, und endlich eine, die

---

[28] Gleichnisreden I 49.
[29] Vgl. sein umfangreiches Kapitel zur Auslegungsgeschichte Gleichnisreden I 203-322.
[30] Vgl. zur Auseinandersetzung mit Jülicher und zur Forschungsgeschichte z.B. E. *Jüngel*, Problematik 282-299; H. *Weder*, Gleichnisse 11-57; H.-J. *Klauck*, Allegorie 4-31; W. *Harnisch*, Metapher; W. S. *Kissinger*, Parables 1-230; C. E. *Carlston*, Parable and Allegory; E. *Arens*, Handlungen 111-169 (und 21-47); P. *Dschulnigg*, Positionen; C. L. *Blomberg*, Gleichnisse 15-144; *ders.*, Parables; *Chr. Kähler*, Gleichnisse; K. *Erlemann*, Gleichnisauslegung 11-52; K. *Snodgrass*, Allegorizing; außerdem die Sammelbesprechungen in der Theologischen Rundschau von W. G. *Kümmel* und W. *Harnisch* (ThR 43 [1978] 120-142; 47 [1982] 353-366; 56 [1991] 27-53 bzw. 59 [1994] 346-387); speziell zu Jülicher auch U. *Mell (Hg.)*, Gleichnisreden.
[31] Vgl. Gleichnisreden I 34-39.
[32] Vgl. Gleichnisreden I 39f.

tieferen Sinn verhüllt."[33] Gerade der Aspekt der Heimlichkeit und Deutungsbedürftigkeit markiert den entscheidenden Unterschied zum Verständnis des Maschal im Alten Testament. Das gewandelte Verständnis zeigt sich nach Jülicher in Rahmenelementen der Gleichnisse. Dort wird immer wieder auf deren Deutungsbedürftigkeit hingewiesen, z.B. durch die Klage Jesu über das Unverständnis der Jünger (Mk 4,13), durch Weckrufe (Mk 4,9.23.24 parr), durch die Parabeltheorie (Mk 4,11f parr), durch die Unterscheidung zwischen dem Wortlaut der Parabel und ihrer Bedeutung (Lk 8,9+11) oder den Hinweis auf das Lautwerden des Verborgenen, das in den Gleichnissen erfolgt (Mt 13,35).[34] Es sei auch an Vokabeln wie ἐπιλύειν, εὑρίσκειν, φράζειν oder διασαφεῖν zu erkennen, die auch in der Rätselergründung oder Traumdeutung verwendet würden.[35]

Der Rätselcharakter der synoptischen Gleichnisse kommt dadurch zustande, dass „sämtliche Hauptbegriffe in ihnen statt in ihrer gewöhnlichen Bedeutung in ganz anderm Sinne verstanden werden wollen, weil der Hörer, um zur σύνεσις zu gelangen, an Stelle der ἀκουόμενα andre, zwar irgendwie ähnliche aber doch einem andern Gebiete zugehörige Begriffe (νοούμενα) einsetzen muss".[36] Dass die Gleichnisse von den Evangelisten so verstanden wurden, ist in erster Linie an den Auslegungen des Sämann- und des Unkrautgleichnisses abzulesen (Mk 4,14-20 parr; Mt 13,37ff), die nach Jülichers Auffassung im Kontext der Evangelien Mustercharakter haben.[37] Die Ersetzung einer eigentlich gemeinten Sache durch einen ähnlichen Begriff ist nach Jülicher das Merkmal (metaphorischer und) allegorischer Rede.[38] Sie erfordert zur Entschlüsselung das skizzierte Ersetzungsverfahren. Auch wenn der Begriff selbst nicht falle, faktisch würden die Gleichnisse von den Evangelisten als Allegorien behandelt.[39]

Obwohl das Gleichnisverständnis der Evangelisten „ein vernünftiges, an und für sich wohl denkbares" sei[40], bestreitet Jülicher seine Richtigkeit und erhebt den Vorwurf, sie hätten die Gattung missverstanden.[41] Er führt mehrere Gründe an. In der idealen Allegorie passe jeder Punkt der Erzählung zur Deutung[42], die Gleichnisse aber seien eine

---

[33] Gleichnisreden I 42 (im Original z.T. hervorgehoben).
[34] Vgl. Gleichnisreden I 45f.
[35] Die Vokabeln begegnen: ἐπιλύειν in Mk 4,34; εὑρίσκειν in Mt 13,44 (der Vers wird über das mit 13,35 gemeinsame Stichwort κεκρυμμένον auf die Gleichnisse bezogen); φράζειν in Mt 15,15 sowie dasselbe oder διασαφεῖν in Mt 13,36 (textkritisches Problem); vgl. Gleichnisreden I 47.
[36] Gleichnisreden I 47.
[37] Vgl. Gleichnisreden I 47.60. Das Stichwort „Musterdeutung" ebd. I 107.109.
[38] Vgl. Gleichnisreden I 49-61; eine Definition der Allegorie ebd. 80.
[39] Vgl. Gleichnisreden I 50.
[40] Gleichnisreden I 48.
[41] Vgl. Gleichnisreden I 49, auch I 61.
[42] Vgl. Gleichnisreden I 58.81.

Mischung von eigentlicher und uneigentlicher Rede, in der vieles ungedeutet bleibe und das Prinzip nicht konsequent durchgeführt sei.[43] Allegorien seien dunkel und deutungsbedürftig[44], die Gleichnisse jedoch in vielen Fällen aus sich heraus verständlich, ohne dass Deutungen gegeben würden oder nötig wären.[45] Die künstliche, durchdacht konstruierte Form der Allegorie fügt sich nicht in Jülichers Bild vom verkündigenden Jesus.[46] Auch verweist er auf die einen Vergleich anregenden Einleitungsformeln der Gleichnisse, die zur Allegorie nicht passten.[47] Das „Haupterkennungszeichen" der Allegorie aber sei, dass sie über sich selbst hinausweise, weil ihr Wortlaut nicht befriedige.[48] In diesem Sinne merke man einer Erzählung an, ob sie „eigentlich" gemeint sei oder nicht. Der Grund dafür, dass der Wortlaut einer Allegorie nicht befriedigt, liegt offenbar einerseits in dem von Jülicher unterstellten mangelnden Interesse des Allegorikers, bei der Verschlüsselung mehr als eine einigermaßen glaubwürdige Geschichte zu konstruieren[49], andererseits in der Unmöglichkeit, dass eine Schilderung zum Bild und zur Sache gleichermaßen ideal passt; denn keine zwei Dinge auf der Welt seien sich so ähnlich.[50] Die von Jülicher angenommene Natürlichkeit und Wahrscheinlichkeit der meisten Gleichnisse spricht dann aber gegen die Annahme, sie seien als Verschlüsselung einer eigentlich gemeinten Sache konstruiert worden.[51]

Das Gleichnisverständnis der Evangelisten hat Spuren hinterlassen, nicht nur in den Rahmenstücken, die auf die Deutungsbedürftigkeit der Gleichnisse hinweisen[52], sondern auch in den Gleichnissen selbst. Jülicher hält ausdrücklich fest, seine Theorie setze voraus, dass „in den Evangelien Jesu Parabeln nicht intakt vorliegen".[53] In den Analysen einzelner Gleichnisse scheidet Jülicher etliche allegorisch zu deutende

---

[43] Vgl. Gleichnisreden I 61; vgl. die Beispiele 82ff.

[44] Vgl. Gleichnisreden I 51.

[45] Vgl. Gleichnisreden I 61f. Wenn einige Gleichnisse dennoch schwer verständlich erscheinen, liegt das an der verstümmelten oder verloren gegangenen Sachhälfte, die zur Deutung unerlässlich ist (vgl. ebd. 90-92; auch 105f).

[46] Vgl. Gleichnisreden I 63f.108.109. Etwas vorsichtiger II 406 (zu Mk 12,1ff).

[47] Vgl. Gleichnisreden I 64f.

[48] Vgl. Gleichnisreden I 65.

[49] Vgl. Gleichnisreden I 66.

[50] Vgl. Gleichnisreden I 66f; ähnlich I 105. Verstöße gegen die Wahrscheinlichkeit erregen den Verdacht sekundären Charakters (ebd. I 187).

[51] Vgl. Gleichnisreden I 66. - Mk 12,1-12 parr umgekehrt wird von Jülicher als Allegorie bestimmt, weil die Erzählung aus sich heraus nicht plausibel ist, sondern erst Sinn und Wahrscheinlichkeit erhält, „wenn man den Buchstaben verlässt und geistlich versteht" (vgl. Gleichnisreden II 402; das Zitat ebd.).

[52] Vgl. dazu (v.a. zur Verstockungsaussage) das Kapitel III des ersten Bandes (Gleichnisreden I 118-148).

[53] Gleichnisreden I 193.

Züge als sekundär aus.[54] Auch Gleichnisdeutungen und -anwendungen werden von diesem Urteil getroffen, so bei Matthäus 13,49f, 20,16; 24,44 oder 25,13.[55] Methodisch wichtig ist, dass Jülicher nicht allein den allegorischen Charakter zum Kriterium macht, sondern um andere Begründungen bemüht ist (z.B. synoptischer Vergleich, Kontext, das Vorkommen der Formulierung an anderen Stellen im Evangelium). Von besonderem Interesse sind die beiden allegorischen Auslegungen, die eine wesentliche Stütze für die Annahme waren, die Evangelisten verstünden die Gleichnisse als Allegorien. Die Deutung Mt 13,37ff ist formal, in ihrer Zug-um-Zug-Übertragung, die Auslegung einer Allegorie und kann nach Jülichers Einschätzung nur von den Evangelisten herrühren.[56] Mehr noch rechnet er damit, dass das Gleichnis auf die Deutung angelegt ist und beide im Wesentlichen aus einer Hand stammen[57], wenn auch hinter 13,24-30 stark bearbeitetes Quellenmaterial zu vermuten ist.[58] Die Auslegung des Sämann-Gleichnisses kann Jülicher literarkritisch nicht als sekundär erweisen, an ihrer Ursprünglichkeit zweifelt er aber dennoch. Es ist ihm wichtig zu zeigen, dass sie allein das Gleichnis nicht notwendig zur Allegorie macht, auch wenn sie als allegorische Auslegung gelesen werden kann.[59] Entscheidend ist, dass die erzählte Geschichte in sich überzeugt und nicht als *Darstellung* der Gründe für den unterschiedlichen Erfolg des Wirkens Jesu zu betrachten ist.[60]
Wie aber ist es zu den tiefgreifenden Missverständnissen im Zuge der Gleichnisüberlieferung gekommen? Obwohl Jülichers vorrangiges Interesse infolge seines negativen Urteils über das Gleichnisverständnis der Evangelisten den Gleichnissen Jesu, nicht den Evangelisten als

---

[54] Betrachtet man matthäische Texte, dann z.B.
- im Gleichnis vom Hochzeitsmahl (22,1-14): die Hochzeit für den Sohn, die Misshandlung der Knechte, die Zerstörung der Stadt, die Szenerie der Verse 11-13 u.a. (vgl. Gleichnisreden II 419ff);
- im Gleichnis von den anvertrauten Talenten (25,14-30): die nur aus der Perspektive des Menschensohn-Richters verständlichen Verse 21.23.30, vielleicht auch „jedem nach seinen Fähigkeiten" (V.15) und „nach langer Zeit" (V.19) (ebd. 475f.479.481);
- im Gleichnis von treuen und untreuen Knecht (24,45-51): u.a. die Seligpreisung (V. 46) und die Strafe (V.51) (vgl. Gleichnisreden II 152-154);
- in Gleichnis von den Jungfrauen (25,1-13): der mit „Amen" eingeleitete Schlusssatz (V.12) (vgl. Gleichnisreden II 455).
[55] Vgl. Gleichnisreden II 566 (vgl. 559), 469-471, 139-144 bzw. 454.
[56] Vgl. Gleichnisreden II 554f.
[57] Die These Gleichnisreden II 555.
[58] Zusammenfassend ebd. 562f.
[59] Vgl. Gleichnisreden II 532-538. Traditionsgeschichtlich erwägt er, dass ein ursprünglich viel knapperes Gleichnis Jesu, das die vier Möglichkeiten nur erwähnt, später ausgeschmückt und ausdrücklich gedeutet worden ist, so dass beide Glieder aufeinander abgestimmt sind (vgl. ebd. II 537f, auch I 109).
[60] Vgl. Gleichnisreden II 537, auch I 107f.

Erzählern und Tradenten dieser Gleichnisse gilt[61], wendet er sich am Ende des ersten Bandes noch einmal ausführlich der nachjesuanischen Geschichte der Gleichnisse zu.[62] Er stellt im Hinblick auf die Aufzeichnung der Gleichnisreden die Frage danach, was die „treibenden, eine Wandlung dieses Stoffes veranlassenden Kräfte oder Bedürfnisse" waren. Jülicher denkt hier an die „Auffindung von Allgemeingültigem, von gleichmässig an unsern Stoffen wirksamen Prozessen".[63] Mehrmals zuvor hatte er schon festgehalten, dass im Zuge der Überlieferung die Erinnerung an die ursprüngliche Sprechsituation und oftmals damit auch die Sachhälfte der Gleichnisse verloren gegangen sei.[64] Die Gleichnisse als eine rhetorische Gattung - und das heißt unbedingt situationsgebundene Redeform[65] - verschmerzen diesen Verlust nicht ohne Folgen. Sie werden zum Fragment und erscheinen ganz gegen ihr eigentliches Wesen[66] als ergänzungs- und deutungsbedürftige Texte.[67] Damit ist den Kräften der Gleichnisüberlieferung das Tor geöffnet.[68]

Jülicher markiert zwei Tendenzen, an denen sich die Bearbeitung der Gleichnisse in der missionarischen und apologetischen Situation nach dem Tode Jesu[69] ausrichtete: *Zum einen* führt er die erzählerische Ausschmückung der Vorlagen an, die v.a. psychologisch motiviert ist und aus der Situation des wirkungsvoll Nacherzählen-Wollens oder - Müssens erwächst. Analoge Beobachtungen macht er an der Überlie-

---

[61] Vgl. Gleichnisreden I 11.
[62] Gleichnisreden I 183-322. Jülicher unterscheidet die Phase der Aufzeichnung von der Phase der Auslegung. Die Grenze zwischen diesen beiden Phasen markiert die Fixierung des Kanons. Der entscheidende Unterschied liegt in der Möglichkeit bzw. Unmöglichkeit, im Text selbst Veränderungen vorzunehmen. Vgl. ebd. I 183.
[63] Die beiden letzten Zitate Gleichnisreden I 183.
[64] Vgl. Gleichnisreden I 7.90-92.104.
[65] Vgl. Jülichers Herleitung der Gleichnisdefinition Gleichnisreden I 69-118, außerdem ebd. 146.155.
[66] Jülicher betont ausdrücklich, dass die Gleichnisse ihrem Wesen nach keiner Deutung bedürfen, sondern klar sind und vielmehr selber deuten; vgl. Gleichnisreden I 73f.81.106.114 u.ö.
[67] Vgl. Gleichnisreden I 90-92.104-106. Jülicher schätzt die Bedeutung des Situationsverlustes offenbar hoch ein (vgl. v.a. Gleichnisreden I 91), relativiert die Unkenntnis der Sachhälfte jedoch insofern, als „jedes Wort Jesu der Erziehung zum Himmelreich galt, und wo und wie er auch lehrte, es waren Verhältnisse des Himmelreichs, über die er Belehrung spendete" (ebd. 104f).
[68] Vgl. Gleichnisreden I 7.
[69] Jülicher sieht die nachösterliche Haltung der „Evangelisten-Jünger" nicht durch das treue Bewahren und Erinnern der Worte Jesu bestimmt; vielmehr: „Die heiligste Pflicht jener Männer war und blieb es, ihren Glauben in der Welt durchzusetzen; mit Gedächtnisarbeit konnten sie diese Pflicht nicht erfüllen. Gottlob, dass sie gewetteifert haben nicht sowohl einander an Bestimmtheit der Erinnerung zu übertreffen als vielmehr, das Evangelium von Jesus Christus immer wirksamer zu verkündigen; sonst hätten wir vielleicht recht gute Memoiren Jesu aber kein Christentum." (Gleichnisreden I 184).

ferung von Fabeln.[70] *Zum anderen* nennt er als wichtigeren und fol-
genreicheren Faktor die vom allegorischen Verständnis der Gleichnisse ausgehenden Erweiterungen.[71] Diese sind durch den christologischen Glauben der Tradenten motiviert. Jesus ist in ihren Augen vor
allem der Gottessohn, seine Rede ist inspiriertes Gotteswort.[72] Gemäß
damaligem Inspirationsverständnis, das Jülicher im Rückgriff auf
Irenäus illustriert[73], bedeutet dies:

„Jedes Wort sollte direkt nütze zur Seligkeit sein; einen im Zusammenhang liegenden Nutzen erkannte jene Hermeneutik aber nicht; also musste das schlichteste
Erzählungswort ohne Weiteres von himmlischen Dingen reden, wenn auch unter
sinnlicher Hülle; andernfalls wäre es nicht wert, in der hl. Schrift zu stehen, aus
dem Munde des Erlösers gekommen zu sein. ‚Nihil otiosum': dies Feldgeschrei der
Ehrfurcht erklärt uns von Grund aus den Hang der Evangelisten zur Allegorese."[74]

In der gläubigen, wohlmeinenden Überzeugung „nur weisheitstrie-
fende Worte aus Jesu Mund zu besitzen"[75], versuchten die Evangelisten, diese Weisheit den Lesern durch ihre Wiedergabe des Textes,
durch Schlussbemerkungen, Veränderungen oder Zusätze im laufen-
den Text näher zu bringen.[76] Ihr Begriff von Weisheit aber war, das
hatte Jülicher eingangs zu zeigen versucht, nicht vom historischen Jesus und von seiner Religion her bestimmt, sondern war der einer
dunklen, unerkennbaren, geheimniskrämerischen Weisheit, eben der
Weisheitsbegriff des schriftgelehrten hellenistischen Judentums.
Folglich musste Jesu Rede Rätselrede sein, der ein allegorisches Verständnis angemessen war und deren Charakter die allegorisierende
Bearbeitung der Evangelisten nur verdeutlichen sollte.

„Wie sie waren, mussten sie - trotz aller Treue - ausmalen und hineindeuten; denn
sie gaben als Menschen *den* Christus wieder, wie er ihnen vor Augen stand, wie er
in ihrem Herzen lebte - und das war nicht ganz der historische, schon ihre Religion
war nicht mehr ganz die seine: so kann ihre Wiedergabe seiner Worte gar nicht
ganz die historische sein."[77]

Auswertung: Die Gleichnisüberlieferung kommt nach Jülicher durch
das Interesse der Evangelisten-Jünger an der Person Jesu in Gang und

---

[70] Vgl. Gleichnisreden I 184-188.
[71] Vgl. Gleichnisreden I 188.
[72] Vgl. Gleichnisreden I 190f.
[73] Jülicher geht aus von Irenäus, der als zu seiner Zeit unbestritten die These eines
„presbyter de antiquis" zitiert: „nihil enim otiosum est eorum, quaecunque inac-
cusabilia posita sunt in scripturis" (Adversus haereses IV 31,1; zitiert Gleichnisreden I 191).
[74] Gleichnisreden I 191.
[75] Gleichnisreden I 193; vgl. zum Folgenden ebd.
[76] Vgl. Gleichnisreden I 192.
[77] Gleichnisreden I 193.

wird wesentlich davon vorangetrieben. Die Gleichnisse werden als Worte Jesu und um Jesu willen überliefert. In kritischer Würdigung sei dazu festgehalten:

Erstens: Methodisch zwischen Jesus und Jesusüberlieferung zu unterscheiden und den Glauben der Tradenten in Rechnung zu stellen, ist richtig und spätestens seit Reimarus eine Grunderkenntnis der Jesusforschung. Jülichers diachronische Analyse der Texte hat in ihrem Ansatz wie in Einzelbeobachtungen Bestätigung gefunden. Seine Beobachtungen sowie seine These zum Verständnis der Überlieferung werden von der Formgeschichte und der Redaktionskritik aufgenommen und weitergeführt. Diese verbessern das Instrumentarium der Analyse. Das Gesamtbild der an der Gleichnisüberlieferung beteiligten Faktoren und Kräfte wird durch sie komplexer.

Zweitens: Jülicher bringt das s.E. verfehlte Gleichnisverständnis der Evangelisten auf den Begriff der 'Allegorie', als Widerpart zum eigentlichen 'Gleichnis'. Der Begriff soll eine Sicht charakterisieren, wonach Gleichnisse eine vollständige/abgerundete Rede mit vergleichendem Charakter[78] sind,

- die dunkel ist, einen tieferen Sinn verhüllt,
- deren Referenz auf der Entsprechung einzelner Züge und Begriffe aus der Bildhälfte zu ähnlichen in der Sachhälfte beruht, wobei idealerweise, wenn auch offenbar nicht in den Evangelien[79], alle Details des Bildes mit solchen der Sache zu identifizieren sind,
- für die der Zusammenhang der Sache, nicht die Plausibilität des Bildes konstitutiv ist, was Spuren in der Bildhälfte hinterlässt, die unnatürlich, nicht plausibel o.ä. erscheint.

Die Auseinandersetzung mit Jülichers Entgegensetzung von Gleichnis und Allegorie (und den zugrundeliegenden Definitionen der Begriffe) wurde in der Gleichnisforschung wiederholt geführt.[80] Viele Exegeten nach Jülicher nehmen an, dass schon die Gleichnisse Jesu (in der biblischen Tradition geläufige) Metaphern für Gott, den Menschen vor Gott etc. enthielten.[81] *J. Jeremias* u.a. halten trotzdem am Gegensatz von Allegorie und Gleichnis fest.[82] *P. Fiebig* und *M. Dibelius* gehen von Misch- oder Zwischenformen von Allegorie und Gleichnis aus.[83] Es gibt nach Jülicher kaum einflussreiche Stimmen, die annehmen,

---

[78] Zu diesen beiden ersten, der rechten wie der falschen Sicht gemeinsamen Merkmalen vgl. Gleichnisreden I 42-44.
[79] Vgl. Gleichnisreden I 61.
[80] Zur Forschungsgeschichte vgl. *H.-J. Klauck*, Allegorie 12-20; *M. Boucher*, Parable 3-10; *C. L. Blomberg*, Gleichnisse 15-32.
[81] So schon bald in Reaktion auf Jülicher *P. Fiebig* (Gleichnisse 77-106).
[82] Vgl. *J. Jeremias*, Gleichnisse 87f; auch *N. A. Dahl*, Parables 136f; *E. Jüngel*, Problematik 339; *H. Weder*, Gleichnisse 70; *D. O. Via*, Gleichnisse 25.28.
[83] Vgl. *P. Fiebig*, Gleichnisse 98-102; zu *M. Dibelius* unten Anm. 96.

Jesu Gleichnisse seien Allegorien.[84] Für die Fragestellung der vorliegenden Arbeit interessiert in erster Linie, ob Jülichers Analyse und sein Begriff von 'Allegorie' das Gleichnisverständnis des Evangelisten Matthäus, des seines Erachtens stärksten Allegoristen unter den Synoptikern[85], wirklich treffen.

Drittens: Wenn Jülicher in der Folge seiner grundlegenden Unterscheidung nach den „treibenden, eine Wandlung dieses Stoffes veranlassenden Kräfte[n] oder Bedürfnisse[n]"[86] fragt, geraten der Weisheitsbegriff, das Inspirationsverständnis und - im Zentrum - die Christologie der Tradenten in den Blick, d.h. ihre „Religion". Sie als Triebfaktor der Gleichnisüberlieferung wahr- und ernstgenommen zu haben, ist eine Stärke Jülichers. Er wird zu einer zumindest rudimentären *theologischen* Auseinandersetzung mit den Gleichnistradenten gezwungen, weil er mit ihrer Sicht brechen will. Die nachfolgende Forschung hat weitere Triebkräfte der Überlieferung ausgemacht. Sie sind bei Jülicher nur ansatzweise in den Blick genommen. Implizit oder explizit entwickeln die meisten späteren Entwürfe aber auch eine *theologische* Sicht des Überlieferungsvorgangs, nach der es zu fragen gilt.

Viertens: Jülicher beschreibt die Relation Gleichnisse Jesu – Gleichnisse in der Überlieferung in Antithesen. Den einfachen und verständlichen Gleichnissen Jesu steht das Missverstehen der Texte als Allegorien gegenüber, der Klarheit und Verständlichkeit der Gleichnisse Jesu die Parabeltheorie der Synoptiker, der Religion und Weisheit Jesu (und des Alten Testaments) jene „andere" der Evangelisten (und des hellenistischen Judentums), der Situationsgebundenheit der rhetorisch verstandenen Gleichnisse das Herausreißen derselben aus ihrer ursprünglichen Heimat aus fremdem Interesse. Hier ist im Detail Kritik vorzubringen und vorgebracht worden, die diese antithetische Verhältnisbestimmung zwischen dem Ursprung und den Späteren historisch und literarisch in Frage stellt.[87] Deutlich wird jedoch bei Jülicher

---

[84] Vgl. etwa *M. Black,* Gleichnisse; *M. Boucher,* Parable, bes. 17-25 (einige Gleichnisse!); *C. L. Blomberg,* Gleichnisse, bes. 15-55. - Eine Sonderstellung nimmt *H.-J. Klauck* und die von ihm beeinflusste Forschung ein, weil die Allegorie dort nicht als Gattung aufgefasst und so die Entgegensetzung von Gleichnis und Allegorie falsch wird (s.u. Abschnitt A.II.3.a; ähnlich, wenn auch nicht ganz so konsequent, *M. Boucher*). Aus der Perspektive der Textrezeption beschreibt jüngst *D. P. Parris* (Parables) die diskutierten Alternativen als je mögliche Optionen der Textwahrnehmung, zwischen denen eine Entscheidung über richtig oder falsch letztlich nicht zu treffen ist (vgl. bes. ebd. 52f).

[85] Vgl. Gleichnisreden I 191.

[86] Gleichnisreden I 183.

[87] Vieles wurde in der Gleichnisforschung selbst relativiert und korrigiert, s.u. Die kultur- und theologiegeschichtliche Antithese Altes Testament/Jesus – hell. Judentum/Urchristentum stimmt in der Sache nicht. Martin Hengel hat einen deutlichen Einfluss des Hellenismus in Palästina nachgewiesen (vgl. *M. Hengel,* Judentum und Hellenismus; *ders.,* Problem), mag das Ausmaß dieses Einflusses auf

- ebenso wie später z.B. bei *J.* Jeremias und W. Harnisch -, dass die Abwertung der Überlieferer oder das Desinteresse an ihrem Gleichnisverständnis nicht nur ein historisches oder philologisches, sondern auch ein theologisches Urteil ist.

Fünftens: An die Stelle des zurückgewiesenen Verständnisses der Evangelisten stellt Jülicher seine eigene, wirkmächtige und vielfach diskutierte Gleichnistheorie. Auf eine Darstellung und Diskussion wurde verzichtet.[88] Für unsere Fragestellung der Gleichnisüberlieferung sind allerdings zwei Aspekte von Interesse. Zum einen betont Jülicher zumindest in der Theorie die Situationsbedingtheit dieser Redeform, die ein Tradieren dieser Texte eigentlich gar nicht zulässt.[89] Der Exeget muss historisch nach dieser Ursprungssituation zurück fragen, wenn er sich als Theologe mit den Gleichnissen beschäftigen will.[90] Zum anderen trennt Jülicher in gewissem Maße Form und Inhalt, wenn er die Gleichnisse als Beweismittel bestimmt und dann Bild, Sache und *tertium comparationis* unterscheidet[91]. Der Gehalt des

---

Jesus auch strittig sein (vgl. z.B. einerseits *J. D. Crossan*, Jesus, andererseits *E. M. Meyers*, Lebenswelt). Jesus vom zeitgenössischen Judentum zu isolieren und quasi unmittelbar der alttestamentlichen Tradition zuzuordnen, scheint nicht nur historisch künstlich, es wird durch die Erforschung der frühjüdischen Literatur unmöglich gemacht, deren Ergebnisse in die neueren Jesusbücher breit einfließen (vgl. die einschlägigen Werke von *G. Vermes, E. P. Sanders, G. Theißen/A. Merz, J. Becker* u.a.; dazu auch *C. Breytenbach*, Jesusforschung 228f; *P. Müller*, Trends 5; *A. von Scheliha*, Kyniker 25).

[88] Klassische Diskussionspunkte in der Jülicher-Rezeption sind (in der Sache vielfach miteinander verflochten):
- Jülichers Metaphernbegriff (,Substitutionstheorie');
- das Verhältnis von Gleichnis und Allegorie;
- die rhetorische Grundbestimmung von Wesen und Zweck der Gleichnisse;
- die These von dem einen *tertium comparationis* (samt dem aristotelischen Hintergrund);
- die Unterscheidung in Gleichnisse i.e.S, Fabeln/Parabeln und Beispielerzählungen;
- der religionsgeschichtliche Vergleich insbesondere mit den rabbinischen Gleichnissen.
Zur Kritik in dieser Rücksicht neben der oben Anm. 30 genannten Literatur noch *H.-J. Klauck* Adolf Jülicher 113-124 (auch zur zeitgenössischen Kritik).

[89] Gleichnisreden I 90-92.98f.104f, regelmäßig verbunden mit der Feststellung, dass das Wissen um die Ursprungssituation verloren ist (vgl. auch ebd. I 6f). In Verbindung mit Jülichers spiritualisierter und ethisierter Auffassung vom Reich Gottes (vgl. ebd. I 149) führt dies zu den vielfach beklagten „allgemeinen Wahrheiten" in Jülichers Gleichnisexegesen. Viele Kritiker, wie z.B. *J. Jeremias* (Gleichnisse 15), unterschätzen allerdings das historische Bewusstsein Jülichers (vgl. auch *H. J. Klauck*, Adolf Jülicher 123f).

[90] Vgl. oben die Einleitung des Kapitels.

[91] Vgl. Gleichnisreden I 69-80.

Gesagten ist nicht an die Form der Gleichniserzählung gebunden[92], sondern wird um der Wirkung willen in sie gefasst[93]. Von beiden Überlegungen her erscheint die Überlieferung der Gleichnisse (!) als ein fragwürdiger Vorgang. Dies spielt für Jülichers Werk keine Rolle, tangiert aber weiterführende Überlegungen zum hermeneutischen Status der Gleichnisüberlieferung.

2. Gleichnisüberlieferung als formgeschichtliche Frage

Jülichers Wahrnehmung, dass die Gleichnisse „nicht intakt" überliefert sind, dass sich ihre Gestalt im Zuge der Überlieferung verändert hat, ist in der nachfolgenden Forschung mehrheitlich auf Zustimmung gestoßen, zuerst in den formgeschichtlichen Arbeiten.

a) Die klassische Formgeschichte (Dibelius, Bultmann)

Martin Dibelius rechnet wie in der gesamten Wortüberlieferung[94] so auch bei den Gleichnisse mit dem Einfluss urchristlicher Paränese[95]. Diesem Interesse schreibt er einige Veränderungen in den Gleichnissen zu, so die „halballegorische" Gestalt der synoptischen Gleichnisse[96], außerdem die mahnende Anwendung mancher Gleichnisse, die explizite Deutung der Sämann-Parabel oder die Komposition von Mt

---

[92] Vgl. Gleichnisreden I 41: „.... *religiös* bedeutsam ist nur, was Christus gelehrt hat; wie er es gelehrt hat, thut nichts zur Sache, es sei denn, dass in dem ‚Wie' ein Stück Lehre selber liegt". Auf diese Stelle macht *E. Jüngel* (Paulus 90) aufmerksam und bemerkt dazu, dass die im Nachsatz ausgesprochene Möglichkeit eine nur theoretische Konzession sei, die faktisch ohne Folgen bleibe.

[93] Vgl. Gleichnisreden 146. Nach *K. Erlemann* (Gleichnisauslegung 19 Anm. 1) sind für Jülicher die Gleichnisse selbst unentbehrlich. Die zum Beleg zitierte Stelle aus den Gleichnisreden (I 102: „Dass die Erzählungen wie eine wertlose Schale behandelt wird, die man wegwirft, sobald man des Kernes habhaft werden kann, ist ein vollends unmotivierter Vorwurf...") trägt m.E. die ihr zugemutete Last nicht, denn nach der bei Erlemann nicht mehr zitierten Fortsetzung des Satzes geht es darum, ob Jesus seine Geschichten zu Ende erzählt! Im Kontext liegt Jülicher daran, zu zeigen, dass die Parabeln Jesu wirkliche Fabeln sind. Hier wird keine Grundsatzaussage über die Entbehrlichkeit der Gleichnisse getroffen.

[94] Vgl. Formgeschichte 238f.

[95] Vgl. Formgeschichte 257.

[96] Dibelius hält die feste Metaphorik der synoptischen Gleichnisse für einen möglicherweise typisch orientalischen Zug, der auch in rabbinischen Gleichnissen festzustellen ist. Durch die Verwendung solcher geprägter Metaphern entstehen „halballegorische Formen", eine „zwischen Parabel und Allegorie schwebende Erzählungsart" (beide Zitate Formgeschichte 256). Er kann deshalb - gegen Jülicher - Metaphern in den Gleichnissen nicht ohne weiteres für grundsätzlich sekundär halten, lässt die historische Rückfrage nach Jesus aber offen (vgl. ebd. 257; zum Ganzen 255-257). Dazu auch *H.-J. Klauck*, Allegorie 17.

18 unter Verwendung von zwei Gleichnissen.[97] Systematischer und umfassender ist das Bild, das *Rudolf Bultmann* in seiner Übersicht über die Geschichte des Stoffes erstellt. In interpretierender und anwendender Absicht werden:

- die Form verändert (Tempus, Frageform u.a.) oder Anwendungen hinzugefügt;[98]
- Gleichnisse in einen Zusammenhang eingefügt, dazu bisweilen mit einer Einleitung versehen[99]; nicht immer ist dabei ein deutendes Interesse leitend, manchmal erfolgt die Einreihung auch nur aufgrund der formalen Ähnlichkeit[100];
- Doppelgleichnisse komponiert und andere Erweiterungen und Kombinationen vorgenommen[101], insbesondere auch allegorische Zusätze gemacht[102];
- stofflich ähnliche jüdische Überlieferungen sekundär Jesus in den Mund gelegt[103] oder in Analogie zu den vorhandenen Gleichnissen neue durch die Gemeinde gebildet[104].

Auswertung: Weiterführend ist bei *Martin Dibelius* und *Rudolf Bultmann* die Einordnung der Gleichnisüberlieferung in den Rahmen der Herrenwortüberlieferung und letztlich der gesamten synoptischen Tradition.[105] Die Schwäche von Dibelius' konstruktivem, d.h. vom Verwendungszusammenhang, nicht von den Einzeltexten ausgehenden Vorgehen ist es, dass er die spezifischen Bedingungen der *Gleichnis*überlieferung kaum in den Blick bekommt. Allerdings richtet er den Blick zu Recht nicht nur - wie Jülicher - auf das theologische Denken der Überlieferer und Evangelisten, sondern bezieht Adressaten und Situation mit ein. Die genannte Paränese ist zweifellos ein wichtiges Ziel der Gleichnisüberlieferung, wie sich zeigen wird auch für Matthäus. Spätestens für die Evangelien reicht sie zur Erklärung

---

[97] Vgl. in der Reihenfolge Formgeschichte 248f, 257f und 258f.
[98] Vgl. Geschichte 208. Bultmann erwähnt beides hier nur kurz; Beispiele ebd. 195-203.
[99] Vgl. Geschichte 208-210.
[100] Vgl. Geschichte 210; auch 348f. Bultmann verweist hier auf Mk 4 und mehr noch Mt 13.
[101] Vgl. Geschichte 210-213; möglich bei Mt 13,31-33 und 44-46.
[102] Vgl. Geschichte 213-216. Zu den allegorischen Zusätzen zählt Bultmann Mt 22,11-14 und weitere von der Parallele bei Lukas abweichende Züge des Gleichnisses vom Hochzeitsmahl (Mt 22,1ff).
[103] Vgl. Geschichte 220f. Erwogen wird dies unter den matthäischen Gleichnissen für 7,24-27; 13,24-30.47-50 und das Fragment 22,11-13.
[104] Vgl. Geschichte 222, auch 215f. Bultmann nennt als mögliche Kandidaten Mk 12,1-12 und Mt 25,1-13 wegen ihres stark allegorischen Charakters, außerdem z.B. das Gleichnis von Sauerteig als Analogiebildung zu dem vom Senfkorn, so dass sekundär ein Doppelgleichnis entsteht.
[105] Vgl. bei Bultmann auch den Teil „III. Die Redaktion des Traditionsstoffes" (Geschichte 347-400).

aber nicht mehr aus. Durch Bultmanns analytischen Ansatz und die systematische Zusammenstellung treten die textlichen Veränderung deutlich hervor. Ein Gesamtblick auf den *literarischen* Prozess gewinnt bei ihm Gestalt. Umgekehrt werden die historischen und theologischen Triebkräfte der Gleichnisüberlieferung nicht so gut deutlich.[106]

b) Joachim Jeremias: Die These vom zweifachen historischen Ort der Gleichnisse

Die klassische, diachronisch ausgerichtete formgeschichtliche Forschung zu den Gleichnissen findet eine Zusammenführung und einen gewissen Abschluss in *Joachim Jeremias'* 1947 erstmals erschienenem Buch ‚Die Gleichnisse Jesu‘. Seine Grundannahme zur Überlieferungsgeschichte der Gleichnisse lautet:

„Die Gleichnisse Jesu, so wie sie uns überliefert sind, haben einen zweifachen historischen Ort. 1. Der ursprüngliche historische Ort der Gleichnisse wie aller Worte Jesu ist eine jeweilig einmalige Situation im Rahmen der Wirksamkeit Jesu. ... 2. Danach haben sie, ehe sie schriftlich fixiert wurden, in der Urkirche ‚gelebt‘, die die Worte Jesu verkündigt, predigt, lehrt – in Mission, Gemeindeversammlung, Unterricht."[107]

Jeremias' theologisches Interesse gilt den Gleichnissen an ihrem historischen Ort im Leben Jesu, denn – so formuliert er im Vorwort zur sechsten Auflage seines Buches – niemand als der Menschensohn selbst und sein Wort könne unserer Verkündigung Vollmacht geben.[108] Zu diesem historischen Ort im Leben Jesu gehören dessen eschatologische Verkündigung als theologischer Rahmen der Gleichnisrede[109], das Ringen mit Volk und religiösen Führern als vornehmliche Situation seiner Gleichnisse[110] und jede Menge palästinisches Lokalkolorit[111]. Nun sind die Gleichnisse zwar, „aufs Ganze gesehen, besonders zuverlässig überliefert"[112], dennoch tragen die Gleichnisse deutliche Spuren ihres Daseins in der Urkirche, denn diese redigiert

---

[106] Vgl. zu den unterschiedlichen Ansätzen und ihrem Verhältnis auch *R. Bultmann* selbst (Geschichte 6).

[107] Gleichnisse 19.

[108] So Jeremias im Vorwort zur sechsten Auflage des Gleichnisbuches (Gleichnisse 5), ähnlich ebd. 114 und *ders.*, Theologie 295 (im ab der zweiten Auflage angefügten Schlussabschnitt „Überleitung").

[109] Vgl. Gleichnisse 17.227 sowie die als Zusammenfassung der Hauptgedanken der Gleichnisse gedachten (vgl. Gleichnisse 115) Kapitelüberschriften III. 1 - III.9.

[110] Vgl. Gleichnisse 17f.38 sowie die Adressatenangaben zu einzelnen Gleichnissen in Kapitel III (124f.159.169 u.ö.).

[111] Vgl. z.B. Gleichnisse 7f sowie die Gleichnisauslegungen.

[112] Gleichnisse 9; vgl. das berühmte Wort vom „Urgestein der Überlieferung" (ebd. 7).

die Texte „aus *ihrer* Lage, nämlich der Lage zwischen Kreuz und Parusie"[113]. „Von der Urkirche zu Jesus zurück!" lautet Jeremias' Parole[114]; die Spuren der kirchlichen Überlieferung, Deutung und Verwendung der Gleichnisse müssen deshalb entdeckt und getilgt werden. In dieser Absicht formuliert er zehn „Gesetze der Umformung", denen die Gleichnisse ausgesetzt waren.[115]

Die *Übersetzung der Gleichnisse ins Griechische* und die *Wandlung des Anschauungsmaterials* sind historisch-soziologisch bedingte Veränderungen der Gleichnisse, die mit der Verwendung an neuen historischen Orten unmittelbar zusammenhängen. Die *Ausschmückung* der Gleichnisse, z.B. das Steigern von Zahlen oder das lebendige Ausmalen, ist ebenso wie die *Einwirkung des Alten Testaments und volkstümlicher Erzählungsmotive* auf die Gleichnisse durch das Faktum der Überlieferung an sich bedingt und ermöglicht. Hier walten Kräfte und Motive, die sowohl der Dynamik und Psychologie des Erzählens wie dem Glauben und der Theologie entspringen und mit deren Einfluss schon Jülicher rechnete. Von fundamentaler Bedeutung ist Jeremias' Annahme, dass die Urkirche alle überlieferten Gleichnisse auf ihre Situation bezieht. In diesem Zusammenhang rechnet er vielfach mit einem *Wechsel der Hörerschaft*: Texte, die im Rahmen der eschatologischen Basileia-Verkündigung an die Gegner Jesu gerichtet waren, wendet die Kirche nun auf sich und ihre Situation an. Sie dienen vielfach der *Paränese*. Als Anlässe und Situationen dieser Paränese macht Jeremias aus: Die Verzögerung der Parusie nötigt zu dauernder Wachsamkeit; statt der Entscheidung für Jesus steht nun das Ausharren bis zur Wiederkunft Christi im Vordergrund. Die Mission der Kirche, das Wachsen der Gemeinde aus Juden und Heiden, Guten und Bösen stellt vor neue Situationen und Probleme. In der sich dehnenden Zeit stellen sich Fragen nach Organisation und Leitung der Gemeinden. Zusammenfassend spricht Jeremias von einer *Einwirkung der Lage der Kirche*. Ein wichtiges Mittel, die Gleichnisse auf die neuen Themen hin zum Sprechen zu bringen, ist die *Allegorisierung*. Daneben sind *Gleichnissammlungen und -fusionen* und der *Rahmen* in den Evangelien (Kontextwahl, redaktionelle Überleitungen, Gleichniseinleitungen und -schlüsse) Instrumente der Urkirche zur Deutung ihrer Traditionen.

Aus diesen Gesetzen ergibt sich für Jeremias die Möglichkeit einer Rekonstruktion der Gleichnisse als *ipsissima vox* Jesu. Implizit sind sie der (fragmentarische) Entwurf einer Überlieferungsgeschichte der Gleichnisse, der die Ansätze der klassischen Formgeschichte auf dem Gebiet der Gleichnisse anwendet, aber auch ausbaut.[116] Gleichnisüberlieferung ist nach dieser Skizze im Raum zwischen dem Kreuzestod Jesu und seiner Parusie angesiedelt[117] und durch diese Situation grundlegend bestimmt: Die Parusie bleibt aus[118], der entstehende

---

[113] Gleichnisse 19.
[114] So die Überschrift des zweiten, formgeschichtlichen Kapitels in Jeremias' Buch.
[115] Vgl. Gleichnisse 21-114, eine Zusammenfassung ebd. 113. Die im Folgenden kursiv gesetzten Begriffe entstammen den Überschriften der zehn Gesetze.
[116] Vgl. *H. Frankemölle*, Handeln 36f.
[117] Vgl. Gleichnisse 41.
[118] Vgl. Gleichnisse 47.

Raum ermöglicht die Mission und das Wachsen der Kirche und nötigt gleichzeitig zur Bewältigung der praktischen und theologischen, organisatorischen und pastoralen Seiten dieser kirchlichen Existenz. Darauf werden die Gleichnisse als Worte Jesu, des in der Vergangenheit Predigenden und zukünftig Kommenden, bezogen und gedeutet.[119]

Auswertung: Jeremias sieht den entscheidenden Fortschritt gegenüber Jülicher darin, die Gleichnisse Jesu als Texte in einer bestimmten historischen Situation mit Sprecher und Adressaten, d.h. in ihrer kommunikativen und situativen Dimension zu betrachten.[120] Zwar ist dies bei näherem Vergleich mit Jülicher nicht so neu, wie er glaubt.[121] In der Forschung hat jedoch die methodische Regel, Gleichnisse im Rahmen des Wirkens und der Verkündigung Jesu zu verorten, nicht zuletzt durch Jeremias' energisches Plädoyer im Grundsatz weitgehende Anerkennung gefunden. Auch für das Verständnis der Gleichnisüberlieferung bedeutet es eine Bereicherung, die Gleichnisse als Texte in wechselnden historischen Situationen und kommunikativen Bezügen zu betrachten. Prinzipiell ist hier die Möglichkeit zu einer gegenüber Dibelius vielfältigeren Sicht gegeben, die Jeremias faktisch aber nur zum Teil wahrnimmt.

Die Gesetze der Umformung sind eine beeindruckende Synthese der Forschung. Das schließt Kritik im Einzelnen nicht aus.[122] Zunächst dürfen diese Gesetze natürlich nicht mechanisch angewendet werden.[123] Die Annahme eines Wechsels der Hörerschaft (5. Gesetz) hängt zum Teil mit der problematischen Bestimmung der Gleichnisse als Streitwaffen zusammen.[124] In der Regel werden heute offenere Hörergruppen und eine vielschichtigere Pragmatik der Gleichnisse angenommen[125], so dass sich die Frage eines Hörerwechsels von Seiten der ursprünglichen Hörerschaft her nicht mehr als Wechsel von Feind zu Freund darstellt. Prinzipiell ist der Hinweis auf eine wechselnde Hörerschaft richtig.[126] In der Bewertung der Allegorisierung bleibt Jeremias grundsätzlich auf der Linie Jülichers[127], auch wenn er anders als

---

[119] Vgl. Gleichnisse 41.47.60; auch 88 (Paränese als *das* Motiv der Allegorisierung).

[120] Vgl. Gleichnisse 17.

[121] Vgl. *H.-J. Klauck,* Adolf Jülicher 123f.

[122] Vgl. z.B. die ausführliche Würdigung bei *C. L. Blomberg,* Gleichnisse 63-77; *I. H. Jones,* Parables 68-81 (denen ich freilich nicht in allem zustimme).

[123] Jeremias sieht durchaus, das z.B. nicht jede Anspielung auf nicht-jüdisches Milieu, nicht jedes ausschmückende Detail oder alttestamentliche Zitat sekundär sein muss (vgl. Gleichnisse 23.25.27), insofern scheint die Kritik bei *I. H. Jones* (Parables 69-72) nicht falsch, aber überzogen.

[124] Vgl. *J. Jeremias,* Gleichnisse 17f.

[125] Vgl. z.B. *I. H. Jones,* Parables 72f (mit Verweis auf die offene metaphorische Qualität der Gleichnisse).

[126] Vgl. auch die Weiterführung bei *G. Eichholz,* Gleichnisse 31-38.39-52.

[127] Vgl. Gleichnisse 9.14f.88.

dieser mit der Verwendung geläufiger biblischer Metaphern schon in den Gleichnissen Jesu rechnet[128]. Die letzten beiden Gesetze nehmen die klassische Formgeschichte - v.a. Bultmann - auf.[129] Der theologische Kern des Überlieferungsmodells von Jeremias liegt in den heilsgeschichtlichen, ekklesiologischen und christologischen Implikationen der (sechsten und) siebten Umformungsregel: die Existenz der Urkirche in der Lage zwischen Kreuz und (bis dato ausbleibender) Parusie. Der Menschensohn ist nach seiner Erhöhung bis zu seiner Wiederkunft im Himmel bewahrt; von der Kirche ist Ausharren und Zurechtkommen bis zu seiner Wiederkunft gefordert. Der eröffnete Zeitraum hat kaum ein eigenständiges theologisches Profil. Das Entscheidende ist durch den irdischen Jesus gesagt und geschehen (und wird bei seiner Wiederkunft gesagt werden und geschehen). In seiner „Theologie des Neuen Testaments" hat Jeremias das Verhältnis zwischen Jesu Verkündigung und dem Glaubenszeugnis der Kirche als 'Ruf und Antwort' bestimmt und über deren Verhältnis geurteilt:

„Obwohl der Ruf nur im Rahmen des Glaubenszeugnisses der Kirche überliefert ist und in diesem Rahmen ständig wiederholt wird, ist er doch einmalig und ein für alle Mal ergangen. Golgotha ist nicht überall, sondern es gibt nur Ein Golgotha, und es liegt vor den Toren Jerusalems. Der Ruf steht über der Antwort, weil Jesus der Kyrios ist und der Kyrios über seinen Boten steht. Er allein, der Kyrios, ist Anfang und Ende, Mitte und Maßstab aller christlichen Theologie."[130]

Die Gleichnis*überlieferung* kann unter diesen Prämissen nur in stark eingeschränkter Perspektive wahrgenommen werden. Bestimmend sind vor allem die Eckpunkte „Wirken Jesu" und „Parusie". Trotz des methodischen Ansatzes beim historischen Ort entsteht ein pauschales Bild. Noch folgenreicher ist, dass die Gleichnisüberlieferung und ihre Protagonisten als theologisch relevante Größen gar nicht in den Blick kommen.[131] Wenn „anti-kerygmatisch"[132] allein der Menschensohn und sein Wort legitimer Grund der Verkündigung sind, dann kommt der späteren Überlieferung höchstens durch die Leistung, die Erinnerung an Jesus und seine Verkündigung mehr oder minder gut bewahrt, den Ruf „wiederholt" zu haben, theologischer Rang zu.

Freilich ist festzuhalten, dass Jeremias sich mit expliziter Kritik an den Tradenten zurückhält. Er wirft der Überlieferung vor allem die Allegorisierung vor, die „sich jahrhundertelang wie ein dichter Schleier über den Sinn der Gleichnisse gelegt

---

[128]   Vgl. Gleichnisse 88.
[129]   Vgl. auch Gleichnisse 16f mit Anm. 1 (von S.17).
[130]   Theologie 295.
[131]   Vgl. G. *Eichholz*, Gleichnisse 39-52, bes. 47ff.
[132]   Vgl. zu Jeremias' Entwurf als Gegenpol zur Kerygmatheologie P. *Stuhlmacher*, Theologie I 23.

[hat]"[133]. Sie ist - neben hellenistisch-jüdischen Einflüssen und der Freude am Tiefsinn – in erster Linie durch die paränetische Anwendung der Gleichnisse auf die aktuelle Situation motiviert.[134] Andernorts räumt er ein, dass die Paränese keinen völligen Bruch mit der eschatologischen Botschaft der Gleichnisse Jesu, sondern eine Akzentverschiebung im Rahmen der eschatologischen Erwartung bedeute.[135] Jedoch gilt für die Allegorisierung: „Erst das Absehen von diesen sekundären Deutungen und Zügen öffnet uns wieder die Tür zum Verständnis des ursprünglichen Sinnes der Gleichnisse Jesu".[136]

Die christologischen und eschatologischen Eckpfeiler, auf denen Jeremias' Bild von der „Lage der Urkirche" ruht, sind anfechtbar. Zur einseitigen Sicht der Auferstehung Jesu und ihrer theologischen Bedeutung sowie zum Stellenwert der Parusie-Erwartung für die frühchristliche Theologie ließe sich einiges kritisch anmerken.[137] Allerdings ist insbesondere für die matthäischen Gleichnisse festzuhalten, dass sie einerseits in ihrem literarischen Kontext als Worte des irdischen Jesus erscheinen und andererseits das Thema Gericht eine enormen Stellenwert hat. Jeremias' Entwurf ist nicht einfach von der Hand zu weisen.

c) Ertrag und offene Fragen

Die Formgeschichte hat das bei Jülicher in Ansätzen skizzierte Bild von den literarischen Prozessen der Gleichnisüberlieferung weiter vorangetrieben (Bultmann, Jeremias). Vor allem aber hat sich das Bild von den Triebkräften der Gleichnisüberlieferung stark verändert (Dibelius, Jeremias). Gleichnisüberlieferung wird in die Lebensvollzüge der Kirche und in ihre Geschichte eingeordnet, wodurch über die Tradenten hinaus auch die Adressaten sowie die historischen und soziologischen Rahmenbedingungen des Traditionsprozesses in den Blick kommen. Vor allem bei Joachim Jeremias ist überdies eine neue Sicht des *theologischen* Rahmens erkennbar, in dem Gleichnisüberlie-

---

133 Gleichnisse 9, vgl. ebd. S. 16 das Bild einer dicken Schicht Staubes auf den Gleichnissen.
134 Vgl. Gleichnisse 9.88.
135 Vgl. Gleichnisse 40f.44f.48.
136 Gleichnisse 88.
137 *Zur Auferstehung:* Das Ostergeschehen auf die Bewahrung des Menschensohnes und sein „Parken" im Himmel bis zur Parusie zu konzentrieren, wird der Tiefe und Vielfalt der neutestamentlichen Sicht auf die Auferstehung Jesu und den erhöhten Christus nicht gerecht. Ostern bedeutet auch dieses, aber das Neue Testament bezeugt die Auferweckung Jesu als ein deutliches Plus gegenüber dem Wirken des Irdischen, als eine neue Qualität des Heilshandelns und der Christusoffenbarung Gottes, die z.B. in der Rede von der Erhöhung (Joh 3,14; 12,32; Apg 2,33; 5,31; Phil 2,9), von der Einsetzung als Sohn Gottes in Macht (Röm 1,4), aber auch in der lukanischen und johanneischen Pneumatologie (Apg 2,33; Joh 15,26f; 16,12-15) zum Ausdruck kommt. Vgl. *W. Thüsing*, Theologie I und II 287-343. *Zur Parusie-Erwartung* vgl. *K. Erlemann*, Naherwartung.

ferung geschieht. Schon Jülicher hatte diesen Faktor mit seiner Reflexion über die „andere" Religion und Weisheit der Tradenten und mit dem Hinweis auf ihren Christusglauben ins Spiel gebracht. Jeremias entwirft ein pointiertes Bild von den zwei Polen 'Wirken Jesu' und 'Parusie', zwischen denen die Gleichnisüberlieferung angesiedelt ist und durch deren Spannungsfeld sie bestimmt wird.

Nach wie vor wird Gleichnisüberlieferung als ein durch gemeinsame Faktoren bestimmter, deshalb relativ homogener Prozess aufgefasst. Hier führen später redaktionsgeschichtliche oder dem *literary criticism* verpflichtete Arbeiten zu einer Differenzierung zumindest für das Endstadium der Überlieferung. Außerdem fasst die Formgeschichte den Überlieferungsprozess als „von außen" bestimmt auf. Warum Gleichnisse überliefert und literarisch umgestaltet werden, wird durch die veränderten historischen, sozialen und theologischen Rahmenbedingungen erklärt. Warum aber die Gleichnisse literarisch genau so überliefert worden sind, wie Bultmann und Jeremias dies in ihren Untersuchungen zusammengestellt haben, wird nicht deutlich. Dass die Gattung 'Gleichnis' selbst einen Bedingungsfaktor ihrer eigenen Überlieferung darstellt, hatte Jülicher aufzunehmen versucht, indem er von einer Verwechslung der Gleichnisse mit Allegorien durch die Tradenten ausgeht. Die Formgeschichte ist an dieser Stelle über Jülicher nicht hinausgegangen. Erst das gleichnistheoretische Paradigma der Metapher lieferte neue Impulse.

Die Zuwendung zur Überlieferungsgeschichte der Gleichnisse ist aber keineswegs fragloser Konsens. Eine Reihe neuerer Arbeiten wendet sich programmatisch und ausschließlich dem Endtext der Evangelisten zu. Das diachrone Erbe der Exegese wird abgeschüttelt, weil man die Rekonstruktion älterer Fassungen des Textes für unsicher und methodisch fragwürdig hält[138] oder die Vorgeschichte der Texte im Kontext literaturwissenschaftlich geprägter Ansätze ausblendet[139]. Auf diese Kritik sei kurz eingegangen.

Die Kritiker der diachronen Analyse machen für den Bereich der Gleichnisforschung geltend, was in ähnlicher Form der diachronischen Forschung insgesamt vorgehalten wird. Methodisch wird, ohne das Faktum von Veränderungen in den Texten gänzlich in Abrede zu stellen, die Möglichkeit bestritten, bei einzelnen Texten sekundäre Elemente sicher ausmachen und durch Subtraktion oder ein Schichtenmodell zwischen Tradition und Redaktion unterscheiden zu können.[140] Die Orientierung an einem Idealtyp von Gleichnissen sei nicht zu begründen.[141] Auf die Entscheidungen habe ein vorgegebenes Bild von Jesus und der Urgemeinde

---

[138] Vgl. z.B. *G. Sellin*, Lukas 169-171; *ders.*, Allegorie 405f; *B. Gerhardsson*, Parables 322.335; *K. Erlemann*, Bild 21-23.41-55 passim; *ders.*, Gleichnisauslegung 151-154.

[139] Vgl. z.B. *W. Carter – J. P. Heil*, Parables 1-17, bes. 8ff.

[140] Vgl. *P. Dschulnigg*, Gleichnisse 531; *K. Erlemann*, Bild 46 mit 48f.

[141] Vgl. *K. Erlemann*, Gleichnisauslegung 152. Zur Kritik einer Orientierung an der reinen Form in der Formgeschichte *K. Haacker*, Wissenschaft 57-61.

maßgeblichen Einfluss.[142] Das Verhältnis von Mündlichkeit und Schriftlichkeit ist auch ein Problem der Gleichnisüberlieferung. Ist nach Ansicht einiger Autoren wegen der Mündlichkeit eine Textrekonstruktion nicht möglich[143], so wird von anderen auf die vermeintliche Zuverlässigkeit der Überlieferungsprozesse verwiesen.[144] Methodisch wird bisweilen der Kontext der Evangelien als „wahre Situation" der Gleichnisse und als „im Verlauf der Interpretation ... vorrangig" verstanden[145] oder zumindest als angemessener Hinweis auf die Funktion der Gleichnisse akzeptiert.[146]

Die Kritik markiert in der Tat Problemfelder der diachronischen Analyse. Auf die Unsicherheiten der historischen Rekonstruktion mit einem völligen Verzicht auf diachronische Fragestellungen zu reagieren besteht keine Notwendigkeit, solange die Kriterien der Entscheidung transparent gemacht, die Möglichkeiten und Grenzen behutsam eingeschätzt und Unsicherheiten nicht verschleiert werden.[147] Insgesamt wird bei vielen Kritikern das Interesse deutlich, die Gleichnisse der Evangelien in Kontinuität zu den Gleichnissen Jesu zu begreifen.[148] Sie stehen damit ausdrücklich gegen Jülichers Missverständnisvorwurf. Das Recht, von einer substantiellen Kontinuität der Überlieferer mit Jesus als Prämisse auszugehen, ist nicht zu bestreiten, zumal sie dem Selbstverständnis der Evangelisten entspricht. Wer diese Option nicht nur setzen, sondern der Auseinandersetzung zugänglich machen will, kann einer diachronischen Diskussion der Texte nicht ausweichen. Jenseits historischer und philologischer Fragen ist von Kritikern wie Befürwortern der diachronischen Analyse schließlich auch gefordert, Rechenschaft darüber zu geben, welchen *theologischen* Stellenwert sie der diachronischen Analyse zusprechen. Die Notwendigkeit wird im Rahmen der Gleichnisforschung an *A. Jülichers* und *J. Jeremias'* theologischer Rückbindung an den irdischen Jesus ebenso sichtbar wie an der Betonung der zuverlässigen Überlieferung bei *B. Gerhardsson* oder *C. L. Blomberg*.

---

[142] So sehr massiv *K. Erlemann*, Bild 42f.44.46f.48. Vgl. auch den Projektionsvorwurf an die Jesusforschung, dazu *A. Schweitzer*, Geschichte; *A. von Scheliha*, Kyniker.

[143] Vgl. *B. B. Scott*, Hear 40f. Methodisch bleibe der Weg, die *originating structure* der Gleichnisse zu rekonstruieren, die der konkreten *perfomance* zugrunde liegt (vgl. auch ebd. 74f).

[144] Vgl. z.B. *C. L. Blomberg*, Gleichnisse 77-81.144. Prominente Vertreter dieser grundsätzlichen Kritik an der Formgeschichte sind *H. Riesenfeld*, The Gospel Tradition and its Beginnings. A Study in the Limits of 'Formgeschichte', London 1957; *B. Gerhardsson*, Memory and Manuscript. Oral Tradition and Written Transmission in Rabbinic Judaism and Early Christianity, Upsala 1961; *R. Riesner*, Jesus der Lehrer (WUNT II 7), Tübingen ³1988.

[145] *G. Sellin*, Lukas 171 bzw. *ders.*, Allegorie 406. Der Kontext hat Vorrang vor der ursprünglichen historischen Situation, weil die Gleichnisse als literarisch eingebundene Texte begegnen.

[146] Vgl. *K. Erlemann*, Bild 52; Gleichnisauslegung 153f.

[147] Vgl. *Th. Söding*, Wege 192-205.211-218.

[148] Vgl. *P. Dschulnigg*, Gleichnisse 531; *C. L. Blomberg*, Gleichnisse 144; *K. Erlemann*, Gleichnisauslegung 154.

3. Überlieferung und „Metaphorik" der Gleichnisse

Jülicher fasst die Veränderungen der Gleichnisse im Zuge der Überlieferung und das Verständnis der Texte, das hinter ihnen steht, unter dem Oberbegriff „Allegorie" zusammen und wertet die Identifizierung von Gleichnis und Allegorie als Missverständnis. Die beiden Schlagworte ziehen sich seitdem durch die gleichnistheoretische Diskussion. Immer wieder wird ein Gegensatz zwischen Gleichnis und Allegorie angenommen. Freilich ist die Zustimmung zu der Annahme, „dass in seinen [Jesu; ChM] Gleichnissen alles ‚eigentlich' zu nehmen ist", nicht so einhellig, wie Jülicher es sich im Vorwort der Ausgabe von 1899 wünscht.[149] Die Diskussion um die Frage, ob und worin der Gegensatz zwischen Gleichnis und Allegorie besteht, ist im Kern nicht eine Diskussion um die sprachliche Form der Gleichnisse. Eine Allegorie im Unterschied zu Gleichniserzählungen oder überhaupt zu Erzählungen allein durch sprachliche Merkmale zu beschreiben, fällt schwer. Im Hintergrund steht - das kristallisiert sich in der von Jülicher ausgelösten Diskussion sehr deutlich heraus - als das entscheidende Problem, wie die Referenz der Gleichnisse funktioniert. Die Stichworte „Allegorie" und „Gleichnis(erzählung)" stehen in der Diskussion für Prototypen solcher Referenzmechanismen.

Die neue gleichnistheoretische Diskussion ist bestimmt durch das Modell der „Gleichnisse als Metaphern". Es geht auf Anstöße von *Amos Niven Wilder[150], Robert W. Funk[151]* sowie – für die deutschsprachige Exegese sehr einflussreich – *Ernst Fuchs[152], Eberhard Jüngel[153]* und *Paul Ricoeur[154]* zurück. Eine einheitliche oder gemeinsame Metapherntheorie liegt den verschiedenen Beiträgen nicht zugrunde. Einig ist sich die jüngere Diskussion allerdings darin, die Metapher nicht mehr wie Jülicher einseitig als Substitutionsphänomen zu betrachten. Systematisierend können - mit *Ruben Zimmermann* - syntaktische, semantische und pragmatische Aspekte des „neuen" Metaphernverständnisses benannt werden.[155] Die Metapher besteht *syntaktisch* aus zwei Komponenten, die aufeinander bezogen werden, mit-

---

[149]   Gleichnisreden V.

[150]   Early Christian Rhetoric (1964).

[151]   Language, Hermeneutic, and the Word of God (1966). Das darin enthaltene Kapitel ‚The Parable as Metaphor' ist in deutscher Übersetzung abgedruckt in *W. Harnisch* (Hg.), Gleichnisforschung 20-58.

[152]   Hermeneutik (1954); Bemerkungen zur Gleichnisauslegung (1954); Jesus (1971); u.a.

[153]   Paulus und Jesus (1962); Metaphorische Wahrheit (1974); u.a.

[154]   Stellung und Funktion der Metapher in der biblischen Sprache (1974); Die lebendige Metapher (frz. 1975); Biblische Hermeneutik (engl.1975).

[155]   Vgl. zum Folgenden *R. Zimmermann,* Metapherntheorie, bes. 118-129. - Auf die kognitive Theorie der Metapher von Lakoff, Johnson u.a. wird unten noch kurz eingegangen.

einander agieren. Für die beiden Teile begegnen unterschiedliche Begriffe: Bildspender und Bildempfänger, 'tenor' und 'vehicle', u.a. *Semantisch* betrachtet besteht zwischen beiden Teilen eine Spannung. Der Sinn eines Textes entsteht in einem Prozess der Kohärenzbildung, in dem die möglichen Bedeutungen der einzelnen sprachlichen Zeichen durch das Zusammenspiel mit anderen im Text eingegrenzt werden. Die Bedeutung einer Komponente des Textes ist also durch die anderen Komponenten in gewisser Weise determiniert. „Eine Metapher liegt dann vor, wenn die semantische Kohärenzbildung in irgendeiner Weise gestört wird, d.h. wenn die Bedeutungspotenziale beider Komponenten sich nicht in gewohnter Weise aufeinander beziehen lassen und sich somit der Text-Sinn nicht sofort einstellt."[156] Dennoch stellt sich Verstehen ein, freilich nicht auf die gewohnte Weise, sondern durch eine - von der konventionellen Bedeutung der Komponenten ausgehende - Neukombination der semantischen Merkmale. Der Grad der Inkongruenz der beiden Komponenten kann unterschiedlich sein. Ist er hoch, wird von einer „kühnen" oder „lebendigen" Metapher gesprochen. Durch wiederholte Verwendung ist die Konventionalisierung einer Metapher möglich. Dies geschieht entweder so, dass der metaphorische Charakter der Metapher verblasst, oder indem die Metapher immer wieder neu belebt und variiert wird. Im zweiten Fall bildet sich durch die Variation ein Bildfeld heraus.[157] *Pragmatisch* gesehen ist die Metapher schließlich ein Verstoß gegen Regeln und Konventionen der Kommunikation.[158] Der Verstoß - gegebenenfalls im Verbund mit anderen Signalen - setzt den „metaphorischen" Interpretationsprozess in Gang.

Das skizzierte Metaphernverständnis, das die Metapher ganz anders bewertet als Jülicher, zum Modell für die Referenzprozesse von Gleichnissen zu machen, hat Auswirkungen für das Verständnis der Gleichnisüberlieferung und für die Debatte um das Verhältnis von Gleichnis und Allegorie. Die Frage, wie sich die Referenz der Gleichnisse im Zuge ihrer Überlieferung verhält, muss neu gestellt werden, wenn man nicht mehr mit Jülicher von einer Verwechslung von Gleichnis und Allegorie - und das bedeutet letztlich von Vergleich und (Substitutions-) Metapher - ausgehen kann. Hans-Josef Klauck und Hans Weder verstehen von bestimmten Metaphernkonzepten ausgehend die Gleichnisüberlieferung nicht länger als einen Bruch mit der Gattung Gleichnis. Zur Problematisierung sei ihnen die Position von Wolfgang Harnisch gegenübergestellt, der Jülichers Vorwurf, die Gleichnisse würden in den Evangelien als Allegorien behandelt, auf der Grundlage eines an Metaphern orientierten Modells erneuert.

---

[156] *R. Zimmermann*, Metapherntheorie 122.
[157] Das Konzept geht zurück auf *H. Weinrich* (vgl. *ders.*, Sprache 276-290).
[158] Ausführlicher als Zimmermann dazu auch *Chr. Kähler*, Jesu Gleichnisse 26-30.

a) Hans-Josef Klauck: (konventionalisierte) Bildfelder als Schlüssel zu Gleichnisproduktion und -überlieferung

Hans-Josef Klaucks Dissertation ist der Versuch einer religionsgeschichtlich wie literaturwissenschaftlich fundierten Neubewertung des Phänomens ‚Allegorie'.[159] Die Impulse sind von *Bernhard Heininger, Kurt Erlemann* und anderen aufgenommen worden. Klauck unterscheidet Allegorie, Allegorisierung und Allegorese. Er versteht die *Allegorie* nicht als Gattung, sondern als einen grundlegenden Modus der Textproduktion[160], in dem u.a. mit Hilfe von Metaphern Texten eine symbolische Dimension verliehen wird. Dieses literarische Verfahren ist nach Klauck auch in den Gleichnissen Jesu zu beobachten.[161] Dabei gibt es unterschiedliche Ausformungen der Allegorie, je nachdem, ob die Erzählung von der Sache dominiert wird oder ob das Bild und seine Plausibilität im Vordergrund stehen. Eine gewisse Idealstellung nimmt in einem solchen Schema ein Werk ein, das beiden Aspekten gleichermaßen gerecht wird.[162] Die bei vielen synoptischen Gleichnissen in der diachronen Analyse zu beobachtende Anreicherung allegorischer Elemente *(Allegorisierung)* bewegt sich im Rahmen eben dieses Verfahrens.[163] Sie bedeutet keineswegs einen Wechsel der Gattung, mithin wenn überhaupt, dann zumindest kein so gravierendes Missverständnis des Wesens der Gleichnisse, wie Jülicher annahm.[164]
Von Allegorie und Allegorisierung ist die *Allegorese*, d.h. die allegorische Auslegung von Texten zu unterscheiden. Im Unterschied zur Allegorie ist die Allegorese ein exegetisches Verfahren.[165] Von der Allegorisierung unterscheidet sich die Allegorese dadurch, dass erstere auf der Bildebene verbleibt, sie weiter ausspinnt und in dieser Form deutet, während letztere die Bilder in begriffliche Sprache auflöst.[166] Sie kommt in der synoptischen Tradition nur in der Auslegung der Sämann-Parabel (Mk 4,14-20 parr) und in der daran anknüpfenden Deutung des Gleichnisses vom Unkraut unter dem Weizen (Mt 13,37-

---

[159] Vgl. die Zielformulierung in der Einleitung und den forschungsgeschichtlichen Durchgang (Allegorie 1 bzw. 4-31).
[160] Vgl. Allegorie 134.354f; im Anschluss an ihn auch *K. Berger,* Gattungen 1123; *K. Erlemann,* Gleichnisauslegung 90f.
[161] Vgl. Allegorie 357f; vgl. 135; auch *K. Berger,* Gattungen 1124.
[162] Vgl. Allegorie 134-136.
[163] Zusammenfassend Allegorie 356-358; auch *K. Berger,* Gattungen 1123f.
[164] Vgl. Allegorie 358; ähnlich *K. Erlemann,* Gleichnisauslegung 153.
[165] Vgl. zusammenfassend 355; Klauck begründet die Unterscheidung im Rückgriff auf antikes Vergleichsmaterial, in dem allegorische Textproduktion und allegorische Exegese ursprünglich voneinander unabhängige Verfahren gewesen seien; vgl. ebd. 32-130.355f. Der Differenzierung schließen sich an *K. Berger,* Gattungen 1124; *K. Erlemann,* Gleichnisauslegung 91 u.a.
[166] Vgl. Allegorie 146.

43) vor.[167] Diese Texte, so betont Klauck, sind im Sinne keines der
drei Synoptiker als Musterexegesen für die übrigen Gleichnisse gedacht.[168]
Damit ist das Tor zu einer neuen Sicht der Gleichnisüberlieferung
aufgestoßen, denn Jülichers entscheidende Fehleinschätzung „besteht
darin, daß er die Allegorese undifferenziert aus der Allegorie ableitet
und beide miteinander verwirrt."[169] Als ein alternatives Modell zur
Beschreibung von Gleichnisproduktion und -überlieferung greift
Klauck nun das v.a. von Harald Weinrich vorgetragene Konzept des
Bild- oder Metaphernfeldes auf.[170] Dieses geht davon aus, das mit einer Metapher (wie z.b. Wüstenschiff für ein Kamel) eine Reihe weiterer Bilder und Vorstellungen assoziativ verbunden sind, so dass ein
Feld von Bildern und Metaphern besteht. Das Assoziationsfeld kann in
gewissem Rahmen traditionell vorgegeben sein. Es besteht aber auch
jederzeit die Möglichkeit zu neuen Verknüpfungen und Erweiterungen
des Assoziierten; eine Metapher lässt sich entlang ihres Bild- oder
Metaphernfeldes „ausspinnen". Gleichnisse werden von Klauck als in
narrativer Form ausgesponnene Metaphern (v.a. traditionell-religiöser
Herkunft) bestimmt.[171] Die Bildfeldtheorie bietet aber nicht nur ein
Modell für die Gleichnis*produktion* Jesu, zugleich hilft sie auch, die
allegorisierende Textüberlieferung späterer Generationen als ein
Ausspinnen entlang dem metaphorischen Feld zu verstehen.[172] Für die
Allegorese Mk 4,14-20 macht Klauck dagegen einen anderen
Hintergrund geltend. Sie gehe auf eine christliche Rezeption des Mus-
ters der Traumauslegung aus apokalyptischer Literatur zurück.[173]

---

[167] Vgl. Allegorie 359f (ausführlicher zur Exegese von Mk 4,14-20 parr ebd. 200-
209).
[168] Vgl. Allegorie 259.360 sowie die Ausführungen zur sog. Parabeltheorie, ebd.
245-253.360f.
[169] Allegorie 356.
[170] Vgl. Allegorie 141-143, sowie *H. Weinrich*, Sprache 276-290. (Der Aufsatz
wurde erstmals 1958 veröffentlicht.) Vgl. auch *B. Heininger*, Metaphorik 18-21.
[171] Vgl. Allegorie 142f, außerdem ebd. 28f; auch *B. Heininger*, Metaphorik 26-30,
bes. 27f, *G. Theißen/A. Merz*, Jesus 296. Auch *Chr. Kähler* beschreibt die Bedeutung der Bildfelder (v.a. konventioneller Metaphern) für die Produktion und
Rezeption gleichnishafter Texte (Jesu Gleichnisse 25). Im Falle der Gleichnisse
Jesu spielen Bildfelder für Kähler aber offenbar weniger in der Ursprungssituation
(Jesus und seine Hörer) als vielmehr in der weiteren Überlieferungsgeschichte eine
Rolle (s.u. Anm. 172).
[172] Vgl. Allegorie 143.145.358; auch *Chr. Kähler,* Jesu Gleichnisse 75 („Das aber
bedeutet, daß das allegorisierende Spiel mit der vorgegebenen Bildwelt einen
nahezu zwangsläufigen Prozeß darstellt, der nicht puristisch zensiert werden kann";
unter Verweis auf Klauck; im Kontext geht es um die Überlieferung der
Gleichnisse, vgl. ebd. 74f).
[173] Vgl. Allegorie 201.204-206.359f. Ähnlich *K. Berger*, Frage 74-76; Gattungen
1123.

Auswertung: Klaucks Begriff von 'Allegorie' als einer literarischen und poetischen Verfahrensweise, die in verschiedenen Gattungen verwendet werden kann, steht quer zum üblichen Verständnis in der deutschsprachigen Exegese. Er wird vorsichtig rezipiert und berührt sich mit Entwicklungen in einigen Teilen der englischsprachigen Exegese.[174] Einerseits bedeutet der Begriff eine Ausweitung. Die Allegorie wird „klassischerweise" in der Gleichnisforschung als eine von der Sache dominierte bildhafte Rede verstanden[175], bei der (oft) Entsprechungen in mehreren Einzelpunkten zwischen Bild und Sache den Verstehensschlüssel bieten.[176] Nach Klauck ist dies nur eine spezielle Erscheinungsform allegorischer Rede („naive Allegorie/naive Bilderschrift"[177]). Andererseits besteht nun kein fundamentaler[178], sondern nur eine gradueller Unterschied zwischen den Gleichnissen der synoptischen Tradition und solchen Allegorien.

Die Abschwächung des Gegensatzes dürfte unmittelbar damit zusammenhängen, dass Klauck anders als Weder, Harnisch und viele neuere Beiträge[179] dem Erzählen in den Gleichnissen eine relativ geringe Bedeutung zumisst - möglicher Weise auch infolge der Textauswahl[180]. Das Erzählen ist gegenüber der grundlegenden Metapher (oder dem Metaphernfeld) ein sekundärer Aspekt. Die Allegorisierung von Gleichnissen wird v.a. mit geprägter Metaphorik (sowie mit der Kontextualisierung in den Evangelien) erklärt, nicht aber mit dem Phänomen Erzählung in Verbindung gebracht. Die Allegorisierung bedeutet eine Verschiebung in Richtung naiver Bilderschrift[181], so dass der Zusammenhang der „Bildhälfte" im Zuge der Überlieferung noch weiter an Bedeutung verliert. Dass das in allen Fällen stimmt, sei in Frage gestellt. Die Metaphern der Gleichnisse gehören z.B. keineswegs immer nur einem Bildfeld an. Für ihre Zuordnung und ihre Vermittlung

---

[174] Vgl. *M. Boucher*, Parable, bes. 17-25; *C. L. Blomberg*, Gleichnisse 15-54; auch *J. W. Sider*, Analogy (bes. 16-21 und 22).

[175] Vgl. neben *H. Weder* (s.u. Abschnitt A.II.3.b) auch *D. O. Via*, Gleichnisse 17; *G. Sellin*, Allegorie 391f u.a.

[176] Vgl. zu Jülicher und zur frühen Auseinandersetzung mit ihm oben die Auswertung zu A.II.1; außerdem *D. O. Via*, Gleichnisse 17; *G. Sellin*, Allegorie 389-391.

[177] Ersterer ist ein Begriff von *N. Frey*, den Klauck aufnimmt (Allegorie 134, vgl. auch ebd. Anm. 14), der zweite findet sich ebd. 135. - Auch *D. Massa* bescheinigt der Mehrheit unter den Exegeten eine reduktionistische Definition der Allegorie (vgl. Verstehensbedingungen 317-326, hier 325).

[178] Vgl. neben Weder und Harnisch (s.u. Abschnitt A.II.3.b und c) auch *D. O. Via*, Gleichnisse 33f; *G. Sellin*, Allegorie (die These ebd. 375).

[179] Vgl. z.B. *F. Vouga*, Jesus 76-85; *E. Rau*, Reden, bes. 26-107; *M. Wolter*, Erzählungen; *K. Erlemann*, Gleichnisauslegung 179-190.

[180] Klaucks Kriterium (alle Texte aus dem MkEv, „die im weiteren Sinn als Gleichnisse anzusprechen sind"; vgl. Allegorie 1) führt dazu, dass viele der großen erzählenden Gleichnisse außen vor sind.

[181] Vgl. Allegorie 358.

miteinander spielt die erzählte Geschichte, in die sie eingebunden sind, eine wesentliche Rolle. Wenn Klauck die ausdrücklichen Allegoresen der Synoptiker für keines der Evangelien als Musterdeutungen gelten lässt, vertritt er eine zu Jülicher genau konträre Position. Allegorisierung und Allegorese aber so weit auseinander zu rücken, kann - wie zu zeigen sein wird - aus Sicht des Matthäusevangeliums nicht überzeugen.

Klaucks Überlegungen zu den Bildfeldern stellen trotz dieser mutmaßlichen Einseitigkeiten einen wesentlichen Beitrag zum Verständnis der Überlieferungsprozesse von Gleichnissen dar. Im Unterschied zur Formgeschichte werden hier nicht allein die äußeren Einwirkungen in den Blick genommen, sondern die literarischen Veränderungen auch aus der Gattung selbst heraus verständlich gemacht. Klauck konzentriert sich mit der Bildfeldtheorie auf einen bestimmten Aspekt von Metaphern. Im Vergleich mit Hans Weder ist darauf zurückzukommen.

b) Hans Weder: Vom vollmächtigen Sprecher der Gleichnisse zum explizierten Christus in den Gleichnissen

Hans Weder macht den unlösbaren Zusammenhang zwischen Sprecher, Form und Botschaft der Gleichnisse Jesu zum Schlüssel für die nachösterliche Gleichnisüberlieferung. Er beschreibt zunächst die Gleichnisse nach dem Modell einer metaphorischen Prädikation mit dem Schema Subjekt – Kopula – Prädikat(snomen): Gottesherrschaft – ist wie – Gleichniserzählung.[182] „Metaphorisch" ist diese Prädikation, weil sie wie die Metapher[183] zwei Sinnhorizonte in Beziehung setzt, die nach üblichen Maßstäben (resp. im Falle der Basileia-Gleichnisse: prinzipiell) unvereinbar sind.[184] Als solche vermögen Metaphern resp. Gleichnisse etwas zur Sprache zu bringen, das anders, unmetaphorisch nicht gesagt werden kann. Gleichnisse sind in diesem Sinne unersetzbar und unübersetzbar.[185]

Das Verstehen und Bejahen einer Metapher ist nun aber an bestimmte Bedingungen geknüpft. Es setzt ein Vertrautsein mit beiden Teilen der Prädikation, Subjekt und Prädikat, bei den Adressaten voraus.[186] Angewandt auf die Gleichnisse heißt das, dass sowohl die Vorgänge in der Gleichniserzählung (Prädikat) als auch die Basileia (Subjekt) den Adressaten der Gleichnisse im Sinne eines Vorverständnisses vertraut

---

[182]   Vgl. Gleichnisse 59-62; Hermeneutik 183ff. Weder greift mit dem Modell auf Eberhard Jüngel und Paul Ricoeur zurück.

[183]   Vgl. Gleichnisse 63f.66.

[184]   Vgl. Metapher 390f; Gleichnisse 62.

[185]   Vgl. Gleichnisse 63-65; Metapher 387.390.

[186]   Vgl. Gleichnisse 63.66f.80-82. Ohne zu wissen, was ein Wolf ist, ist die Aussage „Der Mensch ist ein Wolf" unverständlich. Wer Achill nicht kennt, kann die Wahrheit der Aussage, Achill sei ein Löwe, nicht ermessen.

sein müssen.[187] Für die Gleichniserzählung, die auf die Realität und die Erfahrungen dieser Welt zurückgreift, ist das Vertrautsein evident. Die Basileia aber ist eine transzendente Größe. Wie sie ihrem Wesen nach beschaffen ist, kann der Mensch nicht von sich aus erkennen, er muss von Gott mit ihr vertraut gemacht werden. Nach Weder geschieht dies indirekt durch die Gleichniserzählung, da an ihr - an ihrem durch Steigerung und Extravaganzen gebrochenen Realismus - im Modus der Fiktion[188] abzulesen ist, wie die Welt beschaffen ist, wenn die Gottesherrschaft ihr nahekommt. Als eine „notwendige Ergänzung"[189] stellt nun überdies Jesu Verhalten die Vertrautheit her, weil in diesem Verhalten die Gottesherrschaft in die Nähe zur Welt gelangt *ist* und „konkret erfahrbar wird"[190]. Das Verhalten Jesu ist insofern „Rahmen"[191] und „Verständnisbedingung"[192] der Gleichnisse Jesu, „als es jene Bekanntschaft mit der Basileia herstellt, die für den Hörer seiner Gleichnisse zum Nachvollzug der in ihnen vollzogenen meta-phorischen Prädikation notwendig ist."[193] Umgekehrt explizieren die Gleichnisse das Verhalten Jesu, indem sie auf Gottes nahekommende Herrschaft verweisen, und bringen es so zur Eindeutigkeit.[194] „[D]ie Gleichnisse sind über ihr Subjekt, nämlich die Gottesherrschaft, mit der Person des historischen Jesus unlösbar verbunden."[195]

Aus diesen Überlegungen folgt der Leitsatz zu Weders Verständnis der Gleichnisüberlieferung: „Die Gleichnisse der Gottesherrschaft werden nachösterlich zu Gleichnissen über Jesus, weil dieser die Nähe der Basileia so ansagte, daß nach der Auferweckung des Gekreuzigten die Nähe Gottes zur Welt nicht mehr unter Absehung von jener Ansage ausgesagt werden konnte." Daraus folgert Weder „die These, daß die christologische Interpretation als die notwendige Folge der ge-schichtlichen Wende vom Kreuz zur Auferweckung die den Gleich-nissen Jesu angemessene Interpretation darstellt."[196] Weil die Gleich-nisse auch nach Ostern – angemessener- und notwendigerweise! – als

---

[187] Vgl. zum Folgenden Gleichnisse 82-85, bes. 84f; Hermeneutik 198-203.
[188] Vgl. Gleichnisse 79.
[189] Gleichnisse 84.
[190] Gleichnisse 275.
[191] Gleichnisse 84.
[192] Gleichnisse 275.
[193] Gleichnisse 84; vgl. ebd. 275f; Hermeneutik 201f.
[194] Vgl. Gleichnisse 94f.275; Hermeneutik 202.
[195] Gleichnisse 95. - Dass die so im Kontext des Wirkens Jesu verständlichen Gleichnisse die Wahrheit sagen, d.h. dass sie die Nähe der Gottesherrschaft wirk-lich herstellen, ist damit freilich noch nicht gegeben. Erst durch die Auferweckung wird erwiesen, dass „Gott in Jesu Wort und Tat in Wahrheit zur Welt gekommen ist". In diesem Sinne kann Weder dann davon sprechen, dass die „aus jenem Ge-schehen ermöglichte Grundmetapher ‚Jesus ist Christus' ... das Wahrheitskriterium ... der Gleichnisse Jesu (ist)." Vgl. Gleichnisse 85, die Zitate ebd.; vgl. auch Her-meneutik 200f mit ähnlichen Formulierungen.
[196] Beide Zitate Gleichnisse 96; vgl. ebd. 87.276.

Gleichnisse Jesu tradiert wurden, konnten und mussten sie christologisch interpretiert werden.[197] Konkret geschieht dies dadurch, dass
Metaphern, die in den Gleichnissen ursprünglich Gott meinen, auf Jesus bezogen (z.B. Lk 15,4-7), neue Züge in das Gleichnis eingebracht
(etwa der Sohn des Königs in Mt 22,2) oder Gleichnisse über das
Gottesreich zu Gleichnissen über Jesus werden (z.B. Mk 4,3-9).
Zum Verständnis des Vorgangs kann Weder wieder auf die Metapher
als Modell verweisen. Sie „hat ein Potential an Implikationen, an
Konnotationen, die nicht beliebig ausgetauscht werden können, die
sich zwar ständig anbieten, aber auch so lange unausgenutzt liegen
können, bis sie jemand benötigt."[198] Die Überlieferungsgeschichte der
Gleichnisse nutzt dieses Implikationspotential. Die Gleichnisse nehmen durch seine Aktivierung neue Assoziationen in sich auf und er-
möglichen in veränderten Situationen die Verknüpfung von neuen mit
alten, bereits gedeuteten Erfahrungen.[199] „Die Gleichnisse Jesu haben
eine Geschichte und machen Geschichte."[200] Textlich schlägt sich dies
eben in der metaphorischen Deutung von Einzelzügen und im Einbringen neuer Einzelzüge nieder.[201] Einen Gattungswechsel vom
Gleichnis zur Allegorie, an deren Unterscheidung Weder festhält[202],
bedeutet eine solche Bearbeitung nicht, weil die Grenze der Unterord-
nung von „allegorischen" Einzelzügen unter den Erzählzusammenhang
nicht überschritten wird.[203] Die Bearbeitung bleibt im Rahmen des
Metaphorischen.[204]

Weder sieht als Konsequenz der christologischen Interpretation der Gleichnisse
noch drei weitere Grundlinien ihrer nachösterlichen Überlieferung:
(1) Einige Gleichnisse, die einen eigentlich streng metaphorisch aufzufassenden
direkten Zusammenhang zwischen der Gegenwart Jesu und der Zukunft Gottes
herstellen, werden quasi beim Wort genommen und als geschichtliche Abrisse interpretiert (z.B. Mk 12,1-12; Mt 13,24-30). Die Gemeinde bezieht die Gleichnisse
in der christologischen Interpretation etwa auf den Tod, die Auferweckung oder die
Parusie Jesu, so dass sich auch die (heils)geschichtliche Interpretation anderer

---

[197] Vgl. Gleichnisse 276f; Hermeneutik 202f.
[198] *H. Blumenberg,* Beobachtungen 192, zitiert bei *H. Weder,* Gleichnisse 72.
[199] Vgl. Gleichnisse 72f.
[200] Gleichnisse 74
[201] Vgl. ebd. 73.
[202] Zu *H. Weders* Allegorie-Verständnis vgl. Gleichnisse 69-72. Entscheidend ist
       für Weder, dass im Gleichnis metaphorisch bedeutsame Einzelzüge, mit denen er
       im Unterschied zu Jülicher rechnet, dem Zusammenhang *der Gleichniserzählung*
       untergeordnet bleiben, während sie bei der Allegorie primär nach außen verweisen
       und es auf den Zusammenhang *der gemeinten Sache* ankommt. Das ist nahe bei
       Jülichers oben skizzierter Sicht, insbesondere seinen Ausführungen im Zusam-
       menhang mit der Deutung des Sämann-Gleichnisses. Im Unterschied zu Jülicher ist
       für Weder der verhüllende Charakter der Allegorie jedoch nicht wesentlich (a.a.O.
       71).
[203] Vgl. Gleichnisse 74f.
[204] Vgl. Gleichnisse 72.

Elemente im Gleichnis nahelegte. Die so interpretierten Gleichnisse bieten Raum, das geschichtliche Selbstverständnis der christlichen Gemeinden zu formulieren.[205] (2) Wenn die Gleichnisse den Gott Jesu Christi zu verstehen geben, dann erscheinen auch die Menschen selbst in neuem Licht. Diese neue Sicht impliziert eine neue Praxis. Dieser ethische Aspekt der Gleichnisse schlägt sich in der paränetischen Auslegung einiger Gleichnisse nieder.[206] (3) Das dialektische Verhältnis zwischen Zukunft Gottes und Gleichnisverkündigung Jesu wird durch Jesu Auferweckung eindeutig gemacht, so dass in vielen Gleichnissen der Evangelien nun eine Gewissheit über die von Gott bereitete Zukunft zum Ausdruck kommt.[207]

Auswertung: Weders Entwurf hat hinsichtlich seiner Beschreibung der Gleichnisse als Teil des Wirkens Jesu Kritik hervorgerufen.[208] Aber auch mit Blick auf das in der Forschung seltener zur Kenntnis genommene Modell der Gleichnisüberlieferung stellen sich Fragen bzw. weiterer Klärungsbedarf ein[209].

Weder und Klauck liegen mit ihren Modellen für den Überlieferungsprozess nahe beieinander. Beide rekurrieren an entscheidender Stelle auf das unabgeschlossene Assoziationspotential von Metaphern. Ihre Überlegungen sind für das Matthäusevangelium auf jeden Fall relevant, da Matthäus bereits allegorisierte Gleichnisse (z.B. Mk 12,1ff) und die Auslegung des Sämann-Gleichnisses vorgelegen haben. Seine Gleichnisrezeption steht also unter der Voraussetzung, dass (einige) Gleichnisse deutbare Einzelzüge haben und in diesem Sinne metaphorisch sind. Klauck betont den konventionellen Charakter der Metaphorik, Weder ihre innovative, hermeneutische Kraft. Klauck räumt die

---

[205] Vgl. Gleichnisse 277-279, bes. 278.
[206] Vgl. Gleichnisse 279f.
[207] Vgl. Gleichnisse 282f.
[208] Der bei Weder sehr pointiert herausgestellte Bezug der Gleichnisse auf das Reich Gottes ist in der Exegese weitgehend akzeptiert, aber nicht völlig unstrittig (vgl. etwa *F. Vouga,* Jesus). Gegen Weder wie gegen andere Vertreter der neuen Hermeneutik ist der Vorwurf erhoben worden, sie überschätzten und verabsolutierten die Wirklichkeit schaffende Kraft von Metaphern und Gleichnissen (vgl. z.B. *K. Erlemann,* Gleichnisforschung 5f; auch *G. Sellin,* Allegorie 411-413, hier allerdings zu Jüngel). Das Modell der metaphorischen Prädikation steht neben anderen Bestimmungen der Metaphorizität von Gleichnissen und ist aus exegetischen wie systematischen Gründen kritisiert worden (vgl. die Kritik bei *W. Harnisch,* Gleichniserzählungen 167-176; *E. Rau,* Reden 53-73, bes. 72f, und *D. Massa,* Verstehensbedingungen 289-294, lehnen das Prädikat „metaphorisch" für Gleichnisse gänzlich ab). Schließlich wird gefragt, worin denn die Gleichnisfähigkeit der Welt, d.h. ihre Eignung, als Bild oder Erzählung von der Basileia zu dienen, gründet, wenn die Transzendenz der Basileia eine derart tiefgreifende Differenz zwischen Gottesherrschaft und Welt bedeutet, wie Weder dies annimmt (vgl. *Th. Söding,* Gleichnisse 88-90).
[209] Lobende Erwähnung findet es bei *K. Erlemann,* Gleichnisauslegung 37.153f; *Chr. Kähler,* Gleichnisse 107f, eine sehr kritische Auseinandersetzung damit bei *W. Harnisch,* Gleichniserzählungen 313; aus Sicht des *canonical approach* vgl. *B. S. Childs,* Canon 539f.

Grenze seines Ansatzes ein: Die kognitive Rolle der Metapher als Instrument der Wirklichkeitsbewältigung komme zu kurz, und über das anfängliche Zustandekommen der Bildfelder sage das Modell nichts aus. Es scheint ihm aber den stark traditionell geprägten Metaphern der biblischen Tradition, die auch vielen Gleichnissen zugrunde liegen, besonders angemessen.[210] Die Konventionalisierung einer Metapher und die Ausbildung eines Bildfeldes bedeutet nicht notwendig den Verlust der metaphorischen Qualität, auch wenn die Metapher vielleicht an Reiz verliert.[211] Eine Ergänzung (oder Akzentverschiebung) zur Bildfeldtheorie, die das Entstehen und Erweitern von Bildfeldern vielleicht besser erfassen kann, bietet das Metaphernkonzept von *G. Lakoff* und *M. Johnson*.[212] Danach funktioniert die kognitive Wahrnehmung nach einem metaphorischen Prinzip. Die Wahrnehmung eines Teiles der Wirklichkeit wird strukturiert durch Konzepte, die einem anderen Bereich entnommen sind. „The essence of Metaphor is understanding and experiencing one kind in terms of another."[213] Auf diese Weise entsteht ein System von grundlegenden Kategorien, dass zur Strukturierung der Wahrnehmung dient.[214] Ein Beispiel für eine solche Strukturierung wäre die Wahrnehmung einer Diskussion mit Hilfe des Konzeptes 'Krieg': *Schwachstellen* einer Argumentation werden *attackiert, Positionen* werden *verteidigt;* jemand *steht* mit seiner Ansicht auf *verlorenem Posten,* eine *Strategie* wird verfolgt, Argumente des Gegenübers werden *niedergemacht* etc. (vgl. auch 2Kor 10,3-6).[215] Die Berührungen mit der Bildfeldtheorie sind deutlich, das Beispiel ließe sich - anders akzentuiert - auch als Ausspinnen entlang eines Bildfeldes beschreiben. Wie Matthäus tatsäch-

---

[210] Vgl. *H.-J. Klauck,* Allegorie 143. - *B. Heininger* kombiniert in stärkerem Maße das Bildfeld-Konzept mit dem Spannungsmodell: Als Ursprung eines jeden Gleichnisses sieht er die spannungsvolle Kombination zweier semantischer Konzepte, aus deren Wechselspiel eine Erzählung entsteht, „wobei es von Vorteil ist, wenn der Erzähler auf ein ausgeprägtes Bildfeld zurückgreifen kann" (Metaphorik 27).

[211] Vgl. *R. Zimmermann,* Metapherntheorie 124 mit 126; zur „Biographie" von Metaphern auch *Chr. Kähler,* Gleichnisse Jesu 30-33.

[212] *Dies.,* Metaphors We Live By (1980) [vgl. auch die deutsche Übersetzung: Leben in Metaphern]. Aus exegetischer Sicht zu diesem Metaphernkonzept *D. Massa,* Verstehensbedingungen 282-288.330 und vor allem *J. Liebenberg,* Language, bes.92-153.

[213] *G. Lakoff/M. Johnson,* Metaphors 5 (vgl. *dies.,* Leben 13).

[214] Auch *H. Weinrich* sieht allerdings die durch das Erlernen der Sprache und durch die Literatur vermittelte gemeinsame Teilhabe an den Bildfeldern eines Kulturkreises und notiert: „So wird nun verständlich, daß unser Weltbild entscheidend von unseren Bildfeldern ... bestimmt ist." (Sprache 288).

[215] Dieses Beispiel nach *D. Massa,* Verstehensbedingungen 284, vgl. *G. Lakoff/M. Johnson,* Leben in Metaphern 12; *J. Liebenberg,* Language 95f (hier auch der Hinweis auf 2Kor).

lich mit Metaphern und ihrem Assoziationspotential, mit biblisch geprägten Bildfeldern und Konzepten umgeht, ist zu prüfen.
Bei Weder hat das Gleichnis als Erzählung einen höheren Stellenwert.
Er ordnet für die ursprünglichen Gleichnisse Jesu die metaphorisch
bedeutsamen Einzelzüge der metaphorischen Gesamtstruktur unter. Sie
seien „*nur* im Ganzen der Erzählung von Bedeutung".[216] Die Un-
terordnung, die den Unterschied zwischen Gleichnis und Allegorie
markiert, bleibt auch auf der Ebene der Evangelien erhalten. Diese im
Vergleich zu Klauck ganz andere Verhältnisbestimmung unterstreicht
noch einmal die Notwendigkeit, nach dem Erzählcharakter der
Gleichnisse im Evangelium und nach dem Verhältnis von Metaphorik
und Erzählung zu fragen. In der Forschung nach Weder konzentriert
sich W. Harnisch ganz auf die Gleichnis*erzählung* und schreibt deutbare Einzelzüge der späteren, allegorisierenden Überlieferung zu. Andere neuere Arbeiten sehen ein Zusammenwirken von konventionellen
Metaphern und Erzählung.[217]
Weder denkt stark vom Einzelgleichnis her und präsentiert entsprechend die Traditionsgeschichte. Stärker wäre auf der Ebene der Evangelien der engere und weitere Kontext der Gleichnisse zu berücksichtigen. Auf diese Notwendigkeit deuten etwa die Arbeiten von J. D.
Kingsbury u.a. zu den matthäischen Gleichnissen hin.[218] Sie ergibt
sich aber auch aus Weders Entwurf selbst. Weder hebt den Bezug der
Gleichnisse Jesu zur Basileia hervor, der nachösterlich christologisch,
aber auch heilsgeschichtlich, ethisch oder futurisch-eschatologisch
transformiert wird. Die Themenangabe 'Himmelreich' gibt es auch bei
Matthäus in etlichen Gleichniseinleitungen. Diese Einleitungen sind
aber nur ein Element neben erzählten Situationen, deutenden Anfü-
gungen am Ende der Gleichnisse u.a., die zur Interpretation der
Gleichnisse einen Beitrag leisten. *Literarisch* betrachtet erweist sich
der Bezug als ein sehr vielschichtiges Phänomen.
Weders Entwurf stellt heraus, dass die Gleichnisse von ihren Ursprün-
gen an und offenbar auf allen Ebenen der Überlieferung Gleichnisse
Jesu sind. Dies ist nirgendwo sonst, auch nicht bei Jülicher, so konsequent gesehen und ausgewertet worden.[219] Weder macht in der vor-

---

[216] Gleichnisse 97.
[217] *D. Massa* spricht den bei Ricoeur, Harnisch u.a. zentralen narrativen Elemente
nur eine Referenz auslösende Funktion zu (Verstehensbedingungen 210-212.360).
Die inhaltliche Richtung der Sinnbildung im Gleichnis wird durch andere Faktoren,
v.a. durch Wortfelder bestimmt (ebd. 297-350). *J. Liebenberg* dagegen sieht ein
Zusammenwirken von *story,* Kontext und konventioneller Metaphorik (vgl. seine
Gleichnisdefinition Language 157). *K. Erlemann* versucht eine Vermittlung, indem
er der bildinternen Pointe eine kriterielle oder ordnende Funktion für die Deutung
von Einzelzügen zuspricht (vgl. Gleichnisauslegung 93.194).
[218] Vgl. aber auch *H. J. Klauck,* Allegorie 358.
[219] *F. Vouga* (Parabeln 154) weist auf eine Gemeinsamkeit zwischen der Jesusüberlieferung und der Tradierung von Fabeln bei Phaedrus hin: wie jene ausdrück-

österlichen Situation die Person Jesu zur Verstehensbedingung der
Gleichnisse. Das hat mit dem transzendenten Wesen der Basileia, mit
der speziellen Rolle Jesu und mit dem (notwendig) metaphorischen
Charakter der Gleichnisse zu tun. Die enge Verknüpfung von Sprecher,
Form und Thema wäre auf der Ebene des Wirkens Jesu zu diskutieren.[220] Weder fragt nicht noch einmal danach, ob und wie die
Gleichnisse nach Ostern verstanden werden können. Die *crux* liegt
darin, dass Weder das *Verhalten* Jesu zur Verstehensbedingung erklärt,
weil es die Bekanntschaft der Basileia herstellt (!) und erfahrbar (!)
macht. Diese Bedingung ist nun nach dem Tode Jesu nicht mehr
unmittelbar erfüllt. Die Frage bricht auf, wie nun die Gleichnisse verstanden werden können. Füllt das Evangelium, die „Jesusgeschichte",
die entstandene Lücke?[221] Die Rezeption der Parabeltheorie durch
Matthäus zeigt, dass die Frage nach dem Verstehen der Gleichnisse
nicht künstlich auf das Evangelium übertragen wird, sondern durchaus
virulent ist. Ob Weders Überlegungen für das Verständnis der Gleichnisse im Matthäusevangelium hilfreich sind, muss sich zeigen. Auch
nach Wolfgang Harnisch (s.u.) ist zumindest nachösterlich die Person
Jesu der Schlüssel des Gleichnisverständnisses.

c) Wolfgang Harnisch: Metaphorischer Sprachverlust im christologischen Sprachgewinn

Gegenstand von Wolfgang Harnischs Untersuchung sind die Parabeln
(unter Einschluss der Beispielerzählungen[222]). Er bestimmt diese
Gattung durch zwei Merkmale. Erstens sind sie *dramatische Gleich-*

---

lich als *Jesu* Gleichnisse überliefert werden so diese als *äsopische* Fabeln. Vgl.
außerdem die Ansätze bei *G. Eichholz*, Gleichnisse 49f, sowie *P. Dschulnigg*,
Gleichnisse 14f.597-603, der im Vergleich mit den rabbinischen Gleichnissen der
PesK auf die Konstanz des Sprechers bei ntl. Gleichnissen hinweist. Dschulnigg
reflektiert die Beobachtung allerdings nicht in überlieferungsgeschichtlicher Hinsicht. - Die Sprecherbindung und ihre theologische und traditionsgeschichtliche
Bedeutung wird in der Kritik von *B. S Childs* an Weder nicht ausreichend berücksichtigt, wenn er einwendet, Weder konstruiere die Gleichnisse „apart from its
earliest kerygmatic shaping" (*ders.,* Canon 540).
[220] Anders etwa Harnisch (unten), der die Person des Sprechers in den Hintergrund stellt, oder *F. Vouga*, der negiert, dass die Basileia *das* Thema der Gleichnisse ist (vgl. *ders.,* Jesus).
[221] Vgl. Gleichnisse 84: „Wenn Vertrautheit mit der Gottesherrschaft entstehen
soll, so muß also *erzählt* werden von Jesus Ruf in die Nachfolge ..." usw.
(Hervorhebung von mir; Ch.M.). Ungeklärt bleibt das Verhältnis zwischen 'Jesus
erfahren' und 'Erzählungen über ihn hören'.
[222] Harnisch lehnt eine besondere Gattung ,Beispielerzählung' ab, da die betreffenden vier Gleichnisse einerseits jene Formmerkmale aufweisen, mit deren Hilfe
er die Gattung Parabel definiert (Personenkonstellation nach den dramatischen
Dreieck, metaphorische Erzählbewegung), und andererseits Jülichers Gründe, sie
als gesonderte Gruppe zu betrachten (Vorbildcharakter der Figuren, Identität von
Sach- und Bildebene), nicht greifen. Vgl. Gleichniserzählungen 84-91.

niserzählungen[223], und zweitens inszenieren sie einen *metaphorischen Erzählprozess*. Als folgenreich für das Verständnis und die Bewertung der Gleichnisüberlieferung erweist sich die zweite Merkmalsbestimmung. Im Anschluss an Ricoeurs Modell sieht Harnisch den Gleichnischarakter der Parabeln „im befremdlichen Charakter der erzählten Welt" begründet.[224] Gemeint ist der Umstand, dass einerseits die Szenen und Themen der Gleichnisse „durchaus in der Alltagswelt verwurzelt sind"[225] und auch die Wertungen und Einstellungen, die diese Welt regieren, im Gleichnis repräsentiert werden[226], dass anderseits aber im Zuge der Erzählung Ereignisse und Verhaltensweisen begegnen, die dem Gewöhnlichen, im Alltag unserer Welt zu Erwartenden widersprechen (Extravaganzen).[227] Die Wirklichkeit dieser Welt erscheint so eingewoben in eine höchst befremdliche, irritierende fiktive Erzählung. Das spannungsvolle Ineinander von Gewöhnlichem und Befremdlichem, das Harnisch als das Merkmal der Metapher erkennt[228], macht den Gleichnischarakter der Parabeln aus.[229] Es initiiert die Referenzbewegung der Parabeln von der Erzählung ‚nach außen' in die Existenz des Hörers hinein, indem es den Hörer mit zwei konkurrierenden Geschichten (oder Paradigmen) konfrontiert: mit der gewöhnlichen Geschichte dieser Welt, die das Material der Gleichniserzählung liefert und auf deren Wertungen und Einstellung sie anspielt, und der befremdlichen, fiktiven Geschichte, als die sich das Gleichnis entwickelt.[230] Der Hörer wird durch den Erzählprozess vor eine existentiale Entscheidung geführt, indem die Erzählung ihm eine Alternative zur Wirklichkeit als Möglichkeit des Seins zuspielt.[231]

Die Referenz solcher Gleichniserzählungen ist nach Harnisch durch Autonomie gekennzeichnet.[232] Es gibt keine Sache hinter dem Text, die losgelöst von der Gleichniserzählung da ist und für das Verständnis der Parabeln in irgendeiner Weise zur Gleichniserzählung in Be-

---

[223] Gleichniserzählungen 71; zu den narratologischen Merkmalen vgl. ebd. 20-41.73-84.

[224] Gleichniserzählungen 145.

[225] Vgl. Gleichniserzählungen 146f; das Zitat ebd. 146.

[226] Vgl. Gleichniserzählungen 153. Hier nimmt Harnisch eine leichte Präzisierung gegenüber Ricoeurs Ausführungen vor, der die Alltagserfahrung als Kontrastfolie zu den Gleichnissen nur im Kopf der Hörer ansiedelt (vgl. *P. Ricoeur*, Hermeneutik 305).

[227] Vgl. Gleichniserzählungen 147-149.

[228] Vgl. Gleichniserzählungen 151.155, zum vorausgesetzten Metaphernverständnis ebd. 125-141.

[229] Vgl. Gleichniserzählungen 157.

[230] Vgl. Gleichniserzählungen 152-154.

[231] Vgl. Gleichniserzählungen 155-157. Zur durch Liebe, Freiheit und Hoffnung charakterisierten, nach Harnisch deshalb theologischen Qualität dieser Möglichkeit ebd. 158-167.

[232] Zur Autonomiethese ist v.a. *D. O. Via* zu vergleichen (Gleichnisse 75-80.88-94); außerdem *F. Vouga*, Jesus 83.

ziehung zu setzen wäre.[233] Die Referenz der Parabeln ist vielmehr
unlösbar an das Erzählen und an die erzählte Geschichte gebunden,
weil sie nur so zustande kommt, dass der Hörer sich ganz und ausschließlich der Geschichte zuwendet.[234] Deshalb sind die Gleichnisse
Jesu keine Allegorien. Diese charakterisiert Harnisch als „die Doppe-
lung einer Geschichte"[235], die eine Geschichte erzählt und dabei eine
andere meint, auf die es eigentlich ankommt. Dabei liegt die andere,
gemeinte Geschichte der Allegorie voraus.[236] Die Allegorie erhält ihre
Plausibilität und ihren Sinn erst von dieser Vorgabe.[237] Aus dem gleichen Grund wird die Parabel ebenso deutlich vom Bildwort unterschieden, das im Blick auf eine strittige Sache argumentative Funktion
hat.[238] Auch hier liegt die Sache dem Bildwort voraus und das Bildwort ist nur im Blick auf die Sache zu verstehen.

Für die Überlieferung der Gleichnisse beobachtet Harnisch just diese
beiden Verwechslungen. Im Rahmen des Wirkens Jesu geht er historisch wie theologisch von einem Vorrang der Botschaft vor ihrem
Sprecher aus. Es ist primär die Botschaft, die den Sprecher qualifiziert.[239] Für die Urgemeinde beobachtet Harnisch nun eine
„kerygmatische Kehre".[240] Jesus wird vom österlichen Kerygma als
persönliche Metapher, als menschliches Gleichnis Gottes identifiziert.
Damit kehrt sich das Verhältnis zwischen Botschaft und Sprecher um
und die Gleichnisse werden fortan im Lichte dieser grundsätzlichen
Option verstanden. Sie begegnen nun z.B. als Zitate im Munde des
Helden als Teil der Jesusgeschichte der Evangelien und übernehmen
dort ihre Funktion in einem von der Passion Jesu dominierten und ge-
lenkten Erzählzusammenhang. „*Was* sie geltend machen, will auf das
narrativ entfaltete Problem bezogen sein, *wer* derjenige ist, dem sie
zugeschrieben werden."[241] Für die Gleichnisse bedeutet der Bezug auf
Jesus eine Änderung der Gattung. Sie werden zur allegorischen Rede
und durch Änderungen im und Zusätze zum Text auf diese Deutung
festgelegt.[242] Zugleich verbindet sich mit dieser Bearbeitung ein rhe-

---

[233] Vgl. Gleichniserzählungen 62-64.
[234] Vgl. Gleichniserzählungen 64-66 sowie die obigen Ausführungen zur Referenz
der Parabeln.
[235] Gleichniserzählungen 50.
[236] Vgl. Gleichniserzählungen 49.
[237] Vgl. Gleichniserzählungen 51. Baustein der Allegorie ist die Metapher der
rhetorischen Tradition, in der ein Begriff durch einen ähnlichen ersetzt wird (vgl.
ebd.; zum rhetorischen Metaphernverständnis a.a.O. 127-130).
[238] Zum Bildwort Gleichniserzählungen 110-118, bes. 117f.
[239] Vgl. Gleichniserzählungen 309f. Vgl. auch Harnischs Begründung der Legitimität einer Rückfrage nach Jesus: Sie ruht allein auf dem Interesse an der Botschaft Jesu (ebd. 305f).
[240] Vgl. zum Folgenden Gleichniserzählungen 310-312, die Formulierung ebd.
310.
[241] Gleichniserzählungen 311.
[242] Vgl. Gleichniserzählungen 312.

torisches Interesse an den Parabeln, die nun im Sinne einer Beglaubigung sicherstellen, was Jesus sagt oder tut. Als besonders augenfälligen Beleg dafür nennt Harnisch die Rahmung etlicher Parabeln durch Lehr- und Streitgespräche, durch die sie zu rhetorischen Exempla mutierten.[243]

Harnisch wertet diesen Prozess als „Sprachverlust im Sprachgewinn"[244]. Er gesteht dem rhetorischen Interesse offenbar ein gewisses Recht zu, insofern Menschen vom Kerygma überzeugt werden müssen.[245] Allerdings hat die rhetorisch bedingte Instrumentalisierung ihren Preis. „Der christologische Sprachgewinn ist durch einen metaphorischen Sprachverlust erkauft. Denn infolge der genannten Umwidmung büßt die Parabel ihr Vermögen ein, imaginativ neues Sein zu erschließen."[246] Unter dem Strich erscheint ihm dieser Verlust möglicherweise zu hoch.[247]

Dass Harnisch offenbar der Meinung ist, die Gleichnisüberlieferung hätte auch anders und sachgerechter vonstatten gehen können, klingt im Zusammenhang seiner Diskussion der Einleitungswendungen synoptischer Gleichnisse an. Unter der (s.E wahrscheinlich zutreffenden) Voraussetzung, jene Gleichniseinleitungen, die die Gottesherrschaft als Thema der Gleichnisse benennen, seien sekundär[248], spielt Harnisch die Möglichkeit eines legitimen, einleitenden Gleichniskommentares durch.[249] Um dem allegorischen Missverständnis, „als sei das Erzählte nichts ein Reflex der immer schon vorausgesetzten Basileia."[250], vorzubeugen, müsste der Kommentar den Verstehensprozess offenlegen, aus dem er resultiert. „Er müßte geltend machen, daß die Basileia nicht die Parabel, sondern daß umgekehrt die Parabel die Basileia nahebringt."[251] Auch wenn die Gleichniskommentare der Evangelien diese Bedingung *de facto* nicht erfüllen[252], ist damit ein denkbarer Weg angemessener Überlieferung zumindest prinzipiell angezeigt.

Auswertung: Wolfgang Harnisch rückt die erzählenden Gleichnisse in den Mittelpunkt. Aus dieser Perspektive erneuert er den Missverständnisvorwurf gegen die Gleichnisüberlieferer. Eine gründliche Auseinandersetzung mit Harnischs Verständnis der Gleichniserzählungen *Jesu* kann hier nicht erfolgen.[253] Signalisiert sei nur, dass Har-

---

[243]   Vgl. Gleichniserzählungen 313, außerdem zu einzelnen Gleichnissen ebd. 198-200.224-230.253f.266.286-292.

[244]   So die Überschrift des einschlägigen Passus (Gleichniserzählungen 312).

[245]   Vgl. Gleichniserzählungen 313. So argumentiert Weder (Gleichnisse 298), mit dem Harnisch sich hier auseinandersetzt.

[246]   Gleichniserzählungen 314.

[247]   Vgl. Gleichniserzählungen 313.

[248]   Vgl. Gleichniserzählungen 174f.

[249]   Vgl. Gleichniserzählung 175f.

[250]   Gleichniserzählungen 176.

[251]   Gleichniserzählungen 176.

[252]   Vgl. Gleichniserzählungen 176.

[253]   Eine Auseinandersetzung mit Harnisch führen die meisten nach 1985 erschienenen wissenschaftlichen Gleichnisbücher, z.B. *B. Heininger*, Metaphorik; *K. Erle-*

nischs Position sehr einseitig und zugespitzt erscheint.[254] In dieser
Einseitigkeit macht Harnisch jedoch auf Problemfelder aufmerksam:
(1) Harnisch setzt die Gleichniserzählungen von anderen Formen
gleichnishafter Rede stark ab. Er liegt damit durchaus im Trend der
Gleichnisforschung. Zu fragen wäre, ob diese Abgrenzung im
Matthäusevangelium eine Entsprechung findet.
(2) Bei der Auslegung jesuanischer Gleichnisse nimmt die Frage nach
der Pointe der erzählten Geschichte oder nach ihren Extravaganzen
eine zentrale Rolle ein, die in Zukunft vielleicht relativiert[255], kaum
aber gänzlich revidiert werden wird. Wenn eingeräumt werden müsste,
dass die *story* des Gleichnisses im Kontext des Evangeliums ohne Bedeutung ist, wäre in der Tat eine gravierende Verschiebung der Gattung in Zuge der Überlieferung zu konstatieren.
(3) Nach Harnisch ist die Referenz der Gleichnisse Jesu autonom,
während die Gleichnisse in den Evangelien grundsätzlich auf Jesus
und damit auf die Rahmenerzählung des Evangeliums bezogen sind
und in ihrer Bedeutung fixiert werden. Die problematische Autonomie-
These sei einmal dahingestellt; die Annahme, die Deutung der
Gleichnisse würde im Evangelium fixiert, ist auch für sich allein eine
Überlegung wert. Zu beobachten sind bei Matthäus in der Tat nicht
wenige Deutungen, Kommentierungen u.ä. Manche Gleichnisse
scheinen im Evangelium missverstanden und in ihrer Pointe in hohem
Maße verfehlt zu sein (vgl. etwa Mt 20,1-15 mit V.16). Wäre nachzu-
weisen, dass die Gleichnisse auch im Rahmen der Evangelien eine
gewisse Selbständigkeit behalten, nicht ganz in ihren Deutungen und
Kontextualisierung aufgehen[256], dann wären Beobachtungen dieser Art
anders zu bewerten. Mt 20,16 wie jede andere kommentierende
Ergänzung zu den Gleichnissen wäre als Hinweis auf eine bestimmte
Anwendung des Gleichnisses zu betrachten, die im Sinne des Evange-
listen aber nicht *den* Sinn des Gleichnisses festlegen will. Diese
Überlegungen betreffen die je individuelle Auslegung der Gleichnisse
im Evangelium. Die grundsätzlich christologische Wahrnehmung der
Gleichnisse, auf die Harnisch ebenso zielt und die oben im Zusam-

---

mann, Bild; *ders.*, Gleichnisauslegung; *E. Rau*, Reden; außerdem *E. Arens*, Erzählungen, bes. 58-62; *D. Massa*, Verstehensbedingungen, bes. 124-163.

[254]   Für die übrigen Formen gleichnishafter Rede, auch für die „narrativen Minia-
turstücke" (vgl. Gleichniserzählungen 107f), werden gänzlich andere Referenzmechanismen angenommen. Die in den synoptischen Texten nachzuweisende konventionelle Metaphorik wird *allein* den nachösterlichen Überlieferern zugeschrieben. Jesu Wirken wird einseitig als Verkündigung dargestellt, non-verbale Aspekte
(Machttaten, Mahlgemeinschaften, Sammlung des Jüngerkreises) werden - zumindest für das Verständnis der Gleichnisse - ausgeblendet.

[255]   Vgl. in diese Richtung *D. Massa*, Verstehensbedingungen 203-212.360 (in
Auseinandersetzung mit dem literaturwissenschaftlichen Parabel-Konzept von T.
Elm)

[256]   Vgl. unten den Ansatz von J. R. Donahue.

menhang mit Hans Weder bereits angesprochen wurde, ist davon zu unterscheiden.

d) Ertrag und offene Fragen

Im Lichte dieser drei Entwürfe sind für die Referenz der Gleichnisse *in den Evangelien* drei Faktoren maßgeblich: die Erzählung, die Metaphorik und der Kontext. Über die Gewichtung und Bewertung besteht keine Einigkeit. Die Bedeutung der Erzählung für die Gleichnisse in den Evangelien wird bei den zitierten Autoren kaum reflektiert. Für den Aspekt Metaphorik liefern die Entwürfe von Klauck und Weder grundsätzlich ein vielversprechendes Modell, die Gleichnisse des Matthäusevangeliums zu beschreiben. Klärungsbedarf besteht hier z.B. in der Frage, in welchem Verhältnis kreative und konventionelle Anteile in der Metaphorik zueinander stehen. Auch das Verhältnis von Metaphorik und Erzählung ist zu untersuchen. Der Kontext der Gleichnisse in den Evangelien zeigt sich als ein relevantes, aber auch vielschichtiges Phänomen. Von zentraler Bedeutung ist nach den gesichteten Entwürfen die Person des Sprechers: Jesus. Einige der Untersuchungen zu den matthäischen Gleichnissen werden die Bedeutung des Kontextes noch unterstreichen. Umgekehrt ist aber auch zu fragen, ob die Gleichnisse eine Selbständigkeit gegenüber ihrem Kontext bewahren oder ob mit der Kontextualisierung der Gleichnisse der Anspruch verbunden ist, *den* Sinn des Gleichnisses zu erschließen. Als weitere Problemfelder haben sich ergeben:
- das Verhältnis der Allegoresen zum Phänomen der Allegorisierung und die Frage, welchen Stellenwert die Allegoresen für den Evangelisten Matthäus haben;
- die Verständlichkeit der Gleichnisse, insbesondere die Frage, ob und wie das Verstehen der Gleichnisse im Matthäusevangelium an die Person und das Wirken Jesu gebunden ist;
- die Unterscheidung erzählender Gleichnisse von anderen Formen gleichnishafter Rede, insbesondere die Frage nach einem besonderen Charakter oder Status erzählender Gleichnisse.

4. Gleichnisse im Matthäusevangelium

Im Zusammenhang der seit den 50er und 60er Jahren sich etablieren-
den redaktionsgeschichtlichen Sicht der Evangelien entstehen auch
Arbeiten zu den Gleichnissen in den Evangelien. Die redaktionsgeschichtlichen Studien sind geeignet, Jülichers und Jeremias' im Ganzen doch sehr uniformes Bild vom kanonischen Endstadium der
Gleichnisüberlieferung zu differenzieren.[257] Sehr deutlich treten wie in
anderen redaktionsgeschichtlichen Studien so auch in den Arbeiten zu
den Gleichnissen die je eigenen Interessen und Intentionen der
Evangelisten zu Tage.[258] Den meisten, vor allem den älteren redaktionsgeschichtlichen Arbeiten zu den Gleichnissen fehlt allerdings ein
Fragehorizont, der das Verständnis der Evangelisten in den Zusammenhang der Gleichnisforschung rückt und zur Gleichnisverkündigung
Jesu in Relation setzt. Gerhard Sellin beklagte im Jahr 1974: „Hat sich
die   Gleichnisforschung   bisher   überwiegend   nicht   für   die
Redaktionsgeschichte interessiert, so hat die Redaktionsgeschichte die
Gleichnisse vernachlässigt. Gewöhnlich hat man – nach einer Deutung
des Gleichnisses als Jesu Gleichnis – hintenan und nebenbei noch einige redaktionelle Zutaten vermutet und einen nachträglichen Blick
auf den Kontext geworfen."[259] Erst allmählich, verstärkt zu Ende der
80er und in den 90er Jahren, erscheinen einige Beiträge, die sich zum
Teil mit ausdrücklichem Interesse an der Gattung Gleichnis mit den
Gleichniscorpora einzelner Evangelien auseinandersetzen.[260] Überdies
nehmen einige neuere Gleichnisbücher die Überlieferungsgeschichte
einzelner Gleichnisse auch in einem synthetischen, die redaktionelle
Bearbeitung und Deutung nachzeichnenden Schritt in die Auslegungen

---

[257] Auch *Jülicher* hatte durchaus Unterscheide zwischen den Evangelien wahrgenommen (vgl. Gleichnisreden I 194-202), dies hinderte ihn aber nicht daran, eine
pauschale Theorie über *das* Gleichnisverständnisses der Evangelisten aufzustellen.
[258] Einen ersten Überblick gab *M. D. Goulder* (Characteristics of the Parables in
the several Gospels; 1968). Breiter angelegt ist dann die in Fragestellung und Methodik klassisch redaktionsgeschichtliche Arbeit von *Charles E. Carlston* (The
Parables of the Triple Tradition; 1975). In jüngerer Zeit erschienen übergreifende
Arbeiten von *John Drury* (The Parables in the Gospels; 1985) und *John R. Dona-*
hue (The Gospel in Parable; 1988). Auf die für Mt relevanten Einsichten werden
wir zurückkommen.
[259] Lukas 174.
[260] Vgl. etwa zu Lukas: *G. Sellin*, Lukas als Gleichniserzähler (1974/75); *G.
Scholz*, Gleichnisaussage und Existenzstruktur. Das Gleichnis in der neueren Hermeneutik unter besonderer Berücksichtigung der christlichen Existenzstruktur in
den Gleichnissen des lukanischen Sonderguts (1983); *B. Heininger*, Metaphorik,
Erzählstruktur und szenisch-dramatische Gestaltung in den Sondergutgleichnissen
bei Lukas (1991). Außerdem der konzeptionelle Ansatz von *H. Frankemölle*, Handeln

auf.[261] Eine Reihe der neueren Arbeiten widmet sich programmatisch und ausschließlich dem Endtext der Evangelisten. Die diachronische Perspektive bleibt außen vor.[262]

a) Jack Dean Kingsbury: Die Rede in Gleichnissen Mt 13 als „turning-point" des Evangeliums

Ein früher und wichtiger Beitrag zu den matthäischen Gleichnissen ist *Jack Dean Kingsburys* Dissertation zu Mt 13.[263] Seine Methode ist eine Variante der Redaktionsgeschichte/-kritik.[264] Auf der einen Seite nimmt er den Kontext sehr ernst. Die Struktur der Gleichnisrede, der vorausgehende Erzählzusammenhang von Kap. 11f, die Auslegung von Rahmenstücken wie die erzählerische Einleitung (13,1-3a) oder auch der Umstand separat erfolgender Jüngerbelehrungen werden mit weitreichenden Konsequenzen für die Interpretation berücksichtigt.[265] Auf der anderen Seite setzt Kingsbury voraus, dass Matthäus Gleichnisse verarbeitet, um die Bedürfnisse seiner Gemeinde zu treffen, und sie deshalb im Dienste seiner Zeit und seiner Theologie stehen.[266] Die Gegenwart des Matthäus wird durch Personen im Evangelium repräsentiert (Jesus, Jünger, Volksmenge) und in den Gleichnissen, vor allen in ihren expliziten Auslegungen, thematisiert.[267] Kingsbury versteht das Gleichniskapitel 13 als „turning-point" im Evangelium. Jesus reagiert auf die Ablehnung seiner Sendung zu Israel (Kap. 11-12), indem er sich von Israel ab- und seinen Jüngern zuwendet. In der Verwendung von Gleichnissen, die ohne das von Gott gewährte Verstehen unverständlich bleiben, manifestiert sich diese

---

[261] Zu nennen sind hier z.B. die Gleichnisbücher von *Hans-Josef Klauck* (Allegorie, 1978), *Hans Weder* (Gleichnisse, 1978); *Wolfgang Harnisch* (Gleichnisreden, 1985), *Christoph Kähler* (Jesu Gleichnisse, 1995). Vgl. aber auch schon *G. Eichholz*, Gleichnisse (1971).

[262] Vgl. oben S. 25f, außerdem vom Ansatz einer kanonischen Exegese her *B. S. Childs*, Canon 531-540, sowie aus der Option für einen kirchlichen (und deshalb kanonischen) Standpunkt seiner exegetischen Auslegung heraus *A. J. Hultgren*, Parables (vgl. ebd. 17-19).

[263] The Parables of Jesus in Matthew 13 (1969).

[264] Vgl. auch Parables 10f.

[265] Vgl. dazu Parables 12-15, 15f, 22-32 und 39f.92f.

[266] Vgl. Parables 10.

[267] Vgl. etwa die Volksmenge als Repräsentant des ungläubigen Judentums (Parables 16 und 24-28, bes. 27f), die Jünger als Repräsentanten der Jünger aller Zeiten (ebd. 40-42) oder der am See lehrende Jesus als eine zugleich hoheitlich gezeichnete Figur (ebd. 23f). Zusammenfassend zum Bild Jesu und der Kirche in Kap. 13 ebd. 132-135. Auch Kingsburys Ansatz, die Allegorese der Sämann-Parabel nicht als *die* Deutung zu betrachten, sondern ihr eine gegenüber dem Gleichnis eigenständige und neue Aussageabsicht zuzusprechen, weist in dieselbe Richtung (vgl. ebd. 32-37 und 53-63, bes. 62f).

Wende (13,10-17).[268] Das hier deutlich werdende Gleichnisverständnis sei jedoch keine Universaltheorie für *die* Gleichnisse im Matthäusevangelium, sondern bleibe auf das Kapitel 13 beschränkt.[269] Mit Blick auf das Gesamtevangelium hält Kingsbury fest, Matthäus verwende die Gleichnisse nicht nach einer abstrakten Gleichnistheorie, die Gleichnisse und Gleichnisgruppen stünden vielmehr in erster Linie im Dienste jeweils eines bestimmten theologischen Anlie-gens.[270] Ein nach Kingsbury für das matthäische Gleichnisverständnis sehr bedeutsames theologisches Prinzip ist, „that Matthew employs parables of Jesus in order that Jesus Kyrios, who lives in the midst of his Church, can address himself to the situation of the Church's own day. This reveals that Matthew conceives of Jesus' parabolic tradition as a living tradition, for through it Jesus directs, teaches, and exhorts Christians of a later age."[271] Das Prinzip erklärt den paränetischen Charakter matthäischer Gleichnisse sowie die präsentischen Akzente im Basileia-Verständnis und liefert den Verstehenshintergrund für die literarischen Veränderungen der Texte und ihre Allegorisierung.[272]

Auswertung: Die These vom „turning-point" hat v.a. in der eng-lischsprachigen Exegese Zustimmung gefunden.[273] Eine Würdigung wird im Zusammenhang mit der Besprechung der matthäischen Para-beltheorie erfolgen. Die Auswertung der Rahmenstücke und des Kon-textes durch Kingsbury ist methodisch beachtlich. Die Sicht des Überlieferungsprozesses von Gleichnissen entspricht im Wesentlichen dem mit Jeremias erreichten Stand der Formgeschichte[274], wobei in den theologischen Eckdaten eine Anpassung an die matthäische Christologie, für die Jesus auch der gegenwärtig in seiner Gemeinde wirksame Herr ist, vorgenommen wurde.

---

[268]   Vgl. Parables 48f.130-132.
[269]   Vgl. Parables 49f.135.
[270]   Vgl. Parables 450f.135f. - Zu typischen matthäischen Redaktionstechniken ebd. 136: die (inkongruenten) Dativeinleitungen; direkte Rede; die Tendenz, ein bestimmtes Element des Gleichnisses hervorzuheben; das Anfügen von Anwen-dungen; stereotype Ausdrucksweise; die Verwendung herausgeberischer Techni-ken, um vergangene Traditionen zu interpretieren.
[271]   Parables 136. - Zu den christologischen und ekklesiologischen Aussagen und Implikationen der Gleichnisrede von Kap. 13 zusammenfassend Parables 132-135.
[272]   Vgl. Parables 136.
[273]   Vgl. z.B. *J. Drury,* Parables 83; *J. R. Donahue,* Gospel 66; auch *D. A. Hagner,* Parables 122.
[274]   Vgl. Parables 9.

b) M. D. Goulder: Das Matthäusevangelium und seine Gleichnisse als „midrashic expansion of Mark"

M. D. Goulder wendet sich gegen die einseitig homogenisierende Sicht *der* Gleichnisse bei Jülicher, Jeremias u.a.[275] Er beobachtet zwischen den Gleichnissen der Evangelien „marked differences of tone and doctrine"[276], während die Merkmale der Gleichnisse innerhalb der Evangelien einheitlich seien und mit den übrigen Texten des Evangeliums vielfach konform gingen.[277] Zu den von Goulder beobachteten matthäischen Besonderheiten gehören die Vorliebe für Menschengeschichten (nicht Naturgleichnisse)[278] und für große Einheiten, hohe Zahlen etc. („grand scale")[279], außerdem die Darstellung in karikaturhaften Schwarz-Weiß-Gegensätzen, stereotype Figuren in den Gleichnissen („stock figures")[280], das Anfügen von Deutungen[281] und ein hoher Anteil an allegorischen Elementen[282]. Die matthäischen Gleichnisse seien „indicative parables" im Gegensatz zu den lukanischen „imperative parables", d.h. sie zeigen die Situation, wie sie ist, und legen nicht direkt ein bestimmtes Verhalten nahe.[283] Auch in der Lehre entsprächen die Gleichnisse dem jeweiligen Evangelium.[284]

Diese Beobachtungen erklärt Goulder durch redaktionelle Prozesse. Matthäus übernimmt vier markinische Gleichnisse und schafft die übrigen seines Evangeliums neu. Lukas seinerseits bearbeitet Markus und Matthäus und fügt ebenfalls redaktionelle Gleichnisse hinzu.[285] Für das Matthäusevangelium erkennt Goulder eine besondere Nähe zu rabbinischen Gleichnissen.[286] Die These von der matthäischen Verfasserschaft aller nicht-markinischen Gleichnisse des Evangeliums und diese letzte Überlegung fügen sich in Goulders Buch „Midrash and Lection in Matthew" in eine Gesamttheorie ein. Danach versteht Goulder das Matthäusevangelium als „a midrashic expansion of Mark", so wie die Chronikbücher eine ebensolche Erweiterung der Königsbücher darstellten.[287] In diesem Sinne ist auch für die Gleich-

---

[275] Vgl. Characteristics 51.65f.
[276] Characteristics 51.
[277] Vgl. Characteristics 65f.
[278] Vgl. Characteristics 52f; Midrash 52f.
[279] Vgl. Characteristics 54; Midrash 61f.
[280] Vgl. Midrash 53f.
[281] Vgl. Midrash 60.
[282] Vgl. Characteristics 60; Midrash 56-60.
[283] Vgl. Midrash 48-51, ähnliche Überlegungen Characteristics 62-65.
[284] Vgl. Characteristics 65; Midrash 62f nennt Goulder für Mt als Beispiele: der Ausdruck „Himmelreich", das Thema 'Hölle' und Engel.
[285] Vgl. Characteristics 67-69, auch Midrash 63-65 sowie zu Einzelgleichnissen ebd. 227-451 passim.
[286] Vgl. Midrash 47-65, bes. 47.64. Ähnlich auch schon *J. D. Kingsbury,* Parables 136.
[287] Zur These vgl. Midrash 3-5, das Zitat ebd. 4.

nisse das Markusevangelium die wesentliche und prägende Quelle, die
Matrix, von der Matthäus ausgeht.[288]

Auswertung: Goulders Beobachtungen zur Form und zu den erzählerischen Eigenarten matthäischer Gleichnisse sind die bisher einzige Zusammenstellung dieser Art.[289] Ihre synchronische und auf den Vergleich mit anderen Texten zielende Perspektive ist ein wichtiger Beitrag zur Formbestimmung der matthäischen Texte. Ihre Ergebnisse
lassen sich in vielem bestätigen. Die These von der redaktionellen
Herkunft aller nicht-markinischen Gleichnisse hat wenig Zustimmung
gefunden.[290] Die Gesamtthese zum Matthäusevangelium ist insofern
interessant, als sie die Frage nach Herkunft und Genese des matthäischen Gleichnisverständnisses aufwirft. Der Einfluss des Markusevangeliums wird zu behandeln sein. Der mit methodischen Problemen
belastete formale Vergleich mit den rabbinischen Gleichnissen - nicht
Thema dieser Arbeit - ist inzwischen weitergeführt worden.[291]

c) John Drury: Die matthäischen Gleichnisse als „allegorical historical
parables"

John Drury fragt nach den Gleichnissen im Kontext der Evangelien mit
einer Methode, die er *historical-structural interpretation* nennt und in
Kontinuität zur Redaktionskritik sieht.[292] Der Zugang ist historisch
ausgerichtet, fragt aber nach den Endtexten, weil Drury die Rückfrage
nach Jesus als gescheitert ansieht. Er will das Antragen unhistorischer
Kategorien an die Gleichnisse vermeiden. Deshalb sucht er nach
Hinweisen auf das Verständnis der Gattung im Umfeld des Neuen
Testaments.[293]
Bei der Durchführung des Programms stößt Drury insbesondere auf
die Form der „allegorical historical parable". Als deren Vater gilt ihm
Ezechiel.[294] Sie wird in der apokalyptischen Literatur des Frühjuden-
tums verwendet[295] und ist in den synoptischen Evangelien die geläu-

---

[288] Vgl. Midrash 4f.
[289] Zustimmend referiert werden die Ergebnisse von Goulder bei *J. R. Donahue,*
Parables 63. Ausführlicheres Referat und positive Würdigung bei *C. Westermann,*
Vergleiche 112-115; vgl. auch *G. Sellin,* Lukas 174-176 (v.a. von Lukas her; Zustimmung zur Methodik, kritisch zu Goulders Sicht der Quellen).
[290] Vgl. aber *R. Gundry,* Mt, zu den einschlägigen Texten. Vgl. im Einzelnen
unten B.IV.6.
[291] Vgl. z.B. *D. Flusser,* Gleichnisse; *P. Dschulnigg,* Gleichnisse; *B. H. Young,*
Jesus; *C. Hezser,* Lohnmetaphorik; *D. Stern,* Parables 188-206; *C. A. Evans,* Jesus.
Zur Forschungsgeschichte und zu den methodischen Schwierigkeiten der Fragestellung *C. Hezser,* a.a.O. 158-192.
[292] Vgl. Parables 4.
[293] Vgl. Parables 2f.
[294] Vgl. Parables 17-20; der Begriff ebd. 20.
[295] Vgl. Parables 21-28.

figste Gleichnisform.[296] Unter Allegorie versteht Drury dabei „a concatenation of symbolic persons, places, things and happenings, which signifies a parallel concatenation in the actual world".[297] „Historical" sind die Gleichnisse, insofern die Geschichte Israels und/oder der Kirche ihr Bezugsfeld bietet.[298] Dabei sind diese Gleichnisse insbesondere ein Instrument, Geschichte zu deuten unter krisenhaften oder bedrängenden Bedingungen wie dem Babylonischen Exil, der Herrschaft Antiochus' Epiphanes oder der Zerstörung Jerusalems. Unter solchen Bedingungen ist Geschichte als eine von Gott gewollte und geführte nicht mehr ohne weiteres zu erkennen. Der Sinn der Geschichte gilt als verborgen und bedarf der Offenbarung, die in den Gleichnissen geschieht.[299]

Den inneren Zusammenhang zwischen der Gleichnisform und diesem Geschichtsverständnis bestimmt Drury für Matthäus mit Hilfe der Verse 13,34f, die er im Lichte des Lobpreises 11,25-27 liest.[300] In einem dreistufigen Geschichtsbild steht danach am Anfang das Verborgensein, am Ende das Offenbarsein des Verborgenen. Dazwischen erfolgt der Übergang mit einem Zustand der Durchmischung. An diesem kritischen Punkt steht Jesus mit seiner Rede in Gleichnissen, „which combine the hiddenness of the beginning with the revelation of the end. ... Parables hold, and even are, the axis of the historical turning point by virtue of their very nature and method."[301] Sie decken auf, aber in widriger und vorläufiger Form, so dass sie eher Zeichen und Beginn des Aufgedecktseins am Ende der Zeiten sind, als dass dieser Zustand in ihnen schon erreicht wäre.

Die bei Matthäus in den Gleichnissen angezielten geschichtlichen Ereignisse sind nach Drury v.a. die Herausforderung der Juden durch Jesus und seine Zuwendung zu den Jüngern, das Verhältnis der christlichen Gemeinschaft zum Judentum und schließlich diese Gemeinschaft selbst und ihr Sein angesichts des kommenden Gerichts.[302] Stärker als Markus betone Matthäus im Zusammenhang mit der Geschichtsdeutung ethische Aspekte, die moralische Verpflichtung, der im Handeln in der Geschichte gerecht zu werden ist.[303]

---

[296] Die These Parables 20, vgl. ebd. 18.
[297] Parables 5.
[298] Vgl. Parables 5.21.22.24.68.81.92 u.ö. Diesen historischen Bezugsrahmen macht Drury auch als gemeinsames Element aller Formen von *maschal* im AT aus.
[299] Vgl. Parables 21f.24.68.
[300] Vgl. Parables 84f.
[301] Parables 85.
[302] Vgl. Parables 100f u.ö.
[303] Vgl. Parables 69.107. Die Deutung der Geschichte ist für Drury nicht die einzige (vgl. etwa Mt 18, dazu Parables 90-92), aber die vorrangige Funktion der Gleichnisse.

Auswertung: Drurys (Re-)Konstruktion einer Gattung „allegorical historical parable" und ihrer in apokalyptisch geprägter Literatur beheimateten Geschichte bietet gute Beobachtungen und zumindest für einen Teil der matthäischen Gleichnisse eine diskutierenswerte Kategorie. Das Vorgehen insbesondere in der Rekonstruktion der Gattungsgeschichte ist aber methodisch unzureichend reflektiert. Insgesamt erscheinen die Verhältnisse stark vereinfacht. Teilweise bestätigt werden können aus der Literatur z.B. Drurys Beobachtungen zu Ezechiel[304], der Einfluss apokalyptischen Denkens auf Teile der Gleichnisüberlieferung[305] und der wiederholte thematische Bezug der matthäischen Gleichnisse auf die Geschichte, von Israel bis zum kommenden Gericht.[306] Eine Vermittlung seiner Beobachtungen mit der bisherigen Gleichnisforschung unternimmt Drury selbst allerdings nicht.

d) John R. Donahue: „the gospel in parable"

J. R. Donahues Studie stellt die Einsicht, dass die Gleichnisse einerseits die großen Themen des jeweiligen Evangeliums spiegeln, andererseits die Theologie des Evangeliums selbst mit bestimmen, in den Mittelpunkt. Deshalb: „To study the parables of the Gospels is to study the gospel in parable."[307] Für Matthäus beobachtet Donahue hier v.a. die charakteristische, eschatologisch motivierte Ethik. Er hebt in diesem Zusammenhang ausdrücklich hervor, die matthäische Ethik bestehe nicht nur aus Mahnungen und Warnungen. Als einen zweiten wichtigen und ebenfalls in den Gleichnissen entwickelten Gedanken hält Donahue fest: „Matthew's ethics proceeds out of a gracious response to the mercy and love of God made present in the life and teaching of Jesus."[308]
Im Vergleich mit älteren Arbeiten fällt die relativ breite Auseinandersetzung mit der Forschung zu den Gleichnissen Jesu auf.[309] Metho-

---

[304] Vgl. speziell zu Ezechiel auch *C. Westermann,* Vergleiche 57-62. Westermann erkennt einen Abstand Ezechiels zur Gerichtsprophetie und siedelt ihn ähnlich wie Drury an der Grenze zur Apokalyptik an (vgl. ebd. 57.62.78). Literarisch beobachtete er bei Ez einen Übergang vom Vergleich resp. Gleichnis zur Allegorie (vgl. ebd. 60.62.78).
[305] Vgl. etwa *H. J. Klauck,* Allegorie 200-209.240-259, zusammenfassend 359f.
[306] Vgl. *U. Luz,* Mt II 371f.
[307] Vgl. Gospel IX.4.194; das Zitat ebd. IX.
[308] Vgl. Gospel 202f, das Zitat ebd. 203.
[309] Vgl. Gospel 1-27 - Zur älteren Forschung: *J. D. Kingsbury* rezipiert vor allem die Erkenntnisse der Formgeschichte und von Jeremias zur Überlieferung der Gleichnisse, überträgt die Situationsgebundenheit der Gleichnisse, die nach Dodd, Jeremias u.a. besteht, auf die Gleichnisse im Evangelium, hält die seinerzeit jüngsten Arbeiten (Fuchs, Jüngel, Linnemann) jedoch mit der Begründung, sie beschäftigten sich mit Jesus, für nicht relevant bei seiner Fragestellung (vgl. Parables 1-10). *M. Goulder* wendet sich von der homogenisierenden Sicht der Gleichnis-

disch unterscheidet Donahue zwischen der Betrachtung der Gleichnisse „as text" und „as context".[310] Für die erste Perspektive verweist Donahue auf eine gewisse Unabhängigkeit der Gleichnisse, auch wenn sie im Kontext der Evangelien begegnen. Zur Begründung dient einerseits, dass sie den Evangelisten schon vorgegeben waren, und andererseits, dass sie in Predigten losgelöst vom Kontext verwendet werden.[311] Unter dieser Voraussetzung rezipiert er die Gleichnisforschung, ohne noch einmal nach möglichen besonderen Bedingungen der Gleichnisse im Evangelium zu fragen. Daneben steht dann als zweiter Schritt die Wahrnehmung des näheren und weiteren Kontextes im Evangelium und - auch als Kontext aufgefasst - der Berührungspunkte mit den Perspektiven, Motiven und Themen anderer biblischer Schriften.[312]

Auswertung: Donahues Arbeit weist noch einmal auf die Einbindung der Gleichnisse in das Evangelium auch auf der Ebene der Theologie hin. Sehr zugespitzt wird formuliert, was auch Goulder schon beobachtet und was sich in vielen redaktionsgeschichtlichen Arbeiten zu Matthäus gezeigt hat.[313] Beachtlich ist, dass er sich gemessen an seinen Vorgängern relativ breit mit der Gleichnisforschung auseinandersetzt.[314] Diese Auseinandersetzung steht ebenso wie die spätere Exegese unter der Voraussetzung, zwischen den Gleichnissen „as text" und „as context" unterscheiden und sie auch als relativ selbständige Einheiten betrachten zu können. Diese Vorgabe ist höchst reizvoll. Ihre Begründung bei Donahue ist aber unzureichend. Zu benennen wären Indizien im Matthäusevangelium, die - gegen den Trend klarer kontextueller Einbindung der Gleichnisse - auf eine (relative) Selbständigkeit der Texte gegenüber ihrer Kontextualisierung hinweisen.

überlieferung in den klassischen Arbeiten ab und diskutiert deren Ergebnisse sonst nicht (Characteristics 51.65f). *C. E. Carlston* (vgl. unten im Engdruckpassus am Ende des Kapitels) diskutiert die Gleichnisforschung nicht. *J. Drury* geht eigene Wege, wendet sich von der historischen Rückfrage ab und dürfte mit seiner Kritik an unhistorischen Zugängen aus literarischem Interesse auf neuere Entwicklungen der Gleichnisforschung zielen (vgl. Parables 1-4).

[310] Vgl. Gospel 4.25 u.ö.; vgl. auch die Durchführung der Analyse; „as context", weil die Gleichnisse im Evangelium „along with" anderen Texten gelesen werden (vgl. ebd. 26).

[311] Vgl. Gospel 4.

[312] Vgl. Gospel 26f.

[313] Vgl. etwa den Stellenwert von Gleichnissen bei *W. Trilling,* Israel (speziell das Winzergleichnis zum Verhältnis Kirche - Israel), *A. Kretzer,* Herrschaft (Himmelreich/Reich Gottes); auch *J. Zumstein,* condition u.a. Vgl. aus jüngerer Zeit auch *J. Roloff,* Kirchenverständnis.

[314] Von der eigenen gleichnistheoretischen Position her übt *W. Harnisch* inhaltlich deutliche Kritik an Donahues Ausführungen (vgl. *W. Harnisch,* Beiträge 355f).

e) Ivor Harold Jones: Die matthäischen Gleichnisse und die Frage nach
der Gattung des Matthäusevangeliums

In I. H. Jones' Buch geht es letztlich um die Frage der Gattung des
Matthäusevangeliums. Die Gleichnisse werden in erster Linie mit
Blick auf dieses Problem untersucht.[315] Das erste Kapitel dient der
Problematisierung klassischer redaktions- und literaturkritischer Be-
trachtungen. Jones stellt eine „strictly literary explanation" des
Matthäusevangeliums in Frage. Ein konsistentes Bild von Redaktion,
Stil und Sprache des Matthäus zu erstellen, habe sich als unmöglich
erwiesen.[316] Die Lösung sieht Jones darin, komplexere mündliche und
schriftliche Prozesse der Überlieferung zwischen dem Markusevangelium und der Redenquelle einerseits und dem Matthäusevangelium
andererseits anzunehmen.[317]
Bisherige Versuche einer Gattungsbestimmung für das Matthäusevangelium hält Jones für unbefriedigend.[318] Er rechnet mit einer Vielzahl
von Adressaten-Gemeinden, nicht mit *der* Gemeinde des Matthäus.[319]
Aus sprachlichen Untersuchungen folgert er, „that Matthew, whatever
else the author was doing, was collecting and conserving".[320] All diese
Überlegungen führen Jones zu der Forderung nach einem neuen Gattungsmodell für das Matthäusevangelium. Seine These lautet, dass der
„contract" zwischen Matthäus und seinen Adressaten auf der Teilhabe
('sharing') an ihren Traditionen beruht und dass dies das Wesen der
Gattung ausmacht. „Such a new genre would have been distinctive to
the task of sharing the traditions of different Christian communities
and would have given point to such an act of sharing."[321]
Im zweiten Kapitel diskutiert Jones ausführlich verschiedene Wege der
Gleichnisforschung, zu einem Verständnis der Gattung 'Gleichnis' zu
gelangen. Der Rückfrage nach Jesus steht er skeptisch gegen-über.[322]
Gattungskritisch möchte er die Gleichnisse Jesu (!) in die prophetische
Tradition einordnen. Entscheidend ist, dass sie so (in ihrem
Zusammenhang mit Sprecher, Adressaten, Tradenten etc.) als
Manifestation der Macht und des Willens Gottes verstanden werden
können und in die Abläufe einer von Gott getragenen Geschichte hin-
eingehören.[323] Ein angemessenes Verständnis der Gleichnisse im
Evangelium kann aber nicht allein auf diese Weise „von außen" ge-
wonnen werden, sondern muss redaktionelle Aspekte berücksichti-

---

[315]   Vgl. Parables 1-3.164-169.
[316]   Zusammenfassend Parables 35f.
[317]   Vgl. Parables 35-40.
[318]   Vgl. Parables 41-49.
[319]   Vgl. Parables 49-51.
[320]   Parables 54.
[321]   Vgl. Parables 54f, das Zitat ebd. 55.
[322]   Vgl. Parables 86-91.
[323]   Vgl. Parables 85-94, bes. 94.

gen.[324] Damit wird zugleich die Frage nach dem Verhältnis und der Wechselwirkung von Gleichnis und Evangelium virulent, etwa hinsichtlich der geschichtlichen und sozialen Situation des Evangeliums, seiner Theologie oder seiner literarischen Form als Erzählung mit eingeflochtenen Reden.[325]

Im dritten Kapitel trägt Jones aus seiner Analyse der Gleichnisse[326] Ergebnisse und Folgerungen zusammen, die seine These vom neuen Gattungsmodell stützen sollen[327]:

- Den Gleichnisgruppen in den Kapiteln Mt 13, 21f und 24f liegen nach Jones' Ansicht Sammlungen zugrunde, die schon vormatthäisch und unabhängig von Markus und Q zusammengestellt und vielfach bearbeitet worden sind.

- Jones weist wiederholt darauf hin, dass die Gleichnisse keine isolierte oder herausragende Funktion haben, sondern vielfältig verwendet werden, auf ein Zusammenspiel mit anderen Texten des Evangeliums angewiesen sind und in diesem Zusammenspiel ihren Beitrag leisten.[328]

- Das in den Gleichnissen gespiegelte Milieu ist nicht einheitlich; es lassen sich verschiedenartige ethnische, soziale und geographische Hintergründe erkennen.[329]

- Jones beschreibt die Integrationsleistung der Gleichnisse. Verschiedene und durchaus gegensätzliche Traditionen werden in ihnen gesammelt, miteinander verbunden und als Teil des Evangeliums allen Teilen der Kirche mit der Autorität des Gleichniserzählers Jesus empfohlen.[330]

Die Beobachtungen und Folgerungen sind zugleich sein Beitrag zu der im vorangehenden Kapitel aufgeworfenen Frage nach einem am Matthäusevangelium gewonnen Verständnis der Gattung 'Gleichnis'.

Auswertung: Jones' Studie unterstreicht noch einmal, dass Gleichnisse im Evangelium Gleichnisse im Kontext sind. Seine Beobachtungen sind stark von der Leitthese bestimmt, dass das Evangelium verschiedene Traditionen integrieren will. Der Einfluss der divergenten Traditionen ist bestimmend. Einen Autor als sprachlich-literarisch oder theologisch prägende Größe gibt es praktisch nicht. In der Analyse der Vorgeschichte matthäischer Gleichnisse geht Jones in der Regel von sehr komplizierten Prozessen aus. Im Zuge der Argumentation werden

---

[324] Vgl. Parables 96.
[325] Vgl. Parables 97-107.
[326] Dargelegt im zweiten Teil seiner Arbeit, vgl. Parables 173-520.
[327] Vgl. dazu auch die Zusammenfassung 165-169. - Der Aufbau des dritten Kapitels richtet sich nach sieben Fragen aus, die Jones in der Einleitung aufgeworfen hatte (vgl. Parables 1-4).
[328] Vgl. Parables 123.133.139.141.
[329] Vgl. Parables 140-162.
[330] Vgl. Parables 162-165, auch 125f.131.141f.

Unterschiede stark betont. Der Eindruck entsteht, dass abgesehen von
der vermittelnden Funktion Merkmale *matthäischer* Gleichnisse nicht
zu erkennen sind.

Auch wenn es richtig ist, dass das Matthäusevangelium verschiedene
Strömungen des Urchristentums vereint[331], auch wenn Jones darin zuzustimmen ist, dass ein Evangelist als Schriftsteller und Theologe
nicht „vom Himmel fällt", sondern aus Gemeindezusammenhängen
erwächst, auch wenn die Zwei-Quellen-Theorie den Einfluss mündlicher Verwendung und Überlieferung von Texten neben den literarischen Prozessen ausblendet[332], Jones' Position scheint extrem überzogen zu sein. Er versucht sie mit den Gleichnissen zu stützen. Es wird
zu zeigen sein, dass die matthäischen Gleichnisse ein wesentlich höhe-
res Maß an Kohärenz aufweisen, als Jones dies annimmt. Jones' um-
fangreiche Überlegungen zur Gleichnisforschung hinterlassen kaum
erkennbare Spuren in den Gleichnisexegese.[333] In der Auseinandersetzung mit der Forschung und in Einzelbeobachtungen bietet die Arbeit
trotz dieser Kritik am Gesamtergebnis hilfreiche Hinweise.

f) Warren Carter/John Paul Heil: Matthäische Gleichnisse und *reader
response*

W. Carter und J. P. Heil setzen sich methodisch sowohl von der Rückfrage nach Jesus als auch von einer (als diachronische Methode aufge-
fassten) Redaktionskritik ab.[334] Ihr eigener Zugang ist der des *reader-
response criticism*. Seine Merkmale sind der exklusive Fokus auf den
Endtext (unter Absehung von seiner Vorgeschichte), die Untersuchung
der Gleichnisse in ihrem „literary setting" (statt einer historischen
Situation), die starke Berücksichtigung des näheren und weiteren
Kontextes im Evangelium und die Konzentration auf die Interaktion
von Gleichnis und Hörern resp. Lesern (an Stelle der Frage nach der
Intention des Sprechers resp. Autors).[335] Von großer Bedeutung ist das
dabei zu Grunde gelegte Bild von den Lesern. Carter/Heil wählen das
Konzept des „authorial audience", definiert als „the hearers or readers
that the author has 'in mind' in creating the text. The author assumes
that this audience posesses the socio-cultural knowledge and
interpretive skills necessary to actualize the text's meaning."[336] Dieses

---

[331] Diese Polaritäten sind in der Matthäusforschung bekannt, sie spiegeln sich in
den Spannungen zwischen juden- und heidenchristlichen Tendenzen oder in den so
unterschiedlichen Quellen Mk und Q.

[332] Sehr positiv wertet *J. Liebenberg* Jones' Theorie von der komplexen Überlieferung (vgl. Language 174).

[333] Vgl. *J. Liebenberg,* Language 174.

[334] Vgl. Parables 1f; eine kurze Skizze dieser beiden Zugänge zu den Gleichnissen
ebd. 2-8.

[335] Vgl. Parables 8.

[336] Parables 9. Die Definition stammt von P. J. Rabinowitz.

Konzept unterscheide sich etwa von J. D. Kingsburys *implied reader*
dadurch, dass es erstens von lautem Vorlesen ausgeht und deshalb Hörer annimmt und zweitens die Hörerschaft nicht ahistorisch definiert,
sondern Hörer mit einem bestimmten historischen und soziokulturellen
Kontext unterstellt. Damit sind auch solche Faktoren zu berücksichtigen, die der Text voraussetzt, ohne das gesondert herauszustellen.[337] Die Interaktion zwischen Text und Hörerschaft wird betrachtet
als „Akt des Lesens" (W. Iser).[338] Auf zwei Aspekte weisen die Autoren dabei besonders hin: erstens auf die Berücksichtigung der
„narrative progression", d.h. die Abfolge des Textes und den Ort der
Gleichnisse darin, und zweitens die Pragmatik der Gleichnisse.[339]
Eine Auseinandersetzung mit den Ergebnissen der Gleichnisforschung,
insbesondere mit gleichnistheoretischen Modellen, führen Carter/Heil
nicht. Allerdings findet sich eine Reflexion darüber, welche Texte als
Gleichnisse gelten und behandelt werden. Weil in Kapitel 13 erstmals
der Begriff παραβολή fällt und diese Rede die markanteste
Zusammenstellung von Gleichnissen ist, wird eine Gleichnisdefinition
aus den Gleichnissen dieses Kapitels hergeleitet. Als Merkmale
werden herausgefiltert: „short narrative", „comparison" und
schließlich näherhin solche Vergleiche, die auf das Himmelreich zielen.[340]

Auswertung: Der methodische Ansatz von Carter und Heil liefert insbesondere für die Kontextanalyse Ergebnisse. In der Durchführung
erweist sich der Beobachtungsschwerpunkt „narrative progression" als
ertragreich, insbesondere innerhalb mittlerer Einheiten (Umfang 1-2
Kapitel) und mit Blick auf die Binnenstruktur der Gleichniskompositionen in den Kapiteln 13, 21f und 24f.[341] Dass bei matthäischen
Gleichnissen die Pragmatik ein lohnender Aspekt ist[342], kann vor dem
Hintergrund der Forschung nicht überraschen.
Carter/Heil bringen in der Zusammenfassung Gleichnisse mit Konflikten in bestimmten sozialen Kontexten zusammen, so 7,24-27 und
18,23-35 mit solchen im Binnenraum der christlichen Gemeinde, verschiedene Texte aus Kapitel 13 mit der Minderheitenrolle der Christen
in der Gesellschaft und 21,28 - 22,14 mit der Stellung der christlichen
Gemeinde zur Geschichte Gottes mit Israel und seinen Führern.[343]
Auffällig ist, dass sich hier offenbar immer wieder nicht nur Einzeltexte, sondern Textkomplexe zuordnen lassen. Die Frage, ob hier ein

---

[337] Vgl. Parables 10-12.
[338] Vgl. Parables 15f.
[339] Vgl. Parables 16f.
[340] Vgl. Parables 18f.
[341] Vgl. neben den Kapiteln des Hauptteils auch die Zusammenfassung, hier
Parables 211.
[342] Vgl. Parables 211f.
[343] Vgl. Parables 212f.

„System" vorliegt, drängt sich auf. Gesetzt, es gäbe einen systematischen Zusammenhang, dann ist der Blick allein auf die sozialen Kontexte allerdings nicht der Schlüssel, wie die Lücken in der Aufstellung zeigen.[344] Ließen sich J. D. Kingsburys Überlegungen zu Mt 13 auf das ganze Evangelium ausweiten, dann wären die Gleichnisse auf den jeweiligen Stand der Jesusgeschichte abgestimmt. Falls diese Geschichte relevant und transparent für die matthäische Gemeinde und ihre Situation ist[345], bestünde indirekt auch ein Zusammenhang zu den sozialen Kontexten.

Zwei einschlägige Arbeiten zu den matthäischen Gleichnissen sind hier nicht ausführlich vorgestellt worden, weil sie für unsere Frage nach Form und Funktion keinen markanten Beitrag liefern oder stark an der Exegese von Einzeltexten ausgerichtet sind und keinen Gesamtblick gewinnen.
Charles E. Carlston hat 1975 eine synoptische Studie zu den Gleichnissen der *traditio triplex* vorgelegt und dabei auf sehr breiter Textbasis die matthäische Redaktion der markinischen Gleichnisse untersucht.[346] Eine Reflexion über die Gattung Gleichnis und eine zusammenfassende Auswertung fehlen leider.
Jan Lambrechts Buch über die matthäischen Gleichnisse ist auf Grundlage verschiedener Aufsätze entstanden. Am Ende findet sich eine kurze Auswertung der Einzelkapitel.[347] Lambrecht notiert vieles, das aus vorhergehenden Beiträgen bekannt ist: den Hang des Matthäus zur „Üppigkeit" ('exuberance'), die Allegorisierung und Moralisierung der Gleichnisse, die Polemik gegen Israel, die paränetische Note. Hervorhebenswert sind zwei kurze Hinweise, zum einen auf die Belehrung über das Reich Gottes als eine Funktion der Gleichnisse und zum anderen auf den Umstand, dass Jesus zugleich Sprecher und Thema der Gleichnisse ist. Eckdaten der Gleichnisforschung werden einführend dargestellt, ihr Ertrag für die *Matthäusexegese* bleibt unklar.

g) Ertrag und offene Fragen

Die verschiedenen Studien ergeben Bausteine für ein Bild von den matthäischen Gleichnissen, das sich aber erst in Ansätzen abzeichnet. Eine erste Übersicht zu Formmerkmalen der matthäischen Gleichnisse hat M. D. Goulder zusammengetragen. Als Überblick zur matthäischen Redaktionstechnik im Umgang mit den Gleichnissen, zu der verschiedene Autoren Beobachtungen gemacht haben, ließe sich dem eine Zusammenstellung von Ulrich Luz an die Seite stellen.[348] In diesen Zusammenhängen taucht regelmäßig das Stichwort Allegorie auf. John Drurys Kategorie „allegorical historical parable" ist ein erster

---

[344] Die zweite Hälfte von Kapitel 13 ist kaum der Minderheitenthematik zuzuordnen; die eschatologische Perspektive von Kapitel 24f lässt sich in keinen der drei genannten sozialen Zusammenhänge einordnen, sondern überschreitet sie.
[345] So neben anderen *U. Luz;* vgl. z.B. *ders.,* Jesusgeschichte 45.79.81.107.
[346] The Parables of the Triple Tradition (1975).
[347] Out of His Treasure (ndl. 1991, engl. 1992), die Zusammenfassung ebd. 285–287, bes. 286f.
[348] Mt II 368–371.

Vorschlag, für (einige) matthäische Gleichnisse die formalen Merkmale auf den Punkt zu bringen und eine literaturgeschichtliche Einordnung vorzunehmen. Mehrfach wurde deutlich, welchen Einfluss der Kontext der Gleichnisse hat. Die Einsicht korrespondiert mit denen anderer Arbeiten, die sich - aus verschiedenen Gründen - den Gleichnissen in den Evangelien zuwenden.[349] In diesem Zusammenhang begegnete noch einmal die Frage, ob als Gegenpol zur Kontextbindung eine zumindest relative Selbständigkeit der Gleichnisse angenommen werden kann.

Als Aufgabe zeichnet sich zum einen ab, am Gesamtbild weiterzuarbeiten, die vorhandenen Ansätze voranzutreiben und zusammenzuführen. Zum anderen ist der unzureichende Anschluss der Exegese matthäischer Gleichnisse an die Gleichnisforschung ein deutliches Defizit. Die von Gerhard Sellin skizzierte Situation hat sich mit Blick auf die Matthäusexegese nur geringfügig gebessert.[350] Wenn überhaupt Gleichnisforschung referiert wird, steht oft die Darstellung der jesuszentrierten Forschung recht unvermittelt neben der Matthäusexegese.[351] Die wenigen Brückenschläge, die versucht werden, stützen sich in erster Linie auf das Phänomen 'Allegorie/Allegorese/Allegorisierung' und die einschlägigen Arbeiten, allen voran die von Hans Josef Klauck.[352]

---

[349] Vgl. z.B. *G. Sellin*, Lukas 169-171; *ders.*, Allegorie 404-406; *B. Gerhardsson*, Frames, bes. 325-329; *J. Liebenberg*, Language 155-157, auch 502f (zu den Syn) und 503f (zum ThEv); *R. Banschbach Eggen*, Reception 24-76.

[350] Vgl. auch die entsprechende Bemerkung bei *W. D. Davies/D. C. Allison*, Mt II 380.

[351] Das gilt weitgehend auch für den hier nicht näher besprochen Exkurs zu Gleichnissen in *W. D. Davies/D. C. Allison*, Mt II 378-382.

[352] Vgl. v.a. *U. Luz*, Mt II 368f, außerdem *W. D Davies/D. C. Allison*, Mt II 380f; *J. Lambrecht*, Treasure 25f.

III. Zum Vorgehen

Die Fragestellung dieser Arbeit richtet sich auf die Form und die Funktion matthäischer Gleichnisse. Gemeint ist damit zum einen die Frage, welche sprachlichen und literarischen Merkmale im Matthäusevangelium Gleichnisse als Gleichnisse kennzeichnen, zum anderen, wie diese Merkmale den Referenzprozess und die Sinnbildung des Gleichnisses auslösen und steuern. Aus der Gleichnisforschung heraus lassen sich verschiedene Aspekte unterscheiden und Bereiche markieren, die auf den Referenzprozess Einfluss nehmen.

(1) In der Jesusforschung gibt es eine rege Diskussion um die Frage, in welchem Maße die Sprechsituation des Gleichnisses samt den mit ihr gegebenen Personen, Fragen, Themen u.ä. (die „Sache") Bedeutung für das Verständnis hat. Adolf Jülicher, Joachim Jeremias oder Hans Weder mit je sehr unterschiedlichen Bestimmungen der „Sache" und Wolfgang Harnisch mit der Autonomiethese markieren einige, deutlich unterschiedliche Positionen in der breiten Diskussion.

Auch auf den späteren Stufen der Überlieferung gibt es Adressaten der Gleichnisse und Situationen, in denen sie erzählt werden (vgl. Jeremias). Speziell in den Evangelien begegnen die Gleichnisse als Teil der Jesusgeschichte, mit einem erzähltem Sprecher und erzählten Adressaten in einer erzählten Situation. Von einem unmittelbaren Ansprechen der Leser oder Hörer des Evangeliums ist nicht ohne weiteres auszugehen, die Anrede geschieht vermittelt durch den Rahmen des Evangeliums.[353] Ein Weiteres ist zu bedenken: Das Evangelium hat einen historischen und sozialen Rahmen, auch ein religions- und theologiegeschichtliches Umfeld, reagiert aber kaum auf eine ganz spezielle oder einmalige Situation. So stellt sich die Beziehung Gleichnis - Situation für die matthäischen Gleichnisse in erster Linie (wenn auch nicht ausschließlich) als das Verhältnis Gleichnis - *erzählte* Situation dar, wobei die erzählte Situation Teil einer größere Jesusgeschichte ist. Zur erzählten Situation gehören - neben Sprecher, Adressaten und Umständen wie Ort, Zeit oder vorausgegangene und nachfolgende Ereignisse - auch die (erzählten) Worte Jesus, die mit dem Gleichnis verbunden sind, also Gleichniseinleitungen und -schlüsse, Vergleichsformeln, Kommentierungen des Gleichnisses u.a. All dies sei mit dem Begriff „literarischer Kontext" bezeichnet, wobei

---

[353] Vgl. *M. Gielen*, Konflikt 17.

Gleichniseinleitungen (wie Vergleichsformeln u.ä.) und Gleichnisschlüssen (Anwendungen, Deutungen,...) durch ihre unmittelbare Verbindung mit dem Gleichnis ein besonderer Stellenwert zukommt.
Zu unterscheiden sind dann für die matthäischen Gleichnisse *interne*
und *externe Gleichnissignale*[354], d.h. Merkmale, Gleichnisanzeiger
und referenzsteuernde Elemente innerhalb der „Bildhälfte" (der
Gleichniserzählung, auf Seiten des Bildspenders) und solche im literarischen Kontext. Die externen und internen Signale sind zu suchen, in
ihrem Einfluss für die Sinnbildung zu gewichten und in ihrer Wechselwirkung zu betrachten.
(2) Aus der Gleichnisforschung, insbesondere aus der Allegorie-Diskussion, tritt die Frage hervor, welchen Einfluss einerseits punktuelle
Elemente im Gleichnis (z.B. die Identifikation einer Gleichnisfigur mit
Jesus), andererseits der Zusammenhang, die innere Kohärenz und die
Plausibilität der Bildhälfte resp. der Gleichniserzählung ('tertium
comparationis', Pointe, Extravaganzen, ...) haben. In der Forschung
gibt es stark differierende, immer wieder auch einseitige Bestimmungen. In dieser Arbeit sind einerseits die *narrativen Merkmale und der*
Erzählzusammenhang der matthäischen Gleichnisse zu erheben, ein
bislang eher vernachlässigter Aspekt, andererseits ist nach *punktuellen*
Signalen zu fragen. Schließlich ist das Ob und Wie einer möglichen
Wechselwirkung zu klären. Weil in diesen letzten Überlegungen erzählende Gleichnisse als Gegenstand der Untersuchung vorausgesetzt
wurden, sei noch einmal daran erinnert, dass durch die Textauswahl in
erster Linie Gleichnis*erzählungen* in den Blick geraten werden. Die
Grenzen und Übergänge zu anderen Formen gleichnishafter Rede sind
aber im Auge zu behalten.
(3) Um für die Suche nach solchen Gleichnissignalen zu sensibilisieren
und ihre Wirkung zu erfassen, können (im Anschluss an R. Zymner
und D. Massa) zwei weitere Differenzierungen vorgenommen
werden.[355] Zum einen gibt es *explizite* und *implizite Signale für den*
Gleichnischarakter. Zur ersten Gruppe gehören Gleichnisformeln
(„Das Himmelreich gleicht ...") oder Deutungen der Gleichnisse. Ein
indirektes Signal kann die Aufnahme eines Stichwortes aus dem
Kontext sein oder auch nur der Mangel an offenkundigem Sinn (ein
Satz, der überflüssig erscheint; ein Geschehen, das unmotiviert wirkt
...; vgl. Mt 22,7).[356] Zum anderen kann zwischen dem *Auslösen* und
dem *Lenken des Referenzprozesses* unterschieden werden. Ein Signal,
das nur ein Gleichnis anzeigt und den Referenzprozess so anstößt,

---

[354] Vgl. *R. Zymner*, Uneigentlichkeit 87-96 passim; *D. Massa*, Verstehensbedingungen 360f, ausführlicher (in Auseinandersetzung mit Zymner) ebd. 224-231.
[355] Vgl. *R. Zymner*, Uneigentlichkeit 45-52 (bes. 50ff) und 87-96; *D. Massa*, Verstehensbedingungen 224-231, zusammenfassend 360f.
[356] Zu Letzterem vgl. auch die pragmatisch ausgerichtete Überlegung bei *Chr.*
Kähler, dass Verstöße gegen Regeln der Kommunikation und gegen Erwartungen
der Adressaten Referenzprozesse auslösen können (Jesu Gleichnisse 26-30).

ohne ihn inhaltlich irgendwie zu definieren, ist das Stichwort
παραβολή.[357] Andere sprachliche und literarische Elemente bestimmen die Richtung der Sinnbildung, so die einleitende Frage „Womit
soll ich diese Generation vergleichen?" (Mt 11,16) oder konventionelle
Metaphern in den Gleichnissen, die thematisch relativ fest besetzt sind.
(4) Die Untersuchung geht in erster Linie synchronisch vor, betrachtet
die Gleichnisse im Rahmen des vorliegenden Evangeliums. Es soll
überdies versucht werden, die Vorlagen des Matthäus und davon ausgehend seine redaktionelle Tätigkeit zu erheben. Als Arbeitshypothese
wird die Zwei-Quellen-Theorie vorausgesetzt. Mit der diachronischen
Analyse sind zwei Ziele verbunden. *Erstens* ist sie geeignet, synchronische Beobachtungen zu erhärten und zu bestätigen. Das bedeutet
ausdrücklich nicht, dass Merkmale der Form und Funktion matthäischer Gleichnisse, die sich in Differenz zu den Quellen profilieren lassen, innerhalb des matthäischen Gleichnisverständnisses wichtiger
wären als andere, in denen Matthäus mit seinen Vorlagen übereinstimmt oder über die keine diachronischen Urteile möglich sind.
Zweitens kann die Unterscheidung von Tradition und Redaktion einen
ersten Beitrag zu der Frage liefern, wo die Quellen des matthäischen
Gleichnisverständnisses liegen: ob es signifikante Unterschiede zwischen den erkennbaren Traditionsströmen gibt, ob Matthäus einer seiner Quellen besonders verpflichtet ist oder ob es ein Profil gibt, das
aus quellenkritischen Untersuchungen nicht herzuleiten ist (vgl. M. D.
Goulder). Für eine begründete Antwort wären weitergehende Vergleiche notwendig, zum einen mit Lukas, der nach der Zwei-Quellen-
Theorie mit Matthäus nicht unmittelbar literarisch zusammenhängt,
und weiteren neutestamentlichen Schriften, zum anderen über die
Grenzen des Neuen Testaments hinweg mit dem Alten Testament und
der außerkanonischen Literatur aus der Umwelt des Neuen Testaments.
Das soll hier nicht geleistet werden.

Aus diesen Überlegungen leitet sich das Programm der Untersuchung
ab. Zu betrachten sind:
- der erzählerische Rahmen der Gleichnisse (Sprecher, Adressaten,
erzählte Situationen);
- der Begriff παραβολή (einschließlich der „Parabeltheorie");
- die Gleichniseinleitungen (Gleichnisformeln u.a.);
- die literarischen Mittel im Gleichnis (Erzählung, konventionelle
Metaphorik, Aufnahmen aus dem Kontext u.a.);
- die Gleichnisschlüsse (Anwendungen, deutende Logien, Allegoresen, etc.).
Die Analyse von Tradition und Redaktion erfolgt jeweils im Zusammenhang dieser Punkte.

---

[357] Mit einer kleinen Einschränkung, wie zu zeigen sein wird.

TEIL B.
FORM UND FUNKTION
DER GLEICHNISSE JESU
IM MATTHÄUSEVANGELIUM

I. Der Rahmen der Gleichnisse im Matthäusevangelium

Die Gleichnisse Jesu sind im Matthäusevangelium wie in den anderen Evangelien Teil einer größeren literarischen Einheit: Sie sind Teil des Evangeliums. Sie begegnen dort im Rahmen der Schilderung des Wirkens Jesu. Sie werden vom *„matthäischen"* Jesus in *erzählten* Situationen gesprochen, zu *erzählten* Adressaten etc. Der literarische Kontext stellt damit etwas her, das der historischen Sprechsituation der Gleichnisse Jesu und dem biographischen (und theologischen) Rahmen, den sein Wirken für sie bildet, in der Funktion nahe kommt.

In der Gleichnisforschung wird die Bedeutung dieses „Rahmens" für das Gleichnisverständnis kontrovers diskutiert. Jülicher betont von seinem rhetorischen Gleichnisverständnis her die Situationsgebundenheit dieser Gattung, relativiert diese Einsicht aber durch den Hinweis, wir wüssten ohnehin, „dass jedes Wort Jesu der Erziehung zum Himmelreich galt, und wo und wie er auch lehrte, es waren Verhältnisse des Himmelreiches, über die er Belehrung spendete".[1] In Verbindung mit der Annahme, das Reich Gottes sei rein geistig und realisiere sich in der Gegenwart als Gemeinschaft von Brüder und Schwestern unter dem Schutz des einen Vaters[2], führt das zu den viel gescholtenen 'allgemeinen Wahrheiten', die Jülicher den Gleichnissen entnimmt. Ein Gegentrend etablierte sich durch die Arbeiten von Arthur T. Cadoux[3], Charles Harold Dodd[4], Joachim Jeremias[5] und Eta Linnemann[6]. Die Sprechsituation als eine historische Situation, als Teil des Wirkens Jesu - samt dem gegebenen Thema und den beteiligten Personen wird - zu einem Schlüsselmoment der Gleichnisauslegung.[7] Im Rahmen einer grundsätzlich historischen Auslegung kommt es dann zu Akzentverschiebungen. So ist bei Hans Weder das Wirken Jesu als Gesamtes betrachtet Verstehensbedingung der Gleichnisse. Er löst sich

---

[1] Gleichnisreden I 104f. Vgl. auch oben Teil A.II., Anm. 89.
[2] Vgl. Gleichnisreden I 148f.
[3] The Parables of Jesus. Their Art and Use (1931).
[4] The Parables of the Kingdom (1935, revidierte Fassung 1936).
[5] Die Gleichnisse Jesu (1947 u.ö.).
[6] Gleichnisse Jesu (1961 u.ö.).
[7] Vgl. zum historischen/historisierenden Ansatz der Gleichnisforschung E. *Jüngel,* Problematik 305-320; *H. Weder,* Gleichnisse 22-31; *P. Dschulnigg,* Positionen 337-339; *Chr. Kähler,* Gleichnisse 101f; *K. Erlemann,* Gleichnisauslegung 27f.

damit von der konkreten Situation.[8] In pragmatischen oder kommunikativen Ansätzen gerät verstärkt der Adressatenbezug in den
Blick (z.B. Edmund Arens; Christoph Kähler, auch Hubert Frankemölle).[9] Mary Ann Tolbert u.a. heben die Polyvalenz der Gleichnisse
hervor, d.h. eine in ihrer Struktur angelegte prinzipielle Mehrdeutigkeit
oder Offenheit, die nur jeweils in der konkreten Situation durch die
Mitwirkung der Adressaten zu einem bestimmten Sinn geführt wird.
Damit gibt es nicht *den* Sinn, sondern eine Vielzahl von Interpretationen.[10] Es ergibt sich das Problem, ob und wie solche Interpretationen bewertet werden können.[11] Auch die von Jülicher her kommende Tradition einer Auslegung, die Gleichnisse in erster Linie als
rhetorische Mittel begreift, lebt wieder auf (E. Rau; K. Erlemann).[12]
Einen Gegenpol - insbesondere zu dieser rhetorischen Betrachtungs-
weise - markiert die These von der „Autonomie" der Gleichnisse, wie

---

[8] Vgl. oben A.II.3.b. Weder nimmt darin die Position von *E. Fuchs* auf; vgl. dazu
H. Weder, Gleichnisse 31f (mit Belegen aus den Werken von Fuchs).
[9] Vgl. *E. Arens*, Handlungen; *ders.*, Erzählungen; *Chr. Kähler*, Gleichnisse Jesu.
H. Frankemölle (Handeln) fällt etwas aus dem Rahmen, weil er nach der Pragmatik
in erster Linie auf der Ebene der *literarischen Texte* fragt. Sofern rekonstruierbar,
lässt sich dann auch auf früheren Ebenen der Überlieferung nach der Pragmatik
fragen (vgl. ebd. 37f). Vgl. aber auch schon die Überlegungen zum Hörerbezug bei
G. Eichholz, Gleichnisse 31-39, außerdem jüngst zur Pragmatik der Gleichnisse *M.
A. Beavis*, Power.
[10] Vgl. *M. A. Tolbert*, Perspectives; vgl. auch *D. Massa*, Verstehensbedingungen
(zu M.A. Tolbert ebd. 164-179.358); *J. Liebenberg*, Language 508-513.
[11] *R. Banschbach Eggen* sieht die Möglichkeiten, einem Gleichnis durch den Bezug auf neue Kontexte einen neuen Sinn abzugewinnen, durch die „semantic
structure" der Bildhälfte („image text") kontrolliert und gewinnt von hierher einen
Maßstab. Diese Kontrollfunktion werde ausgehebelt, wenn wesentliche Veränderungen in der Bildhälfte vorgenommen werden (*dies.*, Reception 74-81). Diese
Überlegungen stehen bei Banschbach Eggen im Zusammenhang einer Auseinandersetzung mit modernen Auslegern, die mit solchen Eingriffen rechnen, so dass
der im Evangelium vorliegende Texte des Gleichnisses seinen autoritativen Charakter verliert und stark differierende Auslegungen vertreten werden.
Dass solche Veränderungen in der vormatthäischen Überlieferung und von
Matthäus vorgenommen wurden, ist m.E. aber kaum zu bestreiten. Am Gleichnis
allein ist also kein Maßstab zu gewinnen. Wenn man - im Rahmen einer theologischen Auslegung der Gleichnisse - nicht entweder einseitig die Verkündigung des
historischen Jesus zur Norm erhebt (Jeremias) noch nur dem Kanon Relevanz zuspricht, wird eine theologische Würdigung der Gleichnisüberlieferung notwendig
sein, die den Osterglauben in Rechnung stellt (vgl. die Ansätze bei *H. Weder* sowie
grundsätzlich *W. Thüsing*, Theologie I; *ders.*, Jahweglaube; zu einer neutestamentlichen Exegese auf dieser Grundlage *Th. Söding*, Text; *ders.*, Inmitten der Theologie des Neuen Testaments; *ders.*, Wege).
[12] Vgl. *E. Rau*, Reden, bes. 73-107 (mit Blick auf erzählerische Merkmale der
Gleichnisse); *K. Erlemann*, Gleichnisauslegung, bes. die Bestimmung der Gleichnisse als „bildhaftes Plausibilisierungsgeschehen" ebd. 99f.145-150.170.

sie Dan Otto Via und noch zugespitzter Wolfgang Harnisch vertreten. Hier tritt die Bedeutung der Situation stark zurück.[13] In der Geschichte der neutestamentlichen Exegese markiert die Einsicht, dass die Situationen der Gleichnisse wie anderer Worte und Taten Jesu in den Evangelien literarischen, und nicht historischen Charakter haben, den Übergang von Literarkritik zur Formgeschichte (K. L. Schmidt).[14] Diese Einsicht erlaubt der Formgeschichte ebenso wie der historischen Rückfrage nach Jesus, sich den Perikopen ohne Rücksicht auf den literarischen Kontext zuzuwenden. Verstärkt in der Redaktionsgeschichte wird der Rahmen - in Umkehrung der Perspektive - aber auch als ein Gestaltungsmittel der Evangelisten erkannt. Die erzählte Situation und der literarische Kontext übernehmen in mancherlei Hinsicht die Funktion der Sprechsituation, zugleich können sie aber nicht mit denselben Maßstäben wie eine historische Sprechsituation gemessen werden. Der Unterschied liegt zum einen in der *literarischen und theologischen* Qualität des Rahmens. Die Gleichnisse sind Teil der Jesusgeschichte, d.h. einer *Erzählung* über die historische Gestalt Jesus, die unter der Voraussetzung des *Glaubens* an seine Messianität (Mt 1,1) und Gottessohnschaft (Mt 3,17; vgl. 1,18-25; 2,15) und um dieses Glaubens willen (vgl. Mt 24,14; 28,19f) niedergeschrieben ist. Zum anderen kommen auch die Adressaten des Matthäusevangeliums mit ihrer „Situation" ins Spiel. Ihr Leben als Christen und ihre Zukunft werden ganz offenkundig in den Worten Jesu berührt (vgl. z.B. 10,16ff; 13,36ff; Kap. 24f). Ob darüber hinaus Personen, Konstellationen und Situationen für die Gegenwart des Matthäus durchsichtig sind, ist im Grundsatz[15] wie auch für Einzeltexte (z.B. aus Kap. 13, s.u.) umstritten. Auf jeden Fall ist der literarische Kontext als primärer Rahmen zu betrachten, *durch den hindurch* ggf. die Adressaten in den Blick genommen werden.
In den folgenden beiden Kapiteln wird die Frage nach der Wechselwirkung von Gleichnis und Kontext vom Rahmen her angegangen. Es gilt, sich einen ersten Eindruck darüber zu verschaffen, wie die Gleichnisse als Teil der Jesusgeschichte präsentiert werden. Beobachtungskriterien lassen sich gewinnen, wenn die Diskussion der Gleichnisforschung im Lichte der Erzähltextanalyse, hier speziell des

---

[13] Vgl. *D. O. Via*, Gleichnisse 72-94; zu W. Harnisch s.o. A.II.3.c. Während Via annimmt, dass auf einer untergeordneten Ebene Elemente nach außen verweisen (vgl. Gleichnisse 87), wird dies von Harnisch zurückgewiesen (vgl. Gleichniserzählungen 65f).
[14] Vgl. seine These in *ders.*, Rahmen 118f.
[15] Vgl. einerseits *G. Strecker* (Weg 191-208, bes. 194; Theologie 385-391), andererseits *U. Luz* (Jünger; Jesusgeschichte 45.79.80f.92.107).

narrative criticism, rezipiert wird.[16] Auf der Ebene der Personen gilt es nach dem Sprecher und den Adressaten resp. Hörern der Gleichnisse sowie nach der Art und Weise ihrer Darstellung zu fragen. Auch Ort, Zeit und weitere Umstände ('setting') sind in diesem Zusammenhang kurz zu beleuchten. Um die Gleichnisse als Handlungen und als Elemente im Ereignisablauf zu beschreiben, sind der Anlass und die angestrebte oder erzielte Wirkung der Gleichnisse im Rahmen der Erzählung resp. ihre Funktion als Teil einer Rede zu erheben. Zum Rahmen gehört auch die Behandlung eines möglichen Gattungsbegriffs für die Gleichnisse Jesu (παραβολή) und seines Verständnisses bei Matthäus sowie die Diskussion von Metatexten im Evangelium, die *über* Gleichnisse sprechen. Hier ist in erster Linie an die sog. Parabeltheorie zu denken (Mt 13,10-17). Diese zuletzt genannten Aspekte werden gesondert im zweiten Kapitel des Hauptteils analysiert.

In den ersten beiden Kapiteln ist die Perspektive vom Kontext her auf die Gleichnisse gerichtet. Ob und wie die Gleichnisse in ihrer Einleitung, ihrer Erzählungen und ihrem Schluss den Kontext und seine Vorgaben aufgreifen, wird an Ort und Stelle in den Folgekapiteln behandelt. Die Beobachtungen lassen sich allerdings nicht glatt aufteilen. So müssen einige Ergebnisse der Folgekapitel hier bereits vorweg genommen werden. Zur Begründung der Thesen sei dorthin verwiesen. Umgekehrt werden theologische Schlüsselbegriffe, Bildfelder u.a., die wichtige Interpretationsmittel der Gleichnisse im Matthäusevangelium sind und die der Kontext des Evangeliums stark beeinflusst, an dieser Stelle noch ausgeklammert.

1. Sprecher, Adressaten, erzählte Situationen

Sprecher aller Gleichnisse des Matthäusevangeliums ist Jesus. Der Gleichniserzähler Jesus ist ein Lehrer. Fast immer gehen den Gleichnissen Fragen u.ä. voraus, auf die Jesus antwortet und die den Anstoß zu längeren Ausführungen geben (11,2f; 12,38; 18,1.21; 19,27; 21,23; 24,3; vgl. 15,12.15). Oder aber Jesus sitzt und redet zu einer Gruppe von Menschen (5,1f; 13,1-3a; 24,3), was vermutlich als Skizze einer

---

[16] Vgl. zur Methodik knapp *Th. Söding,* Wege 140-151; ausführlicher vgl. *M. A. Powell,* What Is Narrative Criticism? und den Forschungsbericht von *G. Schunack,* Interpretationsverfahren. Untersuchungsgegenstand war zunächst das Markusevangelium; vgl. *F. Hahn (Hg.),* Erzähler; *U. C. Eisen,* Markusevangelium (jeweils mit Lit). Zu Matthäus ist zunächst *J. D. Kingsbury* zu nennen, außerdem liegen diverse einschlägige Beiträge von *D. R. Bauer, W. Carter, R. A Edwards, D. B. Howell, J. P. Heil, F. J. Matera, M. A. Powell* u.a. vor. In der deutschsprachigen Exegese präsentiert *M. Gielen* (Konflikt) eine Erzähltextanalyse für das Matthäusevangelium mit einem eigenständigen methodischen Zugriff (orientiert an *C. Kahrmann/G. Reiss/M. Schluchter,* Erzähltextanalyse).

Lehrszene aufzufassen ist.[17] Vereinzelt wird Jesus im Kontext von Gleichnissen oder Bildworten ausdrücklich als Lehrer angesprochen (9,11 mit V.12f; 12,38 mit V.43-45; vgl. auch 15,1f mit V.13f; 21,23 und 22,16.24.36 mit 21,45 - 22,14).

Wenn Jesus als Lehrer gezeichnet wird, dem die Menschenmenge zuhört und den die Jünger fragen, kommt darin eine ihm zugeschriebene Autorität zum Ausdruck. Im Rahmen des Evangeliums ist evident, dass Jesus nicht ein Lehrer wie andere ist. Seine besondere Autorität als Gleichniserzähler rührt neben anderem daher, dass er selbst wesentlicher Bestandteil jener Botschaft ist, die er in den Gleichnissen ausrichtet. Sehr deutlich wird dies z.B. am Gespräch über die Vollmacht Jesu (21,23-27). Die Vollmachtsfrage wird thematisiert, eine Antwort verweigert Jesus jedoch zunächst (21,27). Die folgende Parabeltrias 21,28 - 22,14, besonders das Winzergleichnis, liefert die Antwort für den, der die Gleichnisse zu verstehen vermag: Jesus ist der Sohn und letzte Gesandte Gottes (21,37). Gott wird seine Verwerfung überwinden (21,42). Er ist der kommende Richter (21,44) und der Bräutigam, zu dessen eschatologischem Hochzeitsmahl geladen wird (22,2ff). Wer sich Jesus gegenüber verweigert, dem bleibt die Wahrheit der Gleichnisse verschlossen, selbst wenn ein vordergründiges Verstehen gegeben ist (vgl. 21,45f).

Diese Struktur wiederholt sich bei etlichen Gleichnissen, in denen Jesus selbst vorkommt (vgl. noch 13,24-30 mit 36-43; 24,45-51; 25,1-13; 25,14-30; vielleicht auch 13,3-9; 20,1-16). Immer wird das volle Gewicht der Aussage nur verständlich, wenn auch erkannt und bejaht wird, was Jesus in dem Gleichnis über sich selbst sagt. Umgekehrt könnte das Gleichnis nur als Ärgernis oder Lüge gelten, wenn der vom Sprecher im Gleichnis erhobene christologische Anspruch verneint würde. Eine ähnliche Struktur wird auch in Gleichnissen vorausgesetzt, die nicht direkt christologische Aussagen machen, jedoch Themen und Geschehnisse ansprechen, zu denen Jesus als Sohn Gottes, Messias und Menschensohn einen essentiellen Bezug hat. So lebt das Autoritätsgefüge aller Himmelreich-Gleichnisse davon, dass Jesus eine einmalige Rolle in der nahekommenden Gottesherrschaft spielt. Es hat ein besonderes Gewicht, wenn der Sohn Gottes verkündet, was der Wille des Vaters ist (18,14.35). Schließlich ist die Mahnung zur Wachsamkeit angesichts der ausstehenden Parusie doppelt nachdrücklich, wenn sie jener ausspricht, der selbst als Menschensohn kommen wird (21,44).

Darüber hinaus konvergiert dieser Zusammenhang zwischen dem Sprecher und dem Annehmen und Verstehen der Gleichnisse mit der matthäischen Formulierung der Parabeltheorie (13,10-17). Die Jünger,

---

[17] Vgl. *C. Schneider*, Art. κάθημαι 446; *J. D. Kingsbury*, Parables 23 (darüber hinaus Ausdruck der „divine dignity" Jesu); *J. Gnilka*, Mt II 312; *U. Luz*, Mt II 297 mit Anm. 7.

denen es gegeben ist, die Geheimnisse der Gottesherrschaft zu verstehen (13,11), werden selig gepriesen, weil sie hören und sehen, was den Propheten und Gerechten zu hören und zu sehen nicht vergönnt war (13,16f). Im Kontext des Matthäusevangeliums ist das nicht anders zu deuten, als dass die Jünger gläubige Zeugen des in Jesus ankommenden Heils sind. So stoßen die Gleichnisse bei ihnen nicht auf taube Ohren (13,13-15), sondern auf Verstehen (13,51).

Hörer aller Gleichnisse sind die Jünger. Einige werden ausschließlich ihnen erzählt (13,36-52; 18,12-14.23-35 [vgl. V.1][18]; 20,1-16 [vgl. 19,23.28]; 24,42 - 25,30 [vgl. 24,3]). An anderen Stellen wird ihren Anwesenheit neben anderen Hörergruppen vorausgesetzt (7,24-27 [vgl. 5,1]; 13,1-35 [vgl. 13,10.36]; 21,28 - 22,14 [vgl. 21,18; 23,1]; vermutlich auch 11,16-19). Als weitere Hörergruppen treten die Volksmenge (11,16-19 [vgl. V.7]; 13,1-35 passim), Schriftgelehrte und Pharisäer (12,43-45 [vgl. V.38]) oder Hohepriester und Älteste (21,28 - 22,14 [vgl. V.23][19]) auf.

Die an diese letztgenannten Hörergruppen gerichteten Gleichnisse knüpfen in den meisten Fällen an die Geschichte Jesu und seines Wirkens in Israel an. Die Ablehnung Jesu und/oder Johannes des Täufers bietet die Folie, auf die sie zu beziehen sind. Klar wird dies durch den Kontext und durch die jeweiligen Gleichnisschlüsse bei den Gleichnissen von den spielenden Kindern (11,16-19, vgl. 11,7-15), vom unreinen Geist (12,43-45; vgl. 12,38-42), von den zwei Söhnen und von den bösen Winzern (21,28-32 resp. 33-44; vgl. 21,23-27). Weniger klar ist, dass das Gleichnis vom Sämann auf das Wirken Jesu zu beziehen ist. Möglich ist dies, wenn wegen der unterschiedlichen Adressaten eine gewisse Selbständigkeit des Gleichnisses (13,3-9) gegenüber seiner Deutung (13,18-23)[20] und eine einigermaßen einheitliche Metaphorik für Kapitel 13 angenommen wird (13,37: der Säende = der Menschensohn). Allerdings ist für die Gleichniskomposition Kapitel 13 ebenso wie für die Trias 21,28 - 22,14 ein *shift* im Bezugsrahmen anzunehmen. Gemeint ist, dass der Zusammenhang der Geschichte Jesu im Verlauf der Komposition zunehmend deutlich überschritten wird. Der zweite Teil der Gleichnisrede Kap. 13 thematisiert die Jüngerschaft ohne jeden spezifischen Bezug auf die zwölf Jünger Jesu und die im Rahmen erzählte Geschichte. Auch die an die Jünger gerichteten Deutungen der Gleichnisse vom Sämann und vom Unkraut sind zumindest für die nachösterliche Situation offen. Die Gleichnistrias 21,28 - 22,14 handelt zunächst von Johannes und von der Reak-

---

[18]　In 18,21f spricht Jesus mit Petrus. V.35 zeigt aber, dass sich die Worte wie das Gleichnis an alle Jünger richten.

[19]　Nach 21,45f erkennen Hohepriester und *Pharisäer*, dass Jesus zu ihnen spricht. Die klassische Sicht, die Gegner Jesu seien im Matthäusevangelium austauschbar, ist jüngst in die Diskussion geraten; vgl. *V. C. van Wahlde*, Relationship, und v.a. *M. Gielen*, Konflikt.

[20]　So mit Nachdruck *J. D. Kingsbury*, Parables 32-37 und 52-63.

tion verschiedener Gruppen in Israel auf seine Verkündigung. 21,43 nimmt vage ein „anderes Volk" in den Blick. 22,8-13 schließlich wird auf die Sammlung der christlichen Gemeinde und auf das auch ihr bevorstehende Gericht zu deuten sein. In Kapitel 13 verbindet sich der *shift* mit einem Wechsel der Adressatengruppen, zunächst vorübergehend in den Versen 10-23, dann endgültig ab V.36. Die Gleichnistrias hat keinen Adressatenwechsel. Allerdings reagieren die Hohenpriester und Pharisäer schon nach dem zweiten Gleichnis (21,45f), während das v.a. auf die christliche Gemeinde zielende dritte Gleichnis ohne erzählte Wirkung bleibt. Immer wieder weisen so die Gleichnisse über den Zusammenhang des erzählten Geschehens hinaus.

Die ausschließlich an Jünger gerichteten Gleichnisse sind z.T. in *thematische* Kontexte eingebunden[21], nicht aber auf die erzählten *Ereignissen* des Rahmens bezogen. Sie kommentieren oder erklären nicht das erzählte, aus Sicht des Matthäus vergangene Geschehen des irdischen Wirkens Jesu in Israel. Sie zeitigen auch keinerlei erzählte Wirkung innerhalb der Geschichte. Ihr Bezugsfeld sind die Jüngerschaft (13,44-46.52; vgl. 13,18-23), das Zusammenleben der Jüngergemeinde (18,12-14.23-35) und die eschatologische Zukunft (13,47-50; 20,1-16; Kap. 24,42-44.45-51; 25,1-13.14-30; vgl. 13,36-43). Nun könnte eingewandt werden, dass die Jünger sehr wohl Teil des Wirkens Jesu in Israel sind. Dagegen wäre festzuhalten, dass ein Zusammenleben der Jünger, wie Kap. 18 es voraussetzt, im Evangelium nicht erzählt wird. Es findet in Abwesenheit des irdischen Jesus statt (vgl. nur 18,20), jenseits der Geschichte, die Matthäus erzählt. Für Kapitel 13 ist die Argumentation etwas schwieriger. Hier wäre auf den schon skizzierten *shift* zu verweisen.

Zusammengefasst: Sowohl mit dem Sprecher, als auch mit den Adressaten lassen sich also Eckpunkte der matthäischen Gleichnisauslegung verknüpfen. Der Sprecher der Gleichnisse definiert Verstehensbedingungen für diese Texte. Im Sinne des Matthäus können sehr viele Gleichnisse nicht ohne Bezug auf ihren Erzähler betrachtet werden. Sie sind im Gegenteil erst verständlich, wenn die Christologie voll in Rechnung steht. Die Adressaten signalisieren Bezugsfelder der Gleichnisse: einerseits das Wirken Jesu in Israel, andererseits die Jüngergemeinde und ihr Dasein. Die Volksmenge und die religiösen Autoritäten des Volkes repräsentieren damit im engeren Sinn den Zusammenhang der vergangenen - was nicht heißt: für die Gegenwart bedeutungslosen! - Jesusgeschichte, während mit den Jüngern die

---

[21] Die großen Reden in Kap. 18 und 24f bieten solche thematischen Kontexte. Das Gleichnis von den Arbeitern im Weinberg ist auf das Gespräch um den Lohn der Nachfolge zu beziehen (vgl. 19,30 mit 20,16). Ausführlicher zur Einbindung des Gleichnisses in den Zusammenhang von Kap. 19f und zur Leitvorstellung des Haushaltes in diesen Kapiteln *W. Carter/J. P. Heil,* Parables 124-134.

Öffnung der Geschichte für die Gegenwart und Zukunft der matthäischen Gemeinde verbunden ist. Der *shift* in den Gleichnisreden 13,1-52 und 21,28 - 22,14 zeigt, dass Matthäus bemüht ist, einen Zusammenhang zwischen beiden Bezugsfeldern herzustellen. Dieser Zusammenhang ist nach den hier gemachten Beobachtungen aber nicht so zu bestimmen, dass Volksmenge oder religiöse Führer kurzschlüssig mit Juden aus der Gegenwart des Matthäus zu identifizieren wären. Zu deutlich sind beide zumindest als Adressaten der Gleichnisse mit der *Jesus*geschichte verbunden.

2. Die Funktion der Gleichnisse im Handlungsverlauf

In den erzählten Situationen sind die Gleichnisse durchweg eine Form der Belehrung.[22] Die Belehrung in Gleichnissen kann je nach Kontext verschiedene Ziele verfolgen, die sich zum Teil überschneiden und für dieselbe Stelle namhaft gemacht werden können. Diese Ziele sind nicht nur am Kontext, sondern auch an Gleichniseinleitungen und -schlüssen ablesbar. Ein *erstes Ziel* ist die Rechtfertigung gegenüber Anfragen und Kritik an Jesus oder dem Täufer Johannes, so 11,16f (mit 18f!) und 12,43-45. Die Gleichnistrias 21,28 - 22,14 kann als indirekte Antwort auf die Vollmachtsfrage (21,23ff) gelesen werden, die unbeantwortet im Raume steht (21,27). Auch die Gleichnisrede Kap. 13 steht durch die vorangehenden Ereignisse (Kap. 11f) in einem apologetischen Horizont.[23] In vergleichbarer Weise dienen auch kürzere Gleichnisse und Bildworte der Rechtfertigung Jesu in Konflikten (9,12.15-17; 12,25-30; 15,13f).
Ein *zweites Ziel* ist die Vermittlung von Wissen. Ablesbar ist dieses Ziel z.B. an Fragen, in denen die Jünger etwas erfahren wollen (19,27; 24,3) und auf die Jesus mit Gleichnissen antwortet, oder an der Erwartung Jesu, die Jünger („Schüler": μαθηταί) würden die Gleichnisse verstehen (13,51) und aus ihnen lernen (24,32f). Bei diesem Wissen geht es um die „Geheimnisse der Gottesherrschaft". Deshalb hat die Wissensvermittlung durch Jesus auch in den Gleichnissen die Dimension einer Offenbarung. Die Metatexte 13,10-17 und 34f weisen deutlich in diese Richtung. Auch in 19,27 und 24,3 ist eschatologisches Wissen Gegenstand der Jüngerfrage, die Jesus u.a. durch Gleichnisse beantwortet. Schließlich ist auf 21,42 zu verweisen, wo zum Verständnis des Gleichnisses die Schrift herangezogen wird. Zur Kategorie Offenbarung passen gut die matthäischen Basileia-Einleitungen für Gleichnisse und die Allegoresen auf die Endzeit.

---

22 Auch wenn Matthäus offenbar 13,1-3a den Begriff διδάσκειν aus Mk 4,1f nicht übernimmt; vgl. dazu B.II.1. Nr. (3).
23 Das betont v.a. *J. D. Kingsbury,* Parables, bes. 15f.

Ein *drittes Ziel* ist die Verknüpfung von Wissen und Handeln, deutlich z.B. in 7,24-27 (nach 7,15-23; vgl. die Gleichniseinleitungen); 18,12-14 (nach 18,10); 18,23ff (nach 18,21f; vgl. V.35) oder 24,42 - 25,30 (nach 24,32-42, vgl. 24,44; 25,13). Auch hier lassen sich wieder Entsprechungen zu kürzeren Formen gleichnishafter Rede feststellen (5,13.14-16; 6,19 - 7,23; 10,24f.29-31).

Von der Forschung zu den Gleichnissen Jesu her drängt sich die Frage auf, ob die matthäischen Gleichnisse als ein *viertes Ziel* nicht auch der Verkündigung des Evangeliums dienen. Das ist zu bejahen.[24] Die matthäischen Gleichnisse sprechen vom Himmelreich, von seiner sicheren Zukunft allen Gefährdungen zum Trotz (13,3-9.24-30.31f.33) und von seinem großen Wert, der allen Einsatz lohnt (13,44.45f). Sie sprechen vom Einsatz Gottes für die Kleinen, die Verlorenen und die Sünder (18,12-14.23-35), von seiner barmherzigen Gerechtigkeit (20,1-16), von der Entschlossenheit Gottes, seiner Gerechtigkeit in der Welt Geltung zu verschaffen (21,28 - 22,14; vgl. 13,47-50). Schließlich sprechen sie von der Errettung Jesu aus dem Tod (21,33-44), vom Erfolg seines Wirkens (13,24-30; auch 13,3-8?) und von der sicheren Hoffnung auf sein Kommen (24,42 - 25,30). Aber Matthäus hat am Wirken Jesu in Israel erkannt, wie gefährdet das Annehmen des Evangeliums durch die Menschen ist. So zuversichtlich er mit der Basileia als einer Wirklichkeit *Gottes* rechnet, so deutlich steht ihm die Möglichkeit vor Augen, dass *Menschen* scheitern. Einen Ausweg bietet nur die Orientierung am Lehrer Jesus.

3. Gleichnisse und nicht-gleichnishafte Formen der Rede

Gleichnisse sind im Matthäusevangelium Teile von längeren oder kürzeren Reden Jesu, manchmal bilden sie faktisch die ganze Rede. Zwei Beobachtungen zur Komposition sind notierenswert: Gleichnisse stehen oft am Ende von Reden oder zumindest Redeabschnitten (7,24-27; 13,52; 18,23-35 bzw. 11,16-19[25]; 18,12-14[26]; vgl. auch 12,43-45[27]; 20,1-16[28]). Und: Im Matthäusevangelium begegnen drei größere

---

[24] Anders *B. Gerhardsson,* Frames 329.
[25] In 11,20 meldet sich der Erzähler zu Wort und kündigt einen Themenwechsel in den Ausführungen Jesu an.
[26] Ab 18,15 wendet sich die Rede thematisch (!) dem Umgang mit Brüdern zu, die schuldig geworden sind. Das Stichwort „Kleine" verschwindet. Die Gliederung der Rede ist aber nicht unstrittig, vgl. (mit Lit.) *U. Luz,* Mt III 6f; *W. D. Davies/D. C. Allison,* Mt II 750f.
[27] 12,43 ist dem Gespräch über die Zeichenforderung übergangslos angeschlossen. 12,46 ist ein deutlicher szenischer Einschnitt.
[28] 19,28-30 ist kaum als eine Rede zu bezeichnen, die durch das (deutlich längere) Gleichnis 20,1-16 abgeschlossen würde. Allerdings knüpft 20,11ff an den Schluss der Antwort Jesu (19,30) an und erläutert ihn (20,1: „denn"; vgl. V.16).

Gleichniskompositionen (13,1-52; 21,28 - 22,14; 24,42 - 25,30), in denen die Gleichnisse in einen intensiven wechselseitigen Kontakt treten. Diese Neigung, solche nicht bloß gereihten, sondern sinnvoll ineinandergreifenden Gefüge zu schaffen, besteht auch bei kürzeren gleichnishaften Texten (5,13.14-16; 9,15-17; 15,13f).[29] Dass beide Verwendungsweisen von Gleichnissen wiederholt zu beobachten sind, verrät ein Bewusstsein des Matthäus für die Gattung 'Gleichnis' und ihre Verwendung. Er verbindet mit Gleichnissen offenbar - in einem nicht-technischen Sinne - bestimmte rhetorische Funktionen.

Die Funktion der Gleichnisse in Schlussstellung ist nicht einheitlich, wie Gleichniseinleitungen und -schlüsse sowie ihre Stellung im Kontext zeigen.[30] Sie motivieren zum Handeln (7,24-27), vertiefen das Verständnis einer Aussage (20,1-16 mit 19,30), begründen und motivieren eine Forderung (18,23-35), bringen eine Metaebene ins Spiel (13,52) u.a. Etliche von ihnen tragen - wie viele weitere matthäische Gleichnisse - einen paränetischen Akzent.[31]

Die Gleichniskompositionen verraten sehr deutlich, dass sich die Gleichnisform im Sinne des Matthäus nicht nur dazu eignet, nicht-gleichnishafte Aussagen zu stützen; die Rede in Gleichnissen kann vielmehr für sich allein stehen.[32] Die Gleichnisreden erweisen sich als durchdachte Gefüge mit gewichtigem Inhalt, die auf ganz eigene Art Plausibilitäten erzeugen, einen Gedankengang entwickeln, Einsichten und Wissen vermitteln. Diese Beobachtung lässt es angeraten sein, auch Gleichnisse, die offenbar eine Funktion im Kontext erfüllen, nicht zwingend auf diese Funktion zu beschränken. Diese Überlegung ist ein erster Baustein für die These, dass die matthäischen Gleichnisse nicht unbedingt in ihrer Kontextualisierung aufgehen, sondern eine relative Selbständigkeit gegenüber dem Kontext behalten können. Zu klären ist, wo die Besonderheit einer Rede in Gleichnissen liegt.

---

[29] Vgl. auch die von _K. Berger_ beschriebenen Gleichnisdiskurse, die verschiedene Formen vereinen, außerdem die metaphorischen Mahnreden (Formgeschichte §17 bzw. § 11).

[30] Zu diesen 'summary parables' vgl. _I. H. Jones_, Parables 115-123.173-281, bes. 117-121. 20,1-16 rechnet Jones nicht ein. Er führt allerdings auch 25,31-46 als _summary parable_. Der Text wird hier nicht als Gleichnis betrachtet (s.u. S. 131f).

[31] Vgl. dazu auch _K. Berger_, Formgeschichte 55: Eine solche Schlussstellung entspricht den Regeln antiker Rhetorik.

[32] Anders _B. Gerhardsson_, Frames 327f und bes. 329.

II. Der Begriff παραβολή

Das Bedeutungsspektrum des Begriffs παραβολή ist weit. Die Grundbedeutung des zugehörigen Verbs παραβάλλειν ist „nebeneinanderstellen/-legen". Das Substantiv wird im paganen Griechisch neben anderem[1] als Bezeichnung für gleichnishafte Rede verwendet, in rhetorischen Zusammenhängen noch spezifischer für fiktive, dem Redner als Beweis und Verdeutlichung dienende Erzählungen.[2] In der griechischsprachigen Literatur des Frühjudentums und des frühen Christentums bezeichnet es eine Vielzahl von Redeweisen und Textsorten[3], deren gemeinsamer Nenner nicht leicht zu bestimmen ist[4]. Neben den Gleichnissen Jesu (Mk 4,2parr; 12,1parr u.ö.) stehen die Orakelsprüche Bileams (Num 23,7[LXX] u.ö.), Spottreden und -lieder (2Chr 7,20[LXX]; Tob 3,4[LXX]; Ps 44(43),14[LXX]; Hab 2,6[LXX]), Sprichwörter (1Sam [1Kön] 10,12[LXX]; Ez 18,2f[LXX]; Lk 4,23), Sinnsprüche und Regeln weisheitlicher Rede (Sir 3,29; 20,27[LXX]), allegorische Gleichnisse (Ez 17,2; 24,3[LXX]; Herm sim V), typologische Gegenbilder (Hebr 9,9; 11,19), Rätselworte (Barn 17,2). Diese Vielfalt wird in der Forschung in der Regel auf den Einfluss der Septuaginta zurückgeführt, der παραβολή als eine - freilich nicht einzige - Möglichkeit zur Übersetzung des vielschichtigen Begriffs מָשָׁל dient.[5]

So deutlich durch diese Verwendung die Semantik von מָשָׁל auf παραβολή abfärbt: Die Bedeutung von παραβολή im Septuaginta-Griechisch darf mit der von מָשָׁל nicht allein deshalb gleichgesetzt werden, weil das eine zur Übersetzung des

---

[1] Das Nebeneinanderstehen, die astronomische Konjunktion, das Abweichen vom rechten Weg, die Krümmung, die Parabel als Kegelschnitt, das niedergelegte Geld (Depositum).

[2] Vgl. *F. Hauck*, Art. παραβολή 741-743. Zum rhetorischen Parabelbegriff außerdem *H. Lausberg*, Handbuch §§ 410-426, bes. 422-425; *K. Berger*, Gattungen 1112f; *D. Dormeyer*, Literaturgeschichte 141-146; *B. Heininger*, Art. Gleichnis B.I.

[3] Vgl. *F. Hauck*, Art. παραβολή 744ff, bes. 744-750.757-759; *J. Lust – E. Eynkel – K. Hauspi*, Lexicon, s.v. παραβολή.

[4] Nach *J. W. Sider* (Meaning, bes. 457f) besteht das Gemeinsame darin, dass die so bezeichneten Redeformen auf Analogie beruhen.

[5] Vgl. z.B. *F. Hauck*, Art. παραβολή 746; *J. Jeremias*, Gleichnisse 12 (mit Anm. 4) und 16; *B. B. Scott*, Hear 20f. – Zur Bedeutung von מָשָׁל vgl. *F. Hauck*, Art. παραβολή 744-748; K. M. *Beyse*, Art. מָשַׁל 69-73; *K. Schöpflin*, מָשָׁל.

anderen dient. Sie muss vielmehr auch für sich aus dem LXX-Kontext erhoben werden. Mit Recht wurde in dieser Hinsicht Kritik am ThWNT geübt.[6] Mit einer leichten Bedeutungsverschiebung in der LXX, die durch ihre Verwendung stärker das Moment des Vergleichens betone, rechnen z.B. *J. W. Sider*[7] und *B. B. Scott*[8].

Gerade angesichts der Vielfalt der Facetten ist zu klären, wie der einzelne Autor, für uns Matthäus, den Begriff versteht und verwendet, welche der vielen möglichen Bedeutungsfacetten er aktualisiert und welche er ausblendet. Von hierher ist es dann möglich, genauer zu bestimmen, welchen sprachlichen und motivgeschichtlichen Traditionen er besonders verpflichtet ist.

Methodisch soll zunächst die syntagmatische und paradigmatische Verwendung des Begriffs durch Matthäus erhoben werden: Mit welchen Verben, Substantiven oder Adjektiven wird das Wort kombiniert, neben welchen anderen Begriffen steht es, die bei Matthäus die Rede Jesu charakterisieren? In welchen Kontexten und (erzählten) Situationen wird er verwendet?[9] Der Begriff παραβολή kennzeichnet bei Matthäus wie bei anderen Autoren eine Form der Rede, ist im weitesten Sinne ein Gattungsbegriff. In einem zweiten Schritt ist es deshalb sinnvoll zu sichten, welche Texte von Matthäus als παραβολαί etikettiert werden.[10] Die Merkmale dieser (und anderer) Texte sind dann ausführlich der Gegenstand der weiteren Kapitel. Manche Ergebnisse müssen wir schon hier vorweg erwähnen, zur Begründung sei auf die späteren Ausführungen verwiesen. Schließlich gilt es Texte zu untersuchen, in denen sich Matthäus über das Wesen der παραβολαί äußert. Matthäus bietet keine direkte Definition dieses Begriffs, jedoch lässt sich aus der sog. Parabeltheorie (Mt 13,10-17) sowie aus den Rahmenbemerkungen zu den so bezeichneten Texten einiges zu seinem Verständnis erheben.[11]

1. Die Verwendung des Begriffs im Matthäusevangelium

Zur Verwendung des Begriffs παραβολή im Matthäusevangelium seien die folgenden, zunächst sprecher-, dann hörerzentrierten Beobachtungen festgehalten:

(1) *Als παραβολαί werden im Matthäusevangelium vor allem die Gleichnisse im Kapitel 13, hier besonders die der ersten Hälfte der Rede (V.3-35), sowie die Trias in 21,28 - 22,14 ausgewiesen.* In diesen beiden Passagen konzentrieren sich die Belege (11 bzw. 3), außerhalb liegen nur 15,15 und 24,32. In diachronischer Sicht bestätigt sich die Wahrnehmung dieser Schwerpunkte. Matthäus vermehrt in Kapitel 13

---

[6] Vgl. grundlegend *J. Barr*, Bibelexegese; außerdem *E. Tov*, Dimensions; *J. Schröter*, Stand 269f.

[7] Vgl. Meaning 457-459.

[8] Vgl. Hear 21.

[9] Vgl. *K. Berger*, Exegese §§ 20-22; *W. Egger*, Methodenlehre 110-119; *M. Meiser u.a.*, Proseminar II 261-266 (P. von Gemünden).

[10] Das ist der methodische Ansatz von *J. W. Sider*, Meaning.

[11] So geht *E. Cuvillier*, PARABOLÊ 37-40, vorrangig vor.

und 21f das Vorkommen von παραβολή: In Kapitel 13 sorgt er dafür, das alle öffentlich vorgetragenen Texte ausdrücklich als παραβολαί gekennzeichnet werden (13,3 par Mk 4,2; red. 13,31.33, wahrscheinlich auch 13,24; vgl. 13,10.13.18.34 par Mk; red. 13,35.36.53). Auch in 21,28-22,14 werden alle drei Texte explizit als παραβολή bezeichnet. (21,33, red. auch auf 21,28-32 bezogen; red. 22,1.) Aus Mk 3,23 übernimmt Matthäus den Begriff nicht, er folgt hier stärker der Q-Variante des Textes (vgl. Lk 11,17).[12] So fällt der Begriff in Kap. 13 zum ersten Mal. Die Belege in 15,15 und 24,32 haben markinische Vorlagen (Mk 7,17 bzw. 13,28). So setzt Matthäus trotz des insgesamt „konservativen" Umgangs mit seinen Quellen einen deutlichen Akzent auf die zwei Textgruppen in 13,1-35 und 21,28 - 22,14.[13]

Mt 15,13f gilt (diff Lk 6,39) nicht direkt als παραβολή (vgl. aber in der Nähe 15,15), ebensowenig 18,12ff (diff Lk 15,3) und 25,14ff (diff Lk 19,11). Etwas Lk 12,41 Entsprechendes fehlt bei Mt nach 24,43f. Alle diese Stellen betreffen die kontextuelle Einbindung von Q- oder Sondergut-Material, die bei Mt und Lk je unterschiedlich ausfällt. Die Verwendung von παραβολή an diesen Stellen entspricht dem Gebrauch des Wortes im übrigen Lukasevangelium.[14] Lukas fügt das Stichwort auch einmal gegen den Markustext ein (Lk 5,36 diff Mk 2,21; Mt 9,16) und verwendet es im Verhältnis ähnlich häufig wie die anderen Synoptiker (Mt: 17x/Mk: 13x/Lk: 18x). Die Stellen lassen sich deshalb leicht als redaktionelle Beiträge des Lukas verstehen, auch wenn letzte Sicherheit nicht zu gewinnen ist. Mk 3,23 kann damit als die einzige wahrscheinliche Auslassung von παραβολή durch Matthäus gelten.

(2) *Das Stichwort funktioniert als Signalgeber, häufig im Voraus zu den Texten, um eine bestimmte Textsorte anzuzeigen.*[15] Die Charakterisierung eines Textes als παραβολή erfolgt meistens im Vorhinein, in der erzählerischen Ein- oder Überleitung (13,3; 22,1) oder in der wörtlichen Rede durch Jesus selbst (13,24.31.33; 21,33; 24,32).[16] In mehrere dieser Einleitungen ist der Begriff redaktionell eingefügt worden (13,31.33; 22,1; wahrscheinlich auch 13,24). Einige Male wird auch rückblickend auf Texte mit dem Stichwort παραβολή Bezug genommen. In der Regel waren die gemeinten Texte dann aber schon als παραβολαί eingeführt (13,10.13.18.34.35.36.53; 21,45). Lediglich 15,11 und 21,28-31 werden ausschließlich im Rückblick mit diesem Etikett versehen (15,15 [von Petrus] bzw. 21,33 [von Jesus, implizit]; vgl. 21,45).

---

[12] Vgl. zu den mt Quellen in 12,22-37 *U. Luz,* Mt II 254-258, bes. 254f.
[13] Vgl. *U. Luz,* Mt II 366.
[14] Vgl. zum (im Bedeutungsspektrum insgesamt breiteren) lukanischen Gebrauch des Wortes *B. B. Scott,* Hear 27-30.
[15] Vgl. *F. Vouga,* Definition 85f.
[16] Vgl. *B. B. Scott,* Hear 21.

(3) *Die Rede in Gleichnissen ist wie das „Lehren" im Matthäusevangelium eine charakteristische Form der Verkündigung Jesu.* Ein genauerer Blick auf den Wortlaut zeigt, dass παραβολή mit den üblichen Verben des Sagens/Sprechens begegnet, besonders häufig kombiniert mit λαλεῖν (13,3.10.13.33.34), das Matthäus schon bei Markus gelesen (Mk 4,33f [par Mt 13,34]; 12,1) und in der Verwendung noch vermehrt hat. Einen technischen Klang (Lehre, Unterweisung) hat die Wendung mit παρατιθέναι (13,24.31). Da in 13,33 sehr wahrscheinlich das Verbum λαλεῖν steht[17], wird man diesen Akzent aber nicht überbewerten dürfen.[18] ἀνοίγειν τὸ στόμα aus dem Erfüllungszitat (13,35) begegnet bei Matthäus noch 5,2 in der Einleitung zur Bergpredigt.[19] Die Wendung ist in der Septuaginta rund vierzigmal belegt.[20] Auch Lukas schätzt sie, um hervorzuheben, dass im Ergreifen des Wortes etwas Besonderes liegt (vgl. Lk 1,64; Apg 8,35; 10,34; 18,14). Das markinische διδάσκειν fehlt bei Matthäus im Zusammenhang der Gleichnisrede (Mt 13,1-3a diff Mk 4,1f).[21] Die Gleichnisverkündigung unterscheidet sich offenbar vom Lehren. Letzteres zeigt im Matthäusevangelium semantisch „eine Nähe zur Gesetzesauslegung und zur ethischen Verkündigung".[22] Worin der Unterschied präzise besteht, ist aus 13,3 allein noch nicht bestimmbar.

Markant ist die Formel ἐν παραβολαῖς + Verb des Sagens/Redens (13,3.10.13.34.35; 22,1), meistens mit λαλέω (anders im Erfüllungs-

---

17 ἐλάλησεν ist deutlich besser bezeugt als παρέθηκεν, das als Angleichung an V. 24 und V.31 gelesen werden kann; vgl. die Kommentare von *U. Luz, J. Gnilka* und *W. D. Davies/D. C. Allison* zur Stelle.

18 Die Formulierung in die Nähe von Apg 17,3 oder 1Tim 1,18; 2Tim 2,2 zu rücken, die von der Darlegung und Auslegung der Schrift bzw. der Weitergabe der apostolischen Verkündigung handeln, wäre reizvoll, ist aber wohl unzutreffend. Ein technischer Begriff von παρατίθημι/παραθήκη wie in den Pastoralbriefen ist für Matthäus angesichts von nur zwei Belegen nicht auszumachen, und eine Auslegung wie in Apg 17,2f findet gerade nicht statt; vgl. ähnlich *Ch. Burchard,* Senfkorn 86.

19 ἀνοίγω ist matthäisches Vorzugswort (Mt: 11x; Mk: 1x; Lk: 7x). Nach *U. Luz* (Mt I 58) wird es 3-5x redaktionell verwendet.

20 Vgl. *U. Luz,* Mt I 58; auch *P.-G. Müller,* Art. ἀνοίγω 252.

21 Sie fehlt auch bei Lukas an dieser Stelle. Die Auslassung kann gut als unabhängige Redaktion verstanden werden, da sich das „Lehren" zur später folgenden Verstockungsaussage, die Mt und Lk übernehmen, in einer sachlichen Spannung befindet und Anstoß erregen dürfte. Im Übrigen spricht Lk 5,3 dafür, dass Lk das Motiv von der Lehre im Boot vor der versammelten Menge am Ufer in seiner Ausgabe des Markusevangeliums gelesen hat (vgl. *U. Luz,* Mt II 286 Anm. 3; anders *A. Ennulat,* Agreements 117, der Lk 5,3 - soweit ich sehe - nicht berücksichtigt. Dies stellt auch E.s entsprechende Folgerung zum Profil der vormt/vorlk Bearbeitung des Mk in Frage, vgl. ebd. 423.).

22 *U. Luz,* Mt II 297, vgl. I 248; ähnlich *J. Dupont,* point 250-259 (bes. 254f); *J. Gnilka,* Mt I 107 („Das Lehren ist auf den Willen Gottes ausgerichtet, auf das, was es zu tun gilt."); *J. D. Kingsbury,* Parables 28f, der allerdings das Vermeiden von διδάσκω und das Setzen von λαλέω vor allem dadurch begründet sieht, dass 13,1-35 ein Apologie Jesu an die Adresse des Volkes ist (ebd. 29f).

zitat 13,35 und in 22,1). Eine besondere semantische Färbung dieses Verbs ist aber nicht zu erkennen.[23] ἐν παραβολαῖς ist regelmäßig pluralisch formuliert, auch wenn es wie in 13,10.13; 22,1 unmittelbar nur auf ein Gleichnis bezogen ist. Die Formulierung zeigt einen gewissen Grad der Abstraktion. Sie lenkt die Aufmerksamkeit vom Einzeltext auf die typische Gestalt, die Gattung. Matthäus hat die Formel bei Markus gefunden (Mk 3,23; 4,2.11; 12,1; singularisch Mk 4,30). Besonders in der ersten Hälfte der Gleichnisrede arbeitet er sie als Leitmotiv weiter heraus. Sie leitet nicht nur zur sog. Parabeltheorie über (13,10.13), sie bietet auch die semantische Brücke, mit der zum Abschluss des ersten Teils der Gleichnisrede das Erfüllungzitat in den Kontext eingefügt wird (13,35). Dass die Rede Jesu ἐν παραβολαῖς - ebenso wie die Verstockung der Volksmenge, die im Zusammenhang der Gleichnisrede in den Blick gerät - durch ein Reflexionszitat markiert wird, zeigt, Matthäus nimmt die Gleichnisrede als essentiellen, im göttlichen Ratschluss begründeten Teil des Wirkens Jesu wahr.

Die bisherigen Überlegungen zu den Formulierungen, in denen das Wort παραβολή von Matthäus verwendet wird, konzentrierten sich auf die Perspektive des Sprechers. Sie ergeben als vorläufigen Befund, dass Matthäus mit dem Wort ein Signal setzt, das auf die besondere Form/Gattung dieser Rede Jesu aufmerksam machen soll. Daneben zeichnen diese Formulierungen aber auch ein Bild von den Adressaten, ihren erwarteten oder tatsächlichen Verhaltensweisen, Haltungen und Reaktionen, und bringen einen bestimmten thematischen Horizont und sachlichen Bezug der Gleichnisrede zum Ausdruck. Beides erhellt die Semantik des Begriffs. Wenden wir uns zunächst den Adressaten zu.

(4) *Von* παραβολαί *spricht Matthäus vor allem in Zusammenhängen, in denen Jesus das Wort in erster Linie an Nichtjünger richtet.*[24] Stark im Vordergrund steht dieser Sachverhalt in Kapitel 13. Matthäus bezeichnet konsequent alle Gleichnisse der ersten, vor dem Volk gehaltenen Hälfte der Parabelrede als παραβολαί. Die der zweiten, im Haus an die Jünger gerichtete Hälfte (13,36-52) werden nur einschlussweise 13,53 so genannt (13,36 bezieht sich auf die erste Hälfte zurück). In

---

[23] Das Verb bedeutet „reden", spezifischere Konnotation sind nicht auszumachen (mit *J. Gnilka*, Mt I 477). Wenn Kingsbury (Parables 30) aus der Verwendung von λαλέω in 23,1 ein Argument gewinnt, auch die erste Hälfte von Kap. 13 sei wegen 13,3 wie Kap. 23 eine Apologie Jesu, so ist das angesichts der 19 weiteren Vorkommen des Verbums außerhalb von Kapitel 13 und 23 (dort 6x bzw. 1x) weder methodisch noch in der Sache haltbar. Das Verbum kann sich auf im weitesten Sinne apologetisch gefärbte Rede Jesu oder anderer beziehen (vgl. 9,18; 10,19f; 12,46), tut dies aber weder bei Jesu noch bei anderen Sprechern mehrheitlich oder gar konsequent (vgl. 9,33; 12,22.34.36; 14,27; 15,31; 17,5; 26,13.47; 28,18). Das Verb trägt durch seine Verwendung die Konnotation „Apologie" nicht ein.
[24] Vgl. *U. Luz*, Mt II 366.

der sog. Parabeltheorie (13,10-17) und in 13,34f wird die Adressatenfrage ausdrücklich thematisiert. Aber auch außerhalb von Kapitel 13 gilt mit Ausnahme des letzten Belegs 24,32, dass in der Öffentlichkeit an Israeliten gerichtete Rede Jesu mit diesem Attribut versehen wird (15,15 mit 15,10; 21,33; 22,1 mit 21,23.45f). An beiden Stellen wird durch erzählte Reaktionen auf die Person der Hörer aufmerksam gemacht (15,12[25]; 21,45f; vgl. 21,31.40f) und diese Reaktion von Jesus thematisiert (15,13f; indirekt und im Vorgriff 21,42-44 in Verbindung mit dem Winzergleichnis). Gesagt ist damit nicht, dass Jesus nur öffentlich ἐν παραβολαῖς spricht. Die Ausnahme 24,32 warnt, das Schema allzu konsequent durchziehen zu wollen. Auch sind die Jünger als Hörer stets eingeschlossen oder zumindest als anwesend gedacht (vgl. 13,10; 15,15; 21,20 und 23,1). Aber das, was mit dem Stichwort παραβολή signalisiert werden soll, wird offenbar vor allem oder typischerweise im Blick auf die nicht-glaubenden Hörer Jesu aktuell und zum Thema.

(5) Die als *παραβολαί gekennzeichneten Texte sind mehrfach indirekte Antwort auf Anfragen an das Wirken und die Person Jesu.* Für alle παραβολαί-Stellen mit Ausnahme von 24,32 lässt sich dieses Muster erkennen, wenn es auch je unterschiedlich deutlich herausgearbeitet ist.

13,1-52 schließt an eine Reihe von Episoden in den Kapiteln 11f an, in denen immer wieder das Wirken oder die Autorität Jesu angefragt werden.[26] Dies geschieht in sehr freundlicher und offener Weise durch Johannes den Täufer (11,3-6). Die überwiegende Reaktion freilich ist kritisch, distanziert oder ablehnend: Jesus gilt als Fresser und Säufer (11,19); Chorazin, Betsaida und Kafarnaum haben sich durch die Wunder Jesu nicht bekehren lassen (11,20-24); die Pharisäer attackieren Jesus und seine Jünger wegen ihrer Sabbatverstöße und fassen am Ende gar den Beschluss, ihn zu töten (12,1-14); sie werfen Jesus vor, mit dem Teufel im Bunde zu stehen (12,24), und fordern ein Zeichen zu seiner Legitimation (12,38). Unmittelbar vor Kapitel 13 geht es um die wahre Familie Jesu, als die sich jene erweisen, die den Willen des Vaters tun (12,46-49), den nach matthäischem Verständnis Jesus erschließt (7,24-27; 11,25-27; 28,18-20). Unmittelbar danach schildert Matthäus die Ablehnung der Weisheit, Macht und Person Jesu in seiner Vaterstadt (13,53-58). In diesen Zusammenhang eingebettet ist die Parabelrede, die das Wesen und das gegenwärtige wie zukünftige Ergehen der Basileia thematisiert und darin als eine indirekte Erwiderung auf diese kritische Ablehnung Jesu gelesen werden kann: So sehr Ablehnung und Feindschaft zum Ergehen der Basileia gehören (13,3-9.18-27; vgl. 13,24-28.37f), ihrer Zukunft und Vollendung stehen sie nicht entgegen (13,31-33; vgl. 13,30.40-43.47-50).

---

[25] 15,11 war nach V.10 an die Volksmenge gerichtet; 15,10ff setzt aber thematisch die Auseinandersetzung fort, die Jesus in 15,1-9 mit den Pharisäern und Schriftgelehrten führte. Matthäus denkt sie offenbar auch in V.10f weiter als anwesend (vgl. V.12). Thematisch bilden V.1-9 und V.10-20 eine Einheit.

[26] Vgl. zur Kontextanalyse auch *J. D. Kingsbury,* Parables 15f.

15,1-9 erzählen den Streit um das rechte Verständnis des Reinheitsgebotes. Der rückwirkend als παραβολή gekennzeichnete Vers *15,11* ist in diesem Kontext eigentlich erst die Antwort zur Sache (Verständnis des Reinheitsgebotes), die Jesus in V.1-9 noch schuldig geblieben ist. Dort weist er zunächst nur das Recht der Pharisäer und Schriftgelehrten zurück, wegen des vermeintlich fehlenden Gesetzesgehorsams Kritik an den Jüngern und damit indirekt an Jesus zu üben. Sie selbst missachten nämlich in ihrer Überlieferung der Ältesten die Tora. V.11 mit der Erläuterung in V.17-20 begründet dann erst, weshalb das Versäumnis des Händewaschens nicht unrein macht, die Jünger also keineswegs gegen den Willen Gottes verstoßen.

Die Gleichnistrias *21,28 - 22,14* weist dieselbe Struktur auf. Ihr geht die Frage nach der Vollmacht Jesu voraus, deren Beantwortung ebenfalls zunächst durch Kritik an den Fragestellern umgangen wird (21,23-27). Erst dann erfolgt v.a. im Winzergleichnis ein Erweis der Vollmacht Jesu, der als Sohn vom Vater gesandt ist (21,37) und als ultimativer Bote (21,37) in einer langen Reihe von Gesandten steht (21,34-36). Die Verwerfung des Sohnes Jesus, so bringt es Matthäus mit Hilfe eines im Urchristentum auch anderswo christologisch gedeuteten Psalmzitats zum Ausdruck[27], wird von Gott mit der Auferweckung des Verworfenen (21,42) beantwortet werden, die zugleich seine Legitimation endgültig erweisen wird.

Die Funktion und das Aussagepotential besonders der Gleichniskompositionen von Kap. 13 und 21f erschöpft sich keineswegs in der Beantwortung der im Kontext aufgeworfenen Fragen. Aber die im Zusammenhang mit erzählerischen Mitteln in der Jesusgeschichte angezeigten Problemfelder werden in den παραβολαί zum Ausgangspunkt, um größere Zusammenhänge in den Blick zu nehmen, die ihrerseits das Erzählte in ein anderes Licht rücken.

(6) *Regelmäßig ist mit dem Stichwort* παραβολή *für Matthäus auf Seiten der Hörer das Problem des Vernehmens und Verstehens verbunden*[28]*:* Die Hörer werden aufgefordert, die παραβολαί (oder ihre Auslegung) zu hören (ἀκούειν: 13,9.18.43; 15,10; 21,33), zu verstehen (συνιέναι: 15,10), aus ihnen zu lernen (μαθητεύειν: 24,32). Zur παραβολή in 21,28-32 ist das Urteil der Hörer gefragt (δοκεῖν: 21,28). Es ist in Verbindung mit diesem Begriff von erklären (διασαφεῖν: 13,36[29]) oder deuten (φράζειν: 15,15) die Rede. Das Hören und Nicht-Hören, Sehen und Nicht-Sehen, Verstehen und Nicht-Verstehen wird im Kontext der παραβολαί mehrfach ausdrücklich berichtet und thematisiert.

---

[27] Ps 118,2f im NT noch christologisch: Mk 12,10; Apg 4,11; 1Petr 2,4.7.
[28] Vgl. *J. R. C. Cousland,* Crowds 251.
[29] Nicht wenige Handschriften lesen statt διασάφησον das auch in 15,15 belegte φράσον. Für die hier angestellten Überlegungen ist die textkritische Entscheidung ohne wesentliche Bedeutung. Die Vokabel διασαφεῖν kommt im NT nur noch Mt 18,31 vor (außerdem in einer Variante zu Apg 10,25 [D]), φράζειν ebenfalls nur noch bei Mt (15,15). Beide sind gut bezeugt. Mit dem Text des NA geht *J. Gnilka,* Mt II 500 Anm. 14; etwas vorsichtiger sind *W. D. Davies/D. C. Allison,* Mt II 477 mit Anm. 96; anders entscheidet *J. Jeremias,* Gleichnisse 81 Anm. 9; vgl. auch *A. Jülicher,* Gleichnisreden I 47.

Kapitel 13 enthält die „Parabeltheorie" (13,10-17) und ausführliche allegorische Gleichnisdeutungen (13,18-23.37-43.49f), außerdem mit dem Reflexionszitat einen Erzählerkommentar, der die Problematik aufnimmt (13,34f). Es häufen sich Begriffe für Verstehen (συνιέναι 13,13.14.15.51; γινώσκειν 13,11) sowie aus den Wortfeldern „Hören" und „Sehen".

15,10ff steht der ausdrücklichen Aufforderung zu hören und zu verstehen (συνιέναι: 15,10) eine doppelte Reaktion gegenüber, die Schwierigkeiten mit dem Verstehen signalisiert. Die Pharisäer, die Jesus hören (!), nehmen Anstoß an seine Worten (σκανδαλίζεσθαι: 15,12) und werden für blind erklärt (15,14; Bildfeld: Sehen!). Ihr Schicksal ist das Gericht (vgl. 15,13). Den Jüngern wird ob ihrer Frage nach dieser παραβολή (15,15), noch (!) Unverständigkeit bescheinigt (ἀκμὴν καὶ ὑμεῖς ἀσύνετοί ἐστε; 15,16). Sie begreifen nicht (νοεῖν: 15,17), werden freilich anders als die Pharisäer belehrt (15,17-20).

Die παραβολαί von 21,28 - 22,14 sind in besonderer Weise durch das Einbeziehen der Adressaten und ihres Urteils bestimmt. Sie werden danach gefragt (21,28; 21,40) und geben ihre Einschätzung ab (21,31; 21,41 [diff Mk 12,9: Jesus als Sprecher]). Im Zusammenhang mit diesem Urteil wird auf das Schriftwissen der Adressaten abgehoben (21,42). Nach 21,45 erkennen die Angesprochenen, dass Jesus über sie spricht (γινώσκειν: 21,45). Schon ihre feindselige Reaktion (21,46) macht freilich deutlich, wie beschränkt dieses „Verstehen" ist.

In Kap. 24f ist die Notwendigkeit zu Erkennen insgesamt sehr betont. Schon von der Eröffnungsfrage nach den Zeichen der Parusie Jesu und des Endes der Welt her (σημεῖον: 24,3) ist das Thema präsent. Mehrfach ist von Wissen und Erkennen die Rede (γινώσκειν: 24,32.33.39.43.50; 25,43; vgl. νοεῖν in 24,15).

Matthäus rechnet ebenso mit der Möglichkeit, dass die Verstehens-schwierigkeiten überwunden werden, wie mit dem Gegenteil. Die Imperative besonders zu συνίημι und μαθητεύω sowie die Erklärungen und Deutungen setzen offenbar eine Möglichkeit, die Schwierigkeiten zu überwinden, voraus. Auch nach der sog. Parabeltheorie ist den Jüngern das Verstehen gegeben (13,11a). Umgekehrt schließt diese Theorie das Verstehen für andere aus (13,11b). Und auch 15,13f oder 21,42-44.45f lassen für die Pharisäer bzw. die Hohenpriester und Ältesten keine Einsicht erwarten.[30] Unterscheidet man nach Personen, so sind die Jünger konsistent als potentiell Verstehende gezeichnet (13,11a; 13,18 mit 13,10; 13,36f; 15,15f; 24,32). Das entspricht dem matthäischen Jüngerbild.[31] Mit dauerhaftem Unverständnis rechnet Matthäus offenbar bei denen, die in der Erzählung als Gegner Jesu auftreten und die man zusammenfassend vielleicht als „Autoritäten"

---

[30] 21,28 fordert zwar zu einem Urteil auf. Der Fortgang des Dialogs offenbart aber: Nur auf der Bildebene des Gleichnisses geben die Gefragten die „richtige" Antwort; die notwendige Übertragung der Einsicht in die Wirklichkeit gelingt ihnen jedoch nicht (21,45f).
[31] Ausführlicher unten S. 114f.

oder „religiöse Führer" kennzeichnen kann.[32] Indifferent scheint die
Sicht der Volksmenge, wenn man 15,10 ernst nimmt und der Parabeltheorie (13,10ff) gegenüberstellt.

Das Muster beschränkt sich nicht auf das Kapitel 13 mit der Parabeltheorie, wo es sehr konzentriert auftritt. Es bezeugt sich vielmehr
durchgängig an allen Stellen und ist offenbar fest mit der matthäischen
Semantik des Begriffs παραβολή verbunden.

Zusammengefasst: Matthäus setzt mit dem Stichwort παραβολή ein
Signal, das auf die besondere Form der Rede Jesu aufmerksam machen
soll. Die Besonderheit dieser Rede liegt darin, dass sie für die Hörer
schwer zu verstehende Rede ist. Das Problem des Verstehens hängt
dabei nicht oder nicht nur an den Texten selbst. Sie sind bisher
ausgeklammert worden, so dass dies vorerst offen bleiben muss. Nach
den bisherigen Beobachtungen liegen die Verstehensschwierigkeiten
zumindest auch in den Personen der Hörer und ihrer Haltung zu Jesus
begründet. Und es liegt an und in ihnen, die Schwierigkeiten des Verstehens zu überwinden oder nicht.

2. Die bezeichneten Texte und die Frage ihres „parabolischen" Cha-
rakters

Matthäus bezeichnet neun Texte ausdrücklich als παραβολαί, vier
weitere müssen hinzu genommen werden, wenn 13,53 auch auf die
Gleichnisse in der zweiten Hälfte der Rede von Kapitel 13 zu beziehen
ist, was wahrscheinlich, aber nicht sicher auszumachen ist. Es handelt
sich um folgende Texte:

13,3-9	Vom vielfältigen Acker
13,24-30	Vom Unkraut zwischen dem Weizen
13,31f	Vom Senfkorn
13,33	Vom Sauerteig
15,11	Von dem, was den Menschen unrein macht[33]

---

[32] Vgl. zu dieser Personengruppe im MtEv S. *van Tilborg,* Leaders; *J. D. Kings-
bury,* Conflict; *ders.,* Story 115-127; *P. Fiedler,* Pharisäer; *U. C. von Wahlde,*
Relationship; *M. Gielen,* Konflikt; *M. Davies,* 'Pharisees'. (Außerdem liegt eine
Diss. masch. von *M. A. Powell* vor [Nachweis bei *J. D. Kingsbury,* Story].).

[33] Die Frage des Petrus nach der παραβολή ist, wenn man von Matthäus von
Markus her liest, eindeutig auf diesen Vers zu beziehen. Matthäus schiebt allerdings die Kritik der Pharisäer an dem Wort Jesu dazwischen (15,12-14). Jesu Entgegnung darauf ergeht in metaphorischer Rede. Die Frage des Petrus könnte sich
auch auf diese Antwort Jesu beziehen, oder sie zumindest einschließen (so z.B. *E.
Cuvillier, PARABOLÊ* 39f; *F. Vouga,* Definition 86). Der Bezug auf V.14 oder auf
V.13 und 14 liegt an sich zunächst sogar näher. Die Antwort Jesu (15,17-20)
schließt dann aber aus, dass nur V. 14 oder V. 13f Gegenstand der Petrusfrage wa-

21,28-30   Von den zwei Söhnen[34]
21,33-41   Von den Weinbergspächtern
22,2-14   Vom Hochzeitsmahl
24,32   Vom Feigenbaum

Hinzu kommen gegebenenfalls:

13,44   Vom Schatz im Acker
13,45f   Von der Perle
13,47f   Vom Fischfang
13,52   Vom Hausvater[35]

Die erste Untersuchungen zur Semantik des Begriffs παραβολή bei
Matthäus hat ergeben, dass mit dem Stichwort eine Verstehenspro-
blematik signalisiert wird. In vielen (nicht in allen) Fällen, trifft das
offenbar problematische Verstehen mit Widerständen gegen den Sprecher der Gleichnisse zusammen. Die als παραβολαί bezeichneten
Texte ergänzen dieses Bild. Es handelt sich *erstens* in jedem Fall um
Worte, in den allermeisten Fällen genauer um kürzere oder längere
Erzählungen Jesu. Nur er spricht im Matthäusevangelium παραβολαί.
Mit wenigen Ausnahmen, die unten zu besprechen sein werden, berichten sie einen Geschehensablauf und sind in Erzähltempora gehalten.[36] Es handelt sich *zweitens* um Worte, mit deren Verstehen es
etwas Besonderes auf sich hat, die einer besonderen Deutekompetenz
bedürfen oder eine besondere Deutung erfahren. Matthäus verwendet
verschiedene Mittel, um die Notwendigkeit und Besonderheit des Deu-
tungsaktes anzuzeigen: Gleichnisformeln (13,24.31.33.44.45.47; 22,2),
Anspielungen auf die Schrift (13,32; 21,33; vgl. 21,42), geprägte

---

ren (es sei denn, dass Jesus die Frage missversteht oder übergeht). Dass sich
παραβολή aber auf V.11 und V.13f als eine Einheit (παραβολή steht im Singular!) bezieht, ist angesichts des szenischen Einschnitts in V.12 und v.a. des gänzlich
unterschiedlichen Themas von V. 11 und V. 13f wenig einleuchtend. So bleibt es
bei dem von Markus her vorgegebenen Bezug von παραβολή auf 15,11. (So lesen
die meisten, z.B. *W. Grundmann,* Mt 373; *J. Gnilka,* Mt II 25; *U. Luz,* Mt II 415
Anm. 3 und 425f.).

[34] Der Text wird einschlussweise als παραβολή gekennzeichnet, vgl. 21,33.45.

[35] 13,52 wird hier wegen der Vergleichsformel als Gleichnis und als Teil der Rede
ἐν παραβολαῖς gewertet. (Mit *E. Lohmeyer,* Mt 190f; *J. D. Kingsbury,* Parables
126; *D. Wenham,* Structure; *J. Drury,* Parables 71; *U. Luz,* Mt II 294; *H.
Frankemölle,* Mt II 185, anders *B. Gerhardsson,* Seven Parables; *J. R. Donahue,*
Parables 68f; *J. Lambrecht,* Treasure 150f; *W. D. Davies/D. C. Allison,* Mt II 371;
W. Carter/J. P. Heil, Parables 66). Es nimmt in Kap. 13 aber schon dadurch eine
Sonderstellung ein, dass es der Frage Jesu, ob die Jünger verstanden haben (13,51),
nachgeordnet ist.

[36] *J. W. Sider* betont für alle synoptischen Evangelien gemeinsam: „Nothing less
than story-in-embryo is called *parabole*" (Meaning 469). Vgl. auch *B. B. Scott,*
Hear 25 (nach ihm sind 24,32 und 15,11 Ausnahmen).

Metaphorik (z.B. die reichhaltige Vegetations- und Erntemetaphorik), Gleichniskompositionen (13,3-52; 21,28 - 22,14), Allegoresen und Deutungen (13,18-23.36-43.49f; 21,31f.42-44; 22,14). Wie die Gleichnisse selbst sind auch die Deutungen und Deutehinweise stets Worte Jesu. Die Mehrzahl der παραβολαί handelt *drittens* direkt oder indirekt vom Himmelreich (13,24.31.33.44.45.47; 21,31.43; 22,2; vgl. 13,19: Wort vom Reich).[37] Die Merkmale[38] gehören zum typischen Repertoire der Gattung Gleichnis im Matthäusevangelium. Die Gleichnisse Jesu, so legt sich nahe, sind für Matthäus der typische Fall einer παραβολή. Im Vergleich mit den übrigen Gleichnissen fällt allerdings auf, dass bei den als παραβολαί gekennzeichneten Texten das Moment der Deutung besonders betont ist. Die Allegoresen und Deutungen - sofern vorhanden - sind im Ganzen deutlich ausführlicher. Sonst begegnen bei den als Gleichnissen eingeschätzten Texten knappere, manchmal sentenzenhafte Anwendungen (18,14.35; 20,16; 25,13; vgl. aus den παραβολαί 22,14).

Nicht alle als παραβολαί gekennzeichneten Texte sind jedoch als Gleichnisse im üblichen Sinne zu charakterisieren, auch wenn sie bildhafte oder gleichnishafte Züge tragen. Als solche „Grenzfälle" seien die Worte vom Hausvater (13,52), über Rein und Unrein (15,11) und vom Feigenbaum (24,32) betrachtet. Alle drei teilen charakteristische Merkmale mit den Gleichnissen, so dass ihre Kennzeichnung als παραβολαί die oben formulierte Folgerung nicht in Frage stellt.

13,52 wirkt wie ein Vergleich, als Erzählung eines Geschehens lässt er sich nur mühsam auffassen. Er entspricht in der Gleichnisformel aber den längeren Gleichnissen, hat einen thematischen Bezug zur Basileia und enthält in der Wendung „Neues und Altes" (καινὰ καὶ παλαιά) ein wahrscheinlich metaphorisch gemeintes, freilich nicht leicht zu verstehendes Element.[39]

---

[37] Vgl. *B. B. Scott,* Hear 26.

[38] Die Merkmale entsprechen im Wesentlichen der Gleichnisdefinition, die z.B. *W. Carter/J. P. Heil,* Parables 19 mit Blick auf das Matthäusevangelium gewinnen. Vgl. auch *B. B. Scotts* freilich nicht auf Mt beschränkte Gleichnisdefinition (Hear 8 u.ö.). *J. W. Sider* fasst seine Beobachtungen zu Mt zusammen mit: „analogy of equation describing an event" (Meaning 470), was gerafft unsere ersten beiden Beobachtungen abdeckt.

[39] Über die metaphorische Verwendung besteht ein breiter Konsens der Ausleger, auch wenn der Bezug selbst nicht eindeutig zu entziffern ist. In jüngster Zeit wurden vorgeschlagen: Altes und Neues als die Bibel/die Schrift und die Verkündigung Jesu (vgl. z.B. *U. Luz,* Mt II 364f; ähnlich *J. Gnilka,* Mt I 511; *H. Frankemölle,* Mt II 186f als eine Möglichkeit), als Theozentrik und Christozentrik (*H. Frankemölle,* Mt II 186 als alternative Möglichkeit), als Umschreibung für „alles", nämlich: alles, was die Jünger nötig haben (*M. Davies,* Mt 105), als „the relation of the Torah to the genuinely new reality of the kingdom of God (cf. Mark 1:27), the ‚mysteries' concerning the purposes of God, hidden from the beginning but now being made known (cf. v 35)" (*D. A Hagner,* Mt I 402). Vgl. für eine Übersicht über die Varianten *W. D. Davies – D. C. Allison,* Mt II 447, die selbst in der Deu-

15,10-20 ist zum einen, obwohl nicht eigentlich ein Gleichnis vorliegt, ähnlich stilisiert wie die Gleichnisallegoresen in Kapitel 13, besonders 13,24-30 mit 36-43. Wie dort folgt auf ein öffentlich gesprochenes Wort Jesu (15,11) die Frage der Jünger (15,15) und eine Erläuterung Jesu (15,16-20). Matthäus hat dieses Muster schon bei Markus gelesen (Mk 7,14-23). Zum anderen fügt Matthäus eine Sequenz ein, in der Jesus von den Jüngern Kritik der Pharisäer zugetragen wird, die er zunächst mit zwei Bildworten erwidert (15,12-14 diff Mk). So entsteht eine Folge von deutungsbedürftigen Worten Jesu, die zwar nicht die Komplexität von Kap. 13 oder 21,28 - 22,14 erreicht, aber Ansätze zu einer Komposition zeigt.

24,32 ist wie 13,52 ein Vergleich, bezieht sich aber etwas deutlicher auf eine Ereignisfolge, einen Vorgang. Vegetationsmetaphorik ist bei Gleichnissen verbreitet, so dass sich der Vergleich hier einfügt. Mit dem anschließenden Deutehinweis (24,33) wird der Text ähnlich wie andere Gleichnisse behandelt (13,49; 18,14.35; 20,16; vgl. aber auch 5,16; 12,45) Der Vers steht am Anfang einer Texteinheit, in der sich Vergleiche und Gleichnisse häufen (24,32 - 25,46), wobei zum Ende der Reihe immer eindeutiger gleichnishafte Texte verwendet werden. Thematisch gehört die Endzeitrede wohl in den Zusammenhang der Basileia, auch wenn das Stichwort nicht fällt.

Diese Überlegungen mögen plausibel machen, weshalb – unsere Überlegungen zum Parabelbegriff als richtig vorausgesetzt – auch diese Grenzfälle als παραβολή gelten können. Dabei ist zu berücksichtigen, dass zumindest für 15,11 und 24,32 dieses Attribut von Markus her vorgegeben war. Unter dieser Voraussetzung kann es genügen zu zeigen, dass die Bezeichnung dieser Texte als παραβολαί mit dem unterstellten, an der Mehrheit der Texte gewonnenen Bild nicht unverträglich ist.

Bleibt als Gegenprobe ein Blick auf die Auslassungen. Die einzige einigermaßen sichere Auslassung betrifft Mk 3,23. Im Beelzebul-Streit folgt Matthäus der Q-Überlieferung, so dass das Stichwort παραβολή aus Mk 3,23 bei ihm fehlt (Mt 12,22-30). Das genügt zur Erklärung. Die Auslassungen sind mithin für das Verständnis von παραβολή im Matthäusevangelium nur insofern aussagekräftig, als Matthäus offenbar im Ganzen konservativ verfährt.[40]

Zusammengefasst: Nach den Überlegungen des ersten Abschnitts signalisiert παραβολή im Voraus eine Redeform, mit der eine bestimmte, auch mit der Relation Jesus - Hörer zusammenhängende Verstehensproblematik verbunden ist. Ihr entsprechen die so bezeichneten Texte in zweierlei Hinsicht. Zum einen signalisieren sie mit verschiedenen Mitteln wie Einleitungen, Metaphorik oder Allegorese, dass zu ihrem Verstehen ein besonderer Deutungsakt notwendig ist. Zum anderen: Es handelt sich konsequent um Texte Jesu; auch die expliziten Deutungen gehen auf ihn zurück; und schließlich thematisieren etliche Gleichnisse das Himmelreich, den wesentlichen Gegenstand der Ver-

---

tung sehr zurückhaltend sind: die Wendung sei „cryptic", sie preferieren aber eine Deutung ähnlich der von Luz, Gnilka u.a. (ebd. 448).

[40] Vgl. auch *B. B. Scott,* Hear 26.

kündigung Jesu. Damit bleibt auch von den Texten her plausibel, dass die Verstehensprobleme ihre Ursache nicht nur in der Form der Texte haben, sondern auch mit dem Sprecher und seiner Sache zusammenhängen Darüber hinaus kann als wichtiges, wenn auch vielleicht nicht überraschendes Ergebnis dieses Abschnitts gelten, dass die παραβολαί mehrheitlich Texte sind, die in der Forschung sonst unter den Oberbegriff Gleichnis gefasst werden. Signifikante Unterschiede zwischen Gleichnissen, die als παραβολή bezeichnet werden, und solchen, die das Etikett nicht tragen, sind nicht auszumachen. Die wenigen als παραβολαί bezeichneten Texte, die nicht im üblichen Sinne Gleichnisse sind, teilen doch charakteristische Merkmale mit ihnen. Das matthäische Verständnis des Begriffs παραβολή, soweit aus dem Evangelium ersichtlich, scheint also v.a. durch die Gleichnisse Jesu geprägt zu sein.

Die diachrone Sicht (tendenziell konservativer Umgang; redaktionelle Häufung in Kap. 13 und in 21,28 - 22,14 im Anschluss an markinische Vorgaben) weist im Übrigen darauf hin, dass Matthäus dieses Verständnis in erster Linie seiner Lektüre des Markusevangeliums verdankt, ohne dass Matthäus dessen Sicht völlig übernähme.[41] Die matthäischen Akzente werden nicht zuletzt anhand der sog. Parabeltheorie deutlich.[42]

3. Die Parabeltheorie und das Problem ihrer Reichweite

Nach markinischem Vorbild bietet auch das Matthäusevangelium zwischen dem Gleichnis vom Sämann und seiner Auslegung eine Reflexion über das Reden Jesu ἐν παραβολαῖς. Die Jünger fragen nach dem Warum dieser besonderen Form zur versammelten Volksmenge zu sprechen (V.10). Jesus verweist in einer mehrgliedrigen Antwort auf die Verstockung seiner Adressaten und stellt sie dabei den Jüngern gegenüber. Mit dieser Verstockung habe die Rede in Gleichnissen zu tun, so die Auskunft des matthäischen Jesus (V.13). So klar, wie sie vorgibt, ist die Erklärung freilich nicht. Eine *crux interpretum* - neben anderen - liegt in der Frage, was genau denn Gleichnisse und Verstockung miteinander zu tun haben. Dass schon Matthäus mit dieser Frage gerungen hat, zeigt die intensive Bearbeitung, die die markinische Vorlage zur Parabel- resp. Verstockungstheorie durch Matthäus erfahren hat. Die Exegeten ringen nun ihrerseits mit dem matthäischen Text. Unser Interesse gilt den παραβολαί. Wir werden den Text deshalb vor allem in dieser Rücksicht befragen und interpretieren.

---

[41] Eine weitgehende Übereinstimmung mit Mk betonen *J. W. Sider,* Meaning 469f; *B. B. Scott,* Hear 26; *I. H. Jones,* Parables 95.
[42] Vgl. *E. Cuvillier,* PARABOLÊ 37.

Eine Sichtung der Forschung lässt unterschiedliche Problemfelder hervortreten. Zunächst kann gefragt werden, ob überhaupt ein Zusammenhang zwischen Gleichnisform und Verstockung besteht. In einer der ersten redaktionsgeschichtlichen Studien zu den Gleichnissen der *traditio triplex* urteilt *Charles E. Carlston,* die Jüngerfrage nach dem Warum der Gleichnisrede werde niemals wirklich beantwortet.[43] Carlston interpretiert 13,11-17 als „a kind of double-edged beatitude", in der das Gesegnet-Sein der Jünger, die verstehen, dem Gericht über die Nichtjünger, die nicht verstehen, gegenübergestellt werde.[44] Das Verstehen bezieht er auf den Inhalt der Lehre Jesu. „In spite of the question in 13:10, the parabolic *form* of that teaching is not really relevant."[45]

Die Mehrheit der Exegeten versucht jedoch, 13,11-17 als Antwort auf die Jüngerfrage ernst zu nehmen.[46] Gleichnisse und Verstockung werden dabei in einem *ersten* Modell über das Thema der Gleichnisse in Verbindung miteinander gebracht. *Joachim Gnilka* etwa versteht alle Gleichnisse als Basileia-Gleichnisse und will das Verstehen der Gleichnisse an ein grundsätzliches, von Gott gegebenes Erkennen der (inhaltlich weit zu fassenden) Geheimnisse der Gottesherrschaft, und dieses wiederum an die Bedingung des Glaubens knüpfen. Die Gleichnisse als „nicht so ohne weiteres einzusehende" Rede werden nur denen erschlossen, die glauben und denen deshalb Erkennen zuteil geworden ist.[47] *W. D. Davies und Dale C. Allison* betonen, dass die eschatologische Offenbarung ein Geschenk Gottes, deshalb zuerst und zuvorderst ein Zeichen der Zuwendung zu den Menschen ist. Im Übrigen hätte Matthäus, so vermuten sie, eine unterschiedslose Offenbarung an alle Menschen als „blasphemous" empfunden, etwa im Sinne des Verbotes, Heiliges den Hunden zu geben und Perlen vor die Säue zu werfen (vgl. Mt 7,6).[48] Gleichnisse entsprechen diesem Grundsatz, weil sie nur dem verständlich sind, der schon zuvor verstanden hat, andernfalls aber verhüllend wirken.[49] Auch nach *Hubert Frankemölle* steht die Gleichnisform im Zusammenhang mit der Tatsache, dass die „metaphorisch-theozentrisch-basileiagemäße Dimension der Wirklichkeit" dem Menschen nicht von sich aus zugänglich ist. Die Transzendenz in der Immanenz muss dem Menschen vielmehr von Gott her eröffnet werden.[50] Die Gleichnisse sind für diese Vermittlung offenbar kraft ihrer metaphorischen Dimension geeignet. Frankemölle zeigt sich hier von Hans Weder und anderen inspiriert.[51]

Ein *zweites* Deutungsmuster sieht die Gleichnisse v.a. um ihrer Wirkung willen gewählt. In seiner einflussreichen Studie zu Mt 13 hatte *Jack Dean Kingsbury* die Gleichnisrede als 'turning-point' im Aufriss des Evangeliums betrachtet, von dem an sich Jesus vom Volk ab und den Jüngern zuwende. Diese Wende offenbare sich inhaltlich und formal durch die Rede in Gleichnissen, die den Jüngern verständlich,

---

[43] Vgl. Parables 4.8.

[44] Zum Ganzen Parables 3-9, zusammenfassend S.8; das Zitat ebd.

[45] Parables 6. Auch *H.-J. Klauck* betont, die Verstockungsaussage sei bei Mt nur deshalb im Parabelkapitel zu finden, weil der Ansatz dazu bei Mk vorgegeben gewesen war (Allegorie 253).

[46] Auch *B. Van Elderen* (Purpose 182) versteht 13,11-17 ausdrücklich als Antwort auf 13,10. Für ihn ist der Kontrast zwischen Jüngern und Juden das durchgängige Thema von 13,11-17 (vgl. ebd. 189). Wie dies jedoch genau mit den Gleichnissen zusammenhängt (die nicht verdunkeln, sondern illustrieren, erklären und die Wahrheit einschärfen; vgl. ebd. 189), wird m.E. nicht geklärt.

[47] Vgl. Mt I 482; das Zitat ebd.

[48] Vgl. Mt II 389f, der Ausdruck „blasphemous" ebd. 390.

[49] Vgl. ebd. 391.392.

[50] Vgl. Mt II 173 sowie 159-161, das Zitat ebd. 173.

[51] Vgl. Mt II 169-171, bes. 170.

den Juden aber unverständlich sei.[52] Nach *Christoph Burchard* ist die Rede in Gleichnissen zur Menge das Ende der Predigt an ihre Adresse und „der dramatische Abbruch der Kommunikation".[53] Schärfer noch verstehen *Hans Josef Klauck, Johann Rauscher* und *Jan Lambrecht* die Gleichnisse als Strafe für Israel.[54] Demgegenüber deutlich abgemildert interpretiert *Ulrich Luz:* die Gleichnisse verdichten erzählerisch einen Zustand des Nichtverstehens, der Jesus gegenüber schon zuvor besteht. Sie haben *für sich* weder negative (strafende) noch positive (offenbarende) Wirkung, sondern halten „die Grenze zwischen Verstehenden und Nichtverstehenden fest", weil erst Jesus als Deuter bei den einen Erkennen bewirkt und bei den anderen nicht.[55]

In einer *dritten* Variante bringt *John Drury* die Form mit dem heilsgeschichtlichen Ort der Gleichnisse in Verbindung. Die Geschichte ist grundsätzlich von einer Struktur bestimmt, wonach das, was am Anfang verborgen war, am Ende der Zeiten offenbar werden wird (vgl. 11,25-27 und 13,34f). Am Übergang zwischen diesen beiden Zuständen stünden die Gleichnisse Jesu, eine zugleich offenbarende und verhüllende Form der Rede. „Parables hold, and even are, the axis of the historical turning point by virtue of their very nature and method."[56]

13,10-17 ist eng in den Zusammenhang der Gleichnisrede eingebunden, die ihrerseits Teil der matthäischen Jesusgeschichte ist. Die Verstockungsaussage zeichnet das Bild der verstehenden Jünger gegenüber dem unverständigen Volk. Zu beiden Bildern ergeben sich mit Blick auf die Gleichnisse von anderen Texten her Fragen. Zunächst zum *Volk.* Im Kontext der Parabelrede springt hier 13,34f ins Auge, wo die Gleichnisrede zum Volk in einem Schriftzitat als „lautwerden dessen, was von Anfang an verborgen war" (13,35) gekennzeichnet wird. Wird trotz 13,11-15 ein Offenbarwerden des Himmelreiches vor dem Volk und für das Volk als Intention und Wirkung der Gleichnisrede festgehalten?[57] Muss man den zweiten Teil des Schriftzitates aus traditionsgeschichtlichen Überlegungen heraus inhaltlich relativieren?[58] Bezieht er sich auf die Jünger und die matthäische Kirche?[59] Oder meint ἐρεύγομαι ein Lautwerden, dem nicht unbedingt ein Verstehen durch die Hörer entspricht, ein Lautwerden ohne zu offenbaren, ein Lautwerden, das zugleich die Verborgenheit wahrt?[60] Frappierend ist im Weiteren dann 21,45, wo im Blick auf zwei Gleichnisse Jesu vom Erkennen (γινώσκειν) der Hohenpriester und Pharisäer die Rede ist. Diese und andere Stellen haben *J. D. Kingsbury* und andere veranlasst, eine übergreifende Parabeltheorie für das Matthäusevangelium zu verneinen.[61] Die

---

[52] Vgl. Parables 31 und 48f, sowie die Zusammenfassung der Arbeit ebd. 130ff.

[53] Vgl. Senfkorn 82f, das Zitat ebd. 81.

[54] Vgl. *H.-J. Klauck,* Allegorie 252; *J. Rauscher,* Messiasgeheimnis 24-297 bzw. *J. Lambrecht,* Treasure 161; auch *J. Gnilka,* Verstockung 103; *J. Dupont,* point 236.

[55] Vgl. Mt II 311-315, bes. 313f; das Zitat ebd. 314. Ähnlich *D. A. Hagner,* Parables 105.

[56] Vgl. Parables 84f, das Zitat ebd. 85. Wie schon die Terminologie zeigt, lehnt sich Drury an Kingsbury an.

[57] So interpretiert *I. H. Jones,* Parables 283; vgl. auch *A. J. Hultgren,* Parables 426.462f, der 13,11-15 von 13,34f her auslegt und Gleichnisse bei Mt als ein didaktisch-pädagogisches Medium der Offenbarung und Instruktion versteht.

[58] Vgl. *G. Strecker,* Weg 70-72.

[59] Vgl. *J. D. Kingsbury,* Parables 89f.

[60] Vgl. *J. Lambrecht,* Treasure 168; *U. Luz,* Mt II 336f.

[61] Vgl. *J. D. Kingsbury,* Parables 49-51.135; zustimmend z.B. *H.-J. Klauck,* Allegorie 252f (vgl. aber ebd. 313, wo für 21,28 - 22,14 eine Übereinstimmung mit der Parabeltheorie konstatiert wird); *U. Luz,* Mt II 314; *J. R. C. Cousland,* Crowds 250.

bisherigen Beobachtungen zur Semantik des Begriffs παραβολή weisen eine
relative Konsistenz auf und lassen nicht unbedingt eine auf Kapitel 13 beschränkte
„Gleichnistheorie" erwarten (gesetzt, es läge überhaupt eine solche vor).[62] Für die
Jünger ergibt sich vor allem die Frage nach dem Verhältnis von deren in 13,11.16f
betonten Verstehen zu den ausdrücklichen Gleichnisdeutungen. Einige, aber nicht
alle Gleichnisse erfahren eine ausdrückliche Auslegung, die sich z.T. exklusiv an
die Jünger richtet. Sind Gleichnisse ohne solche Auslegungen auch für die Jünger
unverständlich?[63] Oder gilt allgemeiner, entweder christologisch gewendet: ohne
Jesus unverständlich, nur von ihm her zu verstehen[64] bzw. theologisch gewendet:
kraft der von Gott geschenkten Einsicht verständlich?[65] Sind die Deutungen nicht
wirklich nötig[66], nur Wiederholungen dessen, was die Jünger ohnehin schon
verstanden haben?[67] Das Problem ergibt sich zunächst für die Parabelrede. Es bleibt
aber auch darüber hinaus virulent, vor allem dann, wenn – wie hier bevorzugt –
kein scharfe Trennung zwischen den als παραβολαί gekennzeichneten Texten und
anderen Gleichnissen vollzogen wird. Insgesamt stellt sich also die Frage nach der
Reichweite eines möglicherweise in 13,10-17 implizierten Parabel-Verständnisses.

a) Zur Struktur von Mt 13,10-17

Unser Text setzt sich aus einer Jüngerfrage (V.10) und einer mehrgliedrigen Antwort Jesu zusammen (V.11-17). Diese Rede Jesu geht in
die allegorische Auslegung der Sämann-Parabel über (V.18-23). Die
Einbindung in den Zusammenhang von 13,3-23 ist damit sehr stark
und wird durch Stichwortbrücken (ἀκούω, συνίημι) unterstützt.
Trotzdem bildet V.10-17 eine relativ geschlossene Einheit. Gegenüber
der in 13,1-9 und 24-35 vorausgesetzten Situation ist der Passus 13,10-
23 als Gespräch mit den Jüngern „im kleinen Kreis" deutlich
abgesetzt.[68] Innerhalb des Abschnitts markiert V.18 mit der Aufforderung zu hören einen Neueinsatz. Im Übrigen ist (oder scheint) die
Frage der Jünger nach dem Warum der Gleichnisrede mit V. 17 be-

---

Kingsbury nennt noch 7,24-27 als ein vom Volk verstandenes Gleichnis. Verschiedene Traditionen im Gleichnisverständnis sieht auch schon *J. Gnilka,* Verstockung 111f, im Matthäusevangelium.

[62] Vgl. auch *E. Cuvillier,* der einen einheitlichen Begriff von παραβολή für Kapitel 13 und das übrige Evangelium sieht (*PARABOLÉ* 39).

[63] Dahin tendiert offenbar *U. Luz,* Mt II 331.319.366f (der freilich gleichzeitig die
Gleichnisdeutungen deutlich in den Zusammenhang des gesamten Lehrens Jesu
stellt); vgl. auch *D. O. Via,* Understandability 431f.

[64] In dieser Richtung etwa *J. D. Kingsbury,* Parables 49 (und 41f).

[65] Vgl. z.B. *W. D. Davies/D. C. Allison,* Mt II 389-391.

[66] Vgl. *C. E. Carlston,* Parables 22.

[67] Vgl. *E. Cuvillier, PARABOLÉ* 38 (unter Verweis auf 13,18).

[68] Die Mehrzahl der Ausleger versteht von 13,34f her die Gleichnisse in 13,24-33
wieder als Rede zum Volk; anders jetzt *J. Roloff,* der nur das erste Gleichnis zum
Volk gesprochen sein lässt und alles Weitere ausschließlich zu den Jüngern
(Kirchenverständnis 354). Leider wird diese ungewöhnliche Position nicht weiter
erläutert.

antwortet. Eine Auslegung des Gleichnisses, wie sie V. 18-23 erfolgt, ist als Antwort auf diese Frage eigentlich nicht zu erwarten.[69] Die Jünger erfragen den Grund (V.10: διὰ τί) für die Gleichnisrede Jesu an die Adresse der Volksmenge.[70] Die Entgegnung Jesu gibt sich als Antwort. Sie setzt zweimal kausal ein (V.11: ὅτι[71] und V.13: διὰ τοῦτο[72]), insbesondere V. 13 greift deutlich auf die Formulierung der Jüngerfrage zurück.[73] So entsteht der Eindruck einer zweigliedrigen Antwort, wobei der erste Teil (V.11f) durch die Nähe von V.13 zu V.10 den Charakter einer vorläufigen oder vorbereitenden Überlegung oder einer Voraussetzung für das Folgende bekommt.[74] Die Zweiteilung wird unterstrichen durch die Tatsache, dass in V.11f passivische Verbformen dominieren, in V.13-17 dagegen aktivische. Auch dies deutet auf einen Perspektivenwechsel. Beide Antwortblöcke stellen die fragenden Jünger (ὑμῖν/ὑμῶν: V. 11.16f) der Volksmenge, auf die sich die Jüngerfrage bezog, gegenüber (ἐκείνοις: V.11; αὐτοῖς: V. 13f; vgl. τοῦ λαοῦ im Schriftzitat V. 15). In V. 12 fehlen diese Pronomina, der Vers stellt aber ebenfalls zwei Gruppen gegenüber, die im Kontext eindeutig mit der Konstellation Jünger–Volksmenge zu identifizieren sind.[75] Der Vers bezieht sich anders als die begründenden Sätze V.11 und V.13ff nicht unmittelbar auf die Jüngerfrage. Er führt in erster Linie den Gedanken von V.11 weiter.[76]

Überraschend setzt die Antwort Jesu mit den Jüngern ein (V.11), obwohl sie in der Frage selbst gar nicht im Blick waren.[77] Der zweite Teil kehrt die Reihenfolge um und schließt mit einer Seligpreisung der Jünger (V.16f). Diese Struktur ist nicht als durch Traditionsabhängig-

---

[69] Vgl. *C. E Carlston*, Parables 4f.

[70] αὐτοῖς bezieht sich auf die Volksmenge, vgl. unten zur Auslegung der Jüngerfrage.

[71] Auch V. 11f ist schon eine erste (Teil-)Antwort: Da nach der Jüngerfrage eine Antwort zu erwarten ist und bei Matthäus das ὅτι-*recitativum* zurücktritt (vgl. *U. Luz*, Mt I 77), ist zumindest eine deutliche kausale Konnotation des ὅτι wahrscheinlich (vgl. *E. Schweizer*, Mt 194; *R. H. Gundry*, Mt 255; *Ch. Burchard*, Senfkorn 79; *W. D. Davies/D. C. Allison*, Mt II 389; *D. A. Hagner*, Mt I 372).

[72] διὰ τοῦτο (V.13a) weist nach vorn und wird vom ὅτι im zweiten Versteil wieder aufgenommen (V.13b); vgl. *U. Luz*, Mt II 313 Anm. 110.

[73] Vgl. *U. Luz*, Mt II 313.

[74] Auch *J. Lambrecht* (Treasure 159) sieht eine doppelte Antwort mit verschiedenen Perspektiven in V.11 und V.13ff.

[75] V. 12 knüpft mit γάρ deutlich an das Vorausgehende an. Die Jünger, denen gegeben worden ist (V.11), sind naheliegender Weise die, die haben. Wie in V. 11 wird ihnen gegeben (jeweils δίδωμι). Umgekehrt ist in denen, die nicht haben, im Kontext schwerlich eine andere Größe zu erkennen als jene, denen nicht gegeben worden ist (V.11).

[76] Das gewährleisten die Stichwortaufnahmen aus V.11 in Verbindung mit dem Tempuswechsel zum Futur.

[77] Die Formulierung „zu ihnen" impliziert allerdings das „wir" der Jüngergruppe als Gegenüber. Hier liegt das begrenzte Recht von *E. Lohmeyers* Überlegung, die Jünger distanzierten sich von der Menge (Mt 200).

keit verursachte kompositorische Ungeschicklichkeit zu werten[78], sie
hebt vielmehr die Jünger hervor. Durch ihre Länge sowie durch die
Tatsache, dass die Jünger in der Sache nicht noch einmal das Wort
ergreifen, Jesus also das letzte Wort spricht, bekommt seine Antwort
das Übergewicht. Dennoch muss zunächst die Frage nach Anlass oder
Hintergrund der Jüngerfrage gestellt werden, denn diese bringt - zusammen mit ihrer Wiederaufnahme V.13 - überhaupt nur die Redeform
ins Spiel. Oder anders gesagt: Sie wirft das Problem auf, inwiefern die
„Verstockungstheorie" zugleich eine „Parabeltheorie" ist.

b) Traditionsanalyse

Mt 13,10-17 beruht grundlegend auf Mk 4,10-12, wobei der Text einer
gründlichen, aber an die markinischen Vorgaben anknüpfenden Neugestaltung unterzogen worden ist. Im Zuge der Neugestaltung wurden
andere Stücke aus der markinischen Gleichnisrede (V.12: Mk 4,25),
aber auch aus der Logienquelle (V.16f: par Lk 10,23f) verarbeitet. Die
Rezeption steht im Zusammenhang einer matthäischen Überarbeitung
der markinischen Parabelrede insgesamt.[79] Für eine literarische Abhängigkeit von Markus und Matthäus in der Gleichnisrede sprechen
neben den wörtlichen Übereinstimmungen vor allem strukturelle Gemeinsamkeiten in der Rede[80] und im Kontext[81]. Die Markuspriorität
kann nicht allein aus einem Vergleich der Parabelreden begründet
werden, sie erklärt aber auch hier den Befund am besten.[82] Zu diskutieren sind einige *minor agreements*, die die Frage nach einer zusätzlichen Quelle neben Markus oder einer vormatthäischen Markusbear-

---

[78] Gegen *J. Lambrecht,* Treasure 161.
[79] Dies ist die Mehrheitsmeinung der Forschung, zu Gegenstimmen vgl. die folgenden Anmerkungen, außerdem *M. Krämer,* Gleichnisrede. Weitgehend offen und
unentschieden lässt die Frage der Quellen für 13,10-17 *A. Sand,* Mt 279.
[80] Die Abfolge Sämann-Gleichnis – Metatext über παραβολαί – Deutung des
Sämann-Gleichnisses; die erzählerische Rahmung (Mk 4,1f.33f bzw. Mt 13,1-3.34-
36; Mt 13,36-43 und 49f geschieht, was Mk 4,34b nur erwähnt wird) einschließlich
der Annahme, dass der Zwischentext Mk 4,10-12 bzw. Mt 13,10-17 nur zu den
Jüngern gesprochen ist.
[81] Mk 3,31-35 par Mt 12,46-50 geht der Gleichnisrede unmittelbar voran. Die
Markus-Parallele zu Mt 13,53-58 begegnet in Mk 6,1-6a als Erstes (!) nach einer
Reihe von Wundererzählungen, die Matthäus schon in den „Wunderkapiteln" 8f
erzählt hatte. Vgl. *U. Luz,* Mt II 295; *J. Lambrecht,* Treasure 151. Vor allem dies
spricht gegen die Annahme einer von Markus unabhängigen Betrachtung der
Quellenlage, wie *E. Lohmeyer* sie vornimmt (vgl. ders., Mt 191).
[82] Die meisten Änderungen lassen sich unter Annahme zusätzlicher Quellen (Q,
Sondergut) problemlos als matthäische Redaktion verstehen. Schwierigkeiten bereitet neben den noch zu besprechenden *minor agreements* v.a. die mit Lukas gemeinsame Auslassung von Mk 4,26-29. Dazu unten B.IV.6.a (zu Mt 13,24ff).

beitung (Deutero-Markus) aufwerfen.[83] Es überrascht auf den ersten Blick die Zahl, deren wirkliche Aussagekraft aber schwer einzuschätzen ist.[84] Von Gewicht sind für Mt 13,10-17: (1) der Verzicht auf den Jüngertadel (Mk 4,13), (2) die Änderung von ὑμῖν τὸ μυστήριον δέδοται (Mk 4,11) in ὑμῖν δέδοται γνῶναι τὰ μυστήρια (Mt 13,11/Lk 8,10) und (3) die Umformulierung des Schriftzitates mit Auslassung der μήποτε-Aussage Mk 4,12c. Die übrigen Übereinstimmungen bedeuten stilistische Veränderungen oder kleinere Umakzentuierungen, die inhaltlich von geringem Gewicht sind und hinsichtlich der Quellenfrage keine eindeutige Tendenz aufweisen.

Zu (1): In der Streichung des markinischen Jüngerunverständnisses stimmen Matthäus und Lukas oft, aber nicht immer überein[85], die positive Gestaltung des Jüngerbildes geschieht aber auf je eigenen Wegen. Eine gemeinsame Tendenz ist zweifellos gegeben, auf den Einfluss einer literarischen Größe in Gestalt einer vormatthäischen/vorlukanischen Bearbeitung des Markusevangeliums weisen diese Beobachtungen aber nicht unbedingt hin.[86] Sie lassen sich ebenso gut als verbreitete Tendenz der urchristlichen Theologiege-

---

[83] Eine Übersicht zu den Übereinstimmungen bei *F. Neirynck (Hg.)*, Minor Agreements 89f; *W. D. Davies/D. C. Allison*, Mt II 373f; ausführlicher *J. Rauscher*, Messiasgeheimnis 37-40; *A. Ennulat*, Agreements 114-136. - Neben den genannten Thesen wird auch eine lukanische Kenntnis des Matthäus als Erklärung ins Spiel gebracht (in der Matthäusexegese u.a. vertreten von *R. Gundry*, Mt 2f (vgl. xi ff); vgl. auch *M. D. Goulder*, Characteristics 67-69; *J. Drury*, Parables 4f). Gegen eine solche Kenntnis bestehen mit Blick auf das ganze Evangelium (wegen der Umstellungen in dem, was nach der Zwei-Quellen-Theorie Q-Stoff ist, wegen der deutlichen Unterschiede in den Markus überschreitenden Kindheits- und Ostergeschichten u.a.) Bedenken. In der Parabelrede wäre Lukas weitgehend Mk gefolgt, hätte das Sauerteig-Gleichnis - aber nur dieses! - von Mt übernommen und das Doppelgleichnis Senfkorn/Sauerteig anderswo untergebracht (Lk 13,18-21). Die Jüngerfrage (8,9) hätte Lukas anders als Mk *und* Mt formuliert, in 8,10 hätte er einen sehr eigenwilligen Mix aus mt (10a), redaktionellen (10b) und mt/mk (10c) Formulierungen gewählt. Ist das plausibler als der Befund nach der Zwei-Quellen-Theorie?

[84] Die hohe Zahl ist ein gängiges Argument, zu dieser Stelle vgl. z.B. *U. Luz*, Mt II 301 Anm. 10; ähnlich auch *H. Schürmann*, Lk I 461) wie für das Phänomen *minor agreements* insgesamt (vgl. z.B. *U. Schnelle*, Einleitung 205). Zur Statistik *A. Ennulat*, Agreements 3-18. Wie aussagekräftig ist dieser Eindruck einer hohen Zahl, wenn Vergleichsmaterial offenbar kaum vorhanden oder erschlossen ist? (*A. Ennulat*, Agreements 418 weist auf eine Untersuchung von R. B. Vinson und auf Erfahrungen in der Mt-Arbeitsgruppe von U. Luz hin, die die Zahl als auffällig hoch erscheinen lassen. Weitere Stützung ist hier aber notwendig, vgl. ebd. Anm. 5).

[85] Vgl. noch Mk 6,52; 9,10; 10,32, anders aber Mk 9,6.32, die nur bei Matthäus gestrichen werden oder Mk 4,40, der je unterschiedlich gemildert wird. Mk 7,18; 8,17-21 fehlen bei Matthäus und Lukas, sie liegen aber innerhalb der großen lukanischen Auslassung von Mk 6,45 - 8,26 und müssen außen vor bleiben.

[86] Anders *A. Ennulat*, Agreements 425f mit 427f.

schichte verstehen, die sich unabhängig in redaktioneller Tätigkeit
manifestiert. Für unsere Stelle ist entscheidend, dass jene Formulierungen, die bei Matthäus und Lukas an die Stelle des markinischen
Jüngertadels treten, abgesehen vom auch bei Markus zu lesenden
Stichwort παραβολή (und der leicht nachvollziehbaren Auslassung
der Redeeinleitung καὶ λέγει αὐτοῖς) keine Ähnlichkeit aufweisen.
Beide haben wie Markus eine Überleitungsformulierung, aber eine
unterschiedliche. Die jeweiligen Formulierungen sind redaktionell.[87]
Unabhängige redaktionelle Bearbeitung von Mk 4,13 ist dafür die
plausibelste Erklärung.[88]
Zu (2): Die gemeinsame Umformulierung ist frappierend; den Einfluss
einer anderen Quelle als des kanonischen Markusevangeliums anzunehmen, liegt an sich nahe. Eine unabhängige redaktionelle Umformulierung lässt sich dennoch zu einem gewissen Grad plausibel machen. Das Stichwort γνῶναι steht in Mk 4,13 und könnte von dort
übernommen sein.[89] Es kann überdies auf ähnliche, freilich singulari-
sche Formulierungen in Röm 11,25; Eph 1,9; 3,3; 6,19; Kol 2,2 verwiesen werden.[90] Dem Singular μυστήριον steht bei Markus der Plural τὰ πάντα gegenüber (4,11; vgl. auch 4,34), der Einfluss haben
könnte. Insgesamt ist pluralischer Gebrauch von μυστήριον in der
Profangräzität und in griechischsprachigen jüdischen Schriften geläufiger; der Singular hat im Neuen Testament häufig einen christologischen Bezug.[91] Die Änderung erscheint in diesem Licht als Anpassung
an sprachliche Gewohnheiten, die v.a. dann möglich würde, wenn der
christologische Bezug von Mk 4,11 im Kontext des Messias-Geheim-
nis-Motivs nicht (mehr) gesehen oder nachvollzogen wird. Ein solcher
Vorgang ist für Matthäus wie für Lukas als Redaktion denkbar. Ist er
wahrscheinlich? Wir lassen die Entscheidung offen. Ein Urteil kann
sich in einem so strittigen Fall nicht allein auf eine Stelle stützen, sondern nur im Zusammenhang einer Gesamtlösung des Problems Plausi-

---

[87] Das betonte ὑμεῖς und das Stichwort 'hören' bei Matthäus entsprechen dem
Duktus des Kontextes, vgl. nur V. 16f. Lk 8,11 greift in der Formulierung auf die
Frage der Jünger in V. 9 zurück, die sprachlich lukanisch ist (vgl. *J. Gnilka,* Verstockung 59; *J. Jeremias,* Sprache 47f).
[88] Anders *A. Ennulat,* Agreements 129, der eine vormt/vorlk Markusbearbeitung
annimmt; ihm folgt *U. Luz,* Mt II 301; vgl. auch *J. Rauscher,* Messiasgeheimnis
147. Wenn hier die Frage der Auslassung des Jüngertadels unabhängig davon beurteilt wird, welche Formulierung an dessen Stelle tritt, ist das methodisch m.E.
fragwürdig. Ein Transfer von γινώσκω nach Mt 13,11/Lk 8,10 verweist nicht
notwendig auf einen vormt/vorlk Eingriff (gegen *A. Ennulat,* a.a.O. 129); vgl. dazu
den folgenden Punkt. - Gegen den Einfluss einer zusätzliche Quelle neben Mk
spricht der redaktionelle Charakter von Mt 13,18.
[89] Vgl. *U. Luz,* Mt II 301.
[90] Vgl. *W. D. Davies/D. C. Allison,* Mt II 390f mit Anm. 68. Der Plural
μυστήρια im NT noch 1Kor 4,1; 13,2; 14,2.
[91] Vgl. *H. Krämer,* Art. μυστήριον 1101.

bilität gewinnen.[92] Wichtig für die Auslegung: Die möglicherweise vormatthäische Umformulierung bedeutet im Kontext gelesen jedenfalls keine Auslassung des Unverständnismotivs, da u.E. Mk 4,13 Bestandteil der Quelle war.

Zu (3): Nach unserer Auffassung ist der μήποτε-Satz nicht gestrichen, wird vielmehr von Matthäus in einem längeren Zitat V.14f aufgefangen (vgl. unten).[93] Für Lukas ist öfter darauf hingewiesen worden, dass die Verstockungsaussage ihm theologisch hier nicht passt.[94] Frappierend ist, dass Lukas in der Struktur der Aussage weit näher bei Matthäus als bei Markus liegt. Wäre V.14f als nachmatthäische Glosse zu betrachten, dann gewinnt eine vormatthäische Umformulierung an Plausibilität, da die tiefgreifende Veränderung eines Schriftzitates noch dazu vom Wortlaut der LXX weg - und das müsste man in diesem Fall als Alternative annehmen - eine höchst ungewöhnliche Vorgehensweise für die Matthäus-Redaktion darstellt. [95]

Im Zusammenhang der Quellenfrage ist auch die These zu besprechen, bei Mt 13,14f handle es sich um eine nachmatthäische Glosse.[96] Angesichts des textkritischen Befundes, der keinerlei Anhaltspunkte für einen solchen Zusatz liefert, muss methodisch gelten, dass der sekundäre Charakter mit gewichtigen Gründen zu erweisen ist. Verwiesen wird zum einen auf Abweichungen von anderen Reflexionszitaten: die Einleitung lautet in Vokabular und grammatischer Form etwas anders; sonst spricht stets der Erzähler, nicht Jesus, diese Zitate; der Wortlaut des Zitates ist anders als sonst fast wörtlich nach der Septuaginta zi-

---

[92] Für unabhängige Redaktion plädieren *J. Gnilka*, Mt I 480f (anders noch ders., Verstockung 123: bearbeiteter Markustext als Vorlage); *W. D. Davies/D. C. Allison*, Mt II 374.388; für den Einfluss mündlicher Tradition *F. Bovon*, Lk I 405; *V. Fusco*, L'accord mineur 360; *J. Marcus*, Mystery 84-86 (vgl. auch *L. Cerfaux*, connaissance 126-128); für eine vormt/vorlk Markusbearbeitung *U. Luz*, Mt II 301; *J. Rauscher*, Messiasgeheimnis 138.150f; *A. Ennulat*, Agreements 126; die beiden letzen Möglichkeiten erwägt auch *H. Schürmann*, Lk I 461. Zur Lösung von *R. Gundry* (Lk kennt Mt; vgl. ders., Mt 255) siehe oben Anm. 83. Für weitere Literatur siehe *A. Ennulat*, a.a.O. 123ff.

[93] Wäre V.14f als Glosse zu beurteilen, erwüchse daraus ein indirektes Argument für eine vormatthäische/vorlukanische Bearbeitung von Mk 4,12: Dass Mt das mk Zitat von LXX-Wortlaut weg verändert, wäre ein höchst ungewöhnlicher Vorgang; vgl. die Lit. unten Anm. 100. *A. Ennulat* (Agreements 127f) schlägt vor, dass Mt 13,14f schon in einer vormt und vorlk Markusbearbeitung Mk 4,12c ersetzte und von Lk dann an das Ende der Apg verlegt worden sei.

[94] Vgl. *H. Schürmann*, Lk I 459f; *U. Luz*, Mt II 301 Anm. 10; auch *J. Schneider*, Lk I 184.

[95] Matthäus übernimmt Zitate oder ändert auf die LXX hin; vgl. die Lit. unten Anm. 100.

[96] So z.B. *K. Stendahl*, School 131f; *G. Strecker*, Weg 70 Anm. 3; *J. Gnilka*, Verstockung 103-105; *ders.*, Mt I 481f.484; *J. D. Kingsbury*, Parables 38f; *W. Rothfuchs*, Erfüllungszitate 23f; *J. Rauscher*, Messiasgeheimnis 84-90; *W. D. Davies/D. C. Allison*, Mt II 393f.

tiert. Ein zweiter Gedankengang stützt sich auf matthäische Hapaxle-
gomena in der Zitateinleitung einerseits und die genaue Übereinstimmung des Zitates mit Apg 28,26f (mit derselben Auslassung gegenüber
der Septuaginta)[97] andererseits, um den fremden Charakter des Stückes
nachzuweisen. Ein drittes Argument sieht die Balance zwischen den
Abschnitten V.13-15 (über die Menge) und V.16-17 (über die Jünger)
durch das Zitat im Ungleichgewicht, eine Streichung lieferte eine
klarere Gegenüberstellung.
Die letzte Überlegung ist m.E. nicht nur in der Sache unzutreffend (die
Auslegung wird eine durchdachte Struktur aufzeigen). Sie ist auch
methodisch anfechtbar. Schon in formgeschichtlichen Fragen, d.h. auf
der Ebene mündlicher Überlieferung, ist die Annahme, die einfachere
Form, die klarere Struktur sei ursprünglicher, problematisch. Für ein
komplexes literarisches Gebilde wie das Matthäusevangelium, das mit
vielfältigen Strömungen, Überlieferungen und Perspektiven ringt und
sie zu vereinen sucht, erscheint das Kriterium ungeeignet, um den
nachmatthäischen Charakter von V.14f zu erweisen. Für die abweichende Gestalt des Reflexionszitates ist mit Ulrich Luz zu überlegen[98],
ob sich die Beobachtungen nicht wechselseitig erklären: Da sich das
Zitat als Wort Jesu von den anderen, als Erzählerkommentar
gestalteten narratologisch abhebt, ist durchaus denkbar, dass es auch
formal anders gestaltet wird. Ein Abweichen vom sonstigen matthäischen Wortlaut ist im Übrigen auch im Falle einer Glosse erklärungsbedürftig.[99] Die Nähe zum Wortlaut der Septuaginta entspricht durchaus der Tendenz matthäischer Redaktion im Umgang mit Schriftzita-
ten.[100] Die Auslassung von αὐτῶν nach dem ersten ὡσίν in V. 15
stimmt nicht nur mit Apg 28,26f überein, das Pronomen fehlt auch
mehrfach in der Handschriftenüberlieferung zu Jes 6,10[LXX].[101] Nimmt
man die textkritische Unsicherheit bei Matthäus hinzu, relativiert sich
der Stellenwert dieser Beobachtung stark. Angesichts der zwar nicht

---

[97] Vgl. die Synopse bei *J. Gnilka*, Verstockung 14f. – Textkritisch ist dieser Befund für Mt nicht völlig gesichert. ℵ, C, einige Minuskeln, die Itala, einige Vul-
gata-Handschriften u.a. belegen αὐτῶν an dieser Stelle. Die erzählerische Einleitung, die Apg 28,26f mit zitiert, fehlt in Mt 13,14f; vgl. *R. Gundry*, Use 118. Einige
Textzeugen tragen sie bei Mt nach.
[98] Vgl. für die folgenden (und weitere) Argumente *U. Luz*, Mt II 302f.
[99] *U. Luz* (Mt II 302 Anm. 18) weist auf den „stilechten" Nachtrag in 27,35 Δ Θ *et
al.* hin.
[100] Vgl. *U. Luz*, Mt I 193-196; vgl. *H. Frankemölle*, Mt I 57. Anders *R. Gundry*,
Use 9-150.
[101] Es fehlt im Sinaiticus (erste Hand), in der Minuskel 538 sowie in mehreren
griechischen und lateinischen Väter-Kommentaren und -Zitaten; siehe die
„Göttinger Septuaginta" (hg. v. *J. Ziegler*) zur Stelle. Vgl. *J. Gnilka*, Mt I 481
Anm. 8; *U. Luz*, Mt II 302.

zweifelsfrei widerlegten, aber geschwächten Argumente fällt die Entscheidung hier zugunsten des überlieferten Textes.[102]

Methodisch ist den Befürwortern der Glossen-These vorzuhalten, dass sie sich die
Gegenprobe, ob 13,11ff ohne V.14f nicht neue Probleme impliziert, ersparen.
Streicht man das ausdrückliche Schriftzitat, so hätte Matthäus den Wortlaut im
Vergleich zu Markus weiter von der LXX entfernt, überdies die letzte Spitze des
markinischen Schriftzitates (V.12c: „...damit sie sich nicht bekehren und ihnen nicht
vergeben wird.") unterdrückt. Ein solcher massiver Eingriff in den Wortlaut vor-
gegebener Zitate aus der Schrift wäre ungewöhnlich und bedarf einer Erläuterung.[103]

c) Die Frage der Jünger (V.10)

In einer typisch matthäischen Szene treten die Jünger mit einer Frage
an Jesus heran[104]. Wie und wo das genau geschieht (sind die Jünger
mit im Boot? waten sie durchs Wasser?), bleibt offen. Deutlich wird
das folgende Gespräch aus dem Fluss der Rede zum Volk herausgenommen.[105] „Warum redest du in Gleichnissen zu ihnen?" knüpft in
der Formulierung an die Einleitung der Gleichnisrede (V.3) an. Faktisch erzählt wurde trotz des Plurals bislang nur ein Gleichnis. Der
Plural verweist auf den grundsätzlichen Charakter der Ausführungen.[106] Mit „ihnen" kann im Kontext nur die Volksmenge gemeint
sein (vgl. 13,1-3a). Die Frage, die gegenüber Markus (4,10:
ἠρώτων ... τὰς παραβολάς/fragten ... nach den Gleichnissen)
präziser wirkt[107], gibt ihre Pointe freilich nicht frei: Weshalb ist den
Jüngern die Rede in Gleichnisform überhaupt eine Frage wert? Die
Überlegung mag angesichts der Antwort Jesu auf den ersten Blick
überflüssig oder zweitrangig erscheinen. Ihre Bedeutung liegt darin,
dass über die Jüngerfrage ganz wesentlich der Kontext vermittelt wird.
Die Frage nach dem Hintergrund von V. 10 ist die Frage nach der
Kontexteinbindung von 13,10-17.
Der Akzent könnte auf παραβολή liegen: Denkbar wäre, dass die
Gleichnisse den Jüngern als eine schwer oder gar nicht verständliche

---

[102] So entscheiden auch z.B. *W. Trilling*, Israel 78 Anm. 18; *R. Gundry*, Use 116-
118; *A. Sand*, Mt 279.280; *U. Luz*, Mt II 301f; *I. H. Jones*, Parables 283 Anm. 5; *D.
A. Hagner*, Mt I 373f; *J. R. C. Cousland*, Crowds 253 Anm. 63; unsicher *Ch.
Burchard*, Senfkorn 82 mit Anm. 23.
[103] *U. Luz* urteilt nicht zu Unrecht, die Glossen-These schaffe mehr Schwierigkeiten, als sie löse (Mt II 301).
[104] Vgl. *H. J. Held*, Matthäus 214-216; *J. D. Kingsbury*, Parables 40f. Kingsbury
zufolge kommt mit dem Verb προσέρχομαι die „lordly" und „royal dignity" Jesu
zum Ausdruck (ebd.)
[105] *J. D. Kingsbury* charakterisiert V.10-23 als „Exkurs" (vgl. Parables 39f), vgl.
A. Sand, Mt 280.
[106] Vgl. *J. D. Kingsbury*, Parables 149 Anm. 92.
[107] So mit gewissem Recht *C. E Carlston*, Parables 4; *U. Luz*, Mt II 311.

Rede gelten, so dass eine Unterweisung in (ungedeuteten) Gleichnissen als problematisch oder sinnlos erscheint. So oder ähnlich wird die Frage oft verstanden.[108] Der Weckruf in V.9 lenkt im unmittelbaren Kontext die Aufmerksamkeit auf den Akt der (richtigen) Wahrnehmung. Die Semantik des Begriffs παραβολή im Matthäusevangelium weist nach unseren Untersuchungen die Konnotation „problematisches Verstehen" auf, manchmal, allerdings nicht in allen Fällen, zugespitzt im Sinne von „unverständliche/nicht verstandene Rede". Das Stichwort παραβολή fällt nach der Redeeinleitung (13,3) hier allerdings erst zum zweiten Mal. In beiden Fällen ist es mit dem neutralen Verb „reden" (λαλέω) verbunden, das keine Hinweise auf die beabsichtigte oder tatsächliche Wirkung der Gleichnisse impliziert.[109] Der vorangehende Kontext spielt in diesem Fall also ein geringe Rolle.

Die Interpretation kann nur dann überzeugen, wenn dieser Parabelbegriff dem Matthäus und seinen Adressaten selbstverständlich oder bereits geläufig ist. Dass sich der Evangelist einen Parabelbegriff mit diesen (und anderen) Konnotationen zu eigen gemacht hat, deutet sich in den Überlegungen zur Semantik von παραβολή bereits an und wird sich in der Arbeit weiter bestätigen. Dieses Verständnis hat Quellen. Zum einen kann auf das Markusevangelium verwiesen werden, das in seiner Gleichnisrede und andernorts einen Parabelbegriff bezeugt, wonach diese Texte ohne Deutung unverständlich bleiben (Mk 4,11f.34; 7,17).[110] Zumindest für den Verfasser des Matthäusevangeliums ist die Bekanntheit des Markusevangeliums vorauszuset-

---

[108] Vgl. *E. Lohmeyer,* Mt 200 (mit dem ebd. 193 zum Stichwort παραβολή Gesagten); *J. Schmid,* Mt 219; *J. Gnilka,* Mt I 482; *W. D. Davies/D. C. Allison,* Mt II 387. *D. A. Hagner* (Mt 372) erwägt - neben der Qualität der Gleichnisform - wegen πολλά in V.3, die Gleichnisse könnten auch wegen ihrer vermehrten Zahl schwerer verständlich sein. Die Jüngerfrage greift das Stichwort „vieles" aber nicht auf, außerdem wurde bisher nur ein Gleichnis erzählt. Ganz anders sieht *A. J. Hultgren* (Parables 462f) die Jünger nach der Pädagogik Jesu fragen. Die Gleichnisse des mt Jesus seien ein Medium der Offenbarung und Instruktion, nicht der Verhüllung.

[109] Anders *J. D. Kingsbury,* Parables 30, dazu oben Anm. 23.

[110] Zur markinischen Parabelrede und ihrem Gleichnisbegriff vgl. *H. Räisänen,* Parabeltheorie; *H.-J. Klauck,* Allegorie 185-259; *H. Weder,* Gleichnisse 99-147 passim; *J. Gnilka,* Mk I 155-192, bes. 167-172; *V. Fusco,* Parola; *R. Pesch,* Mk I 225-267; *J. Marcus,* Mystery; *M. A. Beavis,* Audience; *C. M. Tuckett,* Concerns; *G. Dautzenberg,* Belehrung; *J. Ernst,* Messiasgeheimnis; *M. Sabin,* Reading; *E. Cuvillier,* concept; *P. Müller,* „Werdet ihr alle Gleichnisse verstehen?" (ältere Literatur bei Gnilka). – Den in seinem Sinn missverständlichen V.33b lässt Matthäus aus. Im Kontext der markinischen Parabelrede kann das „so wie sie es hören konnten" im Sinne von „hören und nicht verstehen" (vgl. 4,34 mit 4,11f, bes. V.12) gelesen und (einigermaßen) konsistent interpretiert werden, ohne das skizzierte Verständnis in Frage zu stellen; vgl. *J. Gnilka,* Mk I 190f; *R. Pesch,* Mk I 265f.

zen.[111] Ob auch die Adressaten damit vertraut waren, ist strittig und beim gegenwärtigen Stand des Wissens und der Reflexion nicht zu entscheiden.[112] Zum anderen werden für die Auslegung des Gleichnisses vom Unkraut, aber auch für weitere, kürzere Deutungen und Anwendungen vormatthäische Wurzeln diskutiert.[113] Solche Beobachtungen legen ein breiteres, vormatthäisches Wissen um die Deutungsbedürftigkeit von Gleichnissen nahe.

Die erste Variante weiterführend könnte die Gleichnisrede speziell mit Blick auf die Adressaten ein Problem darstellen, als unverständliche Rede *an die Volksmenge*.[114] Die Frage richtet sich anders als bei Markus auf die Rede in Gleichnissen „zu ihnen" (αὐτοῖς). Das „zu ihnen" unterscheidet implizit zwischen den sprechenden Jüngern und der Menge.[115] Den Akzent auf die Adressaten bekommt die Frage eindeutig, wenn man sie im Rückblick von der Antwort Jesu her liest, die – wie wir sehen werden – das Volk den Jüngern gegenüberstellt.[116] Nimmt man betont die Nennung der Adressaten wahr, gerät stärker die Szenerie der Redeeinleitung (13,1-3a) und damit der erzählte Zusammenhang des Evangeliums in den Blick.

Gehen wir diesem Verweis nach: Auf welche Spuren führt der Kontext? Immer wieder wird in diesem Zusammenhang auf das matthäische Jüngerbild abgehoben: die Jünger fragen nach dem Volk, weil sie selbst verstehen.[117] So richtig die Einsicht im Grundsatz ist, die Erklärung bereitet im engeren Kontext Schwierigkeiten, weil auch die Jünger ohne weiterführende Erläuterungen zumindest nicht im vollen Sinne zu verstehen scheinen (13,18-23.36-43).[118] Sie ist vor allem aber nur die halbe Miete, weil die Jünger ja keineswegs in erster Linie nach sich selbst fragen. Der Verweis auf die verstehenden Jünger lässt nur noch dringlicher die Frage aufkommen, warum ausgerechnet das

---

[111] Gegen eine „strictly literary explanation" des Abhängigkeitsverhältnisses und für einen komplexen Überlieferungs- und Bearbeitungsprozess auf dem Weg von Markus (und Q) zu Matthäus plädiert *I. H. Jones* (Parables 7-77.110-115; die Formulierung ebd. 51 u.ö.). Bedenkenswert ist es, mit dem Einfluss gemeindlicher Rezeption der Traditionen auf die Gestaltung des Evangeliums zu rechnen (vgl. das Textmodell bei *Th. Söding*, Wege 27). Dass das Markusevangelium daneben als literarische Quelle vorlag, bleibt unbeschadet dessen die wahrscheinlichste Annahme.

[112] Pro z.B. *U. Luz*, Mt I 83f.86, contra *H. Frankemölle*, Mt I 10.

[113] Vgl. unten B.V.4.a.

[114] Vgl. *J. Dupont*, point 233f; *F. Vouga*, Definition 86; auch *J. Zumstein*, condition 207.

[115] Vgl. *E. Lohmeyer* (Mt 200), der die Unterscheidung als „distanzieren" versteht. Nach *A. Sand* (Mt 280) fragen die Jünger mit dieser Wendung *stellvertretend für* die Volksmenge. Auch so wäre der Blick auf die Menge gelenkt.

[116] So *E. Schweizer*, Mt 194; *U. Luz* Mt II 331.

[117] Vgl. z.B. *W. Grundmann*, Mt 340f; *E. Schweizer*, Mt 194; *J. Lambrecht*, Treasure 159.

[118] So auch *J. Lambrecht*, Treasure 163.

Volk zum Empfänger solcher schwer verständlicher Rede wird. *J. D. Kingsbury* hat seine Deutung, wonach die Rede in Gleichnissen, d.h. in für das Volk unverständlicher Rede, der Abwendung Jesu vom Volk entspreche, unter anderem vom erzählerischen Ort der Gleichnisrede im Evangelium her begründet.[119] Das Volk werde in erster Linie als ein große Gruppe von Juden betrachtet.[120] Wesentlich für die These sind drei Schritte:[121]

- Gleichnisse sind rätselhafte Rede, die sich vor allem an Außenseiter richtet.

- Der Evangelist unterscheidet eine Zeit der Zuwendung zum Volk von einer Zeit der Abwendung, deren durch Konflikte in Kap. 11f vorbereiteten Wendepunkt die Gleichnisrede markiert.

- 13,1-35 ist eine in Gleichnisform gehaltene Apologie, in der Jesus auf die Zurückweisung reagiert.

Die bisherigen Beobachtung zur Semantik von παραβολή bestätigen Kingsburys ersten Punkt nur in abgeschwächter Form. Sowohl die Kennzeichnung als „riddle"/„enigmatic form of speech" wie die Nennung von „outsiders" als primären Adressaten[122] ist überzogen. Dass die Gleichniskompositionen allesamt auf den erzählten Kontext abgestimmt sind, werden die entsprechenden Untersuchungen erweisen. Der Begriff Apologie beschreibt diese Beziehung allerdings nur in einem Teilaspekt. Die These vom „turning-point" innerhalb der Erzählung lässt sich nur mit starken Einschränkungen akzeptieren. Kingsburys Behauptung, Jesus richte nach 11,1 keine wirkliche Lehre mehr an die Juden, und auch 13,54; 21,23; 22,33 seien nicht so zu verstehen[123], überzeugt nicht.[124] Sämtliche Reden Jesu an Nichtjünger ab Kap. 13 als „parabolically" zu kennzeichnen[125], gelingt nur mit Mühe und setzt eine solche Ausweitung des Parabel-Begriffs voraus, dass dieser mit Gleichnissen wie in Kapitel 13 nur noch sehr wenig zu tun hat. Die von Kingsbury beobachtete Problematisierung des Verhältnisses Jesus – Israel und die Zuwendung zu den Jüngern vollzieht sich als Prozess, der vor Kap. 13 beginnt, über das Kapitel hinaus reicht und sich nicht auf einen klar definierten Bruch hin konzentrieren lässt.[126]

---

[119] Vgl. zu Kingsburys These oben den forschungsgeschichtlichen Überblick; zu V.10 Parables 49: „parables, i.e. in speech they [sc. the Jews; Ch.M.] cannot understand (vv. 10, 13)".

[120] Vgl. *J. D. Kingsbury*, Parables 25.

[121] Vgl. *J. D. Kingsbury*, Parables 30f.

[122] Beides a.a.O. 30.

[123] Vgl. *J. D. Kingsbury*, Parables 25f.

[124] Kritisch auch *J. R. C. Cousland*, Crowds 258.

[125] Vgl. *J. D. Kingsbury*, Parables 31.

[126] Vgl. *U. Luz*, Mt II 292; Jesusgeschichte 96-115. Nach ihm ist die Auseinandersetzung Jesu mit Israel das innere Prinzip der gesamten matthäischen Jesusgeschichte (Jesusgeschichte 78f).

Im Besonderen ist die These vom „turning-point" auch für die Rolle der Volksmenge nicht zu bestätigen. Die Kontinuität über Kapitel 13 hinweg ist deutlich wahrzunehmen, sowohl auf der Seite der Menge wie auf Seiten Jesu[127]: Die Menge folgt Jesus (4,23; 8,1; 12,15[128]; 14,13; 19,1; 20,29) und kommt bei ihm zusammen (13,2; 15,30; 17,14; vgl. 8,18), sie begegnet Jesus freundlich, manchmal erstaunt und erschüttert (7,28; 9,8.33; 12,23; 15,31; 22,33; vgl. 21,8f). Jesus hat Mitleid mit ihr (9,35; 14,14; 15,32) und heilt ihre Kranken (4,23-25; 8,1ff; 9,36; 12,15; 14,14; 15,30; 19,2 u.ö.), richtet das Wort an die Menge (5,1f mit 7,28; 13,1-3; 15,10; 23,1). Sie wird Zeuge seiner Lehre (7,28; 21,23 mit 26; 22,33).

So bleibt nur das Moment des Konfliktes, der Scheidung an Jesus als Grundton im Vorfeld der Gleichnisrede.[129] Die Kapitel 11f bringen tatsächlich zunächst besprechend, in den Worten Jesu (vgl. 11,5.16-30), dann erzählend in mehreren Konfliktgeschichten (vgl. 12,1-8.9-14.22-30.38-42) eine Scheidung der Geister an der Person und dem Wirken Jesu ins Spiel. Das Thema wird in der Perikope von den wahren Verwandten Jesu unmittelbar vor der Gleichnisrede noch einmal gebündelt und zugleich auf die Perspektive einer inmitten der Ablehnung neu entstehenden Gemeinschaft hin geöffnet (12,46-50).[130] In den *erzählten* Konflikten sind bislang v.a. die Pharisäer Jesu Gegner (9,11.34; 12,2.20.14.24.38), manchmal auch Schriftgelehrte (9,3ff; 12,38), nicht aber das Volk, weder vor Kapitel 13, noch lange Zeit danach.[131] Erzählerisch dominiert die gegenseitige Zuwendung. Allen-

---

[127] So auch *H. Frankemölle*, Mt II 165.

[128] ὄχλοι ist textkritisch unsicher, aber in der Sache wohl gemeint.

[129] Vgl. *J. D. Kingsbury*, Parables 15f. – Ähnliche Beobachtungen machen andere Exegeten: *J. Schmid* (Mt 188) überschreibt 11,2-13,53 mit „Der Unglaube der Juden", *W. Grundmann* (Mt 283) 9,35 - 13,52 durch „Auseinandersetzung um das Wirken des Christus Jesus", *E. Schweizer* (Mt 178) 12,1 - 16,12 mit „Jesu Auseinandersetzung mit seinen Gegnern". Die Gegenbewegung zur Abwendung akzentuiert etwa *U. Luz*, der 12,1-16,20 mit „Das Entstehen der Jüngergemeinschaft in Israel" (Jesusgeschichte 96) überschreibt, wobei die Wurzeln dieser Entwicklung immer wieder auch in Kap. 11 zurück reichen. Neuerdings spricht in einer offeneren Formulierung *H. Frankemölle* (Mt II 99 bzw. 189) zu 11,2 - 12,50 und 13,54 - 16,20 von „unterschiedlichen" bzw. „weiteren zugespitzten unterschiedlichen Reaktionen auf 'Jesu' Wirken"; ähnlich akzentuiert *A. Sand* (Mt 236).

[130] Vgl. *J. Gnilka*, Mt I 471. *J. D. Kingsbury* akzentuiert v.a. die Kontrastfunktion, wenn er die Szene als „reverse example" charakterisiert (Parables 16); ähnlich *H.-J. Klauck*, Allegorie 244 Anm. 296.

[131] Das betont immer wieder *U. Luz*, Mt II 311f; *ders.*, Jesusgeschichte 101f; vgl. auch die einschlägigen Arbeiten zur Rolle der Volksmenge, die immer wieder die Schwierigkeit belegen, 13,10-17 konsistent in das Bild der Volksmenge vor der Passionserzählung zu integrieren; so z.B. *G. Strecker*, Weg 106; *S van Tilborg*, Leaders 161; *P. S. Minear*, Disciples 34f; *W. Carter* macht die Not zur Tugend und nimmt mehrere erzählerische Rollen für die Volksmenge an (Crowds 64), räumt aber zu Kap. 13 immerhin ein, die dortige Zurückweisung der Volksmenge, sei „not final", Jesus wende sich im Folgenden trotzdem der Menge weiter zu (ebd.

falls die in der Aussendungsrede den Jüngern in Aussicht gestellten
feindlichen Reaktionen (10,14f.16-33) oder die harschen Urteile über
diese Generation (11,16-19) und einige galiläische Städte (11,20-24)
lassen den Schatten eines Konfliktes mit breiteren Teilen der jüdischen
Bevölkerung erkennen. Ausdrücklich genannt wird die Größe
ὄχλος/ὄχλοι in diesem Zusammenhang freilich nicht. Es handelt sich
meist um Worte Jesu (vgl. aber 11,20); die drohenden Schatten sind in
erster Linie Teil der *besprochenen*, nicht der erzählten Welt.[132]
Fazit: Die Gleichnisrede ist eine qualitativ neue Form der Verkündigung Jesu im Matthäusevangelium. Darauf weisen das erste Vorkommen des Stichwortes παραβολή und die ausdrückliche Kennzeichnung der Rede mit ἐν παραβολαῖς hin. Der Begriff ist semantisch
wahrscheinlich durch Attribute wie „auslegungsbedürftig, hintersin-
nig" vorgeprägt. Auf die Neuheit und die besonderen Eigenschaften
dieser Rede ist die Jüngerfrage zunächst zu beziehen. Darüber hinaus
führt der Kontext von Kapitel 13 eine Situation des Konfliktes herauf,
die als (vager) Verstehenshintergrund bereitsteht. Dass die Volksmenge an diesem Konflikt teilhat, zeichnet sich im erzählten Geschehen nicht ab, wird in manchen Worten Jesu aber angedeutet. Ein kon-
kreter Bezugspunkt, um die Rede von vornherein als unverständliche
Rede *zum Volk* wahrzunehmen und einzuordnen, ist nicht zu erkennen.
Ein *turning-point* im Sinne einer grundlegende Wende in der Haltung
Jesu zur *Volksmenge*, der die Rede ἐν παραβολαί als Akt der Abkehr
im Rahmen der Erzählung erklären könnte und den Hintergrund für die
Jüngerfrage und Jesu Antwort lieferte, ließ sich nicht bestätigen.[133]

d) Die Antwort Jesu (V.11-17)

Die Entgegnung Jesu auf die Jüngerfrage ist zweigeteilt. Auffällig
dominiert im ersten Antwortteil das Passiv, während in V.13-17 aktive
Formen vorherrschen. *Jan Lambrecht* scheint die richtige Richtung zu

---

62). *J. R. C. Cousland* notiert die gegensätzliche Sicht und erklärt sie damit, dass
die Volksmenge Israel repräsentiere: Zum traditionellen Bild Israels in der Schrift
gehöre beides, die Zuwendung zu Gott und die Abwendung von ihm (Crowds 261;
vgl. ebd. 302).
Anders nennt *A. Sand* das Nicht-Verstehen *der Menge* als verbindendes Element
zischen Kap. 11f und dem ersten Teil der Gleichnisrede (Mt 276). *J. Gnilka*
(Verstockung 97-102) unterscheidet in seiner Analyse nicht hinreichend zwischen
den verschiedenen Gruppierungen und Vertretern (Volksmenge, Pharisäer, usw.),
die zusammen das „jüdische Volk" bilden, und vereinfacht dadurch das Problem.
[132] Zur Volksmenge vgl. auch unten die Auslegung von V.13ff (mit Literatur).
[133] Hier steht 13,10-17 im Vordergrund. Zu diskutieren ist auch, wie die Gleichnisrede insgesamt auf diese erzählte Situation reagiert und wie sie ihrerseits den
Gang der Geschichte beeinflusst. Die These vom *turning-point* wurde abgewiesen.
Ihr steht konträr die Position von *U. Luz* gegenüber, der die Gleichnisrede aus dem
Erzählzusammenhang herausgenommen sieht (Mt II 291f.375). Vgl. auch oben
B.I.1.

weisen, wenn nach ihm der erste Teil die Perspektive Gottes, der zweite die menschlichen Handelns betrifft.[134]

• *V.11*

Die grundlegende erste Antwort Jesu bescheinigt den Fragenden, ihnen sei im Unterschied zu „jenen" Erkennen gegeben. Objekt der Erkenntnis sind die Geheimnisse des Himmelreiches. Die Antwort bringt damit zunächst das Himmelreich ins Spiel. Das Stichwort ist kaum nebensächlich, spricht vielmehr ein im Kontext wie im gesamten Evangelium leitendes Thema an. Das 13,10-17 rahmende Gleichnis vom Sämann (13,3-9.18-23) handelt nach V.19ff davon, wie es dem Wort vom Reich (λόγος τῆς βασιλείας) ergeht, wenn es verkündet wird. Alle weiteren Gleichnisse des Kapitels handeln direkt oder indirekt (vgl. 13,51) von der Basileia. Ohne hier schon weiter in die Interpretation des Kapitels einsteigen zu müssen, zeigt sich die starke Präsenz des Themas in der Gleichnisrede.[135] Auch zuvor war die Basileia als der zentrale Gegenstand der Verkündigung Jesu klar herausgestellt worden (4,17.23; 9,35; vgl. 5,3.10.19f; 6,10; 7,21; 8,11; 11,11f; 12,28).[136]

Der Satz hebt mit der Rede von den μυστήρια und durch das *passivum divinum* δέδοται γνῶναι bzw. οὐ δέδοται[137] die Theozentrik des Himmelreiches hervor. μυστήριον (resp. das hebräische oder aramäische Pendant; im Singular oder Plural) bezeichnet in der jüdischen Literatur in theologischen Zusammenhängen „ein besonders qualifiziertes, göttliches Geheimnis, ein dem himmlischen Bereich vorbehaltenes transzendentes Wissen", zu dem Menschen nur auf dem Wege der Offenbarung Zugang erlangen können.[138] Bei Matthäus tritt der Begriff sonst nicht auf. Zu vergleichen sind aber Texte, die vom Verborgenen (κρύπτω/κρυπτός: 10,26; 11,25; 13,35) und vom Of-

---

[134] Vgl. Treasure 159.

[135] *A. M. Denis* (parables) kennzeichnet sie sogar als Traktat über das Königreich; vgl. auch *W. Trilling*, Israel 121f; *W. Grundmann*, Mt 357.

[136] Vgl. *W. Carter/J. P. Heil*, Parables 38-53. Carter versteht in der Folge die Gleichnisrede als Rede über das Himmelreich, die Bekanntes wiederholt und bestätigt, zugleich aber das Bekannte in einem anderen Licht zeigt, erneuert und belebt (vgl. zusammenfassend ebd. 61-63).

[137] Das Passiv wird meistens als Umschreibung für das göttliche Handeln verstanden, vgl. z.B. *J. D. Kingsbury*, Parables 43; *J. Gnilka*, Mt I 482; *U. Luz*, Mt II 312 mit Anm. 97.

[138] *D. Sänger*, Verkündigung 191. Zum motivgeschichtlichen Hintergrund von μυστήριον vgl. *R. E Brown*, Background; *G. Bornkamm*, Art. μυστήριον; *C. C. Caragounis*, Mysterion 1-34; *H. Krämer*, Art. μυστήριον; *M. N. A Bockmuehl*, Revelation; *D. Sänger*, Verkündigung 183-192; *D. Zeller*, Art. Mysterium [vgl. auch ders., Art. Mysterien/Mysterienreligionen]; *M. Theobald*, Art. Mysterium II; *M. Vahrenhorst*, Art. μυστήριον.

fenbarwerden (ἀποκαλύπτω: 10,26; 11,25.27; 16,17) sprechen.[139]
Auch hier ist Gott derjenige, der das bei ihm Geborgene mitteilt
(11,25f; 16,17), wobei Jesus nach 11,27 ein herausragende Mittler-
stellung zukommt. Auch das Stichwort γινώσκειν taucht in diesem
Zusammenhang auf (10,26). Dem Motivkomplex sachlich nahe steht
überdies das „Erkennen" der Zeichen für das Ende der Welt (Mt
24,32.33.39.43.50; 25,24). Durch δέδοται γνῶναι bzw. οὐ δέδοται
wird aber nicht nur die Unzugänglichkeit des Wissens, sondern noch
grundlegender die Unverfügbarkeit des göttlichen Handelns herausgestellt. Beide Gedanken bestimmen auch die folgenden Verse. Die
Einleitungsformel des Erfüllungszitates (V.14) ist ein Verweis auf geoffenbartes Wissen, einerseits auf die Schrift, andererseits auf die mit
der Formel gegebene „ergänzende" Mitteilung, das sich das dort Gesagte nun erfülle. Das unverfügbare Handeln Gottes kommt zum Ausdruck, wenn nach V.17 die Propheten und Gerechten vergeblich hoffen
(V.17). Umgekehrt ist auch das, was den Jüngern zuteil wird, gna-
denhaftes Geschenk, weshalb sie selig gepriesen werden (V.16; vgl.
5,4-12; 16,17).

Matthäus rechnet im Zuge der nahekommenden Gottesherrschaft (3,2;
4,17) mit dem Offenbarwerden des Uneinsichtigen (und Geheimnis
Bleibenden) in der Gegenwart der Jünger (vgl. 10,26f; 24,14). Dieses
Geschehen ist bei Matthäus wie bei den anderen Synoptikern in aus-
gezeichneter Weise mit der Person und dem Wirken Jesu verbunden
(11,25-27; 12,28; vgl. 4,17.23; 9,35).[140] Er ist zwar nicht der einzige
Bote der Gottesherrschaft (vgl. 3,2; 10,7; 11,11f), es kann aber kein
Zweifel daran bestehen, dass Jesus in der Reihe der Botschafter her-
ausragt. Das Winzergleichnis wird seine Einzigartigkeit auf die Formel
der Sohnschaft bringen (21,33-44, bes. 37). Die Gegenwart der
Gottesherrschaft im Wirken Jesu ist auch nach dem ersten Evangelium
von ihrer Zukunft noch einmal zu unterscheiden (z.B. 5,19f; 6,10;
8,11f u.ö.). Einen Aspekt im Verhältnis von Gegenwart und Zukunft
der Gottesherrschaft, die anfängliche Kleinheit und sicher kommende
Vollendung, thematisieren die Gleichnisse vom Senfkorn und vom
Sauerteig (13,31f.33).[141] Weiter ist der Zusammenhang von Gegenwart
und Zukunft der Basileia durch die Erwartung bestimmt, dass mit ihrer
Vollendung das endzeitliche Gericht über das gegenwärtigen Handeln
der Menschen einhergeht (5,19f; 18,21-35; 19,27 - 20,16; 25,31-46
u.ö.). Schließlich ist die Basileia auch eine (heils-)geschichtliche
Größe, die das Wesen der Kirche und ihr Verhältnis zu Israel und zu

---

[139] Vgl. *U. Luz*, Mt II 312; *W. D Davies/D. C. Allison*; Mt II 389f; *H. Frankemölle*, Mt II 173.
[140] Vgl. *H. Frankemölle*, Mt II 160f.
[141] Zu den Möglichkeiten, wie diese Grundaussage in der Auslegungsgeschichte
des Gleichnisses ekklesiologisch, individuell, politisch-gesellschaftlich oder
eschatologisch appliziert wurde, vgl. *U. Luz*, Mt II 328-331.

den Juden bestimmt (21,28 - 22,14).[142] Im Gericht und für die ekklesiologischen Aspekte des Himmelreiches nimmt Jesus im Übrigen bei Matthäus ebenfalls eine zentrale Funktion ein.[143] 13,11 akzentuiert im Rahmen dieses Spektrums *präsentisch* und *theozentrisch*, lenkt die Aufmerksamkeit besonders auf das gegenwärtige Offenbarmachen der Basileia durch Gott und auf die eschatologische Qualifizierung, die die Gegenwart durch dieses Offenbarungsgeschehen erfährt.[144] Die Rolle Jesu in diesem Geschehen ist mit zu denken, sie wird aber (noch) nicht hervorgehoben.

Der Gedanke an die durch Offenbarung eschatologisch qualifizierte Gegenwart prägt von V.11 an die gesamte Antwort Jesu. Das zeigt zunächst sehr deutlich das Gericht Gottes, auf das V.12 mit Blick auf das Verstehen und Nicht-Verstehen hinweist. Es zeigt sich weiter, wenn im Folgenden die Taubheit und Blindheit des Volkes als Erfüllung (ἀναπληρόω) von Prophetenworten gilt (13,13-15). Es zeigt sich schließlich auch, wenn Jesus die Jünger selig preist und ihnen bescheinigt, Zeugen eines Geschehens zu sein, dessen Eintreffen Propheten und Gerechte ebenso sehnlich wie vergeblich erhofften (13,16f).

Die Zusage an die Jünger, ihnen sei es gegeben, die Geheimnisse des Himmelreiches zu *erkennen*, veranlasst, über das bisher Gesagte hinaus auch noch einmal nach dem *konkreten Bezug* und nach dem *Inhalt* dieser Geheimnisse zu fragen. Zu berücksichtigen ist in diesem Zusammenhang der von Markus abweichende Plural. Wenn die Überlegungen richtig sind, dass die Rede von den μυστήρια als Ausdruck der Theozentrik zu verstehen ist und für Matthäus das Nahekommen und Offenbarwerden der Basileia im Wirken Jesu im Hintergrund steht, dann spricht nichts für eine kurzschlüssige Identifizierung von „Geheimnissen" und „Gleichnissen"[145] oder für den einseitigen Bezug

---

[142] Zu den ekklesiologischen Aspekten matthäischer Gleichnisse vgl. *J. Roloff, Kirchenverständnis.*

[143] Zum Thema Gericht: Er kann als der kommende Menschensohn-Richter erwartet werden (13,37-43; Kap. 24f), zugleich ist der Wille Gottes, so wie Jesu ihm verkündet, der Maßstab im Gericht (vgl. 13,41-43.49f mit 5,17ff; 28,20; auch 25,31-46). Zum Gericht bei Mt vgl. *D. Marguerat,* jugement; *U. Luz,* Mt III 544-551.

Zur Ekklesiologie kann auf die zentrale Kategorie der Jüngerschaft verwiesen werden (28,19), die eine starke Bindung der Christen an Jesus zum Ausdruck bringt, aber auch auf das Immanuel-Motiv; vgl. *H. Frankemölle,* Jahwebund 84-158; *J. Roloff,* Kirche 143-168, bes. 145.154-157.

[144] Vgl. *E. Lohmeyer,* Mt 201. Dass einem Geschehen eschatologischer Charakter zugeschrieben wird, markiere den Unterschied zur Apokalyptik (vgl. ebd.). Ganz anders *J. Schmid,* Mt 219: Es ist „an das zeitlose Wesen des Reiches gedacht und nicht mehr an das Ereignis seines Kommens".

[145] Auf die Gleichnisse oder ihren Inhalt deuten *E. Schweizer,* Mt 194, *J. Zumstein,* condition 208; *R. Gundry,* Mt 255; *Ch. Burchard,* Senfkorn 80; *U. Luz,* Mt I 312.

des Verstehens auf Gleichnisdeutungen an die Jünger[146]. Erst in V. 13 greift Jesus das Stichwort 'Gleichnis' aus der Jüngerfrage ausdrücklich wieder auf.[147] V.11f dagegen bespricht den Hintergrund, vor dem erst die Gleichnisrede recht zu verstehen ist. Positiv ist all das einzuschließen, was im Wirken Jesu und um dieses Wirken herum mit dem Nahekommen der Gottesherrschaft, mit ihrem gegenwärtigen Erscheinen verbunden ist[148], wobei Jesus in seinen Reden auch die Zukunft der Basileia in den Blick nimmt.[149] Eine solche Füllung des Begriffs schließt die Reich-Gottes-Gleichnisse in Kapitel 13 und anderswo ein. Wo ihr spezieller Ort ist, wird abschließend, mit Blick auf die ganze Antwort Jesu zu diskutieren sein. Ausschließlich an die Verkündigung Jesu sollte man jedoch nicht denken, da Jesus im Folgenden wiederholt von Hören *und* Sehen spricht (V.13-17), was beispielsweise auch an die Wunder Jesu denken lässt (vgl. 11,4f).[150] Auch der Täufer und die Jünger sind in Zuordnung zu Jesus eingebunden in dieses Geschehen und mitzubedenken.[151] Eigentlich aber kommt die Frage nach dem konkreten Gehalt zu früh, denn theo-logisch betrachtet ist in all dem eines am Werk: die βασιλεία τῶν οὐρανῶν, die auch bei Matthäus eine Herrschaft Gottes ist.

Das Erkennen der Geheimnisse des Himmelreiches, das nach V. 11 „euch" gegeben ist, „jenen" aber nicht, scheidet zwischen der Volksmenge, an die sich nach 13,2f die Gleichnisrede richtet, und den Jüngern, die Jesus fragen (13,10). Der Unterschied wird konstatiert und zunächst theo-logisch begründet im Geben der Erkenntnis jener „Geheimnisse des Himmelreiches", d.h. im Handeln Gottes zur Aufrichtung seiner Herrschaft. Seine im Wirken Jesu, aber auch des Täufers und der Jünger nahekommende Basileia bringt Scheidung, davon ist Matthäus zutiefst überzeugt (5,11f; 7,13-27; 8,21f; 9,32-34; 10,11-

---

[146] Vgl. *G. Strecker,* Weg 230.

[147] Vgl. *E. Lohmeyer,* Mt 202; *A. Sand,* Mt 280 (zu V.13).

[148] Vgl. ähnlich *E. Lohmeyer,* Mt 201; *W. Grundmann,* Mt 341; *J. Gnilka,* Verstockungsproblem 121; *ders.,* Mt I 482, *W. D. Davies/D. C. Allison* 389 (mit Anm. 62. Oder ist bei ihnen das Erkennen des bloßen Faktums der Gegenwart gemeint? Die Unterscheidung ist freilich etwas formal.); *H. Frankemölle,* Mt II 174. - *W. Link,* Geheimnisse, denkt an die verhüllte Messianität Jesu, aber das ist zu eng gefasst.

[149] Vgl. *J. R. C. Cousland,* Crowds 254; auch *J. Gnilka,* Verstockungsproblem 121. - *J. Rauscher* löst sich vom erzählten Zusammenhang des Wirkens Jesu und füllt den Begriff von der Lehr- und Verkündigungstätigkeit der Kirche her (vgl. Messiasgeheimnis 281-283).

[150] Vgl. *H. Frankemölle,* Mt II 174. Voraussetzung dieser Überlegung ist, dass V.11 und V.13-17 von demselben Sachverhalt sprechen; das ist unten noch zu begründen. - Anders interpretieren *J. D. Kingsbury,* Parables 44f (die Gesamtheit der Verkündigung Jesu: Eschatologie und Ethik); *D. A. Hagner,* Mt I 372 (Jesu Lehre über das Himmelreich).

[151] Darauf weist Gnilka a.a.O. hin.

42; Kap. 11f [vgl. oben]; 13,3-9.18-24; 21,29-32 u.ö.).[152] Diese ist aber nicht nur ein anthropologischer, der sündigen Verweigerung der Menschen geschuldeter Nebeneffekt der Basileia, sondern auch ein theo-logisches, von Gott ausdrücklich bejahtes Element ihrer Aufrichtung (in und durch Jesus). Das belegen neben 13,11 deutlich etwa 10,34-39; 11,6.25-27 oder der Stellenwert des Gerichts in der Verkündigung des matthäischen Jesus.[153] Dass im erzählten Kontext nicht unmittelbar einleuchtet, woran die Scheidung gerade zwischen Volk und Jüngern haftet, hatten wir schon gesehen. Möglicherweise ist das Perfekt wie schon das Passiv und der Begriff μυστήρια hier eher Ausdruck der Uneinsichtigkeit und Unverfügbarkeit dieses Geschehens als Verweis auf ein vergangenes Ereignis im Rahmen der Jesusgeschichte.[154] Dazu würde passen, dass bisher v.a. in den Worten Jesu, hinter denen die Autorität und das Wissen des Vaters steht (11,27), ein Schatten jenes Bruches der jüdischen Mehrheit mit Jesus aufscheint, den auch V.11ff ins Auge fasst. Die Scheidung bleibt für das Folgende bestimmend und wird weiter entfaltet.

• *V.12*

Vers 12 variiert den Gegensatz „gegeben" und „nicht gegeben", indem von „haben – gegeben werden – im Überfluss haben" einerseits und von „nicht haben – genommen werden" andererseits gesprochen wird. Erneut werden zwei Gruppen einander scharf gegenübergestellt. Der Vers formuliert einen Grundsatz, ursprünglich einen Erfahrungswert aus dem Wirtschaftsleben[155], im Kontext des Matthäusevangeliums jedoch eine Maxime des Handelns Gottes[156]. Auf den Grundsatzcha-

---

[152] Vgl. *U. Luz,* Jesusgeschichte 78f.

[153] Der Aspekt der Scheidung ist gegen die Auslegung von V. 11 (und 12) durch *H. Frankemölle* (Mt II 173f) festzuhalten, die stark den Aspekt des *Gebens,* des *Geschenks* der Offenbarung Gottes durch Jesus in den Vordergrund rückt. Frankemölle hebt mit Recht hervor, dass der Aspekt des Gebens theologisch letztlich der dominante ist. Die andere Seite des Handelns Gottes, das *Nicht-Geben* (V.11) und *Entziehen* (V.12), in dem Maße auszublenden, wie Frankemölle dies tut (V.11c.12b werden nicht besprochen), ist m.E. aber nicht textgemäß. Beide Aspekte, Geben *und* Nicht-Geben, Schenken *und* Entziehen, haben in V.11 und 12 Gewicht. Die Vorbehalte, mit denen F. seine Auslegung versieht (ebd. 174f), genügen hier nicht.

[154] Nochmals anders deutet *J. Rauscher,* Messiasgeheimnis 292, das Perfekt auf die Endgültigkeit der verfügten Scheidung.

[155] Vgl. *J. Gnilka,* Mt I 482; *U. Luz,* Mt II 312f mit Anm. 103; *D. W. Davies/D. C. Allison,* Mt II 391.

[156] Hinter dem Passiv steht wie in V. 11 das Handeln Gottes; vgl. *W. D. Davies/D. C. Allison,* Mt II 391. Vgl. *E. Lohmeyer,* Mt 202: „sozusagen ein eschatologisches Grundgesetz, nach dem Gott am letzten Tage den einzelnen richtet" (zustimmend *J. D. Kingsbury,* Parables 46f; ebd. 148 Anm. 86 der Verweis auf ähnliche Charakterisierungen bei B. Weiss, Th. Zahn und A. Schlatter).

rakter verweist nicht nur die unspezifische Formulierung[157], er wird
daneben durch die beinahe wörtliche Parallele in Mt 25,29 und durch
ähnliche Sätze in jüdischen Texten[158] unterstrichen. Auch die Redaktionstechnik des Evangelisten verdient in diesem Zusammenhang Beachtung: Matthäus hat den Vers als Einzelwort Jesu aus der Spruch-
sammlung Mk 4,21-25 (hier V.25) entnommen und zur Erklärung an
dieser Stelle eingefügt. Schon dieses Vorgehen zeigt, welchen autoritativen, kontextunabhängigen Rang Matthäus diesem Wort Jesu zumisst.[159] Mit Klaus Berger ist die Funktion des Verses als die eines
unbefragbaren Axioms zu beschreiben[160]. Verknüpft durch „denn/
nämlich" (γάρ) erläutert er V.11.
Der besondere autonome Charakter bereitet in der Auslegung Probleme, wenn der Satz auf den vorliegenden Kontext bezogen werden
soll. Wer ist gemeint? Was haben die Betreffenden (oder eben nicht)?
Wann und wo haben sie es bekommen? Was wird konkret gegeben
werden, wann, wo und von wem? Oder sind diese Fragen schon falsch
gestellt, weil sie die Maxime viel zu sehr beim Wort nehmen? Auch
methodisch bereitet die Autonomie Schwierigkeiten: In wieweit kann
(und darf) angesichts des autonomen Charakter die Verwendung in
25,29 für unsere Stelle als Hilfe oder Maßstab herangezogen werden?
In etlichen Punkten, so z.B. in der Identifizierung der beiden Gruppen,
besteht ein weitgehender Konsens. Strittig ist in der faktisch geführten
Diskussion erstens, ob das angekündigte Geben und Nehmen als futu-
risch-eschatologisches Gerichtsgeschehen zu verstehen ist (so eindeutig 25,29) oder nicht. Schwierig ist zweitens, ob und wie eng ein Bezug auf die Gleichnisse besteht. Unklar ist drittens, ob die streng theozentrische Sicht von V.11 fortgesetzt wird, oder ob mit der Rede vom
Haben und Nicht-Haben bereits die Verantwortlichkeit menschlichen
Handelns ins Spiel gebracht wird.
Die Auslegung setzt beim Axiom-Charakter des Verses an. Zwei Konsequenzen ergeben sich. Zum einen hat die Maxime eine gewisse Au-

---

[157] Vgl. *E. Lohmeyer*, Mt 202.
[158] Neben den „weltlichen" Sprichwörtern und Wendungen (vgl. zu Belegen oben
Anm. 155) ein ausdrücklich theologisch gewendeter, besonders im paradoxen Charakter vergleichbarer Gedanke in einem rabb. Spruch: „Bei den Menschen ist es so,
daß ein leeres Gefäß etwas aufnimmt, nicht ein volles. Aber bei Gott ist es nicht so;
bei ihm nimmt ein volles Gefäß auf, aber kein leeres." (Ber 40a; zitiert bei *H. L.
Strack - P. Billerbeck*, Kommentar I 661; vgl. auch *J. Gnilka*, Verstockung 92;
ders., Mt I 482f).
[159] Auch die Übrigen sind als autoritative Einzelworte Jesu verwendet worden,
vgl. 5,15; 10,26; 7,2.
[160] Vgl. Formgeschichte 66; der Begriff 'Axiom' auch bei *F. Vouga*, Definition
87. – *E. Lohmeyer* beschreibt die Form als Rechtssatz (Mt 202 Anm. 1). Da an eine
recht allgemeine Regelung, nicht an eine Einzelfallbestimmung zu denken ist, er-
gäbe sich eine ähnliche Funktionsbestimmung: Er verkörpert eine Norm/Autorität,
und es besteht die Notwendigkeit der Anwendung des allgemeinen Satzes auf eine
konkrete Situation.

tonomie gegenüber jeder ihrer Anwendungen. Sie wird an einen Sachverhalt herangetragen und tritt in ein Wechselspiel. Sie geht aber nicht
vollständig darin auf, ist nicht völlig in Begriffe der Situation zu über-
setzen, sondern behält eine Unabhängigkeit und einen Überschuss gegenüber der konkreten Anwendung.[161] Die Maxime hat hierin Ähn-
lichkeiten mit den Gleichnissen, die u.a. kraft ihrer Narrativität gegenüber jeder Anwendung auf eine Situation ein Mehr an Sinnpotential
bewahren. Zum anderen ergibt sich aus dem Grundsatzcharakter und
der damit verbundenen relativen Unabhängigkeit von konkreten Situationen die methodische Konsequenz, die Maxime zunächst für sich
auszulegen, um dann ihre Aussage im vorliegenden Kontext zu erheben. Das Verstehen der Maxime geht ihrer Anwendung auf den Kontext voraus (was nicht ausschließt, das der Kontext das Verstehen der
Maxime seinerseits bereichert und erweitert).[162]
Die Maxime formuliert einen Grundsatz des Handelns Gottes. Darauf
weist zunächst das Passiv hin. Hinter δοθήσεται und ἀρθήσεται steht
an unserer Stelle von V.11 her erneut das Handeln Gottes. In 25,29 ist
an den Menschensohn zu denken, der freilich mit göttlicher Vollmacht
ausgestattet auftritt. Vielleicht ist darüber hinaus auch die Paradoxalität des Geschehens Hinweis auf die ganz andere Logik *göttlichen*
Handelns.[163] Zwar verweisen die Parallelen aus dem Wirtschaftsleben
durchaus auf zumindest analoge Erfahrungen im Weltlichen. Aber
11,25 belegt eine ähnlich befremdliche Logik, nach der der *himmlische*
Vater gibt. Die Paradoxalität als Hinweis auf Gottes den menschlichen
Maßstäben entzogenes Handeln zu lesen, fügt sich gut zur
Interpretation von V.11. Zum Verständnis der dort konstatierten
Scheidung, die in Gottes Geben und Vorenthalten von Erkenntnis
gründet, würde V.12 also erläuternd (γάρ) auf einen Grundsatz göttlichen Handelns verwiesen.[164]
Die Maxime betrifft göttliches Handeln gegenüber den Menschen[165],
genauer zwei sehr gegensätzliche Handlungen: Geben und Nehmen.
Der Struktur des Satzes zufolge ist es kein willkürliches Handeln,
sondern es knüpft an das Haben oder Nicht-Haben der Menschen an.
Das Subjekt des Habens und seines Gegenteils ist der Mensch. Nimmt
man den Maximencharakter und damit die relative Selbständigkeit
ernst, dann darf diese grammatische Beobachtung nicht ignoriert oder

---

[161] In eine ähnliche Richtung scheint *J. Gnilka* zu tendieren (Mt I 483).
[162] Ähnliches gilt methodisch für die Gleichnisse, vgl. z.B. *H. Weder*, Gleichnisse
97f (Punkt 3a).
[163] So ausdrücklich in dem rabbinischen Spruch, auf den Gnilka verweist (oben
Anm. 158).
[164] Vgl. *W. Bauer*, Wörterbuch 304 (γάρ 1.d.).
[165] Dass der Mensch gemeint ist, liegt schon für sich genommen sehr nahe. Sowohl 13,12 wie 25,29 bestätigen dies.

in ihr Gegenteil verkehrt werden.[166] Aufs Ganze betrachtet ist biblisch-theologisch zwar richtig, dass der Mensch letztlich alles Gott verdankt. Die Maxime akzentuiert aber anders: Gottes Handeln richtet sich am „Haben" des Menschen aus, bringt mithin menschliche Beteiligung und Verantwortlichkeit ins Spiel.[167] Zugleich das „Haben" als ein Gott verdanktes zu betrachten, steht dazu nicht im Widerspruch, ist vielmehr ineinander zu denken. Den Ursprung des Habens nimmt die Maxime aber nicht in den Blick.[168] Im Sinne menschlicher Beteiligung und Verantwortlichkeit wird die Maxime im Kontext des Talent-Gleichnisses (25,14-30) verstanden und sehr ausführlich entfaltet. Auch für unsere Stelle ist diese Deutung möglich. Das Verständnis der Scheidung von V.11 würde in V.12 dahingehend erweitert, dass die Maxime von scheidendem Handeln Gottes spricht und zugleich den Anteil des Menschen daran ins Spiel bringt. Worin er genau besteht, ist hier noch nicht klar. Viele Ausleger denken an ein Annehmen oder Festhalten jener Gabe Gottes, von der V.11 spricht[169], doch bedarf auch diese Erklärung weiterer Bestätigung und Konkretisierung. Grundsätzlich aber wird die theozentrische Perspektive des ersten Teils der Antwort Jesu (V.11f) auf den Menschen hin geöffnet, der Gott verantwortlich gegenübersteht, und so mit der anthropozentrischen Perspektive des zweiten Teils vermittelt (V.13-17).

Die Zeitstruktur der Maxime (Präsens im Relativ-, Futur im Hauptsatz) lässt ebenso wie der scharfe Gegensatz zwischen den Gruppen, von denen die Rede ist, an ein Gerichtsurteil denken. Vom *endzeitlichen* Gericht spricht im Kontext eindeutig 25,29 (vgl. 24,29-31; 25,31-46). Für sich genommen verleiht vor allem der gesteigerte Gegensatz zwischen dem Haben im Überfluss (περισσεύω[170]; diff Mk 4,25!) und

---

[166]   Gegen die einseitig theozentrische Interpretation von *E. Lohmeyer*, Mt 202; vgl. auch *W. D. Davies/D. C. Allison*, Mt II 391. Zurückhaltender, für die Interpretation aber auch unklarer formuliert *E. Schweizer*, Mt 194.

[167]   Vgl. *W. Grundmann*, Mt 341; auch *H.-J. Klauck*, Allegorie 248; *A. Sand*, Mt 280; *J. Gnilka*, Mt I 483; *J. R. Donahue*, Gospel 66; *D. A. Hagner*, Mt I 373; *H. Frankemölle*, Mt II 174. – Etwas anders, aber in eine ähnliche Richtung weisend akzentuiert *U. Luz* (mit J. Schniewind): „Gott schenkt keinen ruhenden Besitz" (Mt II 313).

[168]   Vgl. *J. Gnilka*, Mt I 483.

[169]   Vgl. in diese Richtung *W. Grundmann*, Mt 341; *J. Gnilka*, Mt I 483; *D. A. Hagner*, Mt I 373; *H. Frankemölle*, Mt II 174; auch *U. Luz* erwartet wohl ein Tätigwerden der Menschen, wenn er hinsichtlich der Jünger vom „Wachstum im Verstehen" unter dem Lehrer Jesus spricht oder das Israel in Aussicht gestellte Schicksal darin begründet sieht, dass es sich „auf Jesu Verkündigung nicht einläßt" (Mt II 313).

[170]   5,20 ist eine überreiche Gerechtigkeit Einlassbedingung für das Himmelreich; 14,20; 15,37 begegnet das Verb im Zusammenhang mit der Fülle von Gaben, die Jesus in der Brotvermehrung schenkt; für die wichtigste Parallele 25,29 ist die Verbindung mit dem Motiv der „Freude des Herrn" einerseits (25,21.23) und dem

dem paradoxem Nehmen bei dem, der nicht hat, der Maxime eine *eschatologische* Farbe. Wahrscheinlich ist auch in 13,12 das eschatologische Gericht mit im Blick.[171] Im Kontext von V. 11 wäre dann nicht nur an eine weiteres Geben und Vorenthalten von Erkenntnis zu denken[172], sondern auch an Teilhabe an und Ausschluss von der vollendeten Basileia.[173] Die Scheidung, von der V.11 spricht, ist mithin noch nicht selbst das Gericht.[174] Aber sie steht unter der Perspektive des Gerichts. Ihre Tragweite ist nur dann recht erfasst, wenn diese Konsequenz vor Augen steht.

Der Spannungsbogen zwischen dem Nahekommen und dem Gericht eröffnet den Raum für eine Zwischenzeit. Für die Jünger Jesu und für die Christen ist diese Zwischenzeit nach matthäischem Verständnis eine Zeit des Lernens und der Bewährung. Das thematisiert V.12 zwar nicht. Schon im unmittelbaren Kontext finden sich dieser Gedanke jedoch, wenn die Jünger als gelehrige Schüler Jesu erscheinen oder wenn vom unterschiedlichen Schicksal des Wortes (13,3-9 und 18-23) und vom Wachsenlassen des Weizens und des Unkrauts (13,24-30 und 37-43) gehandelt wird.[175] Inwieweit bietet diese Zwischenzeit auch die Chance, die Seiten zu wechseln und vom Nicht-Haben zum Haben zu gelangen? Die Frage lässt sich nur mit Blick auf den ganzen Text 13,11-17 angemessen diskutieren, wenn wir ein genaueres Bild von den Gruppen haben, die sich gegenüber stehen.

Über Stichwortverbindungen (ἀρθήσεται, δοθήσεται) kann eine Verbindung zu 21,43 hergestellt werden. Einige Ausleger denken (z.T. von hierher) daran, dass V.12 den Verlust des Erwählungsstatus Israels in Aussicht stellt.[176] In 21,43 liegt zweifellos ein ähnlicher Gedanke zugrunde, der Vers nennt aber andere Gruppen.

Hinauswerfen in die äußerste Finsternis sowie dem „Heulen und Zähneknirschen" andererseits (25,30) bedeutsam.

[171] Vgl. auch *F. Vouga*, Definition 87.

[172] Vgl. *J. Schmid*, Mt 219; *R. Gundry*, Mt 256; *Ch. Burchard*, Senfkorn 81; *W. D. Davies/D. C. Allison*, Mt II 391; *D. A. Hagner*, Mt I 373 (ältere Arbeiten bei *J. D. Kingsbury*, Parables 149 Anm. 87). – *J. Gnilka* (Mt I 483) sieht allerdings im Vorenthalten der Erkenntnis schon das sich Ereignen des Gerichts (mit *G. Strecker*, Weg 106).

[173] Vgl. *J. D. Kingsbury*, Parables 46; *A. Sand*, Mt 280; *W. Wiefel*, Mt 250; auch *E. Lohmeyer*, Mt 202; an beides denkt *U. Luz*, Mt II 313. *J. Gnilka*, Verstockung 92: Bei der Wegnahme des letzten Gutes denke Matthäus wahrscheinlich an das Aufhören der Vorzugsstellung Israels. Ihm folgt *J. Rauscher*, Messiasgeheimnis 293f.

[174] Insofern ist es grundsätzlich richtig, wenn *H. Frankemölle* betont, die Scheidung sei nicht konstatierend-faktisch, sondern virtuell potentiell (Mt II 174). – Anders aber die Position von *G. Strecker* und *J. Gnilka* (oben Anm. 172).

[175] Vgl. *U. Luz*, Mt II 313 – Ähnlich in anderen matthäischen Gerichtsgleichnissen (Mt 24,45-51; 25,1-13; 25,14-30).

[176] Vgl. *U. Luz*, Mt II 313; ähnlich *B. Van Elderen*, Purpose 186f; *J. Rauscher*, Messiasgeheimnis und (ohne 21,43 zu nennen) *J. Gnilka*, Verstockung 92. Gegen einen Bezug zu 21,43 spricht sich aus *Ch. Burchard*, Senfkorn 81 Anm. 20.

Angesprochen sind die Hohenpriester und die Ältesten des Volkes [τοῦ λαοῦ]
(21,23). Ihnen gegenüber steht „ein anderes Volk [ἔθνος]" (21,43).

Vers 12 ist nicht unmittelbar auf die Gleichnisse zu beziehen.[177] Die
Maxime ist V.11 begründend zugeordnet, das dort Gesagte gilt deshalb
auch hier: Erst ab V.13 sind sie im Blick. Der forensische Akzent setzt
sich wie schon der eschatologische in der weiteren Antwort fort. Vor
allem für die Volksmenge wird diese Perspektive durch das Jesaja-
Zitat und seinen ursprünglichen Kontext erneut ins Spiel gebracht (vgl.
Jes 6,1-13, bes. V.11ff).

• *V.13-17*
Vers 13 hebt mit dem Rückgriff auf die Frage und das Stichwort
παραβολή neu an (V.13a). 'Deshalb' (διὰ τοῦτο) weist vorwärts auf
das folgende 'weil' (ὅτι).[178] Das Kontrastieren der zwei Gruppen setzt
sich fort (V.13b-15.16f). Nun wird der Unterschied auf das Sehen und
Hören zugespitzt.[179] Die Volksmenge sieht und hört nicht (wirklich),
so dass sie am Ende nicht versteht (V.13; vgl. V.14f). Die Jünger dagegen sehen und hören (V.16). Die Auslegung der Verstockungsaussage sei zunächst zurückgestellt. Was sagt V. 13ff über die Gleichnisse? Als *crux interpretum* erweist sich die Frage, was genau das
Objekt des Sehens, des Hörens und des Verstehens ist.[180]
Das Entgegensetzen von Jüngern und Menge legt nahe, weiterhin die
Aufrichtung des Himmelreiches (V.11) im Hintergrund zu sehen. Dass
hier nun von 'sehen' und 'hören' die Rede ist, lässt im Vergleich mit
der Terminologie von V.11 (μυστήρια, γνῶναι) an konkrete Erschei-
nungen im Rahmen des Basileia-Geschehens denken.[181] Für V.16f
lässt sich diese Überlegung leicht bestätigen; die Verse sind auf die im
Wirken Jesu nahekommende Basileia zu beziehen. Er spricht hier.
Seine Jünger preist er selig für das Heil, das in ihrer Gegenwart geschieht (V.16f). V.17 erinnert in seiner Formulierung stark an das, was

---

[177]   Anders *R. Gundry*, Mt 256; *W. D. Davies/D. C. Allison*, Mt II 391; vgl. auch
Ch. Burchard, Senfkorn 81f.
[178]   Vgl. *R. Gundry*, Mt 256; *U. Luz*, Mt II 313 Anm. 110; anders *Ch. Burchard*,
Senfkorn 82.
[179]   Matthäus verdeutlicht diesen Kontrast vielleicht, indem er V.16 das Hören
einfügt; Lk 10,23 spricht nur vom Sehen. Sicher für mt Redaktion entscheidet *J.
Gnilka*, Mt I 481; vorsichtiger urteilen *U. Luz*, Mt II 302 mit Anm. 20; *W. D.
Davies,/D. C. Allison*, Mt II 395.
[180]   Matthäus scheint vordergründig den Kontrast auf das Faktum des Sehens oder
Hörens zuzuspitzen, wenn er V.11-16 keinerlei Objekt nennt. Da aber offenbar
nicht die totale Blindheit und Taubheit des Volkes in jeglicher Frage, sondern eine
solche auf religiösem Gebiet gemeint ist, spielt der Gegenstand der Wahrnehmung
unweigerlich mit hinein und muss näher bestimmt werden. Vgl. auch *E. Lohmeyer*,
Mt 204f.
[181]   Bei den Jüngern an Jesu Wirken zu denken, bei der Volksmenge aber an die
Bildlichkeit der Gleichnisse, ist nicht überzeugend; gegen *J. Gnilka*, Mt I 483f.

Jesus auf die Frage des Täufers Johannes, ob er der sei, der kommen soll, antwortete: „Geht und berichtet Johannes, was ihr hört und seht (ἃ ἀκούετε καὶ βλέπετε)", nämlich dass Kranke gesund werden, Tote auferstehen und den Armen das Evangelium verkündet wird (11,4f).[182] Die Antwort schließt mit der Seligpreisung derer, die keinen Anstoß an Jesus nehmen (11,6: μακάριός ἐστιν ὅς ...).[183] Auch V.16f ist kaum anders als auf das Wirken Jesu in Wort und Tat zu deuten, das die Jünger in seiner wahren Bedeutsamkeit als Anbrechen der eschatologischen Heilszeit erfassen.[184] V. 17 charakterisiert dieses Wirken zugleich als Erfüllung der Hoffnungen, die die Frommen Israels immer schon hegten.[185] Das Verhältnis des Sehens und Hörens zum Geben der Erkenntnis (V.11) kann vielleicht als Manifestation beschrieben werden. Die Geheimnisse des Himmelreiches zu erkennen (V.11) bedeutet, Jesus als den wahrzunehmen, der er in Wahrheit ist, und damit zum Zeugen und Teilhaber des Heilsgeschehens zu werden (V.16f). Indem die, die hier fragen (V.10), sich Jesus als Jünger zuwenden (V.16: betontes ὑμῶν δὲ ...)[186], wird sichtbar, dass Gott „Erkennen" gegeben hat.[187] Deshalb sind die Jünger für ihr Sehen und Hören selig zu preisen (V.16).

Schwieriger ist das Verständnis von Sehen, Hören und Verstehen in V.13-15, das laut Matthäus irgendwie mit den Gleichnissen in Zusammenhang steht und deshalb besonders interessiert. Matthäus

---

[182] Vgl. *J. R. C. Cousland,* Crowds 255.

[183] Die Seligpreisung verbindet Zuspruch und Warnung in einem Satz, V.16f braucht nach V.13-15 nur den positiven Akzent zu setzen. Zur Seligpreisung vgl. auch PsSal 17,44; 18,6 und die Belege bei *M. McNamarra,* Targum 240-245.

[184] Vgl. z.B. *J. D. Kingsbury,* Parables 42; *J. Gnilka,* Mt I 484; *U. Luz,* Mt II 314; *W. D. Davies/D. C. Allison,* Mt II 396; *D. A. Hagner,* Mt I 376. Deutlicher als manche Ausleger dies herausstellen, sollte dabei klar sein, dass die Jünger *durch die Gegenwart Jesu* Zeugen der messianischen Heilszeit werden. Die Gleichnisse sind in das Wirken Jesu eingeschlossen (vgl. *W. D. Davies/D. C. Allison,* Mt II 394), stehen aber nicht im Vordergrund (anders offenbar *W. Grundmann,* Mt 342; *E. Schweizer,* Mt 195; vgl. auch *Ch. Burchard,* Senfkorn 83f) – Die Brücke zwischen den Logien lässt sich schon vormatthäisch, in der Redenquelle und vielleicht noch früher schlagen; vgl. *J. P. Meier,* "Happy the Eyes That See" 470f (M. hält das Logion für jesuanisch, vgl. ebd. 471-473).

[185] Propheten und Gerechte sind im Kontext des Matthäusevangeliums positiv besetzte Gestalten, vgl. die Erfüllungszitate und die Verwendung von Begriffen der Wurzel δικ-. (Lk 10,24 hat 'Könige' anstelle von 'Gerechte'.) *U. Luz* (Mt II 315) weist überdies darauf hin, dass die mt Gemeinde Propheten und Gerechte auch in ihrer Gegenwart kennt (10,41; 23,34).

[186] Vgl. neben anderen *D. A Hagner,* Mt 375.

[187] Vgl. *H. Frankemölle* (Mt II 174), der noch stärker als die vorgetragene Auslegung das Moment menschlicher Antwort und Reaktion hervorhebt. In der Sache ist das matthäisch gedacht sicher richtig (vgl. nur 21,43 oder 22,11-14). Mit *J. Gnilka* (Mt I 481) ist aber auch in V. 16f das Moment des Gewährtseins, das V. 11 ausspricht, festzuhalten. Auch die 'Antwort' ist Geschenk (vgl. auch *M. Davies,* Mt 100f).

spricht offenbar in zwei Rücksichten von Hören, Sehen und Verstehen.
Auf eine solche Doppelsinnigkeit weist vor allem das Schriftzitat mit
dem Nebeneinander von V.14b (Futur) und V.15 (im Hauptsatz:
Aorist) sowie der zeitlichen Perspektive innerhalb von V.15[188] hin, die
an ein fortdauerndes, sich wiederholendes Geschehen denken lassen.
Anders als bei Markus reagiert die Rede ἐν παραβολαῖς auf ein vor-
ausliegendes Nicht-Sehen und Nicht-Hören (V.13: ὅτι, diff Mk 4,12).
Es gibt folglich ein Nicht-Verstehen, das kein Unverständnis der
Gleichnisse ist und in der Parabelrede auch nicht seine Ursache hat.[189]
Von diesem Sachverhalt spricht V.13b. Er begründet die Gleichnisrede
und wird mit einem Schriftzitat belegt.[190] Inhaltlich wird dieses
grundlegende Unverständnis nicht weiter ausgeführt, vom Schriftzitat
her ist aber eindeutig an die Gottesbeziehung der Volksmenge zu denken.[191] Vor dem Hintergrund von V. 11 und angesichts der Tatsache,
dass den Jüngern jenes Sehen und Hören zugesprochen wird, das der

---

[188]   Der μήποτε-Satz nimmt v.a. am Schluss eine auf die Zukunft ausgerichtete
Perspektive ein.
[189]   Vgl. u.a. *J. D. Kingsbury*, Parables 49; *H. J. Klauck*, Allegorie 252; *E.
Schweizer*, Mt 194; *A. Sand*, Mt 280; *U. Luz*, Mt II 313; *W. D. Davies/D. C.
Allison*, Mt II 392.
Anders scheint *J. Gnilka* „sehen" und „hören" in V. 13 auf die Gleichnisse zu beziehen: Zwar geht auch nach ihm die Verstockung der Gleichnisrede voran; dann
heißt es aber weiter: „βλέποντες steht voran. Gleichnisrede ist Bilderrede. Ihr
Sehen ist ein Nichtsehen, ihr Hören eine Nicht-Hören ... Das Handeln Jesu korrespondiert dem Handeln Gottes" (Mt I 483). Wird das ὅτι hier ernst genug genommen und nicht doch unter der Hand zugleich wie ein ἵνα interpretiert? Gnilka unterstellt in V.13 ein Doppelbödigkeit der Rede vom Sehen und Hören, die m.E. nur
dann überzeugend nachgewiesen werden kann, wenn man anders als Gnilka V.14f
im Text belässt.
Die Position von *F. Vouga*, Definition 87, ist etwas unklar: „Gegenüber der mk
Vorlage ist klar, ... daß b) Jesus die Gleichnisse nicht verwendet, um Verstockung
zu bewirken, sondern weil sie Verstockung auslösen (ὅτι), und daß c) die Verstockung, die durch die Gleichnisse bewirkt wird, als Erfüllung der Prophetie von
Jesaja zu verstehen ist." Mir ist nicht klar, was der Unterschied zwischen
„Verstockung bewirken" und „Verstockung auslösen" ist und warum die Gleichnisse Verstockung nach dem Satz b) gerade nicht bewirken, während c) genau das
Gegenteil annimmt.
[190]   Vgl. die Stichwortbrücken zwischen V. 13b und V.14b, aber auch V. 15. Anders *J. Gnilka*, Verstockung 105 (für den nachmt Interpolator): Jes 6,10[LXX] (= Mt
13,15) beschreibe den Zustand *nach* der Parabelrede (vgl. auch *ders.*, Mt I 484) im
Rückgriff auf *J. Schmid*, Mt 219. – *W. Grundmann*, Mt 341f; *A. Sand*, Mt 280; *U.
Luz*, Mt II 314; *H. Frankemölle*, Mt II 316 dagegen sehen das *ganze* Zitat
(V.14b.15) auf den der Gleichnisrede vorausliegenden Zustand des Nicht-Verste-
hens bezogen (und finden offenbar V.13a im Schriftzitat gar nicht thematisiert).
[191]   Das zeigt natürlich der ursprüngliche Kontext des Zitates. Im matthäischen
Text weist die Einleitungsformel („Prophezeiung des Jesaja") Gott als das eigentlich sprechende „Ich" aus, das am Ende in ἰάσομαι ausdrücklich hervortritt. Nach
dieser Einleitung sprechen im Zitat dann alle Verben vom Gottesverhältnis, allen
voran die Stichworte „umkehren" und „heilen" (vgl. auch „Herz").

Menge fehlt, darf man es in aller Vorsicht vielleicht als Kontrastbild zur Skizzierung der Jünger konkretisieren[192]: Die Menge sieht Jesu Wirken und hört seine Worte ohne letztlich wirklich gewahr zu werden, dass in Jesus Gottes Herrschaft Wirklichkeit wird.

Daneben gibt es ein Nicht-Verstehen der Gleichnisse. Das Stichwort ἐν παραβολαῖς bringt dieses Element ins Spiel (V.13a). Die Wiederholung des Stichworts aus V.2 in V.10 und hier lässt für die Besonderheiten dieser Redeform aufhorchen. παραβολή bedeutete nach den semantischen Untersuchungen nicht per se „unverständliche Rede", signalisiert aber eine Gattung, deren Verständnis eines besonderen Deuteaktes bedarf und deshalb nicht selbstverständlich ist. Das kann die Notwendigkeit einer Deutung durch den Sprecher einschließen. V.9 machte als Abschluss der ersten Parabel, die Jesus erzählt, auf das Problem des Hörens (ἀκούω) von Gleichnissen aufmerksam. Vor diesem Hintergrund kann das Schriftzitat mit dem mehrfach wiederholten Stichwort ἀκούω über die Brücke von V.13 (es gibt bei der Volksmenge ein Hören, das zugleich ein Nicht-Hören und damit ein Nicht-Verstehen ist usw.) zugleich als Hinweis auf die Wirkung von παραβολαί gelesen werden, die man wahrnehmen kann, ohne sie wirklich zu verstehen.[193] Zu erinnern ist noch einmal daran, dass V.14b.15 den Eindruck eines andauernden, sich wiederholenden Geschehens erweckt. V.13-17 besagt also, dass Jesus in Gleichnissen zur Volksmenge redet (V.13a), weil (ὅτι) sie schon zuvor Jesus nicht wirklich gesehen, gehört und verstanden hat (V.13b). Darin erfüllt sich die Prophezeiung des Jesaja (14a), wonach das Volk (= „ihr", vgl. V.15) zukünftig immer wieder hören, aber nicht verstehen, sehen, aber nicht erkennen wird (V.14b), weil (γάρ) es Herz, Augen und Ohren willentlich verschlossen hat, um sich von Gott abzuwenden (V.15). An den Gleichnissen vollzieht sich damit etwas, das Gott und Jesus gegenüber im Grunde immer schon geschieht, ein Nicht-Verstehen.[194]

---

[192]   Vgl. die betonte Parallelisierung von V. 13 und V.16, die sich zumindest zum Teil mt Redaktion verdankt.

[193]   Vgl. ähnlich *D. A. Hagner,* Mt I 374. *J. D. Kingsbury* dagegen bestreitet einen Zusammenhang mit den Gattungsmerkmalen von Gleichnissen (Parables 48).

[194]   Insofern ist es nicht zutreffend, die Gleichnisse als Strafe zu bestimmen, denn sie ändern nichts gegenüber der vorausgehenden Lage (anders *H.-J. Klauck,* Allegorie 252; *J. Rauscher,* Messiasgeheimnis 294-297; *J. Lambrecht,* Treasure 161). Umgekehrt ist es auch zu einseitig, die Gleichnisse als didaktisch pädagogische Redeform ohne jede verdunkelnde Wirkung zu verstehen (gegen *A. J. Hultgren,* Parables 426.462f). Das lässt der Kontext nicht zu (vgl. *D. O. Via,* Understandability 430f; *Ch. Burchard,* Senfkorn 80). Nach *J. Zumstein* (condition 209) offenbart die Gleichnisrede Jesu die Verstockung des Volkes „dans sons ultime profondeur". *U. Luz* spricht von „verdichten" des Nichtverstehens (vgl. Mt II 313). *E. Cuvillier* formuliert: „.... les paraboles doivent rendre manifeste que le refus de Jésus par Israël est seleument la confirmation eschatologique de l'incrédulité, qui existait depuis le début dans le cœur de ce peuple mais de manière voilée." (PARABOLÊ 38f)

So spiegelt sich gerade auch in den Gleichnissen noch einmal das οὐ δέδοται γνῶναι (V.11).[195]

e) Das theologische Problem der Verstockungsaussage

Die Scheidungslinie, die 13,10-17 aufwirft, verläuft zwischen den Jüngern (vgl. 13,10) auf der einen und dem Volk (vgl. 13,2f) auf der anderen Seite. Die *Jünger* auf der „guten" Seite zu finden überrascht im Matthäusevangelium nicht. Das matthäische Bild der Jünger ist grundsätzlich positiv bestimmt. Das markinische Motiv des Jüngerunverständnisses fehlt, so wenig bei Matthäus umgekehrt das Jüngerbild einseitig positiv gezeichnet ist.[196] Die Sicht der Jünger in V.11f und V.16f fügt sich in diese Gegebenheiten ein. Die Aussage, sie erkennten die Geheimnisse des Himmelreiches (V.11), sähen und hörten wirklich und seien Zeugen des Heilsgeschehens, wird durch die zahlreichen Stellen, an denen die Jünger sich als verständige Schüler Jesu[197], als Teilhaber an seinem Wirkens (4,19; 10,5ff; 19,27-30), als Glaubende (14,33; 16,16) zeigen, bestätigt und inhaltlich konkretisiert. Vor Verständnisschwierigkeiten, Kleinglaube oder anderen Anfechtungen sind sie jedoch keineswegs gefeit.[198] Ihre privilegierte Stellung und den ihnen in V.12a in Aussicht gestellten eschatologischen Überfluss wird man deshalb zwar fundamental als eine von Gott gemachte Vorgabe, aber darin auch als ein geschenkweise übereignetes Vermögen verstehen, das es - mit dem Beistand Jesu (vgl. Mt 28,20) -

---

[195] Stärker im Sinne einer Ereigniskette denkt *J. D. Kingsbury,* der das Nicht-Geben als *Reaktion* Gottes auf eine zuvor erfolgte Ablehnung der Verkündigung des Wortes Gottes versteht. Die Rede in Gleichnissen, die nur nach der Gabe des Erkennens verständlich sind und für das Volk deshalb dunkel bleiben, ist nun ihrerseits eine Reaktion Jesu auf das Gerichtshandeln Gottes gegenüber dem Volk und bedeutet dessen Zurückweisung (vgl. Parables 48f). Die These der Zurückweisung (Stichwort 'turning-point') wurde oben zu V. 10 schon kritisch diskutiert. Es scheint nicht angemessen, die Gabe der Erkenntnis als einen gesonderten Akt der Annahme der Verkündigung nachzuordnen; vgl. auch zu V.12.
F. Vouga, Definition 87, nimmt an: „Die Gleichnisse sind von Jesus verwendet worden, weil sie die Ungläubigkeit Israels als Verstockung erscheinen lassen." Die Gleichnisse würden also nicht nur den bestehenden Sachverhalt noch einmal festhalten oder nachweisen, sondern eine tiefere Dimension aufdecken. Die Begründung dieser interessanten Auslegung ist mir leider nicht ganz verständlich (siehe dazu oben Anm. 189). Warum ist gerade an der Reaktion auf die Gleichnisse zu erkennen, dass der Unglaube Verstockung ist?
[196] Zum matthäischen Jüngerbild *G. Strecker,* Weg 191-208; *J. D. Kingsbury,* Parables 41f; *ders., Story* 129-145; *U. Luz,* Jünger; *R.A. Edwards,* Portrait.
[197] Vgl. zu συνίημι *G. Barth,* Gesetzesverständnis 99-104, der allerdings zu 13,10-17 eine andere Position vertritt, als hier entwickelt (vgl. ebd. 100). In dieser Rücksicht kritisch zu Barth auch *U. Luz,* Jünger 382f.
[198] ὀλιγοπιστία/ὀλιγόπιστος an die Adresse der Jünger: 8,26; 14,31; 16,8; 17,20; vgl. auch 16,21-23; 20,20-28 (nach 20,17-19!) oder das Versagen des Petrus in der Passionserzählung.

zu bewähren gilt und dem dann die Verheißung des Heiles gilt (vgl. auch 21,43b; 22,11-14; 25,14-30).[199] In ihrer erzählerischen Rolle sind die Jünger transparent für die Christen der späteren Generationen.[200] Auf der Gegenseite steht die Volksmenge.[201] Pauschale Vorwürfe gegen breite Bevölkerungsteile finden sich auch in anderen Worten Jesu (11,16-19.20-24; 12,41f.43-45), im Rahmen der erzählten Welt würde man auf der „schlechten" Seite aber eher die Pharisäer oder andere erwarten. Von den religiösen und politischen Autoritäten wird die Volksmenge erzählerisch deutlich abgesetzt (9,1-8.32-34; 12,22-24; vgl. 7,28; 21,26.46).[202] Sie sucht die Nähe Jesu und folgt ihm nach. Jesus hat Mitleid mit dem Volk, er heilt seine Kranken, gibt ihm zu Essen, redet zu ihm. Die wechselseitige Zuwendung wird wiederholt und intensiv dargestellt.[203] So realisiert sich erzählerisch das Programm Jesu, zu den verlorenen Schafen des Hauses Israel gesandt zu sein (15,24; vgl. 2,6).[204] Das zeigen besonders die summarischen Texte (4,25-27; 9,36f; 12,15; 14,13f; 15,30f; 19,1f). Auch von den Jüngern wird die Volksmenge erzählerisch unterschieden, auch dort, wo beide gemeinsam anwesend sind (5,1f; 12,46-50; 13,10-17.34-36; 23,1 u.ö.).[205] Im Vergleich dieser beiden ist über weite Strecken des Evangeliums eine christologische Indifferenz des Volkes zu registrieren.[206] Das Wirken Jesu ruft Erschütterung, Furcht, Staunen (7,28; 9,8.33; 12,23; 15,31; 22,33) hervor und führt sogar zum Lobpreis Gottes (9,8; 15,31), aber nicht zum Bekenntnis Jesu. Die versuchs-

---

[199]   Vgl. *H. Frankemölle*, Mt II 174. *U. Luz* deutet in V.16f die Tatsache, dass die Jünger zwar als sehend und hörend, aber nicht ausdrücklich als verstehend gekennzeichnet werden, so, dass sich das Verstehen einem auf dem Sehen und Hören aufbauenden Lernprozess unter der Anleitung des Lehrers Jesus verdankt (Mt II 315).
[200]   Mit *U. Luz* (Jünger; Jesusgeschichte 45.79.80f.92.107); *H. Frankemölle*, Jahwebund 84-158; anders *G. Strecker* (Weg 191-208; Theologie 385-391), der im Jüngerbild eine Historisierungstendenz, allerdings in der Petrus-Gestalt typologische Qualität erkennt. - *P. S. Minear* (Disciples, vgl. zusammenfassend 41) sieht v.a. Amtsträger in der Gemeinde in den Jünger vorgebildet, während die Volksmenge für die „laity" stünde. Zu dieser und ähnlichen Thesen (S. van Tilborg; R. Gundry) unten Anm. 212.
[201]   Vgl. neben den Kommentaren (zu den einschlägigen Stellen) *J. D. Kingsbury*, Parables 24-28; *S. van Tilborg*, Leaders, 142-165.170-172; *P. S. Minear*, Disciples; *W. Carter*, Crowds; *J. R. C. Cousland*, Crowds.
[202]   Vgl. *J. D. Kingsbury*, Parables 25f; *ders.*, Story 25; *S. van Tilborg*, Leaders 142-149.158; *W. Carter*, 59f.61.63.64; *J. R. C. Cousland*, Crowds 301.
[203]   Die Belege oben in der Auslegung von V. 10. Vgl. auch *J. D. Kingsbury*, Parables 26f; *S. van Tilborg*, Leaders 163-165; *J. R. C. Cousland*, Crowds 101-203.
[204]   Vgl. *J. R. C. Cousland*, Crowds 120-122.301.
[205]   Vgl. *S. van Tilborg*, Leaders 160-163 (dessen Grundthese ich freilich nicht zustimmen kann); *W. Carter*, Crowds 58.61f.64.
[206]   Vgl. ähnlich *G. Strecker*, Weg 107; *J. D. Kingsbury*, Story 24f; *W. Carter*, Crowds 64 (zusammenfassend); *J. R. C. Cousland*, Crowds 198.

weise an Jesus herangetragenen prophetischen Kategorien sind unzureichend (16,13-16; vgl. 14,2). Das Äußerste ist lange die zweifelnde Frage (μήτι), ob dieser der Sohn Davids sei (12,23). Das ist kein Glaube, sondern ein tastendes Suchen, im Ergebnis noch offen. In Jerusalem scheint sich die Menge sicherer zu werden: Prophet und Sohn Davids ist Jesus ihr (21,8-11; vgl. 21,15; 21,46). Dies ist ein Bekenntnis, gemessen an 16,16 und 26,63f freilich ein begrenztes (vgl. auch 27,54). „Sohn Davids" erkennt aber richtig an, dass Jesus sich heilend dem Volk zuwendet.[207] Entsprechend ist vom Glauben Einzelner aus dieser Menge immer nur mit Blick auf das Heilen Jesu die Rede (9,2.22.28f; vgl. 8,13; 15,28).[208] Am Ende schlägt die Stimmung durch die Verführung der Hohenpriester und Ältesten wieder gegen Jesus, den man den Messias nennt[209], um (27,15-26).[210] So ist der Schlussakzent in der Darstellung der Volksmenge negativ bestimmt.[211]

Ein christliches Profil hat die Rolle der Volksmenge nicht.[212] Angesichts der intensiv ausgestalteten wechselseitigen Zuwendung Jesu und der Volksmenge ist letztere in erster Linie als erzählerischer Repräsentant für das jüdische Volk in seiner ganzen Breite zu verstehen,

---

[207] Vgl. *J. R. C. Cousland*, Crowds 175-199, bes. 198f.303 (der auch auf die jüdische Prägung des Titels Prophet hinweist; ebd. 225.303). Vgl. zum Davidsohntitel bei Mt z.B. *R. Schnackenburg*, Person 122-124 (ebd. 122 Anm. 69 Standardliteratur).

[208] *J. R. C. Cousland*, Crowds 195-198, wertet allerdings die κύριε-Anrede von Bittstellern an Jesus als Ausdruck einer tiefergehenden Einsicht (zum Titel unten S. 197f). - Auch von den Jüngern wird selten gesagt, dass sie glauben, vgl. aber 18,6 und die Rede vom Kleinglauben Jesus gegenüber, die einen grundsätzlich bestehenden Glauben an ihn voraussetzt (8,26; 14,31; 16,8; auch 17,20). Vgl. auch 8,10; 27,42.

[209] 27,17.22 (diff Mk 15,9.12: König der Juden).

[210] Die Stelle durch traditionsgeschichtliche Überlegungen relativieren zu wollen, kann ebensowenig überzeugen wie der Versuch, die Verführung als entlastendes Moment anzuführen (gegen *S. van Tilborg*, Leaders 148f.159). Matthäus hat in der redaktionellen Bearbeitung keinen Zweifel daran gelassen, dass er die Menge in der Verantwortung für ihr Handeln sieht (27,25; vgl. *J. R. C. Cousland*, Crowds 239; zum red. Charakter *M. Gielen*, Konflikt 382f; *U. Luz*, Mt IV 268).

[211] Vgl. zu dieser Linie insgesamt *J. R. C. Cousland*, Crowds 101-263.

[212] Anders *S. van Tilborg*, der Ordnungsstrukturen der christlichen Gemeinde in der Rollenverteilung zwischen Jüngern und Volk abgebildet sieht (zusammenfassend: Leaders 163.170-172), *P. S Minear*, der an die „laity" der matthäischen Gemeinde denkt (die These: Disciples 31) und *R. Gundry*, der etwas inkonsistent mal in der Menge „disciples" sieht (Mt 65.139.290), mal an „false disciples" denkt (so ebd. in der Auslegung zu 13,10-17). - Die Hauptstütze für diese spezifischen Deutungen ist die Mittlerrolle der Jünger in den Speisungserzählungen (14,13-21; 15,32-29), die als Abbildungen von Eucharistiefeiern gelesen werden. Die Texte reichen angesichts des übrigen Befundes für so weitreichende Folgerungen nicht aus.

das der primäre Adressat der Sendung Jesu war.[213] Die Rolle des Volkes ist zuerst eine erzählerische im Rahmen der Jesusgeschichte.[214] Nach matthäischem Zeugnis wirkten auch nachösterlich die Christen verkündigend vor jüdischen Adressaten (10,5-42; 23,34-36). Zugleich weitet sich der Adressatenkreis der Mission zu Zeiten der matthäischen Gemeinde auf Heiden aus (24,14; 28,19). Vor diesem Hintergrund kann die Rolle *an einzelnen Stellen* für spätere Situationen[215] oder andere Gruppen[216] transparent werden. Leitend aber ist die Rolle des jüdischen Volkes als Adressat des Wirkens Jesu.[217]

Dann erklärt sich das Urteil in 13,11-15 vermutlich nur mit Blick auf die gesamte Geschichte Jesu mit diesem Volk, d.h. vom Standpunkt des Evangelisten aus.[218] Aus seiner Sicht ist die Mehrheit im Volk Jesus letztlich nicht gefolgt. Die Gegebenheiten und die Zahlenverhältnisse sind zu seiner Zeit doch wohl so, dass er mit Blick auf die Mehr-

---

[213] Vgl. ähnlich *J. R. C. Cousland*, Crowds 302. Vgl. auch 4,25, der die Volksmenge einführt und das Gebiet des gesamten biblische Land Israel als seine Herkunft skizziert (vgl. *U. Luz*, Mt I 247; *J. Gnilka*, Mt I 109; *H. Frankemölle*, Mt I 202f).

[214] Das unterschätzt *W. Carter*, Crowds 64-66.

[215] So v.a. der Ansatz von *W. Carter*, Crowds, bes. 64-66. Hierher gehören auch mögliche eucharistische Anklängen in den Speisungserzählungen (vgl. oben Anm. 212).

[216] So zeichnet 4,25 das Bild einer aus dem gesamten biblische Israel zusammenströmenden Menge, in 4,24 sind zugleich aber dem Gang der Geschichte vorgreifend Heiden einbezogen. Dies sieht *H. Frankemölle* (Mt I 202) prinzipiell richtig (vgl. auch die Kommentare von *U. Luz, J. Gnilka* zur Stelle; vorsichtiger *W. D. Davies/D.C. Allison*, Mt I 417). Wenn er aber durchgängig bei der Erwähnung der Volksmenge Heiden mitgemeint sehen will, geht das zu weit (so z.B. zu 13,10-17; vgl. *H. Frankemölle*, Mt II 165). Im Kontext des Evangeliums sind in der Regel jüdische Adressaten Jesu vorauszusetzen, heidnische Adressaten bilden ausdrücklich vermerkte oder besonders gestaltete Ausnahmen (vgl. 8,10.34; 15,24; vgl. *U. Luz*, Jesusgeschichte 86f) Spätestens in der Passionserzählung gibt Frankemölle selbst offenbar dieses Konzept auf und setzt eine jüdische Volksmenge voraus (Mt II 475-488).

Ein besonderes Problem stellt die Frage dar, ob die Volksmenge im Prozess Jesu vor Pilatus (27,15-26) aus dem Kontext der erzählten Situation heraus als versammelte Menge von Besuchern und Bewohnern Jerusalems zu deuten ist (Lit. bei *U. Luz*, Mt IV 278 Anm. 74; vgl. jetzt auch *M. Gielen*, Konflikt 384-386) oder ob sie das Gottesvolk in seiner Gesamtheit repräsentiert (v.a. wegen des Begriffs ὁ λαός in 27,25, Lit bei *M. Gielen*, Konflikt 383 Anm. 41f; *U. Luz*, Mt IV 278 Anm. 75; so jetzt auch *J. R. C. Cousland*, Conflict 231-237).

[217] Auch *J. R. C. Cousland*, Crowds 303, schätzt diesen Aspekt als wichtig ein und bringt ihn mit der Darstellung der Heilsgeschichte in Verbindung. Insgesamt sieht er aber auch eine deutlich Transparenz der Volksmenge für „the Jewish people - as distinguished from their leaders - of Matthew's own day"; ebd. 302; ausführlicher ebd. 265-300.

[218] Vgl. *U. Luz*, Mt II 311f. *J. D. Kingsbury* greift noch weiter bis in die Gegenwart der matthäischen Gemeinde aus und zieht zur Erklärung die Trennung zwischen Kirche und jüdischer Gemeinde heran (Parables 27f); vgl. *H.-J. Klauck*, Allegorie 249; *J. R. C. Cousland*, Crowds 259; anders *J. Dupont*, point.

heit der Juden, Jesaja zitierend, vom Herz *des Volkes* (V.15) reden
kann, das verhärtet *ist*. Matthäus bemüht zur theologischen Bewältigung des Geschehens, dass Jesus von seinem Volk mehrheitlich zurückgewiesen wird, das Motiv der Verstockung. V.15 versteht die
Verstockung als ein schuldhaftes Vergehen, als Verweigerung gegenüber Gott. Zugleich verweist die Form des Schriftzitates auf ein ei-
gentümliches göttliches Unterfangensein der Verweigerung.

Das Erfüllungszitat zitiert Jes 6,9f. Im hebräischen Text ist es dem Wortlaut nach
Gott, der durch den Propheten das Herz des Volkes verhärtet. Gott erschließt nicht,
Gott verschließt.[219] Im Zuge der späteren Rezeption des Textes tritt der Gedanke,
dass Gott hier aktiv handelt, immer stärker zurück. Die LXX[220], die Matthäus zitiert, formuliert Jes 6,9 im Futur (statt Imperativ im hebräischen Text) als eine Ankündigung, dass das Volk hören und nicht verstehen, hinschauen und nicht sehen
wird. In 6,10, der mit 'denn' (γάρ) als Erläuterung zu V.9 kenntlich gemacht wird,
ist der Hauptsatz im Aorist Passiv gehalten („Denn das Herz dieses Volkes ist hart
geworden...").[221] Das Subjekt der Verstockung wird verschleiert. Aufgrund der
Formulierung wird man eher so deuten, dass das Volk sich verhärtet.[222] Symma-
chus macht dann ausdrücklich „das Volk" zum Subjekt und formuliert aktiv:
ὁ λαὸς οὗτος τὰ ὦτα ἐβάρυνε ...[223] Die rabbinische Auslegung behandelt die
Verse nicht unter dem Thema Verstockung, sondern bis ins Mittelalter hinein
durchgängig als einen Text zum Thema 'Vergebung' und 'Umkehr'.[224]
Matthäus war von Mk 4,12 her ein Verständnis als aktives Handeln Gottes durch
Jesus nahegelegt, er nimmt es aber zurück, indem er in 13,13 - mit
ὅτι statt ἵνα anschließend - das Nicht-Hören und Nicht-Sehen als Voraussetzung,
nicht als Folge der Gleichnisrede erscheinen lässt. Im Übrigen zitiert er die
Septuaginta mit ihrer passiven Formulierung. Die Kehrseite dessen, dass Gottes
Handeln zurücktritt, ist, dass die Schuld der Verstockten an ihrem Zustand umso
deutlicher vor Augen steht.[225] Sie ist freilich auch im hebräischen Text nicht
fraglich (vgl. Jes 5 als Kontext), es liegt also keine Sinnänderung vor. Die
theozentrische Perspektive ist einerseits in V.11f aufgenommen worden. Sie kommt
zum anderen durch die Einführung von Jes 6,9f als Erfüllung der Weissagung
Jesajas, mithin eines Schriftwortes (V. 14), zum Ausdruck: Die Verweigerung, von

---

[219] Die Frage, ob Gott wirklich beabsichtigt, was der Auftrag dem Wortlaut nach
besagt, sei einmal ausgeklammert. Zur Forschungsgeschichte aus atl. Sicht *R.
Kilian*, Jesaja 112-130; *V. A. Lehnert*, Provokation 11-20 (ebd. 12 Anm. 8 weitere
Lit. zur Forschungsgeschichte).
[220] Vgl. zum Folgenden *C. A. Evans*, To See and Not Perceive 61-64.
[221] Im Hebräischen Hifil, also kausativ.
[222] Vgl. *C. A Evans*, To See and Not Perceive 63; *M. Karrer*, „Und ich werde sie
heilen" 261.
[223] Vgl. *C. A. Evans*, To See and Not Perceive 64f (dort der Text); *M. Karrer*,
„Und ich werde sie heilen" 266 mit Anm. 53
[224] Vgl. *M. Karrer*, „Und ich werde sie heilen" 266 Anm. 53 sowie ausführlicher
M. Vahrenhorst, Gift 150-159.
[225] Vgl. zur Septuaginta *M. Karrer*, „Und ich werde sie heilen" 261; zu Mt *U.
Luz*, Mt II 314; *D. A. Hagner*, Mt I 373f; *H. Frankemölle*, Mt II 163; *W. Carter/J.
P. Heil*, Parables 73.

der hier die Rede ist, war in Gottes Handeln vorhergesehen und auf für Menschen letztlich nicht nachvollziehbare Weise in seinen Plan einbezogen.[226]

Erzählerisch schlägt sich dieses Unterfangensein darin nieder, dass Jesus in 13,11-17 und anderswo einen Bruch zwischen Jesus und dem Volk *besprechend* vorwegnimmt, der noch nicht *erzählt* ist. Wie das Motiv der Verstockung behauptet dieser erzählerische Kniff einen von Gott gewährleisteten Sinn des Geschehens, ohne eigentlich eine den Menschen letztlich nachvollziehbare Erklärung liefern zu können. Hier ist noch einmal an die μυστήρια des Himmelreiches zu erinnern, die am Anfang der Antwort Jesu standen.[227]

Vom heutigen historischen Standpunkt aus, aber auch biblisch-theologisch drängt sich die Frage nach der Ausweglosigkeit der Verstockung und nach der Möglichkeit einer Umkehr auf. Der Text von Jes 6,9f[LXX] bietet zwei Ansatzpunkte: das Verständnis von μήποτε und der Wechsel von Verben im Konjunktiv zur Indikativform ἰάσομαι am Ende des μήποτε-Satzes. μήποτε (V.15) abgeschwächt mit „vielleicht" wiederzugeben und so die Perspektive einer möglichen Umkehr zu eröffnen, legt sich vom sonstigen Sprachgebrauch des Matthäus her nicht nahe.[228] Die Verstockungsaussage in V.13-15 ist in ihrer Härte auf diesem Weg nicht zu mildern. Der Wechsel zum Indikativ am Ende von V.15b wird in der Regel so verstanden, dass mit ihm ein weiteres Ergebnis des zu vermeidenden Geschehens („damit nicht ...") zum Ausdruck kommt, das Realität zu werden droht Der Wechsel könnte aber auch als syntaktischer Neuansatz aufgefasst werden.[229] Der Verweigerung setzt Gott sein „Ich werde sie heilen" entgegen. Für diese Deutung spricht, dass das Ende von Jes 6,10 im Judentum auf breiter Front im Sinne einer Heilsaussage rezipiert worden ist, wenn

---

[226] Sehr deutlich von Gottes Plan, der sich in der Weigerung erfülle, spricht *E. Schweizer*, Mt 194; ähnlich *C. A. Evans*, To See and Not Perceive 110; vgl. zum Problem auch *D. A. Hagner*, Mt I 375. *Ch. Burchard* wendet sich ausdrücklich gegen ein Verständnis in Sinne einer Verstockungsabsicht Gottes; vgl. Senfkorn 83 mit Anm. 25.

[227] Auch *D. A. Hagner*, Mt I 375 betont die Notwendigkeit, die Balance beider Seiten, göttlichen wie menschlichen Handelns, zu halten.

[228] Zu erwägen ist die Bedeutung „vielleicht" für 25,9. Aber auch hier handelt es sich um eine befürchtete, zu vermeidende Möglichkeit. – Für eine finale Bedeutung in 13,15 plädieren auch *U. Luz*, Mt II 314; *D. A. Hagner*, Mt I 374; *H. Frankemölle*, Mt II 163.173. *E. Schweizer* (Mt 194) will die Bedeutung „ob nicht etwa" nicht ausschließen, ähnlich *W. Grundmann*, Mt 342. Für eine Übersetzung mit „vielleicht" plädiert jüngst wieder *I. H. Jones*, Parables 284 ('perhaps'); vgl. auch *M. Vahrenhorst*, Gift 160f.

[229] Zur Grammatik vgl. die Hinweise bei *U. Luz*, Mt II 299 Anm. 5; *M. Karrer*, „Und ich werde sie heilen" 257f. Während Luz Ersteres bevorzugt (vgl. auch die Übersetzungen bei Gnilka, Frankemölle u.a.), macht sich Karrer in seinem Aufsatz für das Zweite stark (speziell zu Mt a.a.O. 268 Anm. 62; vgl. auch *M. Vahrenhorst*, Gift 162).

auch die Belege aus vorneutestamentlicher Zeit dünn gesät sind.[230]
Den Ausschlag muss der matthäische Kontext geben.[231]
Die Möglichkeit, dass Menschen umkehren, ist im Matthäusevange-
lium nicht ausgeschlossen. Die Predigt des Täufers und Jesu zielt auf
Umkehr (μετανοεῖτε: 3,2; 4,17). Dass Jesus Jünger findet, dass eine
Kirche entsteht, zeigt, es ist eine wirkliche Möglichkeit. Überdies gibt
es im Matthäusevangelium Ansätze, das jüdische Volk auch nach
Ostern als vom Heil keineswegs ausgeschlossen zu sehen So steckt
z.B. in der allumfassenden Vollmacht des Auferstandenen (28,18:
πᾶσα ἐξουσία ἐν οὐρανῷ καὶ ἐπὶ γῆς) und in der Sendung zu allen
Völkern (28,19: πάντα τὰ ἔθνη) eine so starke universale Tendenz,
dass es nicht sachgemäß erscheint, die Mehrheit der Israeliten aus dieser Völkerschar auszuschließen.[232] Freilich gilt für sie der gleiche
Maßstab wie für alle anderen: die Verpflichtung auf Jesus und sein
„Gebot" (28,20). Auf derselben Linie liegend schildert 25,31-46 ein
Gericht über „alle Völker" (V.32: πάντα τὰ ἔθνη) nach Maßstäben,
die Juden in keiner Weise prinzipiell ausschließen.[233] Auch 23,39 kann
im Sinne einer Heilsperspektive gelesen werden.[234] Aber auszumachen
ist eben nicht, ob Matthäus diese Ansätze tatsächlich so weit reflektiert

---

[230] Vgl. dazu M. Karrer, „Und ich werde sie heilen" 264-267 (Im Ergebnis sieht
er in neutestamentlicher Zeit eine „offene Rezeptionssituation"; ebd. 167); M.
Vahrenhorst, Gift 148-159 (Im Ergebnis für die neutestamentliche Zeit ein Gefälle:
nirgends sei der Text als auf die Vernichtung zielendes Gericht verstanden worden;
die spätere rabb. Rezeption habe den Text konsequent als Heilstext aufgefasst; vgl.
ebd. 150 bzw. 157f). – Ein Schlüsselproblem für die Aussagekraft der rabb. Texte
ist, ob man - wie Vahrenhorst das tut (vgl. ebd. 147 Anm. 13) - Matthäus auf eine
Linie mit den Rabbinen stellen kann. Unbeschadet der Frage, ob Mt die Mehrheit
der Juden aufgibt (vgl. ebd. 162), unterscheidet er zwei Gruppen, die sich gegen-
überstehen (vgl. z.B. die Rede von „ihren Synagogen" [bes. 10,17] oder „den Juden" [28,15]) und die durch den Christusglauben getrennt sind. Jes 6,9f spricht über
die „anderen", nicht über die eigene Gruppe. Ist das nicht eine fundamental andere
Perspektive als in den rabbinischen Schriften, die eine Übertragung der an den
rabb. Schriften gewonnenen Erkenntnisse erschwert? Hinzu kommt, dass die für
das NT zentrale Aussage der Verstockung (vgl. ebd. 166) für die rabb. Rezeption
praktisch keine Rolle spielt (vgl. ebd. 159), eine weitere deutliche Differenz.
[231] Vgl. M. Vahrenhorst, Gift 162, der zu einem positiven Ergebnis kommt.
[232] Vgl. H. Frankemölle, Mt II 547.
[233] Vgl. J. Gnilka, Verstockungsproblem 128. Eine Deutung von „alle Völker" im
Sinne von „all humanity" vertreten auch W. D. Davies/D. C. Allison, Mt III 422
(ebd. eine knappe Übersicht über die Diskussion).
[234] Alternativ als eine Bedingung, die vor dem Sehen zu erfüllen ist, oder im
Sinne eines unfreiwilligen, durch die Macht des Menschensohnes erzwungenen,
aber ohne rettende Wirkung bleibenden Grußes bei seiner Parusie (vgl. zur Typologie U. Luz, Mt III 382f, der selbst letzteres bevorzugt). Die Deutung als Heilsperspektive z.B. bei Origenes, begründet von Röm 11,25f her (Fr 464 = CGS Orig XI
191f; vgl. U. Luz, Mt III 383 mit Anm. 54; ebd. Anm. 55 weitere Belege: Erasmus,
Luther, J. Weiß, Th. Zahn, A. Schlatter, J. Schniewind, M. D. Goulder, F. Mußner
u.a.). Unsicher in der Entscheidung, ob eine Heilsperspektive impliziert ist, J.
Gnilka, Verstockungsproblem 128.

hat, denn nicht nur in der Verstockungsaussage unseres Textes werden auch ganz andere Akzente gesetzt (vgl. 8,11f; 21,43; 22,8 oder 27,25). Im spannungsvollen Gefüge der Aussagen des ganzen Evangeliums und bei besonderer Gewichtung der am Ende gesetzten Akzente lässt der *sensus operis* die Hoffnung auf eine durch Gottes Initiative herbeigeführte Umkehr jener Juden zu, die Jesus bisher nicht gefolgt sind. Ob die Hoffnungsperspektive der Erwartung des Autors entspricht, ist beim gegenwärtigen Stand der Diskussion nicht auszumachen.[235]

f) Das implizierte Gleichnisverständnis und sein Stellenwert im Kontext des Evangeliums

An den Gleichnissen ist nach der vorgetragenen Interpretation exemplarisch ein Grundthema der vorangehenden (wie der weiteren) Jesusgeschichte abzulesen: zu erkennen und zu verstehen, was in und durch Jesus geschieht, um angemessen darauf zu antworten. Die Frage bricht vordergründig auf, weil die Gleichnisse Jesu (παραβολαί) qua ihrer Form das Problem des Verstehens bergen. Daran knüpft die Jüngerfrage an. Hintergründig aber eröffnet die Antwort Jesu eine wesentlich tiefere Dimension des Problems „Sehen - Hören - Verstehen", indem sie die Gleichnisrede zum Exempel oder Spiegelbild für eine grundlegende Scheidung zwischen Erkennenden und Nicht-Erkennenden erklärt, die durch das Nahekommen des Himmelreiches in Jesus und an seiner Person aufbricht. Diese Interpretation lässt sich durch den Kontext der Gleichnisrede stützen und weiterführen.
Zunächst ist kurz das Gleichnis vom Sämann (13,3-9.18-23) zu beleuchten, in das unser Text eingefügt ist. Das Gleichnis schildert seiner Auslegung zufolge unterschiedliche Reaktionen auf das „Wort vom Reich" (13,19: λόγος τῆς βασιλείας). Was mit der Wendung gemeint ist, kann nur in engstem Zusammenhang mit dem „Evangelium vom Reich" (εὐαγγέλιον τῆς βασιλείας: 4,23; 9,35) verstanden werden, das Jesus verkündet und das nach dessen Tod (in Gestalt des Matthäusevangeliums?) in der ganzen Welt verbreitet werden soll (vgl. 24,14).[236] In der Sache stellen die unterschiedlichen Schicksale des Wortes von Reich also eine Reaktion auf die in *Jesus* ergangene

---

[235] Vgl. zur jüngeren Diskussion um das Verhältnis des Matthäusevangeliums zum Judentum neben den neueren Kommentaren zu den einschlägigen Stellen z.B. *M. Gielen*, Konflikt; *A. von Dobbeler*, Restitution; *B. Repschinski*, Controversy Stories; *H.-F. Weiß*, Frage; *M. Vahrenhorst*, „Ihr sollt überhaupt nicht schwören"; *U. Luz*, Mt I 94-99.

[236] Vgl. neben anderen *A. Kretzer*, Herrschaft 105; *U. Luz*, Mt II 316; *D. A. Hagner*, Mt I 379. – Zu εὐαγγέλιον τῆς βασιλείας *W. Trilling*, Israel 143f; *Strecker*, Weg 128-130; *U. Luz*, Mt I 248-250; *H. Frankemölle*, Evangelium 171-180.

Offenbarung des Himmelreiches dar. Noch deutlicher betont würde dies, wenn man im Sämann Jesus erkennen darf (vgl. 13,37).[237] Das „Wort vom Reich" mit den Himmelreich-Gleichnissen in Verbindung zu bringen, die sich im weiteren Kapitel 13 und anderswo finden, ist richtig, solange diese Identifizierung nicht exklusiv gemeint ist. Die Gleichnisse sind eine herausragende Form, vom Himmelreich zu reden, und zeigen symptomatisch die Bedingung dieser Verkündigung. Sie sind aber nicht die einzige Form, die Basileia ins Wort zu bringen. Robert Gundrys These, das Sämann-Gleichnis sei eine „parable about parables", scheint deshalb überzogen.[238]

Strittig ist zum einen die Frage, ob das Gleichnis auf das Wirken Jesu oder auf die Mission der nachösterlichen Gemeinde (oder auf beides) zu beziehen ist. Strittig ist zum anderen, ob hier erklärt oder ermahnt werden soll.[239] Für beides gibt es jeweils Indizien. Der unmittelbare Anschluss an 13,11-17 stellt eine deutliche Beziehung zu Jesus und zur im Kontext geschilderten Ablehnung seiner Person her. Die angesprochenen Themen aber begegnen mehrfach in paränetischen Zusammenhängen: das Böse/böse (5,37.39; 6,13.23 u.ö.); Bedrängnis und Verfolgung (5,10-12; 10,16-33; 24,3-14), Sorgen des Alltags und Verführung des Geldes (6,19-34). Die Fruchtmetaphorik wird regelmäßig in ethischen Zusammenhängen verwendet (3,10; 7,15-20; 12,33-37) und kann dann paränetisch gewendet sein (3,8; 21,41.43; vgl. 13,24-30.36-43). Das menschliche Handeln, das Hervorbringen („machen") ist gegenüber Markus durch den Zusatz von καὶ ποιεῖ

---

[237] So z.B. *E. Lohmeyer*, Mt 195; *J. D. Kingsbury*, Parables 34f; *H. Frankemölle*, Mt II 172.

[238] Die These bei *R. Gundry*, Mt 250; vgl. zur Sache die gesamte Auslegung zu Mt 13,1-23; a.a.O. 259 die Identifizierung des „Wortes vom Reich" mit den Gleichnissen von Kap. 13.

[239] *W. D. Davies/D. C. Allison* deuten, das Gleichnis sei keine Mahnung, es gebe eine Erklärung für die in Kap. 11f offenbar werdende Tatsache, dass die Juden durch Jesu Verkündigung nicht als Gesamtheit zum Glauben gekommen sind (zusammenfassend Mt II 402f; vgl. ebd. 399 zu V.19). Ähnlich deutet *E. Schweizer* auf Menge und Jünger (Mt 196); vgl. auch *D. A. Hagner*, Parables 104.
Durchgängig die Situation der matthäischen Gemeinde, die ermahnt werden soll, sieht dagegen z. B. *U. Luz* gemeint (vgl. zusammenfassend Mt II 319); ähnlich *R. Schnackenburg*, Mt I 121; *Ch. Burchard*, Senfkorn 84 („geht aber wohl wesentlich auf die Zeit nach Ostern"). Einen starken paränetischen Akzent sieht freilich auch *D. A. Hagner*, Mt I 380f; Parables 106.108.
Daneben nehmen einige Ausleger beides in den Blick: *J. D. Kingsbury* deutet getrennt Mt 13,3-9 zunächst auf das Wirken Jesu und dann 13,18-23 auf die matthäische Gemeinde (Parables 34f bzw.52-63); ähnlich *J. Lambrecht*, Treasure 164; *H. Frankemölle*, Mt II 172 mit 175; *W. Carter/J. P. Heil*, Parables 71f.74-77.
Einige Ausleger setzen eine übergreifende Perspektive an und vermeiden so die Alternative. *E. Lohmeyer* löst sich von Situationen und Kontexten; die Gleichnisdeutung „gibt ein lebendiges Bild von der Lage des Menschen gegenüber dem Worte Gottes" (Mt 211). Ähnlich allgemein *W. Grundmann*, Mt 343.

stärker betont.[240] Da die matthäischen Gleichnisse oft kontextuell vorgegebene Themen aufgreifen und über den erzählten Zusammenhang
hinausführen, brauchen sich die unterschiedlichen Deutungsansätze
nicht auszuschließen.[241] In 13,18-23 werden Jesu Worte über das Hören und Verstehen also nochmals aufgegriffen (V.19.23: συνίημι, diff
Mk 4,15.20), indem einerseits die unterschiedlichen Arten des Hörens
konkretisiert (V.19.20.22.23: ἀκούω), andererseits die Hörer zu Typen
umgestaltet[242] und so generalisiert werden. Die eindeutige Zuweisung
zu den zwei Gruppen 'Jünger' und 'Menge' wird dadurch auf-
geweicht.[243] Auf diese Weise werden Konsequenzen aus 13,10-17 für
die gegenwärtige Situation der Gemeinde sichtbar, zugleich steht die
„historische" Scheidung zwischen Jüngern und Volksmenge weiterhin
exemplarisch im Hintergrund. Betont wird im Sämann-Gleichnis die
anthropologische Perspektive (vgl. 13,12.13-17). Das Handeln Gottes
und Jesu ist im Akt des Säens zu erkennen. Es tritt stark zurück, ohne
jedoch aus dem Blick zu geraten.[244]
Neben 13,10-17 ist 13,34f ein weiterer „Metatext" über die Rede in
Gleichnissen (V.34: ἐν παραβολαῖς). ταῦτα πάντα bezieht sich auf
13,3-33, V.34 schließt den ersten, „öffentlichen" Teil der Rede ab. Die
Perspektive ist damit begrenzter als in Mk 4,33f. In den Blick genommen wird die Volksmenge, während ab V.36 dann die Jünger in

---

[240] Vgl. *J. Gnilka,* Mt I 487.
[241] Vgl. auch *D. A. Hagner,* Mt I 380f; vgl. außerdem Kombinationsversuche und
die generalisierenden Ansätze oben Anm. 239. - Kurz zu besprechen ist noch *E.
Lohmeyers* generalisierende, aber gänzlich „unparänetische" Interpretation:
„Menschliche Herzen sind für dieses Gleichnis nur der Boden; ihr Schicksal hängt
von ihrer Art ab, die ihnen unverfügbar gegeben ist, nicht von ihrem Tun, über das
sie verfügen." (Mt 207). Er führt damit vor allem die theozentrischen Akzente von
13,11 weiter und spitzt sie prädestinatorisch zu. Nach Matthäus ist man aber weder
Bedrängnis und Verfolgung noch den Sorgen des Alltags oder den Verführungen
des Reichtums wehrlos ausgeliefert (vgl. 10,23; 25,9-13 bzw. 6,19-34), so dass
diese Zuspitzung nicht überzeugen kann. Auslegungsgeschichtlich ist ein paräneti-
sches Verständnis der Sämann-Parabel dominant (vgl. *J. Heuberger,* Samenkörner;
U. Luz, Mt II 303f.319).
[242] Die unterschiedlichen Fälle werden dabei (diff Mk) individualisiert:
ὃ μὲν ... ὃ δὲ ... ὃ δὲ in V.8 (diff Mk 4,8); Singular in der Auslegung V.19-23 (diff
Mk 4,15-20); vgl. dazu *H. Weder,* Gleichnisse 115.
[243] So ist z.B. nicht eindeutig zu bestimmen, ob in den beiden mittleren Fällen
„verstehen" oder „nicht verstehen" vorliegt (pro *J. Gnilka,* Mt I 486; contra *H.-J.
Klauck,* Allegorie 207). Im Kontext matthäischer Theologie lassen sich die beiden
gut als Beispiele einer gefährdeten, am Ende verspielten Gabe verstehen; vgl. *J.
Gnilka,* a.a.O.
[244] Vgl. *J. Gnilka,* Mt I 486. – Das Gleichnis heißt bei Matthäus wohl nicht von
ungefähr eine 'Parabel vom Säenden' (V.18): der Akt des Säens und die Tätigkeit
des Sämanns sind die unverzichtbare Voraussetzung des Gleichnisses. Die Ernte
wird hier noch nicht angesprochen, ist im Problem des Ertrages aber implizit gegeben. Die Rolle des Säenden *und* Erntenden wird das Gleichnis vom Unkraut
(13,24-30.36-43) aufgreifen.

die Mitte rücken (vgl. Mk 4,34b).[245] Durch die nochmalige Adressatenangabe, verbunden mit dem Hinweis auf die Form der Gleichnisrede (ἐλάλησεν ... ἐν παραβολαῖς τοῖς ὄχλοις; diff Mk 4,33), werden die Parabel- und Verstockungsaussagen wachgerufen (13,10.11c.12b.13-15). Das markinische „so wie sie es hören konnten" (Mk 4,33b) hat Matthäus vor diesem Hintergrund wohl als missverständlich empfunden und ausgelassen.[246]

Das folgende Schriftwort (V.35b) ist als typisches Reflexionszitat des Erzählers eingeleitet (V.35a) und lehnt sich im ersten Teil an Ps 77 (78),2[LXX] an.[247] Der synonyme Parallelismus[248] versteht die Rede in Gleichnissen als Kundtun des Verborgenen. „Verbergen" bewegt sich in derselben Gedankenwelt wie „Geheimnisse"[249], deshalb dürfte bei dem Verborgenen an das kommende Himmelreich als das Heilshandeln Gottes zu denken sein, das in den Gleichnissen zur Sprache kommt (13,11 mit 13,24.31.33).[250] Dass hier mit Blick auf die Volksmenge (V.34) gesagt wird, das Himmelreich werde in den Gleichnissen *kundgetan*, scheint 13,11.13-15 zu widersprechen.[251] Wird jedoch berücksichtigt, dass „kundtun" aus der Perspektive des Sprechenden

---

[245] Anders soll nach *H. Frankemölle* die ausdrückliche Erwähnung der Volksmenge dem Leser nahelegen (!), „als Adressaten nicht Jünger und 'viele Volksscharen' exakt zu trennen" (Mt II 179).

[246] Ähnlich z.B. *W. D. Davies/D. C. Allison*, Mt II 425.

[247] Vgl. zu den textkritischen Problemen der Einleitung und zum Wortlaut des matthäischen Zitates *M. J. J. Menken*, Isaiah.

[248] Vgl. neben anderen *R. Gundry*, Mt 270; *D. A. Hagner*, Mt I 389.

[249] Vgl. zum Wortfeld „verbergen, offenbaren, Geheimnis etc." TBLNT 2 (2001) 1409-1439. *M. J. J. Menken*, Isaiah 72f, verweist auf die Nähe von 13,35 zu 11,25 (beide mit Stichwort κρύπτω). Der Vers war oben auch schon zur Erhellung der Parabeltheorie herangezogen worden. – κεκρυμμένα in 13,35 ist durch den LXX-Text nicht belegt. Menken erklärt die Variation durch den Einfluss der Stelle Jes 29,14, die sich mit Ps 78,1f in der Formulierung und im Thema berühre und auch im Hintergrund von 11,25 stehe (vgl. ebd. 72-75). Reizvoll ist diese These im Kontext von Mt 13, weil Jes 29,9-14 ein weiterer, im Urchristentum geläufiger Text zum Thema Verstockung ist (vgl. Mt 15,8f par Mk 7,6f; Röm 11,8; 1Kor 1,19).

[250] Vgl. *J. Gnilka*, Mt I 497; *U. Luz*, Mt II 337; *D. A. Hagner*, Mt I 390; *W. Wiefel*, Mt 258. Nach *R. Gundry* sind offenbar die Gleichnisse selbst verborgen gewesen (Mt 270); *J. D. Kingsbury* denkt ohne weitere Spezifizierung an den Inhalt der Gleichnisse (Parables 90), *M. Davies* denkt an deren einzelne Themen wie Endzeit etc. (Mt 103). *F. Vouga*. deutet auf „das eschatologische Geschick der Gläubigen und Ungläubigen", grenzt dann aber weiter ein:. „Die Gleichnisse sollen offenbaren, daß die Ablehnung Jesu nur die Bestätigung eines Unglaubens ist, der von Anfang an verborgen, aber vorhanden war." (Definition 88).

[251] Vgl. *G. Strecker*, Weg 71f. Nach *J. Schmid*, Mt 223, kommt es Mt nur auf die erste Hälfte des Zitates an. – *I. H. Jones* macht umgekehrt sein Verständnis von V.34f , wonach „everyone hears parables; and parables can reveal hidden mysteries" (Parables 284), zum Maßstab für das Verständnis von 13,10-17, so dass dort keine Verstockungsaussage gemacht sein kann (vgl. ebd. 283f). Dazu muss er sämtliche Härten von 13,10-17 aufweichen (vgl. oben).

formuliert ist und noch nichts über die Rezeption des Geäußerten besagt, löst sich der Widerspruch auf.[252] Das in den Gleichnissen Kundgetane gehört zu den „Geheimnissen des Himmelreiches" und unterliegt deren Verstehensbedingungen.[253]

Auch *U. Luz* argumentiert in diese Richtung.[254] Wenn er dabei feststellt, hier sei „kaum 'offenbaren', sondern recht äußerlich 'Lärm machen', 'ausstoßen', 'äußern'" gemeint, entsteht ein nicht unproblematischer Gegensatz. Soll das bedeuten, dass von Offenbarung nur dann gesprochen werden kann, wenn die „Verlautbarung" bei den Adressaten ankommt, von ihnen verstanden und akzeptiert wird? Kann man in dieser Weise Offenbarung an menschliche Bedingungen knüpfen?

Allerdings ist eine Akzentverschiebung gegenüber 13,13-15 gegeben. Dort waren die Gleichnisse einseitig unter dem Aspekt „Nicht-Verstehen" bedacht worden. Nun ist deutlicher ausgesprochen, dass gleichwohl in den Gleichnissen etwas ins Wort gefasst und laut wird, das zuvor verborgen war.[255] „Lautwerden des Verborgenen" bedeutet ja nicht ein unverändertes Fortdauern des seit Anfang der Welt bestehenden Zustandes der Verborgenheit, sondern eine neue Epoche in der Geschichte des Kosmos. In der Gleichnisrede Jesu *erfüllt* sich das Prophetenwort (V.35)![256] Das Charakteristikum der neuen Epoche ist das Lautwerden, das nach 13,10-17 freilich nicht auf ein ungeteiltes und uneingeschränktes Ja der Menschen stößt, sondern vielmehr eine Scheidung unter ihnen hervorruft, indem es die Verstocktheit ans Licht bringt.[257] Von dieser Scheidung legt auch noch einmal die Sequenz *Abschluss der Rede zum Volk (V.34) – Entlassung der Menge (V.36) – Zuwendung zu den Jüngern im Haus (V.36)* Zeugnis ab.[258] So hat das Schriftzitat durchaus seinen Ort am Übergang zwischen Rede zur

---

[252] Vgl. *W. Grundmann,* Mt 348 Anm. 9.
[253] Vgl. ähnlich *J. D. Kingsbury,* Parables 89f; *E. Schweizer,* Mt 200; *A. Sand,* Mt 288; *H. Frankemölle,* Mt II 179; vgl. auch *D. A. Hagner,* Parables 111 (mit 105).– Nimmt man die unterschiedlichen Perspektiven des Mitteilens Gottes einerseits und dessen Wirkung resp. Rezeption andererseits wahr, ist es unnötig, die zweite Hälfte als Vorgriff auf V.36ff zu verstehen (so *E. Lohmeyer,* Mt 222 [in der Einführung zu V.36ff]; ähnlich auch *W. Carter/J. P. Heil,* Parables 73) oder das Zitat um der ersten Hälfte gewählt und die zweite als bedeutungslos zu betrachten (so *J. Schmid,* Mt 223; *W. Wilkens,* Redaktion 320; *J. Lambrecht,* Treasure 168).
[254] Mt II 337.
[255] Vgl. *W. D. Davies/D. C. Allison,* Mt II 426.
[256] *A. J. Hultgren* weist darauf hin, dass durch die Erfüllungsaussage die Gleichnisrede auf eine Ebene mit der Geburt, den Heilungen oder der Passion gerückt wird (vgl. Parables 426).
[257] Vgl. *H. J. Klauck,* Allegorie 256.
[258] Vgl. *E. Schweizer,* Mt 200.

Volksmenge und Jüngerbelehrung, die beide anhand von Gleichnissen geschehen (vgl. 13,53).[259]
Schließlich ist auch das Faktum der Gleichnisdeutungen zu bedenken. Sie belegen, dass den Jüngern die Gleichnisse nicht evident sind. Auch sie zeigen Schwierigkeiten mit dieser Gattung, auch ihnen bereitet das Verstehen Mühe (13,36; 15,15; vgl. 24,32).[260] Trotzdem bejahen sie Jesu Frage nach dem Verstehen (13,51). Der Unterschied zur Volksmenge scheint Kapitel 13 zufolge darin zu bestehen, dass den Jüngern die Gleichnisse von Jesus erschlossen werden.[261] Sehr deutlich geschieht das durch die exklusiv den Jüngern vorbehaltenen Gleichnisdeutungen (13,18-23.36-43.49f). Zugleich ist aber auch klar, dass keineswegs alle Gleichnisse ausdrücklich von Jesus gedeutet werden.[262] So sind die Gleichnisdeutungen vielleicht als besonders ausgeprägter Fall der grundsätzlichen Regel zu begreifen, dass die Gleichnisse von Jesus erschlossen werden müssen, nur von ihm her, mit Blick auf seine Person, sein Wirken und seine Verkündigung verständlich sind. Der Bezug auf Jesus kann durch eine ausdrückliche Deutung aus dem Munde Jesu hergestellt werden, zugleich sind aber auch andere Schlüssel wie allegorische Deutehinweise denkbar.[263]

So erschließt sich z.B. die Botschaft des Winzergleichnisses im Vollmaß nur dem, der Jesus als den Sohn Gottes akzeptiert (21,37). Das Erkennen der Hohenpriester und Pharisäer bleibt demgegenüber begrenzt, wenn sie ihn statt dessen zu verhaften trachten (21,45f). Die Wahrheit, die das Gleichnis formuliert, dass Jesus als der

---

[259] V.34f als einen Übergang sehen auch *W. D. Davies/D. C. Allison*, Mt II 424. Insofern besteht ein gewisses Recht derjenigen Auslegungen, die die zweite Hälfte des Schriftzitates auf die folgende Jüngerbelehrung beziehen (vgl. *Lohmeyer; Carter/Heil* oben Anm. 253)

[260] Die Gleichnisdeutungen schlicht als Wiederholungen zu begreifen (vgl. *E. Cuvillier*, PARABOLÊ 38; *F. Vouga*, Definition 87), greift zu kurz.

[261] Vgl. *U. Luz*, Mt II 314.315.339.366f.

[262] Deshalb greift es zu kurz, wenn *D. O. Via* das Verstehen der Jünger im engeren Sinn mit den „private explanations" begründet (Understandability 432).

[263] Für die Gleichnisdeutungen durch Jesus und die entsprechenden Jüngerfragen werden unterschiedliche Erklärungen geboten. *J. Gnilka* unterscheidet zwischen einer „Aufklärung im Sinne der Entschleierung des Geheimnisses", der die Jünger als Begnadete im Unterschied zum Volk nicht bedürften (vgl. Verstockung 108), und einer „Interpretation der Parabel", die den Gleichnissen jene Seite abgewinnt, die für Jünger und Gemeinde wichtig ist (*J. Gnilka,* Verstockung 109f). Unterstellt wird hier ein Doppelbotschaft und -gestalt der Gleichnisse (Gnilka verweist auf *E. Lohmeyer,* Mt 223, vgl. auch 207). Was ist gemeint, worin soll der Unterschied der Botschaften liegen?
Bei *J. D. Kingsbury* sind die Jünger „fully capable of comprehending his parables" (Parables 42, vgl. 49). Die Gleichnisdeutungen gelten dann als Belege für ihre „capacity to understand" (ebd. 54, ähnlich 95). Allerdings besteht zwischen „fully capable" und dem grundsätzlichen Vermögen zu Verstehen, das Erklärungen an die Adresse der Jünger sinnvoll macht, ein feiner, aber entscheidender Unterschied.

Sohn der Letzte ist, den Gott zu ihnen sendet, um seine berechtigten Forderungen geltend zu machen, erreicht ihr verhärtetes Herz nicht (vgl. 13,15).

Zu erinnern ist daran, dass die παραβολαί eine Jesus vorbehaltene Gattung sind. Auch das vorherrschende Thema dieser Redeform, die Basileia, verweist indirekt auf Jesus, ihren ausgezeichneten Boten. Mit unserer Interpretation von 13,11b.12a.16f harmonisiert die skizzierte Sicht bestens, denn das Erkennen der Geheimnisse des Himmelreiches, das den Jüngern gegeben ist, geschieht nicht außerhalb ihrer Beziehung zu Jesus oder in einem von dessen Person losgelösten Akt. So ist eine Gleichnisdeutung an die Adresse der Jünger kein Widerspruch zu 13,11.[264]

Auswertung: Ausgangspunkt der Überlegungen war die Einsicht des ersten Abschnitts, dass παραβολαί ihrem Wesen nach nur mühsam verstanden werden können. Nach 13,10-17 spiegelt sich im Verstehen der Gleichnisse ein wesentlich grundsätzlicheres Verstehensproblem, das für die in Jesus nahekommende Basileia Gottes insgesamt gilt. Der Kontext des Kapitels 13 verknüpft die Gleichnisse thematisch mit der Basileia und berichtet außerdem über Gleichnisdeutungen an die Adresse der Jünger. In der Zusammenschau ergibt sich folgende These zum Zusammenhang von Verstockungs- und Parabeltheorie:
Die Gleichnisse Jesu sind nicht evident; sie zu verstehen, ist mit Schwierigkeiten belastet, erfordert einen besonderen Akt der Deutung. Für einen Teil der Hörer Jesu werden sie aufgrund ihrer Verstockung gänzlich unverständlich. Die Ursache liegt nicht in der Form an sich, sondern ist letztlich darin begründet, dass es sich um Gleichnisse über die Basileia handelt, die nur dem verständlich sind oder werden können, dem von Gott in Jesus die Basileia erschlossen ist. Bei allen anderen hält die Rede ἐν παραβολαῖς jene Distanz aufrecht, die in ihren Herzen zur Basileia Gottes besteht und die sie am Hören, Sehen und Verstehen hindert, da sie sich von Jesus nicht zum Verstehen führen lassen.[265] Die Verstockungsaussage wird in 13,10-17 nur zur Aussage über die παραβολαί, weil die Gleichnisse von Kapitel 13 über die βασιλεία τῶν οὐρανῶν reden.[266]
Dem entspricht die Reaktion auf andere öffentlich vorgetragene Basileia-Gleichnisse ebenso (v.a. 21,28 - 22,14) wie die Tatsache, dass das

---

[264] Ganz anders aber die Überlegung bei *J. Gnilka,* Verstockung 108; *J. D. Kingsbury,* Parables 42.49: die Jünger haben gottgegebenes Verstehen und bedürfen deshalb der Erklärung nicht.
[265] Vgl. *U. Luz,* Mt II 313f.
[266] *E. Lohmeyer* sieht noch weiter gehend eine innere Affinität zwischen Form und Sache zum Ausdruck gebracht. Von Himmelreich kann nur in Gleichnissen gesprochen werden. Deshalb sage Jesus nichts ohne Gleichnisse (vgl. V.34). Vgl. Mt 221f. Auf diese These, die v.a. im Gleichnisverständnis der „Neuen Hermeneutik" Aufnahme gefunden hat, wird im Schlusskapitel einzugehen sein.

Volk andernorts Bildworte und Gleichnisse unkommentiert vorgesetzt bekommt. Dass den Jüngern und nur ihnen einige Gleichnisse erklärt werden (13,18-23.36-43.49f), fügt sich ebenfalls in diese Deutung ein, denn anders als beim Volk macht es bei ihnen Sinn, Gleichnisse zu erklären (13,51). Wer aber im Herzen verhärtet ist, dem bleibt trotz Deutung das Gleichnis verschlossen. Das zeigt eindrucksvoll das Beispiel der Hohenpriester und Pharisäer, die auch angesichts einer ausdrücklichen Deutung der Pointe des Winzergleichnisses (21,43) Jesus zu verhaften trachten (21,45f).

III. Gleichniseinleitungen

Das Matthäusevangelium kennt eine Reihe von einleitenden Formeln und Wendungen, um den Gleichnischarakter eines Textes anzuzeigen. Gemeint sind hier nicht Signale, die der Erzähler des Evangeliums setzt, wie zum Beispiel der Hinweis, Jesus rede vieles in Gleichnissen zur Volksmenge (13,3), sondern Ein- und Überleitungen zu Gleichnissen innerhalb der Rede *Jesu*. Im Mittelpunkt des Interesses stehen die klassischen, narrativen Gleichnisse. Unsere Maßgabe, die Textbasis nicht vorschnell einzuengen, lenkt den Blick aber auch auf alle παραβολαί genannten Texte, sowie auf angrenzende Formen wie Bildwort u.ä., bei denen zum Teil dieselben oder ähnliche Strukturen zu erkennen sind.

Zu beobachten sind bei Matthäus drei Formen von Gleichniseinleitungen: Formeln und Partikeln, die den vergleichenden Charakter der folgenden Rede benennen, Imperative sowie Fragen. Die erste Gruppe entspricht dem, was bei Joachim Jeremias und anderen als Dativanfang bezeichnet wird. Die beiden anderen sind eine am Matthäusevangelium gewonnene Differenzierung der Gleichnisse mit sog. Nominativanfang.[1] Zumindest für das Matthäusevangelium (aber auch für Mk 4,3) ist nicht richtig, dass Gleichnisse mit Nominativanfang „reine Erzählung ohne jede Einleitungsformel" sind.[2] Jeremias' Blick ist zu eng auf Gleichnisformeln gerichtet. Keiner der üblicherweise als Gleichnis behandelten Texte, d.h. der längeren, erzählenden Gleichnisse, bleibt bei Matthäus ohne irgendeine Form der Ein- oder Überleitung durch ihren Sprecher Jesus. Vielmehr finden sich in der Regel eine Vergleichsaussage, ein Imperativ oder eine Frage, die dem Gleichnis auf je eigene Art den Weg bereiten. Hierin besteht ein deutlicher Unterschied zu den Bildworten, die sehr wohl ohne jede „Vorwarnung" verwendet werden können (z.B. Mt 5,13.14f; 6,22f; 7,6; 9,12.15; 12,25; 15,26). Ein gewisser Grenzbereich ist allerdings festzustellen. Ansatzweise

---

[1] Zur Definition und Erklärung der Kategorien Nominativ- und Dativanfang vgl. *J. Jeremias*, Gleichnisse 99-102.

[2] *J. Jeremias*, Gleichnisse 99; ähnlich *D. A. Carson*, ΟΜΟΙΟΣ Word-Group 277. Jeremias nennt für den typischen Nominativanfang aus dem Matthäusevangelium Mt 13,3 und 21,33 (als Parallelen zu Mk 4,3 und 12,1). Die Gleichnisse in Frageform (z.B.18,12; 24,45) sind nach ihm ein Sonderfall des Nominativanfangs (vgl. a.a.O. 102).

narrativ und eingeleitet sind 6,26.28f; 13,33 oder 24,43; bei 9,15ff z.B.
fehlt dagegen eine Einleitung.
Zu erwägen sind zwei mögliche Ausnahmen von der Regel, dass
Matthäus (längere, erzählende oder beschreibende) Gleichnisse ein-
leitet, nämlich die Geschichte von unreinen Geist, der zurückkehrt
(12,43-45), und die Schilderung des Gerichtes zum Abschluss der
Endzeitrede (25,31-46). Für beide Texte ist der Gleichnischarakter
strittig. Im Sinne des Matthäus dürfte 12,43-45 als ein Gleichnis oder
einen „gleichnisartigen" Text gelten, der freilich auch in einigen weiteren Formmerkmalen untypisch ist. 25,31-46 ist im Kontext des
Matthäusevangeliums kein Gleichnis.

Bei 12,43-45 steht das Fragezeichen vor allem hinter dem ursprünglichen Logion.[3]
Im Kontext des Matthäusevangeliums ist die Anwendung mit οὕτως auf „diese
böse Generation" am Ende von V.45 ein Gleichnismerkmal.[4] Der Text schildert ein
in mehreren Etappen ablaufendes Geschehen. Sein Leittempus ist allerdings das
Präsens, nicht der in den klassischen Gleichnissen bei Matthäus sonst vorherrschende Aorist. Untypisch ist das dämonologische Sujet der Erzählung. Die Auslegungsgeschichte zeigt, dass einzelne Züge wie die Wüstenwanderung oder die
Rückkehr auf Epochen der Geschichte Israels gedeutet werden können. Klare geprägte Metaphern finden sich im Gleichnis jedoch nicht, das offenbart schon die
Breite der vertretenen Identifizierungen.[5]

---

[3] Nach *O. Böcher* ist das Wort, das auf Jesus zurückgeht, „geradezu ein Summa-
rium antiker Dämonologie" (Christus Exorcista 17); *U. Luz* denkt an eine exorzi-
stische Volksweisheit, die in dämonologischen Kategorien die Erfahrung formuliert, dass der Rückfall in eine Krankheit schlimmer ist als ihr erstes Auftreten (Mt
II 281f); vorsichtig gegen einen ursprünglichen Gleichnischarakter und für eine
dämonologische Aussage auch schon *A. Jülicher*, Gleichnisreden II 239. (*U. Luz*,
Mt II 281 Anm. 70, hat Jülicher m.E. missverstanden.) Für ein ursprüngliches
Gleichnis plädieren *R. Bultmann*, Geschichte 176f („vielleicht"); *J. Jeremias*,
Gleichnisse 196.
[4] Wegen der Anwendung für ein Gleichnis plädieren z.B. *A. Jülicher*, Gleichnis-
reden II 236-238, zusammenfassend 239; *J. Gnilka*, Mt I 464; *U. Luz*, Mt II 282; *D.
A. Hagner*, Mt I 356; außerdem *J. D. Kingsbury*, Parables 30 mit Anm. 32 (S.144);
J. Drury, Parables 71.79-81; *J. Lambrecht*, Treasure 20 (vgl. aber die Ein-
schränkung ebd. 21); *I. H. Jones*, Parables 270-273 (bei Mt eine „summary
parable", vgl. aber die Bemerkung 270 mit Anm. 316). Nach *K. Berger*
(Formgeschichte 48) hat der Text im Kontext die Funktion eines Gleichnisses, auch
wenn er inhaltlich offenbar von der Regel abweicht (kaum die Erzählung eines
regelmäßigen, üblichen Vorgangs, vgl. ebd.). *J. R. Donahue* (Gospel) und *W.
Carter/J. P. Heil* (Parables) dagegen diskutieren den Text nicht unter den mt
Gleichnissen; skeptisch offenbar auch *W. D. Davies/D. C. Allison*, Mt II 360.
[5] Vgl. für die älteren Auslegungen *U. Luz*, Mt II 282. Jüngst deutet *J. Drury* die
Wanderung auf den Exodus (mit Hebr 3f), erkennt außerdem im verlassenen
„Haus" eine mögliche Anspielung auf den zerstörten Tempel (wegen der Bezeichnung 'Haus' für den Tempel im AT) und bringt den Gegensatz „vorher - am Ende"
mit Mt 20,1-16 in Verbindung (wegen τὰ ἔσχατα/τῶν πρώτων in 12,45 und
οἱ ἔσχατοι/οἱ πρῶτοι u.ä. in 20,8ff); vgl. Parables 80. Drurys Assoziationen
müssen nicht falsch sein, in der vorgetragenen Form bietet diese motiv-
geschichtliche Analyse aber geringe methodische Sicherheit, weil sie sich z.T. nur

Auch zu 25,31-46 kann offen bleiben, ob ein Gleichnis Jesu den ursprünglichen Kernbestand dieses Textes ausmachte.[6] Im Rahmen des Matthäusevangeliums sprechen Formmerkmale und Kontexteinbindung gegen eine Bestimmung als Gleichnis.[7] Der Text setzt die Rede Jesu sprachlich auf dem Level von 24,29-31 fort und knüpft sachlich genau an den dort erreichten Stand des Endgeschehens an.[8] Der Redeteil dazwischen (24,32 - 25,30), der Gleichnisse und Verwandtes enthält, ist formal und inhaltlich deutlich anders gestaltet.[9] 25,31-46 hat weder eine

---

auf einzelne Worte stützt (nicht auf Vorstellungszusammenhänge) und die Einzelmotive gar nicht auf eine gemeinsame traditionsgeschichtliche Linie verweisen, sondern aus disparaten Zusammenhängen abgeleitet werden. Wo ist die Grenze zur Willkür?

[6] Das Problem „Gleichnis oder nicht" ist schon bei *A. Jülicher* gegeben, der die Frage negativ beantwortet (Gleichnisreden I, S. IVf [im Vorwort zur 2. Aufl. von Bd. I von 1899]). Die meisten Gleichnisbücher besprechen den Text nicht. Eine wichtige Ausnahme ist allerdings *J. Jeremias* (Gleichnisse 204ff). Die Diskussion um die Gattung erschließen *J. Gnilka*, Mt II 366-370; *U Luz*, Mt III 517-521.

[7] Schlaglichter aus der neueren Literatur zu Mt: Die Frage ist strittig und hängt ganz wesentlich an der für Matthäus zu Grunde gelegten Gleichnisdefinition. Trotz einiger Berührungen mit Gleichnissen gegen eine Klassifizierung als Gleichnis votieren z.B. *J. Gnilka*, Mt II 367 (große Teile des Textes seien im Gerichtsdialog); *J. Lambrecht*, Treasure 275 („not a parable but a piece of apocalyptic revelatory discourse"; vgl. ebd. 22; L. bespricht den Text trotzdem in seinem Buch); *D. A. Hagner*, Mt II 740 („apocalyptic revelation discourse"); *W. D. Davies/D. C. Allison*, Mt II 418 („word-picture of the Last Judgement"); *U. Luz*, Mt III 517 (kein Gleichnis im üblichen Sinne, nur V. 32bf sei ein kleines Gleichnis; „Gerichtsschilderung" als Verlegenheitsausdruck zur Bezeichnung der Gattung); *H. Frankemölle*, Mt II 421, überschreibt den Text mit „Gleichnis" (ohne Erläuterung, soweit ich sehe). *J. R. Donahue* (Gospel 110) spricht von einer „apocalyptic parable", vergleichbar den Bilderreden des äthHen (vgl. dazu auch *J. Jeremias*, Gleichnisse 204 Anm. 2; *U. Luz*, Mt III 517 Anm. 6). *W. Carter/J. P. Heil* fassen ihn wegen dreier Merkmale als Gleichnis auf: „narrativity", „comparative components" und „implicit concern with aspects of the reign of the heavens" (Parables 20). *I. H. Jones* behandelt den Text als ein Gleichnis (Parables 226-265), bei sehr weiter Gleichnisdefinition (vgl. ebd. 56-109; im Ergebnis: „All imagery, aphorisms and narrative fictions are relevant to the study...", ebd. 109). Es ist nach J. eine typische „summary parable" (vgl. ebd. 226). Er geht immer wieder auf den besonderen Charakter des Textes ein, vgl. ebd. 79.87.92f. 240-245.251-257.263f.

[8] Vgl. *D.A. Hagner*, Mt II 740.

[9] Die Rede entfaltet den Ablauf des Endgeschehens in den Schritten Bedrängnis - Kommen des Menschensohnes - Gericht des Menschensohnes (vgl. zu den Gliederungsvorschlägen und den Schwierigkeiten dabei *U. Luz*, Mt III 402f). Das Thema spiegelt sich sprachlich u.a. im häufigen, über weite Strecken leitenden Gebrauch des Futurs sowie in der Verwendung von Worten wie τότε, ὅταν ... τότε, ἡμέρα, ὥρα und von Zeitangaben wieder. Es gibt einen Mittelteil der Rede, der freilich nicht ganz trennscharf abzugrenzen ist. Er setzt etwa mit 24,32 oder 36, spätestens in V. 42 ein, und endet recht eindeutig mit 25,30. Der Übergang in diesen Teil hinein ist gleitend. Grammatisch fällt das (allmähliche) Verschwinden des Futurs als Leittempus auf. Von insgesamt 17 Verwendungen des Wortes τότε entfallen auf diesen Teil nur drei (24,40; 25,1.7; vgl. zu diesen Beobachtungen *U. Luz*, Mt III 402f). 25,31 setzt dann mit ὅταν ... τότε (vgl. τότε noch in 25,34.37.41.44.45) und Futur wieder ein. Die Vokabeln „Menschensohn"; „Herrlichkeit"; „Engel", „kommen" (25,31) erinnern an

Gleichniseinleitung noch eine Anwendung. Der Text erzählt keine Menschen- oder Naturgeschichten, sondern handelt direkt vom Endgericht.[10] Er schildert wie die Gleichnisse ein Geschehen, ist aber im Gegensatz zu ihnen im Futur gehalten.[11] Er verwendet mit „König" oder „Hirt, Schafe, Böcken" Bildfelder, die aus den Gleichnissen bekannt sind, erzählt aber anders als die Gleichnisse nicht *die Geschichte eines Königs* oder *die Geschichte eines Hirten*. Trotz einiger gemeinsamer Merkmale (Narrativität, Metaphorik) scheint deshalb die Zuordnung des Textes zu derselben Gattung wie die Gleichnisse aus Kap. 13.18.21f oder 24f im Sinne des Matthäusevangeliums nicht zutreffend.

Die Frage nach den Gleichniseinleitungen hat deutliche gleichnistheoretische Implikationen. Das gilt zunächst und vor allem für jene bei Matthäus zahlreichen Einleitungen, in denen das Himmelreich als Referent der Gleichnisse genannt wird. Ihre Auslegung berührt zentrale Felder der Jesus- und der Gleichnisforschung sowie deren Verquickung.[12] Zum einen erfolgte der Zugriff auf den historischen Jesus in den vergangenen Jahrzehnten in erster Linie über seine Verkündigung. Dabei gilt (seit Johannes Weiss und Albert Schweizer) das „Reich Gottes" vielfach als deren zentraler Bezugspunkt und Gegenstand, mag das eschatologische oder un-eschatologische Verständnis dieser zentralen Kategorie in jüngerer Zeit auch wieder in die Diskussion geraten sein[13]. Zum anderen gilt das Reich Gottes spätestens seit Charles Harold Dodd, The Parables of the Kingdom [1935][14], in einer breiten Linie der Forschung als das zentrale Thema der Gleichnisse. In besonderem Maße ist offenkundig Hans Weders gleichnistheoretischer Ansatz von der Struktur der Formeln inspiriert.[15] Der Konsens ist in der Sache jedoch wesentlich breiter, freilich auch nicht unstrittig.[16] In

---

24,30f. Umgekehrt treten im Mittelteil sprachliche Formen wie Vergleiche und Gleichnisse in den Vordergrund, die in den anderen Teilen eine geringe Rolle spielen. Mehrfach begegnen jetzt Begriffe und Wendungen wie παραβολή (24,32), ὡς (24,38), ὥσπερ (24,37; 25,14), οὕτως (24.33.37.39), ὁμοιόω (25,1), die zuvor kaum vorkamen. Formal hebt sich der Mittelteil also einerseits vom Kontext ab, andererseits hat er verbindende Merkmale, die seine Einheit stiften. Auch thematisch wird im Mittelteil die Schilderung des Ereignisablaufes verlassen. Der Zeitpunkt, v.a. die Unvorhersehbarkeit und Plötzlichkeit, mit der das Ende kommt, steht nun im Vordergrund (vgl. 24,33f.36.39; 24,42 = 25,13).

[10] Vgl. *D. A. Hagner*, Mt II 740.
[11] Vgl. *J. Gnilka*, Mt II 367; *D. Davies/D. C. Allison*, Mt II 418 Anm. 8; *D. A. Hagner*, Mt II 740.
[12] Vgl. dazu *J. Liebenberg*, Language 1-47, auch 48-75 passim.
[13] Vgl. dazu die Forschungs- und Literaturberichte von *H. Merkel*, Gottesherrschaft 120-135 (zur älteren Diskussion um J. Weiss bis in die 70er und 80er Jahre des 20. Jh.); *C. Breytenbach*, Jesusforschung (bes. 241-247), *G. Theißen/A. Merz*, Jesus 223-226; *P. Müller*, Jesusbücher, *ders.*, Trends.
[14] Vgl. unten Anm. 18.
[15] Vgl. *H. Weder*, Gleichnisse 60f.
[16] Vgl. zum Konsens auch *J. Liebenberg*, Language 1-75 passim, bes. 1-3.17-34. L.'s Belege, die nicht auf Vollständigkeit angelegt sind, ließen sich leicht vermeh-

Verbindung mit der oben genannten Orientierung der Jesusforschung gewinnt auf diese Weise einerseits die Gleichnisforschung großes theologisches Gewicht, andererseits können die Gleichnisse als *die* Form der Verkündigung Jesu schlechthin gelten.[17] Die These, die Basileia sei das vorrangige Thema der Gleichnisse, hing und hängt nicht an den Formeln allein. Zu deutlich standen immer schon die literarkritischen Unsicherheiten vor Augen. Ohne die Existenz der entsprechenden Vergleichsformeln wäre sie aber kaum denkbar.[18] Umgekehrt stehen die Formeln immer wieder in der Diskussion, wenn es in Frage zu stellen gilt, dass die Gottesherrschaft das zentrale Thema der Gleichnisse ist.[19] Neben dem Thema beeinflussen die Einleitungen auch die Pragmatik der Gleichnisse. Das Stichwort ὁμοιόω scheint einen Vergleich zwischen zwei Größen anzuregen. Einleitende Fragen wie „Was meint ihr?" zielen offenbar auf ein Urteil der Hörer ab, das sie sich anhand des Gleichnisses bilden sollen. So berühren die Gleichniseinleitungen auch die Auseinandersetzung um den metaphorischen oder rhetorisch-argumentativen Charakter der Gleichnisse, die in jüngerer Zeit verstärkt geführt wird.[20] Zugleich deutet sich an, dass die Gleichniseinleitungen ein Mittel der Kontexteinbindung sein können.

---

ren. Aus der deutschsprachigen Forschung der jüngsten Zeit wären noch zu nennen: *Th. Schmeller*, Reich Gottes und Gleichnis (1994); *A. Weiser*, Art. Gleichnis II 744 (1995); *B. Heininger*, Art. Gleichnis 1003 (1996); *M. Wolter*, Erzählung 133f (1998); *Th. Söding*, Gleichnisse 86f (2003). - Zu Gegenstimmen vgl. unten Anm. 19.

[17] Vgl. zu Letzterem *J. Liebenberg*, Language 3.24-34.66-69.

[18] Es lohnt sich, den Schluss von C. H. Dodds einführendem Kapitel ('The Nature and Purpose oft the Gospel Parables') zu seinem Gleichnisbuch „Parables of the Kingdom" ausführlich zu zitieren: „At any rate we have three parables, those of the Seed Growing Secretly, the Mustard Seed and the Leaven, in which the reference to the Kingdom of God is attested by one or other of our earlier sources, and in one case, by both of them (the strongest form of attestation which our Gospels can provide). It is therefore certain that Jesus did make use of parables to illustrate what Mark calls 'the mystery of the Kingdom of God' (iv. 11). I shall try to show that not only the parables which are explicitly referred to the Kingdom of God, but many others do in fact bear upon this idea, and that a study of them throws important light upon its meaning."
Ähnlich übrigens schon *A. Jülicher:* Er beklagt, dass die Situation/Sachhälfte der Gleichnisse oft verloren ist, fährt dann aber fort: „allein der Schaden ist zu ertragen, weil wir wissen, dass jedes Wort Jesu der Erziehung zum Himmelreich galt" (Gleichnisreden I 104f).

[19] Eine „klassische" Gegenstimme ist *J. Weiss*, Predigt 47. Vgl. außerdem z.B. *G. Sellin*, Allegorie 320; *D. Flusser*, Gleichnisse 63-69; *W. Harnisch*, Gleichniserzählungen 174f (in der kritischen Auseinandersetzung mit Weders Prädikationstheorie; dazu dann *H. Weder*, Metapher 389 Anm. 16); *F. Vouga*, Jesus, bes. 66-70; *K. Erlemann*, Gleichnisauslegung 100.104-106, bes. 105.

[20] Vgl. zur Diskussion *K. Erlemann*, Gleichnisforschung; *ders.*, Gleichnisauslegung 29-42; ausführlicher *D. Massa*, Verstehensbedingungen, zur exegetischen Gleichnisforschung bes. 69-179. Sehr pointiert gegen einen rhetorischen Charakter

1. Einleitungen mit Gleichnisformeln und Vergleichspartikeln

Die Gleichniseinleitungen markieren den Übergang vom Kontext zum Gleichnis. Einige knüpfen mit einer Konjunktion (γάρ: 20,1; 25,14, διὰ τοῦτο: 13,52; 18,23) oder mit anderen Partikeln (πάλιν: 13,45.47, τότε: 25,1; vgl. ὥσπερ in 25,14) an zuvor Gesagtes oder Erzähltes an. Die in den folgenden Abschnitten zu besprechenden einleitenden Fragen oder Aufforderungen richten das Wort an die Adressaten des Gleichnisses. Insgesamt jedoch lenken alle Formen von Einleitungen die Aufmerksamkeit wesentlich stärker auf das kommende Gleichnis aus als auf den vorausgehenden Kontext.

a) Die Formeln im Überblick

Zu beobachten sind zunächst verschiedene *Gleichnisformeln und Vergleichspartikeln*, die zum Teil mehrfach belegt sind. Die Mehrzahl wird mit Begriffen aus der Wurzel ὁμοι- gebildet. Das Adjektiv ὅμοιος[21] bedeutet zunächst *gleich, gleichartig, von gleicher Beschaffenheit*. Für unseren Zusammenhang ist v.a. diese Grundbedeutung wichtig. Sie deckt auch die Verwendung des Adjektivs in der Septuaginta ab.[22]

Weiter kann das Wort *gesinnungsgleich*, deshalb *gleichwertig, mit gleichen Rechten ausgestattet* meinen, z.B. von Parteigenossen oder von den Bürgern Spartas, die alle dieselben Zugangsmöglichkeiten zu öffentlichen Ämtern haben (Xenoph Hist Graec III,3,5). Ein dritter Bedeutungsaspekt ist *gleichmäßig zugeteilt, allen gleichmäßig zukommend, gemeinsam*, ausgesagt etwa von materiellem Besitz, von gemeinsamem Schicksal (Hom Il 18,120) oder vom allen bevorstehenden Alter (Hom Il 4,315). Schließlich kann Ähnlichkeit und Gleichheit von geometrischen Figuren oder Zahlen gemeint sein (Euclid 6 Def 1).

Tendenziell betont ὅμοιος stärker als ἴσος die Übereinstimmung nach der Art, dem Wesen, kann aber z.B. in Doppelausdrücken sehr nahe zusammen mit ἴσος verwendet werden (z.B. οἱ ἴσοι καὶ ὅμοιοι = diejenigen, die ganz gleiche Stellung und Rechte haben). Anders als bei ἄλλος und ἕτερος wird bei ὅμοιος (und ἴσος) ein Paar betont

---

der Gleichniserzählungen bezieht v.a. *W. Harnisch* in seinen Beiträgen Position. In den jüngeren Arbeiten von *E. Rau, Chr. Kähler, D. Massa* oder *K. Erlemann* spielen die Fragen nach Situation, Kommunikation, historischen und kognitiven Bedingungen oder Funktionen der Gleichnisse wieder eine große Rolle. – In dieser Zuspitzung ist das Problem möglicherweise nur in der deutschsprachigen Exegese gegeben.

[21] Vgl. zum Folgenden *J. Schneider*, Art. ὅμοιος 186f; *E. Beyreuther*, Art. ἴσος 802f; *ders./E. Finkenrath*, Art. ὅμοιος 805f.

[22] Vgl. dazu auch *J. Lust – E. Eynkel – K. Hauspi*, Lexicon 331f.

unter dem Aspekt einer Gleichheit oder Entsprechung zusammengestellt.[23]
Mit dem Adjektiv sind die folgenden Wendungen gebildet:
• ὁμοία ἐστὶν ἡ βασιλεία τῶν οὐρανῶν + Dativ (13,31.33.44.45. 47; 20,1)
• πᾶς γραμματεὺς μαθητευθεὶς τῇ βασιλείᾳ τῶν οὐρανῶν ὅμοιός ἐστιν + Dativ (13,52)
• τίνι δὲ ὁμοιώσω τὴν γενεὰν ταύτην; ὁμοία ἐστὶν + Dativ (11,16)
Die Gleichniseinleitung ist bei Matthäus stets präsentisch formuliert. Dasselbe ist bei Lukas zu beobachten (Lk 6,47-49; 7,31f; 13,18f.21)[24], obwohl prinzipiell auch andere Tempora denkbar wären (vgl. z.B. Joh 8,55). In 11,16 nennt eine vorangestellte rhetorische Frage (mit den Verb ὁμοιόω) die zu vergleichende Größe, sonst wird sie in der Formel benannt. Sechsmal handelt es sich dabei um das Himmelreich.

Eine Aussage über das ὅμοιος-Sein von Dingen findet sich sonst bei Matthäus nur noch 22,39, auf die beiden gleichrangigen, gleich wichtigen größten Gebote gemünzt. Das Adverb ὁμοίως bezieht sich bei Matthäus stets auf gleiches oder gleichartiges Verhalten mehrerer Personen (22,26; 26,35; 27,41). ἴσος begegnet bei Matthäus im Übrigen nur 20,12 (der Hausherr macht alle Arbeiter *gleich*, wenn er ihnen unterschiedslos denselben Lohn bezahlt), andere Worte derselben Wurzel verwendet er nicht.

Das Verbum ὁμοιόω[25] bedeutet im Aktiv *gleichmachen,* seltener *gleichachten, vergleichen.* Das Passiv hat in erster Linie die Bedeutung *gleich/ähnlich werden, gleich/ähnlich sein, gleichen.* Das Verb bleibt semantisch grundsätzlich in dem Rahmen, den wir für das Adjektiv abgesteckt haben. Einige der Gleichniseinleitung sind mit dem Passiv des Aorist oder Futur zu diesem Verb gebildet:
• ὡμοιώθη ἡ βασιλεία τῶν οὐρανῶν + Dativ (13,24; 18,23; 22,2)
• τότε ὁμοιωθήσεται ἡ βασιλεία τῶν οὐρανῶν + Dativ (25,1)
• πᾶς ὅστις/ὁ ... ὁμοιωθήσεται + Dativ (7,24.26)
Eine solche passivische Formel als Gleichniseinleitung kennt im Neuen Testament nur Matthäus.[26] Auch hier wird die zu vergleichende Sache in der Formel direkt benannt, darunter viermal die Basileia.

---

[23] Vgl. TBLNT I (1997) 800 (die Einleitung zu „gleich") sowie *K. Haacker,* Art. ἕτερος: ebd. 800f.
[24] Lk 12,36 ist elliptisch formuliert. Zur ergänzen ist von 12,33.35 her ein Imperativ.
[25] Vgl. zum Folgenden *J. Schneider,* Art. ὅμοιος 188f; *E. Beyreuther/E. Finkenrath,* Art. ὅμοιος 805-808: bes. 805f; für die LXX auch *J. Lust – E. Eynkel – K. Hauspi,* Lexicon 332.
[26] Vgl. aber das Passiv in der Bedeutung *gleich sein*: Apg 14,11; Röm 9,29; Hebr 2,17.

Außerhalb der Formeln verwendet der Evangelist das Aktiv (Futur) von ὁμοιόω in der Bedeutung *vergleichen* in der oben schon zitierten Frage 11,16a, die ein Gleichnis vorbereitet (vgl. auch Mk 4,30; Lk 13,18.20). In unserem Zusammenhang zu berücksichtigen ist darüber hinaus der mit dem Kompositum παρομοιάζω (im Präsens Aktiv) gebildete Vergleich in 23,27: οὐαὶ ὑμῖν, γραμματεῖς καὶ Φαρισαῖοι ὑποκριταί, ὅτι παρομοιάζετε τάφοις κεκονιαμένοις, οἵτινες ... (es folgen weitere Ausführungen zum Vergleich sowie eine Erläuterung). Die Bedeutung des Wortes, das weder pagan noch in der LXX, sondern nur in Mt 23,27 belegt ist, geben die Wörterbücher mit *ähnlich sein, gleichen* an.[27] Im Übrigen kommt das Verb ὁμοιόω im Passiv noch einmal Mt 6,8 vor (mit der Bedeutung *gleichen* im Sinne von *gleichtun*), die Substantive sowie weitere Komposita der Wortgruppe fehlen.[28]

Zu überlegen ist, ob die Formeln mit dem Passiv von ὁμοιόω eine andere Bedeutung haben als jene mit ὁμοία ἐστίν. Laut *Joachim Jeremias* ist Letztere von allen „am stärksten gräzisiert", weil sie nicht auf den im Folgenden geschilderten Vorgang blicke, sondern den irreführenden Eindruck einer Gleichsetzung erwecke.[29] Bemerkenswert ist das Tempus. Die zuletzt besprochenen Formeln verwenden ausschließlich Aorist oder Futur – wie die gesamte griechische Bibel. Im Vergleich mit den bei Matthäus (und Lukas) stets präsentischen ὅμοιος-Einleitungen, aber auch mit Mt 23,27 ergibt sich die Frage, ob dem Aorist und dem Futur in 13,24; 18,23; 22,2 resp. 7,24.26; 25,1 eine spezifische Bedeutung zukommt.

Formal ganz anders als die bisher besprochenen Einleitungen gebildet ist:
• ὥσπερ γὰρ + Nominativ (25,14)
ὥσπερ zielt semantisch eindeutig auf einen Vergleich ab („geradeso wie, gleichwie"). ὥσπερ γάρ knüpft bei Matthäus erläuternd an unmittelbar vorangehende Aussagen oder Thesen an (vgl. Mt 12,40; 24,27.37).[30] Im Kontext steht das Gleichnis von den zehn Jungfrauen, das als Himmelreichgleichnis ausgewiesen ist (25,1) und in eine Wachsamkeitsparänese mündet (25,13). Es liegt von den anderen Stellen her nahe, ὥσπερ γάρ auf 25,13 zu beziehen.[31] Der dort so betonte Gedanke - die unbekannte Stunde, zu der der Herr kommt,

---

[27] Es gibt allerdings das Adjektiv παρόμοιος (Mk 7,13), das offenbar im Sinne von *fast ähnlich* verwendet werden kann, aber nicht immer einen erkennbaren semantischen Unterschied zum Simplex hat. Vgl. zu παρόμοιος und παρομοιάζω: *W. Bauer*, Wörterbuch 1271; *J. Schneider*, Art. ὅμοιος 198; *E. Beyreuther/E. Finkenrath*, Art. ὅμοιος 805.

[28] Noch ὁμοιάζω als v.l. zu 26,73, aber nicht gut belegt.

[29] Gleichnisse 100 Anm. 9.

[30] Vgl. ὥσπερ οὖν in Mt 13,40.

[31] So auch *A. Jülicher*, Gleichnisreden II 472; *J. Jeremias*, Gleichnisse 57; *H. Weder*, Gleichnisse 194; *J. Lambrecht*, Treasure 240f u.a. Daneben (und nicht unbedingt im Gegensatz dazu) sehen viele Autoren die Einleitungsformel aus 25,1 aufgenommen; vgl. dazu unten.

nötige zur Wachsamkeit - spielt im Gleichnis von den Talenten aber nur eine untergeordnete Rolle (vgl. 25,19: „nach langer Zeit"). 25,14-30 ist nicht eine unmittelbare Erläuterung der Wachsamkeitsmahnung, so wie sie in V.13 begründet ist.[32] Eher wird gegenüber dem vorangehenden Gleichnis und seiner Quintessenz ein *weiterführender* Gedanke eingebracht, indem nun aufgezeigt wird, was bei der (plötzlichen) Rückkehr des Herrn auf dem Spiel steht und welche Konsequenzen dies für das Handeln in der verbleibenden Zeit vor seinem Wiederkommen haben muss, nämlich verantwortlich zu handeln und sich zu bewähren.[33] Der Gedanke der Wachsamkeit wird anders gewendet und inhaltlich weiter ausgefüllt.[34] Im Kontext der Endzeitrede wird damit der Gedankengang auf die Schilderung des Gerichtes in 25,31-46 hin geöffnet.

An den anderen drei Stellen (Mt 12,40; 24,27.37) - es handelt sich stets um knappere Texte - folgt auf ὥσπερ γάρ eine Anwendung mit οὕτως[35], wird also mit diesen Worten ein regelrechter Vergleich eingeleitet. Hier, bei der längeren Gleichniserzählung, fehlt die Anwendung. Der erste Satz des Gleichnisse ist grammatisch unvollständig, der angesetzte Vergleich wird nicht zu Ende geführt. So sind die Leser auch von hierher zum Verständnis deutlich auf den Kontext und das Zusammenspiel der Gleichnisse angewiesen.

In der Forschung ist es relativ geläufig, 25,14-30 als Himmelreichgleichnis zu betrachten.[36] Allein aufgrund der Einleitung ist dieses Verständnis möglich, wenn auch nicht zwingend. Die Einleitung ὥσπερ γάρ legt nach den bisherigen Überlegung nicht nahe, eine unmittelbare Anknüpfung an 25,1 zu sehen und von hierher die Einleitungsformel direkt einzutragen. Das Gleichnis erläutert 25,13, der seinerseits ein Himmelreichgleichnis abschließt (25,1). Es ist also zumindest mittelbar auf die βασιλεία τῶν οὐρανῶν bezogen, indem es

---

[32] Vgl. *I. H. Jones*, Parables 464 Anm. 183, der allerdings die Kritik an Weder überzieht und selbst einen den Sinn erweiternden Bezug auf die Mahnung „Seid wachsam" in 25,13 in Erwägung zieht (s.u. Anm. 34).

[33] So und ähnlich wird ein (typisch matthäischer) Grundgedanke der Parabel immer wieder umschrieben, vgl. z.B. *H. Weder*, Gleichnisse 208; *J. Gnilka*, Mt II 363; *J. R. Donahue*, Gospel 109; *J. Lambrecht*, Treasure 240-244; *U. Luz*, Mt III 509.

[34] *H. Weder* spricht treffend von einer „Auslegung der Wachsamkeitsforderung" (Gleichnisse 194.ähnlich 208 Anm. 181); vgl. auch *I. H. Jones*, Parables 464 („extension of the meaning of γρηγορεῖτε (Mt 25:13)"), und die Bemerkungen bei *W. D. Davies/D. C. Allison* (Mt II 402) dazu, was die Parabel im Kontext an neuen Gedanken einbringt.

[35] Auf ὥσπερ γάρ folgt im NT regelmäßig οὕτως: Lk 17,24; Joh 5,21.26; Röm 5,19; 6,19; 11,30; 1Kor 11,12; 15,22; Jak 2,26; vgl. bei Mt noch ὥσπερ οὖν ... οὕτως in 13,40.

[36] Vgl. z.B. *A. Jülicher*, Gleichnisreden II 472; *E. Schweizer*, Mt 307; *J. Gnilka*, Mt II 358f; *J. Lambrecht*, Treasure 241; *W. D. Davies/D. C. Allison*, Mt II 404; *W. Carter/J. P. Heil*, Parables 198.

den Gedankengang von 25,1-13 fortführt.[37] Durch andere Beobachtungen z.B. zur Metaphorik oder zur *story* des Gleichnisses lässt sich
erhärten, dass die gängige Bestimmung wahrscheinlich zutrifft.

b) Das Problem des Tempusgebrauchs

Die Einleitungsformeln unterscheiden drei Zeitformen. Das präsentische ὅμοιός ἐστιν o.ä. erscheint für sich betrachtet wenig problematisch. Die Formulierungen mit Futur Passiv von ὁμοιόω (7,24.26;
25,1) werden in der Regel als Ausblick auf das kommende Gericht
erklärt und futurisch übersetzt.[38] Strittiger ist die Deutung der drei Aoriste in 13,24; 18,23 und 22,2. Es empfiehlt sich, eine einheitliche
Deutung zu finden.[39] Drei Möglichkeiten werden diskutiert:
(i) Zumindest im Kontext des Matthäusevangeliums erscheint es unwahrscheinlich, dass Jesus mit den Formeln ein schon einmal von einem anderen gesprochenes Gleichnis zitiert („es wurde verglichen").[40]
Diese (philologisch unwahrscheinlichere) Wiedergabe des Passivs
macht wenig Sinn, da die betreffenden Gleichnisse weder als ein allgemein bekanntes Gut aufgefasst werden können („man hat bekann-
termaßen in der folgenden Weise das Himmelreich verglichen..."),
noch eine bestimmte Person (oder Autorität) erkennbar ist, die hier von
Jesus zitiert wird. Und ein Verständnis als *passivum divinum* ist
unwahrscheinlich, denn die Gleichnisse sind nicht - wie etwa die
Schrift - von Jesus wiedergegebene Worte Gottes, die Gott in der Vergangenheit einmal gesprochen hat (oder hat sagen lassen) und nun sozusagen zitierfähig sind.
(ii) Es ist vom Inhalt der betreffenden Gleichnisse her möglich, die
Aorist-Formeln jeweils als Hinweis darauf zu verstehen, dass die gegenwärtige Gestalt der Gottesherrschaft aus Sicht der matthäischen
Gemeinde durch ein vorausgehendes, in der Vergangenheit bereits

---

[37] Ähnlich *J. Gnilka*, Mt II 358f.
[38] Vgl. z.B. die Kommentare von *E. Schweizer, R. Gundry, J. Gnilka, U. Luz, W.
D. Davies/D. C. Allison, D. A Hagner* zu den einschlägigen Stellen oder *A. Jülicher*, Gleichnisreden II 266.448; *A. Kretzer*, Herrschaft 201 (zu 25,1); *J. Lambrecht*, Treasure 212 (zu 25,1) u.a.
[39] Ganz anders *W. Grundmann* (Mt jeweils z.St.), der die drei Aoriste im jeweiligen Kontext jedesmal anders interpretiert: 13,24 deutet er als Rückbezug auf das
Sämann-Gleichnis („Verglichen wurde das Reich der Himmel einem Sämann..."),
18,23 übersetzt er präsentisch („es verhält sich mit dem Himmelreich wie"), 22,2
erklärt er damit, dass sich die Parabel auf die Vergangenheit beziehe.
[40] Diese Möglichkeit referiert *D. A. Carson* (ΟΜΟΙΟΣ Word-Group 278 mit
Anm. 5) als eine in der älteren Literatur zuweilen vertretene Deutung. Jüngst übersetzt auch *A. Sand* mit „wurde verglichen", allerdings ohne die Bedeutung der
Formel und ihres Tempus näher zu erläutern (vgl. *ders.*, Mt, jeweils zu den einschlägigen Stellen).

eingetretenes Basileia-Geschehen bestimmt ist (ingressiver Aorist).[41] Um dies deutlich zu machen, könnte der Aorist vielleicht übersetzt werden: „Das Himmelreich ist gleich einem N.N. *geworden*, ...".[42] Bei 13,24 wäre an das vorausgehende Wirken Jesu zu denken, das zur Entstehung der Jüngergemeinschaft führt, und an die gegenwärtige Situation der Welt als *corpus mixtum* aus Guten und Bösen, die das Umfeld dieser Gemeinschaft bildet (vgl. 13,37-39); bei 18,23 an ein vorausgehendes, vergebendes Handeln Gottes, dass auch den Umgang mit dem schuldig gewordenen Bruder bestimmen muss (vgl. 18,21f.35); in 22,2 an den Verlauf der Heilsgeschichte, der die Position und das Selbstverständnis der matthäischen Gemeinde bestimmt[43]. In keinem der drei Fälle wäre die einleitende Akzentsetzung so zu verstehen, dass die Basileia *ausschließlich* mit Rücksicht auf ihre Vergangenheit in den Blick genommen wird. Alle Gleichnisse nehmen mit dem Schlussakzent der Erzählung zugleich ein Gerichtshandeln in den Blick, dass aus Sicht der matthäischen Adressaten noch aussteht (vgl. 13,30 mit 13,39-43; 18,35; 22,13).[44]

Dieses Verständnis interpretiert den Aorist analog zum Futur, indem es ihn wie dieses als eine Aussage zur Sache der Gleichnisse, dem Himmelreich, deutet. Die futurischen und aoristischen Formeln akzentuierten dann - im Unterschied zu den präsentischen - ausdrücklich das (heils-)geschichtliche Werden der Basileia. Gegen diese Interpretation einzuwenden, Matthäus setze die Tempusakzente nicht an allen Stellen, wo dies vom Thema des Gleichnisses her möglich wäre[45], hat nur beschränktes Gewicht. Einerseits relativiert diese Beobachtung natürlich die Aussagekraft der Belege, andererseits kann aber völlige Konsequenz in der Anwendung der Einleitungsformeln durch Matthäus nicht erwartet werden.

(iii) Der Aorist kann in einer dritten Alternative als gnomischer Aorist (vgl. das hebräische Perfekt) gedeutet und präsentisch übersetzt wer-

---

[41] Pointiert vertreten wird die These von *D. A. Carson* (OMOIOΣ Word-Group), dort (in Anm. 6) ältere Literatur, die auf derselben Linie liegt; vgl. ähnlich auch *R. Gundry*, Mt 263; *W. D. Davies/D. C. Allison* (Mt II 411, unter Verweis auf Carson).

[42] Carson übersetzt: „the kingdom of heaven has become like" (OMOIOΣ Word-Group 278.279).

[43] Dieses Verständnis ist durch die Metaphorik und den Kontext der Parabeltrias zu gewinnen, sie kann hier nicht im Detail begründet werden.

[44] Vgl. *D. A. Carson*, OMOIOΣ Word-Group 279; *W. D. Davies/D. C. Allison*, Mt II 411 (zu 13,24).

[45] *U. Luz* (Mt II 296 Anm. 22) bemerkt, dass Carsons These bei den eschatologisch akzentuierten Parabeln 13,47ff und 20,1ff nicht aufgehe; 13,47ff empfindet offenbar auch Carson als ein Problem, denn er diskutiert den Text gründlich, ohne ihn letztlich überzeugend als nicht-eschatologisch erweisen zu können (a.a.O. 280).

den.[46] Die Aussage wäre dann mit ὁμοία ἐστίν nahezu gleichwertig.[47] Eine Entscheidung zwischen den letzten beiden Alternativen ist schwierig. Beide Formeln können bei Matthäus nebeneinander stehen, ohne dass - abgesehen von den unterschiedlichen Formeln - eine Differenzierung erkennbar wäre (13,24 mit 13,31.33). Vielmehr werden die betreffenden Gleichnisse ausdrücklich parallelisiert (ἄλλην παραβολήν: 13,24.31.33). Die Septuaginta verwendet den Aorist Passiv an einigen Stellen im präsentischen Sinn (z.B. Ps 48[49],12.20; 101[102],6; 143[144],4; Hld 7,7(8)[48]), an anderen Stellen ist das Hervorheben eines Vergangenheitsaspektes möglich bis wahrscheinlich (vgl. Jes 1,9; Ez 31,8.18; 32,2; 1Makk 3,4). Auch an den letztgenannten Stellen ist freilich an ein überzeitlich bedeutsames (1Makk) oder an ein bis in die Gegenwart des Sprechers wirksames Geschehen (Ez) gedacht. Der Kontext ist ausschlaggebend.

Fazit: Angesichts dieses Befundes erscheint eine präsentische *Übersetzung der Formel* in keinem Fall falsch zu sein. Für die *Auslegung der betreffenden Gleichnisse* bedeutet die Entscheidung zwischen den beiden letzten Alternativen eine leichte Verschiebung der Akzente. Der essentielle Zusammenhang zwischen vorausgehendem und nachfolgendem Geschehen, von Ursache und Wirkung, Handlung und Folgen gehört zur erzählerischen Logik aller drei Gleichnisse und wird deutlich herausgearbeitet.[49] Dieses mit gleichnisinternen, v.a. narrativen Mitteln konstituierte Moment ist von der Einleitung nicht abhängig. Darf man den Aorist aber als Hinweis darauf lesen, dass die Gegenwart des Himmelreiches durch die Vergangenheit bestimmt ist, dann wäre diese dem Gleichnis ohnehin immanente Logik besonders in den Vordergrund gerückt.

c) Die vermeintliche „Inkonzinnität" (P. Fiebig) der Vergleichsformeln

Bei der sachlich angemessenen Wiedergabe der bisher vorgestellten Gleichnisformeln in der Übersetzung und Auslegung ergibt sich ein

---

[46] Vgl. *F. Blaß/A. Debrunner(/F. Rehkopf)*, Grammatik §333; *U. Luz*, Mt II 320 Anm. 1; *W. Haubeck/H. v. Siebenthal*, Schlüssel (zu 13,24; 18,23; 22,2).

[47] Die Gleichsetzung der beiden Formeln bei *F. Blaß/A. Debrunner(/F. Rehkopf)*, Grammatik §333 Anm. 6; *E. Lohmeyer*, Mt 213.

[48] Die Textbezeugung schwankt, der Sinaiticus liest Futur.

[49] Es ist um des Ertrages willen der gute Samen gesät worden (13,24), daraus ergibt sich der Umgang mit dem Unkraut (13,29f). Der zornige König verweist ausdrücklich auf sein eigenes Verhalten zurück, das den unbarmherzigen Knecht in seinem Handeln hätte bestimmen müssen (18,32f). Die Parallelisierung der Schuldner unterstreicht dies (18,26 mit 29). Alle, Gute und Böse, sind zu der Hochzeit geladen (22,9f), so dass auch für diese Geladenen gilt: sie können sich der Teilnahme am Fest nicht sicher sein, sie müssen sich bewähren (22,11-13).

Problem, das in der Forschung bisweilen unter dem Stichwort „Inkonzinnität" verhandelt wird[50]. Gemäß einem grammatisch strengen Verständnis wird das Himmelreich in 13,45 mit einem Kaufmann verglichen, wogegen die Ausleger in der Regel eher die 'Perle' zum Himmelreich in Beziehung setzen. Auch für 20,1 oder 22,2 ist bei genauem Hinsehen zu fragen, ob wirklich gemeint ist, das Himmelreich sei wie dieser *Mensch,* von dem erzählt wird. Der gattungsgeschichtliche Vergleich zeigt, dass eine vergleichbare Unschärfe auch bei rabbinischen Gleichnissen zu beobachten ist.[51] In der Forschung ist unstrittig, dass die Vergleichsformel nicht im strengen Sinne einen Vergleich der Gottesherrschaft mit einem Kaufmann (13,45), einem Hausherrn (20,1) oder einem König (22,2) meint, sondern die Basileia zum im Folgenden geschilderten Geschehen in Beziehung setzt.[52] Auch das Nebeneinander von 13,24 (ὡμοιώθη ἡ βασιλεία τῶν οὐρανῶν ἀνθρώπῳ σπείραντι καλὸν σπέρμα ...) und 13,36 (τὴν παραβολὴν τῶν ζιζανίων τοῦ ἀγροῦ), die einmal den säenden Menschen und einmal das (vom Feind gesäte) Unkraut in den Mittelpunkt rücken, unterstreicht, dass die Gleichnisse nicht ohne weiteres auf eine Formel zu bringen sind.

Zunächst ist damit - für die Gleichnisauslegung nicht unwichtig - die Frage nach dem Verhältnis von Themenangabe und Erzählung, von „Bild" und „Sache", von der Einleitung her in gewissem Maße offen. Es wird der Gestaltung durch andere Referenzprozesse „übergeben", die Einleitungen lassen Raum für die Wirkung narrativer und metaphorischer Prozesse oder für explizite Deutungen und Anwendungen.[53] Verstärkt wird dies dadurch, dass die geläufigste Themenangabe, nämlich „Himmelreich", sehr weit ist.

Dennoch ist zu fragen, ob es rein zufällig oder völlig beliebig ist, welche Größe aus der Erzählung zum Dativ-Objekt der Vergleichsformel wird, ob die Inkonzinnität gar als erzählerische Ungeschicklichkeit und Ungenauigkeit zu lesen ist. In den stark parallelisierten Gleichnissen 13,44 und 13,45f[54], wird einmal der Schatz im Acker, d.h. das ge-

---

[50] Vgl. *P. Fiebig,* Gleichnisreden 131.255 u.ö.; *J. Jeremias,* Gleichnisse 100.

[51] Vgl. *P. Fiebig,* Gleichnisreden 130f.236f; *A. Goldberg,* Gleichnis 22.

[52] Vgl. nur *P. Fiebig,* Gleichnisreden 131; *J. Jeremias,* Gleichnisse 100f; *E. Linnemann,* Gleichnisse 26; *G. Haufe,* Art. ὅμοιος 1251.

[53] In diesem Sinne hat *P. Fiebig* etwas Richtiges erkannt, wenn er mit Blick auf die Inkonzinnität der Einleitungsformeln formuliert: „Der Jude steuert nicht gleich auf den Vergleichspunkt los. Er haftet an dem Einzelnen mit seinem Denken und *baut gewissermaßen den Gesamtgedanken allmählich aus den einzelnen Zügen der Gesamthandlung auf."* (Gleichnisreden 131; Hervorhebung von mir; Ch.M.). F. wendet sich im Zusammenhang in erster Linie gegen Jülicher und dessen Suche nach dem einen, allgemeinen und abstrakten *tertium comparationis.*

[54] Einleitung mit ὁμοία ἐστὶν ἡ βασιλεία τῶν οὐρανῶν, dann die Ereignisfolge finden (εὑρών) - weggehen und alles verkaufen (ὑπάγει καὶ πωλεῖ πάντα ὅσα ἔχει bzw. ἀπελθὼν πέπρακεν πάντα ὅσα εἶχεν) - (den Fund) erwerben

fundene Gut, einmal der Kaufmann, d.h. der Findende, zum Dativobjekt der Vergleichsformel.[55] Diese Variation kann als ein leserlenken-
des Fokussieren und damit Akzentuieren verschiedener Aspekt der
sehr ähnlichen Geschichten gelesen werden.[56] Denn die erste Geschichte betont im Weiteren die Verborgenheit des Schatzes (zweimal
κρύπτω!), während die zweite gänzlich offen lässt, wie und wo die
Perle gefunden wurde. Umgekehrt bleibt im ersten Fall unklar, warum
der Mann den Schatz überhaupt findet, während der Kaufmann ausdrücklich als jemand geschildert wird, der schöne Perlen sucht.[57] So
steht in der ersten Geschichte der überraschende wertvolle Fund im
Vordergrund, in der zweiten die glücklich belohnte Suche. Beide stehen nicht in Konkurrenz zueinander, sondern ergänzen sich in ihren je
eigenen Akzenten. Aus beiden Ausgangsereignissen ergibt sich, wie
der parallele Verlauf der weiteren Erzählung zeigt, die gleiche Konsequenz, nämlich sich ganz dafür einzusetzen, das Gut zu erlangen. Die
Ausleger ermitteln in der Regel zu Recht von dieser gemeinsamen
Pointe her das Hauptanliegen der beiden Gleichnisse. Unbeschadet der
Gemeinsamkeit bieten die Gleichnisse jedoch einen unterschiedlichen
Einstieg. Im Blick auf Identifikationsangebote an die Hörer dürfte das
z.B. pragmatisch von Belang sein.
Eine Verallgemeinerung erscheint plausibel: Das Dativobjekt der Vergleichsformel ist zugleich das Element, mit dem der Sprecher die nun
folgende Erzählung oder Schilderung beginnt. Die Erzählforschung
zeigt, das der Anfang einer Erzählung - ebenso wie ihr Ende - ein sehr
sensibler Bereich ist, in dem wichtige Vorentscheidungen fallen und
Voreinstellungen vorgenommen werden können (wenn auch nicht:
müssen).

Dies gilt in zweierlei Hinsicht. Zum einen kann - mit Blick auf den Inhalt der erzählten Geschichte *(story)* - jenes Geschehen, das die erzählte Ereignisfolge aus-
löst, diese Ereignisse nachhaltig beeinflussen. Man denke an eine Aufgabe, die es

---

(ἀγοράζει bzw. ἠγόρασεν). - Ein auffälliger Unterschied besteht im Tempus der
Erzählungen, vgl. *U. Luz,* Mt II 349 Anm. 3.
[55] Dies wird öfter beobachtet, selten aber ausführlicher diskutiert. *O. Glombitza*
hat in einem Aufsatz angeregt, wegen dieses Wechsels das erste Gleichnis auf die
Suche des Menschen nach dem Himmelreich, das zweite auf Gottes (!) Suche nach
dem Menschen zu deuten (vgl. *ders.,* Perlenkaufmann). Die Deutung hat sich mit
Recht nicht durchgesetzt.
J. D. Kingsbury verweist ausführlich auf das Phänomen der Inkongruenz der Einleitungen und sieht die Sache damit offenbar als erledigt an (Parables 111). *W. D.
Davies/D. C. Allison* erklären den Unterschied durch Rückgang auf die Quellen (Mt
II 438; ausdrücklich sogar die Annahme, Mt selbst hätte wohl genau parallel
formuliert). Diese letzten beiden Überlegungen dürften unausgesprochen etliche
Autoren bewogen haben, das Phänomen nicht zu diskutieren.
[56] Ähnlich *W. Carter/J. P. Heil,* Parables 88 Anm. 56.
[57] *J. Gnilka* bemerkt mit Recht, dass die Erzählstruktur des zweiten Gleichnisses
den Perlenkaufmann stärker in den Vordergrund rückt (Mt I 507).

zu bewältigen, oder an eine Not, die es zu beheben gilt, wovon dann die Geschichte erzählt. Zum anderen gehört - auf der Ebene der Darbietung der Geschichte *(discourse)* - die Entscheidung darüber, wie eine Erzählung begonnen wird, an welcher Stelle in der Ereignisfolge, mit welcher Person, unter Erwähnung und Auslassung welcher begleitenden Umstände, aus welcher Perspektive usw., zu den Gestaltungsmöglichkeiten eines jeden Erzählers.

Ähnliche Überlegungen stellte schon die antike Rhetorik an.[58] Trotz einer gewissen Unschärfe der Vergleichsformel ist das Dativobjekt in dieser Formel deshalb nicht notwendig beliebig. Vielmehr kann es (ggf. erweitert durch Partizipien usw.) wegen seiner herausgehobenen Stellung als Einstieg in das Gleichnis Leitlinien für dessen Verständnis setzen, indem einführend bestimmte Aspekte fokussiert oder gezielte Akzente gesetzt werden. In diesem Sinne können die Einleitungsformeln zwar inkonzinn, aber dennoch sehr genau sein.

Untermauert werden kann diese Überlegung zunächst durch die Parallele zum Gleichnis vom Schatz im Acker im Thomasevangelium (ThEv 109). In dieser Erzählung wird der Acker vom Besitzer an seinen Sohn vererbt und später vom Erben verkauft. Im Zentrum der Erzählung steht die Frage, ob der jeweilige Besitzer vom Schatz erfährt oder nicht. Deutlich ist durch diese Erzählstruktur der Fokus auf die Besitzer des Ackers gerichtet. ThEv 109 nennt entsprechend in der Einleitungsformel nicht mehr den Schatz, sondern beginnt: „Das Reich gleicht einem *Manne*, der auf seinem Acker einen [verborgenen] Schatz hat, von dem [er] nicht weiß."[59] Auch im Korpus der matthäischen Gleichnisse können neben den Gleichnissen vom Schatz (13,44) und vom Kaufmann (13,45f) weitere Beispiele dafür angeführt werden, dass der Gleichnisanfang oft mit Bedacht gewählt wird. So werden etwa eine Reihe von Gleichniserzählungen von einer Autoritätsfigur dominiert, die das Geschehen bestimmt und der gegenüber die Untergebenen Rechenschaft schuldig sind.[60] Sie beginnen stets mit dieser Autoritätsfigur, d.h. dem Hausherrn, Weinbergbesitzer oder König (mit Vergleichsformel: 18,23-35; 20,1-16; 22,1-14; 25,14-30; vgl. außerdem 21,28-32 und 33-44), die einführend vorgestellt wird und durch ihr Handeln das Geschehen in Gang bringt. Die von Wachsamkeitsparänese in 24,12 und 25,13 eingerahmten Gleichnisse wiederum setzten allesamt mit der Figur ein, von der im Rahmen des Gleichnisses Wachsamkeit gefordert ist (24,43f; 24,45-51; 25,1-13, nur letzteres hat eine Gleichniseinleitung).

Fazit: Die Inkonzinnität der Gleichnisformeln ist zum einen im Sinne einer gewissen Offenheit zu interpretieren. Die Bedeutung des Gleichnisses wird nicht allein durch die Einleitung fixiert. Vielmehr ist die

---

[58] Vgl. etwa zum *initium narrationis* (*H. Lausberg*, Handbuch §§ 300f.339), aber auch zum *exordium* der Rede (ebd. §§ 263-288).

[59] Text nach *K. Aland* (Hg.), Synopsis 529 (Übersetzung von E. Haenchen).

[60] Vgl. dazu auch unten B.IV.1.b.α.

Feststellung einer Inkonzinnität der Formel ein Ausdruck der Beobachtung, dass die Gleichnisse in ihrer Aussage wesentlich durch weitere Faktoren bestimmt sind (Erzählung, Metaphorik, Gleichnisschlüsse, ...). Die Inkonzinnität darf allerdings nicht mit
„Ungenauigkeit" verwechselt werden. Das Dativobjekt der Gleichnisformel bietet den Einstieg in das Gleichnis und ist deshalb aus er-
zähltheoretischer und rhetorischer Sicht von potentiell hoher Bedeutung. Die matthäischen Texte bestätigen das und legen den Schluss
nahe, dass die Formulierung der Gleichnisformel in vielen Fällen kein
Zufall ist.

d) Die Himmelreicheinleitungen als Themenangabe und Gattungs-signal

Die Einleitungen setzen den Impuls zu vergleichen, eine Entsprechung,
eine Ähnlichkeit zwischen zwei Größen zu suchen. Als Signalgeber
fungieren die in dieser Hinsicht semantisch klaren Stichworte
ὅμοιος und ὁμοιόω sowie einmal ὥσπερ. Als Subjekt der Vergleichsformeln taucht in der überwiegenden Zahl der Fälle das Himmelreich
auf. βασιλεία (τοῦ θεοῦ/τῶν οὐρανῶν) ist ein zentraler Begriff
matthäischer Theologie.[61]
Schon für sich allein betrachtet, erst recht aber angesichts der Wertschätzung, die die Gleichnisse in einigen Teilen der Forschung als „zur
Sprache Kommen der Basileia" genießen, regt der Befund der
Einleitungswendungen dazu an, auch für Matthäus zu reflektieren,
welchen Stellenwert die Gleichnisse als Rede über das Himmelreich in
seinem Evangelium haben. Die Frage kann nur dann angemessen beantwortet werden, wenn die Theologie der Gleichnisse sorgfältig erhoben und in den Kontext des Evangeliums eingeordnet wird. Einschlägige Arbeiten zeigen, dass es besonders bei Matthäus eine ganz
wesentliche Leistung der Gleichnisse ist, die heilsgeschichtliche Dimension der Basileia und die Konsequenzen dieser Geschichte, die von
Gottes Heilshandeln an Israel bis zur noch ausstehenden eschatologischen Vollendung reicht, für die Gegenwart der matthäischen Gemeinde aufzuzeigen.[62]

---

[61] Vgl. *W. Trilling*, Israel 144; *A. Kretzer*, Herrschaft 10; *U. Luz*, Art. βασιλεία
487; *A. Sand*, Matthäus-Evangelium 49.
[62] Vgl. *A. Kretzer*, Herrschaft, *J. Lambrecht*, Treasure 286f; *U. Luz*, Mt II 371-
374; *J. Gnilka*, Theologie 182ff; *J. Roloff*, Kirchenverständnis; *W. Carter/J. P.
Heil*, Parables 212f; auch *W. Trilling*, Israel 144-151 passim. *J. R. Donahue*
(Gospel 200-202) betont etwas einseitig den Zusammenhang von futurischer
Eschatologie und Gerichtsbotschaft mit der Paränese und unterschlägt den Blick
auf die Vergangenheit, d.h. v.a. auf die Geschichte Gottes mit dem Volk Israel bis
in die Gegenwart Jesu hinein. *I. H. Jones* will sich nicht auf eine besondere Funktion der Gleichnisse mit Blick auf das Himmelreich festlegen, sondern erkennt eine
Vielzahl (vgl. Parables 133-139).

Zunächst ist die Einleitung „Das Himmelreich gleicht ..." also eine Themenangabe, und tatsächlich leisten die Gleichnisse einiges, wenn es darum geht zu verstehen, was das Himmelreich eigentlich ist. Nun besteht die oben bereits diskutierte Unschärfe oder Inkonzinnität der Einleitungsformel. Für die matthäischen Basileia-Gleichnisse kommt ein Zweites hinzu: Die Themenangabe ist formelhaft und stereotyp. 'Himmelreich' ist bei Matthäus tendenziell ein sehr umfassender Begriff mit vielschichtigem Bedeutungsgehalt[63], damit als Themenangabe zugleich relativ unbestimmt. Trotz dieser doppelten Unbestimmtheit scheinen Matthäus die ὁμοι- + βασιλεία-Einleitungen wichtig zu sein. Darauf deuten die hohe Zahl der Belege, die Verwendung der matthäischen Vokabel „Himmelreich" sowie die als Ergebnis der Literarkritik festzustellende Vereinheitlichung der Formel hin.

Die im Folgenden in drei Schritten zu erläuternde *These* lautet: Der Grund für das Interesse an den ὁμοι- + βασιλεία-Einleitungen liegt darin, dass die Formeln im Sinne des Matthäus zugleich Themenangabe und Gattungssignal sind und durch die Verbindung dieser beiden Funktionen eine hermeneutisches Signal setzen, indem sie auf den in der sog. Parabeltheorie Mt 13,10-17 dargelegten Zusammenhang von Form und Thema der Gleichnisse verweisen.

(1) Die Formalisierung und Stereotypisierung der vergleichenden Einleitungswendungen spricht dafür, in ihnen mehr als nur eine Themenangabe zu sehen. Die Formeln sind ein Gattungssignal, haben mit der „Pflege" einer Gattung zu tun. Texte werden als gleichartig erkannt, zusammengestellt, vereinheitlicht; vielleicht wird über ihr Wesen nachgedacht. Die Stereotypisierung im Zusammenhang mit Gleichnissen beschränkt sich nicht auf die Einleitungswendungen, sie lässt sich z.B. auch im Kontext ablesen, wenn Matthäus als Erzähler mehrfach formuliert ἄλλην παραβολὴν παρέθηκεν (ἐλάλησεν) αὐτοῖς (13,24.31.33; vgl. 22,1), oder wenn er immer wieder Gleichnisse zu Gruppen zusammenstellt (Mt 13,1-52; 21,28 - 22,14; 24,42 - 25,30). Auch die Gleichnisschlüsse weisen Stereotypisierungen auf.[64] Vergleichbare Phänomene von Vereinheitlichung und Schematisierung im Zusammenhang mit dem Verwenden, Sammeln und Edieren gibt es bei den rabbinischen Gleichnissen und etwas weniger markant auch bei Fabeln.

Als wichtigste außerchristliche Parallele zu der hier besprochenen Form von Gleichniseinleitungen gelten die rabbinischen Gleichnisse.[65] In der Regel gibt es

---

[63] Ausführlicher dazu weiter unten.
[64] Vgl. unten B.V.1 und 2.
[65] Auf die Ähnlichkeit zu den rabbinischen Texten machte mit Nachdruck *Paul Fiebig* aufmerksam (Altjüdische Gleichnisse 77-82). Nach ihm zum Formvergleich der Einleitungen dann *H. L. Strack/ P. Billerbeck*, Kommentar II 7-9; *J. Jeremias*, Gleichnisse 99-102; *P. Dschulnigg*, Gleichnisse 530-539 u.a. (zur Lit. auch oben

dort eine im Vorfeld benannte Veranlassung für das Gleichnis: ein Problem der Schriftauslegung, eine Frage aus der rabbinischen Diskussion u.ä., auf die das Gleichnis bezogen ist.[66] In der Gestaltung des Übergangs von dieser Veranlassung zum Text des Gleichnisses lassen sich nun Wendungen beobachten, die ein deutliches Maß an Regelmäßigkeit und Musterbildung verraten. Wenn nicht ganz auf einen Übergang verzichtet wird[67], dann ist die knappste Form der Überleitung das Präfix -לְ[68], seltener begegnen auch andere Vergleichsworte wie מָה ('wie')[69] oder das Präfix -כְּ (ebenfalls 'wie').[70] Diese Minimalform kann zum einen erweitert werden durch eine einleitende Frage der Art לְמָה הַדָּבָר דּוֹמֶה ('Womit ist die Sache zu vergleichen?').[71] Dann fährt der Text meist mit לְ fort. Zum anderen kann der ausdrückliche Hinweis vorausgehen, dass nun ein Gleichnis folgt. Der Hinweis auf die Gattung besteht in der knappsten und häufigsten Form nur aus dem Stichwort מָשָׁל (wird in den Übersetzungen mit 'ein Gleichnis' oder 'gleich' wiedergegeben)[72], kann aber auch länger ausfallen.[73] Dann folgt in der Regel wie-

---

Teil A.I. Anm. 6). Vgl. zur Form rabb. Gleichnisse weiter *A. Goldberg*, Gleichnis; *D. Stern*, Parables.

[66] Vgl. *C. Thoma/S. Lauer*, Gleichnisse I 19.

[67] So z.B. *C. Thoma/S. Lauer*, Gleichnisse I: Nr. 23 (PesK 5,14), Nr. 40 (PesK 12,22); *dies.*, Gleichnisse II: Nr. 6 (BerR 1,13), Nr. 103f (BerR 55,2 die beiden ersten Gleichnisse); Nr. 131 (BerR 46,1), Nr. 142-144 (BerR 49,14); *C. Thoma/ H. Ernst*, Gleichnisse III: Nr. 6 (BerR 64,10), Nr. 56-60 (ShemR 8,1).

[68] Vgl. z.B. *C. Thoma/S. Lauer*, Gleichnisse I: Nr. 1 (PesK 1,1), Nr. 2 (PesK 1,2), Nr. 4 (PesK 1,3), Nr. 5 (PesK 1,3); vgl. *H. L. Strack/P. Billerbeck*, Kommentar II 7f

[69] So *C. Thoma/S. Lauer*, Gleichnisse I: Nr. 11 (PesK 2,9), Nr. 19 (PesK 5,6), Nr. 70 (PesK 27,3); *dies.*, Gleichnisse II: Nr. 132 (BerR 46,1), Nr. 138 (BerR 49,1); *C. Thoma/H. Ernst*, Gleichnisse III: Nr. 37 (BerR 97,3); Nr. 45 (ShemR 2,5).

[70] Z.B. *C. Thoma/S. Lauer*, Gleichnisse I: Nr. 41 (PesK 12,25); *dies.*, Gleichnisse II: Nr. 61 (BerR 14,1); *C. Thoma/H. Ernst*, Gleichnisse III: Nr. 3 (BerR 63,8), Nr. 47 (ShemR 2,6).

[71] Sehr oft, fast stereotyp, begegnet die zitierte Frage. Variationen, die den zu vergleichenden Gegenstand konkret benennen, sind aber möglich. Beispiele bei *H. L. Strack/P. Billerbeck*, Kommentar II 8f; *P. Fiebig*, Altjüdische Gleichnisse 5,17.23-25.27.29.34.37.39.40 (alle aus der Mekh); *C. Thoma/S. Lauer* Gleichnisse I: Nr. 3: (PesK 1,2), Nr. 12 (PesK 3A); Nr. 13 (PesK 3B); *dies.*, Gleichnisse II: Nr. 66 (BerR 17,8); *C. Thoma/H. Ernst*, Gleichnisse III: Nr. 8 (BerR 65,10), Nr. 18 (BerR 75,10), Nr. 51 (ShemR 15,10), Nr. 64 (ShemR 14,1), Nr. 65 (ShemR 15,3), Nr. 99 (ShemR 18,5), Nr. 107 (ShemR 19,6), u.ö.

[72] In der PesK selten und v.a. im Anhang belegt (vgl. dazu *P. Dschulnigg*, Gleichnisse 532), im Übrigen aber sehr häufig, vgl. z.B. *H. L. Strack/P. Billerbeck*, Kommentar II 8; *P. Fiebig*, Altjüdische Gleichnisse S. 19.24f.27.29.31.3234.36f.39 u.ö. (aus der Mekh); *C. Thoma/S. Lauer*, Gleichnisse I: Nr. 68 (PesK 26,9), Nr. 78-82 (PesK Anh. IIIB.VA.VB.VC.VIIA); *dies.*, Gleichnisse II: Nr. 4 (BerR 1,4), Nr. 7/8 (BerR 1,15), Nr. 9/10 (BerR 2,2), Nr. 12/13 (BerR 3,1); *C. Thoma/H. Ernst*, Gleichnisse III: Nr. 42 (ShemR 1,8), Nr.43 (ShemR 1,32), Nr. 44 (ShemR 2,2).

[73] Etwa „man hat ein Gleichnis erzählt"; „ich will ein Gleichnis sagen", „Rabbi N.N. sagte ein Gleichnis", „ein Gleichnis über ...". Zu Beispielen vgl. *H. L. Strack/P. Billerbeck*, Kommentar II 8f; *C. Thoma/S. Lauer*, Gleichnisse I: Nr. 42 (PesK 13,11); Nr. 52 (PesK 19,2), Nr. 74 (PesK 28,7); *dies.*, Gleichnisse II: Nr. 17 (BerR 4,6); *C. Thoma/H. Ernst*, Gleichnisse III: Nr. 8 (BerR 65,10), Nr. 36 (BerR 96 Vat 30), Nr. 113 (ShemR 20,1), Nr. 136 (ShemR 21,11); weitere Beispiele sind leicht im Materialienanhang von *K. Erlemann*, Gleichnisauslegung, zu finden.

der das bekannte לְ. Schließlich können alle drei Elemente – Gattungshinweis, Einleitungsfrage und Dativpräfix – miteinander kombiniert werden.[74] Mehrfach dient auch die Wendung בְּנוֹהַג שֶׁבָּעוֹלָם ('gewöhnlich ist es so') zur Einleitung v.a. von antithetischen Gleichnissen.[75] Insgesamt ergeben sich so gewisse Grund- oder Regelformen, auf deren Basis jedoch jederzeit Variationen möglich sind.

Bemerkenswert ist zunächst das Faktum einer deutlich ausgeprägten Formalisierung der Einleitungsformeln bei den matthäischen und bei den rabbinischen Gleichnissen. Sie ist keineswegs selbstverständlich, wie der Blick auf die pagane und jüdisch-hellenistische Literatur zeigt. Die Formalisierung zeugt zum einen davon, dass die einzelnen Gleichnisse als Vertreter einer Gattung wahrgenommen werden. Sie belegt zum anderen eine gewisse „Pflege" dieser Gattung, d.h. eine Reflexion über das Wesen, einen regelmäßigen Gebrauch und/oder eine Sammlung der Texte, die zu solchen relativ fixen Formeln führen.[76]

Einigen Fabeln[77] – relativ häufig z.B. bei Phaedrus[78] – ist eine Art Lehrsatz vorgeordnet, den sie illustrieren sollen (Promythion).[79] Das Promythion ist häufig schlicht vorangestellt, mehrfach finden sich aber auch Überleitungswendungen:

- „Die kleine Fabel diene hierzu als Beweis (testatur haec fabella propositum meum)".
- Es „sei in Kürze hier gezeigt (paucis ostendamus versibus)".
- „Die kurze Fabel von Aesop bestätigt dies (hoc adtestatur brevis Aesopi fabula)".
- „Die Geschichte hier bezeugt's (testis haec narratio est)".
- „Daß dies wahr ist, zeigt die kleine Fabel an (id esse verum prava haec fabella indicat)".
- Dazu „mahnen diese Verse uns (versus subiecti monent)".
- „... sag ich dir an, weshalb" du dies und das tun oder lassen sollst („attende cur ...").

---

[74] Beispiele finden sich leicht unter den oben in den Anm. genannten Stellen.

[75] Vgl. dazu *C. Thoma/S. Lauer,* Gleichnisse I 131 Anm. 1; *P. Dschulnigg,* Gleichnisse 536; *C. Thoma/H. Ernst,* Gleichnisse III 277 Anm. 2.
Beispiele bei *C. Thoma/S. Lauer,* Gleichnisse I: Nr. 16 (PesK 4,2), Nr. 17 (PesK 4,4; 12,1; 26,3), Nr. 56 (PesK 21,5), Nr. 62 (PesK 24,12); *dies.,* Gleichnisse II: Nr. 1 (BerR 1,1), Nr. 2 (BerR 1,5), Nr. 3 (BerR 1,3), Nr. 5 (BerR 1,12), Nr. 16 (BerR 4,1), Nr. 25 (BerR 5,7); *C. Thoma/H. Ernst,* Gleichnisse III: Nr. 61 (ShemR 9,6), Nr. 62 (ShemR 9,9), 101 (ShemR 18,7).

[76] Vgl. einerseits *D. Stern* (Parables 34-37), der die Stereotypisierung der Gleichnisform schon im mündlichen Gebrauch annimmt (ohne damit den Einfluss ausgebildeter Konventionen auf die Verschriftlichung ausschließen zu wollen), andererseits *B. H. Young* (Parables 24), der eine Standardisierung der rabbinischen Einleitungsformeln im Zusammenhang mit ihrer Verschriftlichung vermutet.

[77] Die Fabeln werden in der Gleichnisforschung in verschiedenen Rücksichten immer wieder hergezogen, vgl. z.B. *A. Jülicher,* Gleichnisreden I 94-101; *W. Harnisch,* Gleichniserzählungen 97-105; *K. Berger,* Gattungen 1114-1120 passim; *F. Vouga,* Überlegungen; *ders.,* Parabeln.

[78] Die Lebensdaten des Phaedrus sind bei *H.C. Schnur* mit ca. 18 v.Chr. - Anfang der 50er Jahre n.Chr. angegeben. Phaedrus ist griechischer Herkunft, hat aber eine Sammlung aesopischer Fabeln in lateinischer Sprache (und in Versform) verfasst (vgl. *H. C. Schnur,* Fabeln der Antike 22-25, zum Werk selbst auch die Prologe und Epiloge des Phaedrus zu einigen der Bücher seiner Sammlung).

[79] Beispiele bei *H. C. Schnur,* Fabeln der Antike 168f.170-191.192f.204f.206f.216f.234f.238-243.

- Wenn einer dies und das tut, „so mag er diese Fabel auf sich selbst beziehen (hoc argumento se describi sentiat)".
- „...wie es die Fabel, die jetzt folgen soll, erzählt (quod taliter subiecta narrat fabula)".[80]
Phaedrus ist anders als Matthäus offenbar um Abwechslung in der Formulierung bemüht, trotzdem wiederholen sich Worte und Wortgruppen wie z.B. testis, testare und Komposita. Auch ist das Promythion jeweils ein anderes und so von der fast stereotypen Themenangabe „Himmelreich" unterschieden. Neben dem Promythion gibt es das Epimythion, eine der Erzählung *nach*geordnete „Moral von der Geschicht" mit weitgehend gleicher Funktion. Um das Promythion richtig einordnen zu können, muss der Zwilling Epimythion berücksichtigt werden, denn er zeigt an, dass das Promythion weit stärker als die Themenangabe in den matthäischen Gleichnissen eine Interpretation der Fabel sein will. Daneben belegen dies auch die Verben, die zur Gestaltung des Übergangs verwendet werden (beweisen, zeigen, bestätigen, bezeugen usw.). Auch für die Fabeln wird erwogen, ob das Promythion mit Sammlungs- und Verschriftlichungsprozessen in Verbindung steht.[81]

(2) Die Gleichnisse Jesu - als eine Textgruppe, eine Gattung betrachtet - können der stereotypen Einleitungsformel zufolge vom Himmelreich reden, sie tun es sogar recht häufig. Auch wenn Matthäus in der Sache auch andere Formen der Rede Jesu dem „Evangelium vom Reich" zurechnet, spricht er diese Fähigkeit anscheinend kaum einer anderen Textsorte so ausdrücklich zu. Als eine Rede *über* das Himmelreich, sein Was und Wie, stehen die Gleichnisse weitgehend einzig dar. Nur die Aussage über die Nähe der Basileia lässt sich ihnen an die Seite stellen (3,2; 4,17; 10,7; 12,28). Im Übrigen wird außerhalb der Gleichnisse nur implizit oder *en passant* deutlich, welche Vorstellungen bei Matthäus mit dem Begriff βασιλεία τῶν οὐρανῶν assoziiert sind.[82]

Außerhalb der Gleichnisse wird zunächst an sehr vielen Stellen klar, dass die Basileia eine Heilsgröße ist[83], ein Gut, dass man besitzen (5,3.10; 19,14; 25,43) oder verlieren kann (8,12; 21,43), ein Ort, in den man eingehen (5,20; 7,21; 18,3; 19,23f; 21,31; vgl. 16,19; 29,13) und an dem man sein wird (5,19; 8,11; 11,11; 18,1.4; 26,29; vgl. 20,21). Die Besitzenden resp. „Einwohner" werden Söhne des Reiches genannt (8,12; 13,38). Präsentische und futurische Aspekte dieser Heilsgröße mischen sich auch bei Matthäus. Wie dieses Gut, dieser Ort näherhin vorzustellen ist, wird kaum gesagt, nur manchmal schimmert eine solche Vorstellung -

---

[80] A.a.O.168f.172f.174f.178f.180f.192f.216f. (Übersetzungen von Schnur).

[81] *F. Vouga* (Überlegungen 178) benennt als ursprüngliche Funktion des Promythium die Indexierung der jeweiligen Fabeln in einer Sammlung (mit *B.E. Perry*, Babrius and Phaedrus [Loeb Classical Library], Cambridge – London 1965, XIV-XVI).

[82] Vgl. auch die Textauswahl in der Monographie von *A. Kretzer*, wenn es um „Die theologische Entfaltung des mt Basileiaverständnisses" geht (*ders.*, Herrschaft, Zweiter Abschnitt = 65-224).

[83] Vgl. auch *U. Luz*, Art. βασιλεία 488.

z.T. metaphorisch - durch.[84] Dass die Basileia das Herrschersein und Herrschen Gottes oder seines Bevollmächtigten bedeutet und eine geschichtliche Struktur hat, ist sachliche Voraussetzung ihrer Sicht als Heilsgut, tritt aber außerhalb der Gleichnisse in Kontext des Begriffs (!) βασιλεία eher selten in den Vordergrund (6,10; 16,28; 20,21 resp. 11,11-13). Matthäus ethisiert die Vorstellung vom Himmelreich.[85] Die Vermittlung von Theozentrik, Heilsgeschichte und Ethik ist eine besondere Leistung der Gleichnisse.

Daneben gibt es eine abstrahierte, technische Verwendung von βασιλεία, bei der der Begriff zur Kurzformel für das von Christen Geglaubte, zum Inbegriff für den Gegenstand jesuanischer und christlicher Verkündigung wird. Belegt wird sie u.a. durch die Genitivwendungen 'Evangelium vom Reich' (4,23; 9,35; 24,14), 'Wort vom Reich' (13,19) und 'Jünger des Himmelreichs' (13,52), aber auch durch 6,33 und 19,12.[86]

Auch dieser Negativbefund unterstreicht noch einmal die Beziehung von Gattung und Thema. Die Literarkritik und die Gattungsanalyse werden zeigen, dass Matthäus diese Sicht - Gleichnisse können vom Himmelreich reden - in seinen Quellen vermutlich breit bezeugt gefunden hat und dass sie in etlichen Strömen der Jesusüberlieferung nachzuweisen ist.[87]

(3) Die Formel ist Themenangabe und Gattungssignal zugleich; sie stellt durch ihre stereotype Wiederholung eine Verknüpfung zwischen Form und Inhalt her. Unter diesen Voraussetzungen liegt es nahe, eine Brücke zwischen den Einleitungen und jenem Text zu schlagen, der über den Zusammenhang der Lehre in Gleichnissen mit dem Himmelreich nachdenkt, nämlich die sog. Parabeltheorie Mt 13,10-17. Zu bedenken ist, dass erst nach 13,10-17 ausdrückliche Himmelreichgleichnisse begegnen und dass in Kapitel 13 selbst sogar alle Gleichnisse nach V.17 ausdrückliche Himmelreichgleichnisse sind. Die Forschung hat zum Teil die Reichweite der Parabeltheorie auf Kapitel 13 beschränken wollen. Die Himmelreichformeln sprechen für das Gegenteil, weil sie eben genau jenen Zusammenhang von Form und Inhalt markieren, den die Parabeltheorie bespricht, und dies auch nach Kapitel 13.

Fazit: Die knappen und stereotypen Himmelreichformeln sind einerseits ein Gattungssignal, Ausdruck des Bewusstsein für die Textsorte

---

[84] 8,11 und 26,29 belegen die Vorstellung eines Festmahles im Himmelreich. Nach 13,43 leuchten die Gerechten im Reiche ihres Vaters wie die Sonne. 25,34 impliziert, dass die Basileia von der Schöpfung an besteht.

[85] Vgl. *U. Luz,* Art. βασιλεία 488; *A. Sand,* Matthäus-Evangelium 50f.

[86] Vgl. auch *W. Trilling,* Israel 144; *J. D. Kingsbury,* Parables 19.21; *U. Luz,* Art. βασιλεία 488.

[87] Für Matthäus trifft nicht zu, was *K. Berger* (Gattungen 1115; ist nur Mk gemeint?) schreibt: „Die eingeweihten Jünger sind also diejenigen, die wissen, daß sich die Gleichnisse auf die Basileia beziehen". Das *Thema* Basileia ist bei Matthäus öffentlich bekannt (vgl. 13,24.31.33; 22,2; vgl. 21,43). Das Problem liegt im Verstehen.

Gleichnis und ihrer „Pflege". Andererseits bedeutet der theologische Zentralbegriff „Himmelreich" in dieser Formel eine relativ weite, vage, aber im Kontext des Evangeliums gewichtige Angabe zum Thema des folgenden Textes.[88] Durch die Verknüpfung beider Angaben wird zugleich mit diesen beiden Hinweisen auch ein bestimmtes hermeneutisches Prinzip wachgerufen, das in der sog. „Parabeltheorie" (Mt 13,10-17) formuliert worden ist. Das Prinzip knüpft das Verstehen der Gleichnisse wegen ihres Themas „Himmelreich" an Bedingungen. Weil das Verstehen der Geheimnisse des Himmelreiches von Gott gegeben sein muss und weil Gott seine Herrschaft den Menschen endgültig durch Jesus nahebringt, sind die Gleichnisse nur jenen verständlich, die sich das Himmelreich durch Jesus erschließen lassen. Jenen aber, die sich Gott und Jesus gegenüber verweigern, bleiben die Gleichnisse als Rede vom Himmelreich unverständlich. Ihre Verhärtung der Herzen wird durch die Gleichnisse nicht überwunden, sondern festgehalten und aufgedeckt. Die Himmelreicheinleitungen erinnern im Vorfeld des Gleichnisses an diesen Zusammenhang.

Eine Schlussüberlegung: Die Himmelreicheinleitung ist so verstanden ein positives, kein exklusives Signal. Das bedeutet, dass zwar nicht alle Gleichnisse vom Himmelreich handeln müssen, dass es aber sehr wohl Gleichnisse geben kann, die in der Sache vom Himmelreich reden, auch wenn ihnen eine entsprechende Einleitung fehlt (vgl. z.B. 13,3; 21,33; 24,45; 25,14).[89]

e) Tradition und Redaktion

Zunächst sind für einige Stellen Parallelen oder zumindest ähnliche Formulierungen zu notieren. ὁμοιωθήσεται in Mt 7,24.26 steht ὅμοιός ἐστιν in der Parallele Lk 6,48.49 gegenüber. Der Text stammt aus der Redenquelle, dafür sprechen die Übereinstimmungen in Wortlaut und Kontext.[90] Matthäus kennt als einziger Synoptiker die passivischen Formeln, was auf Redaktion hinweisen könnte, verwendet oder übernimmt andernorts aber auch ὅμοιός ἐστιν. Es ist kaum

---

[88]   K. *Berger* beurteilt die Basileia-Einleitungen als Mittel der Kontextualisierung (Formgeschichte 55). Das ist in dem Sinne richtig, dass ein Bezug zur Theologie des Evangeliums hergestellt wird. Eine Vermittlung mit der konkreten erzählten Situation leistet die Formel wegen ihres stereotypen Charakters aber nicht. Anders einleitende Imperative und Fragen!

[89]   U. *Luz* meint, Mt habe die Tendenz, Gleichnisse so oft wie möglich als Himmelreichgleichnisse zu kennzeichnen, und tue dies nur dann nicht, wenn eine andere Sachhälfte vorgegeben sei oder die rhetorische Gestaltung die Nennung einer Sachhälfte verbiete (einleitende Frage und Imperative); vgl. Mt II 368.

[90]   Die Herkunft aus der Redenquelle ist unter denen, die die Zwei-Quellen-Theorie akzeptieren, kaum strittig. E. *Schweizer* erwägt wegen der Einleitungsformel den Einfluss einer zweiten Quelle neben Q (Mt 122).

sicher zu entscheiden, wer umformuliert hat.[91] Mt 11,16 hat eine leicht variierte, im Ganzen aber sehr ähnliche Parallele in Lk 7,31f. Die den Vergleich einleitende Frage verwendet in beiden Fällen ὁμοιώσω, der Vergleich selbst ist bei Lk pluralisch mit ὅμοιοί εἰσιν formuliert, nicht singularisch ὁμοία ἐστίν wie bei Matthäus, da er sich auf „die Menschen dieser Generation" statt auf „diese Generation" bezieht. Die Herkunft aus der Redenquelle erscheint wahrscheinlich[92]; die leichte Variation in der Formulierung ist für unsere Fragestellung ohne Belang und braucht nicht detaillierter diskutiert zu werden. ὁμοία ἐστίν steht Mt 13,31 mit par Lk 13,19 und diff Mk 4,30 sowie Mt 13,33 mit par Lk 13,21. Lukas schickt jeweils eine Frage voraus, womit das Reich Gottes zu vergleichen sei (vgl. Mk 4,30). Verglichen wird bei Lukas das Reich Gottes, bei Matthäus das Himmelreich. Plausibel ist die Annahme einer gemeinsamen Quelle für Matthäus und Lukas, die diese Übereinstimmungen erklärt. Viel spricht für eine Doppelüberlieferung des Senfkorn-Gleichnisses in Mk und Q, wobei in Q das Sauerteig-Gleichnis hinzugefügt war.[93] Die einleitenden Fragen lässt Matthäus aus, 'Himmelreich' ist redaktionell matthäisch.

Nur einmal weicht Matthäus stark von der Parallelüberlieferung ab. Mt 22,2 steht ὡμοιώθη ἡ βασιλεία τῶν οὐρανῶν ohne Entsprechung bei Lukas (vgl. Lk 14,16) oder im Thomasevangelium (vgl. Logion 64). Das Stichwort „Reich Gottes", nicht jedoch „Himmelreich", fällt zwar auch in Lk 14,15, allerdings beschränken sich sprachliche und sachliche Gemeinsamkeiten mit dem matthäischen Text allein auf diese Wendung. Es besteht sprachlich eine große Nähe zu anderen matthäischen Gleichniseinleitungen.[94] Die Annahme einer redaktionellen (Um-)Formulierung liegt deshalb nahe.[95] Ein gemeinsamer Ursprung ist quellenkritisch kaum zu bestreiten. Ob dem matthäischen Text aber eine Vorlage aus der Redenquelle zugrunde liegt, ist trotz der Lukasparallele strittig.[96] Gegebenenfalls wäre das Gleichnis dem Sondergut zuzurechnen, in dessen Kontext die Einleitung gut passt.

Die weitaus meisten Gleichniseinleitungen mit ὁμοιόω (Pass.) oder ὅμοιός ἐστιν, liegen im literarkritisch schwierig zu beurteilenden

---

[91] Offenbar wegen des geringen inhaltlichen Gewichts wird häufig gar keine Entscheidung in dieser Frage getroffen; (vorsichtig) für matthäische Redaktion z.B. *W. D. Davies/D. C. Allison*, Mt I 720; unsicher *U Luz*, Mt I 535 mit Anm. 2.

[92] Vgl. unten B.IV.6.a.

[93] Vgl. unten B.IV.6.a.

[94] *U. Luz* nennt die strukturellen Parallelen zu 7,24.26; 13,52; 18,23; 25,1, außerdem die Begriffe und Wendungen ὁμοιόω, βασιλεία τῶν οὐρανῶν, ὅστις, ἄνθρωπος, Letzteres mit einem zusätzlichen Attribut noch in den Gleichniseinleitungen 13,24.45.52; 18,23; 20,1; 25,14 (Mt II 233 Anm. 19).

[95] Neben *U. Luz* (s.o. Anm. 94) für Redaktion auch: *H. Weder*, Gleichnisse 178 (das Stichwort Basileia sei jedoch wahrscheinlich traditionell), *R. Gundry*, Mt 433; *W. Harnisch*, Gleichnisse 240; *J. Gnilka*, Mt I 235; *J. Lambrecht*, Treasure 132 u.a.

[96] Vgl. unten B.IV.6.a.

Sondergut (13,24.44.45.47; 18,23; 20,1; 25,1 mit der βασιλεία als Referenten; ohne βασιλεία noch 13,52). Insgesamt sind die Gleichnisse des Sondergutes in ihren Einleitungen relativ homogen, von den längeren, erzählenden Gleichnissen des matthäischen Sondergutes fällt nur 21,28-32 aus diesem Schema heraus. Das hat zu quellenkritischen Überlegungen Anlass gegeben.[97] Die Sondergutgleichnisse weisen im Corpus immer wieder einen hohen Anteil matthäischer Sprache auf (s.u.), so dass vielleicht mit ihrer Verschriftlichung durch Matthäus zu rechnen ist. Die Annahme einer Sonderquelle, erst recht die Zuschreibung der Einleitung zu dieser Quelle sind stark hypothetisch.

Außerhalb des Neuen Testaments ist das Thomasevangelium beachtenswert. Es überliefert Gleichnisse Jesu, die ähnlich stereotyp eingeleitet sind wie die matthäischen und analoge Formtypen für die Einleitungen aufweisen. Außerdem nennen diese Formeln mehrfach die Basileia als zu vergleichende Größe.

In einzelnen gibt es zunächst wiederholt eine Einleitung, die dem Typus 'ὁμοι- + Basileia' entspricht, ohne allerdings den matthäischen Ausdruck „Himmelreich" zu verwenden:
- Logion 57.76.96.97.98: „Das Reich des Vaters gleicht ..."
- Logion 107.109: „Das Reich gleicht einem N.N., der..."
So eingeleitet werden nicht nur Vergleiche und Gleichnisse für das Reich, sondern auch für andere Größen:
- Logion 8: „Der Mensch gleicht einem Fischer, einem klugen, der ..."
- Logion 22: „Jesus sah kleine (Kinder) saugen. Er sprach zu seinen Jüngern: Diese Kleinen, die saugen, gleichen denen, die eingehen in das Reich."
Bei den Synoptikern ist außerdem eine Form der Einleitung überliefert, in der Jesus in einer rhetorischen Frage zunächst nach einem Vergleich für die Größe XY fragt, um dann ein Gleichnis dafür zu erzählen. Im Thomasevangelium wird diese Form als echter Dialog präsentiert. Jesus wird nach einem Vergleich gefragt und antwortet; einmal auch umgekehrt: Jesus fragt und bekommt von seinen Jüngern eine Antwort. Die Größe, für die ein Vergleich erfragt wird, variiert in diesen Dialogen:
- Logion 20 „Die Jünger sprachen zu Jesus: Sag uns, wem das Reich der Himmel gleicht? Er sprach zu ihnen: Es gleicht ..."
- Logion 21: „Es sprach Maria zu Jesus: Deine Jünger - wem gleichen sie? Er sprach: Sie gleichen ..."
- Logion 13 : „Jesus sprach zu seinen Jüngern: Vergleicht mich, sagt es mir, wem ich gleiche. Sprach zu ihm Simon Petrus: Du gleichst einem ..."

---

[97] *G. D. Kilpatrick*, Origins 34; *E. Schweizer*, Sondertradition, plädieren für eine Sonderquelle mit dieser Einleitung; vgl. auch *H. Klein*, Bewährung 54-66, bes. 65 (ebd. 66-132 zu einer zweiten vormatthäischen Gleichnissammlung mit Gerichtsgleichnisse, die aber nicht einheitlich diese Einleitung haben). *J. Friedrich* (Wortstatistik) nimmt Schweizers These auf und erweitert die angenommene Quelle, nimmt dabei aber Texte hinzu, denen die Einleitung fehlt. *W. D. Davies/D. C. Allison*, Mt I 125f, halten eine mündliche Sammlung von Gleichnissen, die thematisch auf die Basileia bezogen waren, als Quelle der mt Sondergutgleichnisse für möglich; die Formulierung der Einleitungen könne trotzdem redaktionell sein.

Das Thomasevangelium belegt damit insbesondere die knappen Basileia-Einleitungsformeln, die von den Synoptikern nur Matthäus kennt. Etliche stehen parallel zu matthäischen Sonderguttexten.[98] Das Gleichnis vom Senfkorn (Logion 20; Mt 13,31fparr) ist in allen vier Evangelien ein Gleichnis vom Reich. Thomas verwendet wie Matthäus das Stichwort Himmelreich, jedoch gegen Matthäus und wie die anderen Synoptiker eine einleitende Frage. Logion 96 ist mit Mt 13,33 par Lk 13,20f ein Gleichnis vom Reich, wobei die knappe Einleitung der vermutlich redaktionellen Formulierung bei Matthäus näher steht. Logion 107 hat abweichend von Mt 18,12-14 par Lk 15,4-7 die Themenangabe „Reich". Der Logion 8 im Bildfeld nahestehende Text Mt 13,47ff ist ein Himmelreichgleichnis. Zu den Logien 13, 21, 22 und 98 gibt es kein Pendant bei den Synoptikern Die literarischen Abhängigkeitsverhältnisse zwischen den Synoptikern und dem Thomasevangelium sind umstritten. Ein Konsens ist nicht in Sicht.[99] Allein aufgrund der Einleitungsformeln möchte man die Kenntnis mehrerer Synoptiker vermuten. Nähe zu Matthäus zeigen die Einleitungen von Logion 20 und 96 an. Auch ist die hohe Übereinstimmung mit den Sondergutgleichnissen aus Mt 13 bemerkenswert. Jedoch ist Logion 20 mit seiner Frageform zugleich nicht allein aus der Kenntnis des Matthäus zu verstehen.

Schließlich ist auf den apokryphen Brief des Jakobus (EpJac, NHC I/2) zu verweisen. Er bietet erstens Basileia-Gleichnisse im Munde Jesu, zweitens das Stichwort 'Himmelreich' als Themenangabe in den Gleichniseinleitungen und drittens eine knappe, den matthäischen ὁμοι- + Basileia-Formeln entsprechende Form solcher Einleitungen[100].

Die einschlägigen Texte:
- 7,24ff: „Lasst das Himmelreich nicht welken! Denn es gleicht einem Dattelpalmen<schöß>ling, dessen ..."
- 12,22ff: „Denn das Himmelreich gleicht einer Ähre, die auf einem Felde wuchs. ..."
- auch 8,16ff: „Denn das Wort gleicht einem Weizenkorn. Als es jemand gesät hatte ..."

---

[98] ThEv 57 par Mt 13,24; ThEv 76 par Mt 13,45f; ThEv 109 par Mt 13,44.
[99] Eine Skizze der Argumente mit Literatur bis in die 90er Jahre bieten *G. Theißen/A. Merz,* Jesus 51-55. Speziell zu den Gleichnissen neben den Gleichnisbüchern (seit Jeremias, jetzt v.a. *J. Liebenberg,* Language passim): *K.-H. Hunzinger,* Gleichnisse; *A. Lindemann,* Gleichnisinterpretation; *H. Koester,* Gospels 96-107.
[100] Die Entsprechung in der Einleitung konstatiert auch *C. W. Hedrick,* Sayings 9.15.

Literarisch scheint die Schrift von den Synoptikern unabhängig zu
sein, auch wenn sie deren (aber auch johanneischen) Traditionen nahe
steht.[101]
Abschließend ist noch Mt 25,14 zu besprechen. ὥσπερ γάρ dürfte
matthäische Formulierung sein[102], vielleicht in Anlehnung an ὡς in
Mk 13,34[103]. Die Verse haben noch weitere Begriffe gemeinsam.
Markus kennt das bei Matthäus folgende Gleichnis vom anvertrauten
Geld jedoch nicht, sondern bietet das erheblich kürzere vom Türhüter,
das ebenfalls von einem abwesenden Herrn handelt. Mt hat Mk 13,28-
37 insgesamt erheblich ausgebaut. Lk 19,11-27 erzählt (außerhalb der
„Endzeitrede") ein ganz anders eingeleitetes Gleichnis von anvertrau-
tem Geld, das passagenweise starke Parallelen zu Mt 25,14-30 auf-
weist. Ein gemeinsamer Ursprung für Mt 25,14-30 und Lk 19,11-27
wird in der Regel angenommen.[104] Ob das Gleichnis der Redenquelle
entstammt oder auf anderen Wegen zu den beiden Evangelisten gelangt ist, bleibt strittig.[105] Diese Frage ist hier aber zweitrangig, da die
matthäische Einleitung von Markus inspiriert sein dürfte.

Auswertung: Ein Blick in die frühchristliche Literatur zeigt, dass die
Gleichnisformeln in der Jesusüberlieferung fest verankert sind (Mk, Q,
Lk, Mt, ThEv, EpJac), wenn auch nicht überall in derselben Form und
im selben Maße. Matthäus hat Gleichniseinleitungen mit ὅμοιος oder
ὁμοιόω (mit und ohne die Themenangabe βασιλεία) in verschiedenen
Strömen der Überlieferung kennengelernt, bei Markus, in der
Redenquelle und sehr wahrscheinlich auch in seinem Sondergut (es sei
denn, sie wären dort stets redaktionell). Aus seiner Perspektive sind
sie, insbesondere auch in Verbindung mit der Themenangabe
Himmelreich, breit bezeugt in jener Tradition, die ihm von Jesus her
zukommt.
Das Stichwort βασιλεία τῶν οὐρανῶν ist typisch matthäisch und
außerhalb dieses Evangeliums in Verbindung mit den Gleichnisformeln nur sehr selten belegt (EpJac). Matthäus verwendet als einziger
Synoptiker die passivischen Formeln (mit Aorist oder Futur), von denen mit Ausnahme 7,24.26 alle das Himmelreich als Thema nennen.
Das präsentische ὅμοιός ἐστιν ist vielleicht schon in seinen Quellen
mit dem Thema 'Reich Gottes' verbunden gewesen (vgl. Mt
13,31.33parr), die kurze Formel ὁμοία ἐστὶν ἡ βασιλεία τῶν

---

[101]   Vgl. *H. Köster*, Evangelienliteratur 1495f; *G. Theißen/A. Merz*, Jesus 55 (mit
Lit.); speziell zu den Gleichnissen *C. W. Hedrick*, Sayings; *H. Koester*, Gospels
196-200.
[102]   Matthäus schätzt Formulierungen mit ὥσπερ; zu den Details der Statistik vgl.
U. Luz, Mt I 75.
[103]   Vgl. z.B. *R. Bultmann*, Geschichte 190; *E. Schweizer*, Mt 307; *I. H. Jones*,
Parables 463f.
[104]   Anders *C. A. Blomberg*, Gleichnisse 66.
[105]   Vgl. unten B.IV.6.a.

οὐρανῶν kennt unter den Synoptikern aber wiederum nur er (auch dann, wenn man die denkbare Variante mit τοῦ θεοῦ berücksichtigt). Die kurzen Gleichnisformeln mit der Themenangabe βασιλεία sind offenbar ein Charakteristikum des Matthäusevangeliums (vgl. aber das Thomasevangelium).

Die Vermutung, Matthäus habe diese Form der Einleitung hier und dort redaktionell verwendet, legt der Befund der literarkritischen Analyse insgesamt sehr nahe. In vielen Fällen ist wegen der Quellenlage (Sondergut, außerkanonische Überlieferung) keine Sicherheit zu gewinnen und ein traditioneller Ursprung nicht auszuschließen.[106] Relativ sicher redaktionell dürften Mt 13,31, 22,2 und - falls das Thomasevangelium sekundär ist - auch 13,33 sein. Insgesamt dokumentiert das Matthäusevangelium eine Vereinheitlichungstendenz hin zu Gleichnissen mit knappen Basileia-Einleitungen, sei die Tendenz nun dem Redaktor zuzuschreiben oder einer (ggf. besonders in den Sondergutgleichnissen dokumentierten) Tradition, in der er steht und von der er lernt (13,31.33; 22,2). Das sehr wahrscheinlich redaktionelle Setzen in mindestens zwei oder drei Fällen und die von den synoptischen Seitenreferenten und Thomas abweichende Themenangabe „Himmelreich" in der Formel unterstützen die These, dass Matthäus mit ihr einen Zusammenhang zwischen Form und Inhalt der Gleichnisse signalisiert, den er im Sinne der Parabeltheorie (Mt 13,11 diff Mk 4,11: τῆς βασιλείας τῶν οὐρανῶν) konstruiert.

2. Imperativische Einleitungen

a) Form und Funktion

Eine zweite Grundform der Gleichniseinleitung verwendet *Imperative, die zum Hören, Verstehen oder Lernen u.ä. auffordern*. Für diese Form ist keine so auffällige Musterbildung zu beobachten wie für die erste, denn keine Wendung begegnet in identischer Formulierung zweimal. Die Gemeinsamkeit betrifft die grammatische Struktur (Imperativ Plural) und eine semantische Übereinstimmung der Verben, die alle eine Form der Wahrnehmung bezeichnen:

- ἀκούετε καὶ συνίετε ... (15,10)
- ἄλλην παραβολὴν ἀκούσατε ... (21,33)
- ἀπὸ δὲ τῆς συκῆς μάθετε τὴν παραβολὴν ... (24,32)
- ἐκεῖνο δὲ γινώσκετε ὅτι ... (24,43)

---

[106] So erwogen auch bei *J. Jeremias,* Gleichnisse 102; zuversichtlicher *U. Luz,* Mt II 367 (Mt ist „für die große Zahl von expliziten Himmelreichgleichnissen verantwortlich") und v.a. *A. Kretzer,* Herrschaft 52 (13,24.44.45.52; 18,23; 20,1; 25,1 sind „wohl insgesamt redaktionellen Ursprungs").

Im Zusammenhang mit diesen die Gleichnisse einleitenden Imperativen sind auch die Weckrufe 13,9 und 43 zu erwähnen, die zwar als
Abschluss eines Gleichnisses resp. einer Gleichnisdeutung stehen, in
der Sache aber in dieselbe Richtung weisen. Imperative im Munde Jesu sind nicht selten (vgl. z.B. die Worte am Beginn des Wirkens Jesu
3,15; 4,17.19 oder die Reden Kap. 5-7; 10; 18; auch einige Imperative,
die Bildworte und Metaphern verwenden: z.B. 6,19-21; 7,5.6.13f.16-
20) und entsprechen generell der Autorität des Wortes Jesu im
Matthäusevangelium (7,28f; 11,2-6.27; 17,5; 22,46; 28,20). Die in den
Gleichniseinleitungen verwendeten Imperative von „sehen, hören,
verstehen" usw. nehmen der Wahrnehmung der Wirklichkeit ihre
Selbstverständlichkeit und machen sie zum Thema. Solche Problematisierungen - in Imperativen oder anders - begegnen mehrfach auch
dort, wo es um die Deutung, das rechte Verständnis geschichtlicher
Personen und Ereignisse (das Wirken Jesu: 11,2-6; 17,5; vgl. 9,30;
25,37-39.44; der Täufer: 11,15; vgl. 11,7; 17,10-13; 21,32; Verfolgung
und Entzweiung durch die Mission: 10,34) oder endzeitlicher Zeichen
geht (24,3f.15.42; 25,13). Ein anderes Objekt problematisierter
Wahrnehmung ist die Schrift (9,13; 12,3.5.7; 19,4; 21,16.42; 22,29.31;
vgl. 24,15). Letztlich geht es auf all diesen Felder um den Willen und
die Macht Gottes (vgl. 22,29) und ihre Verwirklichung in der
Geschichte, die zu erkennen und angemessen zu interpretieren sind.
Der Reihe imperativischer Einleitungen kann auch der zur Demonstrativpartikel verblasste Imperativ

• ἰδού ... (13,3)

zugeordnet werden. Die Partikel soll Aufmerksamkeit erregen, zum
Beispiel für etwas Neues oder besonderer Überlegung Bedürftiges.[107]
Matthäus liebt das Wörtchen[108], als Stilmittel des Erzählers, aber auch
immer wieder in der Rede von Figuren des Evangeliums. Im Munde
Jesu kann es den besonderen Offenbarungscharakter seiner Rede anzeigen. Es steht häufig in Zusammenhang mit der Ansage zukünftigen
Geschehens (23,34.38; 24,25; 26,45f), zumindest aber mit Aussagen
über Ereignisse, die erst zukünftig, in der Gegenwart der matthäischen
Gemeinde, voll zur Geltung kommen (10,16; 12,49[?]; 28,20). Zweimal geht es um eine christologische Selbstaussage Jesu (12,41 und 42).
Dazu passt, dass ἰδού zur Sprache der matthäischen Reflexionszitate
gehört (1,23; 11,10; 12,18; 21,5)![109] 7,4; 11,8 und vielleicht 12,49
fügen sich nicht in dieses Schema; hier fungiert das Wort „nur"

---

[107]   Vgl. *W. Bauer*, Wörterbuch 753f.
[108]   Das Wörtchen ist hier von Mk her vorgegeben, gehört aber insgesamt zum mt
Vorzugsvokabular; siehe *U. Luz*, Mt I 64. Vgl. ausführlicher *P. Fiedler*, Formel 23-
29 (und 51-59).
[109]   Vgl. *U. Luz*, Mt I 64: ἰδού ist LXX-Sprache! Dazu auch *P. Fiedler*, Formel
16f.

als Aufmerksamkeitsmarker. Ein *strukturell* vergleichbares Phänomen
sind die mit '(Amen!) Ich sage euch...' u.ä. eingeleiteten Worte Jesu,
auch wenn der Akzent, den diese Formel setzt, *inhaltlich* wohl etwas
anders gelagert ist. Matthäus verwendet „(Amen.) Ich sage euch..."
unter anderem in Gleichnissen und Gleichnisschlüssen.

Ertrag: Anders als die Gleichnisformeln vermitteln einleitende Imperative deutlich zwischen Gleichnis und erzählter Situation, indem sie
Personen der Erzählung ansprechen. Die Signale, die sie setzen, korre-
spondieren zum einen mit der Semantik des Begriffes παραβολή bei
Matthäus, dessen Verwendung eines problematisches Verstehen anzeigt. Sie lassen sich zum anderen in einen Zusammenhang mit der
matthäischen Parabeltheorie bringen, die die Gleichnisrede als Offen-
barungsrede charakterisiert, die zu verstehen einer besonderen Gabe
bedarf. Diese Gabe ist nicht einseitig prädestinatorisch, sondern im
Sinne einer Aufforderung zu verstehen, der die Beschenkten folgen
sollen und (mit dem Beistand Jesu) auch folgen können.

b) Tradition und Redaktion

In den meisten Fällen lehnt sich Matthäus bei den imperativischen
Einleitungen an seine Quellen an. ἰδού steht Mt 13,3 par Mk 4,3 (diff
Lk 8,5; vgl. aber ThEv 9). Den bei Markus noch vorangestellten Imperativ ἀκούετε lässt Matthäus aus, vielleicht weil er die doppelte und in
sich etwas widersinnige Aufforderung vermeiden wollte.[110]
ἀκούετε καὶ συνίετε in Mt 15,10 steht ἀκούσατέ μου πάντες καὶ
σύνετε in Mk 7,14 zur Seite. Mt 24,32a stimmt wörtlich mit Mk
13,28a überein. Die Einleitung von Mt 24,43 findet sich mit τοῦτο
statt ἐκεῖνο auch in Lk 12,39 und dürfte in ihrer Substanz der Redenquelle entstammen.

Einmal setzt Matthäus redaktionell einen Imperativ (Mt 21,33 diff Mk
12,1; Lk 20,9; ThEv 65: ἄλλην παραβολὴν ἀκούσατε ...). Das bei
Markus einzeln stehende Winzergleichnis wird bei ihm zum mittleren
Glied einer Gleichnistrias. In diesem Zusammenhang wird eine Einleitung des Erzählers (Mk 12,1: καὶ ἤρξατο αὐτοῖς ἐν παραβολαῖς
λαλεῖν ...) unter Aufnahme des Stichwortes παραβολή zu einer
Überleitung aus dem Munde Jesu umgestaltet.[111]

---

[110] Vgl. z.B. *J. Gnilka*, Mt I 476 Anm. 4. Die Auslassung ist mit Lukas gemeinsam, so dass auch andere Varianten diskutiert werden, vgl. z.B. *A. Ennulat*,
Agreements 117f mit 128. Auch ThEv 9 hat ihn nicht.
[111] Für matthäische Redaktion u.a. *J. Gnilka*, Mt II 225; *J. Lambrecht*, Treasure
117f; *U. Luz*, Mt III 216 mit Anm. 4; *W. D. Davies/D. C. Allison*, Mt III 178f. *I. H.
Jones* urteilt zur Einleitung „may be pre-Matthean" (Parables 372). Seine Zweifel
an der matthäischen Herkunft beruhen offenbar darauf, dass angeblich
ἄλλην παραβολήν in 13,24.31 und 33 nicht eindeutig als matthäisch zu erweisen
ist. Diese Argumentation ist in mehrerlei Hinsicht problematisch und steht in
Zusammenhang mit J.s Sicht der synoptischen Frage. Es mag der Hinweis genügen,

Auswertung: Der diachronische Befund ist zunächst nicht sehr markant. Matthäus verfährt konservativ, er erhält imperativische Einleitungen für Gleichnisse. Auch die mutmaßliche Auslassung von ἀκούετε in 13,3 steht diesem Urteil nicht entgegen, denn ἰδού trägt bei ihm den imperativischen Akzent weiter. Die redaktionelle Formulierung von 21,33 ist für sich betrachtet wenig aussagekräftig, könnte bloße Überleitung sein, ohne dass die Aufforderung zu *hören*, besonders betont ist. Die Formulierung ist im Gleichnis aber mit der Umgestaltung der rhetorischen Frage von Mk 12,9 in einen echten Dialog verbunden, in dem Jesus die Adressaten des Gleichnisses nach ihrem Urteil im geschilderten Fall fragt (Mt 21,40f; so auch schon 21,31). Auch richtet Jesus unmittelbar darauf an dieselben den Vorwurf mangelhafter Schriftkenntnis (Mt 21,42 par Mk 12,10). Dies zusammengenommen macht es wahrscheinlich, dass der Imperativ ἀκούσατε einen besonderen Ton trägt.

3. Einleitende Fragen

a) Form und Funktion

Eine dritte Kategorie bilden *einleitende Fragen,* die sich an die Hörer der Gleichnisse wenden und ihr Urteil zu dem nun folgenden „Fall" einfordern:
• τί ὑμῖν δοκεῖ; (18,12; 21,28)
• τίς ἄρα ἐστὶν ὁ πιστὸς δοῦλος καὶ φρόνιμος ὄν ... (24,45)
Vergleichbares ist mehrfach auch bei Bildworten zu beobachten, die als Fragen formuliert sein können. Die Frage-Bildworte legen einen Analogieschluss nahe (6,26.28-30; 7,9f.16; 9,15; 12,11) oder verwenden Metaphern (7,3; vgl. 5,13). Vermehrt kommen sie innerhalb der Bergpredigt vor (Kap. 5-7), d.h. in einer ethisch ausgerichteten Unterweisung. Fragen können auch am Ende von Gleichnissen stehen (18,33; 20,15; 21,31.40)[112] oder von Personen aus der Erzählung an entscheidenden Wendepunkten des Geschehens formuliert werden (13,28; 22,12; vgl. 25,26f). Fragen sind überdies fester Bestandteil anderer Formen wie der Lehr- und Streitgespräche[113] (9,14-17; 12,1-14.22-30.46-50; 15,1-20; 17,10-13.24-27; 19,3-9.16-22; 21,23-27;

---

dass selbst die (m.E. falsche) Annahme, 13,24.31 und 33 wären traditionell, keine Folgerungen über den redaktionellen oder traditionellen Charakter von 21,33 erlaubt.
[112] 18,33; 20,15 sind unbeantwortet bleibende Fragen einer Figur aus der Erzählung, 21,31 und 40 fragt der Erzähler des Gleichnisses.
[113] Zur Gattungsbeschreibung, -differenzierung und Terminologie (Streitgespräch, Schulgespräch, Lehrgespräch, Apophtegma, Chrie) vgl. *R. Bultmann*, Geschichte 39-58; *K. Berger,* Gattungen 1092-1110; *ders.,* Formgeschichte 80-93; *D. Dormeyer,* Literaturgeschichte 159-166.

22,15-46) oder der Schelt- und Gerichtsreden (3,7; 11,23; 23,17.19.33; vgl. 11,7ff).[114]
In all diesen Zusammenhängen fordern Fragen die Einsichtsfähigkeit und das Urteilsvermögen der Adressaten und nötigen sie zu einer ausdrücklichen oder zumindest im Stillen vollzogenen Stellungnahme.[115] Fragen können damit wie die schon besprochenen Imperative erstens der Kontextualisierung und zweitens der Problematisierung von Wahrnehmen und Verstehen dienen. Stärker aber als die Imperative signalisieren sie eine argumentative Funktion der Gleichnisse[116], die auf das Gewinnen und Überzeugen, vielleicht auch nur auf das Haftbarmachen und Überwinden des Gegenübers zielen.

b) Tradition und Redaktion

Literarkritisch bieten die Texte nur geringe Schwierigkeiten, zumindest für unser spezifisches Interesse. τίς ἄρα ἐστίν steht Mt 24,45 mit einer Parallele in Lk 12,42 und ist im Rahmen der Zwei-Quellen-Theorie der Redenquelle zuzuordnen. Mt 18,10-14 par Lk 15,3-7 setzen trotz deutlicher Unterschiede in der Formulierung übereinstimmend mit einer Frage ein (18,12 bzw. 15,4). Das matthäische τὶ ὑμῖν δοκεῖ fehlt allerdings bei Lukas. Bei ihm ist die Form des τίς ἐξ ὑμῶν-Frage-Gleichnisses verwendet worden, das die Hörer ebenfalls zu einem Urteil drängt. Dieselbe Form ist noch in Lk 11,5; 14,28; 17,7ff belegt (vgl. auch 14,31; 15,8), alle im lukanischen Sondergut. Sie ist also gut lukanisch (was nicht unbedingt heißen muss: redaktionell lukanisch). Die Parallele im Thomasevangelium (Logion 107) bietet - abweichend von beiden - eine Gleichnisformel als Einleitung, die das Reich als Bezugsgröße des Gleichnisses nennt. Die matthäische Frage begegnet als Gleichniseinleitung noch einmal 21,28 bei einem Gleichnis ohne Parallelüberlieferung. Die Fragen entsprechen eindeutig redaktioneller matthäischer Sprache (vgl. 17,25; 22,17.42; 26,66, alle ohne Parallelen oder abweichend davon). Daraus lässt sich zwar nicht mit letzter Sicherheit auch für die beiden Stellen 18,12 und

---

[114] *K. Berger* nennt als weitere Gattung, die typischer Weise (rhetorische) Fragen verwendet, die von ihm so genannten Gleichnisdiskurse (Formgeschichte 57-59, hier 58). Matthäische Beispiele sind 12,34 (für sich betrachtet ein Scheltwort) und 24,45 (bei uns als Gleichniseinleitung gewertet), die übrigen Belege stammen aus dem LkEv.

[115] Vgl. *K. Berger,* Formgeschichte 52f (zu 18,12 und 21,28): Berger ordnet die Frage als typisches Merkmal jenen Gleichnissen zu, die er nach dem Muster des 'paradigmatischen Rechtsentscheides' gestaltet sieht. Er nennt rhetorische Fragen auch als Mittel verschiedener Formen der Argumentation (Formgeschichte 97.102.107) und der Schelte (ebd. 194.197f). Verwendung finden sie überdies in Gebeten und Hymnen (ebd. 241).

[116] Vgl. *R. Bultmann,* Geschichte 194.

21,28 eine redaktionelle Herkunft begründen.[117] Die Feststellung einer
für matthäische Sprache typischen Wendung kann uns hier aber genügen, um zu begründen, dass Matthäus sich die beiden Einleitungen zu
eigen gemacht hat.[118] Ergänzend dazu eine zweite Überlegung: Die
beiden Gleichnisse sind relativ kurz und stehen formal am Übergang
zu Vergleichen und Bildworten. Auch bei diesen bietet Matthäus
mehrfach die Frageform, zum Teil abweichend von seinem Seitenreferenten (Mt 6,26 diff Lk 12,24; Mt 6,30 diff Lk 12,28; Mt 7,16 diff Lk
6,44).

Auswertung: Die diachrone Analyse unterstreicht den Befund der syn-
chronen Betrachtung: fragende Einleitungen sind ein charakteristisches
Formelement matthäischer Gleichnisse. Dabei scheint Matthäus sie
stärker, wenn auch nicht ausschließlich (vgl. 24,45), mit kürzeren
Gleichnissen zu verbinden; das tritt diachronisch noch einmal schärfer
hervor. Der Musterfall eines schon qua seiner Einleitung argumentativ
eingesetzten Gleichnisses ist offenbar das kurze Gleichnis, das zum
Bildwort und zum einfachen Vergleich hin tendiert.

---

[117] Die einleitende Frage wird an beiden Stellen meistens für redaktionell
gehalten, vgl. *E. Schweizer,* Mt 239.267; *H. Weder,* Gleichnisse 170.230; *A. Sand,*
Mt 370.430; *P. Dschulnigg,* Gleichnisse 136 Anm. 2; *J. Gnilka,* Mt II 130.220; *J.
Lambrecht,* Treasure 42.94; *U. Luz,* Mt II 26.207 (mit Anm. 22); *W. D. Davies/D.
C. Allison,* Mt II 772f.III 166; anders *R. Bultmann,* Geschichte 192 (für Mt 21,28);
I. H. Jones, Parables 273f Anm. 332 und 391 (für beide Stellen).
[118] Die Quellenfrage ist damit noch nicht beantwortet und braucht für unseren
Zusammenhang auch nicht beantwortet zu werden.

IV. Literarische Mittel im Gleichnis

Die Referenzmechanismen, die innerhalb des Gleichnisses angesiedelt sind, stehen in den meisten Fällen, zumindest bei den klassischen Gleichnissen, unter einer Voraussetzung: Die Adressaten erwarten wegen der Einleitung eine mehrsinnige Rede (vgl. Kapitel B.III.). Überdies ist die Gattung in einigen Fällen im Voraus klar angezeigt (vgl. Kapitel B.II). Manchmal bereitet die Reihung von Gleichnissen der Wahrnehmung eines Textes als Gleichnis den Weg (13,1-52; 21,28 - 22,14; 24,42 - 25,30).

Im folgenden Kapitel geht es um die „internen" Gleichnissignale und ihre Wirkung. Die Gleichnisforschung lenkt die Aufmerksamkeit auf zwei Faktorengruppen, die in diesem Bereich für die Referenz der Gleichnisse verantwortlich gemacht werden: zum einen narrative Mittel der Gleichnis*erzählung*, zum anderen eine besondere Bedeutung tragende Einzelzüge im Gleichnis. Zu den in der Gleichnisforschung diskutierten narrativen Instrumenten[1] gehören Personenkonstellationen und Handlungsverlauf (D. O. Via, W. Harnisch), Dialoge (B. Heininger), überraschende und befremdliche Züge (P. Ricoeur, H. Weder, W. Harnisch), überhaupt die Fiktionalität, die es erlaubt, das erzählte Geschehen in bestimmter Weise „zuzuschneiden" (E. Rau). Für die deutbaren Einzelzüge spielen geprägte biblische Metaphern und Bildfelder eine wesentliche Rolle (Weder, Klauck, vgl. aber schon Fiebig, Jeremias). Im Zuge der Überlieferung werden Elemente der Gleichnisse christologisch gedeutet oder auf geschichtliche Ereignisse bezogen (Jülicher, Weder). In der Allegorie-Diskussion wurden die beiden grundlegenden Referenzmechanismen einander immer wieder entgegengesetzt.

Die im Folgenden vorgestellte Analyse nimmt diese Diskussion auf. Sie betrachtet die Gleichnisse als Erzählungen, untersucht die erzählte Geschichte (*story*) und ihre Darbietung (*discourse*).[2] Erinnert sei noch einmal daran, dass aufgrund der Textauswahl in dieser Arbeit faktisch vor allem erzählende Gleichnisse behandelt werden. Es geht nicht um eine allgemeine Beschreibung der Gleichnisse als Erzählungen. Im Zentrum steht die Frage, was im Matthäusevangelium diese *Erzählun-*

---

[1] Eine nach pragmatischen Gesichtspunkten erstellte Übersicht über erzählerische Mittel findet sich auch bei *K. Erlemann*, Gleichnisauslegung 128-145.
[2] Zur Lit. vgl. oben B.I. Anm. 16.

gen zu *Gleichnissen* macht. Deshalb wird ein an *R. Zymner* und *D. Massa* orientiertes Raster zu Grunde gelegt und nach Signalen gefragt, die den besonderen Referenzprozess der Gleichnisse konstituieren.[3] Zu unterscheiden sind Signale, die nur das Gegebensein eines hintergründigen Sinns anzeigen und die Suche nach diesem auslösen, und solche, die die Richtung dieser Suche inhaltlich bestimmen. Die Signale können prinzipiell in der *story* angelegt sein oder durch ihre Darbietung erreicht werden.

1. Die Narrativität

Das Kennzeichen „Erzählung" ist Teil einiger Gleichnisdefinitionen. *Adolf Jülicher* verwendete es zur Beschreibung der Parabeln und Beispielerzählungen[4], während er die Gleichnisse generell zunächst als „die auf ein Satzganzes erweiterte Vergleichung" versteht.[5] Nach *R. Bultmann* unterscheiden sich die Gleichnisse von den Bildworten und Vergleichen durch ihre Ausführlichkeit.[6] Ausdrücklich von Erzählungen spricht auch er erst bei jenen Texten, die nicht einen regelmäßigen oder typischen Vorgang, sondern einen besonderen Einzelfall schildern.[7] Bei Bultmann werden jedoch nur 8 der 28 Gleichnisse (i.e.S) von Jülicher als solche geführt. Er wertet die übrigen als Bildworte oder Vergleiche und zählt zugleich Texte zu den Gleichnissen, die Jülicher als Parabeln, also Erzählungen, versteht (z.B. Mt 7,24-27par; Mk 4,26-29; Mt 13,31-32parr; Mt 13,33par; Mt 13,44.45f.47-50). Der Trend setzt sich fort. Mehr und mehr kristallisieren sich die erzählenden Gleichnisse als der Hauptgegenstand der Gleichnisforschung heraus[8], so dass zur Merkmalsbestimmung der Gattung das Erzählen häufig hinzugehört.[9] Diese Arbeit will das Gespräch mit der Gleichnisforschung führen und folgt deshalb diesem Schwerpunkt. Es sind jedoch auch die nicht-erzählenden Formen analogischer Rede im Auge zu behalten.

---

[3] Vgl. zu diesem Konzept oben A.III.
[4] Vgl. Gleichnisreden I 98.114.
[5] Gleichnisreden I 58. Auch in seiner berühmten Gleichnisdefinition ist von einem 'Satz' die Rede (ebd. 80).
[6] Vgl. Geschichte 184.
[7] Vgl. Geschichte 188.192f. Diesen inhaltlichen Aspekt der Unterscheidung gibt es auch schon bei Jülicher (vgl. Gleichnisreden I 93ff.114f)
[8] Vgl. z.B. die Textauswahl der Monographien von *E. Linnemann*, Gleichnisse; *H. Weder*, Gleichnisse; *W. Harnisch*, Gleichniserzählungen; *K. Erlemann*, Bild; *B. B. Scott*, Hear.
[9] Vgl. *G. Eichholz*, Gleichnisse 19-31; *D. Flusser*, Gleichnisse 54-56; *W. Harnisch*, Gleichniserzählungen 108; *B. B. Scott*, Hear 8-35passim und 35-42, bes. 35; *K. Erlemann*, Gleichnisauslegung 75 (Punkt a] der Merkmale; auch in den sog. 'besprechenden Gleichnisse' wird „in Ansätzen eine Dramaturgie entfaltet", was sie von Vergleichen unterscheidet, ebd. 80) .

a) Gleichnisse als Erzählungen

Die Vermischung von formalen, v.a. am Tempus festgemachten Kriterien für 'Erzählen' mit der inhaltlichen Unterscheidung von 'Typischem' und 'Individuellem' führt bei Jülicher und Bultmann zu Grenzfällen in der Bestimmung eines Textes als Gleichnis oder Parabel.[10] *E. Rau* unterscheidet, um die s.E. problematische Differenzierung nach 'typisch' oder 'nicht typisch' zu vermeiden, *erzählende* und *besprechende* Gleichnisse, wobei der leitende Tempusgebrauch den Ausschlag gibt (Imperfekt, Aorist, Plusquamperfekt bzw. Präsens, Perfekt, Futur und Futur II).[11] Die Unterscheidung geht auf *H. Weinrich* zurück.[12] Erzählende Tempora als Tempora der Fiktionalität signalisieren, „daß die Redesituation ... nicht auch zugleich Schauplatz des Geschehens ist und daß Sprecher und Hörer für die Dauer der Erzähler (sic!) mehr Zuschauer als agierende Personen im *theatrum mundi* sind - auch wenn sie sich selber zuschauen."[13] Die Folge dieser Perspektive ist eine entspannte Haltung dem Gesagten gegenüber. *G*espanntheit dagegen rufen die besprechenden Tempora hervor, weil sie anzeigen, dass es für den Sprecher „um Dinge geht, die ihn unmittelbar betreffen und die daher auch der Hörer im Modus der Betroffenheit aufnehmen soll".[14] Rau weist darauf hin, dass einerseits etliche besprechende Gleichnisse im Evangelium in einem erzählenden Rahmen eingebunden sind, und andererseits erzählende Gleichnisse in Dialogpartien besprechende Elemente enthalten, einen besprechenden Kontext oder eine besprechende Einleitung und Anwendungen haben können.[15] Diese letzten Überlegungen lassen sich noch weiter führen. Die Unterscheidung von Weinrich unterliegt für Gleichnisse *im Evangelium* besonderen Bedingungen, weil dort erzählte Situationen, Sprecher und Adressaten gegeben sind und das Verstehen der Gleichnisse durch die tatsächlichen Leserinnen und Leser vermittelt durch diesem Zusammenhang geschieht.[16]

---

[10] Vgl. *A. Jülicher*, Gleichnisreden I 92f; *R. Bultmann*, Geschichte 188. Jülicher macht für die Grenzfälle die mangelhafte Überlieferung verantwortlich (*E. Rau,* Reden 28f, weist hierzu auch Jülichers Behandlung von Mk 4,30-32 hin, Gleichnisreden II 569ff). Bei Bultmann gibt in den Zweifelsfällen das Inhaltliche, die Argumentation mit dem Typischen, den Ausschlag.
[11] Vgl. *E. Rau*, Reden 26-35, bes. 29f; ihm folgt im Wesentlichen *K. Erlemann*, Gleichnisauslegung 79-81. Siehe auch *G. Sellin*, Allegorie 418f; *A. Stock*, Textentfaltungen 58.
[12] Vgl. *H. Weinrich*, Tempus.
[13] *H. Weinrich*, Tempus 46f.
[14] Ebd. 36.
[15] Vgl. *E. Rau*, Reden 31-33.
[16] Vgl. zu verdoppelten Zeitstruktur auch *G. Sellin*, Allegorie 418f.

Eine alternative Sicht definiert Erzählungen durch die Kategorien 'Personen', 'Handlungen' und 'Situationen', so etwa *Wilhelm Egger* in seinem Methodenbuch:

„In Erzählungen werden Veränderungen von Situationen berichtet: ein Zustand ändert sich durch die Einwirkung verschiedener Kräfte. Es werden Ereignisse/Handlungen geschildert, die in bestimmter Reihenfolge aufeinander folgen und miteinander verknüpft sind, sowie Handlungsträger angeführt, durch deren Wirken Veränderungen eintreten. Wie die Handlungen, stehen auch die Handlungsträger zueinander in Beziehung. In der Darstellung kann der Erzähler vielfache sprachliche Mittel einsetzen, um die Erzählung entsprechend seinem Anliegen (seiner 'pragmatischen' Absicht) wirksam werden zu lassen."[17]

Diese Sicht bestimmt zum Beispiel die Betrachtung der Gleichnisse bei *Dan Otto Via*[18] oder *W. Harnisch*[19], in der Personenkonstellationen und Handlungsverläufe eine entscheidende Rolle spielen. Ein solches Verständnis von „Erzählung" wird auch bei anderen in Bezug auf die Gleichnisse vorausgesetzt.[20]

Werden mit Hilfe dieser beiden Raster die Gleichnisse und gleichnishaften Texte des Matthäusevangeliums gesichtet, fällt zunächst auf, dass auch in sehr kurzen Texten häufig Ansätze zu einem Handlungsverlauf, zur Schilderung eines Geschehen in zwei oder drei Schritten, zu beobachten sind. Beispiele wären 5,13; 5,15; 5,25f; 6,19f; 7,6; 7,9f; 7,16-20 (bes. V.19); 8,11f; 9,16f; 12,29; 15,14; 15,26f; 24,28. Die Übergänge zu kurzen Gleichnissen wie 13,31f.33.44.45f oder 24,32, die wir wegen einer einleitenden Vergleichsformel, einer Deutung oder einer Anwendung in dieser Arbeit regelmäßig als Gleichnis besprechen, sind im Hinblick auf das Kriterium 'Erzählung als Schilderung von Ereignisfolgen' fließend. Je länger die Gleichnisse sind, desto länger werden die Ereignisketten, desto mehr Personen treten auf, desto stärker erscheint die Handlung als eine Folge von Szenen, desto stärker wird der Dialog als Mittel der Erzählung eingesetzt. Der erzählende Charakter ist stärker ausgeprägt, die Erzählung gewinnt „dramatischen" Charakter.[21] Im hier vorausgesetzten Sinne erweist sich das Merkmal 'Erzählung' als ein charakteristisches Formelement matthäischer Gleichnisse, auch wenn es insbe-

---

[17]   Methodenlehre 119. Vgl. auch die Textmodelle ebd. 123-126. Im Ansatz dieselbe Sicht des Textes findet sich im *narrative criticism* in der Definition von „story" und „discourse", vgl. z.B. *U. C. Eisen*, Markusevangelium 136f.
[18]   Die Gleichnisse Jesu [1970].
[19]   Die Gleichniserzählungen Jesu [1985].
[20]   Vgl. z.B. *B. B. Scott*, Hear 35-39; *K. Erlemann*, Gleichnisauslegung 75.79-81 (vgl. auch oben B.I. Anm. 16 die Literatur zum *narrative criticism*).
[21] Vgl. dazu auch die Ausführung bei *W. Harnisch*, Gleichniserzählungen 15-26 ('Das Gleichnis als Bühnenstück') und 107f (zum Unterschied zwischen dramatischen Gleichniserzählungen [Parabeln] und narrativen Miniaturstücken [Gleichnissen]). H. trennt beide Gruppen schärfer, als es hier geschieht.

sondere bei kurzen gleichnishaften Texten nicht als unverzichtbar
gelten kann (z.B. 5,14b; 6,24).
Befragt man dieselbe Textgruppe nach dem Tempusgebrauch, dann ist
für die längere Erzählungen der Aorist das vorherrschende Tempus[22]
in den meisten Gleichnissen.[23] Einige dieser Texte enden mit dem
Futur. Sie nehmen - meist in der wörtlichen Rede einer Gleichnisfigur
- eine Fortsetzung der Ereignisse in den Blick, die nicht mehr im engeren Sinn erzählt wird.[24] Das Gleichnis von den spielenden Kindern
(11,16f) hat das Präsens als Leittempus; die wörtliche Rede der Kinder, die den Hauptteil des Textbestandes ausmacht, ist im Aorist gehalten. Einen markanten Tempuswechsel nimmt das Senfkorn-Gleichnis vor (13,31f). Während die Geschichte damit einsetzt, dass einmal
ein Mann ein Senfkorn säte (V.31: Aorist), wird das Wachstum des
Senfkorns, das ein regelmäßiges Geschehen ist, im Präsens geschildert
(V.32). Ganz im Präsens steht das kurze Gleichnis vom Hausvater
(13,52). Mehrfach begegnet außerdem bei kürzeren Gleichnisse die
Formulierung als konditionale Aussage (18,12f; 24,32.43.48-51; vgl.
5,13). Erneut zeigt sich ein gewisser, aber nicht strenger (vgl.
13,31f.33.44.45f!) Zusammenhang zwischen der Verwendung des Aorist und dem Umfang der Texte. Bemerkenswert: alle Basileia-Gleichnisse sind im Leittempus Aorist gehalten (13,31f mitgezählt, wo in
V.31 diff Mk 4,31 mit dem Q-Text Indikativ Aorist steht).
Eine letzte Überlegung in diesem Abschnitt gilt der Abgrenzung von
Gleichnissen zu nicht-gleichnishaften, erzählenden Texten. 12,43-45
ist die Schilderung eines vielschrittigen Geschehens. Es herrscht das
Präsens vor, auch wenn der Text im ersten Verb mit dem Aorist beginnt (V.43a). Auch 24,4-31 und 25,31-46 sind längere Schilderungen
von Ereignissen und Handlungen, mit wörtlicher Rede etc. Das leitende Tempus ist hier von Beginn an das Futur. Darin entsprechen sie
dem viel kürzeren Wort Jesu in 8,11f. So sehr all diese Texte in dem
Sinne als Erzählungen zu charakterisieren sind, dass sie Handlungs-
abläufe schildern, sind sie in ihrem Tempusgebrauch „ungleichnis-
haft".
Ertrag: Die Analyse ergibt im Matthäusevangelium eine Konvergenz
der beiden Kriterien. Sowohl der Tempusgebrauch des Aorist als auch
der Erzählcharakter im Sinne von „Erzählung als Schilderung einer
Folge von Ereignissen" sind typische, wenn auch nicht notwendige

---

[22] Insbesondere beim Wort λέγω verwendet Matthäus aber trotz vorherrschendem
Aorist immer wieder einmal das *Praesens historicum* (z.B. 18,32; 20,6-8); dazu *U.
Luz*, Mt I 56.
[23] 7,24-27; 13,3-8.24-30.33.45f.47f; 18,23-34; 20,1-16; 21,28-31; 21,33-42; 22,2-
14; 25,1-13.15-30; vgl. 24,45.
[24] 13,30; 21,40f; 24,46f; außerdem mehrfach die futurische Formel vom Heulen
und Zähneknirschen 22,14; 24,51; 25,30. Alle sind wörtliche Rede einer Gleichnisfigur mit Ausnahme von 21,40f und 24,46f.

Merkmale matthäischer Gleichnisse. Wenn Jesus im Aorist eine Geschichte erzählt, ist ein Gleichnis zu erwarten.
Mit dem Erzählen einer Geschichte ist die Distanzierung von der Situation der Hörer verbunden. Diese Distanzierung ist, wie schon Jülicher erkannte, charakteristisch für eine bestimmte Form von Referenz
(Parabeln und Beispielerzählungen), in der Zusammenhang und Plausibilität der erzählten Geschichte zentrale Bedeutung haben. Für die
Gleichnisse im Evangelium kommt ein zweites hinzu: Die Gleichnisse
werden - als Teil der Fiktion[25] - von Jesus erzählt, an die Jünger, die
Volksmenge u.a. gerichtet und einem Ereigniszusammenhang zugeordnet. Die Erzählung des Gleichnisses distanziert von dieser *erzählten*
Situation im Rahmen des Wirkens Jesu. Dies ist die Voraussetzung
dafür, in die Gleichnisse das Gesamt des Wirkens Jesu, die vergangene
Geschichte Israels, die Situation der matthäischen Gemeinde oder die
zukünftige Vollendung der Basileia mit hineinzunehmen, wie dies bei
Matthäus   mit   verschiedenen   Mitteln   (Metaphorik,   Gleichnisauslegungen, ...) geschieht. Die Gleichnisse sind kraft ihres erzählenden Charakters ein Mittel, die Jesusgeschichte auf Vergangenheit
und Zukunft der Geschichte Gottes mit den Menschen hin zu öffnen.
Strukturell vergleichbar sind sie darin den prophetischen Erzählungen
wie 8,11f, 24,4-31 und 25,31-46.

b) Die erzählten Geschichten

Die folgenden Überlegungen beziehen sich auf die erzählte Geschichte
(*story*), also die inhaltliche Ebene. Der Methodik des *narrative
criticism* folgend wird nach den Personen, den Handlungen und dem
erzählerischen Rahmen gefragt. Im Folgenden dient die Erzähltextanalyse allerdings nicht der Untersuchung eines Einzeltextes, es
geht vielmehr unserer Fragestellung entsprechend um die narrativen
Merkmale der Gattung Gleichnis, wie sie sich im Corpus der matthäischen Gleichnisse präsentiert. Es gilt deshalb das Spektrum des Möglichen aufzuzeigen, besonders aber Typisches und Regelmäßiges herauszuarbeiten.

(α) Personen
Matthäische Gleichnisse sind vorwiegend Menschengeschichten.[26] Der
Evangelist hat nur wenige Naturgleichnisse (13,3-8; 13,31f.33;
24,32f), wobei mehrere dieser Naturgeschichten sogar ansatzweise als
Menschengeschichten erzählt werden. 13,3-8 beginnt mit dem

---

[25] Eine besondere Form von Fiktivität: einerseits wird eine Geschichte erzählt,
andererseits ist vorausgesetzt, dass das Wirken Jesu Wirklichkeit war und ist.
[26] Vgl. *M. D. Goulder*, Midrash 51-53; zum NT insgesamt auch *B. Gerhardson*,
Frames 332 (der nicht zwischen den Synoptikern differenziert). - Zum Personenin-
ventar der synoptischen Gleichnisse allgemein vgl. *W. Bösen*, Figurenwelt.

Sämann, der im Folgenden keine Rolle mehr spielt. Auch Mt 13,31 wird (diff Mk 4,30, aber par Lk 13,18) der säende Mensch genannt. Die Stelle des Naturgleichnisses von der selbstwachsenden Saat (Mk 4,26-29) nimmt die Menschengeschichte Mt 13,24-30 ein. Die Menschengeschichten werden als Menschengeschichten begonnen. So nimmt in der einleitenden Vergleichsformel mehrheitlich eine Person aus dem Gleichnis den Platz des Dativobjektes ein (7,24.26; 11,16; 13,24.45; 18,23; 20,1; 22,2; 25,1, vgl. 25,14; anders 13,44.47 und die Naturgleichnisse 13,31.33). Auch die anders eingeleiteten Gleichnisse setzen bei einer Figur der Erzählung an (18,12; 21,28; 21,33; 24,43.45).

Bei den Personen der Gleichnisse lassen sich Regelmäßigkeiten beobachten. Viele Gleichnisse erzählen von einer Autoritätsperson und den von ihr abhängigen Menschen. Die Rolle der Autoritätsperson wird mehrfach besetzt durch einen König[27], einen Hausherrn[28] oder besonders oft durch eine als „Herr" angeredete oder bezeichnete Figur, wobei diese Bezeichnung in einigen Gleichnissen parallel zu 'König', 'Hausherr' oder anderen Begriffen für dieselbe Person verwendet wird.[29] Einmal tritt ein Bräutigam in dieser Rolle auf (25,1ff). In der Position der Abhängigen oder Untergebenen kommen vor allem Sklaven vor[30], seltener Arbeiter[31] und andere Figuren[32]. Die Autoritätsfigur nimmt in der Erzählung, spätestens an ihrem Ende, eine dominante Rolle ein.[33]

In mehreren Fällen begegnet die Konstellation eines dramatischen Dreiecks mit antithetischem Zwillingspaar, d.h. zwei von der Autoritätsperson abhängige Personen oder Gruppen haben denselben Status, verhalten sich aber gegensätzlich oder erleiden unterschiedliche

---

[27] 18,23ff (ohne parr); 22,2ff (diff Lk 14,16ff).

[28] 13,27 (ohne syn parr; diff ThEv 57); 13,52 (ohne parr); 20,1.11 (ohne parr); 21,33 (diff Mk 12,1; Lk 20,9); 24,43 (ohne untergebene Figuren, stattdessen in Relation zu einem Dieb, der in das Haus einbricht; par Lk 12,39); vgl. 10,25 (diff Lk 6,40; Joh 10,16; 15,20).

[29] 13,27 (als Anrede für den Hauherrn; diff ThEv 57, ohne syn par); 18,23ff (für den König; ohne parr); 20,8 (für den Hausherrn; genauer: 'Herr des Weinbergs'; ohne parr); 21,30 (als Anrede für den Vater; wieder ein 'Herr des Weinbergs' ohne dass er ausdrücklich so bezeichnet wird; ohne parr); 21,40 (für den Hausherrn; 'Herr des Weinbergs'; parr Mk 12,9; Lk 20,15); 24,45-51 (par Lk 12,42-46); 25,11 (als Anrede für den Bräutigam; ohne parr); 25,14ff (bei Lk ein König, der auch mit Herr angesprochen wird); vgl. Mt 6,24 (par Lk 16,13); Mt 10,24f (diff Lk 6,40).

[30] 13,27.39 (ohne syn parr; diff ThEv 57); 18,23ff (ohne parr); 21,34-36 (parr); 22,3ff (par Lk 14,17ff, dort aber durchweg Singular); 24,45-51 (par Lk 12,42-46); 25,14-30 (par Lk 19,11-27); vgl. 6,24 (par Lk 6,13); Mt 10,24f (diff Lk 6,40).

[31] 20,1.8; vgl. 9,38; 10,10; 13,30 (θερισταί).

[32] Mehrere Söhne: 21,28-32 (ohne parr); ein/der Sohn: 21,37-39 (parr); 22,2 (diff Lk); Weinbauer (21,33ff); Gäste (22,11ff); Diener (22,13) Jungfrauen (25,1ff) u.a.

[33] Vgl. G. *Sellin*, Lukas 187f.

Schicksale.[34] Oft übernimmt eine der abhängigen Figuren einen akti-
veren Part, führt mit der Autoritätsfigur einen Dialog, lehnt sich gegen
sie auf u.ä.[35] Das antithetische Zwillingspaar muss nicht unbedingt
einer Figur untergeordnet sein, es tritt auch „solo" auf.[36] Diese erzählerische Struktur lässt bei grundsätzlicher Gleichordnung die Unterschiede zwischen beiden sehr deutlich hervortreten. Das beschriebene Phänomen betrifft im Übrigen nicht nur die reine Personenkonstellation, vielfach schlägt es sich auch in parallelisierten Handlungs-
strängen für diese Personen nieder.[37]
Andere Gleichnisse liegen mit ihrem Personal außerhalb des skizzierten Feldes einer durch Autorität und Abhängigkeit bestimmten Personenkonstellation (13,1-8.31f.33.44.45f.47-50; 18,12-14; auch 24,43f).
Unter ihnen fällt auf, dass dreimal von einem Säenden die Rede ist
(13,3.24.31) und einmal von einer Frau (13,33).
Viele matthäische Gleichnisfiguren gewinnen keine Tiefe, sind eindi-
mensional. Es lassen sich typische, festgelegte, zum Teil auf Kontrast
ausgerichtete Rollen beobachten ('stock characters'). Die Figuren[38]
kennzeichnen sich in erster Linie durch ihr Verhalten und ihre Handlungen. Der Gleichniserzähler etikettiert sie häufig direkt oder durch

---

[34] Vgl. zum Konzept *W. Harnisch*, Gleichniserzählungen 30-32.73-82, der seinerseits Beobachtungen von *G. Sellin*, Lukas 180-189, aufnimmt. Sellin gewinnt diese
Struktur an Gleichnissen des lukanischen Sondergutes. Mit den in der vorliegenden
Arbeit betrachteten matthäischen Texten bestünden Gemeinsamkeiten, Sellin sieht
sie aber durch dominantere Rolle der Autoritätsfigur („monarchische Struktur")
sowie durch die Tatsache, dass häufig mehr als nur zwei untergeordnete Figuren
auftreten, von den lukanischen Sondergutgleichnissen unterschieden (vgl. a.a.O.
185ff). Sellins Beobachtungen ist zuzustimmen. Ob sie wie bei Sellin eine Differenzierung in zwei verschiedene Gleichnistypen rechtfertigt, kann im Rahmen dieser Arbeit offen bleiben. Mit Harnisch (a.a.O. 31) ist festzuhalten, dass sich die
untergeordneten Figuren zu zwei Gruppen zusammenfassen lassen oder aus der
Mehrzahl zwei herausragen. Insofern besteht die Struktur des antithetischen Zwil-
lingspaares auch hier.
[35] 20,1-16 (die Arbeiter der ersten und der letzten Stunde, die anderen sind Füllfi-
guren); 21,28-32 (die beiden Söhne); 25,1-13 (die klugen und die törichten Jungfrauen); 25,14-30 (die Sklaven, die ihre Talente verdoppeln, und jener, der es ver-
gräbt); vgl. die Erst- und Zweitgeladenen in 22,1-10. In 18,23ff sind die beiden
Sklaven durch den gemeinsamen Herrn, in ihrem Schuldnersein und in ihren
Worten parallelisiert. Es findet aber ein Rollenwechsel statt, d.h. der eine Sklave
hat zunächst die Rolle des Schuldners, dann die des Gläubigers, dann wieder die
des Schuldners inne, was die Konstellation besonders raffiniert macht.
Auch in der Winzerparabel sieht *W. Harnisch* diese Konstellation gegeben zwischen Besitzer, Pächtern und Boten (a.a.O. 74f). Matthäus sieht das wohl anders.
Bei ihm stehen den Winzern aus der Erzählung die „anderen Winzer" gegenüber,
denen der Weinberg zukünftig verpachtet werden soll (vgl. 21,41.43).
[36] 7,24-27; vgl. außerdem 5,25f; 6,19-21; 6,24; 7,13f; 8,11f; 9,16f. Auch 13,3-8
könnte genannt werden, wenn man die Samen als 'Personen' akzeptiert.
[37] Vgl. zum Phänomen auch *M. D. Goulder*, Midrash 53-55, bes. 54f.
[38] Vgl. zur Zeichnung der Gleichnisfiguren grundlegend *R. Bultmann*, Geschichte
204-206; *W. Harnisch*, Gleichniserzählungen 29-36.

den Mund einer Gleichnisfigur mit einfachen, polarisierenden Adjektiven wie gut-böse, klug-töricht u.ä.[39] Gespräche oder Monologe, die das Innenleben der Figuren offenlegen, sind - anders als bei Lukas[40] - selten. In der Regel betonen sie nur einen Wesenszug (vgl. 20,11f; 21,38; 24,48; komplexer: 25,24f). Nach ihrem Handeln Befragte bleiben stumm (18,33; 22,12). Bei der originellen Figur des sog. „Schalksknechtes" (18,23-34) ist leider kein Einblick in seine Gedanken zu gewinnen.[41] Die reichste Figur ist tendenziell die Autoritätsperson, die vielseitig und überraschend agieren kann (z.B. 18,27 mit 34; 20,1ff; 21,34-37 mit 41; 22,7 mit 8ff) und in etlichen Fällen Einblick in ihr Handeln gewährt (13,28-30; 18,32f; 20,13-15; 21,37; 22,8f; 25,26-30; vgl. 15,13).[42] Freilich sind auch für sie typische Verhaltensweisen festzustellen, die sich in regelmäßig zu beobachtenden Handlungsverläufen oder in stereotypen Formulierungen ihrer Rede niederschlagen.[43]

(β) Ereignisse und Handlungen
Ebenso wie bei den Personen zeichnen sich bei den Handlungsabläufen typische Strukturen ab. Als Erstes sei auf das Phänomen von Wiederholungen hingewiesen.[44] Handlungen geschehen in gleicher oder ähnlicher Weise mehrfach. Diese Technik wird zum einen eingesetzt, um Unterschiede, manchmal Gegensätze herauszuarbeiten. In 7,24-29 treten so die Folgen des unterschiedlichen Grundes (Fels oder Sand) sehr deutlich hervor, 13,3-8 das unterschiedliche Schicksal der Saaten. Angesichts der gleichlautenden Bitte in 18,26 und 29 fällt die gegensätzliche Reaktion der Gebetenen umso mehr auf. Die wiederholte Einstellung von Arbeitern (20,3-6; vgl. bes. V.4 und 7: „Geht auch ihr in den Weinberg") zu unterschiedlicher Stunde bereitet die Diskussion um den angemessenen Lohn vor. In anderen Fällen ist die Wiederholung „synonym", dient der Betonung eines bestimmten Geschehens (die wiederholte Weigerung 21,34-36; 22,3-6). Die strenge Parallelisierung der ersten beiden Knechte des Gleichnisses von den Talenten in 25,16f und 20-23 dient einerseits dazu, sie zusammenzubinden und durch Wiederholung ein bestimmtes Verhaltensmuster herauszustreichen, andererseits wird so der Kontrast zum dritten Knecht stark betont. Die Technik, durch Wiederholung eine Handlung zu betonen, begegnet nicht nur innerhalb eines Gleichnisses, sondern auch bei auf-

---

[39] S.u. zu den Begriffspaaren gut - böse; gut - schlecht u.ä.
[40] Vgl. dazu *B. Heininger*, Metaphorik 31-82; *Ph. Sellew*, Interior Monologue.
[41] Vgl. zu diesen Beobachtungen auch *M. D. Goulder*, Midrash 55f, der aber die im Folgenden zu besprechenden Autoritätsfiguren m.E. unterschätzt.
[42] Für eine ausführlichere Analyse dieser Figuren bei Mt, Mk und Lk vgl. *K. Erlemann*, Bild.
[43] Vgl. den folgenden Abschnitt resp. die Beobachtungen unten zur Formelsprache.
[44] Vgl. *R. Bultmann*, Geschichte 207.

einanderfolgenden Gleichnissen (z.B. 13,31+33: „... gleicht einem Mann/einer Frau, die nahm..."; 13,44 + 46: „verkaufte alles, was er hatte"; 21,36 + 22,4: „wiederum sandte er andere Knechte").
Eine zweite Beobachtung betrifft die zeitliche Struktur. Eine Reihe von Gleichnissen erzählt in drei Phasen von einer Anfangsinitiative, einer Zwischenzeit und einem Schlussgeschehen. Das Schema kann sich im Bereich landwirtschaftlicher Abläufe in der Abfolge Saat - Wachstum - Ertrag/Ernte realisieren. Das Gleichnis vom Sämann hebt die mittlere Phase des Wachstums besonders hervor, in der sich der künftige Ertrag entscheidet (13,3-8). Das Schicksal vor allem jener Körner, die keine Frucht bringen, wird ausführlich besprochen (V.4-7). Im Gleichnis vom Unkraut sind die erste und letzte Phase von Aktivität der Figuren bestimmt (V.24f und das in V.30 anvisierte Geschehen), während das Wachsenlassen zur Passivität nötigt (V.29b.29). Zu den Eigentümlichkeiten der Geschichte gehört neben der doppelten Saat (vgl. V.27.28a!), dass die Sklaven, die fragen, im Rahmen des Geschehens nie aktiv sind. Sie könnten ihr Wirken in der mittleren Phase entfalten. Es wird ihnen jedoch untersagt einzugrei-fen.[45] Der Erzähler arbeitet all dies in erster Linie durch den Dialog zwischen Hausherrn und Sklaven heraus. Die Passivität in der mittleren Phase dieser Saat-Wachstum-Ernte-Geschichte steht in einem bemerkenswerten Gegensatz zur Charakterisierung derselben Phase in den Auftrag-Arbeit-Rechenschaft-Geschichten, die im Folgenden zu besprechen sind. Beim Senfkorn-Gleichnis (13,31f) tritt die am Ende so groß gewordenen Pflanze an die Stelle der Ernte; die Perspektive ist auf den Gegensatz von kleinem Anfang und großem Ergebnis gerichtet (V.32). Im Rahmen der Grundstruktur setzen die Geschichten also unterschiedliche Akzente. Gemeinsam ist allen, dass die Saat auf den Ertrag (resp. die ausgewachsene Pflanze) zielt.[46] Diese Logik liefert den Rahmen für die jeweiligen Besonderheiten.
Eine Reihe anderer Geschichten realisiert dieselbe Zeitstruktur in Geschichten, die im Dreischritt Beauftragung - Bewältigung des Auftrages - Rechenschaft/Abrechnung ablaufen.[47] Im Gleichnis von den Arbeitern im Weinberg (20,1-16) wird mit Hilfe dieses Schemas eine Geschichte von Arbeit und Lohn erzählt. Sehr kunstvoll wird diesem Thema durch die aufwendig erzählte Einstellung der Arbeiter zu den verschiedenen Stunden des Tages (V.1-7) und die gemeinsame Aus-

---

[45] Vgl. K. Erlemann, Bild 58.
[46] Dieselbe Logik im häuslichen Bereich statt in der Landwirtschaft greift 13,33 mit dem Sauerteig auf. Das Gleichnis entspricht im Übrigen stark dem Senfkorn-Gleichnis. Vgl. zu den formalen Parallelen J. Gnilka, Mt I 494, zur Logik des Gleichnisses H. Weder, Gleichnisse 133f.
[47] Die folgenden Überlegungen sind angeregt durch K. Erlemann, Bild 251-253. E. analysiert Gleichnisse aller Synoptiker. Aus dem MtEv berücksichtigt er im Rahmen seiner Themenstellung 13,24-30; 18,23-35; 20,1-6; 21,33-42 parr; 22,1-14par; 25,1-13; 25,14-30.

zahlung des Lohnes in umgekehrter Reihenfolge (V.8-10) der Weg bereitet.[48] Im Murren der Arbeiter aus der ersten Stunde wird es dann explizit gemacht (V.11f), so dass der Herr des Weinbergs Stellung nehmen muss (V.13f).

Das Winzergleichnis (21,33-42) rückt die mit der Verpachtung verbundene Bringeschuld der Pächter gegenüber dem abwesenden Besitzer (V.33: ἀπεδήμησεν) in den Vordergrund. Matthäus erreicht dies durch die Betonung der Früchte, die zur rechten Zeit abzuliefern sind (21,34.41.43), sowie durch das wiederholte Bemühen des Besitzers in verschiedenen Gesandtschaften (V.34-37). Die Pächter verweigern sich hartnäckig der Bringeschuld (V.35.36b.38f). Der Versuch, das Erbe an sich zu reißen statt das Geschuldete zu liefern (V.38f), zeigt, wie sehr die Pächter ihre Position verkennen. Diese Fehleinschätzung zieht ihre Vernichtung als furchtbare Konsequenz nach sich (anvisiert in V.41). Der Rahmen des Gleichnisses bietet zugleich einen Ort, um in einer zweiten Sinnlinie über den Sohn, seine Stellung und sein Schicksal zu reden (V.37-39).

Im Gleichnis vom Hochzeitsmahl (22,1-13) tritt eine Einladung an die Stelle der Beauftragung oder des Geschäftsverhältnisses (V.3a.4). Die Geschichte der wiederholten Gesandtschaft, der hartnäckigen und gewalttätigen Verweigerung, die die Vernichtung nach sich zieht (V.3-7), ähnelt stark dem vorausgehenden Winzergleichnis. Deutlicher als im Pachtverhältnis tritt hier im Motiv der Einladung zum Fest hervor, wie sehr es eigentlich um das Wohl der untergeordneten Figuren geht. Umso unverständlicher erscheint die erzählte Verweigerung.[49] Matthäus macht allerdings im „Nachschlag" 22,11-13 deutlich, dass die Einladung auch eine Verpflichtung birgt.

Das Gleichnis von treuen und untreuen Knecht (24,45-51) schildert zwei mögliche Ereignisabläufe im bekannten Schema. Erneut ist der Herr in der Mittelphase abwesend (vgl. V.46.48.50). Der Schwerpunkt liegt auf dem nachgeordneten, ausführlicher dargestellten zweiten Fall (V.48ff). Die Spitze dieser Variation des Schemas liegt, wie die irrigen stillen Überlegungen des zweiten Knechtes zeigen (24,48 mit 50), in der unbekannten Dauer, die der Herr ausbleiben wird.

Im Gleichnis von den anvertrauten Talenten (25,14-30) schließlich wird, nachdem die zwar nicht identischen, aber angemessenen Startbedingungen festgehalten wurden (V.15) und der Herr erneut abgereist ist (V.15: ἀπεδήμησεν), mit erzählerischen Mitteln zunächst das Augenmerk auf den unterschiedlichen Umgang mit dem anvertrauten Gut

---

[48] Zur Analyse *W. Harnisch*, Gleichniserzählungen 178-181.

[49] Vgl. *H. Weder*, Gleichnisse 180f Anm. 67; *W. Harnisch*, Gleichniserzählungen 232. Die lukanische Version gibt den Gründen einen breiten Raum. Zur Frage, ob die Gründe plausibel sind, gibt es eine kontroverse Diskussion; vgl. *H. Weder*, Gleichnisse 186f mit Anm. 90; *W. Harnisch*, Gleichnisse 247-249; *Th. Söding*, Gleichnis 69-72.

gelenkt. Dabei sticht der dritte Sklave gegen die anderen heraus
(Parallelisierung der ersten beiden in V.16f und wieder in V.20-23!).
Das Gespräch zwischen ihm und dem Herrn in der letzten Phase thematisiert die Gründe für dieses Verhalten (V.24ff). Der Knecht hatte
Angst vor seinem Herrn (V.25). Das hat ihn zu einem falschen Verhalten geführt, welches der mit der Übergabe verbundenen Verpflich-
tung nicht gerecht wurde (V.25 mit 27).[50]
Zwei weitere Gleichnisse stehen dieser Gruppe nahe. Das Gleichnis
vom Schalksknecht (18,23-34) verwendet in allen drei Szenen das
Motiv der Abrechnung. Die Drei-Gliedrigkeit ist hier anders entwickelt. Der König setzt mit seinen Verhalten in der ersten Erzählphase
Maßstäbe, denen der Knecht in der zweiten nicht gerecht wird, so dass
er in der dritten dafür zur Rechenschaft gezogen wird (vgl. v.a. der
Schlüsselvers 33). Die Besonderheit dieser Erzählung liegt in der Forderung an den Knecht, die mit der Vergebung der Schuld durch den
König nur implizit gestellt wird.[51] Im Gleichnis von den Jungfrauen
(25,1-13) fehlt eine Aufgabenstellung durch den Bräutigam. Es ist aber
vorausgesetzt, dass den Jungfrauen eine solche zukommt (vgl. V.1:
εἰς ὑπάντησιν τοῦ νυμφίου). Die Autoritätsfigur ist (wieder)
abwesend. Akzentuiert ist das Verzögern der Stunde, zu der die Jungfrauen ihre Aufgabe erfüllen müssen (vgl. V.5); nicht alle sind auf
diese Verzögerung eingestellt (vgl. V.8f), so dass einige ihre Aufgabe
versäumen (V.10ff). Eine regelrechte Abrechnung gibt es nicht, nur die
verpasste Chance.

Ist auch 13,47f ein solche Geschichte, die Raum zum Handeln eröffnet, wie J.
Gnilka meint?[52] Diese Sicht setzt eine bestimmte allegorisierende Auslegung des
Gleichnisses voraus. Die Erzählung selbst gibt das nicht her. Sollten die Fische
dem Netz entkommen. Oder aus schlechten gute Fische werden?

---

[50] Schwieriger ist es, den Fehler zu präzisieren. Ist V.26 als Ironisierung zu ver-
stehen, die die Antwort als faule Ausrede entlarvt? (*J. Schmid*, Mt 347; vgl. auch
W. Grundmann, Mt 523) Ist die Schilderung des Herrn unzutreffend, der Verweis
auf die Angst also Heuchelei? (*U. Luz*, Mt III 508) Hat sich der Sklave durch sein
Verhalten als dumm oder unvernünftig erwiesen wie einer, der die Lampe unter den
Scheffel stellt (Mt 5,15)? (*W. D. Davies/D. C. Allison*, Mt III 409) Fehlt ihm der
Mut zum Einsatz? (*J. Gnilka*, Mt II 360, vgl. auch *E. Schweizer*, Mt 308)
Deutungstypen für das jesuanische Gleichnis stellt *U. Luz*, Mt II 503-505, zusam-
men.

[51] Im Kontext des Matthäusevangeliums (V.35) und vom vorliegenden Ende der
Erzählung her (V.34) wird man von einer Forderung sprechen müssen. *W. Har-
nisch*, der V.34 für sekundär hält (Gleichniserzählung 259-262), sieht die dem
Knecht durch das Vergeben eröffnete Möglichkeit im Vordergrund („Geschenk der
Zeit"; vgl. ebd. 265-269).

[52] So *J. Gnilka*, Mt I 510 (mit *E. Jüngel*, Paulus 147): Die Geschichte bestehe es
zwei Phasen, dem Ziehen des Netzes und dem Sortieren. Die erste Phase, die G. auf
die Mission deutet, lasse Raum zu handeln.

Mit den Saat-Wachstum-Ernte-Geschichten in Kapitel 13 hat diese zweite Gruppe gemeinsam, dass das Geschehen auf den letzten Akt ausgerichtet ist, der Auftrag in die Rechenschaft mündet, wobei auch in Kapitel 13 zum Teil schon die zweifache Möglichkeit des Ausgangs - Erfolg und Misserfolg - vor Augen geführt wurde. Jedoch ist der Akzent hier ein deutlich anderer. Menschen in ihren Handlungsmöglichkeiten und ihrer Verantwortlichkeit treten in den Vordergrund. Die Zielstrebigkeit, mit der das Geschehen vom Auftrag auf die Rechenschaft zuläuft, impliziert in diesem Fall die Notwendigkeit, angesichts des Auftrages (Phase 1) angemessen zu handeln (Phase 2) - bisweilen in Abwesenheit des Herrn -, so dass der Beauftragte am Ende bestehen kann (Phase 3). [53]

Den beobachteten erzählerischen Strukturen entspricht das Vorkommen von Zeitbegriffen und -angaben in etlichen dieser Gleichnisse. Neben dem allgemeinen Begriff 'Zeit'/καιρός (13,30; 21,34.41; 24,45) sind verschiedenen Formen von Zeitangaben zu beobachten.[54] Verwandt mit den Zeitangaben ist auch die Aussage, es sei etwas oder jemand 'bereit/ἕτοιμος' (22,4.8; 24,44; 25,10). Notierenswert ist in diesem Zusammenhang zudem, dass einige dieser Geschichten mit dem Ausblick auf ein zukünftiges, noch ausstehendes Geschehen enden, das anvisiert oder angeordnet, aber nicht mehr erzählt wird (13,30; 18,34; 21,40f; 22,13; 24,47.50f; 25,30; z.T. am Ende Futur!)

(γ) Situativer Rahmen ('setting')

Zunächst können einige Milieus festgehalten werden, in denen die Gleichnisse angesiedelt sind. Die Landwirtschaft mit Acker- oder Weinbau liefert den Rahmen etlicher Gleichnisse.[55] Seltener begegnen in matthäischen Gleichnissen die Nutztierhaltung[56] oder der Fischfang

---

[53] Vgl. ähnlich *K. Erlemann*, Bild 252f. - E. beobachtet richtig, dass der Herr in der Mittelphase oft abwesend ist. Die Gegenwart der Gemeinde deshalb durch die „Nichterfahrbarkeit Gottes" gekennzeichnet zu sehen (ebd.), ist im Sinne des Mt zu einseitig formuliert. Gott ist sehr wohl v.a. in seinem Sohn Jesus Christus machtvoll gegenwärtig (28,18-20). Freilich besteht die Gefahr, mit dieser machtvollen Gegenwart nicht zu rechnen (vgl. z.B. das Motiv des Kleinglaubens 6,30; 8,26; 14,31; 16,8).

[54] 20,1: sogleich am Morgen/ἅμα πρωΐ; 20,3.5.6: um die n-te Stunde/περὶ v.v. ὥραν; 20,8 Abend/ἡ ὀψία u.a.m. in diesem Gleichnis; 24,43: 'Nachtwache/Stunde der Nacht'/ἡ φυλακή (par Lk 12,39 hat 'Stunde'/ὥρα); 24,48; 25,5: ausbleiben/χρονίζω (par Lk 12,45 bzw. ohne parr); 24,50: Tag/ ἡ ἡμέρα; Stunde/ἡ ὥρα (par Lk 12,46); 25,6: um Mitternacht/μέσης ... νυκτός; 25,11: später/ὕστερον; 25,19 nach langer Zeit/μετὰ .. πολὺν χρόνον (diff Lk 19,15); vielleicht auch 21,29: später/ὕστερον.

[55] 13,3-8 (parr); 13,24-30.36-43 (ohne syn. parr; zu Gleichnis vgl. ThEv 57); 13,31f (par Mk 4,30-32; Lk 13,18f, die vom Säen und Wachsen erzählt, nicht aber wie die anderen von Ertrag oder Ernte.); 20,1-16; 21,28-31; 21,33-42 (parr Mk 12,1ff; Lk 20,9ff; außerdem 7,16-20 (Früchte der Bäume).

[56] 18,12f (par Lk 15,4-6; vgl. ThEv 107); vgl. 9,36; 10,6; 15,24; 25,32f.

(13,47ff). Einige Male stellt das häusliche Leben den Bildbereich.[57] Ein weites, reichlich genutztes Feld für Gleichnisse bietet bei Matthäus die Welt von Arbeit, Lohn und Finanzen.[58] Auch Schätze und wertvolle Perlen werden als Bildspender verwendet, wenn auch nur in kleinen Gleichnissen und Bildworten.[59] Zweimal bietet die Feier einer Hochzeit den Rahmen.[60]

Milieu, Personen und Ereignisse sind meist in der Lebens- und Erfahrungswelt „normaler" Menschen angesiedelt. *M. D. Goulder* bemerkt innerhalb dieses Rahmens eine Neigung zum „grand scale" in den Gleichnissen des Matthäus.[61] Der Evangelist schätze Könige, hohe Summen, große Mengen und Zahlen, heftige Reaktionen. Man mag das mit dem „oriental story-teller" Matthäus in Verbindung bringen[62], die Beobachtung ist möglicherweise aber auch für die Gleichnisform relevant.

Zusammenfassung und Ertrag: Matthäische Gleichnisse weisen in ihrer *story* einige typische, wiederholt zu beobachtende Züge auf. Sie erzählen häufig Menschengeschichten mit hierarchischen Personenkonstellationen, die durch die Zeichnung der Figuren und durch die Schilderung der Ereignisse auf den Gegensatz von Typen angelegt sind. Die Autoritätsfigur dominiert nicht nur den Verlauf der Ereignisse, sondern ist tendenziell auch die vielschichtigste Figur der Gleichnisse. Der Erzähler widmet ihr große Aufmerksamkeit. Freilich trägt auch sie typische Züge. In der Handlungsstruktur ist wiederholt eine dreiphasige Erzählung zu beobachten, die am Ende entweder auf die Ernte (den Ertrag) oder auf eine Abrechnungs- resp. Rechenschaftsszene zuläuft. Die Zielperspektive bestimmt die Dynamik der geschilderten Ereignisse. Diese gemeinsame Struktur bietet den Raum für eine Vielzahl unterschiedlich akzentuierter Geschichten. Die Milieus und Lebenszusammenhänge, in denen die erzählten Ereignisse angesiedelt sind, knüpfen an die Welt der „normalen" Menschen im Palästina (und in anderen ländlich strukturierter Regionen) des ersten nachchristlichen Jahrhunderts an, spiegeln ihre alltäglichen Erfahrungen (Landwirtschaft, Lohnarbeit, ...) oder greifen auf Schichten der

---

[57] 7,24-27 (par Lk 6,47-49); 13,33 (parr); 24,43 (par Lk 12,39); 24,45-51 (par Lk 12,39-40.42-46).

[58] 5,26 (par Lk 12,59); 9,37f: Arbeit und Ernte; 18,21-34 (ohne parr); 20,1-16 (ohne parr); 21,33-42 (parr); 25,14-30 (par Lk 19,11-27); vgl. 21,28-31

[59] 6,19-21 (par Lk 12,33f); 7,6 (ohne parr); 13,44 (ohne syn par; vgl. ThEv 109); 13,45f (ohne syn par; vgl. ThEv 76); 13,52 (ohne par). *W. D. Davies/D. C. Allison*, Mt II 434, sehen eine *inclusio* mit dem Stichwort 'Schatz' um den Abschnitt, der die letzten drei Parabeln enthält.

[60] 22,2ff (diff Lk 14,16ff); 25,1-13 (ohne parr); vgl. 9,15 (par Mk 2,19; Lk 5,34).

[61] Vgl. Midrash 61f.

[62] *M. D. Goulder*, Midrash 61.

Gesellschaft zu, von denen das Leben der Bevölkerungsmehrheit abhängig ist (Großfinanz, höfisches Leben).

Die Geschichten bieten in mehrerlei Hinsicht Voraussetzungen für die matthäische Gleichnisdeutung, wie in den folgenden Abschnitten zu zeigen sein wird. Die Erzählungen spiegeln das „normale" Leben, bilden es aber immer wieder zugespitzt und verzerrt ab oder verletzen die Erwartungen. Vor dem Hintergrund des Normalen treten solche „Extravaganzen" klar hervor und werfen Fragen nach ihrer Bedeutung auf. Das Milieu der Erzählungen stellt in vielen Fällen einen Rahmen, dessen (konventionell geprägtes) metaphorisches Potential Matthäus für die Auslegung fruchtbar macht. Die hierarchische Struktur der Personenkonstellation lässt sie für das Verhältnis Gottes oder Jesu zu den Menschen durchsichtig werden. Die Kontraste zwischen untergeordneten Figuren unterstützen die paränetische Deutung der Gleichnisse. Die zeitliche Strukturierung schließlich ermöglicht, die Gleichnisse auf (heils-) geschichtliche Zusammenhänge zu beziehen.

c) Fiktionalität und Kohärenz der Erzählungen

Wenn gefragt wird, wie eine Erzählung zum Gleichnis wird, ergeben sich aus der Gleichnisforschung mit Blick auf die *Erzählung* zwei Problemfelder. Das eine betrifft das Verhältnis, in dem die Spiegelung von Alltagserfahrung und die das „Normale" verzerrende Fiktionalität in der Erzählung zueinander stehen. Die Spannung zwischen Alltag und fiktionaler Welt wird z.T. mit der metaphorischen Qualität der Gleichnisse in Verbindung gebracht (Ricoeur, Weder, Harnisch). Das andere Problemfeld wird durch die Frage umrissen, ob das Erzählte seine Plausibilität auf der Ebene der Erzählung selbst gewinnt, das Gleichnis in diesem Sinne kohärent ist, oder ob der Zusammenhang des Geschehens erst von einem eigentlich gemeinten Hintergrund her einleuchtet, dessen verschlüsselte Darstellung das Gleichnis ist. Letzteres ist Teilaspekt der Allegorieproblematik (Jülicher u.a.).

Die matthäischen Gleichnisse nehmen, wie die Analyse der Personen, Handlungen und Milieus gezeigt hat, in der Lebenswelt der Menschen ihren Ausgang. Deutlich ist, dass sie die Wirklichkeit nicht einfach naturgetreu abbilden. Diese wird in der Regel vielmehr selektiv, zugespitzt, gar übersteigert wiedergegeben. Nicht einfach ein Hochwasser, gewaltige Naturkräfte wirken auf die beiden Häuser ein, die auf Sand resp. auf Fels gebaut sind (7,25-27). Der Einsturz des ersten Hauses ist ein „großer" Sturz (7,27). Die Kinder spielen ausgerechnet so Gegensätzliches wie Flötenspiel zum Tanz und Klagelieder (11,16f). Das bedauernswerte Schicksal des Mannes, der am Ende von acht statt von einem Dämon „bewohnt" wird, dürfte selbst unter Voraussetzung eines Dämonenglaubens ein ungewöhnlich schweres Schicksal sein (12,43-

45).[63] Schatz- und Perlenfunde stehen kaum regelmäßig auf der Tagesordnung (13,44.45f). Dass ein Hausherr „Neues und Altes" aus seinem Vorrat holt, ist eine merkwürdig abstrakte Formulierung, Getreide, Käse, Obst usw. würde man erwarten (13,52).[64] Die fünfmalige Einstellung von Arbeitern im Verlaufe eines Tages, die Auszahlung des Lohnes im umgekehrter Reihenfolge der Einstellung und die Auszahlung des gleichen Betrages an alle sind erzählerisch geschickt arrangiert, aber kaum das übliche Vorgehen (20,1ff). Die symmetrisch konträre Reaktion der beiden Söhne auf die Bitte des Vaters um Mitarbeit im Weinberg ist nicht unmöglich, aber zweifellos stilisiert (21,28-31). Die Beispiele ließen sich leicht mehren. Kaum einer der in dieser Arbeit regelmäßig besprochenen Texte bleibt streng bei der Natur oder beim Üblichen (am ehesten 13,47f[65]; 24.32.43). Auch bei Bildworten sind Übertreibungen oder Paradoxien zu beobachten (6,28f; 7,3-5; 7,6[66]).

Zu einigen Gleichnissen gibt es eine lange Diskussion um ihren Realismus. In manchen Fällen erscheint selbst die Grenze dessen, was in einer fiktiven Erzählungen als plausibel akzeptiert wird, überschritten. Man wird aber festhalten können, dass dieses Überschreiten in der Regel nicht die gesamte Erzählung, sondern einzelne Szenen oder das Ende der Erzählung betrifft.

13,1-8: Eine längere Debatte kreist um die Reihenfolge von Säen und Pflügen einerseits (die das Schicksal der Saaten verstehen helfen soll) und um die Erträge andererseits.[67] Einige Autoren bemerken, dass Matthäus das Schicksal des einzelnen Kornes in den Vordergrund rückt, so dass die Ertragszahlen realistischer erscheinen, als wenn der Ertrag des Feldes vor Augen stünde.[68] Unabhängig davon kann darauf verwiesen werden, dass in der antiken Literatur wesentlich stärkere

---

[63] Auch Mk 5,1-20 parr wird die Vielzahl der Dämonen hervorgehoben durch die Episode mit der Schweineherde. Die meisten Exorzismuserzählungen gehen wohl von einem Dämon aus (Mk 1,21-28 par; 7,24-30 par; 9,14-29; Josephus, Ant 8,46-48; Philostratus, Vit Ap 4,20).

[64] Vgl. *U. Luz*, Mt II 362.

[65] Zu den Realien *F. Dunkel*, Fischerei. – *U. Luz* weist auf das inhaltlich überflüssige ἐκ πάντους γένους hin (Mt II 359). Das fällt aber wohl v.a. von der Deutung her auf.

[66] Der erste Teil hat allerdings eine Entsprechung in einer Opfervorschrift; vgl. *J. Gnilka*, Mt I 258; ein profanes Sprichwort als Hintergrund vermutet *G. Strecker*, Bergpredigt 151, mit Belegen.

[67] Zum Pflügen vgl. *J. Jeremias*, Gleichnisse 7; *ders.*, Palästinakundliches 49; *K. D. White*, Parable; *H. J. Klauck*, Allegorie 189f; *P. B. Payne*, Order; *U. Luz*, Mt II 306f mit Anm. 58. Zu den Erträgen: *G. Dalman*, Arbeit II 243.252; *G. Lohfink*, Gleichnis 53-56; *U. Luz*, Mt II 307 mit Anm. 66; *R. K. McIver*, One Hundret-Fold Yield. Zu allen Aspekten jetzt *U. Mell*, Zeit 82-109.

[68] Vgl. *G. Lohfink*, Gleichnis 57; *J. Gnilka*; Mt I 479; *U. Luz*, Mt II 307; *U. Mell*, Zeit 107f.

Übertreibungen beim Ertrag vorkommen, so dass der matthäische Ertrag „is probably not spectaculary overdone".[69]

13,24-30: Verschiedene überraschende und unrealistische Momente werden diskutiert. Das Problem, dass Tollkorn/Taumellolch zwischen dem Getreide wächst, ist jedenfalls real.[70] Muss es dann nicht wundern, dass die Knechte überhaupt danach fragen?[71] Ob es plausibel ist, dass dieses Unkraut absichtlich gesät wird, ist strittig. Es scheint ähnliche Vorkommnisse in anderen Ländern gegeben zu haben.[72] Nach *G. Dalman* wird im Palästina des späten 18./frühen 19. Jh. meistens mehrmals gejätet und nur im Gebiet von Hebron darauf verzichtet, so dass der Verzicht auf das Jäten im Gleichnis unüblich, wenn auch nicht undenkbar wäre.[73] Ein weiterer Streitpunkt ist die Frage, wie mit dem gejäteten Unkraut verfahren wird: Wird es gesammelt und verbrannt? Bleibt es auf dem Feld liegen, um dort verbrannt zu werden? Wird es als Hühnerfutter verwendet? Auszuschließen ist keine der Möglichkeiten.[74] Insgesamt haben viele Ausleger den Eindruck, die Vorgänge im Gleichnis seien ungewöhnlich, auch wenn zu Einzelpunkten Uneinigkeit herrscht.[75]

13,33: Das Mehlvolumen rechnet nach, es sei fast ein halber Zentner Mehl. Das Brot reiche für eine Mahlzeit mit mehr als 100 Personen.[76] Von der Menge Mehl her könnte man auf die Fülle deuten.[77] *U. Luz* setzt beim Stichwort „verbergen" an, das ungewöhnlich und zudem im Kontext verankert sei (13,35.44). Er deutet auf die in Gleichnissen und wie ein Schatz im Acker verborgene Wahrheit, die die Jünger durch Wort und Tat aufzudecken haben (10,26f; vgl. 5,13-16).[78]

---

[69] *W. D. Davies/D. C. Allison,* Mt II 385; ihnen schließt sich *D. A Hagner,* Mt I 369 an.

[70] Belege bei *J. Gnilka,* Mt I 491 Anm. 10; vgl. zu den Realien auch *U. Luz,* Taumellolch 156.

[71] So jedenfalls *J. Gnilka,* Mt I 491, der das für den wesentlichen ungewöhnlichen Zug hält.

[72] Vgl. *J. Gnilka,* Mt I 491; *A. J. Kerr,* Matthew 13:25; auch *D. Tripp,* Zizania (mit einem „modernen" Beispiel). *U. Luz* dagegen fragt skeptisch, wer denn schon solchen Samen zu Hause aufbewahre (Mt II 324 Anm. 29). Dagegen kann man einwenden: Wenn der Same wirklich als Hühnerfutter verwendet wurde (vgl. *U. Luz,* Mt II 324), wäre er durchaus zur Hand!

[73] Vgl. *G. Dalman,* Arbeit II 323-325.

[74] Vgl. zum Ersten *J. Jeremias,* Gleichnisse 223, zum Zweiten *R. Gundry,* Mt 265. *U. Luz,* Mt II 324 mit Anm. 32; zum Letzten *U. Luz,* Mt II 324 als ein weitere Möglichkeit. Nach Jeremias a.a.O. werden nur die Körner verfüttert; beide berufen sich auf *G. Dalman,* Arbeit II 325. Vgl. auch *W. D. Davies/D. C. Allison,* Mt II 415, die die Frage anhand antiker Quellen für nicht entscheidbar halten und für die moderne Zeit verschiedene Praktiken belegt sehen.

[75] Vgl. *U. Luz,* Mt II 324: „Eine eigenartige Landwirtschaft also, bei der die Hörer/innen des Gleichnisses sich ihre Gedanken machten!". Ähnlich urteilen auch *E. Lohmeyer,* Mt 213-215; *H.-J. Klauck,* Allegorie 226; *H. Frankemölle,* Mt II 176 und etliche andere. In der Tendenz anders *J. Jeremias,* Gleichnisse 222f; *J. Gnilka,* Mt I 490-492.

[76] Vgl. *J. Jeremias,* Gleichnisse 146; ein ähnliches Ergebnis berechnet *U. Luz,* Mt II 333.

[77] So *J. Jeremias,* Gleichnisse 145, für Jesus auch *U. Luz,* Mt II 334.

[78] *U. Luz,* Mt II 333f – *G. Schwarz* (Mehl) will das Problem mit Rückgang auf den aramäischen Text lösen, was für den matthäischen Text keine Entschärfung der Beobachtung bringt.

18,23-34: Die ganze Geschichte ist extrem und kontrastreich, v.a. die eklatant hohe geschuldete Summe[79], die ganz zurückgezahlt werden soll und ganz vergeben wird; dagegen dann das Verhalten des Beschenkten in V. 28f und schließlich die erneute Forderung der Rückzahlung mit Hilfe der Folterknechte.[80]

21,33-42: Der Text steht seit Jülicher immer wieder im Verdacht, von Anfang an eine Allegorie gewesen zu sein.[81] *M. Hengel* hat den Anhalt der erzählten Verhältnisse in der Realität nachgewiesen.[82] Das brutale Vorgehen der Pächter und die Sendung des Sohnes in dieser gefährlichen Situation sind sicher nicht alltäglich, im Rahmen einer fiktiven Geschichte aber noch akzeptabel. Die in den Evangelien vorliegenden Texte sind reich an motivlichen Bezügen (Jes 5,1ff; Knechtsmetaphorik und Propheten-Theologumenon, Schriftworte rund um das Motiv „Stein" u.a.).[83] Insbesondere die Rolle des Sohnes scheint problematisch, weniger wegen der genannten Extravaganz als vielmehr wegen der christologischen Implikationen.[84]

22,2-13: Vor allem die Ablehnung der Einladung, die in der Tötung der Knechte gipfelt, sowie die anschließende Strafaktion des Königs überschreiten die Grenzen der Plausibilität.[85] Wahrscheinlich steht für die Ablehnung das Propheten-Theologoumenon im Hintergrund (s.u.), verbunden vielleicht mit Verfolgung, die die matthäische Gemeinde in ihrer Geschichte erlitten hat. Die Strafaktion wird meistens auf die Zerstörung der Stadt Jerusalem gedeutet.[86] Der mögliche reale Hintergrund der Szene um das Hochzeitskleid bleibt dunkel.[87] Die Strafanordnung erscheint beim Wort genommen irreal („äußerste Finsternis") und maßlos (22,13).

24,45-51: Der erste Teil verbleibt im Rahmen des erzählerisch Verträglichen.[88] Das Fehlverhalten des Knechtes in 24,48f ist eklatant, aber noch ein literarischer

---

[79]　Zur Einordnung der Summe vgl. z.B. *U. Luz,* Mt II 69 mit Anm. 30.32.

[80]　Vgl. die Analyse von *W. Harnisch,* Gleichniserzählungen 256-258.

[81]　Vgl. *A. Jülicher,* Gleichnisreden II 385-406, bes. 405f; später z.B. *J. Gnilka,* Mk II 148f mit 143f; *D. Lührmann,* Mk 199f u.a. (s.u. Anm. 84).

[82]　Vgl. *ders.,* Gleichnis.

[83]　Vgl. *H. J. Klauck,* Allegorie 298-308.

[84]　In erster Linie wegen der christologischen Implikationen skeptisch sind z.B. *W. G. Kümmel,* Gleichnis; *E. Schweizer,* Mk 131; *J. Blank,* Sendung. Eine Skizze der Forschungslage bei *Th. Schmeller,* Erbe 183-185. Schmeller selbst bestreitet, dass irgendeine Form von Selbstaussage im Gleichnis ursprünglich existierte. Der Sohn sei auf den Täufer Johannes zu deuten (a.a.O., bes. 196-200).

[85]　*M. D. Goulder* spricht von „breakdown of the story" (Midrash 59).

[86]　Vgl. z.B. *U. Luz,* Mt III 242; *H. Frankemölle,* Mt II 342; *W. D. Davies/D. C. Allison,* Mt III 201f. - *K. H. Rengstorf* (Stadt) bestreitet dies und vermutet einen traditionellen Topos (vgl. *A. Sand,* Mt 438; kritisch dazu *U. Luz,* Mt II 242 Anm. 56; positiver *W. D. Davies/D. C. Allison,* Mt III 201f) Die mögliche Existenz eines Topos' widerlegt nicht, dass (zugleich) eine historische Anspielung vorliegt. *R. Gundry* sieht einen Widerspruch zu Mt 28,19f, wenn 22,7 auf die Zerstörung Jerusalems bezogen wird, denn dort begänne die Heidenmission unmittelbar nach der Auferstehung Jesu, hier ggf. erst nach 70 n.Chr. Es erscheint fraglich, ob man die allegorische Entschlüsselung eines Gleichnisses im Sinne des Matthäus so weit treiben kann.

[87]　Vgl. *J. Jeremias,* Gleichnisse 186; *K. Haacker,* Kleid; *U. Luz,* Mt III 244 mit Anm. 68; *W. D. Davies/D. C. Allison,* Mt III 204 Anm.53.

[88]　Allenfalls die Seligpreisung macht stutzig (V.46); vgl. *J. Gnilka,* Mt II 343, ausführlicher dazu unten.

Topos.[89] Das Vierteilen des Knechtes, der anschließend freilich noch zu heulen vermag (24,51), ist dann zweifellos ein „breakdown of the story".[90]
25,1-12: Die Erzählung wirkt auf den ersten Blick in vielen Zügen konstruiert. Die Erörterung der Realien in der Literatur trägt zur Relativierung dieses Eindrucks bei. Es bleibt freilich aus der Diskussion die Erkenntnis, zu wenig über die einschlägigen Hochzeitsbräuche zu wissen.[91] Spätestens im Dialog 25,11f, der zudem eine Art Selbstzitat ist (7,22f; s.o.), zerbricht die Geschlossenheit der Geschichte.[92]
25,15-30: „Geh ein in die Freude deines Herrn" (V.21.23). Vielleicht macht der Satz „die Szene transparent im Hinblick auf das messianische Freudenmahl im Reiche Gottes".[93] Ähnliches gilt für den Ausdruck „in Fülle haben" in V.29. Die Strafe ist erneut maßlos und sprengt die erzählte Welt (25,30).

Die Mehrzahl der Gleichnisse erzählt eine die Wirklichkeit verfremdende, im Rahmen des Fiktiven aber plausible Geschichte. Nun könnte das der vorgegebenen Tradition zugeschrieben werden, die Matthäus nur übernimmt. Es gibt jedoch Indizien, dass auch Matthäus nicht einseitig von der gemeinten Sache her Gleichnisse konstruiert, sondern dass für ihn das Wissen um die - übersteigert, verzerrt wiedergegebene - Wirklichkeit oder der Zusammenhang des erzählten Geschehens konstitutiv sind. Allerdings ist festzustellen, dass Matthäus zum Teil selektiv vorgeht, Aspekte der Erzählung ausblendet oder Nebenzüge hervorhebt.
Der konstitutive Beitrag kann auf verschiedene Weise zur Geltung kommen. In etlichen Fällen greift Matthäus auf die Nachvollziehbarkeit der geschilderten Beobachtung oder Erfahrung zurück. Zwar wird die Wirklichkeit verzerrt oder gesteigert wiedergegeben. Die Evidenz der Anschauung oder Erfahrung bleibt für die Gleichnisse jedoch unverzichtbare Grundlage.

13,3-8: Die Deutung des Sämann-Gleichnisses verwendet Begriffe der Bildhälfte metaphorisch: „das in sein Herz Gesäte" (Mt 13,19 diff Mk 4,15; Lk 8,12); „er hat keine Wurzel in sich (sondern ist wetterwendisch)" (Mt 13,21 par Mk 4,17; Lk 8,13); „...erstickt das Wort und es wird fruchtlos" (Mt 13,22 par Mk 4,19; ähnlich Lk 8,14); „der das Wort Hörende und Verstehende, der dann Frucht bringt ..." (Mt 13,23, ähnlich Mk 4,20; Lk 8,15). Hier begegnet nicht eine feste Metapher, die Metaphorik spielt mit einen ganzen Bildfeld. Ein solches Spiel setzt Wissen um die Wirklichkeit, die hier metaphorisch gewendet wird, voraus. Das Bildfeld, insbesondere die Metapher „Frucht", ist Matthäus sehr wichtig (s.u.).

---

[89] Vgl. *J. Gnilka,* Mt II 344; vgl. dazu auch unten.
[90] *M. D. Goulder,* Midrash 59.
[91] Skeptisch z.B. *G. Bornkamm,* Verzögerung 116-126, bes. 121f; *E. Gräßer,* Parusieverzögerung 119-127, bes. 120f. Dagegen plädiert *J. Jeremias* für die Möglichkeit und Lebensnähe der geschilderten Ereignisse (Gleichnisse 171-175); ähnlich jetzt *R. Zimmermann,* Hochzeitsritual. Angesichts der schlechten Quellenlage zu den Hochzeitsbräuchen im Palästina des 1.Jh. n.Chr., sind aber viele Autoren jüngst zurückhaltend, vgl. *J. Gnilka,* Mt II 350f; *U. Luz,* Mt III 468f; *W. D. Davies/D. C. Allison,* Mt III 395.
[92] So auch *J. Gnilka,* Mt II 352; *W. D. Davies/D. C. Allison,* Mt III 400.
[93] *J. Gnilka,* Mt II 360 (vgl. auch 362).

13,24-30: In der Gleichniserzählung steht die Frage, warum Unkraut und Weizen nebeneinander stehen und bis zum Ende stehen bleiben, im Zentrum (vgl. bes. den Dialog V.27-30). Die Entscheidung, nicht zu jäten, mag ungewöhnlich sein. Unter bestimmten Voraussetzungen ist die Begründung dafür aber durchaus plausibel. Wenn Nutzpflanze und Unkraut eng beieinander wachsen, besteht beim Ausreißen des Unkrautes Gefahr, die andere Pflanze mit heraus zu reißen oder deren Wurzeln zu beschädigen. Eine solche Begründung leuchtet insbesondere dann ein, wenn man die einzelne Pflanze betrachtet (und nicht den Ertrag des Feldes).[94] Diese Perspektive legt sich zwar nicht unbedingt im Rahmen des gewählten Bildfeldes, sondern vor allem von der Deutung her nahe. Sie führt dann aber, wenn sie einmal akzeptiert wird, zu einer auf der Bildebene schlüssigen Überlegung. Auch gibt die Erzählung selbst keinerlei Indiz, die Begründung des Hausherrn könnte unsinnig sein.

13,31f: Die Bezeichnung einer Senfstaude als Baum ist durch die Realität nicht gedeckt. Die Größe der Senfstaude wird aber öfter erwähnt, zum Teil auch übersteigert (bKet 111b [Bill. I 669]; jPea 20a [Bill. I 656]). Das Wissen darum ebnet vermittels der Übersteigerung „Baum" der Schriftanspielung den Weg.[95]

13,33: Die Mehlmenge ist enorm, dennoch setzt das Gleichnis offenbar das Wissen voraus, wie Sauerteig wirkt, sonst wäre es schlicht sinnlos, zumal keine geprägte Metaphorik dem Verstehen hilft. „Sauerteig" dient vorwiegend als negativ besetztes Bild. Die Umkehrung der Metaphorik funktioniert nur, wenn die Realien klar sind.[96]

13,44: Das Gleichnis vom Schatz im Acker erwähnt ausdrücklich die Freude des Finders (diff ThEv 76). Wie nachvollziehbar sie ist, belegt nicht nur der gesunde Menschenverstand, sondern auch die weite Verbreitung von Schatzgeschichten in der Antike.[97] Es liegt mehr als nahe anzunehmen, dass Matthäus bei seinen Leser(inne)n auf die Nachvollziehbarkeit der Freude setzt. Ähnliches gilt für das Gleichnis von der Perle (13,45f).

18,12f: Wie realistisch ist es, 99 Schafe allein zu lassen, um eines zu suchen (18,12f)?[98] Das geschilderte Verhalten setzt jedenfalls bei der typischen Sorge und Verantwortung des Hirten für seine Herde an. Die Formulierung des Gleichnisses als rhetorische Frage im Rahmen der Argumentation legt nahe, dass Matthäus (wie Lukas und vielleicht schon die vormatthäische Tradition) das Verhalten im Grundsatz für plausibel hält.[99]

In anderen Fällen erzählt Matthäus eine Geschichte, in der eine bestimmte kritische Situation erreicht wird, an der ihm gelegen ist. Diese Szene wird mit verschiedenen Mitteln (Metaphorik, explizite Deutung, ...) transparent gemacht für die Gottesherrschaft, für das Verhältnis Gottes zu den Menschen, für das Gericht o.ä. Wie der geschilderte Zustand erreicht wird, der so auf die vergangene, gegenwärtige oder zu-

---

94 Vgl. ähnlich *J. Gnilka,* Mt II 491f.

95 Vgl. dazu *H.-J. Klauck,* Allegorie 214f.

96 Vgl. zur vorwiegend negativen Wertung Ex 12,15-20; 23,18; 34,25; Lev 2,11; 6,10; Mk 16,6 parr; 1 Kor 5,6ff; Gal 5,9; dazu *J. Gnilka,* Mt I 496; *U. Luz,* Mt II 334 Anm. 61.448 mit Anm. 20f (bei Luz auch Beispiele für die seltenere positive Metaphorik).

97 Zu den Belegen unten Anm. 154.

98 Skeptisch z.B. *J. Gnilka,* Mt III 132. Vgl. zu dieser Frage auch *J. Jeremias,* Gleichnisse 133.

99 Vgl. *H. Weder,* Gleichnisse 174.

künftige Wirklichkeit hin durchsichtig gemacht wird, ist in erster Linie (oder sogar ausschließlich) auf der Bildebene plausibel. Ein allegorisches Entschlüsseln des „Anweges" gelingt oft nicht überzeugend. Für die Plausibilität des Gleichnisses ist jedoch unverzichtbar, dass die interpretierte Situation sich auf schlüssige Weise eingestellt hat.

13,36-43: Die Deutung des Gleichnisses vom Unkraut setzt voraus, dass die Söhne des Reiches und des Bösen vom Menschensohn resp. vom Teufel zu Anfang in die Welt „gesät" sind (V.37.39; wieder eine Metapher in der Deutung!) und dass auch am Ende der Zeiten noch Böse im Reich des Menschensohnes existieren (V.41). Die zweifache Saat genügt Matthäus offenbar zur Erklärung des *corpus mixtum.* An dem Gedanken, das Gott die Bösen um der Guten willen schont, ist er offenbar nicht interessiert. Ähnlich verläuft der Gedanke 13,47f oder 22,10ff: Fische müssen ausgelesen werden, weil das Netz eben wahllos fängt; im Saal ist einer ohne Hochzeitsgewand, weil eben alle eingeladen werden und sich so Böse und Gute im Saal versammeln. Die Logik der Erzählung wird von Matthäus wahrgenommen, wenn auch selektiv.
20,16: Matthäus scheint in diesem Gleichnis in erster Linie die umgekehrte Reihenfolge in der Auszahlung zu interessieren (19,30; 20,16 mit 20,8). Allerdings muss eine solche Abrechnungsszene erst einmal erreicht werden. Ein allegorisches Entschlüsseln des Anheuerns zu verschiedenen Stunden gelingt im Kontext des Matthäusevangeliums nur mit Mühe, denn zeitliche oder heilsgeschichtliche Fragen spielen im Kontext keine Rolle (vgl. 19,1-30).[100] In erster Linie wirkt die Konsistenz der Erzählung.

Vor allem in den matthäischen Gleichniskompositionen wird deutlich, dass Matthäus mit Hilfe der Gleichnis*geschichten* Themen bearbeitet. Dabei sind die verwendeten Gleichnisse alles andere als zufällig gewählt, vielmehr wegen gemeinsamer Strukturen in ihren Geschichten zusammengestellt worden. Wohldurchdachte Gefüge von Erzählungen sind für den Evangelisten - neben z.B. einer Argumentation - ein anderes Instrument, einen Sachverhalt zu durchdringen.

13,1ff: Vornehmlich die Gleichnisse des ersten Teils kreisen um das Thema Saat/Säen und weisen mit der Ausrichtung auf die Ernte/den Ertrag oder mit der Person des Sämanns gemeinsame erzählerische Strukturen auf. Sie nehmen die im Kontext zunehmend hervortretende Scheidung auf, die an der Verkündigung und Person Jesu aufbricht.[101]
21,28 - 22,14: Zwei Beobachtungen zu dieser von Matthäus komponierten Gleichnistrias. *Zum einen* lassen sich verschiedene Linien nachweisen, die alle Gleichnisse durchziehen. Es gibt in allen drei Gleichnissen eine erste Gestalt (Ja-Sager, erste Winzer, Erstgeladene), die sich am Ende verweigert, und eine zweite, die dann den Platz der ersten einnimmt (der Nein-Sager arbeitet am Ende, so wie der Erste es zugesagt hatten; andere Winzer bekommen den Weinberg; neue Gäste

---

[100]   Zur Diskussion *U. Luz,* Mt III 154. Häufiger wird an die Unterscheidung zwischen Juden und Heiden gedacht (*A. Jülicher,* Gleichnisreden II 470; *R. Gundry,* Mt 399; vgl. auch *B. B. Scott,* Hear 285 [Pharisäer und Jünger]), aber sie passt auch nur sehr grob auf die erzählte Geschichte.
[101]   Vgl. oben B.II.3.c und f.

werden geladen). Im ersten Gleichnis steht die Ablehnung des Täufers im Hintergrund, der am Ende (freilich von Herodes) inhaftiert und hingerichtet worden ist
(11,2; 14,3-12); die anderen beiden erzählen von Knechten, die mit Gewalt abgewiesen und getötet werden. *Zum anderen* ist in den letzten beiden Gleichnissen eine
reiche, in ihrer Herkunft jedoch völlig disparate Metaphorik nachzuweisen
(Hausherr, Weinberg, Frucht, Knechte, Sohn, Erbe, König, Hochzeit, Mahl; s.u.).
Die Organisation und die sinnvolle Verknüpfung ist nicht evident sondern wird in
erster Linie durch die erzählten Geschichten geleistet (die untereinander die ge-
zeigten Entsprechungen aufweisen).
24,42 - 25,30: Auch für diese matthäische Gleichniskomposition lassen sich besonders bei den letzen drei Gleichnissen (24,45ff) grundlegende gemeinsame Motive in der erzählerischen Struktur nachweisen (Herr und antithetisches Zwillingspaar; Abwesenheit des Herrn; unbekannte Stunde des Kommens; Rechenschaft).
Da sie glänzend zur Parusiethematik (24,3ff: Abwesenheit des Herrn; unbekannte
Stunde) und zur nachfolgenden Schilderung des Gerichtes (25,31-46: Scheidung in
zwei Gruppen, Rechenschaft) passen, liegt die Annahme nahe, dass die erzählten
Geschichten für Matthäus alles andere als marginal sind.
20,1-16: Matthäus scheint im Gleichnis in erster Linie die umgekehrte Reihenfolge
in der Auszahlung zu interessieren (19,20; 20,16 mit 20,8). Allerdings passt die
Metaphorik von Arbeit und Lohn (s.u.) sehr gut zu der im Kontext besprochen
Thematik des eschatologischen Lohnes (19,27-30).[102] Matthäus hat offenbar mehr
als nur V.8 wahrgenommen, auch wenn V.9ff im Gleichnisschluss (V.16) nicht so
aufgenommen werden, wie es ihrem Gewicht innerhalb der Erzählung entspricht.

Eine weitere Beobachtung lässt sich an den Gleichnissen von den zwei
Söhnen (21,28ff) und den Weinbergspächtern (21,33ff) machen.
Matthäus stilisiert beide als paradigmatischen Rechtsentscheid.[103] Er
legt den Hörern eine Geschichte vor (21,28.33), zu der sie ein Urteil
sprechen sollen (21,31.40; letzteres diff Mk 12,9a ein echte Frage). Die
Gefragten vermögen die *Geschichte* richtig zu beurteilen (21,31.41;
letzteres diff Mk 12,9b). Sie ist plausibel und verständlich. Sie
vermögen aus diesem Verstehen aber nicht die richtigen Konsequenzen zu ziehen, nämlich Jesus (wie Johannes) anzuerkennen.
Stattdessen wollen sie Jesus verhaften (21,45f; vgl. 21,25-27.32). Dieses Vorführen der Gegner zeigt, dass sie verstockt sind (vgl. 13,10-18).
Zugleich wird vorausgesetzt, dass das Gleichnis - unter den rechten
Voraussetzungen, mit sehenden Augen und mit hörenden Ohren
wahrgenommen - auch im Vollsinn zu verstehen gewesen wäre (vgl.
21,31b.32 und 42-44). Die hier entfaltete Hermeneutik setzt offenbar
beim Verstehen der *erzählten Geschichte* an. Allerdings dürfen die
Hörer nicht an der Erzähloberfläche verweilen.
Über diese Beobachtungen an Einzeltexten und Textgruppen hinaus
kann schließlich auf die Gleichnisformeln und einige Gleichnisschlüsse hingewiesen werden. Sowohl die Worte „gleich/ ὅμοιος" und

---

[102] Vgl. auch die Beobachtungen zum gemeinsamen Themenfeld im Kap. 19f
('household') bei *W. Carter/J. P. Heil*, Parables 124-134.
[103] Vgl. dazu *U. Luz*, Mt III 206.216 im Anschluss an *K. Berger*, Formgeschichte
52.

„gleichen/ὁμοιόω" in der Gleichniseinleitung (11,16; 13,31.33.44.
45.47.52; 20,1 bzw. 7,24.26; 13,24; 18,23; 22,2; 25,1) als „so/οὕτως"
(13,49; 20,16; 24,33; vgl. 13,40) und vor allem „so auch/οὕτως καί"
(12,45; 18,35; 24,33; vgl. auch οὕτως οὐκ in 18,14) in den
Gleichnisschlüssen setzen voraus, dass die nachfolgend resp.
vorausgehend erzählte Geschichte sinnvoll ist und eine Selbständigkeit
gegenüber der genannten Sache hat. Nur dann ist ein *Vergleich*
sinnvoll. Auch die Beobachtung, dass Elemente der Gleichnisse wie
das Hochzeitsgewand (22,12), das Öl (25,3ff) oder die Talente (25,16)
aus dem Zusammenhang der Erzählung heraus sehr wahrscheinlich als
Metaphern zu verstehen sind (s.u. zum Stichwort „lokale Metaphern"),
ohne dass eine geprägte Metaphorik außerhalb dieses Gleichnisses
erkennbar wäre, spricht ganz deutlich dafür, dass Matthäus die erzählten Geschichten ernst nimmt. Schließlich ist auf die Bildworte zu
verweisen, die Matthäus eindeutig argumentativ und mit vollen Rückgriff auf die Plausibilität des u.U. übersteigert dargestellten Bildes
einsetzt (5,13-16; 6,24; 7,15 u.ö.).

Zusammengefasst: Die Wirklichkeit wird auch in matthäischen
Gleichnissen durch die Fiktionalität der Erzählung in vielen Fällen
selektiv, gesteigert, verzerrt wiedergegeben. Die Verzerrungen gehen
im Einzelfall bis zum Zusammenbruch der erzählerischen Plausibilität.
Solche extremen „Extravaganzen" betreffen aber nur einzelne Szenen
der Erzählung, nie die Geschichte als ganze. Das Strapazieren und
Durchbrechen der erzählerischen Geschlossenheit hängt, das wird die
weitere Untersuchung zeigen, mit dem Durchsichtigmachen für die
Deutung des Gleichnisses zusammen. Matthäus realisiert dies mit
Hilfe konventioneller Metaphorik, mit formelsprachlichen Elementen
u.a.
Die Verletzungen der erzählerischen Geschlossenheit berühren die
Allegorie-Diskussion. Sie nähren den Verdacht, die Gleichniserzählung würde der gemeinten Sache einseitig untergeordnet und dienstbar
gemacht. Für Matthäus lässt sich dieser Verdacht nicht bestätigen. Es
gibt deutliche Indizien dafür, dass der Evangelist die erzählten Geschichten und ihre Plausibilität voraussetzt. Die „Bildhälften" sind
nicht nur die Einkleidung einer eigentlich gemeinten Sache. Sie leisten
bei Matthäus mit der Evidenz des gewählten Bildes oder der erzählten
Geschichte einen konstitutiven Beitrag zur Sinnbildung der Gleichnisse, auch wenn dieser Sinnbildungsprozess sicherlich nicht allein auf
der Erzählung beruht.

2. Geprägtes Gut

Während Steigerungen, Verzerrungen und Extravaganzen ihren Ausgang bei der erzählten Geschichte selbst nehmen, gibt es eine Reihe
von Referenzsignalen, die in ihrer Funktion vor allem auf den Wis-
sensbestand des Autors und der Adressaten, also auf eine textexterne
Größe Bezug nehmen. Das wichtigste Instrument des Matthäus, um
den Verweisungsbezug eines Gleichnisses auf diese Weise anzuzeigen,
ist die Verwendung von geprägtem Gut, von Motiven. Mit „geprägtem
Gut" oder „Motiv" ist gemeint, dass mit Elementen aus der Erzählung
eine vorgegebene, spezielle (theologische) Bedeutung assoziativ
verbunden ist. „Diese Bedeutung ergibt sich weder schon aus dem
allgemeinen lexikalischen Bedeutungsspektrum noch bereits aus dem
aktuellen Verwendungszusammenhang, sondern ist dem Wort, Bild
usw. im Laufe der biblischen Überlieferungsgeschichte oder auch aus
paganen   Religionen   oder   Philosophien   zugewachsen."[104]
Hinzugenommen seien auch Motive, die Matthäus in seinem
Evangelium durch wiederholte Verwendung selbst prägt, auch wenn
sich ein traditioneller Hintergrund nicht nachweisen lässt. Aus der
Perspektive des Autors resp. Redaktors kann gefragt werden, ob
Matthäus der geprägte Gehalt traditioneller Motive in jedem Fall bewusst war. Die wiederholte oder die redaktionelle Verwendung können
als Indizien gelten.
Die folgende Zusammenstellung soll einen Überblick über die verschiedenen Formen geprägten Gutes in den matthäischen Gleichnissen
geben. Die für Matthäus wichtigen, insbesondere die wiederholt vor-
kommenden Motive sollen genannt werden; ein vollständiges
„Lexikon" wird nicht angestrebt.

a) Konventionelle Metaphern und Bildfelder

Für etliche erzählerische Elemente der Gleichnisse, die oben schon
untersucht worden sind, lässt sich ein geprägter Bedeutungsgehalt
nachweisen. Die Prägung kann den Rahmen oder das Milieu der Erzählungen betreffen, bezieht sich jedoch oft auch nur auf Einzelzüge,
Personen usw.

(α) Saat und Ernte
Die Landwirtschaft, die zur Lebenswelt der Menschen Palästinas gehört, ist in der biblischen Tradition ein reicher Bildspender. Sie ist
nicht im Ganzen thematisch fest belegt. Für einzelne Vollzüge,
Handlungen oder Sachen lässt sich jedoch eine motivliche Verwendung belegen, die Matthäus aktualisiert.

---

[104] *Th. Söding*, Wege 173. Ausführlicher zur Sache und zur Analyse ebd. 173-190.

Ein erster Reflexionsgang gilt dem Bildfeld *Saat und Säen*[105], das für das 13. Kapitel dominant ist (13,3-8.18-23; 13,24-30.36-43; 13,31f). Außerhalb dieses Kapitels ist statt von 'säen' zweimal von 'pflanzen' die Rede (15,13; 21,33). In der Gleichnisrede Kapitel 13 und anderswo bei Matthäus ist die Ausrichtung des Säens auf die Ernte, auf den Ertrag, auf die ausgewachsene Pflanze grundlegend (vgl. noch 6,26; 25,24.26). Nie interessiert das Säen an sich. Auch das Pflanzen des Weinberges in 21,33 steht im Zusammenhang mit seinen Früchten (s.u.). Im Bildwort 15,13 dagegen wird nicht hervorgehoben, dass die Pflanzen herausgerissen werden, weil sie keinen Ertrag bringen o.ä. Es kann in Analogie zum Unkraut in 13,24-30 höchstens vermutet werden.[106] Es sind unerwünschte Pflanzen, die der Vater nicht gepflanzt hat. Das Ausreißen ist ebenso wie die Ernte ein Gerichtsmotiv (s.u.). Eine indirekte Bestätigung für diese Ausrichtung des Bildfeldes 'Säen' auf Ernte und Ertrag bei Matthäus bietet die breite Verwendung der Metaphern 'Ernte' und vor allem 'Frucht'.

Die skizzierte Ausrichtung der Saat auf Ernte und Ertrag ist auch für die bildliche Verwendung von „Saat/Säen" in der biblischen Überlieferung oftmals konstitutiv (Ijob 4,8; Spr 11,18; 22,8; Jes 55,10f; Hos 8,7; 10,12; Gal 6,7f; TestL 13,6).[107] Zur in den Gleichnissen von Sämann und vom Unkraut verwendeten Metaphorik, die Menschen mit dem Saatgut identifiziert, ist zunächst auf die biblische Vorstellung zu verweisen, dass Israel die Pflanzung Gottes ist (Hos 2,25; Jer 31,27; Ez 36,9; Sach 10,9^{LXX}; Am 9,15; Ps 90,5; PsSal 14,4; Jub 36,6; 1QS 8,5). Die Septuaginta verwendet an diesen Stellen zum Teil die Vokabel σπείρω (Hos 2,25; Jer 38[31],27).[108] Dass die Menschen wie Samenkörner in die Welt gesät sind (Mt 13,19-23 par Mk 4,15-20; Lk 8,12-15; Mt 13,37-39), bezeugt das 4. Esrabuch (8,41), das darüber hinaus auch Reflexionen über die Beschaffenheit des Ackers anstellt (4Esr 9,17; vgl. Mt 13,4-8.19-23parr), über guten und schlechten Samen, der wie auf einen Acker in die Herzen der Menschen gesät ist (4Esr 4,30-32; 9,31; vgl. Mt 13,24ff.38), schließlich auch über den noch ausstehenden Zeitpunkt der Ernte (4Esr 4,28f; vgl. Mt 13,28b-30).[109] Auch auf die Identifizierung des Menschensohnes mit dem Sä-enden (13,37) fällt von diesen Texten her insofern Licht, als der Men-

---

[105] Zur Saatmetaphorik vgl. *H. J. Klauck*, Allegorie 192-194; *P. von Gemünden*, Vegetationsmetaphorik passim; *U. Mell*, Zeit 113-129.

[106] *J. Gnilka*, Mt II 25 Anm. 28, bestreitet den Zusammenhang mit der Motivik des Unkrautgleichnisses, anders *G. Baumbach*, Verständnis 90f; *U. Luz*, Mt II 425f.

[107] Vgl. *U. Mell*, Zeit 115 mit Anm. 312.314; auch *H. J. Klauck*, Allegorie 192f.

[108] Vgl. *H.-J. Klauck*, Allegorie 193 mit Anm. 43, ausführlicher *P. von Gemünden*, Vegetationsmetaphorik 50-92 (AT) und 93-121 (Apokryphen und Pseudepigraphen des AT; Qumran-Schriften, Philo, Josephus).

[109] Vgl. zu den Texten aus 4Esr *H.-J. Klauck*, Allegorie 193f; *U. Mell*, Zeit 123-128.

schensohn die Rolle einnimmt, die traditionell Gott innerhalb dieses Bildfeldes zukommt.[110] Die markinische und lukanische Identifizierung von Same und Wort (Mk 4,14; Lk 8,11) lässt Matthäus aus (vgl. 13,18). Dennoch ist sie ab V. 19 wirksam. Hier wäre auf weitere Texte zu verweisen.[111]

Die *Ernte* kann alttestamentlich und in der apokalyptischen Literatur als Bild für das Endgeschehen dienen (Jes 17,5; 18,5; Jer 9,21; 51,33; Mich 4,13; Joel 4,13; 4Esr 4,30.32.39; syrBar 70,2; Offb 14,15-19; u.ö.).[112] Auch an vielen matthäischen Stellen ist eine eschatologische Bedeutung gegeben. Am klarsten wird in 13,39 festgehalten: „...die Ernte (θερισμός) ist das Ende der Welt....". Zu 9,37f (θερισμός) fehlen im Spruch selbst weitere Indizien, die den eschatologischen Sinn bestätigen. Allerdings versteht Matthäus Verkündigung und Wirken Jesu und seiner Jünger in Israel als ein endzeitliches Geschehen, sofern darin das Himmelreich nahekommt (vgl. im Kontext 9,35; 10,7; auch 11,2-5 u.ö.) und sich ein Stück Gericht vorweg ereignet, wenn an dem Wirken eine Scheidung im Volk aufbricht (vgl. im Kontext 10,13-15; außerdem 11,6.20-24 u.ö.). Mit der Vollendung der Welt ist dieses Geschehen nicht identisch, steht mit ihr aber in einem unauflöslichen Zusammenhang.[113] 25,24.26 ist zunächst eine Art Sprichwort. Im Zusammenhang der Gleichniserzählung wird das Stichwort „ernten" (θερίζω, parallel mit συνάγω!) möglicherweise doppelsinnig, weil die Abrechnungsszene für das Gericht des Menschensohnes transparent ist (s.u.). In die Nähe der Ernte gehört auch das Einholen des Netzes und das Auslesen des Fanges (13,47ff). Für dieses Bildfeld ist auch auf die Begriffe συλλέγω und συνάγω hinzuweisen, die in den Gleichnissen oft in Passagen begegnen, die auf das Endgeschehen zu deuten sind (s.u.). Allein in 6,26 ist „ernten" wohl nicht als Motiv zu verstehen.

Die Gleichnisse von Kapitel 13 enthalten weitere metaphorische Züge, die zum Teil der Vegetationsmetaphorik zugeordnet werden können:
13,3-9.18-23: Neben Saat und Frucht gibt es für weitere in der Allegorese gedeutete Elemente motivliche Parallelen, so für die Verknüpfung der Vögel mit dem

---

[110] Zur Rolle Gottes in den Texten vgl. *K. Erlemann,* Bild 68-73. Erlemann behandelt das Gleichnis vom Unkraut trotz 13,37 unter der Perspektive „Bild Gottes", weil das Verhältnis von Gott und Menschensohn als „vollgültige und autorisierte Repräsentanz (vgl. Mt 28,18-20) und Wesensteilgabe" erscheine; vgl. ebd. 37-41, das Zitat 40. – Nach *U. Mell* (Zeit 113 mit Anm. 308) ist ὁ σπείρων ein Kunstwort, das in der agrarischen Sprache nicht vorkommt. Damit wäre schon durch den Begriff ein Signal für den metaphorischen Charakter gesetzt.
[111] Vor allem auch hellenistische Quellen. Das Material bei *H. J. Klauck,* Allegorie 192-194 passim.
[112] Vgl. dazu *H.-J. Klauck,* Allegorie 223f; *K. Erlemann,* Bild 68-73; *U. Mell,* Zeit 128.
[113] Vgl. *J. Gnilka,* Mt I 352f; *U. Luz,* Mt II 81.

Bösen (Satan, Teufel, ...; vgl. 13,4 mit 19 par Mk 4,4 mit 15)[114], für das Fehlen der Wurzeln als Bild für Gottlose o.ä. (Mt 13,21 par Mk 4,17; ausdrücklich freilich erst in der Deutung, nicht im Gleichnis) und für die Dornen als Metapher für Unheil (Mt 13,7.22 par Mk 4,7.18)[115].

13,31f: Das Senfkorn ist sprichwörtlich klein; die Größe der Senfstaude wird öfters betont, ohne dass bestimmte Themen mit beidem assoziiert wären.[116] Möglich ist, dass die Vögel metaphorisch besetzt sind. *J. Jeremias* und andere wollen sie auf die Heiden deuten, so dass von deren Zusammenkommen in der Basileia (vgl. 13,31a) die Rede wäre.[117] Das passte zum Baum als Bild für große, viele Völker umfassende Reiche wie in Ez 31 und Dan 4 (s.u.).[118] κατασκηνόω kann aber nicht ohne weiteres als „eschatologischer Terminus technicus für die Einverleibung der Heiden in das Gottesvolk" gewertet werden[119], denn es bezeichnet alttestamentlich auch die endzeitliche Sammlung Israels (Jer 23,6; Sach 8,8[LXX]).[120]

(β) Frucht

Sehr eng verbunden mit der Ernte ist der Gedanke an die Frucht, die eine Pflanze trägt. Das Motiv des *Fruchttragens* gehört schon im Alten Testament[121] in das Umfeld der Weinberg-/stockmetapher und anderer Vegetationsmetaphern wie z.B. des Feigenbaumes. Vor allem weisheitliche Traditionen verwenden das Bild des fruchttragenden Baumes für den gerechten Einzelnen (Ps 1,3; 92,13ff; Jer 17,7f; vgl. Spr 11,30), die Propheten richten es oft gegen das Volk im Vorwurf, es trage keine oder saure Früchte (Jes 5,2.4 (!); Jer 6,9; 8,13; Mi 7,1; vgl. Jer 24,1-10; 29,17; Ez 15; auch Dtn 32,32f).[122] Auf die Folgen eines Handelns statt auf das Handeln selbst richtet sich die Vorstellung von der Frucht der Taten, die man zu essen hat (Jes 3,10; Hos 10,13; Spr 1,31). Gängig sind auch Genitivwendungen wie „Frucht der Gerechtigkeit" (Spr 11,30), „Frucht des Mundes" (Spr 12,14; 18,20) oder „Frucht der Weisheit" (Sir 6,19; 24,12ff; 51,15). Vor allem diese

---

[114] Vgl. *H.-J. Klauck*, Allegorie 201; *U. Mell*, Zeit 57f.

[115] Belege zu den letzten beiden bei *H. J. Klauck*, Allegorie 195f; *U. Luz*, Mt II 316f; *U. Mell*, Zeit 58-60.

[116] Vgl. *H.-J. Klauck*, Allegorie 213f. Zum kleinen Senfkorn auch *U. Luz*, Mt II 331f mit Anm. 47 (Lit.), u.a.

[117] So *J. Jeremias*, Gleichnisse 146 mit Anm. 2; auch *J. D. Kingsbury*, Parables 82; *U. Luz*, Mt II 333 u.a. Auf die Vereinigung von Juden und Heiden deutet trotz einer gewissen Skepsis gegenüber Jeremias Belegen (s.u.) auch *H.-J. Klauck*, Allegorie 218. Skeptisch gegenüber dieser Deutung ist *D. A. Hagner*, Mt I 387.

[118] Vgl. *H.-J. Klauck*, Allegorie 216, der Jeremias Deutung der Vögel freilich nicht uneingeschränkt zustimmen will.

[119] *J. Jeremias*, Gleichnisse 146 unter Verweis auf JosAs 15.

[120] Hinweis bei *H.-J. Klauck*, Allegorie 146.

[121] Vgl. zum Folgenden *P. von Gemünden*, Vegetationsmetaphorik 51.55-59.66-76.88.

[122] Ebenfalls im Kontext der Gerichtspredigt steht die Drohung, die Früchte zu vernichten: Jes 17,6; Ez 17,12.

Genitivwendungen finden sich in der außerbiblischen Literatur des Frühjudentums.[123]
Das Neue Testament[124] bezeugt eine breite Palette von Frucht-Metaphern, die im Wesentlichen alttestamentliche Motive aufgreifen oder weiterführen. Der Vorwurf der prophetischen Tradition, Israel trage keine Früchte, begegnet im Neuen Testament, an den Einzelnen gerichtet, im Munde des Täufers Johannes wie auch im Munde Jesu (Mt 3,10 par Lk 3,9 bzw. Lk 13,6-9; vgl. Mk 11,13f.20f par Mt 21,19f), außerdem im Judasbrief (12). Mt 12,33-35; Lk 6,43-45 par Mt 7,16.18.21; Jak 3,12 rekurrieren auf den Zusammenhang zwischen der Pflanze und ihren Früchten. Mk 4,26-29 bringt das wachsende und fruchttragende Getreide in Zusammenhang mit der Verwirklichung der Basileia; Joh 15,1-8 dient das Bild vom Weinstock, den Reben und ihrer Frucht dazu, die exklusive Verbundenheit und das Angewiesensein der Jünger auf Christus, den wahren Weinstock, auszudrücken. In der Briefliteratur begegnen vor allem die Genitivmetaphern.[125]
Matthäus selbst zeigt ein ausgeprägtes Interesse an der Fruchtmetaphorik (3,8.10 [par Lk 3.8.9]; 7,16-20; 12,33 [zu beiden par Lk 6,43f]; 13,8 mit 22f [parr].26; 21,34 [bis].41.43 [2x parr; 2x diff Mk, Lk]).[126] Ein Blick auf die Belege zeigt, dass er mit „Frucht" vor allem das Handeln (in Wort und Tat) meint, das untrennbar mit dem Menschen selbst, seinem Herzen, seinem Glauben oder Unglauben, verbunden ist und deshalb Rückschlüsse zulässt (deutlich: 3,8; 7,16-20; 12,33-35). Die so verstandenen „Früchte" bieten die Grundlage, auf der im Gericht das Urteil erfolgt (3,10; 7,19).
Dieses Verständnis bewährt sich auch in den Gleichnissen, wo wir jeweils Elemente des Konzeptes bestätigt finden. Im Sämann-Gleichnis ist im Bild des Ertrages vom Hören und Verstehen des 'Wortes vom Reich' die Rede (bes. 13,23), vom Scheitern und Gelingen dieses Hörens. Am Ende zählt, ob der Mensch „Frucht" bringt oder nicht (13,22 bzw. 23). Verstehen im vollen Sinne muss dabei für Matthäus eine praktische Dimension haben (13,23: καὶ ποιεῖ; diff Mk 4,20; Lk 8,15).[127] In mehreren Gleichnissen findet sich der Zusammenhang von Ernte/Frucht und Gericht wieder. Besonders häufig wird das Bild des Feuers gewählt, in dem der fruchtlose Baum, das Unkraut u.ä. verbrannt werden (Mt 3,10 par Lk 3,9; Mt 7,19 diff Lk 6,43f; 13,30 par

---

[123] „F. der Gerechtigkeit": ApkSedr 12,6; Arist 232; „F. der Weisheit": Arist 260; „F. des Gesetzes": 4Esr 3,20; „F. der Wahrheit": 4Esr 6,28. Ausführlicher P. von Gemünden, Vegetationsmetaphorik 94-101.104-107.114-116.
[124] Hierzu P. von Gemünden, Vegetationsmetaphorik, zusammenfassend auf den Seiten 176-181.288f.319; H. Th. Wrege, Art. καρπός.
[125] „F. der Gerechtigkeit": Phil 1,11; Hebr 12,11; „F. des Geistes": Gal 5,22; „F. des Lichtes": Eph 5,9; „F. des Evangeliums": Kol 1,6. Röm 6,21 steht F. für die Lebensführung. Phil 4,14; Röm 15,28 für die Gabe an die Jerusalemer Gemeinde.
[126] Zur Statistik: καρπός bei Mt 19x, bei Mk 5x, bei Lk 12x.
[127] Vgl. A. Wouters, Willen 281.289, bes. 287ff.

ThEv 57; Mt 13,42.50 [> Dan 3,6; s.u.]). Denselben thematischen Zusammenhang des Gerichts zeigt das Winzergleichnis an, wenn es in einem formelhaften Element von der Vernichtung der Winzer spricht, die keine Früchte abliefern (21,41).

(γ) Weinberg
Das Bildfeld *'Weinberg'* ist im Alten Testament und im Frühjudentum gebräuchlich. Zum einen gehört der Weinberg und alles, was mit ihm zusammenhängt, zur alltäglichen Lebenswelt der Menschen Palästinas. Entsprechend begegnet dieser Teil des Lebens - wie die Wüste, das Fischen oder die Zeder - in der Heiligen Schrift. Der Weinberg gehört zum Inventar biblischer Sprache. Darüber hinaus hat sich eine bestimmte, feste Metaphorik entwickelt, die Israel als den Weinberg oder Weinstock Gottes betrachtet[128] (Jes 3,14; 5,1-7; 27,2-6; Jer 12,10 bzw. Ps 80,9f.16; Jer 2,21; Hos 10,1; Joel 1,7; Ez 15,1-8; 17,1-21; 19,10-14). Gott erscheint dann als Besitzer und Herr des Weinbergs.[129] Die Metaphorik rekurriert auf das erwählende und fürsorgende, aber auch strafende Heilshandeln Gottes an seinem Volk: Der Weinberg/-stock wird von ihm gepflanzt (Ps 80,9; Jer 2,21; vgl. Jes 5,2) und gepflegt (Ps 80,10). Die Propheten beklagen, dass er keine Früchte trägt (Jer 2,21; 8,13; Mi 7,1; vgl. Jes 5,2.4; 65,8; Jer 6,9). So wird der Weinberg Teil der Gerichtsmetaphorik (Jes 5,2; Jer 12,10; Mi 7,1 bzw. Hos 10,1; Jer 6,9; 8,12). Der Metaphorik verwandt sind Vorstellungen, die das Volk als von Gott in das Land gepflanzt, eben als Pflanzung Gottes betrachten (Ex 15,17; 2Sam 7,10 par 1Chron 17,9; Jer 32,41; 24,6; 45,4; Am 9,15; Jes 5,7; 60,21; 61,3; vgl. Jer 1,9f; 18,7.9; 24,6; 31,28; 42,10; 45,4). Jes 5,1-7 stellt eine Verbindung zwischen der Weinberg-Metapher für Israel und für die Geliebte (vgl. Hld 1,6; 2,15; 8,12) her. In den nachbiblischen Schriften des Frühjudentums setzt sich die Metaphorik fort.[130]
Bei Matthäus bietet der Weinberg die Szenerie für drei Gleichnisse (20,1-16; 21,28-31; 21,33-42) 21,33 spielt auf Jes 5,1f an. Demzufolge wäre der Weinberg Israel (vgl. Jes 5,7). Die spezielle Israel-Metaphorik bestätigt sich für die anderen Gleichnisse nicht und wird auch im Winzergleichnis selbst transformiert. 21,38 ist der Weinberg 'das Erbe', in 21,39 könnte man ihn mit Jerusalem, dem Ort des Todes

---

[128] Vgl. zum Folgenden *P. von Gemünden,* Vegetationsmetaphorik 50-53.55-59.66-76 (zum AT) sowie 94-118 (außerkanonische Literatur des Frühjudentums), auch *K. Erlemann,* Bild 98-101.
[129] Zur atl. Metaphorik, die Gott als Herrn des Weinbergs sieht (bes. Jes 5,1-7; Ps 80,9.16; Jer 12,10) *U. Luz,* Mt III 147f; vgl. *K. Erlemann,* Bild 105f (mit 98-101).
[130] PsPhilo, LibAnt 12,8f; 23,12; grApkBar 12 der Weinberg für Israel; PsPhilo, LibAnt 30,4; 4Esr 5,23 der Weinstock für Israel. In den Qumran-Schriften findet sich das Bild der Pflanzung für die gegenwärtige (1QH 8,5) oder die zukünftige, eschatologische Gemeinde (1QH 6,15; 8,6; CD 1,7).

Jesu, gleichsetzen.[131] Die Verbindung mit dem Stichwort „Erbe" ruft
biblisch theologisch gewichtige Assoziationen hervor.

Der Begriff[132] bezeichnet biblisch im Kern zunächst Landbesitz und Nachkom-
menschaft, die den Vätern verheißen worden waren (vgl. Ex 32,13; Dtn 6,10) und
nach dem Exodus endgültig Realität wurden (Dtn 2,12; Num 26,52-56; 34,2; 36,2;
Jer 12,14f; Sir 44,23; auch Jub 1,19.21).[133] Mit dem Exil beginnt eine Wandlung
des Begriffsinhaltes. Er kann zunächst die erneute (Jer 12,15), diesmal dauerhafte
(Jes 60,21) Gabe des Landes meinen. In zunehmendem Maße aber wird das „Erbe"
als endzeitliche (Dan 12,13) oder spiritualisierte (Klgl 3,24; Ps 16,5; auch äthHen
40,9) Gabe verstanden, die einigen wenigen Gerechten vorbehalten bleibt (Ps
37,9.11; auch äthHen 39,8; 71,16). Im Neuen Testament wird sowohl die Verheißung *eines Erben* an Abraham wie auch die Verheißung *des Erbes* aufgenommen.
In der paulinischen Theologie erscheint Christus als der verheißene Erbe (Gal
3,16), durch den die Christen an der Abrahamsverheißung teilhaben (Gal 3,29;
4,1.7; Eph 3,18; Röm 8,17). In Formulierungen wie „das Reich Gottes erben"
(1Kor 6,9.10; 15,50; Gal 5,21; Jak 2,5), „das ewige Leben erben" (Mk 10,17 par;
Lk 10,25; Tit 3,7; Kol 3,24; Offb 21,7) oder „das verheißene/ewige Erbe" (Hebr
6,12/9,15) lebt die eschatologisch gewendete alttestamentliche Rede vom Erbe
auch im Christentum fort.

Alle matthäischen Stellen außerhalb des Gleichnisses verwenden das
Verbum „erben" im Zusammenhang mit einer futurisch-eschatologi-
schen Verheißung (κληρονόμος und κληρονομία nur 21,38 [par Mk
12,7], das Verbum κληρονομέω in 5,5 [diff Lk 6,20ff]; 19,29 [diff Mk
10,30; vgl. aber 10,27]; 25,34 [ohne parr]).[134] In 21,41 und 43
schließlich wird der Weinberg parallel zum Reich Gottes gesetzt.
Nimmt man die verbindende Weinbergmetaphorik im Winzergleichnis
in vollem Umfang ernst, dann besteht zum einen ein deutlicher futurisch-eschatologischer Akzent im Verständnis des Reiches Gottes.[135]
Zum anderen sind Israel und Basileia, Volk Gottes und Reich Gottes
bei Matthäus in einem eschatologisch gedachten Zusammenhang eng
miteinander verbunden.[136]

---

[131] Vgl. zu Letzterem *U. Luz*, Mt III 224; *W. D. Davies/D. C. Allison*, Mt 176
Anm. 9.
[132] Vgl. zum Folgenden *H.-J. Klauck*, Allegorie 304f; *J. Friedrich*, Art.
κληρονομέω; *ders.*, Art. κλῆρος.
[133] Die Theozentrik der Landgabe kommt zum Ausdruck, wenn das Land als
Gottes Erbe bezeichnet wird (Ps 68,10; Jer 2,7; 1Sam 26,19; 2Sam 21,3).
[134] κλῆρος kommt nur im Sinne von „Los" in der Passionsgeschichte vor (27,35
parr).
[135] Anders sehen *W. Trilling*, Israel 62; *A. Kretzer*, Herrschaft 171; *J. Gnilka*, Mt
II 230 in erster Linie historische und präsentische Akzente.
[136] Insofern wäre es nicht richtig zu sagen, die in V. 33 angezeigte Israel-Metaphorik erweise sich als unbrauchbar (vgl. *U. Luz*, Mt II 222; eine Einschränkung
der Israel-Metaphorik auch bei *B. S. Childs*, Theologie I 400f; *H. Frankemölle*, Mt
II 332). – Wenn es diesen Zusammenhang als einen *eschatologischen* Zusammenhang gibt, ist es theologisch problematisch, die Geschichte der Basileia von der
Geschichte des Gottesvolkes Israel zu trennen. So verstehen allerdings nicht we-

Der thematische Bezug zur Basileia bewährt sich auch in den beiden anderen Weinberg-Gleichnissen, die mit dem Himmelreich resp. dem Reich Gottes verbunden sind (20,1 bzw. 21,31).[137]

(δ) Hirt und Schafe
Neben den dem Acker- oder Weinbau entliehenen Bildern findet sich, um das Verhältnis Gottes zu Israel zu beschreiben, auch die Grundmetapher vom Hirten und seiner Herde (Ez 34,11ff; 20,34; Ps 23; 79,13; 95,7; 100,3; Jes 40,11 u.ö.).[138] Das Bildfeld ist bestimmt durch das Wirken des Hirten, der seine Herde sammelt, versorgt, schützt. Matthäus spricht metaphorisch von den Israeliten als Schafen (9,36[139]; 10,6; 15,24[140]). An anderen Stellen ist das Bild aus der Konzentration auf Israel herausgenommen und auf die Jüngergemeinschaft (18,12[141]; vgl. auch 10,16; 26,31), einmal auf die gesamte Menschheit bezogen (vgl. 25,32). Dass „Schaf/Herde" damit schon zu einer regelrechten ekklesiologischen Metapher geworden sei, kann man aufgrund dieser Stellen jedoch nicht sagen.[142]
In den meisten Fällen wird mit dem Bildfeld Schaf - Hirte bei Matthäus ein Mangelzustand formuliert, mit durchaus biblischem Hintergrund.[143] Die Schafe sind gefährdet (10,16; vgl. 7,16), haben keinen Hirten (9,36; 26,31; vgl. Num 27,17; 1Kön 22,17; 2Chr 18,16; Jdt 12,19; Ez 34,5)[144], sind verloren (10,6; 15,24; vgl. Ez 34,4.16),

---

nige Ausleger Mt im Winzergleichnis (vgl. etwa die Auslegung bei *A. Kretzer*, Herrschaft 165f.167; *J. Gnilka*, Mt II 230; vgl. auch [vorsichtig formuliert] *U. Luz*, Mt III 225f; für die Gesamtdeutung des Gleichnisses spielen neben der Metaphorik weitere Faktoren mit hinein wie z.B. der Begriff 'Volk' in V.43). Hat Matthäus diese Trennung angenommen? Verstehen die Ausleger ihn richtig? Andere nehmen die Adressatenangabe des Gleichnisses (jüdischen Führer) ernst und sehen mithin keinen Heils- und Erwählungsverlust *Israels* angesagt (vgl. z.B. *W. D. Davies/D. C. Allison*, Mt III 176.189f). Zum Problem auch *H. Frankemölle*, Mt II 336-339; *M. Gielen*, Konflikt 210-231, bes.225ff.
[137] In beiden kommt ein „Herr des Weinbergs" vor, beide reden überdies von „*arbeiten* im Weinberg" (s.u.).
[138] Vgl. *H. Preisker/S. Schulz*, Art. πρόβατον; *J. Friedrich*, Gott im Bruder 137-150; *ders.*, Art. πρόβατον.
[139] Hier ist an Israel gedacht, vgl. 10,6; so auch *J. Gnilka, U. Luz* z.St.
[140] Die Gegenüberstellung zu Samaritanern und Heiden legt nahe, dass alle Israeliten als verloren gelten, nicht eine bestimmte Gruppe in Israel, vgl. *J. Gnilka*, Mt I 362.II 31; *U. Luz*, Mt II 90.434; *H. Frankemölle*, Mt II 77.207.
[141] Nach 18,10.14 spricht das Bild vom verlorenen Schaf von „den Kleinen", die nach 18,6 an Jesus glauben.
[142] Anders offenbar *H. Goldstein*, Art. ποίμνη (Nr.3).
[143] Vgl. zu anderen ntl. Stellen auch *J. Friedrich*, Art. πρόβατον 367f.
[144] Die Feststellung, die Schafe seien ohne Hirten, kann dort und vielleicht auch bei Mt als Anklage gegen die „Hirten" Israels gemeint sein (dazu auch Jes 56,11; Jer 2,8; 3,15; 10,21; 12,10; 22,22; 23,1-4; 50,6; Ez 34,2-10; Sach 10,3; 11,4-17), zugleich erscheint Jesus als der Hirte des Volkes (vgl. *J. Gnilka*, Mt I 352; *H. Frankemölle*, Mt II 71f). *U. Luz* spricht sich gegen einen Bezug auf die Führer aus,

haben sich verirrt und zerstreut (18,12f bzw. 26,31; vgl. Jes 53,6; Ps 119,176; Ez 34,4.16).[145] Die Rolle des Hirten wird traditionell von Gott (Ez 34,11ff; Ps 23 u.ö.) oder - letztlich mit seiner Vollmacht - von den Führern des Volkes (Jes 56,11; Jer 2,8; Ez 34,2-10 u.ö.) eingenommen. Unter den matthäischen Texten ist 18,12f dem Schlussvers 14 zufolge auf Gottes Hirtenrolle ausgerichtet, allerdings ohne Gott ausdrücklich als Hirten zu bezeichnen.[146] In 9,36; 10,6; 15,24; 26,31 nehmen Jesus oder die von ihm ausgesandten Jünger die Hirtenrolle ein.[147] In 25,32f handelt der Menschensohn bei der Parusie wie ein Hirte. Die Hirten-Metapher ist bei Matthäus also in erster Linie christologisch gewendet (vgl. auch Mt 2,6).[148]

(ε) Besitz und Finanzen
Eine Reihe von Erzählungen (18,23-35; 21,33-42; 24,45-51; 25,14-30) spielen auf dem Feld von Besitz und Finanzen. Gemeinsam ist diesen Erzählungen, dass ein Herr Untergebenen Besitz anvertraut und nach einer Zeit Rechenschaft über das fordert, was die Untergebenen ihm schulden.[149] Die Erzählungen berühren sich über die gemeinsame Struktur hinaus im verwendeten Finanzvokabular.[150] Die Vorstellung,

---

weil im Singular vom Hirten die Rede ist, und deutet „nur" christologisch (Mt II 81).

[145] „Verirren" (πλανάομαι) wird biblisch in übertragenem Sinn für Israel verwendet, das sich von Gott entfernt, dem Götzendienst oder der Bilderverehrung huldigt. Vgl. *H. Braun*, Art. πλανάω, bes. 235.239; auch *J. Gnilka*, Mt II 132 (mit einer Korrektur zu Braun); *U. Luz*, Mt III 32.

[146] Die Bezeichnung Gottes als Hirt fehlt im ganzen NT, vgl. *H. Goldstein*, Art. ποιμήν 302 (Nr. 3).

[147] 9,36 stellt zunächst nur das Fehlen eines Hirten fest. Durch sein Mitleid (V.36) und die dann von ihm angestoßene Initiative (9,37ff) mit der Konstituierung des Zwölferkreises (10,1-4) und der Aussendung der Jünger (10,5ff) erscheint Jesus aber als derjenige, der die Lücke füllt. Vgl. *J. Gnilka*, Mt I 352; *U. Luz*, Mt II 81; *H. Frankemölle*, Mt II 71f.

[148] Zur christologischen Metaphorik im übrigen NT vgl. *H. Goldstein*, a.a.O. 302f (Nr. 4).

[149] Zur gemeinsamen Struktur dieser Texte vgl. auch *K. Erlemann*, Bild 89f.

[150] *Zu Mt 18,23-34 (ohne parr):* Verben aus der Finanzwelt (schulden [ὀφείλω], bezahlen [ἀποδίδωμι], abrechnen [συναίρω]); Substantive aus der Finanzwelt (Talente [τὸ τάλαντον]; Denare; Schuld [δάνειον; ὀφειλή] ...).
Zu Mt 21,33-42: 21,33(parr).41(diff Mk 12,9): verpachten (ἐκδίδομαι); V. 41 (diff Mk 12,9): geben/bezahlen (ἀποδίδομαι).
Zu Mt 24,45-51: Über die Dienerschaft, später über den Besitz eingesetzt wird auch hier ein Knecht (καθίστημι ἐπί...; Mt 24,45.48 par Lk 12,42.44); es gibt das Moment der Rechenschaft (der Herr kommt und findet...; Mt 24,46 par Lk 24,43); ausgesprochene Finanzbegriffe fehlen bis auf τὰ ὑπάρχοντα (Mt 24,47 par Lk 12,44).
Zu 25,14-30: übergeben/anvertrauen (παραδίδωμι; 25,14); Vermögen (τὰ ὑπάρχοντα; Mt 25,14); gewinnen (κερδαίνω; Mt 25,16f.20.22); abrechnen (λόγον συναίρω; Mt 25,19); über vieles setzen (καθίστημι ἐπί...; Mt 25,21.23); Talent (τὸ τάλαντον; mehrfach); Wechsler (ὁ τραπεζίτης; Mt 25,27); Zinsen

dass Gott ein „Gläubiger" der Menschen ist und die Menschen ihm etwas schulden, ist in rabbinischen Schriften weit verbreitet.[151] Biblische Wurzel ist die Rede von Sünden als einer Schuld gegenüber Gott (z.B. Ps 31,2^{LXX}: μακάριος ἀνὴρ ᾧ οὐ μὴ λογίσηται κύριος ἁμαρτίαν), die auch Matthäus kennt (6,12). Die rabbinische Literatur des Frühjudentums rechnet mit einer Art Abrechnung im Gericht (vgl. GenR 26; Abot 3,1; 4,22.29).[152] Auch für Matthäus ist in 25,31-46 eine Rechenschaftsszene am Ende der Zeiten belegt, ohne dass hier freilich „monetäre" Metaphern eine Rolle spielten. Damit liegt ein Horizont vor, in dem Matthäus Gleichnisse mit Abrechnungs- oder Rechenschaftsszenen auf das Gericht deuten konnte. Dass er dies sehr konsequent getan hat, belegen kleinere, entsprechend besetzte Motive und Formeln, die in diesen Abrechnungsszenen Verwendung finden: so der Zorn als ein in der biblischen Tradition mit der Gerechtigkeit und dem Gerechtigkeit schaffenden Handeln Gottes verbundenes Bild (Mt 18,34; vgl. Mt 3,7 par Lk 3,7; Mt 22,7 par Lk 14,21; diff ThEv 64)[153], die schon besprochene Fruchtmetaphorik (21,33ff) oder formelsprachliche Elemente wie „Heulen und Zähneknirschen", „äußerste Finsternis" und Vokabeln, die Vernichtung oder massive Schädigung zum Ausdruck bringen (s.u.).

Erwähnt sei in diesem Zusammenhang auch das Bildfeld *Schatz/Perle*. Schatzgeschichten gibt es in der Antike etliche, mit verschiedenen Pointen erzählt (Glück des Finders; Verlust eines verborgenen Schatzes, von dem man nichts weiß, ein *Armer* findet einen Schatz; ...).[154] Die Perle ist der Inbegriff eines wertvollen Gegenstandes.[155] Gemeinsamer Nenner von Schatz und Perle ist der Aspekt „wertvolles Gut". Diese Dimension bestimmt ihre bildhafte Verwendung. So werden z.B. in der Weisheitsliteratur sowohl der Schatz als auch die Perle verwendet, um den außerordentlichen Wert der Weisheit zum Ausdruck zu bringen (Spr 2,4; 8,19; Weish 7,14; Jes 33,6 bzw. Spr 3,14f; 8,11; Ijob 28,18).[156] Abgesehen davon, dass die beiden Bilder in dieser Literatur sehr häufig vorkommen, gibt es keine festen Prägungen.

(ὁ τόκος; Mt 25,27). Lk 19,11-27 hat jeweils in der Sache Entsprechendes, verwendet aber fast durchweg anderes Vokabular.
Vgl. zu diesem Begriffen bei Mt auch *B. Weber,* Schulden.

[151] Vgl. (mit Texten) *K. Erlemann,* Bild 87-89.

[152] Zur Abrechnung als Metapher für das Gericht vgl. *U. Luz,* Mt III 68; ausführlicher *M. Reiser,* Gerichtspredigt 118-120.291 Anm. 64; *K. Erlemann,* Bild 157f.

[153] Zum Motiv 'Zorn Gottes' vgl. *W. Groß,* Zorn Gottes (Lit.).

[154] Belege bei *H. L. Strack - P. Billerbeck,* Kommentar I 647; *J. D. Crossan,* Finding 53-71; *J. Gnilka,* Mt I 505f; *U. Luz,* Mt II 350f (vgl. zur Frage der Pointe ebd. 351-353).

[155] Vgl. neben anderen *W. D. Davies/D. C. Allison,* Mt II 439, die auf Diamanten als etwas in heutiger Zeit Vergleichbares verweisen.

[156] Weitere Belege zur Perle bei *U. Luz,* Mt II 353.

Auch für Matthäus ist keine fixe Bedeutung auszumachen.[157] Anders
als in den Gleichnissen aus der Finanzwelt steht die Faszination des
Wertes, nicht sein Verpflichtungscharakter im Vordergrund.

(ζ) Arbeit und Lohn
Mt 20,1-16 ist eine Geschichte um Arbeit und Lohn.[158] „Lohn" ist
zweifellos metaphorisch besetzt; so ist es belegt im Alten Testament
(Ijob 7,2; Ps 19,12; Jes 49,4), in der frühjüdischen Literatur (4Esr 7,35;
syrApkBar 52,7; Philo, All I, 80; Josephus, Ant 1,183), bei Paulus
(Röm 4,4), im Hebräerbrief (2,2; 10,35; 11,6.26) und auch bei
Matthäus (Mt 5,12 par Lk 6,23; Mt 5,46 diff Lk 6,32; Mt 6,1.2.5.16;
Mt 10,41; Mt 10,42 par Mk 9,41).[159] Die frühjüdische Motivik spricht
häufig vom jenseitigen Lohn.[160] Auch für unseren Evangelisten gilt:
„'Lohn' ist bei Matthäus immer jenseitig, im letzten Gericht zuge-
teilt."[161] Weil wiederum Geld eine Rolle spielt, liegt auf der Bildebene
der Brückenschlag zu den „Finanzgleichnissen" nahe.[162] Er ist in der
Sache - wie die Motivik belegt - berechtigt.
Das zweite Stichwort aus 20,1ff ist „arbeiten/Arbeiter". Es begegnet
als Leitbegriff auch im Gleichnis von den zwei Söhnen (21,28-31)
sowie in zwei Bildworten (9,37f; 10,10), außerdem in 25,16 - hier eher
am Rande. Das Thema „Arbeit/Werk/Tun" wird in der biblischen
Überlieferung in vielerlei Hinsicht theologisch reflektiert: die Schöp-
fung als Werk Gottes, das Wirken Gottes in der Welt, die menschliche
Arbeit als Fluch, Menschenwerk als Sünde und Nichtigkeit usw.[163] Im
Gleichnis von den Arbeitern im Weinberg ist das Thema durch den
Zusammenhang „Arbeit - Lohn" näher definiert, der motivisch auf
menschliches Handeln und göttliches Richten verweist (Ps 61[62],13;
Spr 24,12; Sir 32[35],24; Jer 25,14; Klgl 3,64; 4Esr 7,35). Rabbinische
Gleichnisse erzählen mehrfach Geschichten von Arbeitern, um die

---

[157] Vgl. zum Schatz 6,19-21 (par Lk 12,33f); 13,44 (ohne syn par; vgl. ThEv 109)
resp. zur Perle 7,6 (ohne parr); 13,45f (ohne syn par; vgl. ThEv 76); 13,52 (ohne
par).
[158] Arbeiter (für den Weinberg; ὁ ἐργάτης in 20,1f.8) und Lohn
(anwerben/μισθόομαι in 20,1.7; Lohn/ὁ μισθός in 20,8). Das Gleichnis hat keine
Parallele.
[159] Zur Metaphorik *H. Weder,* Gleichnisse 223 mit Anm. 70f; ausführlicher *C.*
Hezser, Lohnmetaphorik 98-156.
[160] Vgl. *H. Weder,* a.a.O.; *C. Hezser,* Lohnmetaphorik 155.
[161] *U. Luz,* Mt I 289; vgl. *G. Strecker,* Weg 162; *C. Hezser,* Lohnmetaphorik 135.
Die eschatologische Perspektive liegt auch dann vor, wenn Matthäus formuliert
„sie haben ihren Lohn weg" (6,2.5.16), denn dies besagt: mehr, nämlich
himmlischen Lohn, haben sie nicht zu erwarten; vgl. dazu *A. Horstmann,* Art.
ἀπέχω 289 (Nr. 3); *U. Luz,* Mt I 423; *C. Hezser,* Lohnmetaphorik 135.
[162] Vgl. zum Vokabular insbesondere bezahlen/ἀποδίδωμι; Denar/τὸ δηνάριον.
[163] Einen Überblick bei *G. Bertram,* Art. ἔργον; *R. Heiligenthal,* Art. ἐργάζομαι;
ders., Art. ἔργον; *H. Chr. Hahn u.a.,* Art. ἔργον.

Themen 'gerechter Lohn' und 'Gnadenlohn' zu erörtern.[164] Im Neuen Testament ist das Wortfeld ἐργάζομαι - ἐργασία - ἐργάτης - ἔργον immer wieder metaphorisch und theologisch besetzt. In den verschiedenen Zusammenhängen bildet das vermeintliche oder tatsächliche Wirken/Tun des Willens Gottes den gemeinsamen Nenner der Konzepte (vgl. z.B. Joh 4,34; 5,36; 6,28f; Röm 2,6; 4,2; 1Petr 1,17; Jak 1,20; 2,14ff; Offb 2,23). Die matthäischen Texte fügen sich hier problemlos ein. *U. Luz* nimmt weitergehend an, dass es auf der Ebene des Matthäusevangeliums eine feste Metapher „ἐργάται = christliche ›Gottesreicharbeiter‹" gibt, die er hinter 9,37f; 10,10 und 20,1ff vermutet.[165] Diese Annahme läge auf der Linie einiger Stellen aus den Briefen, die Apostel und Lehrer als Arbeiter bezeichnen (polemisch 2Kor 11,13; Phil 3,2; positiv 2Tim 2,15).[166] Über eine Vermutung wird man jedoch nicht hinauskommen.

(η) Hochzeit, Bräutigam, Mahl
Alttestamentlich[167] kann seit Hosea (Hos 1-3) die Ehe Bild für den Bund zwischen Jahwe und Israel sein, den die untreue Braut Israel gebrochen hat (Jes 50,1; 54,4; vgl. Ez 16,17ff) und den der Herr wiederherstellen wird (Jes 54,4ff; endzeitlich: 62,4f). Jer 2,2 gilt Israels Weg durch die Wüste als Brautzeit. In diesem Zusammenhang erscheint Gott explizit oder indirekt als Bräutigam.[168] Im Frühjudentum kann in einigen Texten das Motiv der Hochzeit auf die Tage des Messias bezogen werden; diese Metaphorik ist aber keineswegs dominant.[169] Dass im Zusammenhang einer eschatologisch orientierten Metaphorik die endzeitliche Rettergestalt als Bräutigam identifiziert werden kann, zeichnet sich in neutestamentlicher Zeit vielleicht schon ab, ist aber

---

[164] Vgl. *K. Erlemann*, Bild 107-110; *C. Hezser*, Lohnmetaphorik 193-236.301-310 (eine knappe Zusammenfassung bei *G. Theißen/A. Merz*, Jesus 305-307).
[165] *U. Luz*, Mt III 154.
[166] Vgl. dazu *R. Heiligenthal*, Art. ἐργάζομαι 122f.
[167] Vgl. zum Folgenden *E. Stauffer*, Art. γαμέω κτλ., bes. 651ff; *J. Jeremias*, Art. νύμφη, νυμφίος, bes. 1094f; *R. Zimmermann*, Geschlechtermetaphorik 91-152.
[168] Alttestamentlich die markanteste Stelle ist wohl Jes 62,5. Vgl. dazu und zu frühjüdischen Belegen *H. Weder*, Gleichnisse 244; *K. Erlemann*, Bild 126f.
[169] *R. Zimmermann* verweist auf Midrasch und Targum zum Hohenlied (MShir; TgCant) sowie auf einige rabbinische Gleichnisse (Geschlechtermetaphorik 205-207; 212f). Daneben nennt er z.B. die Weiterentwicklung der Geschlechtermetaphorik in die Vorstellung von der „Frau Weisheit" (ebd. 151-188). Für die rabbinischen Gleichnisse sei der Kern des Bildfeldes Hochzeit/Bräutigam der Sinaibund mit JHWH. Von hieraus entwickle sich die eschatologisch besetzte Metaphorik (ebd. 210f). - *H. Weder*, Gleichnisse 244 geht unter Verweis auf *J. Jeremias*, a.a.O. 1095 mit Anm. 32, offenbar von einer breiten und einheitlichen Entwicklung hin zu einem eschatologischen Metaphorik aus, die nach Zimmermanns Untersuchung so nicht gegeben ist. Zurückhaltender auch *U. Luz*, Mt III 239, der meint, das Bild von Israel als der Braut Gottes sei kaum eschatologisch gewendet worden.

außerhalb des Neuen Testaments erst in rabbinischen Quellen explizit belegt.[170]
Worte vom Stamm γαμ- werden im Neuen Testament vorwiegend im eigentlichen Sinn gebraucht, auch bei Matthäus (vgl. 5,32; 19,9f; 22,25.30; 24,38). Metaphorische Rede begegnet in Offb 19,7.9: die Hochzeit des Lammes als Bild für die eschatologische Vereinigung von Christus und Gemeinde. Auch für Mt 22,2ff und 25,1ff (hier V.10) ist eine metaphorische Bedeutung im Sinne der endzeitlichen Vereinigung mit Gott und Christus anzunehmen.[171] Zum einen ist das Stichwort γάμος in 22,2ff durch Wiederholung (8x) stark betont; das legt eine besondere Bedeutung des Wortes nahe. Zum anderen verbindet es sich in beiden Texten mit anderen metaphorisch besetzten Termini. 22,2ff wird die Hochzeit des *Sohnes* gefeiert (diff Lk 14,16), der damit als Bräutigam erscheint. Dabei ist von einem *Mahl* die Rede, das *bereitet*[172] ist. 25,10 ist γάμος der Leitmetapher νυμφίος (25,1.6.10) zugeordnet.

Vom Bräutigam[173] ist selten im allgemeinen Sinn die Rede (Joh 2,9; Offb 18,23), meistens ist νυμφίος ein christologischer Begriff (Mt 9,15 par Mk 2,19; Lk 5,34; Mt 25,1.5.6.10; Joh 3,29).[174] Er wird teilweise absolut verwendet, teilweise aber auch als Gegenüber zu anderen Begriffen: Jungfrauen (Mt 25,1-13); Söhne des Brautgemachs (Mk 2,19); Braut (Joh 3,29). Im Gegenüber zu Christus kann die Gemeinde als Braut bezeichnet werden (2Kor 11,2; Eph 5,22-33; Offb 19,7f; 21,2.9; 22,17).

In Mt 22,2ff wird die Hochzeit als ein *Festmahl* geschildert (22,4: ἄριστον; par Lk 14,16f: δεῖπνον). Es gibt eine motivliche Tradition vom eschatologischen Mahl, zu dem JHWH die Völker am Ende der Zeiten versammeln wird.[175] Im Alten Testament begegnet es in Jes 25,6-8 und - in ein Gerichtsmotiv gewendet - in Ez 39,17-20 (vgl. auch Jes 34,6ff; Jer 46,10; Zef 1,7). Trotz dieser sehr spärlichen Belege hat das Motiv sowohl im Frühjudentum[176] als auch im Urchristentum eine deutliche Rezeption erfahren. Im Neuen Testament steht es bei den Synoptikern hinter dem Logion Mt 8,11 par Lk 13,28f und hinter den Abendmahlsworten Jesu von der Frucht des Weinstocks, die er nicht

---

[170] Vgl. *R. Zimmermann*, Geschlechtermetaphorik 258-276.
[171] Vgl. auch *U. Luz*, Mt III 239 bzw. 474.476; *W. D. Davies/D. C. Allison*, Mt III 198f bzw. 399.
[172] Zu „bereiten/bereit" unten S. 214.
[173] Vgl. noch *H.-J. Klauck*, Allegorie 162-164.
[174] Vgl. für Mt auch *J. Gnilka*, Mt I 336.337f; II 352: Bräutigam ist in 9,37 wie auch 25,1ff christologisch und eschatologisch besetzte Metapher für Jesus. Ähnlich andere.
[175] Vgl. zum Folgenden *J. Wanke*, Art. δεῖπνον.
[176] So in 1QSa 2,11f; äthHen 62,14; rabbinische Belege bei *J. Behm*, Art. δεῖπνον 35 (der auf *H. L. Strack - P. Billerbeck*, Kommentar I 878f.VI 1154f verweist); *K. Erlemann*, Bild 188-191.

mehr trinken wird, bis er sie neu trinkt in der Basileia Gottes (Mk 14,25 par Mt 26,29; vgl. Lk 22,16.18.29f). Möglicherweise sind die Mähler Jesu - auch mit Zöllnern und Sündern (Mk 2,13-17parr; Mt 11,19par) - ebenfalls in diesem Zusammenhang zu sehen: als symbolischer Ausdruck der Sündenvergebung und als Vorausbild der Mahlgemeinschaft in der vollendeten Basileia.[177] Außerhalb der synoptischen Tradition sind noch Offb 19,9 (δεῖπνον τοῦ γάμου τοῦ ἀρνίου!) und 17 zu nennen, wo ebenfalls die eschatologische Gemeinschaft mit Christus gemeint ist.[178] Möglicherweise wird diese Motivik auch in Mt 22,2ff (und 25,10?) wirksam.[179]

(θ) Autoritätsfiguren
Zahlreiche Gleichnisse haben als zentrale Figur einen Herrn (o.ä.), dem Sklaven/Knechte oder andere Figuren untergeordnet sind. In einigen Gleichnissen ist dieser Herr näher bestimmt: als Hausherr[180], als König[181], als Herr des Weinbergs[182], als Bräutigam[183]; manchmal steht nur der Begriff κύριος[184]. Indirekt wird der Herr dreimal als Vater charakterisiert[185], einmal als ein Säender[186].
'Herr' (κύριος) verwendet das Neuen Testament als Bezeichnung für Gott und Jesus, wobei die Herkunft von κύριος als Gottesbezeichnung

---

[177] Vgl. dazu *J. Gnilka*, Jesus 110-112; *J. Becker*, Jesus 194-211; skeptisch gegenüber einem mit diesen Mählern verbundenen Aspekt der Sündenvergebung sind *H. Schürmann*, Jesus 222 Anm. 85; *P. Fiedler*, Sünder 149-153.

[178] Die Rede vom Herrenmahl (1Kor 11,20) knüpft möglicherweise u.a. an die Festmahl-Metapher an; vgl. *J. Wanke*, a.a.O. 675. Freilich meint *H. J. Klauck*, Herrenmahl 322, bei Paulus zeige sich eine Entwicklung weg von der vorwiegend eschatologischen Ausrichtung im Verständnis des Mahles.

[179] So. z.B. *W. D. Davies/D. C. Allison*, Mt III 198f bzw. 399. In der Diskussion um das Gleichnis vom Festmahl/Hochzeitsmahl als Teil der Verkündigung Jesu wird regelmäßig auf die Motivik vom eschatologischen Mahl verwiesen vgl. nur *F. Hahn*, Gleichnis 68; *H. Weder*, Gleichnisse 188; *B. B. Scott*, Hear 172-174; *Th. Söding*, Gleichnis 66f; anders *W. Harnisch*, Gleichniserzählung 243, der dies als Allegorese ablehnt.

[180] 13,27 (ohne syn parr; diff ThEv 57); 20,1.11 (ohne parr); 21,33 (diff Mk 12,1; Lk 20,9). - Von einem οἰκοδεσπότης erzählen außerdem 13,52 (ohne parr); 24,43 (par Lk 12,39).

[181] 18,23ff (ohne parr); ein König mit Sklaven außerdem 22,2.7.11.13 (diff Lk), ohne das Stichwort „Herr".

[182] 20,8 (ohne parr); 21,40 (parr Mk 12,9; Lk 20,15); vgl. 21,29 (die Anrede 'Herr' an eine Weinbergbesitzer aber ohne die explizite Wendung 'Herr des Weinbergs'; ohne parr).

[183] Mt 25,1.5.6.10.

[184] 24,45-51 (par Lk 12,42-46); 25,14ff (bei Lk ein König, der auch mit Herr angesprochen wird); vgl. 6,24 (par Lk 16,13).

[185] 21,28; 21,37 (par Mk 12,6; Lk 20,13); 22,2 (diff Lk 14,16).

[186] 13,24.

nicht ganz geklärt ist.[187] Bei Jesus ist es innerhalb der Evangelien
häufig „nur" respektvolle Anrede, besonders wenn Nichtjünger sie
verwenden (Mk 7,28; Mt 15,22.25.27; Lk 7,6; 19,8; Joh 4,11.15.19
u.ö.). Daneben gibt es aber auch einen klaren titularen Gebrauch, der
sich in erster Linie auf den Auferstandenen bezieht (Röm 10,9; 1Kor
2,8; Lk 24,3.34 u.ö.), vor allem bei Lukas jedoch auch für den Irdischen verwendet wird (Lk 7,13.19; 10,1.39.41 u.ö; bei den anderen
Synoptikern nur Mk 11,3[188] par Mt 21,3; Mk 12,37 par Mt 22,43.45).
Grenzbereiche liegen vor, wenn Jünger, Geheilte u.ä. Jesus mit „Herr"
anreden (Mt 8,25; 17,4; Lk 9,54; Joh 9,9,38; 13,25 u.ö.) Die Bedeutung des Titels in der matthäischen Christologie ist strittig.[189] Zu erwägen ist insbesondere, ob Matthäus die letztgenannten Anreden des
„Grenzbereiches" nicht vielfach titular auffasst. In den Gleichnissen
kommt „Herr" zunächst vielfach als Anrede vor, die der Untergebene
wählt. Ob hier nur der rollengemässe Respekt zum Ausdruck kommt
(z.B. 13,27) oder ein besonderer Akzent vorliegt (die Doppelanrede
25,11?; der wiederkommende Herr, der Rechenschaft fordert
25,20.22.24?), hängt auch vom Kontext ab. Die meisten „Herren" sind
mit weiteren Attributen ausgestattet, so dass sie mit Gott oder Jesus zu
verbinden sind (18,25.31.32.34; 20,8; 21,40; auch 13,27; 21,29;
25,11). Für 24,45-51 und 25,14-30, die nur von einem Herren erzählen,
ist im Kontext der Endzeitrede an den Menschensohn der Parusie zu
denken. Das entspricht dem titularen „Herr" für den Auferstandenen.[190] Damit ist „Herr" in den meisten Gleichnissen in titularem Sinn
zu verstehen. In vielen Fällen bezeichnet das Wort Figuren, die für die
(endzeitlich-) richterliche Rolle Gottes oder Jesu transparent sind.
Der *Bräutigam* und der *Herr des Weinbergs* sind - wie gesehen - in der
biblischen Tradition als Metaphern für Gott belegt. Der *Pflan-
zende/Säende* kann biblisch auf das Verhältnis Gottes zu seinem Volk
verweisen. Neutestamentlich ist Bräutigam christologische Metapher,

---

[187]   Vgl. *J. A. Fitzmyer*, Art. κύριος; zum Problem der Herkunft des Titels knapp
(mit Lit.) *H. Geist*, Menschensohn 364-366; *J. A. Fitzmyer*, a.a.O. Nr. 7.; *I. Broer*,
Christologie 1266f, außerdem *H. Merklein*, Marana.
[188]   Nach *R. Pesch*, Mk II 180, ist allerdings im Sinne von „sein Herr braucht ihn"
zu deuten, d.h. κύριος ist hier nicht (absolute) Bezeichnung für Jesus, sondern
Jesus ist der Herr des Jungesels, sein Besitzer, und folglich der Messias. Anders *J.
Gnilka*, Mk II 117.
[189]   Zum strittigen Verständnis von κύριος bei Mt vgl. *G. Bornkamm*, Enderwartung 38f (göttlicher Hoheitsname); *G. Strecker*, Weg 123-126 (eschatologisch ausgerichtet, für den Kommenden); *J. D. Kingsbury*, Kyrios (divine authority); *H.
Geist*, Menschensohn 349-367 (die Anrede im Zusammenhang mit dem Men-
schensohntitel); *I. Broer*, Christologie 1266-1270 (menschliche Hoheit und Hoch-
achtung, auch Ausdruck der Vollmacht zur Heilung und als Weltrichter, skeptisch gegen Konnotation göttlicher Autorität); *R. Schnackenburg*, Person 125f
(qualifiziert ist im MtEv v.a. die Anrede κύριε).
[190]   Vgl. insbesondere auch den Ruf nach dem Kommen des Herrn: 1Kor 16,22;
Offb 22,20, auch 1Kor 11,26.

auch der Säende wird christologisch mit dem Menschensohn identifiziert (13,37). Der Herr des Weinbergs ist in 21,29 und 21,40 auf Gott zu beziehen, dafür sprechen die ergänzenden Attribute. In 21,28ff kommt die Vatervorstellung zum Tragen. 21,33 ist die Anspielung auf das Anlegen des Weinbergs (Jes 5,1f) und damit auf die Beziehung Gott-Israel sehr deutlich. Zudem ist der eine Sohn (21,37) im Kontext eindeutig mit Jesus zu identifizieren. 20,8 ist nicht sicher zu beurteilen. Die traditionelle Motivik spricht für Gott; der Kontext und der parallel verwendete Begriff 'Hausherr' ließen aber auch einen Bezug auf Jesus als Menschensohn-Richter zu (s.u.).

„König" ist eine alttestamentliche Gottesmetapher (Jes 6,5; Ps 24,7-9; 29,9f; 47; 93; 96-99 u.ö.), wobei sich insbesondere in nachexilischer Zeit verschiedene Traditionsströme unterscheiden lassen, die JHWH als gegenwärtig herrschend denken (Ps 93; 2Chr 9,8; Josephus, Ant 4,223), auf die zukünftige Verwirklichung dieses Königtums hoffen (Jes 24,3; 33,17-22; Sach 14,9; TestDan 5,10-13; 1QM VI,6; AssMos 10,1ff; Sib 3,767) oder mit einem ewigen Königtum Gottes rechnen (Ps 145,13; PsSal 17,3.46).[191] Die rabbinische Überlieferung kennt zahlreiche Königsgleichnisse.[192] Das Neue Testament steht mit seiner Rede von der βασιλεία τοῦ θεοῦ/τῶν οὐρανῶν in der Tradition der alttestamentlichen Königsmetapher für JHWH. Neben dem Abstraktum hat die Metapher „König" selbst eine geringe Rezeption erfahren (vgl. neben dem Folgenden 1Kor 4,8; Offb 11,7; 19,6). Am deutlichsten begegnet der Titel bei Matthäus. Er verwendet „König" metaphorisch für Gott (vgl. 5,34f)[193], vor allem aber für Jesus. Jesus ist wie bei den anderen Evangelisten vor allem im Zusammenhang der Passionserzählung „der König der Juden/Israels" (2,2; 21,5; 27,11.29.37.42), darüber hinaus der endzeitlich thronende König und Menschensohn-Richter (25,34.40; vgl. V. 31). In den Gleichnissen ist sicher in 22,2.7.11.13[194], wahrscheinlich auch in 18,23 (vgl. V.35) der himmlische Vater gemeint.[195]

Der in matthäischen Gleichnisse stark vertretene *„Hausherr"* (οἰκοδεσπότης) hat keinen so klar zu greifenden Motivhinter-

---

[191] Vgl. *H. Merklein,* Botschaft 37-44; *O. Camponovo,* Königtum; *E. Zenger,* Art. Herrschaft Gottes/Reich Gottes; *H. D. Preuß,* Theologie I 173-183; *M. Hengel - A. M. Schwemer (Hg.),* Königsherrschaft; *G. Theißen/A. Merz,* Jesus 226-231; *J. Becker,* Jesus 100-121; *G. Vanoni - B. Heininger,* Reich Gottes.

[192] Vgl. *D. Stern,* Parables 19-21. Zusammengetragen hat viele Texte *I. Ziegler,* Die Königsgleichnisse des Midrash beleuchtet durch die römische Kaiserzeit, Breslau 1903.

[193] Vgl. *J. Gnilka,* Mt I 174f.

[194] Bei Lukas handelt das Gleichnis nur von „einem Mann" (Lk 14,16: ἄνθροπός τις).

[195] Das legt auch die Metaphorik rabbinischer Gleichnisse nahe, vgl. *K. Erlemann,* Bild 85f; *U. Luz,* Mt III 68 u.a.

grund.[196] Der Begriff bezeichnet den Herrn und Besitzer des Hauses, den Hausvater. Seine Aufgaben sind Herrschaft und Aufsicht, aber auch Fürsorge für die Mitglieder des Hauses.[197] Die LXX verwendet δεσπότης für Gott (Gen 15,2.8; Jos 5,14; Jes 1,24; 3,1; 10,33 u.ö.; vgl. im NT Lk 2,29; Apg 4,24; Offb 6,10), kennt die Vokabel οἰκοδεσπότης aber nicht. Vereinzelte metaphorische Verwendungen für Gott sind zu beobachten (Epiktet, Diss III,22,4; Philo, De somn I, 149[198]). Das frühe Christentum verwendet die Metapher für Gott (Mt 21,33 [diff Mk 12,1; Lk 20,9][199]; Lk 13,25[200]; wahrscheinlich Lk 14,21; Mt 20,1.11[201]) oder Jesus (den Menschensohn, den Christus; so Mt 13,27 [diff ThEv 57][202]; IgnEph 6; vgl. Mt 10,25). Die Metaphorik wird aber nicht streng durchgehalten (vgl. Mt 13,52; Mt 24,43 par Lk 12,39). Möglicherweise ist die Vorstellung auf Grundlage der LXX-Verwendung von δεσπότης in einem Milieu entstanden, in dem das Haus Rahmen kirchlichen Lebens und kirchlicher Vollzüge war.[203]

„Vater" ist in alttestamentlichen und frühjüdischen Texten als eine Metapher für Gott belegt.[204] Sie ist verbunden mit der Erfahrung Israels, dass Gott sich dieses Volk erwählt hat (Dtn 32,6f), es liebevoll umsorgt und erzieht (Jer 31,9) wie seinen Sohn (Ex 4,22; Jer 31,20; Hos 11,1). Israel, in späteren Traditionen auch der Einzelne, weiß sich der treuen Fürsorge JHWHs gewiss; dem Schutz, den Gott seinem Volk angedeihen lässt, entsprechen aber Gehorsam und Treue auf Seiten der Behüteten (vgl. Dtn 14,1f; Ps 103,13; Spr 3,11f). Auch als Gebetsanrede ist „Vater" für das Alte Testament wie für das Frühjudentum vereinzelt bezeugt (Sir 23,1.4 [griech. Text]; 51,10; vgl. Tob 13,4; Weish 14,3; 1 QH 9,35f; 3Makk 6,3.8). Die Jesusüberlieferung setzt diese Metaphorik fort. Gott ist - neben anderen auch bei

---

[196] Zum Folgenden K. H. Rengstorf, Art. δεσπότης; K. Erlemann, Bild 65-68; G. Haufe, Art. δεσπότης.

[197] Belege bei K. Erlemann, Bild 65f (Kallikratidas, Stob IV 28,18.686; Philo, Post C 181).

[198] K. Erlemann, Bild 66 nennt auch zwei rabbinische Quellen: PesiqtR 10; LevR 12 (vgl. ders., Gleichnisauslegung 232 mit Anm. 5)

[199] Der Hausherr ist hier gleichzeitig der, der den Weinberg anlegt und seinen Sohn sendet. Das macht die Identifizierung eindeutig.

[200] Jedenfalls lässt Lk 13,28f an Gott als den Gastgeber denken.

[201] Von 21,28.33 her und vor dem Hintergrund rabbinischer Lohngleichnisse wird man beim Weinbergbesitzer an Gott denken. W. D. Davies/D. C. Allison, Mt III 71 sehen im Stichwort „Weinberg" einen Anklang an Jes 5,1f und Jer 12 und denken deshalb an Gott. Allerdings ist im Kontext auf 19,28 zu verweisen, wo der Menschensohn mit seinen Jüngern als Richter auftritt! Die Kommentare diskutieren die Frage kaum.

[202] Vgl. 13,37. Anders G. Haufe, a.a.O. 698.

[203] So die Vermutung von K. Erlemann, Bild 66f.

[204] Vgl. zum Folgenden G. Fohrer, Art. υἱός, bes. 352ff; O. Michel, Art. πατήρ, bes. 127f; F. Hahn, Art. υἱός, bes. 924.

Matthäus[205] - der himmlische Vater der Jünger Jesu (Mt 5,16.48; 6,9 [Gebetsanrede!]; 7,11; 10,20.29; 18,35; Lk 6,36; 12,30.32; Joh 8,41f u.ö.), wobei dem Vater ähnliche Attribute zugeschrieben werden wie im Alten Testament.[206] Typisch matthäisch ist die Rede vom „Willen des Vaters", den die Menschen erfüllen sollen (6,10; 7,21; 12,50 par Mk 3,35; 18,14; 21,31; 26,42 par Lk 22,42; vgl. Mk 14,36). Neben dieser auf die Jünger bezogenen Metaphorik steht - ebenso breit bezeugt - die Metapher Vater-Sohn für das besondere Verhältnis Jesu zu Gott. Jesus ist *der* Sohn Gottes, Gott ist *sein* Vater.[207] Sie hat über den skizzierten alttestamentlichen Horizont hinaus ihre Wurzel wahrscheinlich in der metaphorischen Bezeichnung eines (davidischen) Königs als „Sohn Gottes" (2Sam 7,14; Ps 2,7; 89,27f; Jes 9,1-6)[208] und in der (spärlichen) messianischen Rezeption dieser Vorstellung im Frühjudentum (4QFlor 10f; vgl. 1QS[a] 2,11f; Targum zum Ps 80,16)[209]. Die allgemeine Vater-Metaphorik steht vermutlich im Hintergrund von 21,28-31, nicht zuletzt wegen der Wendung „Wille des Vaters" in V.31. 21,37 und 22,2 ist nur von einem Sohn die Rede, der in 21,37 noch dazu der einzige Sohn ist. Hier dürfte die spezifische christologische Metaphorik vorliegen.

In 24,43f wird der Menschensohn in die Nähe eines Diebes gerückt, der in der Nacht kommt. Offb 3,3 wird der Vergleich dann ausdrücklich vollzogen. (vgl. Offb 16,15). Nach 1Thess 5,2.4; 2Petr 3,10 kommt der 'Tag des Herrn' wie ein Dieb. Ein geprägtes Motiv zeichnet sich hier ab, aber eher keine christologische Metapher. Der Ursprung ist unklar, jüdische Parallelen sind nicht bekannt.[210]

(ι) Sklave/Knecht

Den Autoritätspersonen sind in den matthäischen Gleichnissen neben einigen anderen Figuren, von denen zum Teil schon die Rede war (Arbeiter, Söhne), in erster Linie Knechte/Sklaven untergeordnet. δοῦλοι gehören zum festen Inventar der synoptischen Gleichnisse, sei es als Haupt-[211] oder als Nebenfiguren.[212] Dies ist kein Spezifikum der

---

205 Vgl. dazu *H. Frankemölle*, Jahwebund 159-177.

206 Der Vater ist fürsorglich (Lk 12,30 par Mt 6,32), barmherzig (Lk 6,36 par Mt 5,48; vgl. Lk 15,11-32; Lk 6,4 par Mt 6,12). Er wird den Seinen (überreich) geben wird, was sie brauchen (Lk 11,2f par Mt 6,11; Lk 11,13 par Mt 7,11).

207 Ein Überblick bei *F. Hahn*, a.a.O. 917-924. - Vgl. für Matthäus die Redeweise „mein Vater": 7,21; 10,32f; 12,50; 15,13; 16,17; 18,10.14.19 u.ö. Außerdem zentrale christologische Texte wie 2,15; 3,17; 11,25-27; 14,33; 16,16; 17,5; 26,63; 27,43.54.

208 Vgl. *G. Fohrer*, a.a.O. 340-354; *F. Hahn*, a.a.O. 916f.

209 Vgl. *E. Lohse*, Art. υἱός 361-363; *F. Hahn*, a.a.O. 916f.

210 Vgl. *W. D. Davies/D. C. Allison*, Mt III 384.

211 So in den Gleichnissen vom unbarmherzigen Knecht/Schalksknecht (Mt 18,23-34), vom treuen und untreuen Knecht (Mt 24,45-51 par Lk 12,42-46), von den anvertrauten Gelder (Mt 25,14-30 par Lk 19,11-27), vom Türhüter (Mk 13,33-

Jesusüberlieferung, sie stimmen darin vielmehr mit anderen Gleichnissen der frühjüdischen Tradition überein.[213] Ein einheitlicher Bedeutungsgehalt der δοῦλος-Gestalt ist in den frühjüdischen Parallelen nicht auszumachen: „Die Intention des Gleichniserzählers und der konkrete Verlauf des Geschehens oder auch eine bestimmte Typisierung innerhalb der Bildhälfte des Gleichnisses lassen erst allmählich und im Verlauf der Gleichnisrede selbst den Hörer erkennen, um welche Art 'Knecht' es sich in ihm handelt, ja ob dem Begriff Knecht für das rechte und vom Erzähler intendierte Verständnis des Gleichnisses überhaupt eine Rolle zukommt."[214] Zum gleichen Ergebnis führt auch eine systematische Untersuchung der Gleichnisse Jesu.[215]

Vom Alten Testament her legen sich aber im religiösen Kontext eine Reihe von speziellen Bedeutung der Bezeichnung δοῦλος nahe, die im konkreten Fall zu prüfen sind.[216] Im Einzelnen kann die Metapher Bezeichnung für den demütigen Frommen (Ps 19,12.14; 27,9; 31,17; 69,18; 86,2.4; 109,28; 119,17ff), vor allem bei Deuterojesaja für ganz Israel (Jes 41,8f; 44,1f.21; 45,4; 48,20; eindeutig noch Jer 30,10; 46,27f), für einzelne große Gestalten (Abraham: Ex 32,13; Dtn 9,27; Isaak: Gen 24,14; Josua: Jos 24,29; Ri 2,8; David: 1Kön 3,6; 8,24; Ps 78,70; und vor allem ca. 40mal für Mose: Ex 14,31; Num 12,7f; Dtn 34,5; Jos 1,1f u.ö.) sowie für einzelne oder für die Gesamtheit der Propheten sein (1Kön 18,36; 2Kön 10,10; Jes 20,10 bzw. 2Kön 17,23; 21,10; Jer 25,4; 35,15; 44,4; Am 3,7; Sach 1,6; Ez 38,17).

Die außerbiblische Literatur des Frühjudentums behält diesen Sprachgebrauch im Wesentlichen bei. In den bereits erwähnten Gleichnissen kann die Beziehung Knecht-Herr häufig allgemein für den Menschen vor Gott stehen.[217]

Die Knechtsgleichnisse des Matthäusevangeliums sind in der Mehrheit nur an die Jünger gerichtet (außer 13,24-30; vgl. aber 13,36-43!). Die geprägte Metaphorik legt nahe, dass sie sich in den Knechten wiederfinden. 24,45-51 und 25,14-30 werden sie zur Wachsamkeit angesichts des unbekannten Zeitpunkts der Parusie ermahnt, 10,24f auf

---

37 par Lk 19,12f), vom anspruchslosen Dienen (Lk 17,1-7), von den wachsamen Knechten (Lk 12,35-38).

[212] So die Gleichnisse von den bösen Winzern (Mt 21,33-44 par Mk 12,1-11; Lk 20,9-18), vom Gastmahl/Hochzeitsmahl (Mt 22,1-14 par Lk 14,16-24), vom Unkraut unter dem Weizen (Mt 13,23-30; diff ThEv 57), vom verlorenen Sohn (Lk 15,11-32); die Aufstellung nach *A. Weiser*, Knechtsgleichnisse 45f.

[213] Ausführliche Beispiele bei *A. Weiser*, Knechtsgleichnisse 28-41.

[214] *A. Weiser*, Knechtsgleichnisse 41.

[215] Vgl. *A. Weiser*, Knechtsgleichnisse 273.

[216] Vgl. zum Folgenden *A. Weiser*, Knechtsgleichnisse 22f; *H.-J. Klauck*, Allegorie 300-302.

[217] Vgl. zum Frühjudentum *A. Weiser*, Knechtsgleichnisse 24-27, zu den Gleichnissen ebd. 28-41.

Verleumdungen und Nachstellungen vorbereitet; 18,23-35 zielt auf den Umgang miteinander innerhalb der Gemeinde (vgl. 20,27). Die δοῦλοι der Gleichnisse 21,33-44 und 22,1-14 werden ausgesandt, misshandelt und getötet (Mt 21,34-36; 22,3-6). Die Aussendung erfolgt wiederholt, die Weigerung der Adressaten ist hartnäckig. Die Szene wird zweimal in aufeinanderfolgenden Gleichnissen erzählt. Die Knechte werden verprügelt, getötet und gesteinigt (21,35) resp. misshandelt/beleidigt und getötet (22,6). Im Winzergleichnis werden diff Mk 12,3; Lk 20,10 schon Knechte der ersten Gesandtschaft getötet (Mt 21,35). Im Gleichnis vom Hochzeitsmahl erfolgt diff Lk 14,17ff; ThEv64 eine zweimalige Aussendung, die im zweiten Fall diff Lk 14,18ff; ThEv 64 völlig unmotiviert in der Misshandlung und Tötung der Knechte endet. Voraus ging diesen beiden Gleichnissen (21,28-31a) ein weiteres, das laut seiner Anwendung (21,31b.32) von der Ablehnung des Täufers handelte, der ein Prophet und mehr war (11,9) und am Ende getötet worden ist (14,3-9). Dies zusammengenommen legt nahe, dass es mit der Ablehnung der Knechte etwas besonderes auf sich hat und Matthäus hier vom sog. Propheten-Theologumenon beeinflusst ist, das er in 5,11f und 23,34-39 bezeugt.

Zum Propheten-Theologumenon: An einigen Stellen des Alten Testaments begegnet das Stichwort „Knecht" für die Propheten in Verbindung mit dem Vorwurf, Israel missachte chronisch die Versuche JHWHs, das Volk durch die Propheten von seinen bösen Wegen abzubringen (2Kön 17,13; Esra 9,10f; Jer 7,25f; 25,4; 26,5; 29,19; 35,15; 44,4f; u.ö.).[218] Er ist Teil der deuteronomistischen Deutung der vorexilischen Geschichte Israels (2Kön 17,7-20). Eine extreme Zuspitzung erfährt dieser Vorwurf - allerdings ohne die Knechtsmetaphorik zu verwenden - durch die Weiterentwicklung[219] in die Aussage, Israel töte gewohnheitsmäßig seine Propheten, alttestamentlich belegt nur in Neh 9,26. Diese Vorstellung wird seit O.H. Stecks grundlegender Arbeit[220] als „Theologumenon vom gewaltsamen Geschick der Propheten" bezeichnet. Andere Aussagen, dass Israel einzelne oder alle Propheten verfolge oder töte, finden sich Hos 9,7-9; Jer 2,30 bzw. 1Kön 19,10.14.[221] Eine direkte Verbindung des Theologumenons vom gewaltsamen Geschick der Propheten mit der Knechtsmetaphorik ist damit alttestamentlich zwar nicht belegt, wird aber durch das deuteronomistische Geschichtsbild nahegelegt. Das Theologumenon vom gewaltsamen Geschick der Propheten ist später im Jubiläenbuch (1,12[222]), bei Flavius Josephus (Ant IX 265-267; X 38f[223]), bei den

---

[218] Von Tötung der Propheten ist an keiner dieser Stellen die Rede; den Eindruck erweckt allerdings die Formulierung bei *H.-J. Klauck,* Allegorie 301.

[219] Zur Rekonstruktion der Entwicklung *O. H. Steck,* Israel 60-80

[220] Vgl. *ders.* Israel.

[221] Verspottung von Propheten durch Israel: 2Chron 36,14-16; Ermordung von Propheten durch bestimmte Personen(-gruppen): Jer 26,20-23 (Uria); 2Chron 24,21 (Sacharja); 1Kön 18,4.13.

[222] Dazu *O. H. Steck,* Israel 157-164. Jub 1,12 ist der einzige weitere Beleg aus vorneutestamentlicher Zeit (vgl. ebd. 106). Der Text spricht nicht von „Propheten", sondern von „Zeugen".

[223] Vgl. ebd. 81-86.

Rabbinen[224] und auch im Urchristentum[225] bezeugt. Im Neuen Testament begegnet es Apg 7,52 zur Deutung der Steinigung des Stephanus, 1Thess 2,15f, wo die Verfolgung der Christen in einer Linie mit der Tötung Jesu und der Propheten gesehen wird (vgl. Jak 5,10), in der Bergpredigt/Feldrede (Mt 5,11f par Lk 6,22f), wo der Verweis auf die verfolgten Propheten die Seligpreisung derjenigen, die um des Menschensohnes willen verfolgt werden, argumentativ stützen soll, und in den Logien Lk 11,49-51; 13,34f (par Mt 23,29-39), wo es zur Begründung der Gerichtsankündigung gegen „diese Generation" bzw. „Jerusalem" herangezogen wird.

Dabei zeigen sich bei Matthäus wie insgesamt im Neuen Testament zwei unterschiedliche Intentionen, die mit dem Rekurs auf das Prophetengeschick verbunden sind. In erster Linie dient das Theologumenon dem Schuldaufweis gegenüber den Israeliten, die sich durch ihre eigene hartnäckige Verweigerung die gerechte Strafe Gottes zugezogen haben (Mt 21,34ff parr; Mt 22,3ff; Mt 23,34-39 par Lk 11,49-51; 13,34f; vgl. Apg 7,52). Die Kehrseite dieses Schuldaufweises ist der Nachweis, dass Gott ganz unschuldig an diesem Verhängnis ist. Vielmehr wird oft sogar unterstrichen, wie geduldig Gott um die Seinen warb (vgl. Mt 21,34.36a.37; 22,3a.4; 23,37b). Dieser Gedankengang entspricht der traditionellen biblischen Verwendung des Motivs in der deuteronomistischen Geschichtstheologie (2Kön 17,7-20; Jer 7,25ff; 2Chr 36,14-16, u.ö.).[226] Im zweiter Linie kann eigene Erfahrung von Verfolgung verstanden und bewältigt werden, indem sie in eine Reihe mit dem Schicksal der Propheten gestellt wird (Mt 5,11f par Lk 6,22f; 1Thess 2,15f; Jak 5,10). Dieser Gedanke kommt in den matthäischen Gleichnissen höchstens hintergründig zum Tragen. Sollten mit den Gesandten im Gleichnis vom Hochzeitsmahl christliche Missionare gemeint sein[227], würden diese durch ihr Schicksal den Propheten gleich gestellt und indirekt gewürdigt (vgl. 5,11f; 23,34-36).[228]

Der Schilderung des negativen Verhaltens, das der Sklave im Gleichnis vom Haushalter an den Tag legt (24,48f: einer, dem der Besitz anvertraut ist, schlägt die

---

224 Vgl. ebd. 86-97.
225 Vgl. ebd. 15 Anm. 1; 99-105; 265-316.
226 Vgl. *O. H. Steck*, Israel 66-80.
227 Vgl. *F. Hahn*, Gleichnis 79f; *J. Gnilka*, Mt II 238; weitere Belege nennen *W. D. Davies/D. C. Allison*, Mt III 197 Anm. 21, die selbst eher an die Propheten denken (ebd.); vgl. zum Problem auch *U. Luz*, Mt II 240 (mit Lit.; er selbst denkt bei beiden Sendungen ebenfalls an zu Israel gesandte christliche Missionare).
228 Zum sozialgeschichtlichen Hintergrund des Sklaven-Bildes in den mt Gleichnissen *J. A. Glancy*, Slaves. Nach ihr ist dieses Bild v.a. durch den Aspekt „vulnerability" besetzt (ebd. 89). - Das gewaltsame Prophetenschicksal liefert auch ein Muster, mit dem Jesus sein drohendes Todesgeschick hätte deuten können, so jedenfalls erwogen von *G. Theißen/A. Merz*, Jesus 378f.

Sklaven, isst, trinkt), liegt ein Topos zu Grunde. Die Pointe im vorliegenden Gleichnis besteht darin, dass er mit dem Ausbleiben des Herrn verknüpft wird.[229]

Auswertung: Der Analyse zufolge sind eine Reihe von erzählerischen Elementen in den matthäischen Gleichnissen metaphorisch deutbar. Die Übersicht stellt wichtige Bildfeder zusammen und ist damit ein Hilfsmittel für die Auslegung matthäischer Gleichnisse. Für die weiterführenden Überlegungen zur Form und Funktion matthäischer Gleichnisse seien auf Grundlage dieser Untersuchung folgende Beobachtungen und Folgerungen festgehalten:

(1) Das Faktum solcher Metaphorik und ihr Reichtum sind für die Formbeschreibung matthäischer Gleichnisse von großer Bedeutung. Sie machen evident, dass die Referenz matthäischer Gleichnisse nicht allein auf narrativen Instrumenten im engeren Sinne beruht. Vielmehr ist diese Metaphorik offenbar ein bedeutendes Mittel der Gleichnisdeutung im Matthäusevangelium. Diese Einsicht ist in der Gleichnisforschung nicht neu. Wichtig jedoch ist zum einen zu klären, wie das Zusammenspiel zwischen Erzählung, Metaphorik und anderen Deutemitteln, die noch zu betrachten sind, funktioniert. Zum anderen greift die Metaphorik auf gleichnisexterne Zusammenhänge, auf den literarischen Kontext und auf außertextliche Wissensbestände zu. Für das Verständnis von Form und Funktion der Gleichnisse ist bedeutsam, welche Horizonte - vermittelt durch die Metaphorik - „von außen" herangezogen werden, um sie zu deuten. Erste Beobachtungen zu beiden Fragen lassen sich schon an dieser Stelle gewinnen.

(2) Die Metaphorik ist zu einem gewissen Grad aus der Erzählung hergeleitet. Sie knüpft nach der bisherigen Untersuchung vor allem an die Personenkonstellation und an den Gesamtzusammenhang der Erzählung an. Vielfach liegen Bildfelder vor, d.h. auf der Bildebene sachlich zusammenhängende Metaphern. Selbst das thematisch zunächst disparat erscheinende, metaphorisch aber hoch besetzte Stichwort „Erbe" in der Winzerparabel ist letztlich über die erzählte Geschichte eingebunden. Ein Phänomen wie die Deutung des *Tieres*, auf das der Verletzte im Gleichnis vom barmherzigen Samariter gehoben wird, auf die *Fleisch*werdung des Erlösers bei Augustinus (Quaestiones Evangeliorum II, 19)[230], ist bei Matthäus nicht zu beobachten. Metaphorisch besetzt sind in den meisten Fällen Elemente, die mit der erzählten Geschichte substantiell verbunden und auf der Bildebene bedeutsam sind. Eine Ausnahme ist z.B. der Sohn in Mt 22,2, der weiter nicht vorkommt. Er ist allerdings über den Rahmen der Hochzeit schlüssig einzufügen. Auch gewinnt diese Metapher weniger

---

im Gleichnis selbst Bedeutung, sondern ist vielmehr Mittel der Verknüpfung mit 21,33ff.

(3) Matthäus zeigt zwar eine Vielzahl von Bildfeldern, trotzdem wiederholt sich die Metaphorik in verschiedenen Gleichnissen. Die
matthäischen Gleichnisse belegen eine konventionalisierte Bildspra-
che, in der bestimmte Bildbereiche mit bestimmten Themen verbunden
sind. Die Metaphorik ist praktisch immer in der biblischen Tradition
verankert. In einigen Fällen lässt sich lediglich ein christlicher, nicht
aber ein alttestamentlicher oder jüdischer geprägter Hintergrund
ausmachen.[231]

(4) Trotz Konventionalisierung und traditioneller Prägung ist die Metaphorik nicht völlig starr oder konsequent. Der Acker in Kap. 13 ist
nicht einheitlich besetzt. Die Weinbergmetapher im Winzergleichnis
ist „fließend". Sklaven repräsentieren zwar vielfach Menschen vor
dem Angesicht Gottes, zugleich können aber unterschiedliche Men-
schengruppen gemeint sein. Die Figur des Hausherrn kann für Jesus
und für Gott durchsichtig sein. Den Ausschlag geben die Gleichniserzählung oder der Kontext des Evangeliums.

(5) Die Metaphorik ist ein wichtiges Element, die Gleichnisse mit der
Theologie des Matthäusevangelium zu verknüpfen. Sie spielt zentrale
Themen matthäischer Theologie ein, weil sie auch außerhalb der
Gleichnisse verwendet wird. Grundlegende Bausteine der Theologie
finden sich in verschiedenen Bildfeldern wieder. Neben einer vielfältigen Metaphorik für Gott und Jesus entsteht so auch eine Mehrzahl
von Metaphern, die mit dem endzeitlichen Gericht verbunden sind und
je ihre eigenen Akzente setzten (Ernte, Abrechnung, Lohn).

b) Biblische Anspielungen und Zitate

Von der ersten großen Gruppe von Motiven kann man versuchsweise
biblische Anspielungen und Zitate unterscheiden, die sich im Unterschied zu Ersteren auf eine *bestimmte* Stelle resp. auf den *Text* der Bibel zu beziehen scheinen. Die Reflexionszitate zeigen, dass die Schrift
für Matthäus prinzipiell eine relevante Größe ist, um die Jesusgeschichte zu erschließen
Eine gewisse Bedeutung kommt dabei wohl Dan 3,6 zu, auf den anscheinend zweimal angespielt wird (13,42.50, beide ohne parr). Vielleicht erschließt gerade dieser Text für Matthäus den Bedeutungsaspekt „Strafe" für das Motiv des Feuers.[232] Der Kontext ist dabei kaum von Belang. Die Strafe droht jenen, die nicht das von König
Nebukadnezar errichtete goldenen Standbild anbeten (Dan 3,5). Sie

---

[231] Vgl. dazu auch *U. Luz*, Mt II 368f.
[232] Vgl. unten S. 208f (zu 'werfen') S. 210f (zu Verben der Vernichtung oder
Schädigung).

trifft die standhaften Juden Schadrach, Meschach und Abed-Nego (vgl. Dan 3,19ff), die eine Anbetung verweigern (Dan 3,12ff).

Auch das Ende des Senfkorn-Gleichnisses scheint auf einen biblischen Text zu verweisen (Mt 13,32 par Mk 4,32; Lk 13,19). Ez 17,23 oder Dan 4,9.18 (= 4,21Θ), auch Ps 103,12^LXX werden als Bezugstexte genannt. Der Wortlaut ist in den verschiedenen Überlieferungssträngen des Gleichnisses nicht gleich, was die Unsicherheit erklärt. Markus ist näher bei Ez, die Q-Tradition, die in Lk und Mt erkennbar wird, ist am nächsten bei Dan.[233] Zum Assoziationsfeld des (großen) Baumes gehören regelmäßig Schutz und Nahrung, die er Vögeln oder allen Tieren bietet (vgl. auch Ps 103,12^LXX), so dass er zum Bild für große Herrscher oder Königreiche werden kann (Ez 17,22-24; 31,3-18; Dan 4,8f.17f).[234] Ein positives Ende nimmt es mit dem Baum unter diesen letztgenannten Texten nur in Ez 17,22-24, wo das Bild als Heilsverheißung an Israel verwendet wird.[235] Den anderen Bäumen (und den in ihnen dargestellten Herrschern) wird der Untergang angesagt (Ez 31,10ff: Pharao; Dan 4,11-14.20-24: Nebukadnezar[236]). So weist die textliche Nähe v.a. zu Daniel sachlich in eine Richtung, die zum Gleichnis nicht gut passt. Dass für Matthäus ein bestimmter alttestamentlicher Text (in seinem Zusammenhang) bedeutsam wäre, ist deshalb nicht erkennbar.

Mt 21,33 berührt sich in der für ein Gleichnis ungewöhnlich detaillierten Schilderung, mit der das Anlegen des Weinbergs dargestellt wird, sehr deutlich mit dem Weinberglied Jes 5,1f, wobei sich der von Jes 5,7 her ergebende Bezug Weinberg = Israel im Gleichnis verschiebt (s.o.). Der Wortlaut ist Markus gegenüber leicht variiert, ohne dass sich Matthäus erkennbar der LXX annäherte.[237]

Diese drei sind die markantesten Beispiele für Anspielungen auf die Schrift in Gleichnissen, die bei Matthäus zu diskutieren sind. Einige weitere Beispiele können noch genannt werden, die jedoch entweder sehr unsicher sind oder keinen substantiellen Beitrag zum Gleichnis leisten.

Für Mt 13,33 (par Lk 13,21) wird vereinzelt erwogen, ob die drei *sata* Mehl durch Gen 18,6^MT beeinflusst sind, also die Menge Mehl, mit der Sara Brot backen soll, als Gott bei Abraham zu Gast ist.[238] Die Schilderung des treuen Knechtes Mt 24,45b erinnert an Josef in Ägypten (Gen 39,4^LXX; Lk 12,42 ist etwas weiter weg

---

[233] Vgl. *U. Luz*, Mt II 327; *J. Jeremias*, Gleichnisse 27.
[234] Vgl. *J. Jeremias*, Gleichnisse 146; *H. J. Klauck*, Allegorie 215.
[235] Vgl. *H. J. Klauck*, Allegorie 215.
[236] Letzterem ein befristeter Niedergang mit Hoffnungsperspektive.
[237] Vgl. *J. Gnilka*, Mt II 227 (mit Texten).
[238] So *J. Jeremias*, Gleichnisse 27.146. Erwogen auch von *W. D. Davies/D. C. Allison*, Mt II 423, die mit einem abschließenden Urteil aber zurückhaltend sind.

von dieser Parallele).[239] Die Fortsetzung des Verses Mt 24,45c ähnelt Ps 103,27[LXX] (bei Lk ist die Formulierung etwas anders).[240]

Ertrag: Formal sind die untersuchten Textpassagen nicht als Zitate kenntlich gemacht. Das unterscheidet sie von den Reflexionszitaten. Die Funktion der Anspielungen bewegt sich zum einen im Rahmen dessen, was schon anhand der konventionellen Metaphern und Bildfelder beobachtet werden konnte; zum anderen könnte in einigen Fällen die Absicht bestehen, der Erzählung biblische Sprache, biblischen Klang zu verleihen. Die Gleichnisse werden also von Matthäus im Horizont der biblischen Tradition ausgelegt, das bestätigt sich hier noch einmal.

c) Formelsprache und formelhaftes Erzählen

In den matthäischen Gleichnissen sind eine Reihe von Worten, Wendung und Begriffspaaren festzustellen, die den Charakter von Formeln gewinnen.

In mehreren Gleichnissen ist von „*sammeln*/συλλέγω; συνάγω" zu lesen. Einige Stellen gehören in das Umfeld von 'Frucht' oder 'Ernte' (Mt 7,16 par Lk 6,44; Mt 13,30.41 diff ThEv 57; Mt 25,24.26 diff Lk 19,21f; vgl. 13,47.48). Mehrfach steht das Sammeln im Zusammenhang mit einer Scheidung oder Aussonderung, die an den Gesammelten vollzogen wird (Mt 13,30.41.47f; 22,10).

Sehr häufig ist in matthäischen Gleichnissen von „*werfen*/βάλλω" oder „*hinauswerfen*/ἐκβάλλω"[241] die Rede. Manchmal bezieht sich dies offenbar „nur" auf die erzählte Geschichte selbst (13,52; 18,30; 21,39; wahrscheinlich 13,47). In der Mehrzahl der Fälle scheint Matthäus „hinauswerfen", „wegwerfen", „ins Feuer werfen" usw. jedoch mit dem endzeitlichen Gericht in Verbindung zu bringen. In allen Fällen steht „werfen" hier am Ende von Gleichnissen oder Bildworten, ist Teil des „letzten Aktes". Es kann verbunden sein mit dem Motiv des Feuers (Mt 3,10 par Lk 3,9; Mt 7,19 diff Lk 6,43f; Mt 13,42.50 > Dan 3,6!; s.o.) und mit anderen Formen physischer Schädigung wie dem Rauben der Freiheit (Mt 5,25 par Lk 14,34; vgl. Mt 22,13 diff Lk 14,15ff; ThEv 64) oder dem Zertreten (Mt 5,13 par Lk 3,9). Diese Bilder verweisen auf das Thema „Gericht" (s.u.). „Hinauswerfen" o.ä. kann das Ausschließen aus einer Gemeinschaft/einem Haus (Mt 5,13 par Lk 14,34; Mt 8,12 par Lk 13,28; Mt 22,13 diff Lk 14,15ff; ThEv 64; Mt 25,30 mit V.21.23) oder das Trennen von „den Guten" meinen (Mt 13,42.48.50). Matthäus verwendet es in Verbindung mit den

---

239 Josef als der Prototyp des treuen Verwalters, vgl. *J. Gnilka,* Mt II 343.
240 *J. Gnilka,* Mt II 343, hält diese Anspielung für Redaktion.
241 *U. Luz,* Mt I 299 Anm. 34: „Βάλλω in Verbindung mit dem Vernichtungsgericht ist bei Matthäus besonders häufig..." (mit Belegstellen).

einschlägig besetzten Formeln „äußerste Finsternis" (8,12 par Lk 13,28; Mt 22,13 diff Lk 14,15ff; ThEv 64; Mt 25,30 diff Lk 19,27) und „Heulen und Zähneknirschen" (Mt 8,12 par Lk 13,28; Mt 13,42.50; Mt 22,13 diff Lk 14,15ff; ThEv 64; Mt 25,30 diff Lk 19,27). Durch 8,12; 13,42 und 13,50 ist der endzeitliche Zusammenhang für die Verben ausdrücklich belegt. Außerhalb der Gleichnisse bezeugen 5,29 und 18,8f für „werfen" den Zusammenhang mit dem endzeitlichen Gericht.[242]

Der Satz „Dort wird Heulen und Zähneknirschen sein/ἐκεῖ ἔσται ὁ κλαυθμὸς καὶ ὁ βρυγμὸς τῶν ὀδόντων" steht bei Matthäus sechsmal und ist typisch matthäisch. Nur zu 8,12 gibt es eine lukanische Parallele (Lk 13,28), so dass die Herkunft der Formel aus der Redenquelle wahrscheinlich ist. Die übrigen Stellen hat nur Matthäus (13,42.50; 22,13 diff Lk 14,15ff; ThEv 64; Mt 24,51 diff Lk 12,46; Mt 25,30 diff Lk 19,27). Es gibt einen motivlichen Hintergrund, ohne dass die Formel selbst sonst belegt wäre.[243] Zur Frage, was die Formel zum Ausdruck bringe, wurden verschiedene Vorschläge gemacht: verzweiflungsvolle Reue der Verurteilten[244]; bittere Selbstvorwürfe[245]; Wut oder Verzweiflung[246]; fürchterlicher Schmerz[247].

An drei Stellen ist der Satz gepaart mit dem voranstehenden Ausdruck „äußerste Finsternis" (τὸ σκότος τὸ ἐξώτερον: Mt 8,12 diff Lk 13,28; Mt 22,13 diff Lk 14,15ff ThEv 64; Mt 25,30 diff Lk 19,27). Stets wird im Zusammenhang mit der Formel der Ausschluss aus der Gemeinschaft mit Gott (8,12; 22,13) oder Christus formuliert (25,30 mit V. 21.23). Zum Bildfeld gehören negativ besetzte Finsternis (Mt 4,16; 24,29; 27,45) ebenso wie positiv besetzte Lichtmetaphorik für Jesus (Mt 4,16; 17,2), für die Jünger (Mt 5,14-16) oder für die Gerechten (Mt 13,43; vgl. noch 6,22f).[248] Mit *J. Gnilka* kann man zu-

---

[242] Vgl. *U. Luz*, Mt I 299 Anm. 34.

[243] Heulen am Ort der Finsternis äthHen 108,5; Zähneknirschen Ps 35,16; 37,12; 112,10; Klgl 2,16; Apg 7,54; MidrQoh 1,15 [bei *H. L. Strack - P. Billerbeck*, Kommentar IV 1040].

[244] Vgl. *K. H. Rengstorf*, Art. βρύχω 640.

[245] Vgl. *B. Schwank*, Heulen; vorsichtig zustimmend *J. Gnilka*, Mt I 304 [für 8,12].

[246] Dies sieht *V. Hasler* beim Zähneknirschen assoziiert; ausschließen möchte er neben anderem (Löwengebrüll, Zähneklappern bei Fieber) den Gedanken an Reue oder Selbstvorwürfe (vgl. *ders.*, Art. βρυγμός).

[247] Vgl. *U. Luz*, Mt II 16 mit Anm. 28. Er rückt κλαυθμός in den Vordergrund, das vom Verwendungszusammenhang her als Ausdruck von Schmerzen zu werten sei. Das mehrdeutige Zähneknirschen ordnet er semantisch diesem ersten Ausdruck unter.

[248] Die Hell-Dunkel-Metaphorik ist verbreitet, auch in der biblischen Tradition; vgl. dazu *O. Schwankl*, Licht 38-74. *J. Gnilka* (Mt I 304) verweist speziell auf die Darstellung der Scheol als Ort der Strafe und zugleich der Finsternis in apokalyptischen Schriften (Jub 7,29; äthHen 63,1.6; PsSal 14,9; grApkBar 4).

sammenfassen, es handelt sich um „eine Mt eigene Prägung..., die den
Ort beschreibt, der am weitesten vom Heil entfernt ist."[249]
Zwei weitere formelsprachliche Elemente lassen sich nicht auf *einen*
Begriff bringen, es handelt sich vielmehr um zwei Gruppen von Worten, die jeweils ein bestimmtes semantisches Merkmal teilen. Wir rücken damit näher an Bildfelder heran, die Beobachtungen gelten aber
weiterhin vorwiegend den *Worten*.
Zunächst begegnen in vielen Gleichnissen Begriffspaare wie gut -
böse; gut - schlecht; gut – faul; verständig – töricht, u.ä.[250] Diese Paare
entsprechen der matthäischen Neigung zu Kontrasten und antithetischen Zwillingspaaren. Viele dieser Begriffe sind mehr oder minder ethisch besetzt.[251]
Als zweite Gruppe sind Verben zu nennen, die eine Vernichtung oder
massive physische Schädigung zum Ausdruck bringen: umhauen, zertreten, verbrennen, ausreißen, binden, den Folterknechten übergeben,
...[252] Oft begegnen sie am Ende von Gleichnissen und Bildworten. Für

---

[249] J. Gnilka, Mt I 304.
[250] - 7,17-19 gut/schlecht (ἀγαθός/σαπρός; Attribut zum 'Baum'); gut/böse
(καλός/πονηρός; Attribut zu 'Frucht'; par Lk 6,43f verwendet καλός/σαπρός für
beides);
- 7,24.26: klug/töricht (φρόνιμος/μωρός; Attribut zu 'Mann'; diff Lk 6,47-49);
- 12,33: gut/faul (καλός/σαπρός; Attribut zu 'Frucht'; par Lk 6,43);
- 13,48: gut/schlecht (καλός/σαπρός; von Fischen; ohne parr);
- 20,15: böse/gut (πονηρός/ἀγαθός; vom Arbeiter der ersten Stunde bzw. vom
Herrn; ohne parr);
- 22,10: böse/gut (πονηρός/ἀγαθός; Gäste bei der Hochzeit setzen sich zusammen
aus Guten und Bösen; diff Lk);
- 24,46 bzw.48 treu, verständig/schlecht (πιστός, φρόνιμος/κακός; par Lk 12,42
bzw. diff Lk 12,45);
- 25,1ff: töricht/verständig (μωρός/φρόνιμος; ohne parr);
- 25,21.23/26: gut und treu/böse und faul (ἀγαθὸς καὶ πιστός/ πονηρὸς καὶ
ὀκνηρός; Lk hat 19,17 beim ersten Sklaven ἀγαθός, 19,22 beim dritten πονηρός);
- vgl. ἁπλοῦς/πονηρός 6,22f (par Lk 11,34);
- Manchmal kommen die Attribute begrifflich nicht direkt in Paaren vor, auch
wenn in der Sache das Gegenstück vorhanden ist, vgl. (jeweils mit καλός) 13,8.23:
der gute Boden (gegenüber den vorausgehenden; par Mk 4,8.20); 13,24.27.37.38:
der gute Samen (gegenüber dem Unkraut; vgl. ThEv 57); außerdem 18,32: der böse
Knecht (πονηρός; Gegenstück ist der sich erbarmende Herr, vgl. V.32f); 21,41
(κακός; Gegenstück sind die anderen Winzer, die ihre Früchte bringen; diff Mk
12,9; Lk 20,16).
[251] Aufschlussreich ist in diesem Zusammenhang z.B. der Wechsel in 7,17-19:
ἀγαθός/σαπρός als Attribut zum 'Baum'; καλός/πονηρός als Attribut zu
'Frucht' (par Lk 6,43f verwendet καλός/σαπρός für beides). J. Gnilka wertete den
Wechsel der Attribute als Eindringen ethischer Begriffe, die die Wendung des
Bildes ins Ethische anzeigen (Mt I 275); ähnlich U. Luz, Mt I 527.
[252] - 3,9: (einen Baum) umhauen (ἐκκόπτω; par Lk 3,9);
- 5,13: zertreten (καταπατέω; diff Lk 14,34);
- 7,19: (einen Baum) umhauen (ἐκκόπτω; diff Lk 6,43-45);

mehrere sind motivliche Hintergründe nachzuweisen, die auf das Thema Gericht verweisen.[253] So wird man in den meisten Fällen die Schilderung solch massiver physischer Schädigung in Gleichnissen als Hinweis auf das endzeitliche Gericht verstehen dürfen, auch wenn bei einzelnen Texten strittig oder schwierig bleibt, ob mit einer entsprechenden Transparenz der geschilderten Gewaltereignisse zu rechnen ist (Mt 5,25f par Lk 12,57-59[254]; 7,6[255]; 7,24 par Lk 6,49[256]).

- 13,29: ausreißen (ἐκριζόω), binden (δέω), verbrennen (κατακαίω) (ohne syn par; ThEv 57: ausreißen und verbrennen);
- 15,13: ausreißen (ἐκριζόω; ohne syn par; vgl. ThEv 40);
- 15,14: in die Grube fallen (πίπτω; par Lk 6,39; ThEv 34);
- 18,12f: verirren (πλανάομαι; par Lk 15,4: ἀπόλλυμι);
- 18,34: ins Gefängnis werfen (βάλλω εἰς φύλακεν); Folterknecht (ὁ βασανιστής) (ohne parr);
- 21,41: vernichten (ἀπόλλυμι; par Mk 12,9; Lk 12,16);
- 22,7: vernichten (ἀπόλλυμι, vgl. insgesamt die Strafaktion; diff Lk 14,15ff; ThEv 64);
- 22,13: binden (δέω; diff Lk 14,15ff; ThEv 64);
- 24,51: entzwei schneiden (διχοτομέω; par Lk 12,46).

[253] Einen Baum umhauen (ἐκκόπτω) ist Jes 10,33 als Bild des göttlichen Strafgerichts, vgl. Dan 4,11.20; zur Metaphorik *J. Gnilka*, Mt I 70.
Das Zertretenwerden (καταπατέω) ist ein prophetisches Gerichtsbild, v.a. bei Jesaja (Jes^{LXX} 10,6; 16,4.9; 18,2; 28,3 u.ö.). Zum Bildfeld gehört das Treten der Kelter (Jes 63,3.6; Joel 4,13; Offb 14,20; 19,15) und das Dreschen von Stroh (Jes 25,10); vgl. *J. Gnilka*, Mt I 135; *U. Luz*, Mt I 299 Anm. 35.
Zu „Feuer" und „verbrennen" als Motiv des Gerichts und der göttlichen Strafe vgl. neben Dan 3,6 (s.o.) auch Jes 30,33; Ez 38,22; 39,6; Dan 7,11; Mt 3,10.12; 5,22; 7,19; Offb 19,20; 20,10; vgl. speziell auch zu κάμινος τοῦ πυρός *J. Theisohn*, Richter 192-195.
„Ausreißen" (ἐκριζόω) metaphorisch für die Vernichtung des Bösen, z.B. Mt 15,3; Jud 12; LXX Koh 3,9; Weish 4,4; Zef 2,4 u.ö.; vgl. *Ch. Maurer*, Art. ῥίζα 991; *H. Weder*, Gleichnisse 121f Anm. 123; *W. D. Davies/D. C. Allison*, Mt II 414.
„In die Grube fallen (πίπτω)" findet eine sprichwörtliche Verwendung in der Antike (vgl. *J. Gnilka*, Mt II 25 mit Anm. 29), häufig im Zusammenhang weisheitlichen Denkens (biblisch oft Tun-Ergehen-Zusammenhang: Spr 26,27; Koh 10,8; Sir 27,26). Jes 24,18 steht das Bild im Kontext des Weltgerichts; vgl. Jer 31,44; Spr 22,14 („wem der Herr zürnt...").
Verirren (πλανάομαι) wird biblisch in übertragenem Sinn für Israel verwendet, das sich von Gott entfernt, dem Götzendienst oder der Bilderverehrung huldigt; vgl. *H. Braun*, Art. πλανάω, bes. 235.239; auch *J. Gnilka*, Mt II 132 (mit einer Korrektur zu Braun); *U. Luz* z.St. (s.u.). Das Verirren ist im Gleichnis nicht ein endgültiges Verlorengehen; wie die Korrespondenz mit ἀπόλλυμαι in 18,14 zeigt, steht diese Konsequenz aber drohend im Hintergrund (vgl. auch Mt 24,4f.11.24 im Vorfeld der Parusie). Zum Ganzen vgl. *U. Luz*, Mt III 32.
Zu den Folterknechten (ὁ βασανιστής) verweist *U. Luz* auf die mögliche Assoziation mit Höllenqualen, für die öfter die Wurzel βασαν- verwendet wird (Mt III 72 mit Anm. 63 [Belege]); ähnlich *K. Erlemann*, Bild 80 mit Anm. 169.
[254] *J. Gnilka* (Mt I 156) wehrt sich gegen eine allegorische Deutung des Weges auf den Lebensweg und der Diener auf Strafengel, wie sie *G. Strecker*, Bergpredigt 71f, vertritt. Die Metapher 'Diener' für Engel sei bei Mt nicht nachweisbar.

Auswertung: Dass die Konventionalisierung und Stereotypisierung der Erzählweise matthäischer Gleichnisse ein Schlüssel zu ihrer Deutung ist, zeichnete sich bei den Metaphern und Bildfeldern ab und wird durch die formelsprachlichen Elemente bestätigt. Die untersuchten Wendungen und Begriffe haben eine (relativ) feste Formulierung, begegnen regelmäßig in denselben oder ähnlichen Zusammenhängen und gewinnen so durch ihre stereotype Verwendung Signalfunktion. Sie knüpfen dabei an die schon untersuchten Referenzmechanismen der matthäischen Gleichnisse an. *Erstens* treten sie oft an jenen Stellen auf, an denen aus narrativer Sicht die Plausibilität der Erzählung strapaziert erscheint oder „zusammenbricht", vor allem am Ende von Gleichnissen (bes. „werfen"; „Heulen und Zähneknirschen", „äußerste Finsternis", Verben der Vernichtung/Schädigung, auch „sammeln"). Regelmäßig wird dort durch die Formeln das Thema 'Gericht' eingespielt. *Zweitens* verstärken die antithetischen Adjektiv-Paare die Kontraststruktur, die den Handlungsverlauf und die Personenkonstellation vieler matthäischer Gleichnisse prägt. Schließlich lässt sich *drittens* für etliche Formeln eine Verankerung in der biblischen Tradition beobachten. Sie sind von biblischer Sprache gefärbt oder Teil alttestamentlich verankerter Bildfelder, zum Teil besteht eine Nähe zur schon beobachteten Metaphorik der Gleichnisse (Saat; Rechenschaft, Abrechnung).

d) Theologisch besetzte Begriffe

Eine letzte Form von geprägtem Gut, das wiederum auf der Ebene von Worten operiert, sind theologisch besetzte Begriffe, die in einigen Gleichnissen vorkommen. Einige von ihnen sind Metaphern, die allerdings stark verblasst sind. Eine gewisse Unschärfe in der Abgrenzung zu Metaphern und Bildfeldern ist deshalb gegeben.
Markant ist in dieser Hinsicht das Gleichnis vom unbarmherzigen Knecht/Schalksknecht (Mt 18,23-34). Zunächst steht dort das auch in religiösen Kontexten gebräuchliche Wort „vergeben/ἀφίημι", um - durchaus in Einklang mit dem üblichen Sprachgebrauch - das Erlassen von Schulden zu bezeichnen (18,27.32).[257] Für die Schulden u.ä. verwendet Matthäus neben anderen Worte der Wurzel ὀφειλ- (ὀφείλω:

---

[255]   Das Verständnis des ganzen Verses ist sehr schwierig. *U. Luz* (Mt I 497) verzichtet auf eine Deutung im mt Kontext, hält den Vers für bloß tradiert. Eschatologische Noten sieht auch *J. Gnilka* nicht (Mt I 258f).
[256]   *G. Strecker,* Bergpredigt 178f: die Naturgewalten stehen nicht für die Bedrohung des Menschen auf dem Lebensweg (wie oft in der kirchlichen Exegese, Belege bei *U. Luz,* Mt I 538f) sondern symbolisieren das Urteil im Endgericht (ebd. Anm. 60 der Hinweis auf das Futur der Einleitungsformel; diff Lk). Ähnlich *U. Luz,* Mt I 537f. *J. Gnilka,* Mt I 281f, möchte auch die Prüfungen der Endzeit einbeziehen (vgl. Mt 24).
[257]   Vgl. *W. Bauer,* Wörterbuch s.v. (bes. Nr. 2); *H. Leroy,* Art. ἀφίημι.

18,28.30.34; ὀφειλέτης: 18,24; ὀφειλή: 18,32). Insbesondere die Substantive können außer auf Geldschuld auch in einem übertragenen Sinn auf religiöse Schuld/Sünde bezogen sein.[258] Die Verbindung der Substantive mit dem Wort ἀφίημι ist in theologischer Bedeutung an prominenter Stelle im Vaterunser belegt (6,12).[259] „Vergeben/ἀφίημι" verwendet Matthäus auch sonst mehrfach in religiöser Sprache (6,14; 9,2.5.6; 12,31f). Es ist in diesem Sinn zudem unmittelbar zuvor im Kontext verwendet worden (18,21; vgl. 18,35). Neben dieser Terminologie verwendet V.33 die biblisch geprägte Vokabel „erbarmen/ἐλεέω"[260] in beachtenswerter Weise an Stelle von σπλαγχνίζομαι in V.27.[261] Letzteres dient bei Matthäus zwar zur Charakterisierung der Zuwendung Jesu zu den Menschen (Mt 9,36 par Mk 6,34; Mt 14,14; Mt 15,32 par Mk 8,2; Mt 20,34), doch ist der Begriff wohl nicht so deutlich „biblisch" gefärbt wie ἐλεέω.[262]
Für das Gleichnis von den Arbeitern im Weinberg (20,1-16) ist zu erwägen, ob in V.4 „gerecht/δίκαιος" und in V.13 „Unrecht tun/ ἀδικέω" eine besondere Farbe haben. „Gerechtigkeit/ δικαιοσύνη" und „gerecht/δίκαιος" sind zweifellos hochrangige theologische Begriffe im Matthäusevangelium.[263] Jedoch sind sie als Signalworte nicht sehr stark herausgestellt. Das Gleichnis läuft in V. 15 auf den Begriff „gut/ἀγαθός" zu.
Die Wendung „Wille des Vaters" (21,31) steht im Zusammenhang mit der Vatermetaphorik, ist im Matthäusevangelium aber mehrfach auch als feste Formel belegt.[264] Vom θέλημα τοῦ πατρός ist noch an signifikanten anderen Stellen des Evangeliums die Rede: 6,10 wird im Vaterunser um sein Geschehen gebeten; 7,21 zum Abschluss der Bergpredigt gilt seine Erfüllung als Kriterium für den Eintritt in das Himmelreich; 12,50 (par Mk 3,35) ist seine Erfüllung Kriterium für die wahren Verwandten Jesu; 18,14 ist es der Wille des Vaters, dass kein Schaf verloren gehen möge; 26,42 (vgl. Mk 14,36) findet sich eine zur

---

[258] Dazu M. *Wolter*, in: EWNT II (²1992) 1344-1350.

[259] Vgl. zu dieser Assoziation auch U. *Luz*, Mt III 69.

[260] Dazu F. *Staudinger*, Art. ἔλεος 1047 (Nr.2).

[261] Vgl. dazu U. *Luz*, Mt III 71 bzw. 73; auch K. *Erlemann*, Bild 90f.

[262] Vgl. zum Befund N. *Walter*, Art. σπλαγχνίζομαι. Das Wort kommt in der LXX nur Spr 17,5 vor, einige Belege mehr in der frühjüdischen Literatur (v.a. TestXII Seb). Bemerkenswert ist das Vorkommen in zwei weiteren Gleichnissen: Lk 10,33 und 15,20.

[263] So sehr über die zentrale Stellung Einigkeit besteht, ist das Verständnis des Begriffs umstritten, vgl. für einen Einblick K. *Kertelge*, Art. δικαιοσύνη 792-794; U. *Luz*, Mt I 212f; J. *Gnilka*, Theologie 191-194; G. *Strecker*, Theologie 402-405. Ausführlicher (mit weiterer Lit.): B. *Przybylski*, Righteousness; H. *Giesen*, Handeln; A. *Wouters*, Willen 205-273; D. A. *Hagner*, Righteousness; G. *Häfner*, Vorläufer 89-152. (Nicht eingesehen werden konnte *Castaño Fonseca, A. M.*, Dikaiosyne en Mateo. Una interpretación teológica a partir de 3,15 y 21,32 [Tesi Gregoriana. Serie Teologia 29], Roma 1997.)

[264] Vgl. A. *Wouters*, Willen 167-205.

Vaterunser-Bitte genau parallele Wendung im Munde des betenden
Jesus im Getsemani. Stets ist vom Willen Gottes die Rede, der erfüllt
werden muss oder zu geschehen hat. Vor allem der unbestimmte
Gebrauch in 6,10, 7,21 und 12,50, letztlich aber auch 18,14 und 26,42
zeigen an, dass man sich vor inhaltlichen Engführungen z.B. auf die
Tora wird hüten müssen[265]: Die ersten vier Stellen stehen in einem
Kontext, der von umfangreichen Lehren Jesu berichtet.[266] In 26,42 ist
zunächst die Passion gemeint; diese ist aber kein isoliertes Ereignis,
sondern wesentlicher Teil der Sendung Jesu (vgl. 16,21-23; 17,22f;
20,17-19). θέλημα beschreibt im umfassenden Sinne, was Gott von
den Menschen und für die Menschen will.[267] Dabei kommt Jesus
wegen seines einzigartigen Verhältnisses zum Vater (11,27) die Rolle
des endgültigen, verbindlichen Offenbarers und Auslegers dieses
Willens zu (5,17.20-48; 7,29; 23,8.10).

In zwei Gleichnissen wird hervorgehoben, dass etwas „bereit" ist.
Stark betont ist der Gedanke im Gleichnis vom Hochzeitsmahl (22,4.8
par Lk 14,17/diff Lk). Das Stichwort fällt außerdem im Gleichnis von
den Jungfrauen (25,10). Sehr viele Stellen zu „bereit/ἕτοιμος" und
„bereiten/ἑτοιμάζω" thematisieren eschatologisches Geschehen (vgl.
3,3; 20,23; 24,44; 25,34.41). Ausnahmen scheinen 26,17.19 zu sein.
Allerdings kann gefragt werden, ob nicht auch das Pascha, das dort
bereitet werden soll, durch seine Zuordnung zu Passion und Auferstehung Jesu eine endzeitliche Prägung erfährt (Mt 26,18 diff Mk 14,14;
Lk 22,11: „Meine Zeit ist nahe"[268]). Nahe steht dem Stichwort „bereit"
die Vokabel „wachen/γρηγορέω" (24,43 mit 44; das Stichwort
„wachen" fehlt Lk 12,39), die im Neuen Testament meistens im übertragenen Sinn eine ethisch-religiöse Haltung der Wachsamkeit meint,
oft - jedoch nicht immer - in eschatologischem Kontext (vgl. Mt 24,42;
25,13; Mk 13,35.37; 1Thess 5,6; Offb 3,2.3; 16,15 bzw. Apg 20,31;
1Kor 16,13; Kol 4,2; 1Petr 5,8).[269]
Darüber hinaus sind zu erwähnen:
- „voll werden/πληρόω (pass.)" (13,47): Das Verb könnte an die Fülle
der Zeit   oder des Maßes erinnern.[270] Allerdings fehlt das Motiv
„Vollwerden der Zeit" bei Matthäus; in seiner Bearbeitung von Mk
1,15 lässt er diese Aussage aus (vgl. Mt 3,2; 4,17; 10,7). Das Vollwerden des Maßes kommt 23,32 vor. Matthäus kennt vor allem ein Erfül-

---

[265] Anders *M. Limbeck*, Art. θέλημα 339.
[266] 6,10; 7,21 an prominenten Stellen in der Bergpredigt, 12,46-50 zum Abschluss
der Lehr- und Streitgespräche von Kap. 11f, 18,14 in der Gemeinderede.
[267] Vgl. *H. Frankemölle*, Jahwebund 275-279, bes. 277f; *A. Wouters*, Willen
201.205.
[268] Dazu *E. Schweizer*, Mt 319f.
[269] Vgl. *J. M. Nützel*, Art. γρηγορέω; *U. Luz*, Mt III 455f.
[270] So *U. Luz*, Mt II 359. Verneint wird diese Deutung von *W. D. Davies/D. C.
Allison*, Mt II 441.

len der Schrift (1,22; 2,15.17.23 u.ö.), der Gerechtigkeit (3,15) oder des Gesetzes (5,17).

- „wert, würdig/ἄξιος" in 22,8 (diff Lk 14,21): Das Adjektiv begegnet bei Matthäus sonst immer in theologisch besetzten Zusammenhängen (3,8; 10,10.11.37f).

- die Seligpreisung mit μακάριος in 24,46 (par Lk 12,43): Seligpreisungen stehen bei Matthäus stets in religiösen Zusammenhängen (5,3-11; 11,6; 13,6; 16,17).[271] Auch das Stichwort „Heuchler/ ὑποκριτής" im selben Gleichnis (24,51) ist regelmäßig theologisch-ethisch besetzt (6,2.5; 7,5; 15,7; 22,18; 23,13.15.23.25.27.29).

- der Dialog 25,11f mit der doppelten Herr-Anrede und der Entgegnung des Angesprochenen: Die Formulierung erinnert stark an eine Passage zum Ende der Bergpredigt (7,22f), so dass sie im Gleichnis als Anspielung, Wiederholung oder Zitat erscheint.

- der Satz 25,29 (par Lk 19,26): Auch er ist den Lesern schon als Wort Jesu bekannt (13,12).

Auswertung: Die Abgrenzung theologisch besetzter Begriffe von Metaphern und Bildfeldern ist nicht trennscharf möglich. Die Begriffe „vergeben" und „Schulden" zum Beispiel hätten auch im Zusammenhang des Bildfeldes „Finanzen" besprochen werden können. Die Begriffe selbst lassen sich manchmal zu Gruppen semantisch nahestehender Worte zusammenstellen. Diese Unschärfe spiegelt sich auch in der Funktion der Begriffe im Gleichnis, die der von Metaphern und Bildfeldern ähnlich ist. Die Begriffe werden im Gleichnis zunächst im „eigentlichen", gewöhnlichen Sinn verwendet. So wie die Samenkörner zunächst Elemente der erzählten Geschichte sind, ist auch hier zuerst finanzielle Schuld gemeint, ist gerecht das Attribut eines Charakters der Erzählung und ist an das Bereiten eines Hochzeitsfeier gedacht. Weil diese Begriffe im Evangelium in anderen Kontexten aber mit signifikanter theologischer Bedeutung verwendet werden, liegt es nahe anzunehmen, dass diese Bedeutung im Zuge des Referenzprozesses eingespielt wird. Dieses Einspielen erfolgt im Zusammenwirken mit anderen Referenzsignalen. „Vergeben" fügt sich in das Bildfeld 'Finanzen'. „Erbarmen" fällt auf, weil der Erzähler die Formulierung aus V.27 in V.33 variiert. „Wille des Vaters" ist signifikant, weil die Figur im Gleichnis durch die Vatermetaphorik auf Gott verweist. „Bereit" passt zu den eschatologischen Konnotationen des Bildfeldes 'Hochzeit/Bräutigam', usw.

Im Unterschied zu Metaphern und Bildfeldern operieren die Begriffe stärker auf der Ebene des Wortes, der Formulierung. Dazu passt, dass einige Begriffe auffallen, weil sie im erzählten Zusammenhang eine

---

[271] *J. Gnilka,* Mt II 343: Die Geschichte bleibe im Rahmen des Möglichen. „Nur die Seligpreisung könnte von Ferne andeuten, daß mehr auf dem Spiel steht als eine irdische Stellung."

ungewöhnliche oder herausgehobene Formulierung sind („erbarmen"
statt „Mitleid haben" [18,27.33]; „selig" in 24,46; die Wiederholung
von „wachen" in 24,43 und 44 oder von „bereit/bereiten" in 22,4.8).
Anders als bei den formelsprachlichen Elementen beruht die Wirkung
nicht auf der wiederholten Verwendung in Gleichnissen, sondern auf
ihrer signifikanten Verwendung außerhalb der Gleichnisse.

3. Direkte Interventionen des Erzählers

In einigen Gleichnissen meldet sich die Stimme des Erzählers zu Wort,
um auf wichtige Punkte hinzuweisen. Eines der Mittel ist die Formel
„Amen, ich sage euch/ἀμὴν λέγω ὑμῖν" o.ä. „Ich sage euch" und
besonders die erweiterte Form „Amen, ich sage euch" signalisieren
einen Anspruch, eine Kompetenz, sind insbesondere „Kennzeichen
autoritativer religiöser Rede".[272] Die Wendungen begegnen auch im
Zusammenhang mit den Gleichnisschlüssen.[273] Bei Matthäus verweist
ἀμήν häufig auf eschatologisch-endgerichtliche Zusammenhänge,
ähnlich wird an vielen Stellen auch λέγω gebraucht.[274] Die
Verwendung in den Gleichnissen stimmt damit im Wesentlichen
überein. In 5,26 (par Lk 12,59) wird auf diese Weise das Zurückzahlen
der Schulden hervorgehoben. Diese Bildfeld ist in matthäischen
Gleichnissen häufig mit dem endzeitlichen Gericht verbunden.[275]
18,13 (diff Lk 15,5; vgl. aber im Gleichnisschluss Lk 15,7)
unterstreicht sie vielleicht die *Freude* des Hirten über das eine wieder-
gefundene Schaf, andernorts möglicherweise ein eschatologisches
Motiv (vgl. 25,21.23).[276] Wahrscheinlicher aber liegt der Akzent auf
dem *einen*, wie der Gleichnisschluss mit der Wiederaufnahme von
ἕν, nämlich einer der Kleinen, zeigt (V.14).[277] Im Gleichnis ist noch
vorsichtig und ohne ausdrücklich endzeitlichen Bezug von
„verirren/πλανάομαι" die Rede, ἀπόλλυμι in V.14 meint freilich ein
endgültiges Verlorengehen, so dass V.13 zumindest nachträglich in
eine eschatologische Perspektive gerückt wird.[278] 24,47 (par Lk 12,44:

---

[272] K. *Berger*, Formgeschichte 54, ausführlicher *ders.*, Einleitungsformel.

[273] Dazu unten B.V.1.d (hier S. 256f).

[274] Belege bei *U. Luz*, Mt I 346 mit Anm. 73f.

[275] *J. Gnilka*, Mt I 157: Das Bild bleibe im Rahmen der Realität, aber der Amen-
Satz lasse das eschatologische Gericht erkennen. Ähnlich *U. Luz*, Mt I 345f.

[276] Es gibt die eschatologische Freude (vgl. *K. Berger*, Art. χαρά, Nr. 6). Ob
dieses Motiv bei Mt vorliegt, ist nicht sicher auszumachen. Für Mt 25,21.23 deutet
z.B. *J. Gnilka* die Freude als eschatologisches Motiv (Mt II 360); skeptischer *U.
Luz*, Mt III 507f.

[277] Vgl. dazu z.B. *J. Lambrecht*, Treasure 50-52.

[278] Zu πλανάομαι und ἀπόλλυμι in den Gleichnissen oben Anm. 145 und 253.
U. Luz differenziert mit guten Grund deutlich zwischen den beiden Verben (Mt III
32; vgl. auch *W. D. Davies/D. C. Allison*, Mt III 773). Dies wird die hintergründige

ἀληθῶς λέγω ὑμῖν) geht es um eine Rechenschaftsszene, die zuvor schon durch die Seligpreisung des Knechtes eine besondere endzeitliche Färbung erhielt (24,46). Ebenso ist schließlich der Ausschluss der törichten Jungfrauen aus dem Hochzeitssaal auf das jüngste Gericht zu beziehen (25,12).[279] An dieser letzten Stelle führt eine Gleichnisfigur die Wendung ἀμὴν λέγω ὑμῖν im Munde. Sie ist deshalb den anderen nicht unmittelbar gleichzustellen. Allerdings sei daran erinnert, dass der Dialog 25,11f praktisch das Zitat eines Jesuswortes ist (vgl. 7,22f).

Eine zweite Form direkter Intervention des Erzählers sind Fragen, die er zum Gleichnis stellt und die so auf wichtige Punkte hinweisen. Die Fragen richten sich auf die wahrscheinliche Fortsetzung der erzählten Ereignisse (21,40; diff Mk 12,9 folgt ein echter Dialog, keine rhetorische Frage) oder auf eine Beurteilung des erzählten Geschehens (einleitend: 18,12 [diff Lk 15,4]; 21,28, am Ende: 21,31). Sie operieren auf der Bildebene; sie beziehen sich auf die erzählte Geschichte, nicht auf das schon gedeutete Gleichnis. Das unterscheidet sie von 11,16 und den Gleichnisschlüssen.[280] In 18,12 (vgl. Lk 15,4[281]) legt die weitere Einkleidung des Gleichnisses in die Form einer rhetorischen Frage sogar eine bestimmte Beurteilung des Geschehens nahe.

Gefahr der endgültigen Vernichtung nicht übersehen lassen, auf die V. 14 als Schlussakzent hinweist

[279] Vgl. nur *J. Jeremias*, Gleichnisse 48; *H. Weder*, Gleichnisse 247f (als bereits vormt Deutung); *J. Gnilka*, Mt II 352; *U. Luz*, Mt III 476f; *W. D. Davies/D. C. Allison*, Mt III 392.400; *D. A. Hagner*, Mt II 729f.

[280] Ein „Mischfall" ist 24,45. Die Frage bietet einerseits den Einstieg in das Gleichnis. Der Vers erzählt nicht, deutet aber der Geschehen an (ein Herr vertraut einem Sklaven seine Dienerschaft an), das im Folgenden als Vorgeschichte vorausgesetzt wird (V.46: „...den der Herr bei *solchem* Tun finden wird"). Andererseits richtet die Frage sich wohl eher an die Leser(innen) des Evangeliums, sinngemäß: „Wer (von euch) ist klug und treu wie der folgende Sklave." Als eine *auf das Gleichnis gerichtete* Frage ist der Eingangssatz nicht sinnvoll. Erstens wird gar nicht das Verhalten zweier Sklaven erwogen, sondern es werden zu einem Sklaven alternative Verhaltensweisen geschildert. Und zweitens werden die alternativen Verhaltensweisen gewertet (V.46: „Selig ist ..."; V.48: „Wenn aber jener böse Sklave ..."). Zum Problem vgl. *U. Luz*, Mt III 462, ähnlich urteilt auch *J. Gnilka*, Mt II 343. *W. D. Davies/D. C. Allison* (Mt III 387) verstehen die Frage als „a substitute for a condition: 'If there is a faithful servant ... blessed is that servant'".

[281] Das Gleichnis ist nicht nur mit einer Frage eingeleitet, sondern in der ersten Hälfte als Frage formuliert. Darin stimmt es mit der lukanischen Version überein (anders ThEv), obwohl die Frage selbst verschieden formuliert wird. Lk hat ein für ihn typisches τίς ἐξ ὑμῶν-Gleichnis (dazu oben *H. Greeven*, „Wer unter euch...?"; *K. Berger*, Materialien 31-33; *ders.*, Frage 58-61; *G. Sellin*, Lukas 179). Die Fragestruktur könnte also traditionell sein, auch wenn die matthäische Formulierung möglicherweise an die ἐάν-Sätze im Kontext angepasst ist. (*U. Luz* hält wegen dieser Beobachtung die mt Formulierung als „Argumentatorium" für wahrscheinlich redaktionell; vgl. *ders.*, Mt III 26, ähnlich *J. Gnilka*, Mt II 130; *W. D. Davies/D. C. Allison*, Mt III 773).

Verwiesen sei auch auf die offene, sich letztlich an die Hörer(innen)
resp. Leser(innen) richtende Frage am Ende des Gleichnisses von den
Arbeitern im Weinberg (20,15), die freilich von einer Gleichnisfigur,
dem Herrn des Weinbergs, gestellt wird.[282]
Eine dritte Form der direkten Erzählerintervention ist die Bewertungen
des Geschehens z.B. durch die Seligpreisung des Sklaven in 24,46
oder durch wertende Adjektive wie „böse" (24,48).[283] Sie ist deutlich
nur in diesem Gleichnis belegt, wo sie mit einer einleitenden Frage
kombiniert wird (24,45).[284] Andere Attribute wie der „gute" Samen
(13,24) oder „kluge und törichte" Jungfrauen (25,1ff) sind zum inhaltlichen Verstehen des erzählten Geschehens notwendig und deshalb
nicht in erster Linie als kommentierende Zusätze des Erzählers zu
werten. Zur Seite stellen lassen sich diesem Phänomen die beiden
Kommentare der Gleichnis*hörer* in 21,31 und 41. Auch diese hängen
an einer Frage (21,31 bzw. 40).
Die drei Formen direkter Interventionen des Erzählers sind zunächst
Aufmerksamkeitsmarker, die Wichtiges hervorheben. Sie legen darüber hinaus in unterschiedlichem Maße eine bestimmte Richtung für
die Deutung fest. Für die „(Amen) ich sage euch"-Formel besteht
vielleicht ein inhaltlicher Zusammenhang mit eschatologischen Themen. Es gibt sowohl offen formulierte Fragen als auch solche, die eine
bestimmte Antwort nahelegen. Die Bewertungen haben ein klares in-
haltliches Profil, das die Wahrnehmung der Erzählung lenkt.

4. Wiederaufnahmen aus dem Kontext

a) Die Aufnahme von Themen, Motiven und Stichworten

In einigen Fällen nehmen Gleichnisse Stichworte auf, die unmittelbar
zuvor im Kontext gefallen sind. Insofern es mehrfach theologisch relevante und/oder besetzte Begriffe sind, liegt eine Überschneidung mit
der oben beleuchteten Technik vor. Die Verwendung ist besonders
auffällig, wenn der einschlägige Begriff unmittelbar zuvor gefallen ist
(18,27.32: vergeben/ἀφίημι; 19,30 und 20,8.10.12.14: Erste und
Letzte; 24,33.39 und 24,32.43.50; 25,24: γινώσκω; 24,36.42; 25,13
und 24,43; 25,12.26: οἶδα; 24,42 und 43: γρηγορέω; 24,19.22.29.36.
37f.42 bzw. 24,36.44 mit 24,50: Tag/ἡ ἡμέρα; Stunde/ἡ ὥρα; 24,44
und 25,10: ἕτοιμος; vgl. auch 24,44 und 50: δοκέω bzw.

---

[282] *J. Gnilka*, Mt II 176: „…geht über den Querulanten letztlich an den Hö-
rer/Leser des Gleichnisses, dessen Einverständnis eingeholt werden soll." (mit einer
überzeugenden Analyse der Rede des Hausherrn, die *W. Harnisch*, Gleichniserzählungen 182f, folgt).
[283] Zu unterscheiden sind davon Bewertungen durch Gleichnisfiguren wie 18,32.
[284] Vgl. dazu oben Anm. 280.

προσδοκάω).[285] Wenn die Begriffe nicht so markant sind, ist es schwieriger zu beurteilen, ob die Wiederholung durch den Evangelisten bewusst und intentional erfolgt. (Plausibel wäre dies z.B. für 19,29 und 20,9.10.11: λαμβάνω[286], aber auch für 19,27: „was ist für uns?" mit 20,14: „das deine"[287].) Weit stärker als unmittelbar zwischen Gleichniserzählung und Kontext verläuft die Kontexteinbettung und -vermittlung freilich über die Gleichnisschlüsse.

b) Die Gleichniskompositionen (13,1-52; 21,28 – 22,14; 24,42 – 25,30)

Eine besondere Form der Stichwort- und Motivwiederholung liegt vor, wenn auf diesem Wege die Brücke zwischen benachbarten Gleichnissen geschlagen wird. Dieses Phänomen ist bei allen drei Gleichniskompositionen des Matthäusevangeliums zu beobachten.

(α) Mt 13,1-52
Für Kapitel 13[288] sind „Sämann, säen, Same, Acker" mehrfach belegt. Diese Elemente werden in 13,18-23 und 36-43 ausdrücklich gedeutet. Die Motivanalyse konnte einen Horizont für diese Allegorese nachweisen, ohne dass die spezifischen Identifizierungen, die in unserem Kapitel vorgenommen werden, zwingend oder im übrigen Matthäusevangelium belegt wären. Es drängt sich angesichts der mehrfachen Wiederholung der Stichworte die Frage auf, ob nicht zumindest innerhalb der Gleichnisrede eine konsistente Metaphorik vorliegt.
Mit den gesäten Körnern sind im Gleichnis vom Unkraut (13,24-30) den Deutungen zufolge Menschen gemeint (13,38), auch im Gleichnis vom Sämann (13,3-8) steht dieser Gedanke im Vordergrund (vgl. 13,19.20.22.23)[289]. Im Gleichnis vom Senfkorn (13,31f) hingegen funktioniert diese Identifizierung nicht, eher rückt das Korn, aus dem ein „Baum" wächst, in die Nähe zum Himmelreich.[290] In 13,37 wird

---

[285] Zur Analyse vgl. auch *U. Luz*, Mt jeweils z.St. (i.d.R. in der Analyse unter „1. Aufbau") sowie für die Gleichnisse in Kap. 24f *W. D. Davies/D. C. Allison*, Mt III 377.

[286] Vgl. dazu auch *I. H. Jones*, Parables 418.

[287] Stimmt das, dann ist fraglich, ob gedanklich der Denar zu ergänzen ist; so *J. Gnilka*, Mt II 179 Anm. 19.

[288] Beobachtungen zur Vernetzung der Gleichnisse auch in der Analyse von Kap. 13 bei *W. Carter/J. P. Heil*, Parables 64-95.

[289] Mk 4,14 („Der Säende sät das Wort.") lässt Mt aus. In V.20.22.23 wird der Mensch als „Gesäter" betrachtet. V. 19 schillert: zugleich sind das „Wort vom Reich" und der Mensch gesät. Vgl. zum Problem auch *J. Gnilka*, Mt I 486; *U. Luz*, Mt II 316.

[290] So jedenfalls die (möglicherweise inkonzinne) Einleitungsformel. Sie wird in unterschiedlichem Maße beim Wort genommen, einen engeren oder weiteren Bezug zum Himmelreich sehen aber viele Ausleger. Auf das „Wort vom Reich" (13,19) verweist *H. J. Klauck*, Allegorie 218. Mt denke an den Zusammenhang von

der Mann, der *guten* Samen sät (vgl. 13,24), mit dem Menschensohn gleichgesetzt. Ein Rückschluss auf die (ungedeuteten) Sämann-Gestalten im 13,3 (par Mk 4,3; Lk 8,5), wo dieser *allen* Samen sät[291], und in 13,31 (diff Mk 4,31, aber par Lk 13,19), wo er das Senfkorn ausbringt[292], liegt nahe und scheint vertretbar. In beiden Gleichnissen tritt der Säende freilich nicht hervor. Die Deutung des Ackers auf die Welt aus 13,38 wäre auch in 13,31 (diff Mk 4,31; Lk 13,19) plausibel.[293] Die Vorstellung scheint ähnlich dem gedeuteten Sämann-Gleichnis (13,3-8 mit 18-23) zu Grunde zu liegen, auch wenn das Stichwort „Acker" nicht direkt fällt (vgl. bes. V.21f). 13,44, wo der Acker *gekauft* wird, dürfte diese Metaphorik freilich vergessen sein.[294] Alle Saatgeschichten sind von einer Struktur geprägt, die auf die Ernte resp. den Ertrag zuläuft. Eine analoge Struktur ist auch im Gleichnis vom Sauerteig zu beobachten (13,33).

Die Gleichnisse vom Schatz im Acker und der Perle (13,44 und 45f) sind in der Formulierung stark parallelisiert[295], so dass sie vielfach als Doppelgleichnis im Wesentlichen mit derselben Aussage gelesen werden.[296] Abweichungen von der Parallelisierung treten dann umso deutlicher hervor.[297] Etwas weniger deutlich gilt eine solche Parallelisierung auch für 13,31f und 33.[298] In 13,44 und 52 fällt das Stichwort „Schatz/θησαυρός", was als *inclusio* gewertet werden könnte.[299] Andere Zusammenhänge werden aufgezeigt, wenn man dem Stichwort „verbergen/κρύπτω, ἐγκρύπτω" folgt, das zu Himmelreich-Gleichnissen (13,33.45), aber auch zu Stellen im Kontext führt, die sich mit der

---

anbrechender Heidenmission und vollendeter Basileia, erwägt *U. Luz*, Mt II 333. Dem Gegensatz zwischen dem kleinen Senfkorn und der großen Staude entspreche die gegenwärtige Erfahrungen Jesu und seiner Anhänger und die zukünftige Erwartung der endzeitlichen Basileia, meinen *W. D. Davies/ D. C. Allison*, Mt II 415f. Den Gedanken an das Wachstums des Himmelreiches impliziert sieht *D. A Hagner*, Mt I 387.

[291] So deuten z.B. *J. D. Kingsbury*, Parables 34; *E. Schweizer*, Mt 196; *W. D. Davies/D. C. Allison*, Mt II 399; *H. Frankemölle*, Mt II 172.175; Belege aus der Alten Kirche bei *U. Luz*, Mt II 304f.

[292] Vgl. z.B. *J. D. Kingsbury*, Parables 80; *H. J. Klauck*, Allegorie 218; *R. Gundry*, Mt 266; *U. Luz*, Mt II 333.

[293] Vgl. z.B. *R. Gundry*, Mt 266; *U. Luz*, Mt II 333.

[294] Die Alte Kirche deutet den Acker hier auf das Gesetz (Origenes, Mt 10,5; Irenäus, Adv haer. 4,26,1; vgl. *U. Luz*, Mt II 354; *W. D. Davies/D. C. Allison*, Mt II 436).

[295] Neben den Rahmen und der Einleitung im Gleichnis selbst: εὑρών, πάντα ὅσα ἔχει, außerdem die Vokabeln ἄνθρωπος und ἀγοράζω.

[296] Vgl. z.B. die Auslegungen bei *E. Schweizer*, Mt 203; *H. Weder*, Gleichnisse 140-142; *J. Gnilka*, Mt I 505-507; *U. Luz*, Mt II 351-354 u.a.

[297] So die Einleitungsformel, dazu oben S. 141ff, außerdem der Tempusunterschied in V.44b (Präsens) und V. 46 (Aorist).

[298] Nach der übereinstimmenden Vergleichsformel κόκκῳ σινάπεως, ὃν λαβὼν ἄνθρωπος ... (13,31) bzw. ζύμη, ἣν λαβοῦσα γυνή ... (13,33).

[299] So *W. D. Davies/D. C. Allison*, Mt II 434.

Offenbarungsthematik befassen (13,35; vgl. 10,26; 11,25).[300] Weitere
Brücken sind dem Bereich der Formelsprache zuzuordnen.[301]
Für die Gleichnisrede ist das Thema „Himmelreich" dominant.[302] Fünf
Gleichnisse sind durch ihre Einleitung ausdrücklich als Himmelreich-
Gleichnisse gekennzeichnet (13,24.31.33.44.45). Für die übrigen beiden (das erste und das letzte Gleichnis der Rede) besteht zumindest ein
indirekter Bezug zur Basileia (vgl. 13,19: „Wort vom Reich"; 13,52:
„Jünger des Himmelreiches"). Die aufgezeigten Verbindungen
zwischen den Gleichnissen von Kapitel 13 tragen unter dieser Voraussetzung zu dem Eindruck bei, die Gleichnisse beleuchteten verschiedene Aspekte des einen Themas.[303]
Neben Gleichnissen umfasst die Rede von 13,1-52 auch Gleichnisdeutungen (13,18-23.36-43), Belehrungen über den Sinn der Gleichnisse (13,10-17; vgl. V.34f) und Rahmenstücke (13,1-3a.24a.31a.33a.
34-36a), die wesentlich zur Struktur beitragen, aber kein einheitliches
Bild ergeben. So erfolgen in der Rede mehrere Adressaten-
(13,10.24[304].34-36a) und ein Ortswechsel (13,36). Zwischen den
Gleichnissen vom Sämann und vom Unkraut und ihrer Deutung besteht offensichtlich eine enge Verbindung (13,3-8 und 24-33 bzw.
13,28-23 und 36-43). Jedoch bekommen nur die Jünger die Deutungen
zu hören. Das Gleichnis vom Unkraut wird vor dem markanten Einschnitt von V. 36 erzählt, die Deutung erfolgt erst danach. Hinzu
kommt, dass die „Parabeltheorie" (13,11-18) die Frage nach den verschiedenen Hörergruppen der Gleichnisse thematisiert. Schließlich gibt
es zahlreiche Stichwort- und Strukturentsprechungen auch zwischen
den nicht-gleichnishaften Texten des Kapitels.[305] Verschiedene

---

[300] *U. Luz* wertet dies für das Verständnis des Sauerteig-Gleichnisses aus (Mt II
333f).
[301] „Sammeln" (13,30.41.47f), Adjektive wie gut/schlecht o.ä. (13,8.24.27.48;
vgl. auch in den Deutungen 13,23.37f.49). Vgl. das bei *U. Luz*, Mt II 357, zu den
Stichwortverbindungen von 13,47-50 Notierte. Für die dort auch genannten Voka-
belübereinstimmungen mit der Einleitung des Kapitels vermag ich eine inhaltliche
Relevanz nicht zu erkennen. Wenn Luz recht hat, dass Mt das Gleichnis erstmals
verschriftlicht (ebd.), hat ihn der Text von 13,1f vielleicht beeinflusst in seiner
Schilderung einer Szene, die am selben Ort (Ufer des Sees) spielt, wo Jesus die
Gleichnisse erzählt.
[302] Das Stichwort „Himmelreich" fällt zur Einleitung aller Gleichnisse außer dem
Ersten (13,3ff) und dem Letzten (13,52), vgl. außerdem das Stichwort „Reich" in
13,19.38.41.43. Zu diesem Themenschwerpunkt auch *J. Gnilka*, Mt I 474; *H.
Frankemölle*, Mt II 158 (Überschrift!, auch 159ff); *W. Carter/J. P. Heil*, Parables
54; u.a.
[303] Vgl. auch das Stichwort „wiederum/πάλιν" in 13,44.45.
[304] Der Wechsel in V. 24 ist nur im Rückblick aus 13,34f zu erschließen.
[305] Markant sind z.B. die Schlüsselbegriffe „Gleichnis/παραβολή",
„hören/ἀκούω" und „verstehen/συνίημι". Zur Analyse vgl. *U. Luz*, Mt II 293.

Modelle zur Gliederung der Rede werden kontrovers diskutiert.[306] Wir
wollen in diese Diskussion hier nicht einsteigen, sondern nur zweierlei
festhalten. Zum einen operieren die meisten der oben aufgezeigten
Verbindungen entweder zwischen 13,3-9; 13,24-30; 13,31f und 13,33
oder zwischen 13,44; 13,45f; 13,47-50 und 13,52. Ausnahmen bilden
die formelsprachlichen Elemente und das Stichwort „verbergen", außerdem - sofern man diese Entsprechung akzeptiert - die strukturelle
Ähnlichkeit zwischen der Erntevorstellung und dem Fangen der Fische. Zum anderen ist für die Gleichnisrede von Kapitel 13 ein komplexes kompositionelles Gefüge zu beobachten, zu dem die aufgezeigten Verbindungen zwischen den Gleichniserzählungen nur als ein
Element unter mehreren beitragen.

(β) Mt 21,28 - 22,14
In 21,28 - 22,14[307] erzählt Jesus drei Gleichnisse im Anschluss an die
(unbeantwortet gebliebene) Frage nach seiner Vollmacht (21,23-27).
Adressaten sind die Fragesteller, die Hohenpriester und Ältesten des
Volkes (21,28.33; 22,1 mit 21,23). Wenn 21,45 von Hohenpriestern
und Pharisäern spricht, scheint damit im Wesentlichen dieselbe
Gruppe gemeint zu sein (vgl. auch 21,46 mit V.26).[308] Neben dieser
gemeinsamen Situation der drei Gleichnisse verweisen die Einleitung
in 21,33 („Hört ein anderes Gleichnis") und die Überleitung in 22,1
(„wieder redete er in Gleichnisse zu ihnen") auf eine durchgängige
Rede. Auch trägt das Stichwort „Reich Gottes/βασιλεία τοῦ θεοῦ"
(21,31.43) in den Gleichnisschlüssen bzw. „Himmelreich/βασιλεία
τῶν οὐρανῶν" (22,2) in der Gleichnisformel zu diesem Zusammenhang bei.
Die Gleichnisse handeln allesamt von einem „Menschen/ἄνθρωπος"
(21,28.33; 22,2). Zum gemeinsamen Inventar von je zwei der Erzählungen gehören ein Sohn/υἱός dieses Mannes (21,37 + 22,2; dagegen
21,28: τέκνα), Sklaven, Knechte/δοῦλοι (21,34-36 + 22,3f.6.8.10)
und ein Weinberg/ἀμπελών. Alle drei Begriffe sind metaphorisch besetzt. Bei der Sendung der Knechte stimmen das zweite und dritte

---

[306] Vgl. neben den Kommentaren *A. M. Denis,* parables; *W. Wilkens,* Redaktion
passim; *J. Dupont,* chapitre; *ders.,* point 231f; *J. D. Kingsbury,* Parables 12-15; *B.
Gerhardson,* Seven Parables 16-37; *W. Vorster,* Structure 130-138; *D. Wenham,*
structure 516-522; *C. Burchard,* Senfkorn 6-19; *J. Lambrecht,* Treasure 150-
155.174-177; *I. H. Jones,* Parables 283-292; *J. Cazeaux,* parabole; *A. Puig i
Tarrech,* récit; *W. Carter/J. P. Heil,* Parables 64-95, bes. 64-67.
[307] Zur Analyse der Entsprechungen vgl. auch *U. Luz,* Mt III 196f; *W. D.
Davies/D. C. Allison,* Mt III 188f.
[308] Plausibel erscheint die Überlegung von *M. Gielen,* Konflikt 220, Matthäus
beabsichtige mit dem Wechsel einen Bezug zum Todesbeschluss der Pharisäer in
12,14, so dass an dieser Stelle eine Perspektive auf das Leiden Jesu geöffnet wird.

Gleichnis bis in den Wortlaut hinein überein.[309] In beiden Fällen werden Knechte getötet (ἀποκτείνω: 21,35 + 22,6; vgl. auch 21,39 der Sohn). Als Hintergrund für Sendung und Ermordung wurde eine Anspielung auf deuteronomistisches Gedankengut vermutet. Alle drei Gleichnisse stellen zwei Personen oder Gruppen einander gegenüber. Dabei spielt in allen Erzählungen Verweigerung eine Rolle, 21,29 und 22,3 mit οὐ θέλω formuliert (vgl. 21,31 θέλημα). Im zweiten und dritten Gleichnis droht resp. widerfährt den „Bösen" am Ende die Vernichtung (21,41 + 22,7: ἀπόλλυμι). Weitere, eher marginale Wortübereinstimmungen sind festzustellen (21,29.32 und 37: ὕστερον; 21,30 und 36 ὡσαύτως).

Die Gleichnisse sind nicht nur miteinander verknüpft, es lassen sich auch Entwicklungen im Profil des entgegengesetzten Paares ablesen.[310] Zu beiden erhalten die Leser durch die verschiedenen Geschichten immer mehr Informationen, die wegen der Vernetzung der Texte nicht nur als Einzelbilder wahrgenommen werden, sondern sich auch zu einem Gesamtbild fügen. Zugleich schreitet die Geschichte des Paares in den Gleichnissen immer weiter fort. Im ersten Gleichnis wird das falsche Verhalten des Ja-Sagers, der am Ende nicht geht, nur erkannt (implizit 21,31). Im zweiten wird den bösen Winzern die Vernichtung angesagt (21,41), im letzten tritt der Untergang der Erstgeladenen und ihrer Stadt (22,7) tatsächlich ein. Im ersten Gleichnis steht *neben* dem Ja-Sager der Nein-Sager, der am Ende doch in den Weinberg geht und so richtig handelt (21,31). Im zweiten wird eine Gruppe ins Auge gefasst, die *an die Stelle* der ersten Winzer treten soll (21,41), im letzten Gleichnis wird von einer solchen Ersetzung erzählt und sogar ein Mitglied dieser Gruppe näher ins Auge gefasst (22,9ff).

(γ) Mt 24,42 - 25,30

Die letzte Gleichnisgruppe liegt innerhalb der Endzeitrede, die den gemeinsamen Rahmen bietet. Der Anfang der Komposition ist nicht leicht auszumachen. Ab etwa 24,32 nimmt gleichnishaftes Gut in der Rede zu.[311] Die Komposition wird von Wachsamkeitsmahnungen durchzogen (24,42.44; 25,13).[312] Die Gleichniseinleitungen sind uneinheitlich, signalisieren aber einen Zusammenhang (24,45: τίς ἄρα

---

[309] ἀπέστειλεν τοὺς δούλους αὐτοῦ: 21,34=22,3; πάλιν ἀπέστειλεν ἄλλους δούλους: 21,36=22,4.

[310] Vgl. *W. Carter/J. P. Heil,* Parables 147f.160.169f.

[311] Vgl. *U. Luz,* Mt III 403; zum Aufbau der Rede auch oben B.III Anm. 9.

[312] Vgl. *W. D. Davies/D. C. Allison,* Mt III 377 (die auch noch 24,50 nennen; der Vers liegt aber auf einer anderen Ebene, ist Teil der Gleichnisses, nicht des Rahmens).

ἐστὶν ...; 25,1: τότε ...; 25,13: ὥσπερ γὰρ ...).[313] Auch hier sind
Stichwortwiederholungen, Strukturparallelen usw. auszumachen.[314]
Alle vier Gleichnisse enthalten das Stichwort „kommen/ἔρχομαι"
(24,43.50; 25,10.19.27). Es ist im Kontext, der vom Kommen des
Menschensohnes handelt, fest verankert (24,30.42.44 u.ö.). Zu allen
vier gehört konstitutiv die Abwesenheit dessen, der da kommt
(zweimal mit χρονίζω ausgedrückt: 24,48 + 25,5; vgl. die Zeitangaben in 24,43.50; 25,6.19). Immer wieder kommen die Stichworte
„erkennen, wissen/γινώσκω, οἶδα" vor (24,32.50; 25,24 bzw. 24,43;
25,12.26), die auch im Kontext ein wichtige Rolle spielen (24,33.39
bzw. 24,36.42; 25,13). Drei Gleichnisse erzählen von einer Autoritätsfigur und von zwei gegensätzlichen Verhaltensweisen bei den untergeordneten Figuren (24,45ff; 25,1ff; 25,14ff). Am Ende wird Rechenschaft für dieses Verhalten verlangt oder es findet eine Art Abrechnungsszene statt, die zu einem gegensätzlichen Ausgang für die beiden
gegenübergestellten Gruppen oder Personen führt (24,46f.49f; 25,10-
12.19ff). Diese Struktur wiederholt sich in der Gerichtsschilderung, die
den Gleichnissen folgt (25,31-46). Die Belohnung des richtigen
Verhaltens wird in den Gleichnissen je zweimal formuliert mit „setzen
über/καθίστημι ἐπί" (24,47 + 21,21.23) und mit „eingehen in/
εἰσέρχομαι εἰς" (25,10 + 25,21.23). Die Bestrafung des falschen
Verhaltens wird als Ausschließen aus der Gemeinschaft (25,10c-12)
oder unter Verwendung der geläufigen Schädigungsmotive (24,51;
25,30) erzählt. Von den weiteren gemeinsamen Stichworten der
Gleichnisse seien die folgenden als nicht banale erwähnt: Herr/κύριος
(24,45ff; 25,11; 25,14ff), Knecht, Sklave/δοῦλος (24,45ff; 25,14ff),
klug/φρόνιμος (24,45 + 25,2.3.8), treuer/zuverlässiger Sklave/πιστὸς
δοῦλος (24,45 + 25,21.23), erwerben/ἀγοράζω (25,10 + 25,16), Be-
sitz/ὑπάρχοντα (24,47 und 25,14). Sie alle lassen sich bestimmten
Motivfeldern (Herr - Sklave; Finanzwelt) oder der Formelsprache der
matthäischen Gleichnisse (Adjektive) zuordnen.
Die Gleichniskomposition durchzieht in den Rahmenstücken immer
wieder die Mahnung, wachsam oder bereit zu sein angesichts der unbekannten Stunde der Parusie (24,42.44; 25,13). Das Bild davon, was

---

[313] ἄρα hat grundsätzlich einen auf das Vorausgehende bezogenen, folgernden
Charakter, der insbesondere in Fragen aber stark verblassen kann (*W. Bauer,*
Wörterbuch s.v. Nr. 2).
τότε wird sich auf die Parusie beziehen (vgl. 24,40), die explizit zuletzt 24,44 an-
gesprochen wurde, auf die aber auch 24,50 anspielt (vgl. *W. D. Davies/D. C.*
Allison, Mt III 394).
Zum Sinn und Bezug von ὥσπερ γὰρ (25,1 oder 25,13) vgl. oben S. 136f; unab-
hängig davon ist γάρ auf jeden Fall eine „Partikel, die zur Begründung, Erklärung,
Folgerung und Fortführung gebraucht wird" (*W. Bauer,* Wörterbuch 304), mithin
auf den (vorausgehenden) Kontext bezogen ist.
[314] Zur Analyse auch *U. Luz,* Mt III 459 mit Anm. 1.467.494; *W. D. Davies/D. C.*
Allison, Mt III 377.

Wachsamkeit bedeutet, wird im Zuge der Gleichnisse immer komplexer. Erforderlich ist die Einsicht (γινώσκετε), dass Wachsamkeit notwendig ist (24,43). Illusionen[315] über den Zeitpunkt des Kommens sind gefährlich (24,45ff). Man muss vorbereitet sein, wenn es soweit ist (25,13ff; vgl. V.10: αἱ ἕτοιμοι[316]). Zunehmend rückt dabei in den Blick, dass ein wesentliches Moment der Wachsamkeit die Erfüllung der Aufgabe ist, die für die Abwesenheit oder mit Blick auf das Kommen des Herrn gestellt wurde (vgl. 24,45: die Hausmitglieder mit Nahrung zu versorgen; 25,1.6: dem Bräutigam [mit Lampen] entgegen zu gehen; vgl. auch den Dialog V.8f). Dieser Aspekt rückt im letzten Gleichnis voll und ganz in den Vordergrund. Die Zeit vor der Parusie ist erfüllt durch Gabe und Aufgabe, über die es Rechenschaft abzulegen gilt.[317] Auf den Zeitpunkt der Parusie wird nur kurz Bezug genommen (25,19: nach langer Zeit)[318]. In der Abrechnungsszene gerät er v.a. insofern in den Blick, als bis zum Kommen Zeit zum Handeln war (vgl. bes. V.20.22.27 mit V.16-18).[319]

Auswertung: Matthäus hat drei Gleichniskompositionen geschaffen oder erweitert (in Kap. 13; 21f und 24f) und verwendet das Instrument der Wiederholung hier vielfach und vielfältig. Die Wiederholungen scheinen Spuren zu legen, die freilich nicht immer eindeutig zu lesen sind. Das Spektrum reicht von zufälligen Übereinstimmungen aufgrund des gemeinsamen Bildfeldes, über die Andeutung vager thematischer Gemeinsamkeiten, bis hin zu regelrechten „Zitaten" aus einen vorausgehenden Gleichnis. Einige solcher gemeinsamen Stichworte entfallen auf den Bereich Formelsprache, andere verdanken sich gemeinsamen Milieus der Gleichniserzählungen (z.B. Saat - Ernte in Kap. 13) oder ähnlichen Szenen (z.B. Abwesenheit und Kommen des Herrn in den Gleichnissen von Kap. 24f). Erneut gilt, dass die wiederholte Verwendung durch die unmittelbare Nachbarschaft stärker her-

---

[315] Der Sklave spricht „in seinem Herzen" (24,48). *J. Gnilka* (Mt II 344) weist darauf hin, dass diese Formulierung in der biblischen Sprache öfter auf eine Selbsttäuschung hindeutet (LXX: Dtn 8,17; Jes 47,8f; vgl. Offb 18,7f); vgl. auch *W. D. Davies/D. C. Allison*, Mt III 388 mit Anm. 113.

[316] Die maskuline Endung fällt im Vergleich mit αἱ λοιπαί in V.11 auf (vgl. *W. Schenk*, Auferweckung 287 [der den Befund als Hinweis auf eine Identifizierung mit den Jüngern interpretiert]; *J. Gnilka*, Mt II 347). Sie entspricht 24,44 (vgl. *W. D. Davies/D. C. Allison*, Mt III 399).

[317] Vgl. ähnlich *J. Gnilka*, Mt II 363, der ebenfalls ein Weiterführung der Wachsamkeitsmahnung in diesem Gleichnis wahrnimmt. Relevant ist in diesem Zusammenhang auch die Einleitungswendung und ihr Bezug zu V.13, dazu oben S. 137f (mit Lit.).

[318] V. 19 wird in der Regel als Anspielung auf die Parusie verstanden, vgl. *J. Lambrecht*, Treasure 241f; *U. Luz*, Mt III 507; *W. D. Davies/D. C. Allison*, Mt III 407 u.a.

[319] Diese Pointe des Gleichnisses betonen *H. Weder*, Gleichnisse 208; *J. Gnilka*, Mt II 363; *U. Luz*, Mt III 510f.

vortritt. In allen Fällen bewirkt die Vernetzung, dass die Gleichnisse nicht nur je einzelne Bilder und Gefüge entwerfen, sondern in ihrem Zusammenwirken zugleich ein Gesamtbild entsteht. Manchmal liefern die Gleichnisse puzzelartig verschiedene, sich ergänzende Teile; zuweilen greifen sie aber auch im Sinne eines Gedankenfortschritts[320] ineinander.

Die Gleichniskompositionen, in denen Gleichnisse aufeinander bezogen und gleichzeitig das tragende Element der Darstellung sind, belegen, dass für Matthäus Gleichnisse nicht nur eine untergeordnete rhetorische Funktion haben und illustrieren oder verstärken, was daneben auch „eigentlich" gesagt wird. Diese Funktion können Gleichnisse erfüllen (vgl. z.B. 7,24-26; 11,16-19). Daneben ist Rede in Gleichnissen im Sinne des Matthäus aber als eine eigenständige Form der Verkündigung Jesu mit einem besonderen Profil zu betrachten. Ihre besondere Qualität kommt zur Geltung, wenn von den „Geheimnissen der Gottesherrschaft" die Rede ist. Diesem Thema lässt sich nicht nur Kap. 13 zuordnen. 21,28 - 22,14 spricht von geschichtlichen Werden dieser Gottesherrschaft in Israel und in der Kirche, 24,42 - 25,30 von ihrer endgültigen Aufrichtung beim Kommen des Menschensohnes. So fügen sich die drei Gleichnisreden auch zusammengenommen noch einmal zu einem größeren Gesamtbild.

5. Das Wechselspiel von Erzählen und Verweisen

In der vorausgehenden Analyse wurden die Gleichnisse zunächst als Erzählungen beschrieben. Im Anschluss daran ist versucht worden zu zeigen, dass Matthäus den inneren Zusammenhang und die Plausibilität dieser Erzählungen wahr- und ernst nimmt. Daneben sind noch eine Vielzahl von Mechanismen zu beobachten, mit denen die Gleichnis*erzählung* selbst (nicht nur Einleitungen und Schlüsse) zu Themen aus dem Kontext oder zu außertextlichen Wissensbeständen des Verfassers und der Leser(innen) in Bezug gesetzt wird.[321] Im Wechselspiel von Erzählung und Verweis wird eine Deutung des Gleichnisses möglich.[322]

Der matthäische Jesus erzählt eine Geschichte. Bei den klassischen, längeren und erzählenden Gleichnissen ist der Gleichnischarakter des folgenden Textes durch die Einleitung von vornherein klargestellt. In

---

[320] „Progression" ist ein Schlüsselbegriff in der Untersuchung von *W. Carter/J. P. Heil* (Parables).

[321] Die Beobachtungen berühren sich in vielem mit dem, was *K. Berger* unter dem Stichwort „Verzahnung" zu den Gleichnissen notiert hat (Formgeschichte 42f) und von *D. Massa* in seiner Untersuchung weitergeführt worden ist (Verstehensbedingungen, bes. 310-350).

[322] Ähnliche Überlegungen, wie sie im Folgenden aufgrund der Analyse matthäischer Texte vorgetragen werden, auch bei *M. Wolter,* Erzählungen, bes. 126-130.

der Geschichte wird die Wirklichkeit ausgewählt, zugespitzt, oft übersteigert oder verzerrt wiedergegeben. Diese Verzerrungen (Extravaganzen) führen in den meisten Fällen nicht dazu, dass der Zusammenhang der Geschichte unverständlich oder unglaubwürdig wird. In diesem Sinne sind die Gleichniserzählungen weitgehend plausibel. Unter der Voraussetzung, ein Gleichnis zu lesen, lenken die beobachteten Steigerungen, überraschenden Verhaltensweisen etc. jedoch die Wahrnehmung des Textes und die Suche nach einem hintergründigen Sinn. Sie werden als Verweis auf die zweite Aussageebene wahrgenommen. Das stärkste Signal für einen solchen Hintergrund sind jene Stellen, an denen die Plausibilität des erzählten Geschehens zerbricht (bes. 22,7.13; 24,50; 25,12f.30). Auch die beobachteten direkten Interventionen des Erzählers wirken in dieselbe Richtung. Sie interpretieren nicht das Geschehen. Dies tut der Erzähler erst am Ende in den Gleichnisschlüssen. Die Interventionen *im* Gleichnis dienen dazu, Elemente oder Züge der Erzählung hervorzuheben, die insofern *indirekt* in die Gleichnisauslegung einfließen, als sie bei einer Interpretation des Textes besondere Beachtung finden werden.

Das Gefüge der Erzählung bietet also Verweise auf die zweite Aussageebene. Etabliert und inhaltlich gestaltet wird diese Ebene durch andere Mechanismen. Voraus geht in manchen Fällen die Themenangabe „Himmelreich", die aber relativ weit gefasst ist und weiterer Konkretionen bedarf. Das Einrichten einer zweiten Aussageebene geschieht durch geprägtes Gut und durch Verknüpfungen zum unmittelbaren Kontext und zu benachbarten Gleichnissen. Die Motive verweisen auf Themenfelder, Grundthemen, Vorstellungskomplexe, haben aber selten einen eng begrenzten, klar definierten Gehalt. Das zeigt die Analyse ihrer Bildfelder. So besteht der eingeblendete Hintergrund zunächst aus einem Thema oder einem Geflecht von Themen, nicht aus einer klaren Botschaft. Auch der über Stichwortbrücken hergestellte Kontextbezug bedarf in der Regel weiterer Klärungen.

Im Zusammenspiel von geprägtem Gut, Kontext und erzählter Geschichte lassen sich dann einige Bedeutungsgehalte der Gleichniserzählung deutlicher fixieren. Oft werden Personen durch ihre Rolle in der Erzählung vor dem Hintergrund geprägter Vorstellungen identifizierbar. Die Autoritätsfiguren stehen für Gott oder den Menschensohn Jesus, wobei in einigen Fällen erst der Zusammenhang der Erzählung oder der Kontext eine Entscheidung zwischen beiden ermöglicht (vgl. „Hausherr" in 13,27; 21,33 oder „Herr" in 24,45ff und 25,14ff; in 24,43 steht der Hausherr weder für Gott noch für den Menschensohn). Manche Fälle bleiben sogar unklar („Hausherr" in 20,1). Sklaven stehen für verschieden definierte Gruppen von Menschen (21,36ff: Propheten; 21,45: Verantwortliche in der Gemeinde?; 25,14ff: unspezifisch), sind bisweilen augenscheinlich nur Teil der *story* (13,27). Weitere Beispiele für Elemente, die nicht einheitlich oder nicht konsequent metaphorisch gedeutet werden, sind das Samenkorn (13,18ff und 38 vs. 13,32) oder der Acker (13,38 vs. 13,44), vielleicht auch der Weinberg (20,1; 21,28.33). Schlussszenen von Gleichnissen werden immer wieder auf das endzeitliche Gericht hin durchsichtig. Dabei werden unterschiedliche Akzente gesetzt, wenn vom Gericht als Ernte (13,30), als Abrechnung (vgl. 25,19ff; 18,23ff) oder als Teilnahme und Ausschluss vom Fest (22,13ff; 25,12f) erzählt wird. Mal sind Gute *und* Böse (13,30; 25,19ff u.ö.), mal (fast) nur Letztere im Blick (13,48 mit 50; 21,33ff). Unterschiedlich - wenn auch nicht widersprüchlich - wird durch den Zusammenhang der jeweiligen Erzählung bestimmt, was zu ihrer positiven oder negativen Beurteilung führt (z.B. 13,24ff: Einfluss des Teufels; 21,33ff: Haltung zu Jesus; 25,15ff: Umgang mit den anvertrauten „Talenten"). Die Beispiele mögen zur Illustration genügen. Deutlich ist, dass die Motive keinen Code liefern, mit dessen Hilfe die Gleichnisse zu entschlüsseln wären, sondern dass erst im jeweiligen Zusammenspiel von Gleichniserzählung, Kontext und geprägtem Gut ein spezifischer Sinn entsteht.

Der starke Einfluss des Erzählzusammenhangs zeigt sich auch an einem anderen Phänomen. In einigen Gleichnissen liegt die Deutung von Elementen als Metaphern nahe, ohne dass ein deutlicher Motivhintergrund erkennbar wäre. Der Impuls erwächst aus ihrer Stellung in der erzählten Geschichte und aus dem Zusammenspiel der Erzählung mit der dahinter gelegten zweiten Ebene. Zumeist bleibt ihr Sinn trotz offenkundiger Bedeutsamkeit unscharf. Im Unterschied zu von der Tradition geprägten oder kontextuell vorgegeben Metaphern könnte man von „lokalen" oder „spontanen" Metaphern sprechen. Sie liegen an einem Ende des Spektrums, das von sehr eng definierten, geprägten Metaphern (z.B. theologische Fachtermini wie „vergeben", deren Metaphorik verblasst ist, „Vater", „Sohn"), über vielschichtige theologische Metaphern (z.B. Sklave), allgemein verbreitete Bilder („Schatz", „Perle"), bis hin zu lokal/spontan gebildeten Metaphern reicht. In diesem Spektrum verschiebt sich das Ausmaß, in dem der jeweilige Kontext zur Bedeutung der Metapher beiträgt. Die Identifizierung lokaler/spontaner Metaphern wird durch die Unsicherheit erschwert, dass wir über die für das Matthäusevangelium relevanten Motive kaum vollständig informiert sind. Dass in allen Fällen der Eindruck solcher Metaphorik durch Unkenntnis zu erklären ist, erscheint jedoch unwahrscheinlich.

Einige Beispiele:
„Neues und Altes" in 13,52 kann eine lokale Metapher sein, wenn keine unbekannte theologische Terminologie dahinter steht. Die seltsame abstrakte Rede von (statt von Früchten Brot, Getreide o.ä.) lässt eine hintergründigen Sinn vermu-

ten.[323] Ein klarer geprägter Gehalt liegt aber offenbar nicht vor, wie die vielfältigen Deutungsversuche zeigen.[324] Für Mt 21,39 wird wegen der Umstellung der Reihenfolge von „hinauswerfen" und „töten" im Vergleich zu Markus (12,8) erwogen, ob Matthäus an Jesu Kreuzigung außerhalb der Stadt denkt.[325] Lukas (20,15) stellt ebenfalls um (*minor agreement*). Die Zerstörung der Stadt jener Gäste, die nicht zu Hochzeit kommen (22,7), ist ein eklatanter Bruch der erzählerischen Plausibilität. Die meisten Ausleger verstehen diesen Bruch als Fingerzeig, an die Zerstörung der Stadt Jerusalem zu denken. Dass ein motivlicher Hintergrund diese Assoziation zusätzlich unterstützt, ist nicht auszuschließen.[326]

Das Hochzeitsgewand (ἔνδυμα γάμου) im zweiten Teil des Gleichnisses von Hochzeitsmahl ist ein absolut zentraler Bestandteil der Erzählung (22,11f). Sein Fehlen führt zum Ausschluss vom Fest (V.13). An der Deutung der letzten Szene auf das Jüngste Gericht dürfte wegen der Motivik kaum zu zweifeln sein. Die Frage, was im kommenden Gericht die Funktion des Hochzeitskleides als Ausschlusskriterium einnimmt, drängt sich zwar auf[327], bleibt im Gleichnis aber offen. Eine metaphorische Verwendung des Zusammenhangs „Kleid, bekleiden, etc." ist belegt, aber sehr vielfältig.[328] Der metaphorische Charakter des Kleides erwächst in erster Linie aus dem Kontext der Erzählung. Das breite Motivfeld ist zur Entschlüsselung eher eine geringe Hilfe. Viele Ausleger befragen den Kontext des Evangeliums und deuten auf das Handeln nach dem Willen Gottes.[329]

Eine vergleichbar zentrale Rolle wie das Hochzeitsgewand in 22,11ff spielt im Gleichnis von den Jungfrauen das Öl (ἔλαιον; vgl. 25,3.4.8). Es beizeiten zur Hand zu haben, entscheidet über Zugang oder Ausschluss. Eine Metaphorik für Öl ist nicht oder nur schwach belegt.[330] Die Bedeutsamkeit des Zuges erschließt sich in erster Linie über den Zusammenhang von Öl, Lampe/Fackel[331] und Licht, der in

---

323 Vgl. *U. Luz*, Mt II 362.
324 Übersichten über Deutungsmöglichkeiten geben *D. Zeller*, Vorlage 223; *J. Gnilka*, Mt I 511; *W. D. Davies/D. C. Allison*, Mt II 447.
325 Vgl. *H.-J. Klauck*, Allegorie 290; *J. Gnilka*, Mt II 226; *U. Luz*, Mt III 224. - Eine theologische Reflexion auf den Tod außerhalb der Stadt in Hebr 13,12: Das Schlachtopfer wird nach Lev 16,27 außerhalb der Stadt verbrannt. Es gibt auch die mosaische Weisung, Hinrichtungen außerhalb der Stadt zu vollziehen; vgl. Lev 24,14.23; Num 15,36; Dtn 22,24 (vgl. Apg 7,58).
326 Vgl. oben Anm. 86.
327 *J. Gnilka*, Mt II 241: „Natürlich besitzt es metaphorische Bedeutung."
328 Vgl. dazu *A. Oepke*, Art. δύω; *H. Paulsen*, Art. ἐνδύω; *U. Luz*, Mt III 245; *R. Zimmermann*, Geschlechtermetaphorik 678f.
329 Vgl. *W. Trilling*, Überlieferungsgeschichte 259f („die Werke, besonders die Werke der Liebe"); *J. Gnilka*, Mt II 242f („das Tun der Gerechtigkeit"); *U. Luz*, Mt III 245 („die guten Werke, die beim Gericht vorzuweisen sind"); *Chr. Kähler*, Jesu Gleichnisse 133 (ein „der Basileia gemäße[s] Tun"; zur Begründung allerdings nur der Verweis auf Offb 19,8 und die Lit.); vgl. auch *H. Frankemölle*, Mt II 344, der das Gewand zum Abliefern der Früchte der Basileia (21,43) und dem Gehen auf dem Weg der Gerechtigkeit (21,32) parallel setzt. Methodisch ebenfalls mit dem Kontext argumentierend, aber mit anderem Ergebnis („the resurrection body or its garment of glory") deuten *W. D. Davies/D. C. Allison*, Mt III 204. Eine Überblick über verschiedenen Deutungen geben *F. Hahn*, Gleichnis 80f Anm. 133; *D. Marguerat*, jugement 341f; *W. D. Davies/D. C. Allison*, Mt III 204f.
330 Vgl. *U. Luz*, Mt III 475 mit Anm. 49.
331 Zur Bedeutung von λαμπάδες vgl. *U. Luz*, Mt III 469-471; *R. Zimmermann*, Hochzeitsritual 62-65.

der Geschichte besteht.[332] Lichtmetaphorik ist bei Matthäus und auch sonst weit verbreitet. Im selben Gleichnis ergibt sich der Bezug der Jungfrauen auf die Gemeinde[333] ebenfalls aus dem erzählten Zusammenhang, aus ihrer Zuordnung zum Bräutigam Christus, nicht durch geprägte Metaphorik.[334] Der deutsche Sprachgebrauch in der Übersetzung legt einen metaphorischen Gehalt der „Talente" in 25,14ff nahe.[335] Auch aus dem Text selbst lassen sich dafür Indizien erheben. Erneut geht es um jenes Element, an dem im Gericht gemessen wird. Die Summen sind exorbitant, wie auch in 18,23ff. In beiden Fällen könnte dies Indiz für einen hintergründigen Sinn sein. Der Kontext ist freilich jeweils ein anderer. Im 18,23ff geht es um Schulden, in 25,14ff um anvertrautes Gut. Geprägte Metaphorik ist deshalb unwahrscheinlich. Bemerkenswert ist auch das Anvertrauen unterschiedlicher Summen „jedem nach den eigenen Fähigkeiten" (25,15), was später keinerlei Funktion oder Bedeutung mehr hat. Es leuchtet ein, wenn hier viele Ausleger einen metaphorischen Sinn vermuten.[336] Für 13,33 (Gen 18,6) und 24,45b.c (Gen 39,4[LXX] bzw. Ps 103,27[LXX]) wurde eine biblisch gefärbte Sprache beobachtet, ohne dass die Stellen, auf die angespielt sein könnte, und ihr jeweiliger Zusammenhang für das Verständnis des Gleichnisses unmittelbar hilfreich wären. Die biblische Farbe der Sprache könnte dazu dienen, einen hintergründigen Sinn anzuzeigen: Mit dem Mehl resp. mit der Sorge für Speise zur rechten Zeit hat es etwas Besonderes auf sich! Ein Motiv im eigentlichen Sinne läge hier nicht vor.

---

[332] Vgl. *J. R. Donahue* verweist auf NumR 131,5f (zu 7,19), wo 'Mehl gemischt mit Öl' gedeutet wird auf die Verbindung von Torastudium und guten Taten (mit *K. P. Donfried*, Allegory 427); *H. Frankemölle* interpretiert im Sinne von 'Leben nach der Weisung Jesu/Tun der Gerechtigkeit/Früchte bringen' (Mt II 417); *U. Luz* denkt neben guten Werken wegen des vorangehenden Gleichnisse speziell auch an die Liebe, die in zwischenmenschlichen Beziehungen praktiziert wird (Mt III 477). In Richtung der zitierten Deutungen gehen auch *K. Erlemann*, Bild 119-121 oder *J. Lambrecht*, Treasure 214. Skeptisch gegenüber einer allegorischen Deutung von Lampe oder Öl *W. D. Davies/D. C. Allison*, Mt III 396f (ebd. Anm. 159 weitere Beispiele für allegorische Deutungen).

[333] Vgl. z.B. *J. Gnilka*, Mt II 352; *U. Luz*, Mt III 477.485; *W. D. Davies/ D. C. Allison*, Mt III 392 - Zum Verständnis der Jungfrauen ist auch die Rezeptionsgeschichte reichhaltig, vgl. *U. Luz*, a.a.O. 477-484.

[334] Gemeint sind in der Erzählung in erster Linie junge, unverheiratete Frauen. Es sind nicht sie, die heiraten sollen. Es liegt weder eine „Braut-Metaphorik" noch eine Betonung der Jungfräulichkeit vor, die beide sehr wohl besetzt sind. Zum Ersten oben B.IV.2.a.η zum Zweiten *G. Delling*, Art. παρθένος; *J. A. Fitzmyer*, Art. παρθένος; *F. Bovon*, Lk I 64-70.

[335] Vgl. dazu *Chr. Kähler*, Jesu Gleichnisse 164; *U. Luz*, Mt III 506 Anm. 76.

[336] Vgl. zur Diskussion z.B. *J. Jeremias*, Gleichnisse 59 (Wort Gottes); *W. Grundmann*, Mt 523 (Lehre Jesu); *A. Weiser*, Knechtsgleichnisse 263f (Gottesherrschaft); *J. Gnilka*, Mt II 362 (ist vorsichtig, ob Mt Konkretes im Sinn hatte; am ehesten im Sinne der „Früchte"); *Chr. Kähler*, Jesu Gleichnisse (sieht durch die hohen Summen das Vertrauen des Herrn akzentuiert, vgl. *D. Marguerat*, jugement 552); *U. Luz*, Mt III 506 (vielleicht Fähigkeiten, etwa in Richtung der Charismen von 1Kor 12; dazu auch *J. Roloff*, Kirchenverständnis 352); *H. Frankemölle*, Mt II 420 (analog zum Öl aus dem vorangehenden Gleichnis, d.h. auf das Tun der Gerechtigkeit, das Früchtebringen o.ä., vgl. ebd. 417); *W. D. Davies/D. C. Allison*, Mt III 405 („God's gifts in general"); *D. A. Hagner*, Mt II 734 („personal gifts and abilities").

Im Vorgriff auf das kommende Kapitel sei hier auch schon auf die Gleichnisalle-gorese in Kapitel 13 verwiesen, die ebenfalls einige (wenngleich nicht viele) er-zählerisch bedeutsame Züge der jeweiligen Gleichnisse ungedeutet lassen, so dass in der Zusammenschau von Gleichnis und Deutung der Impuls entsteht, die Deu-tung weiterzuführen.

Da Matthäus offenkundig in der Gleichnisauslegung von Motiven und Stichwortassoziationen ausgeht, zugleich aber den Zusammenhang der Erzählung berücksichtigt, taucht methodisch die Frage auf, ob eine klare Unterscheidung zwischen metaphorischen und nicht-metaphori-schen Elementen der Erzählung überhaupt möglich ist. Die Frage führt u.a. wegen der oben benannten Lücken in der Kenntnis relevanter Motive an die Grenzen dessen, was beantwortbar ist. Unsere Beob-achtungen legen jedoch nicht die Vermutung nahe, dass im Sinne des Matthäusevangeliums in jedem Gleichnis eine bestimmte Anzahl von Metaphern existiert, die es zu identifizieren gilt. Eher ist davon auszu-gehen, dass neben einigen klar zu identifizierenden Punkten eine Reihe mehr oder minder deutlicher Entsprechungen zwischen Gleichnis und thematischem Hintergrund besteht. Dafür spricht die große Bedeutung, die der Erzählzusammenhang für die Ausbildung der jeweiligen Metaphorik hat. Dafür spricht auch die Unschärfe, d.h. die Unmöglichkeit einer präzisen Deutung, die bei den lokalen Metaphern durchweg zu beobachten ist.

Fazit: Eine Interpretation ist nur im Blick auf das Gleichnis *und* auf den Hintergrund zu gewinnen. In etlichen Fällen löst sich der Prozess der wechselseitigen Lektüre nicht auf. Der Interpretationsprozess bleibt im Spiel zwischen Gleichnis und Hintergrund gefangen, er „schwebt". Der Sinn des Gleichnisses bleibt an dieses Wechselspiel zwischen Erzählung und thematischem Hintergrund gebunden. Es kann nicht einfach der Hintergrund an die Stelle des Gleichnisses tre-ten, als wäre das Gleichnis nur die verkleidete Gestalt der zweiten Ge-schichte. Dazu ist der von Gleichniseinleitung, Motiven und Kontext-bezügen aufgerissene Hintergrund zu umfassend, die Gleichniserzäh-lung gegenüber dem Hintergrund von zu großem Eigengewicht, der Interpretationsprozess zu offen. Ebensowenig ergibt sich etwas drittes, eine Quintessenz oder Ähnliches, das diesen Platz einnehmen könnte, da sich die Interpretation von den beiden, die da miteinander ins Spiel geraten, und von ihrem Spiel nicht lösen lässt. [337]

---

[337] Es ist eine unzutreffende Vereinfachung des Wechselspiels, wenn *R. Banschbach Eggen* - letztlich auf der Linie von Jülichers am Grundgedanken der Substitution orientierten Allegoriedefinition - schreibt: „The method used in the Gospels for the interpretation of Jesus' parables consists of assigning certain subject-elements to certain image-elements, transferring the relationship between these elements from the image-text to the subject-text and substituting the image-elements with the subject-elements." (Reception 60).

6. Tradition und Redaktion

In der folgenden Analyse geht es nicht in erster Linie um einzelne
Texte. In diachronischer Perspektive sollen vielmehr die beobachteten
Formelemente wie Narrativität, geprägtes Gut, kontextuelle Verweise
etc. beurteilt werden. Wegen der Vielzahl der Beobachtungskriterien
erscheint eine allzu detaillierte Präsentation der Analyse nach den einzelnen Texten nicht hilfreich. Vorab seien die Einzeltexte kurz diskutiert, um einen ersten Eindruck zu gewinnen, wie Matthäus mit seinen
Quellen, besonders im Hinblick auf die Erzählungen umgeht. Danach
erfolgt eine systematische Auswertung nach den oben beschriebenen
Aspekten.

a) Analyse der Einzeltexte

7,24-2 (par Lk 6,47-49): Der Text stammt aus der Redequelle, darauf
deutet vor allem der mit Lukas gemeinsame Kontext hin.[338] Die
Grundstruktur ist bei beiden gleich, die Formulierung variiert. Die
matthäische Variante parallelisiert die beiden Fälle deutlicher. Die
Vorstellungswelten hinter den Erzählungen unterscheiden sich (Bauen
auf Sand/Fels; Flut nach Regenfällen und Sturm vs. Bauen mit/ohne
Fundament, Fluss tritt über die Ufer).[339] Die Schilderung des Unwet-
ters nimmt im Vergleich bei Matthäus mehr Raum ein.[340]
11,16f (par Lk 7,31f): Das Gleichnis geht wie weite Teile des Kapitels
11 auf Material der Redenquelle zurück. Die Übereinstimmung im
Wortbestand und in der Sache ist hoch.[341]
12,43-45 (par Lk 11,24-26): Der aus der Redequelle stammende Text
(vgl. auch Mt 12,38-42 par Lk 11,29-32)[342] weist eine hohe Übereinstimmung mit der lukanischen Parallele auf und ist in diachronischer
Hinsicht für unsere Fragestellung unauffällig.
13,3-8 (par Mk 4,3-8; Lk 8,5-8; ThEv 9): Die Zwei-Quellen-Theorie
legt bei diesem Befund die Vermutung nahe, dass Markus die Quelle
des Matthäus war. *Minor agreements* im Bereich von Mk 4,1-20parr
veranlassen einige Exegeten zu der Vermutung, Matthäus und Lukas
habe hier ein bearbeiteter Text des kanonischen Markusevangeliums
vorgelegen (Deutero-Markus). Das Gleichnis selbst ist von diesen Be-

---

[338] Für diese Herkunft votieren *J. Gnilka*, Mt I 280; *U. Luz*, Mt I 535; *I. H. Jones*,
Parables 173ff.186-188. Wegen der Einleitung vermutet *E. Schweizer* eine Doppelüberlieferung auch in einer Gleichnis-Sonderquelle (Sondertradition 104f).
[339] Vgl. *U. Luz*, Mt I 536.
[340] Vgl. *J. Gnilka*, Mt I 280.
[341] Vgl. *J. Gnilka*, Mt I 421f; *U. Luz*, Mt II 183f; *W. D. Davies/D. C. Allison*, Mt
II 235f; *D. A. Hagner*, Mt I 309.
[342] Für die Herkunft aus der Redenquelle auch *J. Gnilka*, Mt I 463f; *U. Luz*, Mt II
273; *I. H. Jones*, Parables 270-273.

obachtungen kaum betroffen.[343] Die Übereinstimmung von Mt 13,3-8 und Mk 4,3-8 ist insgesamt sehr hoch. Bei Matthäus ist das Gleichnis vom Sämann kein Kontrastgleichnis, das den überreichen Ertrag hervorhebt. Er schildert vier parallele, gleichwertige Fälle (ἃ μὲν ... ἄλλα ... ἄλλα ... ἄλλα). Im markinischen Text ist der letzte Fall durch den Plural hervorhoben (ὃ μὲν ... ἄλλο ... ἄλλο ... ἄλλα). Matthäus hat kein besonderes Interesse am reichen Ertrag, seine Ertragszahlen werden in abfallender Reihenfolge genannt, nicht in aufsteigender wie bei Markus.[344] Das Thomasevangelium verwendet wie Matthäus (und diff Mk, Lk) durchgängig den Plural bei allen vier Fällen, nennt aber zwei Ertragszahlen (sechzig und hundertzwanzig) in *aufsteigender* Reihenfolge. Auf matthäischen Einfluss weist das nicht notwendig hin.[345]

13,24-30 (par ThEv 57): Der Befund zum Gleichnis vom Unkraut ist kompliziert. Wir gehen in vier Schritten vor und betrachten den Text in Relation zum Thomasevangelium, zu Mk 4,26-29, zu seiner Deutung und für sich.

Die Version des Thomasevangeliums macht einen verkürzten, „sekundären" Eindruck, weil z.B. im Gleichnis von dem Mann, der guten Samen säte, Personen angesprochen werden, die gar nicht eingeführt sind.[346] Als Quelle des Matthäus kommt der Text kaum in Frage.[347] Ob er umgekehrt von Matthäus abhängt, ist schwer zu entscheiden, weil ein gesichertes Bild der matthäischen Redaktion fehlt. Die Wiedergabe wäre ggf. sehr frei erfolgt.

Eine Diskussion des Textes muss auch das Verhältnis zum Gleichnis von der selbstwachsenden Saat (Mk 4,26-29) klären, das Matthäus und Lukas auslassen. Seinen Platz in der Gleichnisrede zwischen den Gleichnissen vom Sämann und vom Senfkorn nimmt bei Matthäus das Gleichnis vom Unkraut ein, das zwar im selben Milieu angesiedelt ist, aber eine Menschengeschichte erzählt. Es berührt sich in der Erzählung deutlich mit dem markinischen Gleichnis.[348] Die matthäische Auslassung kann für sich betrachtet werden, denn eine gemeinsame

---

[343] Am bedeutsamsten die gemeinsame Auslassung des Imperativs „Hört!" in Mk 4,3 und die Auslassung von ἐγένετο in Mk 4,4; für einen detaillierten Vergleich siehe *A. Ennulat,* Agreements 117-122 (ohne dessen Wertungen zuzustimmen). Zur Diskussion um Mk 4,1-20parr auch oben B.II.3.b.

[344] Vgl. *J. Gnilka,* Mt I 476f.478; *U. Luz,* Mt II 307. Anders *W. Carter/J. P. Heil,* Parables 70.

[345] Vgl. *W. D. Davies/D. C. Allison,* Mt II 386. Nach *H. Koester,* Gospels 102, repräsentiert die Version des ThEv gegenüber Mk „a more original stage".

[346] Vgl. *W. D. Davies/D. C. Allison,* Mt II 415. Vgl. zur Diskussion auch *A. Lindemann,* Gleichnisinterpretation 240-242; *M. Fieger,* Thomasevangelium 170f.

[347] Vgl. auch *I. H. Jones,* Parables 321.

[348] Vgl. z.B. die Grundstruktur: säen - wachsen lassen - ernten, außerdem etwa sieben markante Übereinstimmungen im Wortschatz, vgl. zu den Details *H.-J. Klauck,* Allegorie 226; *R. Gundry,* Mt 262; *I. H. Jones,* Parables 312f.

Erklärung für beide Auslassungen ist sehr unwahrscheinlich.[349] Hat
Matthäus Mk 4,26-29 in seinem Text gelesen, so dass von einer be-
wussten Ersetzung auszugehen ist? Die Zwei-Quellen-Theorie legt das
nahe, positiv zu erweisen ist es aber nicht.[350] Die wörtlichen und
strukturellen Übereinstimmungen zwischen Mk 4,26-29 und Mt 13,24-
30 deuten auf Berührungspunkte der Texte in ihrer Entste-
hungsgeschichte hin.[351] Die Berührungspunkte könnten sich redaktioneller Arbeit verdanken, sei es - was weniger wahrscheinlich ist -, dass
Mk 4,26-29 von Matthäus selbst umgestaltet worden ist[352], sei es, dass
der Evangelist im Zuge einer Ersetzung von Mk 4,26-29 durch ein ihm
vorgegebenes Gleichnis vom Unkraut die Gleichnisse in der Formulierung angeglichen hat[353]. Rechnet man jedoch damit, das Gleichnis
vom Unkraut sei schon vor Matthäus als Variation zum Gleichnis von
der selbstwachsenden Saat erzählt worden[354], dann ist offen, wann die
Ersetzung stattgefunden hat; aus den wörtlichen Entsprechungen ist
nicht mehr zu folgern, Matthäus habe Mk 4,26-29 gekannt. Eine einigermaßen sichere Entscheidung scheint mir nicht möglich.[355]

---

[349] Zu Lukas ist zu bemerken, dass er Mk 4 nur bis V.25 übernimmt und das
Senfkorn-Gleichnis in einem anderen Kontext (!) nach der Redenquelle überliefert
(Lk 13,18f; vgl. dazu *G. Schneider,* Lk II 301-303). In Lk 8 passt das Gleichnis von
der selbstwachsenden Saat nicht recht, weil im Kontext das Tun des Menschen
hervorgehoben wird (V.15.16-18.21; vgl. *H. Schürmann,* Lk I 469). Dass Matthäus
und Lukas Mk 4,26-29 in ihrer Quelle gar nicht gelesen haben, wäre keine über-
zeugende Lösung des Problems, weil es weder für Matthäus die deutlichen Berührungen von Mt 13,24-30 mit Mk 4,26-29 und die Positionierung des Unkraut-
gleichnisses erklärt noch bei Lukas die Streichung des gesamten Schlusses der
markinischen Gleichnisrede (Mk 4,26-34). Vgl. ähnlich *U. Luz,* Mt II. 322 Anm.
11. – Zur Auseinandersetzung mit Griesbach-Hypothese vor dem Hintergrund unseres Textes *W. D. Davies/D. C. Allison,* Mt II 407.
[350] Anders, wenn ich recht sehe, *C. E. Carlston,* Parables 202 Anm. 3; *H.-J.
Klauck,* Allegorie 226, die aus den wörtlichen Entsprechungen der Texte schließen,
Mt habe das markinische Gleichnis gekannt. Zur Diskussion das Folgende.
[351] Sie nur durch das gemeinsame Milieu erklären zu wollen, genügt nicht (bes.
markante Einzelübereinstimmungen sind das Schlafen und βλαστάνειν, in den
Evv nur hier, außerdem zweimal in den Briefen; auch die Zahl gibt zu denken);
gegen *J. D. Kingsbury,* Parables 64.
[352] Anders *M. D. Goulder,* Midrash 367-369; *R. Gundry,* a.a.O. 262. Man müsste
mit sehr weitgehenden Eingriffen rechnen; skeptisch bis ablehnend auch *J. Gnilka,*
Mt I 490; *U. Luz,* Mt II 322; *W. D. Davies/D. C. Allison,* Mt II 409; *D. A. Hagner,*
Mt I 382.
[353] So *U. Luz,* Mt II 322 (als eine von zwei Möglichkeiten); erwogen auch von *J.
Lambrecht,* Treasure 165.
[354] Das vertreten u.a. *H. J. Klauck,* Allegorie 226f; *U. Luz,* Mt II 323. Sie siedeln
die Variation in der nachjesuanischen Überlieferung an. Ist sie nicht auch bei Jesus
selbst denkbar? *J. Rauscher,* Messiasgeheimnis 166-174, rechnet mit der Ersetzung
im Zuge einer (deuteromarkinischen) Bearbeitung des MkEv.
[355] Relativ offen bleibt auch die Entscheidung bei *U. Luz,* Mt II 322f. - Mit einem
sehr komplexen Prozess rechnet *I. H. Jones,* Parables 311-322, bes.319ff. U.a.
vermutet er das Gleichnis in der Redenquelle. Sein Hauptargument ist, dass die in

Jan Lambrecht argumentiert ähnlich wie andere Autoren, Gleichnis und Deutung stammten nicht aus einer Hand, weil der wesentliche Punkt der Erzählung („the danger of premature separation") in der Deutung keine Rolle spiele.[356] Daraus würde der traditionelle Charakter des Gleichnisses folgen. Ohne die Überlegung gänzlich zurückweisen zu wollen, sei auf ein Problem dieses Argumentes hingewiesen. Es macht Voraussetzungen darüber, im welchem Sinne V.37-43 eine Erklärung (V.36) sein will und was an dem Gleichnis erklärungsbedürftig ist. Es nimmt an, die Erklärung sei eine vollständige Wiedergabe des Gleichnissinns. Alternativ wäre zu erwägen, ob nicht in Gleichnis und Deutung adressatenabhängig (Menge resp. Jünger) unterschiedliche Akzente gesetzt werden[357] oder ob der Sinn sich nicht erst im Zusammenspiel von Gleichnis und Deutung ergibt, so dass keineswegs die Deutung das Gleichnis ersetzt. Darauf ist im folgenden Kapitel zurückzukommen.

Für sich betrachtet weist das Gleichnis zwar erzählerische Merkwürdigkeiten auf, ein klares, durch philologische Beobachtungen abgesichertes Bild zur Dekomposition des Textes ergibt sich aber nicht. Sprachlich ist es durchgängig mit typisch matthäischen Begriffen und Wendungen durchsetzt[358], wobei insbesondere auch Entsprechungen zu anderen Sondergutgleichnissen bestehen.[359] Häufiger werden Eingriffe in jenen Bereichen vermutet, die für die allegorische Deutung (13,36-42) eine besondere Rolle spielen, also in der Aktion des Feindes und ihrer Besprechung (V.25.27-28a) und/oder im Schlussvers, der das Gleichnis für die eschatologische Deutung öffnet (V.30).[360] Eine redaktionelle Einführung des Feindes wäre eine sehr schwerwiegende Veränderung in der Erzählstruktur. Dass Matthäus die eschatologischen Bezüge am Ende verstärkt, fügte sich gut in das Gesamtbild matthäischer Gleichnisauslegung. Solider Grund ist auf diesem Wege freilich nicht zu gewinnen.

---

der Deutung des Gleichnisses vom Unkraut verwendete Formel vom Heulen und Zähneknirschen (Mt 13,42) bei Lukas in Q-Material (13,28) in der Nähe der Q-Version der Gleichnisse von Senfkorn und vom Sauerteig zu finden ist (Lk 13,18-21). Kein starkes Argument, sehr spekulativ.

[356] Treasure 165. Ähnlich *J. Gnilka*, Mt I 489; *U. Luz*, Mt II 338.

[357] So jedenfalls *J. D. Kingsbury*, Parables 65f.94.

[358] Vgl. zur sprachlichen Beurteilung mit ähnlichen, aber nicht ganz übereinstimmenden Einschätzungen zu charakteristisch matthäischen Wendungen *M. D. Goulder*, Midrash 369; *U. Luz*, Mt II 322 Anm. 10. Zur Sprache auch (mit gewohnt skeptischen Urteilen) *I. H. Jones*, Parables 313-319.

[359] Vgl. *J. H. Friedrich*, Wortstatistik, ihm folgen *W. D. Davies/D. C. Allison*, Mt II 409.

[360] Vgl. z.B. *E. Schweizer*, Mt 197; *W. D. Davies/D. C. Allison*, Mt II 409f. Noch weiter gehende Dekompositionen bei *H. Weder*, Gleichnisse 120-124 (freilich auf vormt Ebene; Mt liegen das Gleichnis und der Katalogteil der Deutung im Wesentlichen vor) und *J. D. Kingsbury*, Parables 65 (V.24b-26 sind vormt)

13,31f (par Mk 4,30-32; Lk 13,18f; ThEv 20): Für das Gleichnis vom
Senfkorn, das Lukas in anderem Kontext, jedoch zusammen mit dem
Sauerteig-Gleichnis bietet, wird in der Regel mit einer Doppelüberlieferung des Gleichnisses bei Markus und in der Redenquelle gerech-
net.[361] Der matthäische Text kombiniert beide Quellen. Die erzählerische Grundlinie bleibt dabei erhalten. Die im Kontext relevanten
Stichworte und Motive (Mensch, Samenkorn, säen) wählt er mal aus
der einen, mal aus der anderen Quelle, manchmal offenbar auch redaktionell. So findet das Stichwort 'Acker' weder bei Markus noch bei
Lukas eine Entsprechung. Die Version des Thomasevangeliums
scheint am ehesten Markus nahe zu stehen und verrät im Gleichnis
keine typisch matthäischen Züge. Es hat allerdings eine Gleichniseinleitung, die das Himmelreich (!) als Thema nennt.[362] Dabei ist diese
Einleitung wie bei Markus und Lukas als Frage formuliert; sie hat
nicht die knappe matthäische Form.

13,33 (par Lk 13,20f; ThEv 96): Die Herkunft aus der Redenquelle ist
(im Rahmen der Zwei-Quellen-Theorie) kaum fraglich.[363] Die Texte
stimmen innerhalb des Gleichnisses im Wortlaut praktisch völlig
überein. Das Thomasevangelium beginnt sehr ähnlich (Frau, Sauerteig,
Mehl), erzählt dann aber einen anderen Ausgang der Geschichte.

13,44.45f (vgl. ThEv 109.76): Das Vokabular der Erzählungen wird
verschieden beurteilt. *U. Luz* notiert matthäisches Vorzugsvokabular[364], *W. D. Davies/D. C. Allison* verweisen auf Vokabelentsprechun-
gen zu anderen Sondergutgleichnissen.[365] Das Thomasevangelium erzählt in Logion 109 eine ganz andere Schatzgeschichte, die Erzählung
vom Kaufmann (ThEv 76) stimmt in der erzählerischen Substanz mit
Matthäus überein.

13,47f (vgl. ThEv 8): Das Gleichnis ist in der Sprache matthäisch geprägt.[366] Eine redaktionelle Bildung der Erzählung durch Matthäus
wird manchmal vermutet.[367] Dagegen kann man (ähnlich wie bei
13,24-30.36-43) einwenden, dass Gleichnis und Deutung eher nicht
aus einer Hand stammen, weil sie nicht miteinander harmonieren.

---

[361] Diese Sicht der Überlieferung ist sehr verbreitet, vgl. nur *H. Weder*, Gleichnisse 104f.128-138; *A. Sand*, Mt 286 (legt sich allerdings nicht auf Q als zweite
Quelle fest); *J. Gnilka*, Mt I 494; *U. Luz*, Mt II 327; *W. D. Davies/D. C. Allison*, Mt
II 407.416f.421f.
[362] Vgl. zu diesen Beobachtungen auch *W. D. Davies/D. C. Allison*, Mt II 421.
[363] Vgl. z.B. *J. Gnilka*, Mt I 494; *U. Luz*, Mt II 327; *W. D. Davies/D. C. Allison*,
Mt II 421.
[364] Mt II 349f.
[365] Mt II 436f.439.
[366] Neben „werfen" und „voll werden" insbesondere Berührungen zu 13,1f.24-
30.40-43; 25,31f. Vgl. *U. Luz*, Mt II 357 mit Anm. 3 (Das Gleichnis sei „ganz auf
die red. Deutung hin formuliert"; ebd.).
[367] Vgl. *M. D. Goulder*, Midrash 373-375; *R. Gundry*, Mt 279.

Folglich wäre das Gleichnis traditionell.[368] Ein solches Urteil trägt gleichnistheoretische Vorentscheidungen darüber ein, wann eine Gleichnisdeutung zu einem Gleichnis „passt", dann nämlich, wenn sich Bild und Sache in möglichst vielen Punkten entsprechen. Ist diese Voraussetzung evident? Das Thomasevangelium erzählt eine andere Geschichte vom Fischfang. Die Parallelen zu Mt 13,47f ließen sich durch das gemeinsame Milieu hinreichend erklären. Das schließt die Möglichkeit überlieferungsgeschichtlicher Berührungen aber nicht aus.[369] Ein (keineswegs zwingendes) Indiz für die Kenntnis des matthäischen Textes ist die Beobachtung, dass der Fund des einen, großen und guten Fisches, den der Fischer aus allen „wählt", an die Fund-Geschichten vom Schatz oder von der Perle aus dem matthäischen Kontext (13,44-46) erinnert.[370]

18,12f (par Lk 15,4-6; ThEv 107): Alle drei Erzählungen bieten sehr deutlich ein gemeinsames Grundmuster für die Erzählung, auch wenn je unterschiedlich akzentuiert wird. Ein gemeinsamer Ursprung ist wahrscheinlich. Die Version des Thomasevangeliums kommt als Quelle für die Synoptiker wohl nicht in Frage (vgl. das „größte" Schaf; „lieben" statt „freuen").[371] Das Vorkommen der Erzählung in der Redenquelle ist die einfachste Erklärung für die Übereinstimmungen bei Matthäus und Lukas, aber nicht unstrittig. Das gemeinsame Vokabular betrifft v.a. Grundelemente der Erzählung wie Mensch, hundert Schafe, neunundneunzig und eins, finden, freuen. Beide Versionen sind Fragegleichnisse, jedoch unterschiedlich formuliert. Die Anwendungen stimmen nur im Stichwort Himmel (einmal Plural, einmal Singular) überein. Die Gemeinsamkeiten zu erklären bedarf es nicht einer gemeinsamen schriftlichen Quelle. Ein Q-Kontext ist nicht sicher auszumachen, ebensowenig, ob schon in Q das Doppelgleichnis Lk 15,3-7.8-10 vorlag.[372]

---

[368] Vgl. *U. Luz*, Mt II 357 mit Anm. 5: Das Vernichtungsfeuer (V.50) habe keine Entsprechung in der Erzählung, auch blieben auf der Bildebene die schlechten Fische, die ins Wasser zurückgeworfen würden, am Leben, während die guten in der Bratpfanne landeten.

[369] Zur Diskussion vgl. *Ch. Hunzinger*, Gleichnisse 217-220; *A. Lindemann*, Gleichnisinterpretation 216-219; *M. Fieger*, Thomasevangelium 47-49; *W. D. Davies/D. C. Allison*, Mt II 443; *H. Koester*, Gospels 103-105.

[370] Einen Einfluss der Gleichnisse vom Schatz und von der Perle auf ThEv 8 nehmen an: *J. Gnilka*, Mt I 509 Anm. 3; *U. Luz*, Mt II 357; *M. Fieger*, Thomasevangelium 48 u.a.

[371] Ob unabhängige Überlieferung oder abhängig von den Synoptikern, ist strittig; vgl. *A. Lindemann*, Gleichnisinterpretation 238-240; *M. Fieger*, Thomasevangelium 266f; *W. D. Davies/D. C. Allison*, Mt II 776; *H. Koester*, Gospels 99. Dass das Schaf sich verläuft, erinnert eher an Mt, „bis er es findet" an Lukas.

[372] Für Q spricht sich die Mehrheit der Forscher aus, z.B. *S. Schulz*, Q 387-391; *H. Weder*, Gleichnisse 168-172; *J. Gnilka*, Mt II 130f; *J. Lambrecht*, Treasure 39-44; *W. D. Davies/D. C. Allison*, Mt II 768 *J. M. Robinson*, Q Project [1995] 483; *G. Scheuermann*, Gemeinde 158, skeptisch sind z.B. *M. Sato*, Q 23f (grundsätzlich

Fragt man umgekehrt, welche erzählerischen und motivischen Elemente bei Lukas nicht belegt, also potenziell redaktionell sind, ergibt
sich nicht viel. Mt 18,12 entspricht in der *story* Lk 15,4. Beide setzen
in der (unterschiedlich formulierten) Frage die Suche als einsichtig
voraus. Vielleicht hat Matthäus das Stichwort „sich verirren"/πλανάομαι gesetzt.[373] Lk 15,5f ist in der Schilderung von Finden, Rückkehr und Freude viel ausführlicher als Matthäus. Den Gedanken von Mt 18,13, über das Verlorene herrsche größere Freude als
über die anderen, bietet Lukas nicht im Rahmen der Erzählung, jedoch
in der Anwendung (18,7, ebenfalls mit λέγω ὑμῖν ὅτι eingeleitet). Er
fand sich also wahrscheinlich in der matthäischen Quelle. Ob Lukas
erweiterte oder Matthäus kürzte, bleibt strittig.[374] Insgesamt erlauben
die Beobachtungen trotz offener Fragen das Urteil: Matthäus orientiert
sich offenbar stark an den Vorgaben seiner Quelle.

18,23-34: Die Traditionsanalyse kann sich nur auf das Gleichnis selbst
stützen. Es ist sprachlich matthäisch durchsetzt. Wie bei anderen Sondergutgleichnissen wird deshalb vereinzelt vermutet, das Gleichnis sei
eine redaktionelle Bildung.[375] Eher ist mit matthäischen Umformulie-
rungen, vielleicht mit der Verschriftlichung mündlicher Überlieferung
durch den Evangelisten zu rechnen.[376] Im Verdacht, redaktionell zu
sein, stehen insbesondere immer wieder jene Elemente, die eine allegorische Auslegung fördern, wie die eklatant hohen Summen[377], das
Auftreten eine Königs[378], V.31[379], das Stichwort 'vergeben'[380], das

---

skeptisch gegenüber Q-Texten nach Lk 13,35); *U. Luz,* Mt III 26. *I. H. Jones*
nimmt das Gleichnis zu Q, rechnet aber für Mt und Lk mit Zwischenschritten auf
dem Weg von Q zu den Evangelien (Parables 273-275).
[373] Vgl. auch *J. Gnilka,* Mt II 130; *U. Luz,* Mt III 26; *W. D. Davies/D. C. Allison,*
Mt II 773.
[374] Da die Mitfreude der Nachbarn gut zur erzählten Situation bei Lk passt (15,1f)
und ähnlich auch in den anderen beiden Gleichnissen vorkommt (15,9.23f.28.32),
könnte sie lk Redaktion sein. So *E. Linnemann,* Gleichnisse 73; *S. Schulz,* Q 387f;
H. Weder, Gleichnisse 172; *W. D. Davies,* Mt II 775 u.a. Skeptisch ist *W. Wiefel,*
Lk 282. Mt 18,13 gegenüber Lk 15,5f für sekundär halten auch *J. Lambrecht,*
Treasure 43f; *J. Gnilka,* Mt I 130f (vorsichtig); *U. Luz,* Mt III 26. Erklärungsbedürftig ist dann die Entsprechung zwischen Lk 15,7 und Mt 18,13. Ist die lk Deutung in ihrer Substanz traditionell (vgl. *J. Lambrecht,* a.a.O. 44: schon in Q eine
Deutung)?
[375] Vgl. *M. D. Goulder,* Midrash 402-404; *R. Gundry,* Mt 371f.
[376] Vgl. *W. D. Davies/D. C. Allison,* Mt II 794; *U. Luz,* Mt III 66. Eine sehr kom-
plexe, vierstufige Entwicklung sieht *I. H. Jones,* Parables 216-235: Eine Erzählung
vergleichbar Lk 7,41 ist vormt zunächst zu einer dreischrittigen Parabel ausgebaut,
und dann mit Q-Material (Mt 18,15-20) kombiniert worden. Schließlich wird dieser
Block mit anderem (u.a. markinischem) Material zu Kap 18 zusammengestellt.
[377] Z.B. *J. Gnilka,* Mt II 144; *M. C. De Boer,* Talents 218.227f; *W. D. Davies/D.
C. Allison,* Mt II 795f.
[378] Vgl. *J. Gnilka,* Mt II 144; *M. C. De Boer,* Talents 225-227; *U. Luz,* Mt III 68.
[379] Vgl. *A. Weiser,* Knechtsgleichnisse 85f; *H. Merklein,* Gottesherrschaft 237; *J.
Zumstein,* condition 410; dazu auch *G. Scheuermann,* Gemeinde 178.

Urteil von V.34[381] u.a. Gegen den letzten Vers der Erzählung wird
überdies eingewandt, er sei mit dem gütigen Verhalten des Königs in
V. 27 unverträglich[382]. Rhetorisch wird bemängelt, er lege die Reaktion der Hörer in unzulässiger Weise fest.[383] Der Höhe- und Schlusspunkt sei mit V. 32f erreicht.[384] Hier fließen Vorentscheidungen über
die Form von Gleichnissen und über denkbare theologische Aussagen
ein, die für die Scheidung von Tradition und matthäischer Redaktion
nichts einbringen. Sprachlich stehen in V.34 wie im übrigen Gleichnis
Wendungen, die mit der Annahme von Redaktion gut verträglich wären.[385] Es begegnet aber auch das *hapax legomenon* 'Folterknecht/
βασανιστής'. V.34 weist mit der Zielangabe, die Schuld zurück zu
zahlen, auf das Gleichnis selbst (V.25). Die typischen Gerichtsformeln
('Heulen und Zähneknirschen', 'äußerste Finsternis') fehlen. Dass
V.34 gänzlich redaktionell gebildet ist, lässt sich m.E. nicht
wahrscheinlich machen.

20,1-15: Das Gleichnis zeigt die bei Sondergutgleichnissen übliche
hohe Rate matthäischer Begriffe und Wendungen. Gundry und Goulder nehmen wiederum redaktionelle Bildung durch Matthäus an.[386]
Das Gleichnis ist insgesamt kohärent. Die meisten Ausleger betrachten
die Erzählung deshalb im Wesentlichen als vormatthäisch.[387] Allein
vom Gleichnis her ist weder das eine noch das andere zwingend. Die
Verbindung des Gleichnisses mit dem Kontext ist locker. V.16 (vgl.
19,30!) rekurriert auf die umgekehrte Reihenfolge der Auszahlung
(V.8) und hebt damit einen Nebenaspekt der Erzählung ins Zentrum
der Aufmerksamkeit. Auch wenn man mit gutem Grund annimmt, dass
V.16 nicht *die* Botschaft des Gleichnisse formuliert[388], ist umgekehrt

---

[380] *H. Weder*, Gleichnisse 211 Anm. 7.

[381] Vgl. *W. Harnisch*, Gleichniserzählungen 261.

[382] So *H. Weder*, Gleichnisse 211 (der V.31 und V.32-34 für sek. hält); *W. Har-nisch*, Gleichniserzählungen 261f; *J. Gnilka*, Mt II 144.

[383] Vgl. *H. Weder*, Gleichnisse 215.217; *W. Harnisch*, Gleichniserzählungen 260f.

[384] Vgl. *G. Scheuermann*, Gemeinde 179 (im Anschluss an I. Broer).

[385] Belege bei *U. Luz*, Mt III 66 Anm. 9; vgl. auch *M. D. Goulder*, Midrash 410 (ganz anders wertet G.s Liste *I. H. Jones*, Parables 414-417); *R. Gundry*, Mt 371f.

[386] Vgl. *R. Gundry*, Mt 395. *M. D. Goulder*, Midrash 411: Adaption einer „standard Jewish parable".

[387] Vgl. z.B. *H. Weder*, Gleichnisse 219; *W. Harnisch*, Gleichnisse 177f; *J. Gnilka*, Mt II 177; *J. Lambrecht*, Treasure 72; *W. D. Davies/D. C. Allison*, Mt III 67; *I. H. Jones*, Parables 414-418. - Andere Stimmen: *B. B. Scott* vermutet im An-schluss an Überlegungen von J. D. Crossan und D. O. Via, dass V.14b.15 sekun-däre Erweiterungen durch Mt sind, V.14b wegen des Stichwortes θέλω (vgl. 19,17.21) und weil es die matthäische Aussageintention fixiere, V. 15 wegen des typisch matthäischen Gegensatzpaares gut - böse. Die Argumente sind nicht sehr stark. Sie hängen sich an Begriffen auf, ohne den Zusammenhang der Aussagen zu beachten.

[388] Vgl. *I. H. Jones*, Parables 418: „This is ... an example of a parable which must be allowed to speak for itself."

kaum vorstellbar, dass Mt 20,1-15 für den vorliegenden Kontext *konstruiert* worden ist.[389] Die Substanz der Erzählung dürfte traditionell sein.

21,28-31b: Zur matthäischen Gleichnisrezeption lässt sich hier nicht viel gewinnen. Die Schilderung ist denkbar schlicht. Redaktionelle Bildung wird von einigen erwogen[390], während die Mehrheit den Text für traditionell hält. Wir ersparen uns die Diskussion.[391]

21,33-41 (par Mk 12,1-9; Lk 20,9-16; ThEv 65): Die Mehrzahl der Autoren nimmt eine Herkunft des Gleichnisses aus dem Markusevangelium an.[392] Die Texte stimmen in hohem Maße überein. Allerdings gibt es einige *minor agreements* von Matthäus und Lukas, die den Einfluss einer zusätzlichen Tradition vermuten lassen könnten[393], v.a. zwei Punkte springen dabei ins Auge: Beide stellen die Abfolge „töten und hinauswerfen" gegen Markus um (Mk 12,8; Mt 21,39; Lk 20,15) und der textkritisch schwierige Vers Mt 21,44 hat eine Parallele in Lk 20,18. Die erste Übereinstimmung ist möglicherweise auf einen sachlichen Grund zurückzuführen: Jesus wurde außerhalb von Jerusalem hingerichtet, so dass beide Evangelisten unabhängig von einander den Vers „anpassten", um die Bezüge zu verstärken.[394] Die zweite Parallelität ist, sofern der Vers als ursprünglich gilt, kaum ohne Zusatzannahmen (Einfluss eines Florilegiums, bearbeitete Version der Quelle, ...) zu erklären.[395] Die Abweisung der Knechte wird konzentriert und gesteigert. Matthäus berichtet nur von zwei Sendungen, die von vornherein in Gewalt und Mord enden (Mt 21,34-36 diff Mk 12,2-5). Außerdem wird das Fruchtmotiv deutlicher herausgearbeitet (trad. Mt 21,34b par Mk 12,2; red.: 21,34a.41.43). Mt 21,41 (vgl. auch V.43) werden die anderen Winzer als solche charakterisiert, die die Früchte

---

[389] Ähnlich *U. Luz,* Mt III 141. Die Spannung wird regelmäßig beobachtet.

[390] Vgl. *H. Merkel,* Gleichnis; *R. Gundry,* Mt 422.

[391] Sprachlich hält *U. Luz,* Mt III 207 Anm. 22, eine redaktionelle Bildung für möglich. Völlig gegenteilig bewertet *I. H. Jones,* Parables 391-393, den Befund

[392] Für das MkEv als Quelle *H. Weder,* Gleichnisse 150f; *H.-J. Klauck,* Allegorie 290; *J. Gnilka,* Mt II 225f; *U. Luz,* Mt III 216; *W. D. Davies/D. C. Allison,* Mt III 175 (die allerdings verneinen, dass V.44 zum mt Text gehört). Zu Gegenstimmen unten Anm. 394.

[393] Für eine detaillierte Aufstellung *A. Ennulat,* Agreements 263-269.

[394] So etwa *J. Jeremias,* Gleichnisse 71; *G. Schneider,* Lk II 399; *H.-J. Klauck,* Allegorie 290; *J. Gnilka,* Mt II 226; *U. Luz,* Mt III 224; *W. D. Davies/D. C. Allison,* Mt III 183 u.a. - Alternativ werden zur Erklärung der *minor agreements* erwogen:
- der Einfluss einer Evangeliengrundschrift (Ur-Mk; vgl. *J. A. T. Robinson,* Parable),
- die Annahme, Mt hätte die älteste Form des Gleichnisses (vgl. *K. Snodgrass,* Parable 70f),
- eine Bearbeitung des kanonischen Markusevangeliums (Deutero-Mk; vgl. *A. Ennulat,* Agreements 269, ausführlicher zur Lit. ebd. 263f).

[395] Vgl. ausführlich unten B.V.4.a.

zur rechten Zeit bringen (diff Mk 12,9; Lk 20,16). Genau das hatten die ersten Pächter versäumt. Matthäus macht die zweite Gruppe als Gegenpol stärker. Kleinere Eingriffe sind der Zusatz von „Hausherr" (Mt 21,32 diff Mk 12,1) und das Streichen der Qualifizierung des Sohnes als „geliebter" (Mt 21,37 diff Mk 12,6). Im Weiteren lässt er die Hohenpriester und Ältesten Jesu Frage nach dem, was der Herr des Weinbergs tun wird, beantworten (21,41 diff Mk 12,9), statt dass Jesus selbst dies tut (Mk 12,9). Deutlich setzten all diese Eingriffe bei Voraussetzungen der markinischen Erzählung an, um sie redaktionell zu verstärken und matthäischen Interessen dienstbar zu machen. Matthäus führt nichts ein, das der Überlieferung „fremd" wäre.

22,1-13 (par Lk 14,16-24; ThEv 64): Der synoptische Vergleich ergibt etwa 15 Übereinstimmungen von Vokabeln oder Ausdrücken[396], vor allem aber eine gemeinsame Grundstruktur der Handlung. Die Beobachtungen weisen auf *ein* Gleichnis als gemeinsame Grundlage für Matthäus und Lukas hin.[397] Strittig ist, ob es in der Logienquelle zu finden war.[398] Dagegen sprechen die geringe Wortlautübereinstimmung und die Unklarheit über den möglichen Kontext dort. Unabhängig von der Quellenfrage ist eine Rekonstruktion der Vorlage auf jeden Fall nur mit Einschränkungen möglich. Als gemeinsamer erzählerischer Bestand ergibt sich: Ein Mensch lädt Gäste zu einem Mahl (Mt 22,2 mit 4; Lk 14,16) und entsendet zu diesem Zweck einen Knecht (Knechte), der (die) ausrichten soll(en), dass alles bereit ist (Mt 22,3f; Lk 14,17). Die Eingeladenen folgen der Einladung nicht. Ihnen sind andere (geschäftliche und familiäre) Verpflichtungen wichtiger (Mt 22,5f; Lk 14,18-20). Der Einladende ist erzürnt (Mt 22,7; Lk 14,21)[399] und sendet erneut den Knecht/Knechte aus, um auf der Straße irgendwelche Fremden einzuladen (Mt 22,9; Lk 14,21.23). Das anvisierte bzw. erreichte Ergebnis der erneuten Einladung ist das mit Gästen gefüllte Haus (Mt 22,10; Lk 14,22f). Im Groben rekonstruieren die meisten Autoren den ersten Teil nach Lukas (einschließlich der ausführli-

---

[396] Eine Liste bei *W. D. Davies/D. C. Allison,* Mt III 194 Anm. 4. Vgl. *M. Sato,* Q 22: Wortlautübereinstimmung geringer als 10%.

[397] Vgl. neben anderen *F. Hahn,* Gleichnis 51-65; *J. Gnilka,* Mt II 235. Eine Alternative wäre etwa die Vorstellung, Jesus hätte bei verschiedenen Gelegenheiten das Gleichnis mit Variationen erzählt (referiert bei *U. Luz,* Mt III 232f, als eine z.B. in der Alten Kirche oder bei den Reformatoren vorgetragene These, die heute selten vertreten werde; Belege dort; zu ergänzen wäre aus jüngster Zeit *C. L. Blomberg,* Gleichnisse 66).

[398] Pro: *S. Schulz,* Q 391-398; *H. Weder,* Gleichnisse 177f; *J. M. Robinson,* Q Project [1992] 506f; *Th. Söding,* Gleichnis 61; *A. Vögtle,* Gott 12; u.a. Kontra oder zumindest unsicher: *A. Weiser,* Knechtsgleichnisse 59f; *M. Sato,* Q 22; *P. Dschulnigg,* Gleichnisse 261; *M. Reiser,* Gerichtspredigt 227; *Chr. Kähler,* Jesu Gleichnisse 117; *U. Luz,* Mt III 233; *W. D. Davies/D. C. Allison,* Mt III 194.

[399] Beide Gleichnisse belegen über den Zorn hinaus eine negative Bewertung der Erstgeladenen und ein Abwenden des Gastgebers von ihnen, aber an unterschiedlicher Stelle: Mt 22,8 bzw. Lk 14,24; vgl. auch das Schlusswort in ThEv 64.

chen Entschuldigungsgründe), die Einladung der neuen Gäste eher nach Matthäus (ohne dessen Besonderheiten). Gewisse Schwierigkeiten bereitet der Schluss mit der genauen Ausprägung des Motivs „voll werden".[400] (Rahmenelemente, Einleitungen und Gleichnisschlüsse interessieren uns hier nicht.)

Das Thomasevangelium (Logion 64) zeigt dasselbe Grundmuster mit Ausnahme des Zorns und der Angabe, dass das Haus voll wurde/werden soll. Insgesamt scheint es der lukanischen Version näher zu stehen (nur ein Knecht, ausführliche Darlegung der Absagegründe mit dem Stichwort 'entschuldigen', freilich andere Gründe), schildert aber wie Matthäus (22,8f) und anders als Lukas (14,21b-23) eine einfache Ladung neuer Gäste unter Verwendung des Stichwortes 'finden'. Die übrigen Besonderheiten des Matthäus (s.u.) fehlen in ThEv 64 durchweg.[401]

Im Vergleich mit diesem „gemeinsamen Nenner" sind einige Besonderheiten bei Matthäus zu beobachten. Der Verdacht redaktioneller Veränderungen lässt sich in etlichen Fällen dadurch verstärken, dass die Elemente Bezüge zum Kontext (K) herstellen oder aber als Motive (M) und formelsprachliche Element (F) im Matthäusevangelium gebräuchlich sind, wobei Ersteres wohl das stärkere Indiz ist.[402]

- 22,2: König (M); Hochzeit (M); Sohn (M; K: 21,37-39);
- 22,3-7: Misshandlung der Knechte (Pl!) (M, K: 21,35f); Bestrafung (F, K: 21,41; ἀπόλλυμι);
- 22,8-10: Bemerkung über die Unwürdigkeit (theologisch besetzter Begriff); „Böse und Gute" (F);
- 22,11-13: die ganze Szene bezeugt nur Matthäus, einzelne Elemente lassen sich den genannten Kriterien zuordnen, neben Hochzeit (als Attribut zu ἔνδυμα) und König (s.o.) noch die Rechenschaftsszene (motivlich besetzt); binden (F); hinauswerfen (F); „äußerste Finsternis" (F); „Heulen und Zähneknirschen" (F); im Kontext ist das Interesse an der Gruppe der Zweitgeladenen gut verständlich (21,41.43; vgl. auch 22,10).[403]

---

[400] Zu Rekonstruktionsversuchen vgl. die Kommentare, die oben Anm. 398 genannten Arbeiten von Schulz, Weder, Kähler; Söding, Vögtle sowie *W. Harnisch,* Gleichniserzählungen 240-243.

[401] Zum Thomasevangelium vgl. *A. Lindemann,* Gleichnisinterpretation 229-232; *M. Fieger,* Thomasevangelium 186f; *W. D. Davies/D. C. Allison,* Mt III 195f.

[402] Mit Recht gibt *U. Luz* (Mt III 233) freilich zu bedenken, dass auch der Kontext an 22,1-14 angepasst worden sein könnte.

[403] Für V.11-13 wird die Möglichkeit einer Quelle erwogen, eines selbständigen, vielleicht jüdischen Gleichnisses, das Mt hier verarbeitet; vgl. *R. Bultmann,* Geschichte 220; *J. Jeremias,* Gleichnisse 62; *I. H. Jones,* Parables 406 u.a. Gegen die Annahme einer irgendwie gearteten Quelle spricht sich z.B. *J. Lambrecht,* Treasure 134, aus. Zur Diskussion (mit Lit.) vgl. *U. Luz,* Mt III 234f; *W. D. Davies/D. C. Allison,* Mt III 194f; *A. Vögtle,* Gott 61f. Mit einer gründlichen Bearbeitung durch Matthäus dürfte wegen der formelsprachlichen Elemente und anderer matthäischer Spracheigentümlichkeiten (vgl. *J. Gnilka,* Mt II 236 mit Anm. 15; *U. Luz,* Mt III

Diese Erweiterungen knüpfen allesamt an Gegebenheiten der skizzierten gemeinsamen Grundlage an: ein offenbar wohlhabender Mann; ein (Fest)Mahl; die Weigerung der Geladenen; der Zorn des Gastgebers; neue Gäste, die ohne Vorauswahl geladen werden. Sie bezeugen aber - sollte es sich um redaktionelle Eingriffe handeln - einen im Vergleich mit den meisten anderen Gleichnissen bemerkenswert freien Umgang mit den Quellen.

24,32 (par Mk 13,28; Lk 21,29f): Markus und Matthäus stimmen im Wortlaut praktisch überein. An der literarischen Abhängigkeit der beiden besteht keine Zweifel.

24,43 (par Lk 12,39; ThEv 21b.103): Matthäus und Lukas stimmen im Wortlaut gut überein, so dass im Rahmen der Zwei-Quellen-Theorie einer Zuweisung des Textes zur Redenquelle nichts im Wege steht.[404] ThEv 21b und erst recht 103 sind entferntere Parallelen. An wenigen Stellen gibt es zwischen den Synoptikern Unterschiede im Vokabular. ἐγρηγόρησεν fehlt bei Lukas (vgl. aber ThEv 21b), umgekehrt ist das Stichwort „wachen" im matthäischen Kontext fest verankert. Redaktion ist wahrscheinlich.[405]

24,45-51 (par Lk 12,42-46): Erneut stimmen beide Versionen im Wortlaut gut überein, so dass wie zuvor Q der Ursprung des Textes sein dürfte, wo das Gleichnis schon mit dem vorangehenden zusammenstand.[406] Einige der Abweichungen entpuppen sich als Motive oder formelsprachliche Elemente (Mt 24,45 diff Lk 12,42 der Anklang an den Psalm 103,27[LXX]; Mt 24,48 diff Lk 12,45 κακός; Mt 24,51 diff Lk 12,46 die Formel vom Heulen und Zähneknirschen).

25,1-13: Das Sondergutgleichnis weist wie andere im gesamten Text matthäische Spracheigentümlichkeiten auf.[407] Von einigen wird deshalb redaktionelle Bildung vermutet.[408] Die Mehrzahl der Autoren zögert, so zu urteilen. Etliche Begriffe kommen bei Matthäus sonst nicht vor.[409] Am Text allein ist eine klare Entscheidung nicht zu gewinnen. Hinter den Anklängen von V.11f an Lk 13,25-27 par Mt 7,21-23 kann redaktionelle Bearbeitung vermutet werden.[410] Darüber hinaus steht

---

234 Anm. 21; *W. D. Davies/D. C. Allison*, Mt III 204-206 passim) auf jeden Fall zu rechnen sein.

[404] Vgl. nur *J. Gnilka*, Mt II 335; *U. Luz*, Mt III 542.

[405] Vgl. *J. Gnilka, U. Luz* a.a.O.; *W. D. Davies/D. C. Allison*, Mt III 384; *I. H. Jones*, Parables 430.

[406] Vgl. nur *J. Gnilka*, Mt II 342; *U. Luz*, Mt III 459.

[407] Vgl. *M. D. Goulder*, Midrash 439f; *U. Luz*, Mt III 468 Anm. 11; *W. D. Davies/D. C. Allison*, Mt III 375 mit Anm. 11

[408] Vgl. *M. D. Goulder*, Midrash 438-440; *K. P. Donfried*, Allegory; *R. Gundry*, Mt 497. Sehr weitgehend sind auch die Veränderungen, die *W. Schenk*, Auferweckung, annimmt (das Gerüst der Vorlage: 10 Jungfrauen ziehen los, 5 schlafen ein, als der Bräutigam kommt, gehen trotzdem alle hinein zum Fest).

[409] *W. D. Davies/D. C. Allison*, Mt III 375 Anm. 13, führen sechs an.

[410] Vgl. *A. Puig i Tàrrech*, parabole 180; *J. Gnilka*, Mt II 348f; *U. Luz*, Mt III 468; anders *H. Weder*, Gleichnisse 240. *I. H. Jones* sieht leichte redaktionelle Ein-

der im matthäischen Kontext auf die Parusieverzögerung zu deutende
Passus V.5-7 in Verdacht, bearbeitet zu sein.[411] Ganz streichen sollte
man das Moment des Wartens aber nicht, da sonst die Erzählung ihrer
Pointe beraubt wird.[412] Die Charakterisierung der Jungfrauen als klug
und töricht passt gut zur matthäischen Erzählweise (dieselben Begriffe
mutmaßlich redaktionell auch 7,24-27).[413]
25,14-30 (par Lk 19,12-27): Der Befund ähnelt Mt 22,1-13 par. Der
Text ist bei Matthäus und Lukas überliefert. Offenkundig liegt beiden
Varianten letztlich dieselbe Erzählung zu Grunde. Dafür spricht die
hohe *inhaltliche* Übereinstimmung bis in die wörtliche Rede hinein
(z.B. Mt 25,21 par Lk 19,17 oder Mt 25,24 par Lk 19,20f).[414] Die
wörtlichen Übereinstimmungen sind im ersten Teil gering. In der Abrechnung mit dem dritten Sklaven nehmen sie zu.[415] Passagenweise
weichen die Texte völlig voneinander ab (Mt 25,15b-18 oder Lk
19,14). Eine Thomas-Variante fehlt in diesem Fall. Wie zu erwarten,
ist die Zuordnung zur Redenquelle bei diesem Befund strittig, zumal
ein möglicher Q-Kontext unklar bleibt.[416] Festzuhalten ist: Die Übereinstimmungen betreffen Kernbegriffe des Gleichnisses. Sie sind besonders hoch bei sprichwortartigen Wendungen (Mt 25,24 par Lk
19,21 [die Aussage wird im Gleichnis selbst wiederholt!]; Mt 25,29
par Lk 19,26). Dies zu erklären, bedarf es keiner gemeinsamen
schriftlichen Quelle.
Die Umrisse der den beiden Fassungen zu Grunde liegenden Erzählung lassen sich erkennen: Ein Mann übergibt drei Knechten Geld und
reist außer Landes (Mt 25,14/Lk 19,12f). In beiden Versionen ist mit
der Gabe (implizit oder explizit) der Auftrag verbunden, mit dem Geld
zu wirtschaften (Mt 25,16-18; Lk 19,13).[417] Nach einiger Zeit kehrt

---

griffe in V.9-11. Dass Matthäus V.11f auf Grundlage eines Q-Textes hinzufügt,
schließt er nicht aus, wahrscheinlicher ist ihm eine vormt Erweiterung
(zusammenfassend Parables 458).

[411] Vgl. *E. Schweizer,* Mt 304 (vorsichtig); *A. Puig i Tàrrech,* parabole 180; *Ch.
Riniker,* Gerichtsverkündigung 250; kritisch dazu *J. Lambrecht,* Treasure 206f.

[412] Mit *H. Weder,* Gleichnisse 240; vgl. *Ch. Riniker,* Gerichtsverkündigung 251f.

[413] Redaktion vermuten z.B. *H. Weder,* Gleichnisse 239; *J. Gnilka,* Mt II 348; *J.
Lambrecht,* Treasure 206.

[414] Unwahrscheinlich ist die Lösung von *C. L. Blomberg,* es lägen zwei verschiedene, jedoch ähnliche Gleichnisse Jesu zu Grunde (Gleichnisse 66).

[415] Vgl. die Rekonstruktion bei *J. M. Robinson,* Q Project [1995] 483-485
(gr./engl.) und die Darstellung bei *Ch. Riniker,* Gerichtsverkündigung 232 (dtsch.).

[416] Für Q z.B.: *S. Schulz,* Q 288-293 *J. Gnilka,* Mt II 356f; *Chr. Kähler,* Jesu
Gleichnisse 164f.184-187; *J. M. Robinson,* Q Project [1995] 483-485; *I. H. Jones,*
Parables 463-480 (allerdings eine vormt Bearbeitung des Q-Stoffes, die ihn mit mk
Texten verbindet); vgl. auch *J. Lambrecht,* Treasure 217f.
Skeptisch: *A. Weiser,* Knechtsgleichnisse 227-258; *M. Sato,* Q 22f; *U. Luz,* Mt III
495; *W. D. Davies/D. C. Allison,* Mt III 376; *D. A. Hagner,* Mt II 733.

[417] Schwieriger ist, ob und wie das in einem rekonstruierten Text wiedergegeb-
ben wird. Mit Recht kann man einwenden, die lukanische Variante zerstöre die erzäh-

der Mann zurück und fordert Rechenschaft (Mt 25,19/Lk 19,15). Die ersten beiden kommen, weisen ihren Gewinn vor, werden gelobt und wegen ihrer Treue im Geringen über Größeres gestellt (Mt 25,20f/Lk 19,16f bzw. Mt 25,22f/Lk 19,18f). Der dritte kommt, und erklärt das Verstecken des Geldes mit der Angst vor dem Herrn, der ernte, wo er nicht gesät habe etc. (Mt 25,24f/Lk 19,20f). Der Herr antwortet, indem er ihn als böse bezeichnet, die Charakterisierung seiner Person durch den Knecht wiederholt und ihm vorhält, er hätte das Geld zu den Wechslern bringen können, damit es wenigsten Zinsen erbrächte (Mt 25,26f/Lk 19,22f). Die Erzählung schließt mit dem Auftrag, diesem Knecht das Geld zu nehmen und es dem ersten zu geben (Mt 25,28/Lk 19,27) und mit einem Logion (Mt 25,29/Lk 19,26), das diese Entscheidung begründen soll (vgl. „denn/γάρ" in Mt 25,29 bzw. den Einwand Lk 19,25).[418]

Die lukanische Nebenhandlung um die Thronanwartschaft (Lk 19,12b.14.15passim.27; vgl. auch V.17.19: die Städte) lässt sich nach verbreiteter Ansicht traditionsgeschichtlich aus der Erzählung herauslösen.[419] Die matthäischen Besonderheiten im Vergleich mit dem „gemeinsamen Nenner" lassen sich zum Teil wieder den Motiven (M), der Formelsprache (F) oder dem Kontext (K) zuordnen. Auch entsprechen einige den erzählerischen Eigenheiten matthäischer Gleichnisse. Erzählerisch oder metaphorisch markante Besonderheiten sind:

- 25,15 u.ö.: die enorm hohen Summen durch die Währung Talent („lokale" Metapher im Kontext des motivlich besetzten Feldes 'Geld/Finanzen');

- 25,19: das Kommen des Herrn 'nach langer Zeit' (K: 24,48; 25,5 sowie überhaupt die Frage nach dem Zeitpunkt der Parusie in Kap. 24);

---

lerische Spannung (vgl. *Chr. Kähler,* Jesu Gleichnisse 165 Anm. 618) und ließe eigentlich den Vorwurf des Herrn erwarten, dass der Knecht ungehorsam war (vgl. *H. Weder,* Gleichnisse 196 Anm. 132; *Chr. Kähler,* a.a.O.). Gegen den mt Text zu argumentieren, er sei sekundär weil er dem Formgesetz der Knappheit widerspreche (*H. Weder,* Gleichnisse 196 Anm. 134), beruht auf einer Fehleinschätzung solcher Gesetze des Erzählens, die nur sagen, was üblich, nicht was zwingend vorgeschrieben ist. Auch das Argument, der Passus wiederhole nur, was später ohnehin gesagt wird (*H. Weder,* a.a.O.; *Chr. Kähler,* Jesu Gleichnisse 165 Anm. 121), ist nicht besonders stark. Warum soll das verboten sein? Solche Wiederholungen sind ein Stilmittel biblischen Erzählens (z.B. im Jonabuch: 1,1/3,1; 1,10/1,16; 4,3f/4,8f u.ö.), auch in den Gleichnissen (*R. Bultmann,* Geschichte 207), insbesondere freilich in anderen Sondergutgleichnissen (18,23-35; 20,1-16; vgl. auch 25,31-46; Hinweis bei *U. Luz,* Mt III 494 Anm. 9). *B. B. Scott* hält den Passus für ursprünglich (vgl. *ders.,* Hear 226).

[418] Über die Rekonstruktion des Erzählgerüstes besteht weitgehend Einigkeit, vgl. *H. Weder,* Gleichnisse 193-203; *B. B. Scott,* Hear 219-225; *Ch. Riniker,* Gerichtsverkündigung 233f.

[419] Vgl. *H. Weder,* Gleichnisse 194f; *B. B. Scott,* Hear 221-223; *Chr. Kähler,* Gleichnisse 165; *W. Wiefel,* Lk 329 u.a.

- 25,21.23: „geh ein in die Freude deines Herrn" (M: Herr/κύριος; vielleicht Freude/χάρα; „eingehen/εἰσέρχομαι" erinnert an die Wendungen „eingehen in das Himmelreich [5,20; 7,21; 18,3; 19,23f; vgl. 23,13] oder „eingehen in das Leben" [18,8; 19,17] und käme dann der Formelsprache nahe);
- 25,30: „werfen", „äußerste Finsternis", „Heulen und Zähneknirschen" (F).
- Die matthäische Erzählung ist noch deutlicher als die lukanische auf den Kontrast zwischen den beiden ersten und der dritten Figur ausgelegt. Die ersten beiden Knechte werden parallelisiert. Sie reagieren gleich auf die Übergabe des Geldes (25,16f)[420], wirtschaften mit demselben Erfolg (Verdopplung der Summe; 25,16f.20.22), sagen bei der Abrechnung praktisch dasselbe (25,20.22) und werden mit denselben Worten gelobt (25,21.23). Umso deutlicher fallen die Unterschiede beim dritten auf.
- Die (abgesehen von den Währungen) unterschiedlichen anvertrauten Beträge (5-2-1 vs. 1-1-1) und erzielten Gewinne (5-2-0 vs. 10-5-0) werden literarkritisch unterschiedlich beurteilt.[421] Die Aussage, jedem werde κατὰ τὴν ἰδίαν δύναμιν zugeteilt (25,15), bestimmt das Verständnis der „lokalen" Metapher 'Talent' mit.
Die meisten Besonderheiten lassen sich, sollten sie redaktionell sein, als Verstärkung, Steigerung oder Weiterführung von Zügen verstehen, die in der Quelle Grund gelegt sind (anvertrautes Geld; Fortsein des Herrn, Belohnung der ersten beiden Knechte, Bestrafung des dritten; der Kontrast ist immer schon ein Element der Geschichte). Der Grad der Freiheit, mit der Matthäus seine Quelle behandelt, ist angesichts der Unsicherheiten in der Einschätzung von V.16-18 u.a. schwierig zu beurteilen.

Es bleibt die Auslassungen zu erwähnen. Die Gleichnisse von der selbstwachsenden Saat (Mk 4,26-29) und vom Türhüter (Mk 13,34-37) fehlen bei Matthäus. In beiden Fällen nehmen erkennbar ähnliche Geschichten ihren Platz ein. Das Gleichnis vom Unkraut teilt etliche Stichworte mit Mk 4,26-29, hat freilich eine andere Pointe. Die Motive des Gleichnisses vom Türhüter (der verreisende Mann vertraut dem Knecht etwas an, die unbekannte Stunde seiner Rückkehr, die Forderung zu wachen; das Schlafen, oder allgemeiner: Versagen des Knechtes) finden sich in Mt 24,42 - 25,30 immer wieder. Matthäus scheint auch bei den Ersetzungen an Vorgaben anzuknüpfen. Dass

---

[420] Zu Mt 25,16-18 vgl. auch die Anmerkung oben beim Textvergleich.
[421] Die matthäischen Angaben für ursprünglich halten z.B. *B. B. Scott*, Hear 224f (samt der Währung!); *J. Gnilka*, Mt II 357f; *J. Lambrecht*, Treasure 225f; *Chr. Kähler*, Jesu Gleichnisse 165f; die lukanischen ziehen vor *H. Weder*, Gleichnisse 196; *U. Luz*, Mt III 497 (möglicherweise). Zur Diskussion auch *Ch. Riniker*, Gerichtsverkündigung 233f mit Anm. 174

Matthäus das Gleichnis von der verlorenen Drachme (Lk 15,8-10) ausgelassen hätte[422], ist Spekulation. Sein Vorgehen bei Auslassungen gegenüber Markus bestätigt die Vermutung nicht, weil keinerlei Spuren davon zu entdecken sind.

b) Auswertung

Die (absolute) Zahl der längeren, erzählenden Gleichnisse ist bei Matthäus (und Lukas) deutlich höher als bei Markus.[423] Die Grundlage, auf der „Erzählen" als ein wesentliches Formmerkmal der Gleichnisse wahrgenommen werden kann, ist damit breiter. Im Tempusgebrauch stimmt Matthäus mit seinen Seitenreferenten im Wesentlichen überein (deutlichere Abweichungen nur 13,31f; 18,12f und 24,45).

Das Übergewicht der Menschengeschichten gegenüber Naturgleichnissen verdankt sich der Redenquelle und dem Sondergut. Das Lukasevangelium zeigt dieselbe Tendenz. In der erzählten *story* redaktionelle Besonderheiten des Matthäus auszumachen, fällt nicht leicht. Die verschiedenen Bildfelder und zugehörigen Personen und Ereignisse sind in den Gleichnissen der anderen Synoptiker ebenfalls belegt. Ausnahmen sind die Themen „Lohn" im Sondergutgleichnis 20,1ff (aber: im Bereich der Landwirtschaft angesiedelt), sowie „Hochzeit" in 22,2ff (diff Lk) und 25,1ff (Sondergut; vgl. aber Mk 2,19parr). Soweit erkennbar, ändert Matthäus hier an den Rahmenbedingungen nichts. Milieus, Personenkonstellationen und Handlungsstrukturen bleiben im Wesentlichen unangetastet.[424] Die einzig mögliche Ausnahme, das Gleichnis vom Hochzeitsmahl (22,2ff), ist in der Traditionsanalyse schwer zu beurteilen. Hier hat Matthäus möglicherweise das Milieu geändert (König, Hochzeit) und massive Eingriffe in die erzählte Geschichte vorgenommen (bes.V.6f.11-13).

Das Feld matthäischer redaktioneller Tätigkeit sind Einzelzüge der Erzählungen. Anknüpfend an Gegebenheiten in den Quellentexten werden Aspekte verdeutlicht, betont, zugespitzt, indem der Evangelist Figuren und Handlungen parallelisiert, Aktionen, Reaktionen und Größenordnungen steigert, im Hinblick auf eigene Interessen mit an-

---

[422] Vgl. *D. Catchpole,* Schaf 91f. Das einzige positive Indiz ist, dass Mt 18,10 und Lk 15,10 beide im Umfeld des Gleichnisses vom verlorenen Schaf das Stichwort 'Engel' haben. Die übrigen Argumente C.s laufen darauf hinaus, dass das Doppelgleichnis in Q gut passen würde, woraus kaum gefolgert werden kann, dass es tatsächlich dort gestanden hat..

[423] Vgl. die Übersicht bei *D. Dormeyer,* Literaturgeschichte 149f (ohne seiner Differenzierung von Parabeln und Gleichnissen für Mt zuzustimmen; zu Abweichungen von anderen Gleichnislisten [Bultmann, Knoch] ebd. 150).

[424] Mt zeigt auch redaktionell ein Vorliebe, Autoritätsfiguren als 'Hausherr' zu bezeichnen, vgl. 21,33 diff Mk 12,1; Lk 20,19; Mt 13,27 diff ThEv 57; Mt 10,24f diff Lk 6,40.

deren Begriffen formuliert, wertende Adjektive einfügt, wörtliche
Rede von Figuren ergänzt usw. (vgl. bes. 7,24-26; 13,33f; 18,12f;
21,33ff; 22,2ff; 24,45-52; 25,14-30; auch die Vermutungen zu 13,27ff;
18,23ff; 25,1ff). Höchst selten wird etwas ganz Neues eingeführt (vgl.
aber 22,2ff). In den allermeisten Fällen werden vorhandene Potentiale
ausgebaut.

Diese Beobachtung lässt sich durch den diachronischen Befund bei
den Deute- und Referenzsignalen unterstreichen. Die matthäischen
Gleichnisse sind reich an geprägten Metaphern und Bildfeldern. Die
Worte und Bilder sind so gut wie immer traditionell, wenn auch nicht
unbedingt bereits in der Tradition metaphorisch zu deuten. Fast nie
führt Matthäus in eine vorgegebene Geschichte ein neues Bildfeld ein
(außer vielleicht 22,2ff).[425] Dagegen ist bei den formelsprachlichen
Elementen, die auf Einzelzüge zielen, reiche redaktionelle Tätigkeit
nachzuweisen.[426] Die biblischen Anspielungen sind meistens traditionell (Ausnahme vielleicht 24,45). Bei den theologischen Fachtermini
ist traditionelle ('bereit' in 22,4; die Seligpreisung 24,46; das Logion
25,29) und redaktionelle Verwendung ('bereit' und 'würdig' in 22,8;
'wachen' in 24,43; der Anklang an 7,22f in 25,11f) nachzuweisen.

Die Kontextualisierung eines Gleichnisses stellt sich auch im Blick auf
die Diachronie als eine bedeutende Technik matthäischer Gleichnisrezeption heraus. Matthäus schafft bei den Einzelgleichnissen
18,23ff und 20,1ff sowie in der Gleichniskomposition von Kap. 24f
über einzelne Begriffe eine Brücke zum Kontext. Vor allem sind die
Erzählungen in den Gleichniskompositionen Mt 13,1-52; 21,28 - 22,14
und 24,42 - 25,30, die Matthäus auf Grundlage von Vorgaben aus dem
Markusevangelium (Mk 4,1-34; 12,1-12; 13,33-36) und der
Redenquelle (Mt 13,31-33 par Lk 13,18-21; Mt 24,43-51 par Lk 12,39-
46) geschaffen hat, untereinander intensiv verwoben, so dass sie sich
wechselseitig beleuchten.

---

[425] Vgl. die Angaben zu den jeweiligen synoptischen Parallelen oben in B.IV.2.a.
- Eine Bemerkung zu möglichen, auf das endzeitliche Gericht zu deuten Weiterführungen am Ende der Erzählungen: 25,30 (diff Lk) wird ein vorhandenes Urteil (V.29 par Lk), das Matthäus nach Ausweis der Formulierung „in Fülle haben",
eschatologisch versteht, ergänzt. Ähnlich liegt der Fall in Mt 24,51. Die Ergänzung
Mt 7,19 diff Lk 6,43f lehnt sich an Mt 3,10 par Lk 3,9 an. Auch bei einigen Sondergutgleichnissen kann man solche Ergänzungen oder Weiterführungen vermuten
(13,30; 18,34; 25,13).
[426] Zum Beleg vgl. die Angaben zum synoptischen Vergleich oben B.IV.2.c (dort
auch die Anm. 250-252).

V. Gleichnisschlüsse

„Ein Gleichnis deuten - welch ein Gedanke!"[1] – Die Jesusforschung steht den Gleichnisschlüssen, d.h. den Sätzen, die der Gleichniserzähler Jesus nachgeordnet über das Gleichnis äußert oder ihm jenseits der Bildebene hinzufügt, skeptisch gegenüber. Die Skepsis gründet zum Teil, wie hier bei Adolf Jülicher, auf gleichnistheoretischen Überlegungen. Vor allem aber stellt schon der synoptische Vergleich die Ursprünglichkeit vieler dieser Verse und Abschnitte in Frage. Symptomatisch ist *R. Bultmanns* Position. Nachdem sich so viele Anwendungen von Gleichnissen in den Evangelien in seiner Analyse als sekundär erwiesen haben[2], stellt er am Ende sogar 13,49f; 18,35 und 21,31c in Frage, gegen die sonst s.E. nichts spricht.[3] Im Umkehrschluss gelten in redaktionsgeschichtlich orientierten Untersuchungen die angefügten Sprüche, Anwendungen und Deutungen als ein Schlüssel zum Verständnis der Gleichnisse in der späteren Überlieferung.[4] Das kann so weit gehen, dass auf die Auslegung eines Gleichnisses im Kontext des Matthäusevangeliums wegen der später noch folgenden „Deutung" verzichtet wird.[5] Ausdrücklich gegen eine solche Vorgehensweise, die die Gleichnisse in erster Linie von ihren Schlüssen her interpretiert, wenden sich Arbeiten, die vom *literary criticism* oder von leserorientierten Ansätzen beeinflusst sind.[6] Hier wird geltend

---

[1] *A. Jülicher,* Gleichnisreden I 73; ähnlich ebd. I 56f.74.
[2] Im Einzelnen *R. Bultmann,* Geschichte 184-193.
[3] Vgl. Geschichte 199.
[4] Vgl. z.B. *H. Weder,* Gleichnisse 97f (bes. die Punkte 2c und 3c); *Chr. Kähler,* Gleichnisse 107f; vgl. auch das Vorgehen der Studien von *C. E Carlston,* Parables; *J. Lambrecht,* Treasure, die jeweils v.a. auf die redaktionellen Veränderungen abheben.
[5] Vgl. z.B. *W. Grundmann,* Mt 339; *E. Schweizer,* Mt 193; *J. Gnilka,* Mt I 477 („Im Sinn des Mt müßte man sogleich vom Gleichnis zur Deutung forteilen"; ähnlich ebd. 492); *Ch. Burchard,* Senfkorn 80. *U. Luz* diskutiert Mt 20,1-15 als Gleichnis *Jesu* und erhebt den *matthäischen* Sinn anhand von V.16 (Mt III 146-153 und 153-155).
[6] Die frühe Arbeit von *J. D. Kingsbury,* die Gleichnisse und Allegoresen in Kapitel 13 je für sich auslegt, berücksichtigt in ihrem Vorgehen stark literaturwissenschaftliche Perspektiven, auch wenn Kingsbury selbst seine Methode als Redaktionskritik bezeichnet (vgl. Parables 10f). Vgl. außerdem die leserorientierten Arbeiten von *H. Frankemölle* (Mt, z.B. ebd. II 175.176) und *W. Carter/J. P. Heil* (Parables) v.a. zu Mt 13,3-9.18-23 bzw. 13,24-30.36-43.

gemacht, dass die Schlüsse nachgeordnet sind und im Zuge einer synchronischen Lektüre das Gleichnis zunächst für sich wahrgenommen wird. Die bisherige Untersuchung hat eine Vielzahl von Referenzsignalen im Vorfeld der Gleichnisse und innerhalb ihrer Schilderungen und Erzählungen ausgemacht. Ein Vorgehen, das sich bei der Gleichnisdeutung einseitig auf die Gleichnisschlüsse stützt, erscheint deshalb nicht plausibel. Allerdings hat der Gleichnisschluss auch synchronisch betrachtet zweifellos eine herausgehobene Position, insofern er das letzte Wort zum Gleichnis spricht. Zu klären ist das Verhältnis des Gleichnisschlusses zu anderen Referenzsignalen.

Es fällt auf den ersten Blick auf, dass die hier mit dem Oberbegriff „Gleichnisschlüsse" belegten Verse und Texte eine sehr unterschiedliche Gestalt haben. Sie differieren in ihrer Länge, in der Verknüpfung mit dem Gleichnis und in ihrer grammatischen Form. Einige sind in Dialoge eingebunden (13,18ff.37ff; 21,31f.42-44), andere nicht. Auch werden nicht alle Gleichnisse mit einem Schluss versehen.[7] Angesichts dieser Vielfalt liegt die Frage nach ihrer Funktion und ihrem Stellenwert für das matthäische Gleichnisverständnis nahe. In der Gleichnisforschung finden sich einige Bezeichnungen und Funktionszuschreibungen für die einschlägigen Texte, an die die folgende Untersuchung anknüpfen kann:

(1) Jülicher wendet sich im Zitat kritisch gegen „Deutungen". Als solche gelten ihm v.a. Mk 4,13-20 parr und Mt 13,37-43.[8] Diese Texte belegen für ihn die grundsätzlich allegorische Interpretationsweise der Gleichnisse in den Evangelien.[9] Der Mustercharakter dieser Auslegungen wird freilich von H. J. Klauck bestritten.[10] Hier besteht Klärungsbedarf.

(2) In historischer Rücksicht prinzipiell unproblematisch sind für Jülicher Fälle, in denen der Gleichnisschluss im Dienste der Bildung des *tertium comparationis* steht (vgl. z.B. Mt 24,33 parr[11] oder Mt 20,16[12]). Rudolf Bultmann bezeichnet solche und ähnliche Texte als „Anwendungen". Die Anwendungen sind nach Bultmann grundsätz-

---

[7] Ohne Applikation oder Auslegung bleiben von den klassischen Gleichnissen 7,24-27; 13,31f.33.44.45f.52; 24,45-51; 25,15-30; vgl. außerdem 5,13.25f; 6,22f; 7,3-5.6.13f; 9,15.16f; 12,29; 15,13;.14.26f; 24,28.

[8] Vgl. auch *R. Bultmann*, Geschichte 202, der die Texte als „ausführliche Deutung" kennzeichnet.

[9] Vgl. *A. Jülicher*, Gleichnisreden I 47.60.

[10] Vgl. *H. J. Klauck*, Allegorie 259.360.

[11] Vgl. *A. Jülicher*, Gleichnisreden II 9. Jülicher spricht etwas inkonsequent von V.33 als „der von Jesus selber gegebenen Deutung", macht im Folgenden aber den Unterschied zu allegorischen Deutungen kenntlich.

[12] Jülicher ist sich in der Beurteilung von 20,16 (resp. 16a, 16b wäre das textkritisch zweifelhafte zweite Logion) unsicher, prinzipiell ist es in seiner Funktion aber offenbar als ursprünglich denkbar (Gleichnisreden II 469.471). Jülicher paraphrasiert den möglichen ursprünglichen Sinn: „so wird im Himmelreich jeder Unterschied zwischen Letzten und Ersten verschwinden" (ebd. 469).

lich stilgemäß, auch wenn die Vorliegenden sich faktisch meist als sekundär erweisen.[13] Der Begriff „Anwendung" skizziert ihre Funktion: Sie dienen dem Bezug des Gleichnisses auf eine „Sache". Diese Sache der Gleichnisse wird in der Gleichnisforschung verschieden bestimmt. Häufig fällt das Schlagwort 'Gottesherrschaft' (v.a. für die Verkündigung Jesu); seit Jeremias ist auch immer wieder der Einfluss der Situation auf die „Sache" in der Diskussion. Gerhard Sellin hat für die Gleichnisse in den Evangelien programmatisch auf den literarischen Kontext verwiesen.[14] Klaus Berger spricht von der Ausgangsebene, die in den Gleichnisschlüssen zur Sprache komme[15], und meint damit jene Ebene, auf der in der üblicheren Weise über ein Thema geredet wird und in Relation zu der ein Text erst zum Gleichnis wird.[16] Auf dieser Ausgangsebene ist ein Ausgangsgegenstand gegeben (eine Person, eine sachliche Größe, ein gegebener Fall, ein Thema, eine Anfrage), der von der Bildebene her expliziert werden soll.[17] Allerdings hilft diese als übergreifendes Konzept gedachte Definition für die Gleichnisse in den Evangelien nur begrenzt weiter. Dieses Gefüge von Ebenen ist für Gleichnisse im Evangelium komplizierter. Die Gleichnisse begegnen im literarischen Kontext der erzählten Geschichte, in der sie von Jesus gesprochen werden, meist als Teil größerer Reden zu bestimmten Themen. Das Evangelium selbst hat einen Autor und Adressaten in einem historischen Umfeld. Viele Gleichnisse nennen die Basileia als Thema. Schließlich kreieren die Gleichnisse durch ihre Metaphorik, durch Begriffe, Formeln u.a. (mindestens) eine Bezugsebene der Gleichnisse. Wo in diesem Gefüge die „Sache" angesiedelt ist, auf die die „Anwendung" zielt, ist nicht von vornherein klar.

(3) Bultmann differenziert weiter nach Anwendungen durch einen Imperativ, durch den Schluss *a maiore ad minus*, Anwendungen *e contrario*, durch ein Logion oder durch ein Schriftwort. Die letzten beiden zeichnen sich dadurch aus, dass sie „nicht mit dem Gleichnis konzipiert, sondern aufgegriffen und angehängt" wurden.[18] Die Differenzierung greift Beobachtungen zur Form, zur Pragmatik und zur Herkunft der Anwendungen auf. Die folgende Untersuchung wird diesem Ansatz folgen.

---

[13] Vgl. *R. Bultmann*, Geschichte 199, auch 182.
[14] Vgl. *G. Sellin*, Lukas, 169-171; *ders.*, Allegorie 404-406.
[15] Vgl. *K. Berger*, Formgeschichte 55f.
[16] Vgl. ebd. 42.
[17] Vgl. ebd. 44.
[18] Vgl. *R. Bultmann*, Geschichte 199-202 (das Zitat ebd. 201), vgl. auch die Beobachtungen zu Bildworten ebd. 182f.

1. Die Funktion der Gleichnisschlüsse nach ihren einleitenden Partikeln, Konjunktionen etc.

Zur Frage nach Form und Funktion der Gleichnisschlüsse lässt sich eine erste Beobachtungsreihe anhand von Partikeln und Wendungen anstellen, welche die Deutung, Anwendung usw. einleiten und so zwischen dieser und der „Bildhälfte", der Gleichniserzählung, vermitteln. Es gibt zwar nicht immer eine solche vermittelnde Partikel und Wendung; Gleichnis und Anwendung können auch unverbunden nebeneinander stehen (z. B. 6,24; 12,25.33-37). Hier ist jedoch eine ähnliche Beobachtung wie bei den Einleitungen zu machen: Bei den klassischen, längeren und erzählenden Gleichnissen wird zum Gleichnisschluss stets in irgendeiner Form übergeleitet (wo immer ein solcher vorhanden ist).

Vier verschiedene Aufgaben und Funktionen signalisieren die Ein- und Überleitungen für Gleichnisschlüsse. Sie können *erstens* Analogieschlüsse ziehen oder anregen. Sie können *zweitens* dazu dienen, Folgerungen aus dem Gleichnis abzuleiten, so dass das Gleichnis zu einem Thema oder in eine bestimmte Situation hinein etwas zu sagen hat. In ihnen können *drittens* Erläuterungen gegeben werden, die eine bestimmte Interpretation des Gleichnisses nachvollziehbar machen sollen. Und sie können *viertens* eine autoritative Deutung vornehmen, deren Richtigkeit, Gültigkeit und Verbindlichkeit jeweils aus verschiedenen Gründen von Belang ist.

Die genannten Aufgaben und Funktionen werden anhand von Einleitungswendungen und Konjunktionen hergeleitet. Dies darf nicht zu dem Trugschluss führen, die entsprechenden Gleichnisschlüsse hätten ausschließlich diese Funktion oder nur so eingeleitete Gleichnisschlüsse böten eine Deutung, eine Erläuterung etc. Bei den als Folgerung, Erläuterung etc. eingeleiteten Gleichnisschlüssen steht die jeweilige Funktion im Vordergrund. Andere Funktionen können hinzutreten.

a) Analogieschlüsse ziehen

Am häufigsten[19] begegnet bei den längeren Gleichniserzählungen οὕτως („so, derart, ebenso": 12,45; 13,49; 18,14.35; 20,16; 24,33; vgl. 13,40, auch 5,16).[20] Das Wort stellt in den meisten Fällen einen Bezug

---

[19] Auch mit Blick auf die gesamte synoptische Überlieferung ist es nach *R. Bultmann* „sehr gewöhnlich", Anwendungen mit diesem Wörtchen anzuhängen (Geschichte 199). Eine Übersicht über die Stellen dort. Vgl. auch *K. Berger,* Formgeschichte 54f.

[20] Vgl. zur Verwendung von οὕτως *W. Bauer,* Wörterbuch 1208f; *H. G. Liddell/R. Scott,* Lexicon 1276f.

zum Vorausgehenden her[21] und zeigt eine Entsprechung, eine Korrespondenz, eine Analogie an. Dabei kann die vorrangige Funktion von οὕτως sein, das Vorausgehende aufzunehmen und in einem Wort zusammenfassen (vgl. 3,15; 5,19; 6,30; 9,33; 11,26; 19,8.10.12; 24,46). In anderen Fällen wird der Akt der Analogiebildung, die Entdeckung einer Entsprechung zwischen zwei Größen, deutlicher in das Blickfeld gerückt. Dies ist beim Vergleich der Fall. Das Nebeneinanderstellen von *zwei* Größen tritt besonders dann hervor, wenn οὕτως auf ὡς oder ὥσπερ folgt („wie ... so": Mt 12,40; 24,27.37.39), oder wenn es mit καί kombiniert auftritt („so auch": 17,12; 23,28; vgl. noch 7,12). Auch eine ausführlichere Durchführung des Vergleichs oder seine Erläuterung belegen das Interesse am Akt der Analogiebildung (5,16; 12,39-41; 17,13; 23,28; 24,37-41)[22]. Bei den Gleichnissen ist οὕτως ebenfalls als Signal zur Analogiebildung, für eine Suche nach Entsprechungen, zu werten, nicht nur weil auch hier ὥσπερ ... οὕτως (13,40) und οὕτως καί begegnen (12,45; 18,35; 24,33; vgl. auch οὕτως οὐκ in 18,14), sondern auch deshalb, weil es im Verbund mit anderen Referenzsignalen im Vorfeld und innerhalb des Gleichnisses begegnet. Zu nennen sind das Stichwort παραβολή, Vergleichsformeln zur Einleitung der Gleichnisse sowie allegorisierende Elemente in den Gleichnissen.

b) Folgerungen ziehen

Eine Gruppe von Überleitungen lässt sich unter die Kategorie „Folgerung" fassen. Eine erste entsprechend konnotierte Wendung ist διὰ τοῦτο („deshalb": 21,43 [διὰ τοῦτο λέγω ὑμῖν]; 24,44). διὰ τοῦτο weist das Vorangehende als den Grund für das aus, was nun zu sagen ist.[23] Es kann eine klare und präzise Folgerung anzeigen (14,2). Die Wendung διὰ τοῦτο λέγω ὑμῖν zur Einleitung eines neuen Abschnitts signalisiert aber durchaus auch eher vage oder lose Zusammenhänge (6,25; 12,31; 23,34). 21,43 greift über 21,42 hinweg auf V.41 zurück, eine Stellungnahme der Hohenpriester und Ältesten zu dem im Gleichnis erzählten Geschehen, die Jesus bestätigt und - im Lichte von V.42 - interpretierend weiterführt. 24,44 variiert die Mahnung von 24,42, die nun im Lichte des Gleichnisses als begründet erscheint. Erneut erfolgt mit διὰ τοῦτο der Rückgriff auf eine zuvor getroffene Formulierung.[24] Die mit διὰ τοῦτο eingeleiteten Folgerun-

---

[21] Ausnahmen sind Mt 1,18; 2,5; 6,9 und wohl auch 26,54. - Zur mt Verwendung auch *I. H. Jones*, Parables 340 Anm. 222.

[22] Vgl. auch das negierte οὕτως in 20,26.

[23] Vgl. *W. Bauer*, Wörterbuch 362 (διά B.II., bes. 2.).

[24] Neben unseren beiden Stellen lassen sich drei weitere Belege dem Feld „Gleichnis, Vergleich etc." zuordnen. In zwei Fällen ist διὰ τοῦτο Teil einer Gleichnis*einleitung* und stellt den Zusammenhang zu einem *dem Gleichnis vorausgehenden* Sachverhalt her, auf den das Gleichnis augenscheinlich zu beziehen

gen sind zum Teil klar und gut nachvollziehbar (12,27; 14,2). Ein
Blick auf die Verwendung insgesamt zeigt jedoch, dass nach
διὰ τοῦτο nicht unbedingt eine evidente, auf den ersten Blick
schlüssige Folgerung zu erwarten ist (vgl. 6,25; 12,31; 13,52; 18,23;
21,43; auch 24,44).[25] Matthäus markiert mit der Wendung offenbar
auch Zusammenhänge, die er herausgestellt sehen möchte, ohne dass
er sie präziser fassen kann oder will.
Eine Folgerung oder das Ergebnis aus dem Vorhergehenden zeigt auch
οὖν an („also, mithin, demnach, denn": 25,13; vgl. 13,40), wobei die
Konjunktion zum bloßen Signal für eine Verbindung verblassen
kann.[26] 25,13 wiederholt (leicht abgewandelt) die Mahnung aus 24,42.
Der Verwendung entspricht der von διὰ τοῦτο in 24,44. 13,40 paart
sich das Signal zur Folgerung mit einem zur Analogiebildung
(ὥσπερ ... οὕτως). Zur Verwendung von οὖν im Zusammenhang mit
Gleichnissen und Verwandtem sind die Schlüsse *a minore ad maius*
oder umgekehrt zu erwähnen. Sie verwenden z.T. οὖν (6,23; 7,9-11;
10,31), um die Folgerung zu eröffnen. Deren Gedankenstruktur liegt
25,13 aber nicht zu Grunde, denn es fehlt z.B. der typische Hinweis
auf den „Mehr-Wert", das Wichtiger-Sein der Adressaten gegenüber
den zum Vergleich Herangezogenen.

c) Erläuterungen geben

Nicht unter die Kategorie Folgerung zu fassen ist die Partikel γάρ, die
bei zwei der klassischen Gleichnisse zur Einleitung des Gleichnisschlusses dient (11,18; 22,14).[27] Daneben kann γάρ oder ὅτι auch in
„zweiter Reihe" stehen, d.h. den zweiten Satz eines mehrgliedrigen
Gleichnisschlusses einleiten (21,32 bzw. 24,44; 25,13). In den meisten
Fällen signalisiert γάρ einen kausalen Zusammenhang, in dem die an
zweiter Stelle stehende Aussage die vorausgehende begründen, erklären oder erläutern soll.[28] Auch ὅτι kann zur Einleitung kausaler
(Neben)Sätze dienen.[29] Dieses Verständnis bewährt sich auch für unsere Stellen.

---

ist (13,52; 18,23). In einem weiteren Fall dient die Wendung dazu, eine Folgerung
aus dem gleichartigen Verhalten Jesu und der „Söhne" der Pharisäer zu ziehen
(12,27). Bei Mt außerdem noch 13,13 (vorausweisend auf das folgende ὅτι).
[25] Vgl. *I. H. Jones*, Parables 193 Anm. 75.
[26] Vgl. *W. Bauer*, Wörterbuch 1199f; *H. G. Liddell/R. Scott*, Lexicon 1271f. Die
Verwendung bei Matthäus stellt *I. H. Jones*, Parables 339 Anm. 221 zusammen.
[27] Anders hält *R. Bultmann* γάρ und οὕτως für ziemlich gleichwertig (Geschichte
199).
[28] Vgl. *W. Bauer*, Wörterbuch s.v. unter 1. und 2.; *K.-H. Pridik*, Art. γάρ unter Nr.
2. – Eine folgernde Bedeutung für γάρ ist möglich (vgl. *W. Bauer*, a.a.O. Nr. 3; *K.-
H. Pridik*, a.a.O. Nr. 4), liegt an unseren Stellen aber nicht vor.
[29] Vgl. *W. Bauer*, Wörterbuch s.v. unter Nr. 3.

Die mit γάρ eingeleiteten Erläuterungen 11,18f und 22,14 beziehen sich nicht auf die Bildhälfte des Gleichnisses. 11,18f wird nicht das Verhalten der Kinder erklärt. Die Aussage von 22,14, viele seien gerufen, wenige aber auserwählt, passt weder zu den Erstgeladenen im Gleichnis, von denen ja keiner kommt, noch zu den Zweitgeladenen, von denen nur einer den Saal verlassen muss. Erläutert wird nicht das in der Erzählung geschilderte Geschehen selbst. Um die Erklärung nachvollziehen zu können, muss man vielmehr wissen, dass in 11,18f vom Verhalten dieser Generation (vgl. 11,16) und in 22,14 von der Teilhabe an der Basileia (vgl. 22,2) die Rede ist. Erläutert wird eine *vorausgesetzte* Deutung des Gleichnisses. Diese Struktur liegt auch in 21,32; 24,44b; 25,13b vor. Sie alle erläutern vom Gleichnis her[30] die an erster Stelle stehende Folgerung. Insofern sind die Begründungen ein Beitrag zu der Interpretation des Gleichnisses, die die Folgerung leistet. Im Unterschied zu 11,18f und 22,14 wird die Interpretation zuvor explizit, wenn auch knapp, ausgeführt.[31]

d) Autoritative Deutungen vornehmen

In drei Fällen begegnen Deutungen, die über einen Dialog mit dem Gleichnis verknüpft sind. Eine Frage der Jünger leitet die Deutung ein oder bereitet sie vor. Im ersten Fall schließt die Gleichnisdeutung (13,18-23) an eine Belehrung über den Sinn der Gleichnisse an (13,11-17), die durch eine Frage der Jünger angeregt wurde (13,10). In den beiden anderen Fällen (13,36-43; 15,15-20) fragen die Jünger ausdrücklich nach einer Deutung oder Erklärung des Gleichnisses (13,36: διασάφησον[32]; 15,15: φράσον). Die Deutung des Wortes über Rein und Unrein (15,15ff) fällt formal und inhaltlich aus dem Rahmen, wie ja auch schon das „Gleichnis" selbst nur am Rande als eine Form gleichnishafter Rede gelten kann. Da jedoch das Stichwort παραβολή fällt und formal deutliche Parallelen in der Überleitung zur Erklärung bestehen, wird der Text mit einbezogen.
Auch andere Gleichnisse (mit Deutungen, Anwendungen usw.) sind Teil von Gesprächen (z.B. 21,28 - 22,14). Die Besonderheit der hier genannten drei Fälle liegt darin, dass durch die Einleitung das Augenmerk auf den Akt des Deutens gelenkt wird. Durch die Fragen nach dem φράζειν und διασαφεῖν (beide etwa „erklären, deuten"[33]) und

---

[30]   Vgl. die Stichwortbrücken: μεταμέλομαι: 21,30 + 32; 24,43 + 44: ἔρχομαι; 25,1ff: ἕτοιμος bzw. γρηγορέω; χρονίζω/μέσης νυκτός bzw. ἡμέρα/ὥρα.

[31]   Bei 11,18f und 22,14 zeigen nur die Einleitungen die Interpretation an.

[32]   Es existiert die Variante φράσον; siehe dazu oben B.II. Anm. 29.

[33]   Beide Begriffe sind als Deutetermini in der griechischsprachigen Literatur belegt; vgl. *H. J. Klauck*, Allegorie 92 Anm. 286. 94 Anm. 294. 207 Anm. 105. διασαφέω kann auch „(genau) berichten" bedeuten (vgl. Mt 18,31; siehe *W. Bauer*, Wörterbuch 377). *E. Lohmeyer* (Mt 223) meint, die Jünger verlangten keine Deutung, sondern einen Bericht des Gleichnisses, d.h. eine Wiedergabe in den

durch die eingeschobene Parabeltheorie wird dem Deutevorgang seine
Selbstverständlichkeit genommen. In 13,18 werden die Jünger zum
Auftakt der Deutung, 13,43 bei ihrem Abschluss zum Hören aufgefordert, in 15,16 wegen ihres Unverständnisses getadelt. Deutlich
sind die Signale: das Verstehen der Gleichnisse ist nicht evident.[34] In
dieser Situation wenden sich die Jünger an Jesus, den Sprecher der
Gleichnisse. Er ist auch ihr kompetenter Ausleger. Im Matthäusevangelium sind die Jünger mit Jesu Hilfe lernfähig und -willig. Das zeigen
für unsere Zusammenhänge in 13,18 die Aufforderung zu hören (vgl.
13,43), nachdem 13,11ff den Jüngern die Gabe des Erkennens und des
Hörens zugesagt wurde,[35] oder in 13,51 die positiv beantwortete Frage,
ob sie verstehen.[36] Dass die Jünger prinzipiell verstehen können,
schimmert selbst im Tadel 15,16 noch durch, wenn Matthäus das
Unverständnis der Jünger mit „immer noch" (ἀκμήν) als ein
vorübergehendes, prinzipiell überwindbares kennzeichnet.[37]

In diesem Zusammenhang steht auch der Weckruf zum Abschluss des Sämann-
Gleichnisses (13,9). Er hat - zumindest für die Jünger - nur vorläufig abschließenden Charakter. Das Hören wird in der Parabeltheorie thematisiert. Der Imperativ
selbst wird in 13,18 wieder aufgenommen und leitet damit zur Auslegung des
Sämann-Gleichnisses über. Für die Menge ist der Ruf zu hören nach den Aussagen
von 13,13-15 letztlich ein leeres, weil fruchtloses Signal.[38]

Nicht in der Anrede an seine Jünger, sondern im Gespräch mit seinen
Gegnern verwendet der matthäische Jesus λέγω ὑμῖν (21,31c:
ἀμὴν λέγω ὑμῖν; 21,43: διὰ τοῦτο λέγω ὑμῖν). Die Formel ist
Signal für die Autorität des Sprechers und die Gewichtigkeit des

---

Jüngern gemäßen Form, die sich von jener Form unterscheidet, die dem Volk gemäß ist, nämlich der Gleichnisform (vgl. Lohmeyers Auslegung zu 13,13!). Das
lässt sich m.E. nicht halten, da Mt sowohl in Kap. 13 wie außerhalb die Gleichnisform in Texten verwendet, die sich nur an Jünger richten. *J. Kingsbury* (Parables
95) erwägt im Anschluss an Lohmeyer, 13,36 signalisiere gar kein Verstehensproblem. Das scheint mir im Kontext (13,37ff ist nun einmal eine Auslegung des
Textes, exklusiv an die Jünger gerichtet) und mit Blick auf 15,15f unwahrscheinlich. Die Mehrzahl der Ausleger sieht die Jünger nach einer Deutung fragen.
[34] Für ein näheres Verständnis ist die Semantik des Begriffs παραβολή in diesem
Zusammenhang ebenso in Erinnerung zu rufen wie vor allem die matthäische Parabeltheorie (Mt 13,10-17).
[35] Vgl. *W. D. Davies/D. C. Allison*, Mt II 399.
[36] Vgl. *U. Luz*, Mt II 363.
[37] Vgl. *J. Gnilka*, Mt II 26.
[38] Nur insofern der Weckruf für die Menge fruchtlos bleibt, ist es richtig, wenn *U.
Luz* schreibt, der Vers sei schon ganz auf die folgende Paränese an die Adresse der
Jünger ausgerichtet (Mt II 308). Zunächst signalisiert er *für alle* die Möglichkeit,
dass es hier mehr herauszuhören gibt (vgl. *D. A. Hagner*, Mt I 369), ebenso die
Gefahr, etwas könne überhört werden (vgl. *J. Gnilka*, Mt I 479). Erst im Folgenden
wird klar, wie sich diese Möglichkeiten realisieren.

Folgenden.[39] Voraus geht in beiden Fällen, dass Jesus seine Adressaten zum Gleichnis befragt und von ihnen eine (richtige) Antwort erhält (21,31; 21,43). Dieses Gespräch verbleibt auf der Ebene des erzählten Geschehens, es bezieht sich auf das Verhalten der Figuren des Gleichnisses. Jesu Antwort in 21,31c und 43 bedeutet demgegenüber einen Neuansatz und eine neue Sinnebene, denn er liefert eine *Interpretation* des Gleichnisses, indem er es auf die Adressaten, ihr Verhalten und ihre Zukunft bezieht.[40] In beiden Fällen wird den Adressaten ein (negatives) Urteil gesprochen.[41] Eben diese Interpretation, ihre Richtigkeit und Tragweite, unterstreicht λέγω ὑμῖν.

Zusammenfassung: Die Gleichnisschlüsse, v.a. die Folgerungen und Deutungen zeigen: Die Gleichnisse sind auf eine „Sache", ein Thema, eine Situation oder Personen hin zum Sprechen zu bringen, sie sind auslegungsbedürftig. Ihre Fähigkeit, zu einem Thema oder einer Situation etwas zu sagen, beruht auf der Entsprechung von Gleichniserzählung und „Sache". Diese Entsprechung wird wie schon durch Vergleichsformeln so auch durch die Einleitung des Gleichnisschlusses mit „so" angezeigt und durch Stichwortbrücken, Strukturentsprechungen etc. zwischen Erzählung und Schluss untermauert. Der Zusammenhang zwischen Gleichniserzählung und „Sache" ist nicht immer evident, wie die Erläuterung von Folgerungen („denn") oder die Frage der Jünger nach einer Deutung zeigen. Die Auslegung der Gleichnisse verlangt einen kompetenten Interpreten. Diese Kompetenz kommt zuallererst Jesus zu. Dies bedeutet nicht, dass jedes Gleichnis einer expliziten Deutung durch ihn bedarf, um verstanden werden zu können. Aber jeder, der die Gleichnisse verstehen will, muss sie von ihm her, mit Blick auf seine Verkündigung der Basileia und auf seine Person auslegen (vgl. 13,11-17).

---

[39] Vgl. *K. Berger*, Formgeschichte 54; für unsere Belange weniger ergiebig ist *R. Bultmann*, Geschichte 197.199, der diese Form des Gleichnisschlusses aber ebenfalls diskutiert.
[40] Vgl. *K. Berger*, Formgeschichte 54: „abschließende Hinführung zur Ausgangsebene" als eine mögliche und in Mt 21,31.43 gegebene Funktion dieser Form von Gleichnisschluss.
[41] Vgl. *K. Berger*, Einleitungsformel 71f.

2. Die Pragmatik der Gleichnisschlüsse

Eine weitere Differenzierung der Gleichnisschlüsse kann nach der
Form und Pragmatik der Sätze und Texte vorgenommen werden, die
laut ihren einleitenden Partikeln, Konjunktionen und Wendungen
Analogieschlüsse, Folgerungen, Erklärungen oder Deutungen zum
Gleichnis bieten. Die Gruppen, die sich ergeben, sind mit denen der
oben zuerst skizzierten Unterscheidung nicht identisch. Deshalb erfolgt ihre Darstellung in einem neuen Abschnitt. Die Gruppen sind
ebenfalls nicht völlig trennscharf; derselbe Text kann mehreren pragmatischen Impulsen zugeordnet sein. Dennoch lassen sich deutlich drei
solche Impulse unterscheiden.

a) Mahnen und belehren

Die Verben der mit οὕτως, διὰ τοῦτο oder οὖν eingeleiteten Folgerungen sind fast durchweg Imperative (24,33.44; 25,13) oder futurische Indikativ-Formen (12,45; 13,49; 18,35; 20,16; 21,43; vgl.
13,40).[42] Diese Beobachtung lässt sich mit nahezu identischem Ergebnis bei Vergleichen und Bildworten machen, aus denen in dieser Art
Folgerungen gezogen werden (vgl. 5,16 bzw. 7,20; 12,40; 17,12[43];
20,26[44]; 24,27.37.39). Hier überwiegen futurische Formen noch stärker.[45] Es gibt unter den klassischen Gleichnissen nur zwei Ausnahmen
von dieser Regel, nämlich 18,14 und 21,31. 18,14 ist zwar nicht
sprachlich, doch in der Sache klar ein Imperativ, da Jesus hier den
„Willen des Vaters im Himmel" ausspricht.[46] 21,31c ist eine vor allem
die Zukunft betreffende Aussage.[47] Folgerungen, die als Imperativ
oder als futurischer Aussagesatz formuliert sind, besagen etwas über
gewünschtes Handeln und zukünftiges Geschehen. Es werden also aus
den Gleichnissen Konsequenzen gezogen, wie es sein *soll* oder sein

---

[42] R. *Bultmann* bespricht οὕτως-Anwendungen mit Imperativ, vgl. Geschichte
200.
[43] μέλλειν mit Inf. umschreibt das Futur, vgl. *F. Blaß/A. Debrunner(/F. Rehkopf)*,
Grammatik § 356; *E. G. Hoffmann/H. von Siebenthal*, Grammatik § 202k.
[44] Dieses Futur kann als Ersatz für einen Imperativ aufgefasst werden, vgl. *F.
Blaß/A. Debrunner(/F. Rehkopf)*, Grammatik § 362; *E. G. Hoffmann/H. von
Siebenthal*, Grammatik § 202f.
[45] Matthäus liebt insbesondere die Formulierung οὕτως ἔσται, vgl. *U. Luz*, Mt I
69.
[46] Eine zweite Ausnahme sind die Schlüsse *a minore ad maius* o.ä., die allerdings
nicht bei den längeren, erzählenden Gleichnissen vorkommen. Sie fügen sich nicht
in das Schema, bilden in sich aber eine homogene Gruppe. Hier zielt die Folgerung
eher auf einen gegenwärtigen Ist-Zustand, der allerdings meist einen Imperativ
impliziert, der sich aus dieser gegenwärtigen Lage ergibt (z.B. Gott sorgt sich um
die Seinen, also macht euch keine Sorgen; vgl. Mt 6,25ff).
[47] Zum Verständnis vgl. unten B.V.2.c (hier S. 269f).

wird. Die futurischen Aussagen betreffen häufig das Himmelreich[48] und das Gericht[49]. Vielleicht lässt sich formulieren: Die Gleichnisse beinhalten Aussagen über die normative Struktur der Welt, darüber, wie die Welt in Gottes Augen sein soll und was in diesem Sinne ihre wahre Gestalt ist.

Die überwiegende Mehrzahl der Folgerungen enthält überdies Personalpronomina der 2. Person Plural, nicht nur die Imperative (24,33.44; 25,13), sondern auch die futurischen Sätze (18,14.35; 21,43; vgl. 21,31c). Man wird sie als direkte Mahnungen (24,33.44; 25,13) oder zumindest als mahnende Belehrungen (18,14.35) kennzeichnen können.[50] Auch 12,45 und 21,43 schweben zwischen Mahnung, Prophezeiung und Urteil (vgl. auch 21,31c).[51] Die Mahnungen sind Konsequenz des Themas. Aus dem Wissen um den Willen Gottes, sein Reich und das Gericht folgt notwendig der Impuls, diesen Maßgaben entsprechend zu handeln.[52] Die Mahnungen spricht Jesus aus, wie er es auch in anderen Zusammenhängen tut. Er ist der Lehrer und Offenbarer, der um den Willen des himmlischen Vaters weiß (vgl. bes. 18,14.35).[53]

b) Erfahrungen, Einsichten oder geoffenbartes Wissen erinnern

Am Ende einiger Gleichnisse finden sich Sentenzen mit absolutem Charakter: 20,16 und 22,14, vgl. auch 25,29.[54] Sie sind sehr allgemein formuliert („Erste/Letzte", „viele/wenige", „der, der (nicht) hat"). Die Sätze begegnen identisch oder ähnlich in verschiedenen matthäischen und außermatthäischen Zusammenhängen (vgl. zu Mt 20,16: Mt 19,30; Lk 13,30; zu Mt 22,14: Mt 20,16 v.l.; 4Esr 8,3.41; zu 25,29: Mt 13,12; Mk 4,25). Solche Sentenzen treffen eine grundsätzliche Aussage, formulieren eine über die konkrete Situation hinaus gültige und

---

[48] 21,31.43: βασιλεία τοῦ θεοῦ; 13,24-30.47-50; 18,23-35 und 20,1-16 sind laut ihren Einleitungen Himmelreich-Gleichnisse.
[49] Vgl. 12,45 (mit 12,41f); 13,49; 18,35; 20,16 (mit 19,28-30); 21,43 (mit V.44), wahrscheinlich auch 21,31.
[50] Vgl. auch *K. Berger,* Formgeschichte 55. Zum paränetischen Charakter mt Gleichnisse allgemein vgl. *J. R. Donahue,* Gospel 200-203; *U. Luz,* Mt II 372f; *J. Lambrecht,* Treasure 286f.
[51] Vgl. *J. Gnilka* zu Mt 12,45: „Im Kontext ist das Wort immer noch Ansage, nicht Feststellung." (Mt I 468).
[52] Vgl. dazu *J. R. Donahue,* Gospel 200-203 („Eschatology and Ethics"); *U. Luz,* Mt II 373f.
[53] Schlüsseltexte zu dieser Mittler- und Offenbarerrolle Jesu sind 11,25-27; 12,15-21; 17,1-9 und 28,16-20; vgl. auch 3,13-17 (bes. das Gegenüber von V. 15 und V. 17). Zum Lehrer vgl. z.B. die Bergpredigt (5,1 - 7,29) oder die Lehr- und Streitgespräche (bes. 8,19; 12,38; 19,16; 22,16.24.36).
[54] Zu den Sentenzen als Abschluss der Gleichnisse *R. Bultmann,* Geschichte 200f (er spricht von „Logien"); *K. Berger,* Formgeschichte 50f. Zu den folgenden Überlegungen *K. Berger,* a.a.O. 51.

bedeutsame Erfahrung, Einsicht oder Lehre.[55] Ihr absoluter Charakter legt nahe, sie zunächst für sich selbst zu betrachten und zu verstehen, um sie dann in einem zweiten Schritt deutend auf das Gleichnis zu beziehen.[56]

20,16 variiert 19,30, passt die Reihenfolge von „Ersten" und „Letzten" an das Gleichnis an und setzt statt πολλοί den Artikel. 19,30 ist der Schlusspunkt unter das Gespräch über den Lohn der Nachfolge (19,27-30; vgl. 19,16ff). Er weitet den Blick über die erzählte Situation und die daran Beteiligten hinaus, indem er eine allgemein formulierte „theo-logische These" anfügt.[57] Am Ende des Gleichnisses greift Matthäus diese These noch einmal auf. Wegen des Bezuges auf 19,30 und des einleitenden οὕτως ist V.16 wahrscheinlich als Kommentar des Gleichniserzählers Jesus, nicht als Rede des Königs aus dem Gleichnis zu werten. Durch die (variierte) Wiederholung etabliert er einerseits eine Beziehung zwischen Gleichnis und Kontext[58], andererseits lässt die allgemeine Formulierung Raum für vielfältige Applikationen der These, die den Kontext, die (Heils)Geschichte oder die Gegenwart der Adressaten als Bezugsfeld wählen.[59]

22,14 ist ebenfalls zu einem gewissen Grad selbständig gegenüber der Gleichniserzählung. Der Satz passt nicht ganz zur erzählten Geschichte, sondern erschließt sich erst im Zusammenhang mit dem gedeuteten Gleichnis. Er dürfte ebenso wie 20,16 Kommentar des Gleichniserzählers Jesus sein.[60] Wieder lässt die allgemeine Formulierung Spielraum für neue Auslegungen.[61] Da in diesem Fall eine Kontext vermittelnde Funktion fehlt, tritt noch deutlicher hervor, dass das Anhängen einer solchen allgemein gehaltenen, sprichwortartigen[62] Sentenz den grundsätzlichen Charakter und die weitreichende Bedeutung der Gleichnisaussage signalisiert.[63]

---

[55] Sentenzen folgen auch auf Bildworte oder Vergleiche. Mt 7,17.20 begegnet ähnlich 12,33 par Lk 6,44. Der Satz ist als allgemeine Regel formuliert. Das gilt etwas abgeschwächt z.B. auch für 6,21.

[56] Vgl. zur Begründung die Überlegungen in der Auslegung von 13,12 (oben S. 105-107).

[57] Die Formulierung bei *H. Frankemölle*, Mt II 291. *U. Luz* (Mt II 130) sieht eine mit Blick auf die Leser bewusst offene Formulierung, nach *J. Gnilka* (Mt II 173) ist der Vers in die Gemeinde hinein gesprochen.

[58] Vgl. neben anderen *H. Frankemölle*, Mt II 285.

[59] Vgl. *H. Frankemölle*, Mt II 291; ähnlich *J. Gnilka,,* Mt 181; *U. Luz*, Mt III 154 („Matthäus läßt hier wohl bewußt eine Leerstelle...").

[60] Vgl. neben anderen *J. Gnilka*, Mt II 234; *U. Luz*, Mt III 231.

[61] *E. Schweizer* schreibt, der Satz sei „nicht eigentlich eine Deutung des Gleichnisses ... sondern schon eine predigtartige Anwendung." (Mt 275). Nach *J. Gnilka*, behandelt der Vers noch einmal die Frage, wer die Berufenen sind (Mt II 242). Das wäre eine spezielle, zweifellos zentrale Frage, die sich beim Erzählen und Auslegen des Gleichnisses für neue Hörer ergibt.

[62] Vgl. *A. Sand*, Mt 439.

[63] Vgl. *U. Luz*, Mt III 246.

25,29 ist kein Gleichnisschluss, sondern Rede einer Gleichnisfigur. Es folgen in Vers 30 zwei weitere von dieser Figur gesprochene Sätze, die sich unmittelbar auf das erzählte Geschehen beziehen. Von den umgebenden Sätzen hebt sich V. 29 durch seine verallgemeinernde, die spezifischen Umstände des Gleichnisses weitgehend ausblendende Formulierung ab.[64] Bezöge man den Vers nur auf die Gleichniserzählung, wäre er seltsam redundant. Inwiefern er eine Begründung (γάρ) für das Geschehen bietet, bliebe dann völlig unklar. Auch wenn V.29 besser als 20,16 oder 22,14 zu den Gegebenheiten der Gleichniserzählung passt[65] und narrativ in diese Erzählung eingebunden ist, gewinnt er nur dann Gewicht, wenn er sich Autorität von außerhalb der Gleichniserzählung „leiht", d.h. auf allgemeine Erfahrungen verweist, ein bekanntes Sprichwort ist, die Schrift zitiert oder etwas Ähnliches. Der Satz hat weisheitliche und rabbinische Parallelen[66], ist in diesem Fall aber vor allem aus Mt 13,12 als ein Grundsatz göttlichen Handelns bekannt. Außerdem ist - eine Auslegung des Gleichnisses vorausgesetzt - hinter dem Herrn des Gleichnisses im Kontext des Matthäusevangeliums unschwer der wiederkehrende Menschensohn zu erkennen. Erst in diesen Zusammenhang hineingestellt vermag der Vers als Begründung (γάρ) zu dienen.

Eine in mancher Hinsicht ähnliche Funktion wie die Sentenzen erfüllen die Schriftzitate im Anschluss an das Winzergleichnis (Mt 21,42.44). Auch sie haben eine die konkrete Anwendung überschreitende Bedeutung. Im Zusammenspiel mit dem Gleichnis eröffnen die christologisch gedeuteten Schriftworte der christologisch gelesenen Erzählung eine Perspektive auf die Auferstehung und die Parusie hin.[67] Auf 21,42-44 ist unten noch einmal ausführlicher einzugehen.

Alle drei Sentenzen (20,16; 22,14; 25,29) beziehen sich nicht auf die erzählte *Geschichte* in engeren Sinne, sondern auf die *gedeutete* Erzählung (vgl. auch 21,42-44). Es besteht eine Korrespondenz zwischen dem Wissen, das die Sentenz formuliert, und dem referentiellen Sinn des Gleichnisses.

---

[64] Die Worte ἔχω, δίδωμι und αἴρω, aus denen der Satz v.a. gebildet ist, begegnen im Kontext. Der unspezifische Charakter entsteht dadurch, dass Subjekte, Akkusativ- und Dativobjekte ganz ausgelassen oder mit Hilfe dieser Verben umschrieben werden, statt dass konkret Personen oder Größen aus dem Gleichnis benannt würden (Herr, Sklave, Talent, ...) oder mit Pronomina auf sie Bezug genommen würde.

[65] Wenn man sich in irgendeiner Weise vorstellen will, dass einem, der nicht hat (nicht: *nichts* hat, gegen *U. Luz*, Mt III 508), genommen wird, was er hat, landet man m.E. nahe bei einem Geschehen wie dem, das erzählt wird. Anders *W. D. Davies/D. C. Allison*, Mt III 410; *U. Luz*, Mt III 497.508.

[66] Vgl. Spr 9,9 sowie *H. L. Strack - P. Billerbeck*, Kommentar I 660f.

[67] Vgl. zu deutende Schriftworten bei Gleichnissen *R. Bultmann*, Formgeschichte 201 und v.a. *K. Berger*, Formgeschichte 51.

Weshalb eignet den Sentenzen die Kraft, zum Erhellen der Gleichnisse
beizutragen? Die Schriftzitate 21,42.44 besitzen ihre Autorität als Teil
der von Gott geoffenbarten Schrift, die nach matthäischer wie allgemein frühchristlicher Überzeugung von Christus Zeugnis ablegt.[68] Die
Sentenzen haben als Worte Jesu, des Sohnes Gottes und Offenbarers
des Vaters (vgl. 11,25-27), Gewicht. Der Schatz der Worte Jesu erhellt
sich hier gegenseitig. Noch deutlicher tritt dies diachronisch hervor,
wenn 20,16 und vielleicht auch 22,14 als matthäische Zusätze zum
Gleichnis betrachtet werden dürfen und Matthäus die Sätze als Her-
renworte kannte. Das gegenseitige Erhellen von Worten Jesu ist inter-
pretationstechnisch etwas anders, als ein Gleichnis mahnend auf eine
Thema oder eine Situation anzuwenden, auch wenn die Logien zweifellos einen mahnenden Ton tragen. Es unterscheidet sich von einer
Auslegung, die das Gleichnis zu vergangenen oder zukünftigen Ereignissen in Beziehung setzt, auch wenn alle drei Logien auf das endzeitliche Gericht oder die vollendete Basileia zu beziehen sind. Die Worte
Jesu werden als ein Corpus betrachtet, der vorgegeben und in gewissem Maße geschlossen ist, dessen Bestandteile sich wechselseitig zu
erhellen vermögen, auch wenn sie nicht in einem Zusammenhang miteinander überliefert werden und unterschiedlichen Gattungen angehören. Inwiefern es zusätzlich eine Rolle spielt, dass diese und ähnliche
Sätze als Sprichwort, als weisheitliche Sentenz, als Wissen der Apokalyptik bekannt waren, ist nicht mehr nachvollziehbar. In einem solchen Falle würde nicht nur auf den Schatz der Verkündigung Jesu,
sondern auch auf den Schatz menschlicher Erfahrungen und Weisheit
zurückgegriffen.

c) Geschichte erinnern und prophezeien

In der dritten hier zu betrachtenden Gruppe besteht der Gleichnisschluss in der Schilderung eines Geschehens. Das angesprochenen
Geschehen ist offenkundig nicht fiktiv wie die Gleichniserzählungen.
Vielmehr wird in den Gleichnisschlüssen z.B. über Personen aus dem
umgebenden Evangelium, über Jesus und den Täufer (11,18f), über
diese Generation (12,45) und über den Menschensohn (13,37ff) gesprochen. Der Bezug auf den Kontext spiegelt sich auch in den verwendeten Tempora, die vermehrt, wenn auch nicht konsequent (vgl.
11,18f), der „besprechenden" Tempusgruppe angehören (Präsens, Futur).[69] Für die Frage einer allegorischen Auslegung der Gleichnisse ist
diese Form der Gleichnisschlüsse von großer Bedeutung. Eine detail-
liertere Analyse als sonst ist erforderlich. Im Zentrum steht die Frage,
auf welches Geschehen die Gleichnisschlüsse zielen.

---

[68]   Bei Mt mag der Hinweis auf die Erfüllungszitate oder 26,54.56 genügen.
[69]   Zu dieser Unterscheidung der Tempora durch *H. Weinrich* (Tempus) vgl. oben
S. 163.

11,18f: Die Verse sprechen vom Täufer und von Jesus. Nach dem Matthäusevangelium ist das Wirken dieser beiden eng aufeinander bezogen, beide sind - wie später die Jünger (10,7; vgl. 24,14; 26,13) - Verkünder (κηρύσσειν) des nahekommenden Himmelreiches (3,1 bzw. 4,17; vgl. zu Jesus noch 4,23; 9,35).[70] Beteiligt am angesprochenen Geschehen ist außer diesen beiden „diese Generation" (vgl. 11,16). Der Ausdruck ἡ γενεὰ αὕτη meint, wie es biblischer Sprache entspricht und die Verse 11,18f zeigen, die Zeitgenossen des Täufers und Jesu.[71] Für eine verallgemeinernde Bedeutung („dieses Geschlecht" im Sinne von „dieses Volk Israel" o.ä.) gibt es im unmittelbaren Kontext keine Anzeichen.[72] Strittig ist in der jüngeren Diskussion, ob an die Zeitgenossen insgesamt[73] oder speziell an die Führer des Volkes[74] gedacht ist. Das beschriebene Geschehen setzen 11,18f als ein wirklich geschehenes voraus, auch wenn es zuvor nicht ganz genau so erzählt worden ist.[75] Hinter der Erzählung des Evangeliums steht die umfassende Geschichte des Wirkens Jesu.[76]

---

[70] Vgl. zur engen Zuordnung Täufer – Jesus auch 3,15; 11,1ff, bes. 11,12; 14,12; 17,10-13; 21,23-27. Schwierig ist der Vers 11,11, der für sich betrachtet Johannes aus dem Basileia-Geschehen auszuschließen scheint. Man wird den Vers für Mt im Kontext der anderen Stellen verstehen müssen und nicht in diesem Sinne deuten dürfen (vgl. *U. Luz*, Mt II 179f; *G. Häfner*, Vorläufer 231; *H. Frankemölle*, Mt II 109). - Zu Johannes dem Täufer im Matthäusevangelium vgl. *G. Häfner*, Vorläufer; *H. Frankemölle*, Johannes; *G. Yamasaki*, John.

[71] Vgl. *J. Gnilka*, Mt I 422; *U. Luz*, Mt II 187f; *H. Frankemölle*, Mt II 115; ausführlicher zur Wendung *M. Reiser*, Gerichtspredigt 200-202; zur Forschungslage *G. Häfner*, Vorläufer 259 mit Anm. 2-4.

[72] Als Aussage über „Israel" deutet offenbar *M. Meinertz* (Geschlecht, bes. 285f.289) den Terminus im gesamten NT, ohne freilich speziell Mt 11,16 ausführlich zu diskutieren.

[73] So offenbar *U. Luz*, Mt II 188 (von 11,12 her).

[74] So *G. Häfner*, Vorläufer 260f (weil sie die Gegner des Täufers sind und weil an vielen anderen Stellen Pharisäer, Schriftgelehrte und Sadduzäer mit dem Begriff belegt werden: 12,39.41.42.45 mit 38; 16,1; 23,36 mit 35).

[75] Der unmittelbare Kontext setzt eine skeptische oder ablehnende Reaktion dem Täufer gegenüber voraus (11,2-14, bes.7ff). Zum Vorwurf an Jesus in 11,19 vgl. 9,11.14.

[76] V.18f ist bei genauerem Hinsehen als Auslegung des Gleichnisses nicht leicht zu verstehen. Einen Einblick in die Diskussion bieten *D. Zeller*, Bildlogik 253-255; *J. Gnilka*, Mt I 422f; *U. Luz*, Mt II 184-187; *I. H. Jones*, Parables 267-269 (ausführliche Lit. bei *G. Häfner*, Vorläufer 264-270). Unterschieden werden können drei Grundmodelle (nach *U. Luz*, a.a.O.). Das Verhalten „dieser Generation" kann:
(1) gegen die Einleitungsformel in den *gerufenen* Kindern gesucht werden (so z.B. *J. Schmid* Mt 194; *W. Grundmann* Mt 311); einige Autoren sehen dieses Verständnis erst zu einem späteren Zeitpunkt der Überlieferung gegeben, wenn allegorisierend in den Aufforderungen zu tanzen oder zu trauern die Verkündigung des Täufers resp. Jesu erkannt wird (vgl. z.B. *A. Sand*, Mt 243; *J. Gnilka*, Mt I 423f);

12,45: Auf einen nicht näher benannten Zeitpunkt in der Zukunft bezieht sich der Schluss der Erzählung vom unreinen Geist. Was danach geschehen soll, wird nicht gesagt, sondern ist nur aus dem Gleichnis zu erschließen. Im Kontext (12,41f) könnte der Vers wegen seines futurische Bezuges vom Jüngsten Gericht sprechen.[77] Einige Ausleger denken auch an innergeschichtliche Wendepunkte wie die Auferstehung[78] oder die Zerstörung Jerusalems[79]. „Im Kontext ist das Wort immer noch Ansage, nicht Feststellung."[80] Angesprochen sind nach 12,38f die Schriftgelehrten und Pharisäer, die von Jesus ein Zeichen fordern (vgl. 12,41f). Sie als „Generation/Geschlecht" zu bezeichnen, hat eine verallgemeinernde Tendenz. Mit 11,16ff könnte man an die Zeitgenossen Jesu denken[81], oder alternativ an „das Volk"[82]. Das Motiv des Ehebruchs (V.39: γενεὰ πονηρὰ καὶ μοιχαλὶς) kann auf das Erwählungsverhältnis Gottes zu seinem Volk verweisen (Jer 3,1 - 4,4; 13,27; Ez 23; Hos 1-3; 5,3-4), trifft aber nicht immer das Volk in seiner Ganzheit, sondern durchaus nur Teile (Jes 57,3; die Wächter des

---

(2) mit der Einleitungsformel in den *rufenden* Kindern gesucht werden (so z.B. *J. Jeremias,* Gleichnisse 161; *W. D. Davies/D. C. Allison,* Mt II 262; *G. Häfner,* Vorläufer 168);
(3) eine Unschärfe der Einleitungsformel vorausgesetzt in dem kindlichen Verhalten insgesamt gesucht werden (so schon *A. Jülicher,* Gleichnisreden II 32 und viele andere Ausleger, z.B. *J. Gnilka, U. Luz, H. Frankemölle* in ihren Kommentaren).
Die Pointe wird mal darin gesehen, dass die Kinder durch ihr Verhalten das Spiel verpassen (z.B. *M. Dibelius,* Überlieferung 17; *P. Hoffmann,* Studien 226; *A. Sand,* Mt 242), mal in der Launenhaftigkeit (vgl. *A. Jülicher,* Gleichnisreden II 32; *J. Schmid,* Mt 194; *F. Mußner,* Kairos 606), der Widerspenstigkeit (*J. Gnilka,* Mt 423), der falschen Einstellung und Erwartung (*A. Sand,* Mt 243) oder der Gegensätzlichkeit der Spielwünsche (*U. Luz,* Mt II 186; *G. Häfner,* Vorläufer 269). Die Anwendung V.18f wird bei den einen als zur Gleichnispointe passend (z.B. *Luz),* bei den anderen als (allegorisierende) Sinnänderung beurteilt (z.B. *Hoffmann, Gnilka).*
Bei anderen Gleichnissen haben Stichwortverbindungen eine wichtige Signalfunktion (s.u.). Dann könnte die Wiederholung von λέγουσιν den Weg weisen, wie z.B. *J. Gnilka* (Mt 421), *U. Luz* (Mt 183.186) und *H. Frankemölle* (Mt II 115) erkennen. In der Durchführung führt das bei den dreien trotzdem zu recht unterschiedlichen Ergebnissen.
[77] Vgl. *U. Luz,* Mt II 284.
[78] Vgl. *G. Strecker,* Weg 105f.
[79] Vgl. *R. Hummel,* Auseinandersetzung 126f.
[80] Das Zitat bei *J. Gnilka,* Mt I 468. *H. Frankemölle* spricht sogar von einer „Chance der Entscheidung" für dieses böse Geschlecht (Mt II 154). Was heißt das im Rahmen des Evangeliums, dessen Ausgang ja nicht offen ist, sondern schon geschrieben ist und festliegt? Hier kommt der leserorientierte Ansatz an Grenzen.
[81] Vgl. *U. Luz,* Mt II 276 (zu V.39). Vgl. aber die umgekehrte Argumentation bei *G. Häfner* (oben Anm. 74).
[82] *J. Gnilka* meint, der Vorwurf von V.39 berühre das ganze Volk (Mt I 465).

Volkes; Jer 13,27 und Ez 16,38: Jerusalem).[83] Die Reichweite der Verallgemeinerung bleibt unklar.

13,18-23: Im Anschluss an die Parabeltheorie bietet der matthäische Jesus eine deutende Paraphrase des Sämann-Gleichnisses, die Teile der Erzählung wiederholt und sie mit einem bestimmten Geschehen identifiziert (viermal οὗτός ἐστιν). So entsteht eine Reihe aus vier Miniaturgleichnissen.[84] Die Schilderung des Geschehens ist im Präsens gehalten und wird zeitlich nicht ausdrücklich fixiert. Gerichtet ist der Abschnitt an die Jünger (vgl. 13,10f). Der Sämann wird nicht identifiziert; er steht trotz des „Gleichnistitels" (13,18: τὴν παραβολὴν τοῦ σπείραντος) nicht im Vordergrund der Auslegung.[85] Eine Deutung auf Jesus ist im Kontext möglich (vgl. λόγος τῆς βασιλείας in V. 19 sowie 13,37), wird vom Text aber nicht ausdrücklich vollzogen. Aus der Identifizierung zu folgern, in V.18-23 werde exklusiv die Ablehnung des Messias durch Israel reflektiert, geht zu weit.[86]

Es werden in erster Linie Hörertypen präsentiert. Diese Typologie kann auf verschiedene Hintergründe bezogen werden: auf die im Kontext geschilderte Verkündigung Jesu, auf die Erfahrungen christlicher Missionare, auf die innergemeindliche Glaubenssituation.[87] Nicht jeder Typus ist in den angenommenen Situationen in gleichem Maße vertreten. Andererseits kann keiner mit überzeugenden Gründen ausgeschlossen werden. Das starke Betonen von „hören" und „verstehen" in Fall 1 und 4 schlägt eine Brücke zu dem in der Parabeltheorie aufgebauten Gegensatz (V. 11-17). In diesem scharfen Gegensatz wird die im Kontext aufbrechende Gegnerschaft gegen Jesus aufgenommen, gleichzeitig dürfte aber die Zuspitzung des Konfliktes im Laufe des Evangeliums mit im Blick stehen.[88] Verfolgungen (vgl. 13,21) werden für das zukünftige Wirken der Jünger erwartet (10,23; 23,34), Bedrängnisse (vgl. 13,21) als eine Erfahrung in der Endzeit angekündigt (24,9.21.29).[89] Wegen des Himmelreiches verfolgt werden aber auch der Täufer und Jesus (vgl. 11,12 u.ö.). Mit Jesus geraten seine Jünger in Gefahr (26,56.69-75; vgl. 10,24f). „Sorgen der Welt" und

---

[83] Vgl. *F. Hauck,* Art. μοιχεύω, bes. 738f; *J. Gnilka,* Mt I 465; ausführlich *R. Zimmermann,* Geschlechtermetaphorik 91-152.

[84] Vgl. *J. D. Kingsbury,* Parables 53f.

[85] Richtig *J. Gnilka,* Mt I 486.

[86] *W. D. Davies/D. C. Allison* identifizieren den Sämann mit Jesus und machen diese Einsicht zum Schlüssel ihrer Auslegung, wonach der Text die Ablehnung Jesu durch Israel reflektiert (Mt II 399). Diese Deutung ist möglich. Sie als einzigen, von Matthäus intendierten Sinn des Textes zu behaupten (vgl. ebd. 402), gibt der Text selbst keinen Anlass.

[87] Vgl. oben S.122f. Zur Literatur dort.

[88] Vgl. auch oben B.II.3.e.

[89] Vgl. *J. D. Kingsbury,* Parables 57-60, der auf die matthäische Gemeinde deutet. Ähnlich *U. Luz,* Mt II 316f.

„Reichtum", an denen die Jüngerschaft langfristig scheitert (13,22), sind im Leben einer Gemeinde leichter vorzustellen[90], werden von Matthäus aber auch immer wieder im Zusammenhang mit Jesus und seinen Jüngern thematisiert (vgl. 8,18-22; 14,15ff; 15,32ff; 16,22f; 19,16-22; 20,20-28; auch 6,25-34). Setzt man durchweg eine nachösterlicher Perspektive voraus, scheint ein Spektrum von Lebenssituationen ins Auge gefasst, das vom Scheitern der Mission bis hin zum langfristig geglückten christlichen Leben (in einer Gemeinde) reicht.[91] Im gegenwärtigen Kontext ist die Hörertypologie damit zum einen das Verarbeiten der sich abzeichnenden negativen Reaktion auf Jesus selbst, die sich im Laufe seines Wirkens noch verschärfen wird, zum anderen ist sie prophetisches Vorwegnehmen der Erfahrungen christlicher Verkündigung in der Nachfolge Jesu.

13,37-43: Die Auslegung des Unkraut-Gleichnisses spricht nach Ausweis von V.40 Zukünftiges im Sinne von endzeitlichem Geschehen an. Die Rede vom „Ende der Weltzeit" (συντέλεια τοῦ αἰῶνος: Mt 13,39.40.49; 24,3; 28,20) entspricht jüdisch-eschatologischen Sprach- und Denkmustern (vgl. Dan 11,35.40; 12,4.7 u.ä.; TestSeb 9,9; TestBenj 11,3; TestLev 10,2; TestRub 6,8).[92] Matthäus verbindet damit die Befristung des bekannten irdischen Seins (vgl. 28,20), die Parusie des Menschensohnes und sein Gericht, das zur ewigen Strafe oder zum ewigen Leben führt (vgl. Kap. 24f). 13,40-43 schildert das Gerichtsgeschehen. Häufig wird bemerkt, dass die Auslegung dabei nur an das Ende des Gleichnisses (13,30b) anknüpft.[93] Der Gerichtsschilderung geht ein Katalog von Identifikationen für Elemente des Gleichnisses voraus (V.37-39). Er macht einerseits die Gerichtsschilderung als Deutung des Gleichnisses verständlich; andererseits zeigt er im Zusammenspiel mit dem Gleichnis an, dass die Gerichtsschilderung sozusagen „nach vorne" verlängert werden soll. Der Menschensohn ist „der Mann, der den guten Samen sät" (13,37), nicht etwa „der Mann, der die Schnitter aussendet". Der gute und der schlechte *Samen* sind die Söhne des Reiches bzw. des Bösen (13,38), nicht der Weizen oder das Unkraut. Der Feind wird als Teufel identifiziert (13,39), ohne dass dieser in V.40-43 irgendeine Rolle spielte. Das Endgeschehen hat eine Vorgeschichte, die V.37-39 ins Spiel bringen.[94]

---

[90] Vgl. z.B. *J. D. Kingsbury* (Parables 61) mit Überlegungen zur sozialen Situation der Gemeinde im Umfeld einer Stadt.

[91] Zur Durchführung einer solchen Auslegung vgl. z.B. *J. D. Kingsbury* oder *U. Luz.*

[92] Vgl. *H. Sasse*, Art. αἰών, bes. 202-207; *G. Delling*, Art. τέλος 65-67; *A. Vögtle*, Zukunft 151-156; *U. Luz*, Taumellolch 160 Anm. 32; *W. D. Davies/D. C. Allison*, Mt II 429.

[93] Z.B. von *J. Gnilka*, Mt I 501; *W. D. Davies/D. C. Allison*, Mt II 429.

[94] Es ist deshalb nicht richtig, wenn *Davies/Allison* schreiben, Mt übergehe jene Verse, die zu 13,30 hinführten (a.a.O.).

Diese „Verlängerung" bringt eine Unschärfe in die Auslegung, die für Diskussionsstoff sorgt. Den Menschensohn mit dem säenden Mann zu identifizieren, der den guten Samen sät, lässt an eine Form direkter oder indirekter irdischer Wirksamkeit Jesu denken, da der Acker die Welt und der gute Samen die Menschen sind. V.40ff ist der erhöhte Richter gemeint. Die Welt, in der vom Menschensohn *und* vom Teufel gesät wird, muss mit dem Reich des Menschensohnes zusammen gesehen werden. Will man die Spannungen nicht nur diachronisch als Erbe einer Textgeschichte bewerten[95], gelingt die Zusammenschau am besten, wenn eine geschichtliche Entwicklung mitgedacht wird, deren Endpunkt durch das Gerichtsgeschehen markiert ist und deren Anfänge nur vermutet werden können. Möglich wären im Rahmen des Matthäusevangeliums folgende Linien:
- vom irdischen Jesus über den Erhöhten, dem die Macht übergeben und der mit den Seinen ist (vgl. 28,20), bis hin zum Menschensohn der Parusie (24,30);[96]
- von der Verkündigung Jesu in Israel (4,17.23 u.ö.) über die Mission der Jünger in Israel (10,5f) und bei allen Völker (24,14; 28,19), im ganzen Erdkreis (24,14) und in der ganzen Welt (26,13) bis hin zur Parusie, bei der alle Stämme der Erde jammern und klagen (24,30) und bei der aus allen Himmelsrichtungen, von einem Ende der Erde bis zum anderen die Auserwählten zusammenkommen (24,31) und alle Völker vor dem Thron versammelt werden (25,31f), bei der über ewiges Leben oder ewige Strafe entschieden wird (25,46).[97]
Weder die Wendung „Söhne des Reiches" noch ihr Pendant „Söhne des Bösen" helfen für eine Fixierung des eingeblendeten Hintergrundes weiter.[98] πάντα τὰ σκάνδαλα, τοὺς ποιοῦντας τὴν ἀνομίαν und δίκαιοι sind mit Blick auf die Gemeinde verständlich[99], werden aber auch im Zusammenhang des Wirkens Jesu so oder ähnlich verwendet.[100] Der Rückgang bis zum Irdischen ist nicht zwingend, im

---

[95] So z.B. *W. Trilling,* Israel 124-126; methodenkritisch dazu *J. D. Kingsbury,* Parables 97.

[96] Vgl. *U. Luz,* Mt II 339.

[97] In der Literatur wird immer wieder auf verschiedene dieser Stellen hingewiesen, vgl. z.B. *J. D. Kingsbury,* Parables 97 (24,30); *U. Luz,* Mt II 341 (28,16-20); *D. A. Hagner,* Mt I 393 (24,14; 28,19).

[98] In 8,12 sind die „Söhne des Reiches" Israeliten. 5,9 spricht von „Söhnen Gottes", 5,45 von „Söhnen eures Vaters im Himmel", beides ist Verheißungsgut. 23,15 kennt deutlich negativ besetzt „Söhne der Hölle" und meint damit solche, die von den Schriftgelehrten und Pharisäern zu ihrem (falschen) Glauben bekehrt wurden.

[99] Vgl. z.B. *J. D. Kingsbury,* Parables 100-106; *U. Luz,* Mt II 340f.

[100] „Gerechte" ist gänzlich unspezifisch, vgl. nur 5,45; 9,13; 13,17; 23,29 und 25,37. Das Stichwort ἀνομία zielt 7,23 auf eine nachösterliche Situation (Falschpropheten), 23,28 ist es gegen die Pharisäer und Schriftgelehrten gerichtet, 24,12 ein Zeichen der Endzeit (24,11 wieder falsche Propheten). Das Dritte weist vorsichtig in Richtung Gemeinde: σκάνδαλα/σκανδαλίζειν taucht gehäuft in

Kontext aber plausibel, wenn man auch in 13,3-23 dieses Wirken einbezogen sieht.[101] Dann ist auch, aber nicht nur, von der Ablehnung Jesu durch Israel die Rede.[102] Durch den Zusammenhang mit 13,38 („der Acker ist die Welt") gewinnt das „Reich des Menschensohnes" eine präsentische Dimension, anders als in 16,28 oder 20,21. Das Reich mit der Kirche gleichzusetzen überzeugt nicht. Von 13,38 her ist eher in der oben skizzierten zweiten Linie an die Welt zu denken, in der die Basileia Raum gewinnt.[103] Von der Kirche ist nur indirekt die Rede.[104] Die Abgrenzung von 'Reich des Menschensohnes' und 'Reich des Vaters' könnte chronologisch als Abfolge aufgefasst werden.[105] „Reich des Vaters" jedenfalls ist stets futurisch gedacht (noch Mt 6,10.33; 26,29). Eine chronologische Zuordnung wäre nur dann stimmig, wenn das 'Reich des Vaters' vom 'Reich Gottes' und vom 'Himmelreich' zu unterscheiden ist, die ihrerseits ja auch präsentische Akzente tragen. Völlig überzeugend ist eine solche Differenzierung nicht.[106]

13,49f: Der Anfang dieser Gerichtsschilderung stimmt mit 13,40 überein: οὕτως ἔσται ἐν τῇ συντελείᾳ τοῦ αἰῶνος. 13,50 entspricht wörtlich 13,42. Sehr offen ist von Bösen und Gerechten die Rede. Ist die Kirche als *corpus mixtum* (mit)gemeint?[107] Nach 25,31-46 ist das Gericht über Gute und Böse universal. Positive Hinweise auf die Kir-

---

Kap. 18 auf; vgl. auch 5,29f und im Kontext 13,21. Es gibt aber auch das Motiv des Anstoßnehmens an Jesus 11,6; 13,57; 26,31.33.

[101]   *J. Gnilka* z.B. schließt aus, das V.37 vom Irdischen spricht, er deutet auf den erhöhten Menschensohn, der den Auftrag zur Weltmission gibt (Mt I 501).

[102]   Exklusiv auf dieses Thema deuten wollen *W. D. Davies/D. C. Allison*, Mt II 408f.431.

[103]   Beim Reich des Menschensohnes an die Kirche denken *J. Schmid*, Mt 226; *H. E. Tödt*, Menschensohn 66; *W. Trilling*, Israel 125f; *G. Baumbach*, Verständnis 60. In dieser exklusiven Form wird die Deutung in der jüngeren Diskussion meist zurückgewiesen (vgl. *Kingsbury, Gnilka, Luz, Lambrecht, Davies/Allison, Hagner* u.a.). Ausgangspunkt ist in der Regel die Welt als Lebensraum jener Menschen, die zu gewinnen das Ziel Jesu und seiner Herrschaft ist, wobei die Aspekte „geographischer Raum" und „Herrschaft" von den Auslegern unterschiedlich gewichtet werden (vgl. *J. D. Kingsbury*, Parables 96f; *J. Gnilka*, Mt I 502; *U. Luz*, Mt II 341; *J. Lambrecht*, Treasure 170 *D. A. Hagner*, Mt I 394).

[104]   So sehr deutlich *U. Luz*, Mt II 341.345. *W. D. Davies/D. C. Allison*, Mt II 430, weisen von ihrem Ansatz her den Bezug auf die Kirche ganz zurück (vgl. auch oben Anm. 102). Einen Bezug zur matthäischen Kirche sieht die Mehrheit der Ausleger, zum Beispiel *J. D. Kingsbury*, Parables 100ff; *J. Gnilka*, Mt I 502; *D. A. Hagner*, Mt I 399 (*Corpus mixtum* zu sein, ist eine Wirklichkeit, nicht aber das Wesen der Kirche! Die Kirche sei nicht behandeltes Thema des Gleichnisses; vgl. ebd. 341).

[105]   So z.B. *U. Luz*, Mt II 342.

[106]   Vgl. *J. D. Kingsbury*, Parables 98; vgl. auch *D. A. Hagner*, Mt I 394.

[107]   Pro *R. Gundry*, Mt 280; *D. A. Hagner*, Mt I 399; contra: *U. Luz*, Mt II 360; *W. D. Davies/D. C. Allison*, Mt II 440. Die These ist bei den Reformatoren beliebt, Belege bei *U. Luz*, Mt II 358 mit Anm. 7.

che fehlen, sie kommt allenfalls einschlussweise in den Blick. Ein Identifikationskatalog fehlt ebenfalls. Es gibt jedoch eine Stichwortverbindung zwischen Gleichnis und Deutung (βάλλω: 13,48 + 50). Der Leser kann weitere Parallelen zwischen den Geschichten entdecken (gemeinsame Struktur: das Scheiden einer Menge in zwei Gruppen) und Rollen und Elemente der Erzählung zu identifizieren versuchen (gute/schlechte Fische - Böse/Gerechte; Engel - Fischer?; vgl. 13,38f). Angeregt wird dieser Prozess wesentlich durch die Auslegung des Gleichnisses vom Unkraut (13,36-42). Auch in diesem Fall besteht ein Überschuss des Gleichnisses gegenüber der Deutung, wenngleich er nicht so deutlich ist. Es könnte z.B. nach einer Interpretation für das Netz gefragt werden.[108] Die Deutung erwähnt die Gerechten, ohne ihr Schicksal zu bedenken (anders 13,43).[109]

21,31c.32: Der Gleichnisschluss spricht die Hohenpriester und Ältesten des Volkes an (vgl. 21,23) und beinhaltet zugleich eine Aussage über Zöllner und Dirnen. Er besitzt eine Doppelperspektive. 21,31c spricht vom Vorangehen in das Gottesreich, so dass trotz präsentischer Formulierung in der Sache ein futurisch-eschatologischer Zug impliziert ist.[110] Diese Ansage an die Hohenpriester und Ältesten des Volkes fußt auf einer Analyse (21,32: γάρ). 21,32 blickt zurück, spricht vom (toten) Täufer Johannes und von den Reaktionen auf seine Verkündigung. Der Vers beginnt mit den gleichen Worten wie 11,18 und weist dieselbe Struktur auf: ἦλθεν γὰρ Ἰωάννης + Schilderung dessen, was Johannes tut + καὶ + Schilderung der Reaktion der Leute. Die Stichwortbrücke über ὕστερον μεταμέλομαι bietet einen Ansatz, das Geschehen in der Gleichniserzählung zu den in V. 32 geschilderten Ereignissen in Verbindung zu setzen. Dabei entdeckt der Leser Strukturparallelen (Gegensatzpaare in der Erzählung und in der V.32 geschilderten Wirklichkeit), die dem Stichwort „Gerechtigkeit" (V.32) sachlich eng verbundene Wendung „Wille des Vaters" (V.31) usw. Unmittelbar zuvor (21,23-27) hatte Jesus in einem Streitgespräch sein eigenes Wirken eng mit dem des Täufers verbunden, so wie es insgesamt der matthäischen Sicht des Täufers entspricht (vgl. 3,2 par 4,17; 3,14f; 11,7-19, bes.V.12).[111] Die anschließende Winzerparabel (21,32-44) verwendet das Theologoumenon von der Verfolgung der Propheten. Der verfolgte Prophet Johannes kann hier eingeordnet werden, so

---

[108] Die Alte Kirche entdeckte hier die Kirche (Belege bei *U. Luz,* Mt II 358 mit Anm. 8). *J. Gnilka,* Mt I 510 deutet auf die Mission. Nach *D. A. Hagner,* Mt I 399, korrespondiert das Vollwerden des Netzes mit dem Ende der Zeiten; vgl. auch *U. Luz,* Mt II 353 mit Anm. 18 (Lit.); *W. D. Davies/D. C. Allison* weisen diese Möglichkeit zurück (Mt II 441).

[109] *J. Gnilka,* Mt I 510, hebt mit Recht hervor, dass sie nicht unerwähnt bleiben, so richtig es ist, dass ihr Schicksal nicht Thema ist (vgl. *H. Weder,* Gleichnisse 146 u.a.).

[110] Vgl. *U. Luz,* Mt III 211.

[111] Vgl. auch oben zu 11,18f.

dass er als Teilhaber am Basileia-Geschehen erscheint. 21,32 hat damit
einen klaren zeitgeschichtlichen Bezug, der zugleich einen Ort in der
Geschichte Gottes mit seinem Volk markiert. Zu dieser Geschichte,
das eröffnet die weitere Gleichnistrias, gehört eine Serie von
Ablehnungen, die sich gegen Gottes Boten richten. Johannes ist nicht
der erste und nicht der letzte. Im Zusammenhang dieser Geschichte
verliert die Ablehnung ihren Charakter als historisches Einzelgesche-
hen, von Einzelpersonen vollbracht.[112]
21,42-44: Die Auslegung dieser Verse berührt das Verhältnis Israel –
Kirche in der matthäischen Theologie und gewinnt von hierher ihre
Brisanz. 21,42 enthält ein Psalmzitat (Ps 118,22f^{LXX}), das hier - wie
anderswo im frühen Christentum - auf die Auferstehung Jesu hin gedeutet wurde (Apg 4,11; vgl. 1Petr 2,4).[113] Die Bauleute lassen sich
im Kontext und vor den Hintergrund jüdischer Exegese auf die jüdischen Führer deuten, an die sich das Gleichnis richtet.[114]
21,43 überträgt eine Sequenz der Gleichniserzählung, nämlich deren
Ende (21,41). Den Hohenpriestern und Ältesten, die immer noch angesprochen sind (vgl. 21,23), wird für die Zukunft angesagt, ihnen
werde das Reich Gottes genommen und einem Volk gegeben. Drei
Fragen sind für die Identifizierung des gemeinten Geschehens relevant:
(1) Wer ist dieses 'Volk'?
(2) Wann und wie wird sich das in 21,43 angekündigte Nehmen und
Geben des Gottesreiches vollziehen, innergeschichtlich oder endzeitlich?
(3) Gilt die Drohung nur den Angesprochenen, oder repräsentieren sie
eine größere Gruppe, gar das ganze Volk Israel?

zu (1): Dem Begriff ἔθνος kann man sich vorsichtig nähern. Es steht
nicht der Plural ἔθνη, der die (Heiden)Völker des Erdkreises bezeichnet (Mt 4,15; 10,5.18; 28,19 u.ö.). Es steht nicht das Wort λαός, das
bei Matthäus in der Regel das Gottesvolk Israel bezeichnet.[115] Es steht
nicht ἐκκλησία. Gleichzeitig markieren diese Begriffe aber Eckpunkte für die inhaltliche Bestimmung des Begriff. Sie alle kommen
bei Matthäus prominent vor und berühren sich semantisch mit dem bei
Matthäus sonst weitgehend unbesetzten ἔθνος.[116] Relevant ist insbesondere die Verhältnisbestimmung zum Begriff „ἐκκλησία/Kirche".

---

[112] Vgl. *U. Luz,* Mt III 214. Luz meint mit *A. Ogawa* (Paraboles 126), das
οὐδὲ μετεμελήθητε ὕστερον (V.32) rage für Matthäus bis in seine Gegenwart
hinein, weil die Reue auch später nicht eingetroffen sei.
[113] Vgl. zur Stein-Metaphorik *H. J. Klauck,* Allegorie 305-307.
[114] Vgl. *U. Luz,* Mt III 225. Belege bei *H. L. Strack - P. Billerbeck,* Kommentar I
876, *K. Snodgrass,* Parable 96 mit Anm. 102.
[115] Vgl. *H. Frankemölle,* Art λαός, bes. 845f.
[116] Der Singular noch 24,7 für einzelne Völker der Erde. – Stand bei der Wahl des
Begriffs Dan 2,44 im Hintergrund? Vgl. *J. Gnilka,* Mt II 230.

Die Deutung des Verses auf die heilsgeschichtliche Ablösung Israels war über weite Strecken der Auslegungsgeschichte gängig.[117] Sie ist theologisch problematisch.[118] Dennoch kommt man nicht umhin zu sagen, dass im Kontext (vgl. bes. 22,2-14) ein Bezug des ἔθνος zur Kirche naheliegt.[119] Weil dies einer Sukzessionsekklesiologie den Weg zu bereiten scheint, ist genau hinzuschauen, wie der Begriff ἔθνος positioniert und definiert wird. So ist zu beachten, dass V.43 nicht „Kirche" steht, sondern „ein Volk, das seine Früchte (d.h. die Früchte des Gottesreiches) bringt". Dies ist kaum so zu verstehen, als sei im Sinne des Matthäus mit dem Volk eine ganz andere Gruppe als die entstehende christliche Gemeinde gemeint.[120] Wohl aber wird diese Gemeinde in einem bestimmten Sinne definiert: als Gemeinschaft derer, die „Früchte" bringen, d.h. nach dem Willen des Vaters leben.[121] So hat Matthäus die christliche Gemeinde grundsätzlich gesehen, auch wenn ihm ebenso deutlich vor Augen stand, dass immer wieder Mitglieder der Gemeinde an dieser (Gabe und) Aufgabe scheitern (vgl. nur 22,11-13).

zu (2): Das Winzergleichnis, das mit Hilfe seiner Metaphorik auf die Geschichte Israels zurückblickt, legt nahe, die Übergabe des Gottesreiches an ein „Volk, das seine Früchte bringt", nicht nur als ein streng futurisches Geschehen zu denken, sondern als eines, das sich in geschichtlichen Vorgängen manifestiert.[122] Im Kontext ist weiter auf den Vers 22,7 zu verweisen, der meistens als Anspielung auf die Zerstörung Jerusalems verstanden wird.[123] Die Zerstörung wäre dann ein historisch greifbarer Aspekt jenes Geschehens, das 21,41.43 ansagt.[124]

---

[117]   Vgl. zur Auslegungsgeschichte *U. Luz,* Mt III 220f.
[118]   Von diesem Problembewusstsein sind viele der neueren Auslegungen bestimmt. Vgl. *B. S. Childs,* Theologie I 394-406; *H. Frankemölle,* Mt II 328-339; *U. Luz,* Mt III 215-229; *M. Gielen,* Konflikt 210-231.
[119]   In neuerer Zeit deuten auf die Kirche *J. Schmid,* Mt 306; *W. Trilling,* Israel 61; *O. H. Steck,* Israel 299; *H. Frankemölle,* Jahwebund 149; *J. Gnilka,* Mt II 230; *H. Merklein,* Jesusgeschichte 185; *W. D. Davies/D. C. Allison,* Mt III 186 u.a.
[120]   Insofern ist mir unklar, was es bedeuten soll, dass Matthäus „in der Schwebe" lasse, wer das Volk sei. So *U. Luz,* Mt III 226 im Anschluss an *F. Mußner,* Winzer 131; *D. Marguerat,* jugement 322.
[121]   Darin ist Luz zuzustimmen (Mt III 226f).
[122]   Vgl. *W. D. Davies/D. C. Allison,* Mt III 186. *O. H. Steck,* Israel 298 mit Anm. 5, sieht im Verpachten des Weinbergs einen anderen Akt als im Geben der Basileia. Während er Ersteres aus Sicht des Matthäus offenbar als bereits geschehen ansieht, sei Letzteres streng futurisch zu verstehen (vgl. *G. Bornkamm,* Enderwartung 40). Diese Unterscheidung geben die streng parallel gebauten Aussagen in V.41 und 43 nicht her.
[123]   Vgl. oben B.IV Anm. 86.
[124]   Das Nehmen wird von den Auslegern häufig als aus Sicht des Mt bereits eingetreten betrachtet und zu 22,7 in Beziehung gesetzt; vgl. z.B. *J. Lambrecht,* Treasure 119; *K.-Ch. Wong,* Theologie 133-135; *U. Luz,* Mt III 242; *H. Frankemölle,* Mt II 343; *W. D. Davies/D. C. Allison,* Mt III 176; auch *O. H. Steck,* Israel 298. – Eine andere Frage ist, ob Mt diese Wende als endgültigen Heilsverlust denkt. Sehr

zu (3) Im Gleichnisschluss werden die Hohenpriester und Ältesten angesprochen; das angekündigte Geschehen gilt zunächst ihnen. Einige Ausleger belassen es hierbei, sehen mit der Drohung des Gleichnisses die Führer des Volkes angesprochen.[125] Es gibt jedoch einige Indizien, die die Führer möglicherweise als Repräsentanten einer größeren Gruppe erscheinen lassen: Die im Gleichnis verwendete Prophetenmord-Motivik zielt im Rahmen deuteronomistischer Geschichtstheologie traditionell auf das ganze Volk[126]; im Kontext des Matthäusevangeliums ist an 8,12 zu erinnern, wo pauschal vom Hinauswurf *der* Söhne des Reiches die Rede war[127]; schließlich ist die Ankündigung der Übergabe des Gottesreiches an ein Volk (ἔθνος), das seine Früchte (d.h. die Früchte des Gottesreiches) bringt, nicht recht nachvollziehbar, wenn es nur um die Ablösung der religiösen Führer ginge. Die beiden Größen rangieren semantisch nicht auf derselben Ebene.[128] Es liegt nahe anzunehmen, dass Matthäus größere Teile des Volkes Israel im Auge hat, die sich aus seiner Sicht so wie ihre Führer verhalten haben und die in der Konsequenz dasselbe Urteil trifft.[129] Mit Blick auf das Problem einer Sukzessionsekklesiologie bleibt von V.43 her festzuhalten, dass sie allein vom Winzergleichnis her als eine *mögliche* Deutung erscheint. Der Gegensatz Israel - Kirche ist eine Zuspitzung der Konstellation, die V. 43 zwischen „euch" und dem „Volk", das die Früchte der Basileia bringt, errichtet. Die Zuspitzung ist nicht zwingend und wird im Text selber auch nicht vollzogen. Es ist weder von Israel noch von Kirche die Rede. Ob diese Zuspitzung im Sinne des Matthäus beabsichtigt ist, könnte nur im Horizont des ganzen Evangeliums entschieden werden.[130]
Bleibt eine Bemerkung zu V.44 nachzutragen. Der Vers wendet mit einem Mischzitat aus der Schrift die Stein-Metaphorik ins Forensische. Für die, die Anstoß nehmen, wird der Stein zum Verderben (Jes 8,14f). Nach Dan 2,34.44f zermalmt ein Stein die weltlichen Reiche.[131] Von V. 42 her ist der Stein christologische Metapher. Röm 9,33 und 1Petr 2,7f belegen ebenfalls eine christologisch gewendete Gerichtsmetaphorik mit dem Bild des Steins. Im Kontext des Mat-

---

kritisch gegen eine solche Deutung *H. Frankemölle*, Mt II 328ff, vgl. außerdem oben zur Verstockungstheorie.
[125] Vgl. *W. D. Davies/D. C. Allison*, Mt III 176.189f; auch *Päpstliche Bibelkommission*, Volk 132.
[126] Vgl. *O. H. Steck*, Israel 80.
[127] So *U. Luz*, Mt III 225.
[128] Vgl. *W. Trilling*, Israel 63; *M. Gielen*, Konflikt 228. - Anders *W. D. Davies/D. C. Allison*, Mt III 186 mit Anm. 86.
[129] Vgl. *M. Gielen*, Konflikt 229f.
[130] Vgl. dazu die Überlegungen oben B.II.3.e.
[131] Vgl. *U. Luz*, Mt III 227. Zur Metaphorik ausführlicher wieder *Klauck* (oben Anm. 113).

thäusevangeliums lässt V. 44 an den Menschensohn und seine Parusie denken.[132]

Auswertung: In dieser Form der Gleichnisschlüsse wird Geschichte erinnert und prophezeit. Verschiedene Bezugsfelder treten dabei hervor. Explizit genannt werden zum einen die Geschichte Jesu, zu der Johannes der Täufer hinzugehört (11,18f; 21,32), zum anderen das endzeitliche Kommen des Menschensohnes und sein Gericht (13,37-43.49f; vgl. 21,31c.44). Außerdem scheinen verschiedene Gleichnisschlüsse auf den Zeitraum „dazwischen" zu zielen, wobei es z.T. schwer fällt, die gemeinten geschichtlichen Akteure und Ereignisse genau zu identifizieren. Ziemlich sicher ist 21,42 auf die Auferweckung Jesu zu deuten. Im Hintergrund von 21,43 steht wahrscheinlich das Werden der Kirche. Schwierig zu deuten ist vor allem, ob der Vers z.B. im Sinne einer Sukzessionsekklesiologie auch eine Aussage über Israel macht. Ähnliche Probleme bereitet der kryptische Vers 12,45, der sich mit der Zukunft „dieser bösen Generation" beschäftigt.

Wie bei allen Formen von Gleichnisschlüssen ist Jesus der Sprecher, steht also seine Autorität hinter den Worten. Darüber hinaus weist das Autoritätsgefüge dieser speziellen Form des Gleichnisschlusses Besonderheiten auf. Zunächst wird bei Prophetien mehrfach die Person des Sprecher ausdrücklich herausgestellt: durch eine λέγω ὑμῖν-Formel (21,31c; 21,43) oder das Fragen nach einer Deutung (13,36). Zum anderen spricht Jesus in dieser Form des Gleichnisschlusses über sich selbst (als den Menschensohn), über sein Schicksal in Vergangenheit (11,18f; wahrscheinlich auch 13,18-23) oder Zukunft (13,41). Durch beides wird die Überzeugungskraft des Gesagten intensiv mit der Person und dem Schicksal des Sprechers verwoben und die Haltung zum Sprecher zu einer entscheidenden Bedingung der Rezeption des Gleichnisses.

3. Gleichnisschluss und Gleichnisauslegung

In einem auswertenden Gedankengang ist zu reflektieren, welchen Beitrag die Gleichnisschlüsse zur Gleichnisauslegung liefern. Was sich zu ihrer Funktion aus den Gleichnisschlüssen selbst ableiten lässt, ist in den vorausgehenden Abschnitten notiert worden. Hier geht es um den Beitrag der Gleichnisschlüsse mit Blick auf das ganze Gleichnis und im Zusammenspiel mit den anderen Referenzsignalen.

1. Beobachtung:
Der Beitrag des Gleichnisschlusses zur Deutung des Gleichnisses beruht methodisch auf semantischen Brücken zwischen der „Bildhälfte"

---

[132] Vgl. *J. Gnilka*, Mt II 230f.

und dem Schluss. Weil im Gleichnis weitere, hiervon unabhängige Referenzsignale existieren, tragen die Gleichnisschlüsse nur im Zusammenwirken mit ihnen, als ein Mittel unter mehreren, zur Gleichnisdeutung bei. Die einleitenden Wendungen, Partikeln usw. der Gleichnisschlüsse zeigen nur an, *dass* ein Zusammenhang zur vorausgehenden Erzählung besteht. In den Gleichnisschlüsse lassen sich darüber hinaus fast durchweg Stichwortbrücken zum Gleichnis nachweisen. Zentrale Begriffe aus dem Gleichnis werden wiederholt[133] oder semantisch nahestehenden Worte[134] verwendet. Diese semantischen Brücken[135] führen zu jenem Punkt des Gleichnisses, an den die Folgerung oder Erläuterung (zumindest vordergründig) anknüpft. Es handelt sich dabei nicht zwangsläufig um den Hauptgedanken oder die Pointe der Erzählung, die Matthäus bei kürzeren Gleichnisse freilich zuverlässig trifft.[136] Ein markantes Beispiel dafür ist 20,16. Die Sentenz greift die umgekehrte Reihenfolge in der Auszahlung der Löhne auf (20,8), die Pointe der Erzählung („gleicher Lohn für alle") scheint sie zu ignorieren.[137] Nicht immer erscheint der Sinn des Gleichnisses so verfehlt. Der Eindruck einer Verzerrung[138] oder Verkürzung entsteht aber auch sonst,

---

[133] Neben den Identifizierungen in 13,18-23 und 37-39 auch 13,48 + 49: βάλλω; 18,12 + 14: ἕν; 18,27.32 + 35: ἀφίημι; 20,8 + 16: ἔσχατοι, πρῶτοι; 21,29 + 32: μεταμέλομαι ὕστερον; 21,41 + 43: καρποί; 24,32 + 33: ὅταν ... γινώσκετε ὅτι ἐγγύς; 24,43 + 44: ἔρχομαι; vgl. auch die Bildworte und Vergleiche 5,16; 12,40; 23,38.

[134] 18,12ff: verirren/suchen/finden bzw. verlieren; 18,23ff: σύνδουλος bzw. ἀδελφός; 22,2ff: καλέω bzw. κλητοί; 24,43f: φυλακή bzw. ὥρα; 25,1ff: ἕτοιμος bzw. γρηγορέω; χρονίζω/μέσης νυκτός bzw. ἡμέρα/ὥρα.

[135] Das Phänomen ist ein Aspekt dessen, was *K. Berger* „semantischen Verzahnung" von Bild- und Ausgangsebene nennt; vgl. dazu *K. Berger,* Formgeschichte 42f; *D. Massa,* Verstehensbedingungen 310-331.

[136] Im Wesentlichen treffend erscheinen 18,14; 24,33.

[137] Das bemerkt schon Johannes Chrysostomus 64,3 (=PG 58,612). Diese und ähnliche Stimmen bei *U. Luz,* Mt III 153f.

[138] So beurteilt *U. Luz* z.B. den Bezug des Gleichnisses von den zwei Söhnen (21,28ff) auf das Streitgespräch Jesu mit den Hohenpriestern und Ältesten um seine Vollmacht und die Johannestaufe (21,23-27) als künstlich. Er verschütte die Pointe des Gleichnisses („auf das Tun des Willens kommt es an"), obwohl diese Pointe zur matthäischen Theologie eigentlich glänzend passe (vgl. z.B. 7,21; 12,46-50). (Vgl. *ders.,* Mt III 211f.)
Auch über die Logik von 24,43f kann man streiten. Wenn die Pointe der Szene in V.43 lautet, Vorsorge sei unmöglich, weil der Zeitpunkt eines Einbruchs unvorhersehbar ist (vgl. etwa *E. Linnemann,* Gleichnisse 140), dann wird sie in der Folgerung V.44 auf eigentümliche Weise in ihr Gegenteil verkehrt (seid bereit, denn ihr kennt die Stunde nicht; vgl. *U. Luz,* Mt III 452). Diese Sicht scheint allerdings überspitzt. Die Konsequenz aus der Unkenntnis dessen, wann ein Einbrecher kommt, und der Unmöglichkeit gezielter Gegenmaßnahmen, ist ja nicht unbedingt, die Hände in den Schoß zu legen und zu kapitulieren. Vielmehr ist das Bemühen um eine ständige Bereitschaft, Wachsamkeit, Vorsicht und Vorbeugung sinnvoll. Genau diesen Gedanken scheint Matthäus zu verfolgen, wenn er in V.44 fordert,

insbesondere wenn längeren Erzählungen ein kurzer Gleichnisschluss folgt.[139] Die Gleichniseinleitungen, die Erzählung und die Metaphorik dieser Gleichnisse bieten oft andere oder vor allem reichhaltigere Impulse für eine Auslegung an. Eine mögliche Lösung liegt darin, die Gleichnisschlüsse nicht als *die* Deutung der Gleichnisse aufzufassen, sondern sie als ein Mittel neben anderen zu begreifen, in deren Zusammenspiel der Sinn des Gleichnisses entsteht.

2. Beobachtung:
Gleichnisschlüsse, die Geschichte erinnern oder prophezeien, legen eine zweite Ebene hinter das Gleichnis. Über die semantischen Brücken wird ein Wechselspiel zwischen den Ebenen etabliert. Dieses Wechselspiel ähnelt der Wirkweise von metaphorischen Zügen im Gleichnis.

Die Überlegungen zu diesem zweiten Punkt setzen bei den ausführlichen Allegoresen Mt 13,18-23 und 36-43 an.[140] Sie arbeiten mit expliziten Identifizierungen einerseits und mit semantischen Verflechtungen andererseits. Die Identifizierungen verbinden ein Element der Gleichniserzählung mit einem der „wirklichen" Welt (13,19.20.22.23: οὗτός ἐστιν; 13,37-39: ἐστὶν/(οὗτοί) εἰσιν). Für die Verflechtung verwendet die Auslegung z.B. Begriffe aus der Erzählung, die dort im wörtlichen Sinne gemeint waren, in der Deutung als Metapher (z.B. im Sämann-Gleichnis: „Wurzeln haben", „ersticken", „Frucht bringen"). Auch nicht-metaphorische Stichwortwiederaufnahmen (vgl. 13,30.40f: „zusammen sammeln") und Stichwortbrücken (13,30.42: verbrennen <> Feuer) kommen vor. Diese Instrumente sind oben bereits dargestellt worden.

Die Allegoresen gehören zu jenen Gleichnisschlüssen, die ein Geschehen schildern. Sie stellen also neben die Gleichniserzählung einen zweiten, in der Vergangenheit, Gegenwart oder Zukunft der realen Welt angesiedelten Ereignisablauf und verknüpfen beide an einzelnen Punkten, so dass sie in Interaktion treten können.[141] Die Interaktion ist

---

dass auch die Jünger (καὶ ὑμεῖς) bereit sein sollen. Schwierig bleibt die scheinbar widersinnige Verwendung der Vokabeln γρηγορέω, wonach die Jünger wachen sollen (24,42), während der Hausherr nicht wachen kann (24,43). Allerdings steht zum einen in V.44 nicht „wachen", sondern „bereit". Zum anderen ist im Gleichnis buchstäblich das Wachbleiben gemeint, in 24,42 jedoch Wachsamkeit.
[139] Siehe 18,35; 22,14; 25,13. Vgl. auch 13,40-43 oder 49f, die (auf den ersten Blick) nur an den Schluss der jeweiligen Gleichnisses anknüpfen (so z.B. *W. D. Davies/D.C. Allison,* Mt II 429.441f).
[140] 15,15ff fällt formal und inhaltlich aus dem Rahmen heraus.
[141] Ähnlich *U. Luz,* der noch stärker adressatenorientiert meint, die Allegoresen seien das sprachliche Mittel, die Gleichnisse auf die Hörer zu beziehen (Mt II 318.340). Stärker als Luz möchte ich hervorheben, das zunächst erzählte und reale Welt vermittelt werden. Insofern Hörertypen oder die Ereignisse der Endzeit für die Adressaten von Bedeutung sind, ist Luz' Sicht dann zuzustimmen. Hier geschieht allerdings nicht die Konstruktion einer zweiten Geschichte, die mit anderen Worten

möglich, weil die Identifizierung Spielräume lässt. Wer der Sämann ist, bleibt in 13,18ff offen, obwohl die Erzählung 13,3-8 das „Gleichnis vom Sämann" genannt wird (13,18). Die Auslegung beschreibt Hörertypen, keine konkreten Situationen und Personen. Der überwiegende Teil des Gleichnisses vom Unkraut auf dem Acker (13,24-30a) wird in 13,40ff nicht „übersetzt", obwohl in V.37-39 durch die Identifizierungen auf ihn hingewiesen wurde. Diese Lücken können die Hörer füllen.

Die Überlegung lässt sich auf andere Gleichnisschlüsse ausweiten, die ebenfalls Geschichte erinnern oder prophezeien (11,18f; 12,45; 13,49f; 21,31c.32; 21,42-44). Sie nehmen keine ausdrücklichen Identifizierungen vor, etablieren aber über Stichwortwiederholungen, semantische Brücken, Strukturparallelen usw. ein Wechselspiel zwischen der Erzählung des Gleichnisses und dem Geschehen, das der Gleichnisschluss schildert oder zumindest in einem Ausschnitt anreißt. In diesem Wechselspiel werden die Entsprechungen zwischen dem Gleichnis und der im Schluss eingeblendeten Ebene zunächst entdeckt. Dieser erste Schritt, den die Allegoresen durch die Identifikationen zum Teil schon geleistet haben, ist hier noch zu erbringen. Bei diesem Prozess helfen neben den Stichwortbrücken auch motivisch besetzte Elemente der Erzählung (Metaphern, formelsprachliche Elemente etc.). Im weiteren Verlauf lässt sich das im Gleichnisschluss angerissene Geschehen manchmal mit Hilfe des Gleichnisses zu einer längeren Geschichte ergänzen (vgl. v.a. 21,32 und 43, auch 12,45; 13,49). Umgekehrt erzählt der Schluss die Geschichte oft „weiter" als das Gleichnis, indem er einen zukünftigen Verlauf oder Konsequenzen ins Auge fasst (vgl. 11,19b; 13,50b; 21,31c; 21,42.44, auch 43b). Ein sehr ähnlicher Mechanismus, wie er hier abläuft, wurde schon einmal beschrieben, als es um die Wirkung von konventionellen Metaphern, Formeln u.ä. innerhalb von Gleichnissen ging. Sie wirken – wie an den Beispielen gesehen – zum Teil mit den Gleichnisschlüssen zusammen (v.a. 21,43). Das In-Bezug-Setzen von zwei Geschehensabläufen, nämlich Gleichniserzählung und geschichtliche Wirklichkeit in Vergangenheit, Gegenwart oder Zukunft, - ausgehend von punktuellen Identifizierungen und Verknüpfungen - scheint ein grundlegendes Verfahren matthäischer Gleichnisauslegung zu sein. 13,18-23 und besonders 13,36-43 sind Paradigmen einer solchen Auslegung.[142]

---

dasselbe sagt: „two stories with one meaning". So aber *W. D. Davies/D.C. Allison*, Mt II 429 zu 13,37ff. Das Moment der Interaktion wird in dieser Sicht verkannt.
[142] In diesem Sinne ist der Sicht zu widersprechen, die Auslegungen wie 13,18-23 und 36-43 seien nicht typisch für die matthäischen Gleichnisse (vgl. *H. J. Klauck*, Allegorie 360; *I. H. Jones*, Parables 310).

3. Beobachtung:
Der besondere Beitrag vieler Gleichnisschlüsse zur Gleichnisdeutung
liegt in der Vermittlung zwischen Gleichnis und Kontext. Zugleich
wird im Zusammenspiel von Gleichnisschluss und Kontext die erzählte
Situation immer wieder überschritten, so dass eine über den erzählten
Zusammenhang hinausgehende Bedeutung des Gleichnisses sichtbar
wird.

Die Gleichnisschlüsse vermitteln zwischen Gleichnis und Kontext. Sie richten sich an Personen aus dem erzählten Zusammenhang (13,18; 18,14.35; 21,31f.42-44; 24,33.44; 25,13) oder treffen Aussagen über sie (11,18 mit 16; 12,45). Sie wiederholen Wendungen (19,30 und 20,16; 24,42 und 25,13) aus dem Kontext oder greifen Stichworte daraus auf (12,39 und 45; 18,10 und 14; 18,21f und 35; 21,25f und 32; 21,31 und 43; 24,30.42 und 44). Sie bringen über die Formulierung „ich sage euch" (21,31.43) und das Pronomen „*mein* himmlischer Vater" (18,35), den Sprecher ins Spiel. Auf all diesen Wegen wird das Gleichnis zu Personen, Situationen und Themen des literarischen Kontextes in Beziehung gesetzt und ein Beitrag zur Interpretation des Gleichnisses geleistet.[143] Im Lichte des Kontextes (12,38-42) wird so z.B. die Haltung zu Jesus als der kritische Punkt erkennbar, an dem diese Generation zu scheitern droht (12,43-45). Die Gleichnisse vom verlorenen Schaf (18,12f) und vom unbarmherzigen Knecht (18,23-34) reden mit Hilfe der Gleichnisschlüsse über die Sorge Gottes um die Kleinen inmitten der Jüngergemeinschaft (18,1-10) und über den Maßstab für gegenseitiges Vergeben in dieser Gemeinschaft (18,21f). Die Gleichnisse von den zwei Söhnen (21,28-31) und den bösen Winzern (21,33-42) erscheinen mit ihrer Hilfe als eine indirekte Antwort auf die Frage nach der Vollmacht, mit der Johannes der Täufer und Jesus wirken. Sie war im Streitgespräch zuvor unbeantwortet geblieben (21,23-27). Die Gleichnisse vom Dieb in der Nacht (24,43) und von den Jungfrauen (25,1-12) schließlich mahnen kraft ihres Brückenschlages zur Wachsamkeit angesichts der unbekannten Stunde der Parusie des Menschensohnes (24,29-41).

Die Gleichnisschlüsse sind nicht die einzigen Mittel, den Kontextbezug herzustellen. Auch Einleitungen und Elemente innerhalb der Gleichnisse wie z.B. Stichwortbrücken vermögen hier manches beizusteuern. Insgesamt scheinen die Gleichnisschlüsse aber das leistungsfähigste Instrument zu sein, ein Gleichnis auf den Kontext zu beziehen.

Ein eigenes Problem ist die Frage, in welcher Beziehung die Themen, Personen und Situationen des literarischen Kontextes zu Fragen und Konstellationen späterer Generationen, speziell der matthäischen Gemeinde stehen. Eine geläufige Überlegung der Matthäusforschung ist,

---

[143] Vgl. ähnlich *K. Berger,* Formgeschichte 54 (er spricht statt von Kontext von Ausgangsebene; zum Begriff ebd. 42).

dass verschiedene Personen und Gruppen für Konstellationen späterer
Zeiten transparent sind und insbesondere die Jünger der erzählten Welt
auch die Jünger der späteren Generationen repräsentieren.[144] Dies
würde bedeuten: die zu den Jüngern gesprochenen Auslegungen
(13,18-23.36-43; vgl. auch 13,49f) sowie etliche Mahnungen etc.
(18,14.35; 24,33.44; 25,13) richten sich zugleich an sie. Die Gleichnisschlüsse der entsprechenden Gleichnisse gehen mit dieser These
konform oder unterstützen sie sogar. Die Mahnungen und Belehrungen
zum Abschluss der Gleichnisse sind allgemeiner Natur und/oder
betreffen die auch aus Sicht späterer christlicher Generationen noch
ausstehende Endzeit (13,36-43; 20,16; 24,33.44; 25,13). Die Auslegung des Sämann-Gleichnisses (13,18-23) ist mit ihren Hörertypen
und den vorausgesetzten Erschwernissen leicht auf die urchristliche
Verkündigung des Wortes vom Reich in Mission und Gemeindeleben
zu beziehen. 18,14 und 35 sind deutlich in den Kontext der Rede Jesu
in Kap. 18 eingebunden, die wegen ihrer Transparenz für das Zusammenleben der Christen bisweilen als „Gemeinderede" bezeichnet wird.
Auch bei einigen Gleichnissen, die sich nicht an die Jünger richten,
sind ein „Überschuss" oder eine Spannung im Verhältnis zu den erzählten Adressaten zu beobachten. Sie lassen fragen, zu wem oder über
wen hier eigentlich oder zumindest einschlussweise gesprochen wird.
Zu nennen ist als erstes 12,45, wo eigentümlich verallgemeinernd die
Wendung „diese böse Generation" auf Schriftgelehrte und Pharisäer
gemünzt ist. Zu erwähnen ist als zweites 21,31c.32, wo das kritisierte
Verhalten der Hohenpriester und Ältesten gegen Johannes durch den
Kontext (21,33 - 22,14) exemplarischen Charakter gewinnt.
Anzuführen ist als ein Drittes 21,43, wo dieselben Personen einem
Volk (!) gegenübergestellt werden, das ihre Stelle einnehmen soll.
Zu verweisen ist in diesem Zusammenhang schließlich auch auf die
Sentenzen (20,16; 22,14; vgl. 25,29), die durch ihren - in Relation zur
erzählten Situation - auffällig allgemein gehaltenen Charakter eine
weitreichende Bedeutung des Gleichnisses anzeigen, auf das sie bezo-
gen werden.

Immer wieder fällt in der Auslegung auf, wie zurückhaltend, fragmentarisch, manchmal fast kryptisch die Gleichnisschlüsse formuliert
sind. Das gilt prinzipiell für kürzere Gleichnisschlüsse ebenso wie für
längere, wenn auch in unterschiedlichem Maße. Die Gleichnisschlüsse
sind, um ihre Wirkung zu entfalten, essentiell auf das Gleichnis selbst
verwiesen, auf das Zusammenspiel mit ihm und auf die Deutehinweise,
die es selbst enthält. Außer durch Einleitungen und Schlüsse,
Erzählung und Metaphorik wird der Sinn eines Gleichnisses durch
Signale und Themen beeinflusst, die im Kontext gesetzt werden, und
durch Vorentscheidungen, die diesen betreffen. Für das Zusammen-

---

[144] Vgl. dazu auch oben S. 68f und 114f.

spiel mit diesem Kontext sind die Gleichnisschlüsse zwar nicht das
einzig wirksame, aber das vielleicht wichtigste Formelement matthäischer Gleichnisse.

4. Tradition und Redaktion

Der folgende Überblick ist - wie in den vorausgehenden Kapiteln auch
- keine detaillierte literar- und redaktionskritische Analyse. Es interessiert die Form der Gleichnisse. Die Analyse konzentriert sich auf die in
diesem Zusammenhang relevanten Aspekte. Eine Auswertung der
Beobachtungen erfolgt im zweiten Abschnitt, die Analyse stellt lediglich das Material für die Argumentation zusammen.

a) Analyse der Einzeltexte

Mt 11,18f par Lk 7,33-35 entstammt der mit Lukas gemeinsamen
Überlieferung der Redenquelle.[145] Die Texte liegen nahe beieinander.
Bei beiden Seitenreferenten ist die Erläuterung mit γάρ angeschlossen.
Hat Matthäus mit λέγουσιν (V.18.19) statt λέγετε (Lk 7,33.34) eine
Stichwortbrücke zum Gleichnis (V.17: λέγουσιν diff Lk 7,31: λέγει)
geschaffen?[146] Eine kleine, aber feine matthäische Änderung dürfte
sein, dass in Mt 11,19 die Weisheit von „ihren Werken" (statt: „all
ihren Kinder") gerecht gesprochen wird. Dies trägt zur Kontextualisierung bei (vgl. 11,2).[147]
Mt 12,45c ist ohne Parallele bei Lukas, obwohl die Erzählung selbst
eine lukanische Entsprechung hat (Mt 12,43ff par Lk 11,24ff) und
ebenfalls der Q-Überlieferung zuzuordnen ist. Sprachlich gesehene ist
οὕτως ἔσται eine gängige matthäische Formulierung.[148] Die Rede
von „dieser Generation" ist im Kontext vorgegeben (11,16; 12,41.42;
vgl. noch Mt 16,4; 23,36; 24,34), ebenso das gut matthäische[149] Attribut πονηρός in Verbindung mit γενεά (12,39 par Lk 11,29; vgl. auch
17,17). Der Vers ist wahrscheinlich redaktionell.[150]

---

[145] Vgl. *J. Gnilka*, Mt I 421f; *U. Luz*, Mt II 183f.

[146] So *U. Luz*, Mt II 184; vgl. auch *G. Häfner*, Vorläufer 257 (mit 249f).

[147] Für mt Redaktion plädieren *J. Gnilka*, Mt I 422; *U. Luz*, Mt II 184; *G. Häfner*,
Vorläufer 258 (Lit.). Zur Kontextualisierung vgl. u.a. *J. Gnilka*, Mt I 424f; *U. Luz*,
Mt II 189; *H. Frankemölle*, Mt II 117f.

[148] Noch 12,40; 13,40.49; 20,26; 24,27.37.39 (vgl. auch 20,16; 26,54). Die Statistik: 8/0/3; vgl. *U. Luz*, Mt I 69 (auch zu οὕτως generell); detaillierter *I. H. Jones*,
Parables 340 Anm. 222, der die Formel aber nicht als redaktionelle Sprache
anerkennt (vgl. ebd. 332ff).

[149] Die Statistik: 26/2/13, vgl. zur Einschätzung auch *U. Luz*, Mt I 71 (ca. 12x
red.); detaillierter zur Statistik *I. H. Jones*, Parables 306 Anm. 90.

[150] So auch *J. Gnilka*, Mt I 464; *U. Luz*, Mt II 273.

Mt 13,18-23 par Mk 4,13-20; Lk 8,11-15: Die Auslegung des Sämann-Gleichnisses gehört zur *traditio triplex*.[151] Die im Rahmen der Zwei-Quellen-Theorie naheliegende Annahme, Matthäus habe Markus gekannt und rezipiert, wird durch einige *minor agreements*[152] nicht grundlegend in Frage gestellt.[153] Das Schema und die Substanz der Auslegung werden beibehalten. Ein Anliegen der matthäischen Bearbeitung scheint zu sein, die verschiedenen Fälle als Hörertypen herauszustellen.[154] Sein Interesse gilt ihrem Verstehen (συνίημι in V.19 und 23 diff Mk), das sich im Sinne des Matthäus in der Praxis nieder-

---

[151] ThEv 9 bleibt ungedeutet.

[152] V.a. das Stichwort καρδία in Mt 13,19 und Lk 8,12 (vgl. Lk 8,15), außerdem die Satzkonstruktion Lk 8,14f und Mt 13,19-23 im Vergleich zu Markus. Zu weiteren Details die Analyse von *A. Ennulat*, Agreements 128-133.

[153] Im Grundsatz mit einer matthäischen Bearbeitung des mk Textes rechnen z.B. *J. D. Kingsbury*, Parables 53; *J. Lambrecht*, Treasure 162f (vgl. 150f), *J. Gnilka*, Mt I 485; *U. Luz*, Mt II 302; *W. D. Davies/D. C. Allison*, Mt II 374; *D. A. Hagner* Mt I 377f.

Luz erwägt wegen der *minor agreements* eine mögliche vormt/vorlk Bearbeitung des Mk (Deutero-Mk; sicher mt Redaktion in V.19 und 23; vgl. a.a.O.; auch *A. Ennulat*, Agreements 133). *Hagner* vermutet den zusätzlichen Einfluss mündlicher Überlieferung des Gleichnisses. Sein Argument ist der Wechsel im Numerus. Matthäus erzählt im Gleichnis von einer Mehrzahl von Samenkörner (ἅ μέν, ἄλλα), betrachtet in der Auslegung aber das einzelne Korn. Bei Markus verhält es sich genau umgekehrt (a.a.O.; vgl. aber Mk 4,8!). Von einem nicht mehr zu entwirrenden, komplexen Wechselspiel verschiedener Versionen des Gleichnisses und der Deutung im Zuge der vormt Überlieferung geht *I. H. Jones* aus (Parables 303-305). Sein erstes Argument lautet, dass die matthäische Deutung mehrfach in der Formulierung mit der markinischen Deutung *und* dem markinischen Gleichnis, aber *nicht* mit dem matthäischen Gleichnis übereinstimmt (εἰς τὰς ἀκάνθας in Mt 13,22 parr Mk 4,18 sowie in Mk 4,7 diff Mt 13,7; συμπνίγνω in Mt 13,22 par Mk 4,19 sowie Mk 4,7 diff Mt 13,7; das ausdrückliche Festhalten der Fruchtlosigkeit in Mt 13,22 par Mk 4,19 sowie Mk 4,7 diff Mt 13,7). Sein zweites ist die oben schon erwähnte Übereinstimmung in der Formulierung bei Mt und Lk (s. Anm. 152).

Die Argumente sind für sich jeweils nicht sehr stark. Der Verweis auf das Herz ist biblisches Denken (vgl. z.B. *H.-J. Klauck*, Allegorie 200). Auch ist die Formulierung bei Mt und Lk sehr unterschiedlich, wenn man den ganzen Satz betrachtet. Die ähnliche (nicht genau gleiche!) Umformulierung des holperigen markinischen Satzes scheint mir nicht so ungewöhnlich. Jones' erste Beobachtung lässt sich gut im Rahmen der Annahme verstehen, das Mt den markinischen Text bearbeitet hat. Er ändert Formulierungen eben nicht völlig konsistent in Gleichnis und Deutung. Warum müsste er das tun? Der eigentümliche Numeruswechsel ist frappierend, aber nicht unerklärlich. Der Plural in der Erzählung ist sachgemäßer, der Singular in der Deutung entspricht matthäischen Interesse an der Typisierung der Hörerfiguren (s.u.). Gebündelt haben die Argumente jedoch durchaus Überzeugungskraft, wenn auch die verschiedenen Beobachtungen kein konsistentes Bild geben. Vielleicht ist mit den Einfluss mündlicher Tradition zu rechnen.

[154] Stärkere Parallelisierung/Schematisierung in der Schilderung der vier Fälle; παντός in V.19; der Singular:: ein einzelnes „Korn" wird betrachtet; durchgängig Präsens für das Verb ἀκούω. Vgl. *J. Gnilka*, Mt I 485.

schlagen muss (δή und καὶ ποιεῖ in V. 23 diff Mk).[155] Hier zeigen sich Entsprechungen zu den im Kontext verfolgten Themen.[156] *Mt 13,36-43* ist ohne synoptische Parallele. Das zugehörige Gleichnis hat nur im Thomasevangelium eine Entsprechung, die jedoch ungedeutet bleibt (ThEv 57). Das Gleichnis ist wahrscheinlich traditionell.[157] Sprachlich kann (!) vieles in diesem Text als matthäisch gelten, das gilt für die Verse 40-43 deutlicher als für die Identifikationsreihe V.37-39.[158] Allerdings ist Letztere in ihrem Vokabular notwendigerweise stark durch das Gleichnis selbst bestimmt und deshalb mit dem zweiten Teil nur schwer vergleichbar. In den Kontext des Evangeliums ist der Text thematisch gut eingebunden.[159] Vorschläge für Quellen werden diskutiert, sind aber bislang nicht konsensfähig. Die meisten Ausleger rechnen dabei mindestens mit einer gründlichen matthäischen Überarbeitung.[160] Es erscheint wahrscheinlich, dass 13,36-43 in der vorliegenden Gestalt (d.h. eine Identifikationsreihe plus eine Schilderung des Gerichts) erst von Matthäus als Gleichnis-

---

[155] Vgl. *U. Luz*, Mt II 302.318 (m. Anm. 146).

[156] Vgl. 13,10-17.51 bzw. 12,50.

[157] Zur Begründung oben B.IV.6.a.

[158] Vgl. dazu *J. Jeremias*, Gleichnisse 79-83; *U. Luz*, Mt II 338f mit Anm.11-13. - Die Untersuchungen von *J. Friedrich* (Gott 67-82) und *I. H. Jones* (Parables 332-341) zum Vokabular sind im Ergebnis deutlich skeptischer, weil sie den *Erweis* des redaktionellen Charakters zum Prüfstein machen (vgl. *J. Friedrich*, Gott 12f.81f; *I. H. Jones*, Parables 332f). Zu den Grenzen der Methode *J. Friedrich*, Gott 10f.

[159] In der Gleichnisrede besteht eine deutliche Nähe zu 13,49f (vgl. *U. Luz*, Mt II 338 mit Anm. 5). Es gibt daneben strukturelle, begriffliche und motivische Gemeinsamkeiten mit 13,18-23, auch wenn die beiden Deutungen in ihrer Aufschlüsselung nicht völlig harmonieren (vgl. zur Analyse *I. H. Jones*, Parables 304f, bes. Anm. 84; J.s Folgerungen aus der Analyse schließe ich mich nicht an). Im weiteren Kontext vgl. z.B. zu den σκάνδαλα 18,6-9, auch 5,29f; 13,21; 16,23 (in Verbindung mit dem Satan!); 24,10, zur ἀνομία 7,23; 23,28; 24,12, zum Kommen des Menschensohnes (mit seinen Engeln) und zu seinem Gericht 16,27f; 24,29-31; 25,31-46; auch 10,23; 19,28-30; 26,64.

[160] Im Wesentlichen die ganze Deutung für traditionell halten *J. Friedrich*, Gott 67-82 (V.36.37a.43b sind red.); *I. H. Jones*, Parables 332ff.
Oft wird die Deutung in die beiden Teile V.37-39 und V.40-43 zerlegt, die sich formal deutlich unterscheiden und inhaltlich zum Teil unterschiedliche Perspektiven einzunehmen scheinen (vgl. u.a. *H. Weder*, Gleichnisse 122-124; *J. Gnilka*, Mt I 499). Den Deutungskatalog beurteilen z.B. *E. Schweizer*, Mt 201 (vorsichtig), *H. Weder*, Gleichnisse 124 für traditionell, hinter V.40-43 dagegen vermuten *W. Trilling*, Israel 125; *J. Theisohn*, Richter 190-201; *J. Gnilka*, Mt I 449f u.a. eine Tradition. Der Deutungskatalog für sich ist fragmentarisch, weil er die Pointe des Gleichnisses nicht aufnehmen kann (vgl. *H. Weder*, Gleichnisse 122, der das Problem mit einer literarkritischen Hypothese löst: V.28b-30 sind eine nachträgliche Erweiterung des Gleichnisses; vgl. ebd. 124). Theisohns und Gnilkas Hypothese ist reizvoll (mit Tradition ist zu rechnen, s.u.), aber ziemlich spekulativ.

deutung zu 13,24-33 konzipiert wurde.[161] Mit traditionellen Elementen
ist zu rechnen (geprägte Bildfelder wie „Saat" und „Ernte", vielleicht
auch komplexere, narrative Gerichtsmotive[162]; eher keine Auslegung
des Gleichnisses selbst), ohne dass eine sichere Entscheidung zu
treffen ist.
Mt 13,49f ist ebenfalls ohne synoptische Parallele, ThEv 8 schließt
ungedeutet mit einem Weckruf. Der kurze Text liegt nahe beim
Gleichnis vom Unkraut unter dem Weizen und seiner Deutung (13,24-
30.36-43), besonders bei den Versen 40-43.[163] Die Beurteilung hängt
mit der Einschätzung von 13,40-43 eng zusammen. Wie dort ist es
wahrscheinlich, dass Matthäus (auf traditionelle Motive zurückgrei-
fend) die Verse dem Gleichnis anfügt.[164]
Mt 15,15-20 hat nur eine markinische Parallele (Mk 7,17-23), Lukas
hat den Text ausgelassen. Es handelt sich nicht um eine Gleichnisauslegung im üblichen Sinne, wie ja bereits die sog. παραβολή selbst
(15,11) aus dem Rahmen fiel. Wegen ihrer Ähnlichkeit mit den Einleitungen der Gleichnisauslegungen in Kapitel 13 konzentrieren sich
die folgenden Überlegungen auf die Verse 15f. ἀποκριθεὶς δὲ ...
εἶπεν ist gut matthäisch.[165] Dass aus dem Kreis der Jünger Petrus redet, entspricht anderen Szenen (mit par Mk: 16,16.22; 17,4; 19,27;
26,33ff; ohne par: 17,24ff; 18,21; diff Mk: 14,28ff). Das Stichwort
παραβολή stand auch bei Markus (Mk 7,17), φράζω und ἀκμήν
kommen im Neuen Testament nur hier vor.[166] Weil der erzählerische
Rahmen matthäisch geprägt ist (vgl. auch 15,12: τότε προσελθόντες

---

[161] Die Deutung für Redaktion halten u.a. *J. Jeremias*, Gleichnisse 83; *U. Luz*, Mt
II 338f; *W. D. Davies/D. C. Allison*, Mt II 426f (zur Begründung ebd. 427-431). *J.
Lambrecht* will eine (dann sorgfältig überarbeitete) vorliegende Deutung nicht
ganz ausschließen (Treasure 169), *D. A. Hagner* hält Tradition oder Redaktion für
möglich (Mt I 392). Auch die oben Anm. 160 genannten Positionen (außer *Friedrich* und *Jones*) laufen darauf hinaus, dass Matthäus einen großen Eigenanteil in
diese Deutung eingebracht hat, indem er sie in der vorliegenden Gestalt aus Teilen
erst schuf und den gegebenen traditionellen Anteil deutlich überarbeitete.
[162] So ist z.B. die Vorstellung vom Gericht, das der Menschensohn abhält, bei
Matthäus in 13,49f und 25,31-46 ähnlich belegt, also offenbar sehr stabil. Die Entsprechungen gehen bis in das verwendete Vokabular hinein (vgl. *J. Friedrich*, Gott
66f; *U. Luz*, Mt II 338).
[163] Details bei *U. Luz*, Mt II 338 Anm. 5; 357 Anm. 1.
[164] Für Redaktion z.B. *H. Weder*, Gleichnisse 143; *U. Luz*, Mt II 357; *W. D.
Davies/D. C. Allison*, Mt II 440; *D. A. Hagner*, Mt I 398; vgl. auch *J. Gnilka*, Mt II
508f (eine traditionelle, selbständige Apokalypse verwendend; vgl. oben zu
13,36ff). *J. Lambrecht* vermutet, das Gleichnis habe immer schon eine Anwendung
gehabt, diese sei aber einer „thorough Matthean redaction" unterzogen worden, so
bei den Motiven der Trennung, des Feuers und des Heulens und Zähneknirschens
(Treasure 172). *J. Friedrich* (Gott 82-85) und *I. H. Jones* (Parables 357) beurteilen
V.49f als dem Mt vorgegeben.
[165] Vgl. *U. Luz*, Mt I 59.
[166] φράσον begegnet allerdings als textkritische Variante zu διασάφησον in
13,36. Siehe dazu oben B.II Anm. 29.

οἱ μαθηταί ...[167]) und die Abschwächung des Jüngertadels zur sonstigen Tendenz des Evangeliums passt[168], erscheint trotz der *hapax legomena* eine redaktionelle Änderung als wahrscheinlich.[169] *Mt 18,14* steht bei Lukas ein anders lautender Gleichnisschluss gegenüber (Lk 15,7). ThEv 107 bleibt ungedeutet. Gemeinsam sind Matthäus und Lukas die Einleitung mit 'so' und das Stichwort 'Himmel'. Mt 18,14 ist auf den matthäischen Kontext abgestimmt (vgl. 18,10). Dasselbe gilt für Lukas (vgl. Lk 15,1f). Sprachlich ist matthäische Redaktion denkbar.[170] Insgesamt ist sie wahrscheinlich.[171]

Mt 18,35 ist (wie das Gleichnis selbst) matthäisches Sondergut. Die Überlegungen lauten ähnlich wie bei 18,14: Etliche Stichworte wiederholen sich im Kontext, die Sprache ist weitgehend als matthäische Formulierung verständlich.[172] Redaktion ist wahrscheinlich.[173]

Mt 20,16 ist ein selbständiges Logion, dass in verschiedenen Kontexten Verwendung findet (Mk 10,31 par Mt 19,30 oder Lk 13,30).[174] 20,16 vermittelt mit dem Kontext (19,30) und scheint zum Gleichnis nicht recht zu passen. In der Regel wird deshalb Redaktion vermutet.[175]

Mt 21,31c.32 ist der Kommentar zu einem Sondergutgleichnis. Die Lage der Forschungsdiskussion ist offen. Das Spektrum reicht von der Annahme, Gleichnis und Deutung seien matthäisch[176], bis zu der, alles sei traditionell[177]. V.31c ist sprachlich gesehen „unmatthäisch".[178] Er wirkt auf viele Ausleger, ob sie ihn nun für zum Gleichnis gehörig

---

[167] Vgl. *U. Luz,* Mt I 71.
[168] Vgl. zum matthäischen Jüngerbild oben S. 114f.
[169] Vgl. *J. Gnilka,* Mt II 19f; *U. Luz,* Mt II 417.
[170] Folgerungen mit οὕτως sind - wie gesehen - geläufig. „Euer Vater im Himmel" (5,16.45; 6,1.9; 7,11) und ähnliche Wendungen sind matthäisch (vgl. *U. Luz,* Mt I 70). Auch ἀπόλλυμι, θέλημα, ἔμπροσθεν stehen der Annahme einer redaktionellen Wendung nicht im Wege (vgl. ebd. 59.64.60).
[171] Vgl. *J. Gnilka,* Mt II 130f; *J. Lambrecht,* Treasure 25; *U. Luz,* Mt III 25; *W. D. Davies/D. C. Allison,* Mt II 776; anders *I. H. Jones,* Parables 273ff.
[172] Zu οὕτως und 'mein Vater im Himmel' vgl. oben Anm. 170; zu ἀφίημι und ἀδελφός vgl. 18,21. ἀπὸ τῶν καρδιῶν ὑμῶν ist bei Mt sonst nicht belegt, auch wenn er wiederholt vom „Herz" des Menschen spricht (5,8.28; 6,21; 9,4; 11,29; 12,34.40 u.ö.).
[173] Vgl. *J. Gnilka,* Mt II 144; *J. Lambrecht,* Treasure 60f; *U. Luz,* Mt III 68; *W. D. Davies/D. C. Allison,* Mt II 803. *I. H. Jones* erwägt wegen ἀπὸ τῶν καρδιῶν ὑμῶν den Einfluss eines selbständigen Logions (Parables 223).
[174] Vgl. *R. Bultmann,* Geschichte 191.
[175] Neben *Bultmann* (s.o.) zum Beispiel von *J. Gnilka,* Mt II 176; *J. Lambrecht,* Treasure 81f; *U. Luz,* Mt III 141; *W. D. Davies/D. C. Allison,* Mt III 75.
[176] Vgl. *H. Merkel,* Gleichnis; *R. Gundry,* Mt 422.
[177] Vgl. *I. H. Jones,* Parables 393.
[178] Vgl. *U. Luz,* Mt III 206 Anm. 20, der auf οἱ τελῶναι καὶ αἱ πόρναι, βασιλεία τοῦ θεοῦ, ἀμὴν λέγω ὑμῖν + ὅτι verweist.

halten oder nicht, „jesuanisch" und „alt".[179] V.32 hat eine sachliche Parallele in Lk 7,29f, die in der Formulierung aber nur geringe Berührungen zeigt (nur τελῶναι, Ἰωάννης, vgl. außerdem δικαιοσύνη bzw. δικαιόω). Sie ist bei Lukas völlig unabhängig vom Gleichnis. In der Formulierung verweist manches auf den matthäischen Kontext: Der Anfang von V.32 entspricht wörtlich Mt 11,18. Zum Unglauben gegenüber Johannes ist 21,25 zu vergleichen. Die weisheitliche Wendung 'Weg der Gerechtigkeit' (LXX Ijob 24,13; 28,4A; Spr 8,20; 16,31; 17,23; 21,16; Tob 1,3) ist bei Matthäus neu, δικαιοσύνη aber zweifellos ein zentraler Begriff matthäischer Theologie. Die Rede vom 'Umkehren' nimmt das Gleichnis auf (V.29). Man könnte die Hand des Matthäus vermuten. Bemerkenswerterweise folgt auf Lk 7,29f das Gleichnis von den spielenden Kindern (Lk 7,31-35 par Mt 11,16-19), das Einfluss auf die Formulierung von V.32 genommen haben könnte. Reizvoll, allerdings auch etwas spekulativ, ist *Jan Lambrechts* den synoptischen Vergleich mit dieser Beobachtung verknüpfende These, Grundlage des Matthäus sei ein Q-Text, den Lk 7,29f im ursprünglichen Zusammenhang bewahrt.[180] Die übrige Forschung kommt Lambrechts Position insofern entgegen, als eine gewisse Tendenz besteht, den Einfluss von Tradition anzunehmen, wobei mehrfach Lk 7,29f eine Rolle spielt.[181] Es bleibt die Schwierigkeit, V.31c sprachlich als matthäisch zu verstehen. Gehörte er schon vormatthäisch zum Gleichnis?[182] Ohne eine erzählte Situation oder weitere Erläuterungen wäre er als Kommentar zur Erzählung aber kaum verständlich.

---

[179] Vgl. *A. Jülicher*, Gleichnisreden II 382; *R. Bultmann*, Geschichte 192; *J. Jeremias*, Gleichnisse 125f; *H. Weder*, Gleichnisse 232; *J. Gnilka*, Mt II 220.

[180] Vgl. *J. Lambrecht*, Treasure 93-98, bes. 95ff. L. verweist auch darauf, dass δικαιόω in Lk 7,29 und in Lk 7,35 par Mt 11,19 steht. Wenn man δικαιοσύνη bei Mt als Reminiszenz an dieses Wort werten darf, wäre das nach L. ein weiteres Indiz, dass Lk den ursprünglichen Kontext bietet (vgl. ebd. 96).

[181] *J. Gnilka* vermutet ein mt bearbeitetes Traditionsstück hinter V 31c und 32 (aus Q?), das auch in Lk 7,29f ein Echo findet, wobei Lk die Entsprechung zu V.31c in der Quelle ausgelassen hätte (Mt II 220). Mit Lambrechts Annahme, Lk bewahre den ursprünglichen Q-Zusammenhang, ist Letzteres nicht ohne weiteres vereinbar. Für *U. Luz* ist V.32 der redaktionell matthäische Kommentar zu einem im Wesentlichen vormt V. 31c. Die Annahme Lk 7,29f sei eine Quelle für V.32 weist er wegen der geringen wörtlichen Übereinstimmungen zurück (Mt III 206f). Er nennt als Gemeinsamkeiten aber nur die Stichworte „Zöllner" und „Johannes". Später nimmt Luz dann an (ebd. 207, Abschnitt 4), V.31c sei ein altes Logion Jesu, das Mt (!) an die Stelle des ursprünglichen, jesuanischen Schlusswortes zum Gleichnis gesetzt und dann durch seinen eigenen V.32 weitergeführt habe. Warum ein solcher Schluss existiert haben soll und warum er durch den offenbar eines ausführlichen weiteren Kommentars (V.32) bedürftigen V.31c ersetzt wird, bleibt unklar. *A. Sand* hält V.31c für vormt zum Gleichnis gehörig, sieht hinter V.32 aber eine umformulierte Tradition mit par Lk 7,29f (vgl. Mt 430). Ist V.31c allein als Kommentar zum Gleichnis verständlich (s.u.)? *W. D. Davies/D. C. Allison*, Mt III 105, sind sehr zurückhaltend in der Quellenfrage.

[182] Vgl. z.B. *Sand* (oben Anm. 181), auch *H. Weder*, Gleichnisse 234f u.a.

Mt 21,42-44: Der synoptische Vergleich zeigt ein komplexes Bild. V.42 hat bei den Seitenreferenten eine Parallele (Mk 12,10f; Lk 20,17; vgl. auch ThEv 66). Eine Entsprechung zu V.43 gibt es dort nicht. Der textkritisch schwierige V.44[183] findet ein Gegenstück nur bei Lukas (Lk 20,18). Für Mt 21,33-41 war Markus die einzige Quelle des Matthäus. Vor diesem Hintergrund wird V.42 aus Markus übernommen und in der Zitateinleitung leicht bearbeitet worden sein.[184] V.43 erklärt sich ohne größere Schwierigkeiten als redaktionellen Bildung, die V.41 aufgreift und interpretiert.[185] Zur Erklärung der Gemeinsamkeit mit Lukas in V. 44 wird auf eine deuteromarkinische Bearbeitung[186] oder auf den Einfluss eines Florilegiums[187] (vgl. dazu Röm 9,32f; 1Petr, 2,4.6-8) verwiesen. Die Deutero-Markus-These müsste am gesamten Matthäusevangelium diskutiert werden, was wir hier nicht leisten können.[188] Eine literarkritische Beurteilung von V.44 muss deshalb offen bleiben.[189]

Mt 22,14: Die Sentenz hat Entsprechungen, die unabhängig von diesem Gleichnis kursieren (Mt 20,16 v.l.; 4Esr 8,3.41). Von Lk 14,24 ist sie so verschieden, dass nicht gefolgert werden kann, die Vorlage des Matthäus habe schon eine Deutung gehabt. Auch ThEv 64 liest nichts dem matthäische Vers 14 Entsprechendes. Umgekehrt ist der Vers aber auch nicht positiv als Redaktion zu erweisen. Sie kann lediglich im Analogieschluss zu 20,16 vorsichtig vermutet werden. Das aber ist kein starkes Argument.[190]

Mt 24,33 par Mk 13,29; Lk 21,31: Wegen der hohen Entsprechungen ist anzunehmen, dass Matthäus hier das Markusevangelium als Quelle verwendet. Mt 24,33 bleibt nahe am markinischen Text, durch das

---

[183] Bei einigen Textzeugen (NA²⁶ nennt D 33 it syˢ Eus) fehlt der Vers. Die Bezeugung insgesamt ist aber sehr gut. Eine Streichung des Verses würde einiges erleichtern, scheint aber nicht vertretbar. So neben anderen *J. Gnilka,* Mt II 224f; *U. Luz,* Mt III 217 Anm. 11; anders z.B. *H.-J. Klauck,* Allegorie 289f; *W. D. Davies/D. C. Allison,* Mt III 186 Anm. 65.

[184] *U. Luz* verweist auf matthäische Stileigentümlichkeiten (Mt II 216 mit Anm. 4).

[185] Zu ποιεῖν τοὺς καρπούς vgl. Mt 3,8.10; 7,17f; 12,33; 13,26; zum Kontrast von „nehmen/geben" 13,12; 25,29. βασιλεία τοῦ θεοῦ ist ungewöhnlich, siehe aber im unmittelbaren Kontext 21,32; ἔθνος im Singular bei Mt nur hier und 24,7 par Mk 13,8; Lk 21,10. – Für mt halten den Vers die meisten Ausleger, vgl. nur *J. Gnilka,* Mt II 226; *J. Lambrecht,* Treasure 119f; *U. Luz,* Mt III 217; *W. D. Davies/D. C. Allison,* Mt III 186.

[186] So *U. Luz* (Mt III 217f) mit *A. Ennulat,* Agreements 267f.

[187] Vgl. *J. Gnilka,* Mt II 226.

[188] Vgl. zum Problem auch die Ausführungen zu Einzeltexten oben B.II.3.b und B.IV.6.a, die einige Fragen zu dieser Theorie aufwerfen.

[189] Unentschieden auch *J. Lambrecht,* Treasure 108f.

[190] *J. Gnilka,* Mt II 237.241; *U. Luz,* Mt III 234 plädieren für Redaktion unter Verweis auf 20,16. *J. Lambrecht* (Treasure 136) hält V.11-14 für Redaktion, ohne speziell V.14 zu diskutieren.

eingeschobene πάντα greift Matthäus jedoch betont weit zurück in der
Schilderung der endzeitlichen Ereignisse (24,4ff).[191] Erneut erfolgt die
Bearbeitung mit Wirkung auf die Kontexteinbindung des Gleichnisses.
Mt 24,44 par Lk 12,40 ist ein weiterer Text aus der Redenquelle. Er
wird von Matthäus ohne sachliche Änderung übernommen.[192]
διὰ τοῦτο dürfte Matthäus eingefügt haben, er schätzt diese
Wendung.[193]
Mt 25,13 ist wie das gesamte Gleichnis ohne Parallele. Der Vers passt
zum Gleichnis. Die Formulierung erinnert in erster Linie an Sätze aus
dem Kontext, v.a. 24,42, aber auch 24,36.44.50 (dort das Stichwort
'Stunde'). 25,13 wird redaktionell sein.[194]
Soweit dies anhand von Parallelüberlieferung nachzuvollziehen ist, hat
Matthäus keine Gleichnisdeutungen ausgelassen, die er in seinen
Quellen las. In den meisten Fällen gibt es zu ungedeuteten Gleichnissen entweder keine Parallelen (13,52) oder die Seitenreferenten lassen
ebenfalls ungedeutet (Mt 7,24-27 par Lk 6,47-49; Mt 13,31f par Mk
4,30-32; Lk 13,18f; Mt 13,33 par Lk 13,20f; Mt 24,45-51 par Lk
12,41-46; Mt 25,15-30 par Lk 19,11-27). Kurz zu besprechen ist zum
einen Mt 13,44 par ThEv 109. ThEv 110 kann als kommentierender
Spruch zur Thomas-Version des Gleichnisses vom Schatz im Acker
gelesen werden. Er ist gnostisch geprägt. Dass Matthäus ihn in seinen
Quellen gelesen hat, ist unwahrscheinlich.[195] Zum anderen bietet ThEv
76 eine (mahnende) Anwendung zum Gleichnis von der Perle (par Mt
13,45f), die weitgehend Mt 6,19-21 par Lk 12,33f (Q) entspricht. Auch
in diesem Fall ist eine Auslassung durch Matthäus die
unwahrscheinlichere Erklärung für den Befund.

b) Auswertung

Im Folgenden seien die Beobachtungen zu Tradition und Redaktion
noch einmal nach den Gesichtspunkten der Gliederung zusammengestellt und ausgewertet, die oben für Abschnitt 1 und 2 dieses Kapitels
gewählt wurde.

• *Die Funktion der Gleichnisschlüsse nach ihren einleitenden Partikeln, Konjunktionen etc.*
In einem ersten Gang wurde zwischen Analogieschlüssen, Folgerungen, Erklärungen und Deutungen unterschieden. Matthäus schätzt es

---

[191]   Vgl. zur literarkritischen Beurteilung und zur Auslegung *J. Gnilka,* Mt II
334.335f; *U. Luz,* Mt III 442 (mit Anm. 5).443 u.a.
[192]   Vgl. *J. Gnilka,* Mt II 335 Anm. 8; *U. Luz,* Mt III 452 Anm. 7; *W. D. Davies/D.
C. Allison,* Mt III 385; *D. A. Hagner,* Mt II 719.
[193]   Vgl. *U. Luz,* Mt I 61.
[194]   Vgl. *J. Gnilka,* Mt II 349; *J. Lambrecht,* Treasure 205; *W. D. Davies/D. C.
Allison,* Mt III 400; *U. Luz,* Mt III 468, auch *I. H. Jones,* Parables 443ff.
[195]   Zur Auslegung *M. Fieger,* Thomasevangelium 272f.

offenbar, Gleichnisse mit Analogieschlüssen und Folgerungen abzuschließen. Von den mit οὕτως eingeleiteten Gleichnisschlüssen haben sich 12,45; 13,49f; 18,14.35; 20,16 in der Analyse als wahrscheinlich oder möglicherweise redaktionell herausgestellt. Mt 24,33 erwies sich als traditionell. 24,44 hat Matthäus διὰ τοῦτο eingefügt. οὖν in 25,13 und vielleicht auch in 13,40 sind redaktionell. διὰ τοῦτο, οὖν und οὕτως begegnen im Matthäusevangelium insgesamt signifikant häufiger als bei den anderen Synoptikern.[196] All das verrät das Interesse des Matthäus, den Deuteakt voranzutreiben und den Bezug des Gleichnisses zur „Sache" dingfest zu machen.

Mit γάρ eingeleitete Gleichnisschlüsse stechen diachronisch nicht so deutlich hervor. 11,18 ist traditionell, 21,32 vielleicht - in der Formulierungen an 11,18 angelehnt - redaktionell. 22,14 war nicht sicher zu beurteilen.

Die Struktur 'Jünger fragen nach Deutung' ist dem Matthäus von Markus vorgegeben (vgl. Mk 4,10; 7,17). Er nimmt diese Vorgabe an (vgl. Mt 13,10; 15,15), setzt sie redaktionell ein (13,36; vgl. 15,15ff), jedoch mit einem anderen Hintergrund als Markus. Bei Matthäus steht das Fragen der Jünger im Zusammenhang mit ihrem Lernen und der ihnen geschenkten Gabe zu verstehen (13,10-17).

• *Die Pragmatik der Gleichnisschlüsse*

Die zweite Differenzierung unterschied pragmatisch zwischen dem Mahnen durch explizite Aufforderungen und mahnenden Belehrungen, dem Erinnern von Erfahrungen durch Sentenzen und dem Erinnern und Prophezeien von geschichtlichen Ereignissen. Die Mahnungen erweisen sich in einigen Fällen als mutmaßlich redaktionell (18,14.35; 25,13), sind in beinahe gleichem Maße aber auch traditionell nachzuweisen (Mt 24,33.44). Matthäus nimmt einen gut bezeugten Impuls seiner Überlieferung auf, der den Interessen seines Evangeliums insgesamt entgegenkommt

Ob das Ergänzen von Gleichnissen durch eine Sentenz eine typische Technik des Matthäus ist, war mit literarkritischen Mitteln nicht zu klären. 25,29 par Lk 19,26 ist traditionell, liegt aber innerhalb eines Gleichnisses. 20,16 ist vermutlich redaktionell, 22,14 nicht zu beurteilen. Auch ist die Textbasis insgesamt recht schmal.

Mit Mt 11,16-19 par Lk 7,31-35 hat Matthäus ein Gleichnis in seinen Quellen gelesen, das auf die Geschichte des Täufers und Jesu appliziert wurde. Vielleicht hat er dies in 21,32 nachgeahmt. Die Auslegung des Gleichnisses vom Sämann hat er als Schilderung von Hörertypen verstanden, wie sie immer wieder auftreten bis in die Gegenwart seiner Gemeinde hinein. Matthäus hat das Typische unterstrichen. Er greift damit einen Zug auf, der zweifellos schon dem markinischen Text eigen war, der ebenfalls nicht *einmal* Geschehenes, sondern *immer*

---

[196] Vgl. die Aufstellung bei *U. Luz*, Mt I 59.68.69.

wieder sich Ereignendes vor Augen hat.[197] Die Deutung von Gleichnissen auf geschichtliche Ereignisse und Situationen war Matthäus also vorgegeben und ist von ihm rezipiert worden. In den Quellen nicht sicher nachzuweisen sind Prophetien als Gleichnisschluss. 12,45 und 21,43 sind mit hoher Wahrscheinlichkeit redaktionell. Auch im Fall von 13,37-42 und 49f gibt es deutliche Indizien, dass sich die gegenwärtige Funktion als Gleichnisschluss der Hand des Matthäus verdankt, wenn auch das Urteil nicht so sicher ist wie in den erstgenannten Fällen. Am ehesten ist 21,31c traditionell. Zu überlegen ist, wo Matthäus gelernt haben könnte, Gleichnisse prophetisch auf die Zukunft auszulegen. Diese Frage wäre zum einen mit einer gattungsgeschichtlichen Untersuchung anzugehen. Nach den bisher vorliegenden Arbeiten könnten prophetische und apokalyptische Gleichnisse und Visionen Einfluss auf ein solches Gleichnisverständnis gehabt haben.[198] Zum anderen kann aber auch die Traditionsanalyse einige Beobachtungen beisteuern, die Ansatzpunkte, wenn auch keine Vorbilder, festmachen. An erster Stelle ist Mk 12,1-12 zu nennen. Das markinische Gleichnis wird nicht gedeutet, ist aber erkennbar eine Todes- (Mk 12,6-8), mit Hilfe des Schriftwortes V.10 auch eine Auferstehungsprophetie Jesu - sowie eine Gerichtsankündigung für die Adressaten des Gleichnisses (Mk 12,9 mit V.12). Mit Hilfe eines weiteren Schriftwortes wird vormatthäisch oder von Matthäus selbst der Auferstandene zugleich als der kommende Richter angedeutet (Mt 21,44). Die Andeutung von Mt 21,41 par Mk 12,9 wird durch Matthäus in V. 43 einerseits weitergedacht (der Weinberg ist die Gottesherrschaft, die anderen werden ein Volk sein) und andererseits explizit gemacht. Ein zweiter Faktor ist die Auslegung des Sämann-Gleichnisses. Dieser Text ist als Wort des irdischen Jesus eine Prophetie, denn er nimmt das zukünftige Schicksal christlicher Verkündigung in den Blick. Schließlich ist als dritter Faktor auf die Gleichnisse selbst zu verweisen, die aus matthäischer Perspektive auch ohne explizite Deutungen in vielen Fällen - kraft ihrer Einleitungen, ihre Narrativität und ihrer Metaphorik - deutlich genug von der Zukunft des Himmelreiches oder von einen Gerichtshandeln Gottes zu reden vermögen.

• *Zu Gleichnisschluss und Gleichnisauslegung*
In einem zweiten Abschnitt wurde nach dem Beitrag der Gleichnisschlüsse zur Gleichnisauslegung gefragt. Es ging dabei vor allem um Fragen der matthäischen Auslegungstechnik im Zusammenspiel von Gleichnis, Gleichnisschluss und Kontext.
Stichwortbrücken zwischen Gleichnis und Gleichnisschluss sind mehrfach in Texten zu beobachten, für die mit unterschiedlicher

---

[197]   Vgl. *J. Gnilka*, Mt I 174-176; *K. Kertelge*, Mk 48f.
[198]   Vgl. *H. J. Klauck*, Allegorie 67-90; *J. Drury*, Parables.

Wahrscheinlichkeit Redaktion angenommen werden kann.[199] Sie sind aber auch eindeutig in der vormatthäischen Tradition belegt.[200] Stichwortbrücken zwischen Gleichnisschluss und Kontext dagegen werden von Matthäus durchweg erst geschaffen[201], wobei er bisweilen Anknüpfungspunkte dazu in der Tradition findet. Das traditionelle υἱὸς τοῦ ἀνθρώπου in 24,44 nutzt Matthäus, um das Gleichnis in den Kontext der Endzeitrede einzugliedern, wo ihm dasselbe Stichwort aus der Tradition vorgegeben ist (24,30 par Mk 13,26; in Mt 24,42 steht es diff Mk 13,35!). Sollten hinter 20,16 und 21,32 traditionelle Gleichnisschlüsse stehen, hätten der Johannes-Name und die Sentenz hier in ähnlicher Weise gewirkt. Die Herstellung des Kontextbezuges durch Anrede der Hörer im Gleichnisschluss kommt auch bei Markus schon vor (Mk 4,13; 12,10; 13,29). Matthäus selbst verwendet das Mittel redaktionell (13,18; 18,14.35; 21,31f; 24,44[202]; 25,13; vgl. 12,45). Dieser diachronische Befund unterstreicht, dass die Gleichnisschlüsse für Matthäus ein wesentliches Element der Kontextualisierung sind. Er bedient sich verschiedener Techniken, diachronisch fallen dabei v.a. die Stichwortbrücken auf.

Matthäus liest und rezipiert die Auslegung des Sämann-Gleichnisses. Er konzipiert die vorliegende Gestalt von Mt 13,36-43 als Deutung zum Gleichnis vom Unkraut, das als zweites hinter dem Sämann-Gleichnis in derselben großen Parabelrede steht. Es wurde zu zeigen versucht, dass die Auslegungstechnik, die diesen Allegoresen zu Grunde liegt, nicht auf jene beiden Gleichnisse zu beschränken ist, bei denen sie explizit durchgeführt wird. Im Sinne des Matthäus wirken auch andere, auf die Geschichte verweisende Gleichnisschlüsse in derselben Weise mit dem Gleichnis zusammen. Von den anderen ist 11,18f traditionell. 12,45; 13,49f und 21,43 sind wahrscheinlich redaktionell. 21,31c.32 ist schwierig zu beurteilen. Diese diachronische Betrachtung unterstreicht, dass die Auslegung von Gleichnissen mit Hilfe eines hinterlegten Geschehens und punktuellen Identifizierungen eine für Matthäus charakteristische Technik der Gleichnisdeutung ist. Ob Matthäus sie in erster Linie aus Mk 4,13-20 erlernt hat, kann ge-

---

[199] Mit hoher Wahrscheinlichkeit redaktionell 18,12 + 14: ἕν; 18,27.32 + 35: ἀφίημι; 21,41 + 43: καρποί; vermutlich redaktionell 13,48 + 49: βάλλω; 20,8 + 16: ἔσχατοι, πρῶτοι; unsicher 21,30 + 32: μεταμέλομαι ὕστερον. Vgl. im Übrigen in einigen wahrscheinlich redaktionellen Texten die semantischen Entsprechungen: in 18,12ff verirren/suchen/finden bzw. verlieren; in 18,23ff σύνδουλος bzw. ἀδελφός; in 25,1ff ἕτοιμος bzw. γρηγορέω; χρονίζω/μέσης νυκτός bzw. ἡμέρα/ὥρα.

[200] 24,32 + 33: ὅταν ... γινώσκετε ὅτι ἐγγύς; 24,43 + 44: ἔρχομαι.

[201] 12,39 und 45; 18,10 und 14; 18,21f und 35; 21,31 und 43; 24,42 und 25,13. Vgl. auch 19,30 und 20,16; 21,25f und 32, wo jedenfalls erst Matthäus die Gleichnisse in den Kontext stellt, selbst wenn er für die Gleichnisschlüsse nicht verantwortlich zeichnet.

[202] Die Anrede ist traditionell, Matthäus bestimmt durch den Kontext die Person der Adressaten.

fragt werden. Dagegen spricht die unterschiedliche Form der Deutung des Gleichnisses von Unkraut mit Identifizierungskatalog (V.37-39) und anschließendem Hinterlegen der „kleinen Apokalypse"[203] (V.40-43).

---

[203] Zum Ausdruck *J. Jeremias*, Gleichnisse 79.

TEIL C.
ZUSAMMENFASSUNG UND AUSWERTUNG

I. Das Formprofil der matthäischen Gleichnisse

Matthäus hat ein Gattungsbewusstsein für Gleichnisse. Darauf weisen eine Reihe von Indizien im Evangelium hin. Da ist zunächst der Begriff παραβολή, mit dem Matthäus Texte bezeichnet, die insgesamt als typische Vertreter der Textgruppe gelten können. Die semantisch mit dem Stichwort verbundene Konnotation, wonach παραβολαί Texte sind, deren Verstehen nicht selbstverständlich ist, sondern eines besonderen Deuteaktes bedarf, korrespondiert sowohl mit der matthäischen Parabeltheorie, d.h. einem über diese Textform reflektierenden Text, als auch mit den Beobachtungen zum Formprofil (Gleichniseinleitungen und -schlüsse) und zur Referenz der matthäischen Gleichnisse (das Hinterlegen einer Bezugsebene und das Etablieren eines interpretativen Wechselspiels zwischen Gleichnis und Hintergrund). Für ein Gattungsbewusstsein spricht weiter das regelmäßige Vorkommen bestimmter Formelement in diesen Texten; anzuführen sind hier die Einleitungsformeln oder die formelsprachlichen Elemente in den Gleichniserzählungen. Schließlich weist auch der kompositorische Umgang mit den Gleichnissen, v.a. die Schaffung größerer Gleichnisreden, auf ein solches Bewusstsein hin. Nach dem Verständnis der Gattung 'Gleichnis' zu fragen, erweist sich auch vom Matthäusevangelium her als sinnvoll und sachgemäß.

Grundlage der Untersuchung war eine Textauswahl, die sich an den in der Gleichnisforschung üblicherweise behandelten Texten orientierte und v.a. längere gleichnishafte Texte umfasste. Die Berechtigung, sie als Gruppe abzugrenzen, hat sich in der Untersuchung grundsätzlich bestätigt, sofern diese Textauswahl als Kernbereich der Gattung mit Übergängen und Grenzbereichen zu anderen Textsorten betrachtet wird. Bestimmte Formmerkmale wie die Himmelreicheinleitungen oder das Erzählen im Aorist (als Erzählung im Munde Jesu) kommen regelmäßig und praktisch ausschließlich bei diesen Texten vor. In anderen Bereichen (Frageform oder einleitende Fragen; Bildfelder, Formelsprache, Anwendungen, ...) zeigen sich Überlappungen mit kürzeren Formen gleichnishafter Rede.

Die matthäischen Gleichnisse sind eine Form des Lehrens Jesu. Im Matthäusevangelium erzählt nur er Gleichnisse. Sie sind an die Jünger gerichtet, an die Volksmenge oder an Pharisäer, Schriftgelehrte und Hohepriester, im Wesentlichen also an alle Hörergruppen Jesu, die das

Matthäusevangelium kennt. Die Jünger sind explizit oder einschluss-weise Adressaten aller Gleichnisse. Als Lehrform sind die Gleichnisse in den Zusammenhang größerer Redeeinheiten eingebunden, können z.B. an deren Ende stehen. In dieser Stellung dienen sie dazu, zum Handeln zu motivieren, Forderungen zu begründen oder das Ver-ständnis vorausgehender Aussagen zu vertiefen. Besonders charakteri-stisch für die Gleichnisrede des matthäischen Jesus sind größere Gleichniskompositionen, in denen mehrere Gleichnisse zusammenge-stellt und mit Stichwortbrücken, Strukturentsprechungen, durch pa-rallele Formulierungen, ähnliche Szenen, Personenkonstellationen, Handlungen oder gleiche Milieus intensiv aufeinander bezogen sind. Auch Rahmenelemente oder Gleichniseinleitungen und -schlüsse tra-gen zum Gefüge bei.

Matthäische Gleichnisse verfügen regelmäßig über eine Form von Gleichniseinleitung. Zur Einleitung können Imperative dienen, die zum Hören, Verstehen und Lernen auffordern, oder Fragen, die das Urteil der Angesprochenen zur folgenden Geschichte erbitten. Die markanteste und häufigste Form der Einleitung bei matthäischen Gleichnissen sind die Himmelreichformeln. Diese Vergleichsformeln nennen die βασιλεία τῶν οὐρανῶν als Bezugsgröße des Gleichnisses und werden mit ὅμοιός ἐστιν oder mit dem Futur oder Aorist Passiv von ὁμοιόω gebildet.

Die Gleichnisse sind in den meisten Fällen als Erzählungen zu kenn-zeichnen. Sie schildern einen Ereignisablauf. Das vorherrschende Tempus ist der Aorist. Matthäus erzählt in seinen Gleichnissen v.a. Geschichten von Menschen. Die Zahl der Naturgleichnisse ist relativ gering. Dabei zeichnen sich typische Personenkonstellationen, Hand-lungsabläufe und Milieus ab, denen die meisten (wenn auch nicht alle) Gleichnisse zuzuordnen sind.

In vielen Gleichnissen tritt eine Autoritätsperson auf (Herr, Hausherr, König, Vater, Bräutigam), der andere Figuren untergeordnet sind (oft Sklaven, aber auch Arbeiter, Söhne, Jungfrauen). Eine zweite charak-teristische Konstellation stellt zwei Personen oder Gruppen einander gegenüber, die sich gegensätzlich verhalten. Beide Konstellationen werden mehrfach miteinander kombiniert (ein Vater mit zwei Söhnen, ein Herr mit bösen und guten Sklaven, ein Bräutigam mit klugen und törichten Jungfrauen, ...).

Eine für matthäische Gleichnisse typische Ereignisfolge ist eine in drei Phasen ablaufende Handlung, die ihre Dynamik aus der Ausrichtung auf die Schlussszene gewinnt. Diese Struktur begegnet einerseits in Gleichnissen, die vom Säen und Wachsen o.ä. erzählen und auf den Ertrag oder die Ernte zulaufen; sie wird andererseits in Geschichten realisiert, die mit einem Auftrag beginnen, von dessen Erfüllung oder Nichterfüllung berichten und auf eine Rechenschafts- oder Abrech-nungsszene zulaufen. Ein zweites charakteristisches Merkmal der Handlungsstruktur matthäischer Gleichnisse ist die Betonung von Gegensätzen, indem z.B. unterschiedliche Verhaltensweisen nebeneinandergestellt werden. Diese Handlungsstruktur korrespondiert mit der Tatsache, dass immer wieder Personenkonstellationen auf den Kontrast hin angelegt sind.

Angesiedelt sind die Geschichten zum einen in der Welt der Landwirtschaft, v.a. im Bereich Acker- und Weinbau. Vom Säen oder Pflanzen, von Wachstum und Ertrag und von der Arbeit dort wird erzählt. Darüber hinaus bieten Besitz und Reichtum, besonders das Leihen und Verwalten von Geld, einen wichtigen Bildspender. Zwei Geschichten schließlich spielen im Umfeld von Hochzeitsfesten.

Auch wenn damit das Milieu der Erzählungen der „normalen" Welt entnommen ist, weisen die matthäischen Geschichten doch immer wieder eine Neigung zu extremen Zügen auf. Der Evangelist erzählt etwa von Königen und enorm hohen Geldsummen; seine Figuren zeigen überdies Verhaltensweisen und treffen Aussagen, die die Plausibilität des erzählten Geschehens bis an die Grenzen belasten. Solche Extreme treten meistens punktuell auf, häufig am Ende der Schlussszene. Solche Zuspitzungen nötigen jedoch keineswegs dazu, vom erzählten Zusammenhang abzusehen und ausschließlich nach einer (eigentlich gemeinten) Sache dahinter zu fragen. Das Geschehen ist zwar fiktional zugespitzt, konfrontiert die Hörer aber mit einem Ereignisgang, den sie - für sich betrachtet - nachvollziehen können.

Bei der Untersuchung der *story* matthäischer Gleichnisse stellen sich also Regelmäßigkeiten in der Personenkonstellation, der Handlungsfolge und im situativen Rahmen heraus. Darüber hinaus sind Begriffe, Wendungen, Sätze der wörtlichen Rede oder Handlungssequenzen festzustellen, die identisch oder ähnlich in mehreren Gleichnissen vorkommen. Insgesamt entsteht so der Eindruck, dass matthäische Gleichnisse durch eine Formelhaftigkeit des Erzählens, der Bilder und der Begriffe gekennzeichnet sind.

Wie die Gleichniseinleitungen, so sind auch die Gleichnisschlüsse formal durch gewisse Regelmäßigkeiten geprägt, wiewohl deren Vielfalt insgesamt größer ist. Die Regelmäßigkeiten beziehen sich zum einen auf die einleitenden Partikeln und Wendungen (οὕτως, διὰ τοῦτο, γάρ, Überleitung durch eine Jüngerfrage u.a.). Zum anderen lassen sich hinsichtlich der Pragmatik drei Gruppen von Gleichnisschlüssen unterscheiden: (1) Mahnungen, die sich sprachlich meist durch Imperative ausweisen; (2) in der Formulierung allgemein gehaltene Sentenzen („Erste/Letze", „viele/wenige", ...), die weitreichend gültige Erfahrungen oder Einsichten einspielen, und (3) Schilderungen von Ereignissen, die im Unterschied zur Gleichniserzählung in der Regel im Präsens oder Futur formuliert sind. Zu dieser letzten Gruppe gehören auch zwei Allegoresen, die neben den Schilderungen noch Identifizierungen von Elementen der Erzählung mit solchen aus der „Wirklichkeit" beinhalten (sprachlich kenntlich gemacht durch: οὗτός ἐστιν, ἐστὶν oder (οὗτοί) εἰσιν).

II. Die Referenz der matthäischen Gleichnisse

Das Matthäusevangelium kennt verschiedene Mittel, um den Gleichnischarakter der Erzählungen anzuzeigen und ihren Referenzprozess zu steuern. Die Gleichniseinleitungen sind ein Gattungssignal, ein „Gleichnisanzeiger". Gleichnisformeln benennen darüber hinaus eine „Sache", auf die das Gleichnis zu beziehen ist. Von wenigen Ausnahmen abgesehen ist es das Himmelreich. Diese Themenangabe ist relativ weit und unspezifisch, da βασιλεία τῶν οὐρανῶν den Charakter eines Oberbegriffs für den Gegenstand der Verkündigung Jesu hat. Durch die Kombination von Themenangabe und Gattungssignal verweisen die Himmelreicheinleitungen zugleich auf ein hermeneutisches Prinzip, das die Verstehensbedingungen der Gleichnisse umschreibt. Es ist in der sog. Parabeltheorie (Mt 13,10-17) dargelegt worden, noch bevor Jesus im Matthäusevangelium das erste mit dieser Formel eingeleitete Gleichnis erzählt.

Weil matthäische Gleichnisse in der Regel eine Gleichniseinleitung haben, ist von vornherein angesagt, dass ein Gleichnis folgt. Zu seiner Deutung trägt dann zunächst die Erzählung selbst maßgeblich bei. Sie entfaltet einen Geschehenszusammenhang, der „Extravaganzen", d.h. Zuspitzungen, befremdliche und unverständliche Züge enthält. Diese Züge sind ein Ansatzpunkt für die Deutung des Gleichnisses. Matthäus hinterlegt die Erzählung des Gleichnisses mit (mindestens) einem zweiten Geschehenszusammenhang. Diese zweite Ebene zu konstituieren gelingt ihm durch jene Elemente der Erzählung, die als Metaphern bekannt, in Bildfeldern der biblischen Tradition beheimatet oder als Anspielungen auf die Schrift zu erkennen sind. Die Konstituierung geschieht weiter durch formelsprachliche Elemente und theologisch besetzte Termini, die bestimmte Inhalte einspielen. Schließlich trägt die Verflechtung mit dem Kontext über Stichwortwiederaufnahmen u.ä. zu ihrer Ausbildung bei. Es beginnt ein Wechselspiel zwischen den beiden Ebenen, bei dem sich weitere, nicht kontextuell und traditionell vorgegebene Züge als bedeutsam erschließen und so der „Sinn" des Gleichnisses entsteht. [1]

---

[1] Erzählerische Elemente haben eine umfassendere Funktion als nur anzuzeigen, dass ein Gleichnis vorliegt. Sie gestalten den Sinn wesentlich mit (anders *D. Massa;* vgl. oben Teil A Anm. 217.253). - Zur vereinfachenden Sicht des Wechselspiels bei *R. Banschbach Eggen* oben Teil IV Anm. 337.

In dieser Arbeit wurde die Auffassung begründet, dass dieses Wechselspiel zwischen Gleichniserzählung und Hintergrund bestehen bleibt und sich nicht zugunsten des Hintergrundes oder einer eigentlich gemeinten Sache auflösen lässt. Die Referenz der Gleichniserzählung ist zwar nicht autonom, die Erzählung behält jedoch ein eigenes Recht und Gewicht.[2] Der Auslegungsprozess der Gleichnisse im Matthäusevangelium ist kein Vorgang, in dem mittels Substitution das Gleichnis durch etwas eigentlich Gemeintes ersetzt wird. Das Gleichnisverständnis des Matthäus ist deshalb durch den Begriff „Allegorie", wie *A. Jülicher* ihn verstanden hat, nicht zutreffend beschrieben.[3] Die Gleichnisse sind „allegorisch" in dem Sinne, dass ihre Referenz u.a. auf konventionellen Metaphern und Bildfeldern beruht.[4] Nicht angemessen erfasst wird in einem solchen Modell das Gleichnis als eine selbständige Erzählung, die auch dann noch als erzählter Geschehenszusammenhang ihre Wirkung für die Deutung entfaltet, wenn das (nicht unbedingt nur einem Bildfeld entstammende) metaphorische Potential erkannt ist. Das Metaphernkonzept von Lakoff/Johnson führt an dieser Stelle nicht weiter, weil es nicht nur darum geht, die Gottesherrschaft als Arbeit im Weinberg oder in den Kategorien einer Herr/Sklave-Beziehung zu betrachten, sondern weil *ganz bestimmte* Geschichten vom Weinberg oder von Herren und Sklaven erzählt werden, die vor dem Hintergrund anderer Verwendungen desselben Bildfeldes ihr Profil gewinnen.[5] Dass die Metaphorik der Erzählung untergeordnet ist[6], wird man für Matthäus nicht unbedingt sagen können. Aber die Metaphorik bleibt in der Wirkung, die sie entfalten kann, an die Erzählung gebunden. Die Erzählung bietet den Rahmen, in dem erst Elemente metaphorisch gedeutet werden können. Der Zusammenhang der Erzählung begrenzt mögliche metaphorische Deutungen. Er bringt zugleich im Zusammenspiel mit den Bildfeldern und eingespielten Hintergründen Metaphern hervor („lokale Metaphern").[7] Auch die Gleichnisschlüsse tragen zur Gleichnisdeutung bei, und zwar im Zusammenwirken mit den anderen Referenzsignalen. Jene Gleichnisschlüsse, die auf Ereignisse der Vergangenheit, Gegenwart oder Zukunft verweisen, funktionieren ähnlich wie die Referenzsignale innerhalb des Gleichnisses: Es wird ein zweiter Ereigniszusammenhang eingeblendet und über punktuelle Identifizierungen ein Wechselspiel etabliert. Besonders an diesen Gleichnissen wird deutlich, dass der

---

[2] Vgl. die v.a. in Auseinandersetzung mit *W. Harnisch* gewonnene Problemskizze oben S. 42f.
[3] Vgl. oben A.II.1.
[4] Vgl. v.a. *H.-J. Klauck,* aber auch *B. Heininger, K. Erlemann, u.a.* (oben A.II.3.a).
[5] Eingebracht v.a. von *J. Liebenberg* (vgl. die Auswertung zu A.II.3.b, hier S. 36).
[6] So *H. Weder* zumindest für die Gleichnisse Jesu; vgl. oben A.II.3.b.
[7] Vgl. zur Forschungsdiskussion oben die Auswertungen zu A.II.3.b und c sowie ebd. die Anm. 215.

Begriff einer „historical allegorical parable"[8] einen bestimmten Aspekt matthäischer Gleichnisse zutreffend beschreiben kann (wenn man „allegorical" im Sinne des über punktuelle Identifizierungen und Verweise etablierten Wechselspiels versteht und „historical" nicht auf die vergangene Geschichte beschränkt, sondern Gegenwart und Zukunft einschließt). Andere Gleichnisschlüsse stellen neben das Gleichnis eine Sentenz, die in konzentrierter Form Erfahrung, Wissen oder Einsicht formuliert. Wiederum findet eine Art Wechselspiel statt: Solche Sentenzen müssen zunächst für sich allein verstanden werden und können erst dann begründend (γάρ) auf das Gleichnis zurückverweisen oder folgernd (οὕτως) vom Gleichnis her betrachtet werden. Mahnungen schließlich zielen auf einen Zusammenhang zwischen der Handlung des Gleichnisses und dem Verhalten der angesprochenen Menschen. Die Mahnung beschreibt Haltungen oder Handlungen, die der himmlische Vater wünscht und fordert. In diesem Sinne wird der Gleichniserzählung (in einem Ausschnitt) die Welt gegenüber gestellt, wie sie nach dem Willen Gottes sein soll. In allen Fällen formuliert der Gleichnisschluss nicht *die* Interpretation des Gleichnisses[9], sondern gibt einen (inhaltlich zielgerichteten) Anstoß zur Deutung, indem das Gleichnis zu einem anderen Geschehen, zu Erfahrungs- und Wissensbeständen oder zu menschlichem Handeln in Beziehung gesetzt wird, so dass beide Felder - auch unter Einfluss anderer Referenzsignale - miteinander interagieren.

---

[8] Vgl. *J. Drury* (oben A.II.4.c).
[9] Vgl. zum Problem oben in der Auswertung zu A.II.3.c und die Einführung zu B.V (S. 249ff).

III. Gleichnis und Kontext – Gleichnis und Situation

Die Gleichnisse sind Teil des Evangeliums; sie begegnen im Zusammenhang von Reden Jesu und in erzählten Situationen der „Jesusgeschichte".[10] Die Verknüpfung mit diesem Kontext vollzieht sich auf verschiedenen Wegen: Jesus spricht Personen aus der erzählten Situation an, richtet Fragen oder Aufforderungen an sie. Die Gleichniseinleitung knüpft mit einer Konjunktion (γάρ, διὰ τοῦτο) oder mit anderen Partikeln (πάλιν, τότε, ὥσπερ) an zuvor Gesagtes oder Erzähltes an. Im Gleichnis wiederholen sich Strukturen oder Stichworte aus dem Kontext. Wichtigstes Instrument der Kontexteinbindung sind die Gleichnisschlüsse. Hier treten Anrede und semantische Brücken zum Kontext gehäuft auf.

Insbesondere der thematische Kontext, den umgebende Reden vermitteln, hat auf die Gleichnisinterpretation großen Einfluss. Das gilt auch für die Gleichniskompositionen. Mit Blick auf die erzählten Situationen können einige Gleichnisse als Rechtfertigungen Jesu aufgefasst werden, in denen er zu Anfragen an seine Person und an sein Wirken Stellung nimmt. Erzählte Adressaten solcher, auf das Wirken Jesu in Israel zielender Gleichnisse sind die Volksmenge oder Gegner Jesu. Daneben ist festzustellen, dass Jesus in der Gleichnisrede die Grenzen der Rahmenhandlung überschreitet. Er spricht vom Jüngersein im Allgemeinen oder setzt das Leben einer Jüngergemeinschaft voraus, das es in der erzählten Situation so (noch) gar nicht gibt. Er redet über zukünftige Ereignisse oder über das Kommen des Menschensohnes am Ende der Zeiten. Diese „Überschreitungen" finden sich v.a. in solchen Gleichnissen, die exklusiv an die Jünger gerichtet sind. In etlichen Fällen wird auch eine „Apologie" am Ende auf die Zukunft hin geöffnet.

In diesem Überschreiten der erzählten Situation wird deutlich, dass die Gleichnisse für Matthäus keine „Kinder des Augenblicks" (A. Jülicher) sind, sondern dass in ihnen weitreichend Gültiges und sogar

---

[10] Den Stellenwert des Kontextes für die matthäischen Gleichnisse haben die einschlägigen redaktionskritischen und literaturwissenschaftlich orientierten Studien nachgewiesen, vgl. A.II.4 (bes. *J. D. Kingsbury* [für Kapitel 13], *J. R. Donahue* [bes. für die Themen der Gleichnisse], *W. Carter/J. P. Heil* [„narrative progression"]).

Endgültiges gelehrt wird. In der Parabeltheorie bringt Matthäus dies auf den Begriff „Geheimnisse der Gottesherrschaft" (13,11).

IV. Gleichnisse verstehen

Jesu Wirken, seine Verkündigung und seine Person sind umstritten. An Jesus bricht eine Scheidung im Volk Israel auf. Diese Scheidung wird an der Gleichnisverkündigung exemplarisch deutlich. Jesus spricht in den Gleichnissen vom Himmelreich, vom Schicksal, das die Verkündigung des Wortes vom Reich erfährt, vom Werden und Wirken des Reiches in der Welt und in den Menschen, von der Gemeinschaft, die so entsteht, und von der Vollendung des Himmelreiches am Ende der Zeiten. Er spricht auch immer wieder von seiner eigenen Person; er ist der Sohn Gottes und der endgültige Bote der Gottesherrschaft, der bei der Vollendung der Welt als Menschensohn wiederkommen wird, um in der Vollmacht Gottes Gericht zu halten. Die Gleichnisse wirklich zu verstehen ist nach Auffassung des Matthäus nur dem möglich, der erkennt, dass Gott seine Herrschaft so aufrichtet, wie Jesus es verkündet und in seinem Handeln erfahrbar macht. Wer in diesem Sinne das Wirken Jesu - einschließlich der Gleichnisse - bejaht, der wird sich dem Lehrer Jesus zuwenden; ihm erschließt sich im Hören auf Jesus die Botschaft der Gleichnisse. Wer dagegen bestreitet, dass Jesus die Wahrheit sagt, kann zwar die Gleichniserzählungen als Geschichten verstehen und auch erfassen, dass sie der eigenen Person gelten sollen. Er wird jedoch ihren Geltungsanspruch zurückweisen. Er wird nicht die Konsequenzen ziehen, die notwendig wären, weil er nicht wirklich wahrnimmt, dass sich in den Worten Jesu Gott den Menschen zuwendet. In diesem Sinne gibt es nach Matthäus eine Verstehensbedingung der Gleichnisse Jesu, nämlich zu erkennen, dass und wie Gott in Jesus seine Herrschaft in der Welt errichtet.[11]
Matthäus entwickelt dieses Prinzip in der Parabeltheorie. Die Verwendung und die erzählte Wirkung der Gleichnisse im Evangelium entsprechen dieser Hermeneutik. In den Himmelreicheinleitungen bezieht sich Matthäus immer wieder auf dieses Prinzip. Das Verstehen der Gleichnisse in an die Haltung zu Jesus zu binden, ist gewissermaßen die anthropologische Seite der Parabeltheorie. Matthäus betrachtet in 13,10-17 dasselbe Geschehen jedoch auch als Handeln Gottes. Das Verstehen wird von ihm gegeben oder nicht gegeben. Er hält die Her-

---

[11] Von Mt her bestätigen sich damit die Überlegungen von *H. Weder* zur Verbindung von Sprecher und Gleichnis (A.II.3.b).

zen der einen in ihrer Verstockung fest und gewährt den anderen die
Gnade, Ohren- und Augenzeugen des Wirkens Jesu zu werden.
Die skizzierte Verstehensbedingung gilt prinzipiell für alles, was Jesu
über das Himmelreich sagt. Warum begegnet ausgerechnet eine *Parabel*theorie? Matthäus gibt darüber keine Rechenschaft. Er findet die
Theorie als Teil der Gleichnisrede Mk 4 vor. Vielleicht genügt das zur
Erklärung. Es kann aber auch vom Gleichnisverständnis des Matthäusevangeliums her plausibel gemacht werden, warum ausgerechnet
die Gleichnisse sich als Exempel für dieses Prinzip eignen. Zunächst
ist auf die Qualitäten der Gattung zu verweisen. Ein Gleichnis ist vielfältig deutbar, insbesondere dann, wenn es aus seiner Ursprungssituation herausgenommen und selbständig überliefert wird.[12] *Der* Sinn des
Gleichnisses ist nicht evident. Die Semantik des Begriffs παραβολή
im Matthäusevangelium zeigt, dass Matthäus die Interpretation eines
Gleichnisses als nicht selbstverständlich empfunden hat. Die redaktionellen Eingriffe des Matthäus in Gleichnisse und ihre Schlüsse belegen
seine Absicht, den Interpretationsprozess zu fördern und abzusichern.
Die Gleichnisse bedürfen eines kompetenten Auslegers. Der Ausleger
schlechthin ist für Matthäus Jesus. Er ist als ihr Erzähler einerseits der
„natürliche" Interpret, wenn es zu Verstehensschwierigkeiten kommt.
Andererseits gilt wegen seiner besonderen Vollmacht auch
theologisch, dass von ihm und seiner Verkündigung jede Auslegung
auszugehen hat. Gleichnisse sind also eine Gattung, die besonders
geeignet ist, die skizzierte Verstehensproblematik zu erhellen, weil sie
das Problem der Deutung aufwirft und an den Sprecher zurück
verweist. Darüber hinaus könnte das Thema der Gleichnisse eine Rolle
spielen. In sehr vielen Fällen handeln sie nach Auffassung des
Matthäus vom Himmelreich. Im Matthäusevangelium ist dies ein
hochrangig besetzter theologischer Kernbegriff. Matthäus hat den
thematischen Bezug in seinen Himmelreicheinleitungen stark herausgestellt. In seinem Evangelium sind Gleichnisse die herausragende
Form, über die Basileia zu reden. Die Verstockungstheorie wird also
möglicherweise zur Parabeltheorie, weil die Parabeln als Redeform in
besonderer Weise mit diesem Thema verknüpft sind.
Die „hermeneutische Schule" hat noch weiter gehend die Frage aufgeworfen, warum gerade die Gleichnisse geeignet sind, über das
Himmelreich zu reden.[13] Die Antwort der matthäischen Parabeltheorie
lautet: Die Gattung ist geeignet, den hermeneutischen Vorbehalt, dass
das Verstehen der Gleichnisse wegen ihres *Themas* 'Himmelreich' auf
den Sprecher Jesus zurückverwiesen ist, durch die Gleichnis*form* zu

---

[12] Vgl. *A. Jülicher* (Auswertung zu A.I.1, hier S. 17 mit Anm. 89), *J. Jeremias*
(A.II.2.b) und die neuere Diskussion um die Polyvalenz der Gleichnisse (*M. A.
Tolbert u.a.*; vgl. die Einführung zu B.I., hier S. 63).
[13] Vgl. oben *H. Weder* und *W. Harnisch* (A.II.3.b und c), außerdem die diesen
beiden zu Grunde liegenden Arbeiten von *E. Fuchs, E. Jüngel.*

signalisieren. In diesem Sinne ist die Form dem Inhalt angemessen. Weiterreichende Überlegungen, warum die Gleichnisse als Gleichnisse positiv in der Lage sind, über das Himmelreich zu belehren, sind spekulativ. Dass Matthäus so reflektiert hätte, ist nicht zu erkennen. Es kann jedoch zum einen auf das für die Gleichnisdeutung essentielle Gegenüber von Gleichniserzählung und Geschichte (in Vergangenheit, Gegenwart oder Zukunft), zum anderen auf die in der biblischen Tradition verankerte Bild- und Formelsprache der matthäischen Gleichnisse verwiesen werden. Die Gleichnisse hätten also die Fähigkeit, über das Himmelreich zu reden, weil sie als Erzählungen auf die Geschichte bezogen werden können, in der sich Gottes Handeln manifestiert (als Geschichte Gottes mit Israel und der Kirche und als Vollendung dieser Geschichte im Gericht). Und sie hätten diese Fähigkeit, weil ihre Sprache und ihre Bilder die Sprache und die Bilder der biblischen Tradition sind, in der sich das Wort Gottes an die Menschen niedergeschlagen hat.

V. Das matthäische Gleichnisverständnis in diachronischer Sicht

Die Formelemente matthäischer Gleichnisse sind in den meisten Fällen in der Tradition belegt. Das gilt für die einleitenden Gleichnisformeln, Fragen oder Imperative ebenso wie für den Erzählcharakter der Gleichnisse, konventionelle Metaphern und Bildfelder in den Gleichnissen oder die verschiedenen Formen von Gleichnisschlüssen. Matthäus hat bei Markus die Gleichnisse als eine Form der Verkündigung Jesu kennengelernt und die verschiedenen Adressatengruppen vorgefunden. Mk 4,1-34 ist eine Gleichniskomposition, Mk 12,1-12 ein an Gegner gerichtetes Gleichnis mit apologetischer Tendenz. Eine Ausnahme von dieser traditionellen Verankerung der Formmerkmale scheinen die Stichwortverbindungen zwischen Gleichnisschluss und Kontext zu sein. Allerdings sind Stichwortbrücken im Allgemeinen sicherlich kein spezifisches Instrument der matthäischen Redaktion.

Die Formelemente der matthäischen Gleichnisse heben sich nicht dadurch hervor, dass nur Matthäus sie verwendet; sie fallen vielmehr auf, weil Matthäus sie so oft verwendet. Das lässt sich an verschiedenen Formmerkmalen belegen.

- Die Verbindung von Gleichnissen und Basileia ist in verschiedenen Strömungen der Jesusüberlieferung verankert. Das Matthäusevangelium dokumentiert mit den Himmelreicheinleitungen aber eine Entwicklung, in der dieser Zusammenhang besonders pointiert gesehen worden ist, sei diese Entwicklung nun vom matthäischen Sondergut beeinflusst oder redaktionell bestimmt.

- Deutbare Einzelzüge haben die Gleichnisse schon in der vormatthäischen Überlieferung. Bei Matthäus nimmt ihre Anzahl anscheinend zu (vgl. Mt 21,33-42 parr; Mt 22,2-14 par; Mt 25,14-30 par).

- Das Stichwort „hinauswerfen" oder die Formel vom Heulen und Zähneknirschen sind an einzelnen Stellen auch in den synoptischen Parallelen belegt. Sie fallen bei Matthäus wie andere formelsprachliche Elemente aber v.a. durch die wiederholte Verwendung auf. Der systematische Einsatz der Formelsprache als Instrument der Gleichnisdeutung ist - soweit erkennbar - ein Spezifikum des Matthäus.

- Matthäus vermehrt das Vorkommen von „so" (οὕτως) und „deshalb" (διὰ τοῦτο) zur Einleitung von Gleichnisschlüssen deutlich.

- Gleichnisschlüsse als Instrument der Gleichnisdeutung gewinnen in seinem Evangelium an Bedeutung. Mk 12,10f wird redaktionell erweitert (Mt 21,42-44). Mt 18,14.35; 25,13, wahrscheinlich auch 20,16 sind redaktionell angefügt. 13,37-40.49f; 21,31c.32; sind mutmaßlich zumindest redaktionell bearbeitet. Ein Pendant zur Sentenz Mt 22,14 fehlt nach Lk 14,24, die Herkunft des Gleichnisses war aber nicht sicher zu beurteilen. Gleichnisschlüsse sind ein Instrument, Gleichnisse in einen bestehenden Kontext einzufügen. Dafür spricht auch, dass semantische Brücken v.a. zwischen Gleichnisschluss und Kontext verlaufen.

- Das Markusevangelium hat eine größere Gleichnisrede (Mk 4,1-34). Matthäus redigiert und erweitert sie (Mt 13,1-52) und schafft zwei neue, indem er markinische Einzelgleichnisse durch Kompositionen ersetzt (Mk 12,1-12 > Mt 21,28 - 22,14; Mk 13,33-37 > Mt 24,42 - 25,30).

All diese Beobachtungen zur Wiederholung und zur Formelhaftigkeit belegen die Tendenz, regelmäßige Formen auszuprägen, die auch bei der synchronischen Betrachtung ins Auge springt.[14] Das beschriebene Formprofil der Gattung 'Gleichnis' ist nicht das alleinige Werk des Evangelisten Matthäus, das Profil gewinnt aber im Matthäusevangelium an Kontur. Der im Zusammenhang mit den Gleichniseinleitungen angerissene Vergleich der matthäischen Gleichnisse mit Sammlungen rabbinischer Gleichnisse und aesopischer Fabeln lässt vermuten, dass solche festen Formen Ausdruck der „Pflege" einer Gattung sind: der Verwendung, Zusammenstellung und Überlieferung dieser Texte in dem Wissen um ihre Gemeinsamkeiten und Besonderheiten in Relation zur übrigen Jesusüberlieferung.

Zu diesen Besonderheiten gehört v.a. der Zusammenhang zwischen den Gleichnissen und der Basileia, der weitreichende Konsequenzen für das matthäische Gleichnisverständnis hat.[15] In diachronischer Sicht fallen hier z.B. die Himmelreicheinleitungen auf oder die Deutung der Gleichnisse auf das kommende Gericht durch Metaphorik, formelsprachliche Elemente und etliche Gleichnisschlüsse. Sie treten bei Matthäus im Vergleich mit den Quellen wesentlich deutlicher hervor und fügen sich in den Rahmen eines solchen Verständnisses, das Gleichnisse und Himmelreich eng miteinander verbindet, sehr gut ein. An den Gleichniseinleitungen ist ablesbar, dass diese Verbindung in der Jesusüberlieferung breit verankert ist, wenn sie auch nicht immer so klar herausgestellt wird wie bei Matthäus. Grundlegend reflektiert

---

[14] Erste Beobachtungen zu solchen Regelmäßigkeiten bei *R. Bultmann* und *J. Jeremias* (A.II.2.), die aber kaum zwischen den Evangelisten differenzieren. Weiterführend dann v.a. *M. D. Goulder* (A.II.4.b), dessen Einzelbeobachtungen vielfach bestätigt werden konnten.

[15] Vgl. zur entsprechenden Diskussion in der jesuszentrierten Gleichnisforschung, die einen weitreichenden - wenn auch nicht unstrittigen - Konsens über den Zusammenhang von Gleichnissen und Basileia erreicht hat, z.B. den pointierten Entwurf von *H. Weder* (A.II.3.b); außerdem Teil A. Anm. 208 und die Einleitung zu B.III (hier S. 132f).

wird sie in der Parabeltheorie. Diese findet ihre Vorlage im Markusevangelium. Der markinische Text bildet den Kern von Mt 13,10-17;
aus dem Markusevangelium übernimmt der Evangelist den komposi-
tionellen Ort als Teil der Gleichnisrede, die Unterscheidung der zwei
Gruppen, die Rede vom Geheimnis der Basileia und die Verknüpfung
der Rede in Gleichnissen mit dem Verstockungswort Jes 6,9f. Die
matthäische Bearbeitung der Vorlage und die Wirkung der Parabeltheorie im Evangelium belegen, dass Matthäus den Zusammenhang
intensiv durchdacht hat.
Die Auslegung einzelner Gleichnisse des Matthäusevangeliums zeigt
immer wieder, dass der matthäische Jesus in den Gleichnissen zu den
Adressaten *des Evangeliums* und in ihre Situation hinein spricht.
Gleichnisüberlieferung geschieht im Matthäusevangelium aus genau
diesem Grund, weil die Gleichnisse nicht nur historische Texte sind,
sondern als Worte Jesu, des Immanuel, auch aktuell etwas zu sagen
haben. Die Überlegungen zur Diachronie, zur Pflege der Gattung und
zur Bedeutung des Zusammenhangs von Basileia und Gleichnisform,
machen überdies deutlich, dass die Gleichnisse dabei nicht einseitig
verzweckt werden, sondern selbst - durch ihre Form und ihr Thema -
wesentliche Eckdaten der Überlieferung festlegen. Die Gleichnisse
Jesu sind für Matthäus eine Vorgabe, die er auslegt unter Bedingungen, die diese Texte selbst mit definieren. Sie gehören zum Schatz,
zum Vorrat, aus dem der Hausherr Neues und Altes hervorholt (13,52).

ANHANG

Literaturverzeichnis

Die Literatur aus dem folgenden Verzeichnis wird in der Arbeit mit Kurztiteln zitiert, meistens mit einem Substantiv des Haupttitels, bei Kommentaren mit dem Kürzel der kommentierten biblischen Schrift. In Zweifelsfällen wird der Kurztitel am Ende der Literaturangabe kurz genannt. Die Abkürzungen für Zeitschriften, Lexika und Reihen richten sich nach *S. Schwertner*, Internationales Abkürzungsverzeichnis für Theologie und Grenzgebiete - IATG[2], Berlin - New York [2]1992 (erschienen als Ergänzungsband zur Theologischen Realenzyklopädie - TRE).

Aland, K., Synopsis quattuor evangeliorum. Locis parallelis evangeliorum apocryphorum et patrum adhibitis, Stuttgart [13]1985

Arens, E., Kommunikative Handlungen. Die paradigmatische Bedeutung der Gleichnisse Jesu für eine Handlungstheorie, Düsseldorf 1982
- Metaphorische Erzählungen und kommunikative Handlungen Jesu. Zum Ansatz einer Gleichnistheorie: BZ 32 (1988) 52-71

Banschbach Eggen, R., The Reception of the Parables of Jesus in the Synoptic Gospels, in: M. Müller - H. Tronier (Hg.), The New Testament as Reception (JSNT.S 230), Sheffield 2002, 58-82

Barr, J., Bibelexegese und moderne Semantik. Theologische und linguistische Methoden in der Bibelwissenschaft, München 1965

Barth, G., Das Gesetzesverständnis des Evangelisten Matthäus, in: G. Bornkamm – G. Barth – H. J. Held, Überlieferung 54-154

Bauer, J. B., Gleichnisse Jesu und Gleichnisse der Rabbinen: ThPQ 119 (1971) 297-307

Bauer, W., Griechisch-deutsches Wörterbuch zu den Schriften des Neuen Testaments und der frühchristlichen Literatur, 6., völlig neu bearbeitete Auflage, hg. von K. und B. Aland, Berlin - New York 1988

Baumbach, G., Das Verständnis des Bösen in den synoptischen Evangelien (ThA 19), Berlin 1963

Beavis, M. A., Mark's Audience. The Literary and Social Setting of Mark 4.11-12 (JSNT.S 33), Sheffield 1989
- The Power of Jesus' Parables: Were They Polemical or Irenic: JSNT 82 (2001) 3-30

Becker, J., Jesus von Nazaret, Berlin – New York 1996

Behm, J., Art. δεῖπνον κτλ.: ThWNT II (1935) 33-35

Berger, K., Zur Geschichte der Einleitungsformel „Amen, ich sage euch": ZNW 63 (1972) 45-75
- Materialien zu Form und Überlieferungsgeschichte neutestamentlicher Gleichnisse: NT 15 (1973) 1-37

- Zur Frage des traditionsgeschichtlichen Wertes apokrypher Gleichnisse: NT 17 (1975) 58-76
- Exegese des Neuen Testaments. Neue Wege vom Text zur Auslegung (UTB 658), Heidelberg ³1991 (¹1977)
- Formgeschichte des Neuen Testaments, Heidelberg 1984
- Hellenistische Gattungen im Neuen Testament: ANRW II 25.2 (1984) 1031-1432.1831-1885
- Art. χαρά: EWNT III (²1992) 1087-1090

Bertram, G., Art. ἔργον κτλ.: ThWNT II (1935) 631-653

Beyreuther, E., Art. ἴσος: TBLNT I (1997) 802-804

Beyreuther, E. - E. Finkenrath, Art. ὅμοιος: TBLNT I (1997) 805-808

Beyse, K. M., Art. מָשַׁל I: ThWAT V (1986) 69-73

Black, M., Die Gleichnisse als Allegorien (1960) in: W. Harnisch (Hg.), Gleichnisse 262-280

Blank, J., Die Sendung des Sohnes. Zur christologischen Bedeutung des Gleichnisses von den bösen Winzern Mk 12,1-12, in: J. Gnilka (Hg.), Neues Testament und Kirche. FS R. Schnackenburg, Freiburg 1974, 11-41

Blaß, F. - A. Debrunner, Grammatik des neutestamentlichen Griechisch, bearbeitet von F. Rehkopf, Göttingen ¹⁷1990 (¹1976)

Blomberg, C.L., Die Gleichnisse Jesu. Ihre Interpretation in Theorie und Praxis (TVG Bibelwissenschaftliche Monographien 3) (engl. 1990), Wuppertal 1998
- The Parables of Jesus: Current Trends and Needs in Research, in: B. Chilton - C. A. Evans (Hg.), Studying the Historical Jesus. Evaluations of the State of Current Research (NTTS 19), Leiden - New York - Köln 1994, 231-254

Blumenberg, H., Beobachtungen an Metaphern: ABG 15 (1971) 161-214

Bockmuehl, M. N. A., Revelation and Mystery in Ancient Judaism an Pauline Christianity (WUNT II 36), Tübingen 1990

Böcher, O., Christus Exorcista. Dämonismus und Taufe im Neuen Testament (BWANT 96), Stuttgart 1972

Bösen, W., Die Figurenwelt der Gleichnisse: Welt und Umwelt der Bibel 7 (2002) Heft 24, 60-66

Bornkamm, G., Art. μυστήριον: ThWNT IV (1942) 809-834
- Die Verzögerung der Parusie. Exegetische Bemerkungen zu zwei synoptischen Texten, in: W. Schmauch (Hg.), In memoriam Ernst Lohmeyer, Stuttgart 1951, 116-126
- Enderwartung und Kirche im Matthäusevangelium (1956), in: ders. – G. Barth – H. J. Held, Überlieferung 13-47

Bornkamm, G. – G. Barth – H. J. Held, Überlieferung und Auslegung im Matthäusevangelium (WMANT 1), Neukirchen-Vluyn ⁵1968 (1960)

Boucher, M., The Mysterious Parable. A Literary Study (CBQ.MS 6), Washington 1977

Bovon, F., Das Evangelium nach Lukas, Bd. 1 (EKK III/1), Zürich - Neukirchen-Vluyn 1989

Braun, H., Art. πλανάω κτλ.: ThWNT VI (1959) 230-254

Breytenbach, C., Jesusforschung: 1990-1995. Neuere Gesamtdarstellungen in deutscher Sprache: BThZ 12 (1995) 226-249

Broer, I., Versuch zur Christologie des ersten Evangeliums, in: F. van Segbroeck u.a. (Hg.), The Four Gospels 1992. FS F. Neirynck, 3 Bde. (BEThL 100), Leuven 1992, II 1251-1282

Brown, R. E., The Semitic Background of the New Testament *mysterion:* Bib. 39 (1958) 426-448; 40 (1959) 70-87

Bultmann, R., Die Geschichte der synoptischen Tradition (FRLANT 29), Göttingen ⁶1964 (¹1921)

Burchard, Chr., Senfkorn, Sauerteig, Schatz und Perle in Matthäus 13 (1988), in: ders., Studien zur Theologie, Sprache und Umwelt des Neuen Testaments, hg. von D. Sänger (WUNT 107), Tübingen 1998, 77-107

Cadoux, A. T., The Parables of Jesus. Their Art and Use, New York 1931

Camponovo, O., Königtum, Königsherrschaft und Reich Gottes in den früh-jüdischen Schriften (OBO 58), Freiburg/Schw. - Göttingen 1984

Caragounis, C. C., The Ephesian *Mysterion.* Meaning and Content (CB.NT 8), Lund 1977

Carlston, Ch. E., The Parables of the Triple Tradition, Philadelphia 1975
- Parable and Allegory Revisited. An Interpretive Review: CBQ 43 (1981) 228-242

Carson, D. A., The ΟΜΟΙΟΣ Word-Group as Introduction to some Matthean Parables: NTS 31 (1985) 277-282

Carter, W., The Crowds in Matthew's Gospel: CBQ 55 (1993) 54-67

Carter, W. - J. P. Heil, Matthew's Parables. Audience-Oriented Perspectives (CBQ.MS 30), Washington 1998

Catchpole, D. R., Ein Schaf, eine Drachme und ein Israelit. Die Botschaft Jesu in Q, in: J.J. Degenhardt (Hg.), Die Freude an Gott - unsere Kraft. FS O. Knoch, Stuttgart 1991, 89-101

Cazeaux, J., La parabole attire la parabole, ou le problème des séquences de paraboles, in: J. Delorme (Hg.), Les paraboles évangéliques. Perspectives nouvelles (LeDiv 135), Paris 1989, 403-424

Cerfaux, L., La connaissance des secrets du Royaume d'après Mt., XIII,11 et parallèles (1956), in: Recueil Lucien Cerfaux, Bd. III (BEThL XVIII), Gembloux 1962, 123-138

Childs, B. S., The New Testament as Canon. An Introduction, Valley Forge 1994 ([1]1985)
- Die Theologie der einen Bibel, 2 Bde. (engl. 1992), Freiburg - Basel - Wien 1994.1996

Cousland, J. R. C., The Crowds in the Gospel of Matthew (NT.S 102), Leiden u.a. 2002

Crossan, J. D. Finding is the First Act. Trove Folktales and Jesus' Treasure Parable (Semeia Suppl.), Philadelphia – Missoula 1979
- Der historische Jesus (engl. 1991), München 1994

Cuvillier, E., PARABOLÊ dans la tradition synoptique: ETR 66 (1991) 25-44
- Le concept de ΠΑΡΑΒΟΛΗ dans le second évangile. Son arrière-plan littéraire, sa signification dans le cadre de la rédaction marcienne, son utilisation dans la tradition de Jésus (EtB 19), Paris 1993

Dahl, N. A., The Parables of Growth: StTh 5 (1952) 132-166

Dalman, G., Arbeit und Sitte in Palästina, Bd. 2 (BFChTh.M 27), Gütersloh 1932

Dautzenberg, G., Mk 4,1-34 als Belehrung über das Reich Gottes. Beobachtungen zum Gleichniskapitel (1990), in: ders., Studien zur Theologie der Jesustradition (SBAB 19), Stuttgart 1995, 188-221

Davies, M., Matthew (Readings), Sheffield 1993
- Stereotyping the Other: The 'Pharisees' in the Gospel According to Matthew, in: J. Ch. Exum – St. D. Moore (Hg.), Biblical Studies/Cultural Studies (JSOT.S 266), Sheffield 1998, 415 - 432

Davies, W. D. – D. C. Allison, A Critical and Exegetical Commentary on the Gospel According to Saint Matthew, 3 Bde. (ICC I/1-3), Edinburgh 1988.1991.1997

De Boer, M. C., Ten Thousand Talents? Matthew's Interpretation and Redaction of the Parable of the Unforgiving Servant (Matt 18:23-35): CBQ 50 (1988) 214-232

Delling, G., Art. παρθένος: ThWNT V (1954) 824-835
- Art. τέλος κτλ.:ThWNT VIII (1969) 50-88
Denis, A. M., De parabels over het koninkrijk (Mt. 13): TTh 1 (1961) 273-288
Dibelius, M., Die urchristliche Überlieferung von Johannes dem Täufer (FRLANT 15), Göttingen 1911
- Die Formgeschichte des Evangeliums, 3., durchgesehene Auflage mit einem Nachtrag von G. Iber hg. von G. Bornkamm, Tübingen 1959 (¹1919; zweite, erheblich erweiterte Auflage 1933)
Dobbeler, A. von, Die Restitution Israels und die Bekehrung der Heiden. Das Verhältnis von Mt 10,5b.6 und Mt 28,18-20 unter dem Aspekt der Komplementarität. Erwägungen zum Standort des Matthäusevangeliums: ZNW 91 (2000) 18 - 44
Dodd, C. H., Die Gleichnisse der Evangelien (1932), in: W. Harnisch (Hg.), Gleichnisse 116-136
- The Parables of the Kingdom, Glasgow 1978 [Paperback-Ausgabe basierend auf der revidierten Auflage von 1961; 1. Auflage 1935]
Donahue, J.R., The Gospel in Parable. Metaphor, Narrative, and Theology in the Synoptic Gospels, Philadelphia 1990 (¹1988)
Donfried, K. P., The Allegory of the Ten Virgins (Matt 25:1-13) as a Summary of Matthean Theology: JBL 93 (1974) 415-428
Dormeyer, D., Das Neue Testament im Rahmen der antiken Literaturgeschichte. Eine Einführung, Darmstadt 1993
Drury, J., The Parables in the Gospels. History and Allegory, New York 1989 (¹1985)
Dschulnigg, P., Rabbinische Gleichnisse und das Neue Testament. Die Gleichnisse der PesK im Vergleich mit den Gleichnissen Jesu und dem Neuen Testament (JudChr 12), Bern u.a. 1988
- Positionen des Gleichnisverständnisses im 20. Jahrhundert. Kurze Darstellung von fünf wichtigen Positionen der Gleichnistheorie (Jülicher, Jeremias, Weder, Arens Harnisch): ThZ 45 (1989) 335-351
Dunkel, F., Die Fischerei am See Genesareth und das Neue Testament: Bib. 5 (1924) 375-390
Dupont, J., Le chapitre des paraboles (1967), in: ders., Études sur les évangiles synoptiques, Bd. 1, hg. von F. Neirynck (BEThL 70A), Leuven 1985, 215-235
- Le point de vue de Matthieu dans le chapitre des paraboles, in: M. Didier (Hg.), L'Évangile selon Matthieu. Rédaction et théologie (BEThL 29), Gembloux 1972, 221-259
Eckart, K.-G., Plutarch und seine Gleichnisse: ThViat XI (1966/1972) 59-80
Edwards, R. A., Characterization of the Disciples as a Feature of Matthew's Narrative, in: F. van Segbroeck u.a. (Hg.), The Four Gospels 1992. FS F. Neirynck, 3 Bde. (BEThL 100), Leuven 1992, II 1305-1323
- Matthew's Narrative Portrait of Disciples. How the Text-Connoted Reader Is Informed, Harrisburg 1997
Egger, W., Methodenlehre zum Neuen Testament. Einführung in linguistische und historisch-kritische Methoden, Freiburg - Basel - Wien ²1990 (¹1987)
Eichholz, G., Gleichnisse der Evangelien. Form, Überlieferung, Auslegung, Neukirchen-Vluyn ²1975 (¹1971)
Eisen, U. C., Das Markusevangelium erzählt. Literary Criticism und Evangelien-auslegung, in: St. Alkier - R. Brucker (Hg.), Exegese und Methodendiskussion (TANZ 23), Tübingen 1998, 135-153
Elderen, B. van, The Purpose of Parables According to Matthew 13:10-17, in: R. N. Longenecker - M. C. Tenney (Hg.), New Dimensions in New Testament Study, Grand Rapids/Mich. 1974, 180-190

Ennulat, A., Die „Minor Agreements". Untersuchungen zu einer offenen Frage des synoptischen Problems (WUNT II 62), Tübingen 1994

Erlemann, K., Das Bild Gottes in den synoptischen Gleichnissen (BWANT 126), Stuttgart u.a 1988

- Naherwartung und Parusieverzögerung im Neuen Testament. Ein Beitrag zur Frage religiöser Zeiterfahrung (TANZ 17), Tübingen 1995
- Gleichnisauslegung. Ein Lehr- und Arbeitsbuch (UTB 2093), Tübingen - Basel 1999
- Wohin steuert die Gleichnisforschung?: Zeitschrift für Neues Testament 2 (1999) Heft 3, 2-10

Ernst, J., Das sog. Messiasgeheimnis - kein „Hauptschlüssel" zum Markusevangelium, in: J. Hainz (Hg.), Theologie im Werden, Paderborn u.a. 1992, 21-56

Evans, C. A., To See and Not Perceive. Isaiah 6.9-10 in Early Jewish and Christian Interpretation (JSOT.S 64), Sheffield 1989

- Jesus and Rabbinic Parables, Proverbs, and Prayers, in: ders., Jesus and His Contemporaries. Comparative Studies (AGJU 25), Leiden - New York - Köln 1995, 251-297
- Parables in Early Judaism, in: R. N. Longenecker (Hg.), Challenge 51-75

Fiebig, P., Altjüdische Gleichnisse und die Gleichnisse Jesu, Tübingen 1904

- Die Gleichnisreden Jesu im Lichte der rabbinischen Gleichnisse des neutestamentlichen Zeitalters. Ein Beitrag zum Streit um die "Christusmythe" und eine Widerlegung der Gleichnistheorie Jülichers, Tübingen 1912

Fiedler, P., Die Formel „und siehe" im Neuen Testament (StANT 20), München 1969

- Jesus und die Sünder (BET 3), Frankfurt/M. - Bern 1976
- Das Matthäusevangelium und „die Pharisäer", in: C. Mayer – Kh. Müller – G. Schmalenberg (Hg.), Nach den Anfängen fragen. FS G. Dautzenberg (GSTR 8), Gießen 1994, 199 - 218

Fieger, M., Das Thomasevangelium. Einleitung, Kommentar und Systematik (NTA.NF 22), Münster 1991

Fitzmyer, J. A., Art. κύριος κτλ.: EWNT II (^{2}1992) 811-820

- Art. παρθένος: EWNT III (^{2}1992) 93-95

Flusser, D., Die rabbinischen Gleichnisse und der Gleichniserzähler Jesus. 1. Teil: Das Wesen der Gleichnisse (JudChr 4), Bern - Frankfurt - Las Vegas 1981

Fohrer, G., Art. υἱός. B. Altes Testament: ThWNT VIII (1969) 340-354

Frankemölle, H., Jahwebund und Kirche Christi. Studien zur Form- und Traditionsgeschichte des „Evangeliums" nach Matthäus (NTA.NF 10), Münster ^{2}1984 (1974)

- Kommunikatives Handeln in Gleichnissen Jesu. Historisch-kritische und pragmatische Exegese. Eine kritische Sichtung, in: ders., Biblische Handlungsanweisungen, Mainz 1983, 19-49
- Evangelium - Begriff und Gattung. Ein Forschungsbericht (SBB 15), Stuttgart 1988
- Art λαός: EWNT II (^{2}1991) 837-848
- Matthäus. Kommentar, 2 Bde., Düsseldorf 1994.1997
- Johannes der Täufer und Jesus im Matthäusevangelium. Jesus als Nachfolger des Täufers: NTS 42 (1996) 196-218

Friedrich, J., Gott im Bruder? Eine methodenkritische Untersuchung von Redaktion, Überlieferung und Traditionen in Mt 25,31-46 (CThM.A 7), Stuttgart 1977

- Wortstatistik als Methode am Beispiel der Frage einer Sonderquelle im Matthäusevangelium: ZNW 76 (1985) 29-46

- Art. κληρονομέω κτλ.: EWNT II (^{2}1992) 735-739
- Art. κλῆρος: ebd. 739-742
- Art. πρόβατον: EWNT III (^{2}1992) 365-368

Fuchs, E., Hermeneutik, Tübingen ^{4}1970 (1954)
- Bemerkungen zur Gleichnisauslegung (1954/1965), in: W. Harnisch (Hg.), Gleichnisse 256-261
- Jesus. Wort und Tat, Tübingen 1971

Funk, R. W., Language, Hermeneutic, and Word of God. The Problem of Language in the New Testament and Contemporary Theology, New York - Evanston - London 1966
- Das Gleichnis als Metapher, in: W. Harnisch (Hg.), Gleichnisforschung 20-58 [deutsche Übersetzung zu: Language 133-162]

Fusco, V., Parola e regno. La sezione delle Parabole (Mc. 4,1-34) nella prospettiva marciana (Aloisiana 13), Brescia 1980
- L'accord mineur Mt 13,11a/Lc 8,10a contre Mc 4,11a, in: J. Delobel (Hg.), Logia. Les paroles de Jésus - The Sayings of Jesus (BEThL 59), Leuven 1982, 355-361

Geist, H., Menschensohn und Gemeinde. Eine redaktionskritische Untersuchung zur Menschensohnprädikation im Matthäusevangelium (fzb 57), Würzburg 1986

Gemünden, P. von, Vegetationsmetaphorik im Neuen Testament und in seiner Umwelt. Eine Bildfelduntersuchung (NTOA 18), Freiburg/Schw. - Göttingen 1993

Gerhardsson, B., The Seven Parables in Matthew XIII: NTS 19 (1972/73) 16-37
- If We Do Not Cut the Parables Out of Their Frames: NTS 37 (1991) 321-335

Gielen, M., Der Konflikt Jesu mit den religiösen und politischen Autoritäten seines Volkes im Spiegel der matthäischen Jesusgeschichte (BBB 115), Bodenheim 1998

Giesen, H., Christliches Handeln. Eine redaktionskritische Untersuchung zum δικαιοσύνη-Begriff im Matthäus-Evangelium (EHS.T 181), Frankfurt - Bern 1982

Glancy, J. A., Slaves and Slavery in the Matthean Parables: JBL 119 (2000) 67 - 90

Glombitza, O., Der Perlenkaufmann. Eine exegetische Studie zu Mt XIII.45-6: NTS 7 (1960/61) 153-161

Gnilka, J., Die Verstockung Israels. Isaias 6,9-10 in der Theologie der Synoptiker (StANT 3), München 1961
- Das Verstockungsproblem nach Mt 13,13-15, in: W. P. Eckert u.a. (Hg.), Antijudaismus im Neuen Testament? (Abhandlungen zum christlich-jüdischen Dialog 2), München 1967, 119-128
- Das Evangelium nach Markus, 2 Bde. (EKK II/1-2), Zürich - Neukirchen-Vluyn ^{4}1994 (^{1}1978)
- Das Matthäusevangelium, 2 Bde. (HThK I/1-2), Freiburg - Basel - Wien Sonderausgabe 200 (1986.1988)
- Jesus von Nazaret. Botschaft und Geschichte, Freiburg - Basel - Wien 1993 (^{1}1990)
- Theologie des Neuen Testaments (HThK.S 5), Freiburg - Basel - Wien 1994

Goldberg, A., Das schriftauslegende Gleichnis im Midrasch: FJB 9 (1981) 1-90

Goldstein, H., Art. ποιμήν κτλ.: EWNT III (^{2}1992) 301-304
- Art. ποίμνη κτλ.: ebd. 304f

Goulder, M. D., Characteristics of the Parables in the Several Gospels: JThS 19 (1968) 51-69
- Midrash and Lection in Matthew. Speakers's Lectures in Biblical Studies 1969-1971, London 1974

Gräßer, E., Das Problem der Parusieverzögerung in den synoptischen Evangelien und in der Apostelgeschichte (BZNW 22), Berlin - New York ³1977 (¹1957)

Greeven, H., „Wer unter euch ...?" (1952), in: W. Harnisch (Hg.), Gleichnisse 238-255.

Groß, W., Zorn Gottes – ein biblisches Theologumenon, in: W. Beinert (Hg.), Gott - ratlos vor dem Bösen? (QD 177), Freiburg – Basel – Wien 1999, 47-85

Grundmann, W., Das Evangelium nach Matthäus (ThHK I), Berlin 1968

Gundry, R. H., The Use of the Old Testament in St. Matthew's Gospel. With Special Reference to the Messianic Hope (NT.S 18), Leiden 1967

- Matthew. A Commentary on His Handbook for a Mixed Church Under Persecution, Grand Rapids ²1994 (1982)

Haacker, K., Das hochzeitliche Kleid von Mt. 22,11-13 und ein palästinisches Märchen: ZDPV 87 (1971) 95-97

- Neutestamentliche Wissenschaft. Eine Einführung in Fragestellungen und Methoden, Wuppertal 1981

- Art. ἕτερος: TBLNT I (1997) 800f

Häfner, G., Der verheißenen Vorläufer. Redaktionskritische Untersuchung zur Darstellung Johannes des Täufers im Matthäusevangelium (SBB 27), Stuttgart 1994

Hagner, D. A., Righteousness in Matthew's Theology, in: M. J. Wilkins – T. Paige (Hg.), Worship, Theology and Ministry in the Early Church. FS R. P. Martin (JSNT.S 87), Sheffield 1992, 101 - 120

- Matthew, 2 Bde. (Word Biblical Commentary 33a.b), Dallas 1993.1995

- Matthew's Parables of the Kingdom (Matthew 13:1-52), in: R. N. Longenecker (Hg.), Challenge 102-124

Hahn, H. Chr. - F. Avemarie - F. Thiele, Art. ἔργον: TBLNT I (1996) 56-62

Hahn, F., Das Gleichnis von der Einladung zum Festmahl, in: O. Böcher - K. Haacker (Hg.), Verborum Veritas. FS G. Stählin, Wuppertal 1970, 51-82

- (Hg.), Der Erzähler des Evangeliums. Methodische Neuansätze in der Markusforschung (SBS 118/119), Stuttgart 1985

- Art. υἱός: EWNT III (²1992) 912-937

Harnisch, W., Die Metapher als heuristisches Prinzip. Neuerscheinungen zur Hermeneutik der Gleichnisreden Jesu: VF 24 (1979) Heft 1, 53-89

- Die Gleichniserzählungen Jesu. Eine hermeneutische Einführung (UTB 1343), Göttingen ³1995 (¹1985)

- Beiträge zur Gleichnisforschung (1984-1991): ThR 59 (1994) 346-387

- (Hg.), Gleichnisse Jesu. Positionen der Auslegung von Adolf Jülicher bis zur Formgeschichte (WdF 366), Darmstadt 1982

- (Hg.), Die neutestamentliche Gleichnisforschung im Horizont von Hermeneutik und Literaturwissenschaft (WdF 575), Darmstadt 1982

Hasler, V., Art. βρυγμός κτλ.:EWNT I [²1992] 547f

Haubeck, W. - H. von Siebenthal, Neuer sprachlicher Schlüssel zum griechischen Neuen Testament, 2 Bde., Gießen 1994.1997

Hauck, F., Art. μοιχεύω κτλ.: ThWNT IV (1942) 737-743

- Art. παραβολή: ThWNT V (1954) 741-759

Haufe, G., Art. δεσπότης: EWNT I (²1992) 697f

- Art. ὅμοιος: EWNT II (²1992) 1250f

Hedrick, C. W., Kingdom Sayings and Parables of Jesus in the Apocryphon of James. Tradition and Redaction: NTS 29 (1983) 1-24.

Heiligenthal, R., Art. ἐργάζομαι κτλ.: EWNT II (²1992) 120-123

- Art. ἔργον: ebd. 123- 127

Heininger, B., Metaphorik, Erzählstruktur und szenisch-dramatische Gestaltung in den Sondergutgleichnissen bei Lukas (NTA.NF 24), Münster 1991

- Art. Gleichnis, Gleichnisrede, in: G. Ueding (Hg.), Historisches Wörterbuch der Rhetorik, Bd. 3, Tübingen 1996, 1000-1009
Held, H. J., Matthäus als Interpret der Wundergeschichten, in: G. Bornkamm – G. Barth – H. J. Held, Überlieferung 155-287
Hengel, M., Das Gleichnis von den Weingärtnern Mc 12,1-12 im Lichte der Zenonpapyri und der rabbinischen Gleichnisse: ZNW 59 (1968) 1-39
- Judentum und Hellenismus. Studien zu ihrer Begegnung unter besonderer Berücksichtigung Palästinas bis zur Mitte des 2. Jh. v.Chr. (WUNT 10), Tübingen 1969
- Das Problem der „Hellenisierung" Judäas im 1. Jahrhundert nach Christus, in: ders., Judaica et Hellenistica. Kleine Schriften I (WUNT 90), Tübingen 1996, 1-90
Heuberger, J., Samenkörner Christi des Sämanns auf griechischem Ackerboden. Zur patristischen Wirkungsgeschichte von Mt 13,23 parr, in: N. Brox u.a. (Hg.), Anfänge der Theologie. FS J. B. Bauer, Graz 1987, 155-174
Hezser, C., Lohnmetaphorik und Arbeitswelt in Mt 20,1-16. Das Gleichnis von den Arbeitern im Weinberg im Rahmen rabbinischer Lohngleichnisse (NTOA 15), Freiburg/Schw. - Göttingen 1990
Hoffmann, E. G. - H. von Siebenthal, Griechische Grammatik zum Neuen Testament, Rieken/Schw. 1985
Hoffmann, P., Studien zur Theologie der Logienquelle (NTA.NF 8), Münster 1972
Horstmann, A., Art. ἀπέχω: EWNT I ([2]1992) 288-290
Hultgren, A. J., The Parables of Jesus. A Commentary, Grand Rapids/Mich. - Cambridge 2000
Hummel, R., Die Auseinandersetzung zwischen Kirche und Judentum im Matthäusevangelium (BEvTh 33), München [2]1966 (1963)
Hunzinger, C.-H., Unbekannte Gleichnisse Jesu aus dem Thomas-Evangelium, in: W. Eltester (Hg.), Judentum Urchristentum Kirche. FS J. Jeremias (BZNW 26), Berlin 1960, 209-220
Jeremias, J., Art. νύμφη, νυμφίος: ThWNT IV (1942) 1092-1099
- Die Gleichnisse Jesu, Göttingen [9]1977 ([1]1947)
- Palästinakundliches zum Gleichnis vom Sämann (Mark. IV. 3-8 par.): NTS 13 (1966/67) 48-53
- Die Sprache des Lukasevangeliums. Redaktion und Tradition im Nicht-Markusstoff des dritten Evangeliums (KEK Sonderband), Göttingen 1980
- Neutestamentliche Theologie. Erster Teil: Die Verkündigung Jesu, Göttingen [2]1973 ([1]1971)
Jones, I. H., The Matthean Parables. A Literary and Historical Commentary (NT.S 80), Leiden - New York - Köln 1995
Jülicher, A., Die Gleichnisreden Jesu. Band I: Die Gleichnisreden Jesu im Allgemeinen ([1]1886/1888); Band II: Auslegung der Gleichnisreden der drei ersten Evangelien ([1]1899), Ausgabe in einem Band Tübingen 1910; Repr. Darmstadt 1976
Jüngel, E., Paulus und Jesus. Eine Untersuchung zur Präzisierung der Frage nach dem Ursprung der Christologie (HUTh 2), Tübingen [4]1972 ([1]1962)
- Die Problematik der Gleichnisrede Jesu (1962), in: W. Harnisch (Hg.), Gleichnisse 281-342 [= Paulus und Jesus 87-139]
- Metaphorische Wahrheit. Erwägungen zur theologischen Relevanz der Metapher als Beitrag zur Hermeneutik einer narrativen Theologie, in: P. Ricoeur - E. Jüngel, Metapher 71-122
Kähler, Chr., Jesu Gleichnisse als Poesie und Therapie. Versuch eines integrativen Zugangs zum kommunikativen Aspekt von Gleichnissen Jesu (WUNT 78), Tübingen 1995 [zitiert als: Jesu Gleichnisse]

- Gleichnisse: Glaube und Lernen 13 (1998) 98-111 [zitiert als: Gleichnisse]
Käsemann, E., Sackgassen im Streit um den historischen Jesus, in: ders., Exegetische Versuche und Besinnungen, Bd. 2, Göttingen [2]1965 ([1]1964), 31-68
Kahrmann, C. - G. Reiß - M. Schluchter, Erzähltextanalyse. Eine Einführung. Mit Studien- und Übungstexten, Königstein i. T. 1986
Karrer, M., „Und ich werde sie heilen". Das Verstockungsmotiv aus Jes 6,9f in Apg 28,26f, in: ders - W. Kraus - O. Merk (Hg.), Kirche und Volk Gottes. FS J. Roloff, Neukirchen-Vluyn 2000, 255-271
Kerr, A. J., Matthew 13:25. Sowing *Zizania* Among Another's Wheat: Realistic or Artificial?: JThS 48 (1997) 108-109
Kertelge, K., Art. δικαιοσύνη: EWNT I ([2]1992) 784-796
- Markusevangelium (NEB.NT 2), Würzburg 1994
Kilian, R., Jesaja 1-39 (EdF 200), Darmstadt 1983
Kilpatrick, G. D., The Origins of the Gospel According to St. Matthew, Oxford [2]1950 (1946)
Kingsbury, J. D., The Parables of Jesus in Matthew 13. A Study in Redaction-Criticism, London 1977 ([1]1969)
- The Title "Kyrios" in Matthew's Gospel: JBL 94 (1975) 246-255
- Matthew as Story, Philadelphia [2]1988 ([1]1986)
- The Developing Conflict between Jesus and the Jewish Leaders in Matthew's Gospel. A Literary-Critical Study: CBQ 49 (1987) 57-73
Kissinger, W. S., The Parables of Jesus. A History of Interpretation and Bibliography (ATLA.BS 4), Metuchen - London 1979
Klauck, H.-J., Allegorie und Allegorese in synoptischen Gleichnistexten (NTA.NF 13), Münster [2]1986 ([1]1976)
- Adolf Jülicher – Leben, Werk und Wirkung, in: G. Schwaiger (Hg.), Historische Kritik in der Theologie. Beiträge zu ihrer Geschichte (Studien zur Theologie und Geistesgeschichte des Neunzehnten Jahrhunderts 32), Göttingen 1980, 99-150
- Herrenmahl und hellenistischer Kult. Eine religionsgeschichtliche Untersuchung zum ersten Korintherbrief (NTA.NF 15), Münster [2]1986 ([1]1982)
Klein, H., Bewährung im Glauben. Studien zum Sondergut des Evangelisten Matthäus (BThSt 26), Neukirchen-Vluyn 1996
Knoch, O., Wer Ohren hat, der höre. Die Botschaft der Gleichnisse Jesu. Ein Werkbuch zur Bibel, Stuttgart 1983
Köster [Koester], H., Überlieferung und Geschichte der frühchristlichen Evangelienliteratur: ANRW II 25.2 (1984) 1463-1542
- Ancient Christian Gospels. Their History and Development, Harrisburg 1990
Krämer, H., Art. μυστήριον: EWNT II ([2]1992) 1098-1105
Krämer, M., Die Gleichnisrede in den synoptischen Evangelien. Eine synoptische Studie zu Mt 13,1-52 - Mk 4,1-34 - Lk 8,4-21 (Deutsche Hochschulschriften 461), Egelsbach - Köln - New York 1993
Kretzer, A., Die Herrschaft der Himmel und die Söhne des Reiches. Eine redaktionsgeschichtliche Untersuchung zum Basileiabegriff und Basileiaverständnis im Matthäusevangelium (SBM 10), Stuttgart – Würzburg 1971
Kümmel, W. G., Das Gleichnis von den bösen Weingärtnern (Mk 12,1-9) (1950), in: ders., Heilsgeschehen und Geschichte. Gesammelte Aufsätze 1933 - 1964, hg. von E. Gräßer u.a., Marburg 1965, 207-217
Lakoff, G. - M. Johnson, Metaphors We Live By, Chicago 1980
- Leben in Metaphern. Konstruktion und Gebrauch von Sprachbildern, Heidelberg [2]2000 [deutsche Übersetzung von 'Metaphors We Live By']

Lambrecht, J., Out of The Treasure. The Parables in the Gospel of Matthew (Louvain Theological & Pastoral Monographs 10), Leuven 1998 (¹1992)

Lausberg, H., Handbuch der literarischen Rhetorik. Eine Grundlegung der Literaturwissenschaft, München ²1973 (¹1960)

Lehnert, V. A., Die Provokation Israels. Die paradoxe Funktion von Jes 6,9-10 bei Markus und Lukas. Ein textpragmatischer Versuch im Kontext gegenwärtiger Rezeptionsästhetik und Lesetheorie (Neukirchener Theologische Dissertationen und Habilitationen 25), Neukirchen-Vluyn 1999

Lentzen-Deis, F., Kriterien für die historische Beurteilung der Jesusüberlieferung in den Evangelien, in: K. Kertelge (Hg.), Rückfrage nach Jesus. Zur Methodik und Bedeutung der Frage nach dem historischen Jesus (QD 63), Freiburg - Basel - Wien 1974, 78-117

Leroy, H., Art. ἀφίημι κτλ.: EWNT I (²1992) 436-441

Liddell, H. G. - R. Scott, A Greek-English Lexicon. With a Supplement 1968. New (9.) Edition, rev. and augmented throughout by H.St. Jones, Reprint Oxford 1985 Revised Supplement, ed. by P.G.W. Glare, Oxford 1996

Liebenberg, J., The Language of the Kingdom and Jesus. Parable, Aphorism, and Metaphor in the Sayings Material Common to the Synoptic Tradition and the Gospel of Thomas (BZNW 102), Berlin - New York 2001

Limbeck, M., Matthäus-Evangelium (SKK.NT 1), Stuttgart 1986
- Art. θέλημα: EWNT II (²1992) 338-340

Lindemann, A., Zur Gleichnisinterpretation im Thomas-Evangelium: ZNW 71 (1980) 214-243

Link, W., Die Geheimnisse des Himmelreiches. Eine Erklärung von Matth. 13,10-23: EvTh 2 (1935) 115-127

Linnemann, E., Gleichnisse Jesu. Einführung und Auslegung, Göttingen ⁴1966 (¹1961)

Lohfink, G., Das Gleichnis vom Sämann (Mk 4,3-9): BZ 30 (1986) 36-69

Lohmeyer, E., Das Evangelium nach Matthäus. Nachgelassene Ausarbeitungen und Entwürfe zur Übersetzung und Erklärung. Für den Druck erarbeitet und herausgegeben von W. Schmauch (KEK Sonderband), Göttingen ³1962 (1956)

Lohse, E., Art. υἱός C. Judentum: ThWNT VIII (1969) 354-363

Longenecker, R. N. (Hg.), The Challenge of Jesus' Parables, Grand Rapids/Mich. - Cambridge 2000

Luck, U., Das Evangelium nach Matthäus (ZBK.NT 1), Zürich 1993

Lührmann, D., Das Markusevangelium (HNT 3), Tübingen 1987

Lust, J. - E. Eynikel - K. Hauspi, A Greek-English Lexicon of the Septuagint, 2 Bde., Stuttgart 1994.1996

Luz, U., Die Jünger im Matthäusevangelium: ZNW 62 (1971) 141-171
- Das Evangelium nach Matthäus, 4 Bde. (EKK I/1-4), Zürich – Neukirchen-Vluyn I: ⁵2002 (revidierte Auflage; ¹1985). II: ²1996 (1990). III: 1997. IV: 2002
- Art. βασιλεία: EWNT I (²1992) 481-491
- Der Taumellolch im Weizenfeld. Ein Beispiel wirkungsgeschichtlicher Hermeneutik, in: H. Frankemölle, - K. Kertelge (Hg.), Vom Urchristentum zu Jesus. FS. J. Gnilka, Freiburg - Basel - Wien 1989, 154-171
- Die Jesusgeschichte nach Matthäus, Neukirchen-Vluyn 1993

Marcus, J., The Mystery of the Kingdom of God (SBL.DS 90), Atlanta 1986

Marguerat, D., Le jugement dans l'Évangile de Matthieu (Le Monde de la Bible), Genf 1981

Massa, D., Verstehensbedingungen von Gleichnissen. Prozesse und Voraussetzungen der Rezeption aus kognitiver Sicht (TANZ 31), Tübingen 2000

Maurer, Ch., Art. ῥίζα κτλ.: ThWNT VI (1959) 985-991

McIver, R. K., One Hundred-Fold Yield – Miraculous or Mundane? Matthew 13.8,23; Mark 4.8,20; Luke 8.8: NTS 40 (1994) 606-608

McNamarra, M., The New Testament and the Palestinian Targum to the Pentateuch (AnBib 27), Rom 1966

Meier, J. P., "Happy the Eyes That See". The Tradition, Message, and Authenticity of Luke 10:23-24 and Parallels, in: A. B. Beck (Hg.), Fortunate the Eyes that See. FS D. N. Freedman, Grand Rapids, Mich. 1995, 467-477

Meinertz, M., „Dieses Geschlecht" im Neuen Testament: BZ.NF 1 (1957) 283-289

Meiser, M. u.a., Proseminar II: Neues Testament – Kirchengeschichte. Ein Arbeitsbuch, Stuttgart u.a. 2000

Mell, U., Die Zeit der Gottesherrschaft. Zur Allegorie und zum Gleichnis von Markus 4,1-9 (BWANT 144), Stuttgart u.a. 1998

- (Hg.), Die Gleichnisreden Jesu 1899-1999. Beiträge zum Dialog mit Adolf Jülicher (BZNW 103), Berlin – New York 1999

Menken, M. J. J., Isaiah and the „Hidden Things". The Quotation from Psalm 78:2 in Matthew 13:35, in: L. V. Rutgers u.a. (Hg.), The Use of the Sacred Books in the Ancient World (Contributions to Biblical Exegesis and Theology 22), Leuven 1998, 61-77

Merkel, H., Das Gleichnis von den 'ungleichen Söhnen' (Matth. xxi. 28-32): NTS 20 (1974) 254-261

- Die Gottesherrschaft in der Verkündigung Jesu, in: M. Hengel - A. M. Schwemer (Hg.), Königsherrschaft Gottes und himmlischer Kult im Judentum, Urchristentum und in der hellenistischen Welt (WUNT 55), Tübingen 1991, 119-161

Merklein, H., Die Gottesherrschaft als Handlungsprinzip. Untersuchung zur Ethik Jesu (fzb 34), Würzburg ²1981 (¹1978)

- Jesu Botschaft von der Gottesherrschaft. Eine Skizze (SBS 111), Stuttgart ³1989 (¹1983)

- Die Jesusgeschichte - synoptisch gelesen (SBS 156), Stuttgart 1994

- Marana („unser Herr") als Bezeichnung des nabatäischen Königs. Eine Analogie zur neutestamentlichen Kyrios-Bezeichnung?, in: R. Hoppe - U. Busse (Hg.), Von Jesus zum Christus. Christologische Studien. FS P. Hoffmann (BZNW 93), Berlin u.a. 1998, 25 - 41

Meyers, E. M., Jesus und seine galiläische Lebenswelt: Zeitschrift für Neues Testament 1 (1998) Heft 1, 27-38

Michel, O., Art. πατήρ: EWNT III (²1992) 125-135

Minear, P. S., The Disciples and the Crowds in the Gospel of Matthew: Anglican Theological Review. Supplement Series 3 (1974) 28-44

Müller, P., Wie werdet ihr alle Gleichnisse verstehen? Die Gleichnisse vom Säen, Wachsen und Fruchtbringen in Markus 4, in: K. Huizing – U. H. J. Körtner – P. Müller (Hg.), Lesen und Leben. Drei Essays zur Grundlegung einer Lesetheologie, Bielefeld 1997, 53-97

- Neue Trends in der Jesusforschung: Zeitschrift für Neues Testament 1 (1998) Heft 1, 2-16

- Jesusbücher – Jesusbilder: VF 44 (1999) Heft 1, 2-28

Müller, P.-G., Art. ἀνοίγω: EWNT I (²1992) 252f

Mußner, F., Der nicht erkannte Kairos (Mt 11,16-19=Lk 7,31-35): Bib. 40 (1959) 599-612

- Die bösen Winzer nach Mt 21,33-46, in: W. P. Eckert u.a. (Hg.), Antijudaismus im Neuen Testament? (Abhandlungen zum christlich-jüdischen Dialog 2), München 1967, 129-134

Neirynck, F. (Hg.), The Minor Agreements of Matthew and Luke against Mark with a Cumulative List (BEThL XXXVII), Leuven 1974

Nützel, J. M., Art. γρηγορέω: EWNT I (^{2}1992) 638f

Oepke, A., Art. δύω κτλ.: ThWNT II (1935) 318-321

Ogawa, A., Paraboles de l'Israël véritable? Revonsidération critique de Mt. XXI 28 - XXII 14: NT 21 (1979) 121-149

Päpstliche Bibelkommission, Das jüdische Volk und seine Heilige Schrift in der christlichen Bibel (Verlautbarungen des Apostolische Stuhls 152), Bonn 2001

Parris, D. P., Imitating the Parables. Allegory, Narrative and the Role of Mimesis: JSNT 25 (2002) 33-53

Paulsen, H., Art. ἐνδύω: EWNT I (^{2}1992) 1103-1105

Payne, P.B., The Order of Sowing and Ploughing in the Parable of the Sower: NTS 25 (1979) 123-129

Pesch, R., Das Markusevangelium, 2 Bde. (HThK II/1-2), Freiburg - Basel - Wien Sonderausgabe 2000 (^{1}1976.1977)

Powell, M. A., What Is Narrative Criticism? (Guides To Biblical Scholarship. New Testament Series), Minneapolis 1990

Preisker, H. - S. Schulz, Art. πρόβατον: ThWNT VI (1959) 688-692

Preuß, H. D., Theologie des Alten Testaments, 2 Bde., Stuttgart u.a. 1991.1992

Pridik, K.-H., Art. γάρ: EWNT I (^{2}1992) 571-573

Przybylski, B., Righteousness in Matthew and His World of Thought (MSSNTS 41), Cambridge 1980

Puig i Tàrrech, A., La parabole des dix vierges (Mt 25,1-13) (AnBib 102), Rom - Barcelona 1983

- Le récit de Mt 13, in: M. Perroni – E. Salmann (Hg.), Patrimonium fidei. Traditionsgeschichtliches Verstehen am Ende? FS M. Löhrer und P.-R. Tragan (Studia Anselmiana 124), Rom 1997, 267-286

Räisänen, H., Die Parabeltheorie im Markusevangelium (Schriften der Finnischen exegetischen Gesellschaft 26), Helsinki 1973

Rau, E., Reden in Vollmacht. Hintergrund, Form und Anliegen der Gleichnisse Jesu (FRLANT 149), Göttingen 1990

Rauscher, J., Vom Messiasgeheimnis zur Lehre der Kirche. Die Entwicklung der sogenannten Parabeltheorie in der synoptischen Tradition (Mk 4,10-12 par Mt 13,10-17 par Lk 8,9-10), 1990 (Dissertation an der Katholisch-Theologischen Hochschule Linz, WS 1989/90)

Reiser, M., Die Gerichtspredigt Jesu. Eine Untersuchung zur eschatologischen Verkündigung Jesu und ihrem frühjüdischen Hintergrund (NTA.NF 23), Münster 1990

Rengstorf, K. H., Art. βρύχω κτλ.: ThWNT I (1933) 639f

- Art. δεσπότης κτλ.: ThWNT II (1935) 43-48

- Die Stadt der Mörder (Mt 22,7), in: W. Eltester (Hg.), Judentum Urchristentum Kirche. FS J. Jeremias (BZNW 26), Berlin ^{2}1964, 106-129

Repschinski, B., The Controversy Stories in the Gospel of Matthew. Their Redaction, Form and Relevance for the Relationship Between the Matthean Community and Formative Judaism. (FRLANT 189), Göttingen 2000

Ricoeur, P., Stellung und Funktion der Metapher in der biblischen Sprache, in: ders. - E. Jüngel, Metapher 45-70

- Biblische Hermeneutik (engl. 1975), in: W. Harnisch (Hg.), Gleichnisforschung, 248-339

- Die lebendige Metapher (Übergänge 12), München ^{2}1991 (frz. 1975)

Ricoeur, P. - E. Jüngel, Metapher. Zur Hermeneutik religiöser Sprache (EvTh, Sonderheft), München 1974

Riniker, Ch., Die Gerichtsverkündigung Jesu (EHS.T 653), Bern u.a. 1999

Robinson, J. A. T., The Parable of the Wicked Husbandmen. A Test of Synoptic Relationships: NTS 21 (1975) 443-461

Robinson, J.M. u.a., The International Q Project: JBL 109 (1990) 499-501; 110 (1991) 494-498; 111 (1992) 500-508; 112 (1993) 500-506; 113 (1994) 495-499; 114 (1995) 475-485; 116 (1997) 521-525

Roloff, J., Das Kirchenverständnis des Matthäus im Spiegel seiner Gleichnisse: NTS 38 (1992) 337-356
- Die Kirche im Neuen Testament (GNT 10), Göttingen 1993

Rothfuchs, W., Die Erfüllungszitate des Matthäus-Evangeliums (BWANT 88), Stuttgart u.a. 1969

Sabin, M., Reading Mark 4 as Midrash: JSNT 45 (1992) 3-26

Sänger, D., Die Verkündigung des Gekreuzigten und Israel. Studien zum Verhältnis von Kirche und Israel bei Paulus und im frühen Christentum (WUNT 75), Tübingen 1994

Sand, A., Das Evangelium nach Matthäus (RNT), Regensburg 1986
- Das Matthäus-Evangelium (EdF 275), Darmstadt 1991

Sanders, E. P., Sohn Gottes. Eine historische Biographie Jesu (engl. 1993), Stuttgart 1996

Sasse, H., Art. αἰών κτλ.: ThWNT I (1933) 197-209

Sato, M., Q und Prophetie. Studien zur Gattungs- und Traditionsgeschichte der Quelle Q (WUNT II 29), Tübingen 1988

Scheliha, A. von, Kyniker, Prophet, Revolutionär oder Sohn Gottes? Die 'dritte Runde' der Frage nach dem historischen Jesus und ihre christologische Bedeutung: Zeitschrift für Neues Testament 2 (1999) Heft 4, 22-31

Schenk, W., Auferweckung der Toten oder Gericht nach den Werken. Tradition und Redaktion in Matthäus XXV 1-13: NT 20 (1978) 278-299

Scheuermann, G., Gemeinde im Umbruch. Eine sozialgeschichtliche Studie zum Matthäusevangelium (fzb 77), Würzburg 1996

Schmeller, Th., Das Reich Gottes im Gleichnis. Eine Überprüfung neuerer Deutungen der Gleichnisrede und der Reich-Gottes-Verkündigung Jesu: ThLZ 119 (1994) 599-608
- Der Erbe des Weinbergs. Zu den Gerichtsgleichnissen Mk 12,1-12 und Jes 5,1-7: MThZ 46 (1995) 183-201

Schmid, J., Das Evangelium nach Matthäus (RNT), Regensburg ⁴ 1959 (1948)

Schmidt, K. L., Der Rahmen der Geschichte Jesu (1919), in: F. Hahn (Hg.), Zur Formgeschichte des Evangeliums (WdF 81), Darmstadt 1985, 118-123

Schnackenburg, R., Matthäusevangelium, 2 Bde. (NEB.NT I/1-2), Würzburg 1985.1987
- Die Person Jesu Christi im Spiegel der vier Evangelien (HThK.S 4), Freiburg - Basel - Wien ²1994 (¹1993)

Schneider, C., Art. κάθημαι κτλ.: ThWNT III (1938) 443-447

Schneider, G., Das Evangelium nach Lukas, 2 Bde. (ÖTBK 3/1.2), Gütersloh 1977

Schneider, J., Art. ὅμοιος κτλ.: ThWNT V (1954) 186-198

Schnelle, U., Einleitung in das Neue Testament (UTB 1830), Göttingen 1994

Schnur, H. C., Fabeln der Antike (Tusculum Bücherei), München 1978

Schöpflin, K., מָשָׁל - ein eigentümlicher Begriff der hebräischen Literatur: BZ.NF 46 (2002) 1 - 24

Scholz, G., Gleichnisaussagen und Existenzstruktur. Das Gleichnis in der neueren Hermeneutik unter besonderer Berücksichtigung der christlichen Existenzstruktur in den Gleichnissen des lukanischen Sonderguts (EHS.T 214), Frankfurt a. M. 1983

Schröter, J., Zum gegenwärtigen Stand der neutestamentlichen Wissenschaft: Methodologische Aspekte und theologische Perspektiven: NTS 46 (2000) 262-283

Schürmann, H., Das Lukasevangelium, Bd. 1 (HThK III/1), Freiburg - Basel - Wien Sonderausgabe 2000 ([1]1969)
- Jesus – Gestalt und Geheimnis. Gesammelte Beiträge, hg. v. K. Scholtissek, Paderborn 1994

Schulz, S., Q. Die Spruchquelle der Evangelisten, Zürich 1972

Schunack, G., Neuere literaturkritische Interpretationsverfahren in der anglo-amerikanischen Exegese: VF 41 (1996) Heft 1, 28-55

Schwank, B., „Dort wird Heulen und Zähneknirschen sein": BZ.NF 16 (1972) 121f

Schwankl, O., Licht und Finsternis. Eine metaphorisches Paradigma in den johanneischen Schriften (Herders Biblische Studien 5), Freiburg - Basel - Wien 1995

Schwarz, G., „Verbarg es in drei Sea Mehl"? (Mt 13,33/Lk 13,20.21): Biblische Notizen 86 (1997) 60-62

Schweitzer, A., Geschichte der Leben-Jesu-Forschung, Tübingen [6]1951 (1913)

Schweizer, E., Das Evangelium nach Matthäus (NTD 2) [2]1976 ([1]1973)
- Das Evangelium nach Markus (NTD 2), Göttingen [7]1988 ([1]1975)
- Zur Sondertradition der Gleichnisse bei Matthäus, in: ders., Matthäus und seine Gemeinde (SBS 71), Stuttgart 1974, 98-105

Scott, B. B., Hear then the Parable. A Commentary on the Parables of Jesus, Minneapolis 1990 ([1]1989)

Sellew, Ph., Interior Monologue as a Narrative Device in the Parables of Luke: JBL 111 (1992) 239-253

Sellin, G., Allegorie und "Gleichnis". Zur Formenlehre der synoptischen Gleichnisse (1978), in: W. Harnisch (Hg.), Gleichnisforschung 367-429
- Lukas als Gleichniserzähler: Die Erzählung vom barmherzigen Samariter (Lk 10,25-37): ZNW 65 (1974) 166-189; 66 (1975) 19-60

Sider, J. W., The Meaning of *Parabole* in the Usage of the Synoptic Evangelists: Bib. 62 (1981) 453-470
- Proportional Analogy in the Gospel Parables: NTS 31 (1985) 1-23

Snodgrass, K., The Parable of the Wicked Tenants. An Inquiry in Parable Interpretation (WUNT 27), Tübingen 1983
- From Allegorizing to Allegorizing. A History of the Interpretation of the Parables of Jesus, in: R. N. Longenecker (Hg), Challenge 3-29

Söding, Th., Das Gleichnis vom Festmahl (Lk 14,16-24 par Mt 22,1-10). Zur ekklesiologischen Dimension der Reich-Gottes-Verkündigung Jesu, in: R. Kampling – Th. Söding (Hg.), Ekklesiologie des Neuen Testaments. FS K. Kertelge , Freiburg – Basel – Wien 1996, 56-84
- Geschichtlicher Text und Heilige Schrift - Fragen zur theologischen Legitimität historisch-kritischer Exegese, in: Chr. Dohmen - Chr. Jacob - Th. Söding, Neue Formen der Schriftauslegung, hg. von Th. Sternberg (QD 140), Freiburg - Basel - Wien 1992, 75-130
- Inmitten der Theologie des Neuen Testaments. Zu den Voraussetzungen und Zielen neutestamentlicher Exegese: NTS 42 (1996) 161-184
- Wege der Schriftauslegung. Methodenbuch zum Neuen Testament. Unter Mitarbeit von Ch. Münch, Freiburg – Basel – Wien 1998
- Die Gleichnisse Jesu als metaphorische Erzählungen, in: B. Janowski - N. Zchomelidse (Hg.), Die Sichtbarkeit des Unsichtbaren. Zur Korrelation von Text und Bild im Wirkungskreis der Bibel (Arbeiten zur Geschichte und Wirkung der Bibel 3), Stuttgart 2003, 81-118

Staudinger, F., Art. ἔλεος κτλ.: EWNT I ([2]1992) 1046-1052

Stauffer, E., Art. γαμέω κτλ.: ThWNT I (1933) 646-655

Steck, O. H., Israel und das gewaltsame Geschick der Propheten. Untersuchung zur Überlieferung des deuteronomistischen Geschichtsbildes im Alten Testament, Spätjudentum und Urchristentum (WMANT 23), Neukirchen-Vluyn 1967

Stendahl, K., The School of St. Matthew and Its Use of the Old Testament (ASNU 20), Lund 1954

Stern, D., Parables in Midrash. Narrative and Exegesis in Rabbinic Literature, Cambridge – London 1991

Stock, A., Textentfaltungen. Semiotische Experimente mit einer biblischen Geschichte, Düsseldorf 1978

Strack, H. L. - P. Billerbeck, Kommentar zum Neuen Testament aus Talmud und Midrasch, 6 Bde., München [6-8]1986-1994

Strecker, G., Der Weg der Gerechtigkeit. Untersuchung zur Theologie des Matthäus (FRLANT 82), Göttingen [3]1971 (1962)
- Die Bergpredigt. Ein exegetischer Kommentar, Göttingen [2]1985 ([1]1984)
- Literaturgeschichte des Neuen Testaments (UTB 1682), Göttingen 1992
- Theologie des Neuen Testaments. Bearbeitet, ergänzt und herausgegeben von F.W. Horn, Berlin - New York 1995

Stuhlmacher, P., Biblische Theologie des Neuen Testaments. Bd. I: Grundlegung. Von Jesus zu Paulus, Göttingen 1992

Theisohn, J., Der auserwählte Richter. Untersuchungen zum traditionsgeschichtlichen Ort der Menschensohngestalt der Bilderreden des Äthiopischen Henoch (StUNT 12), Göttingen 1975

Theißen, G. – A. Merz, Der historische Jesus. Ein Lehrbuch, Göttingen [2]1997 ([1]1996)

Theobald, M., Art. Mysterium II. Biblisch-theologisch: LThK[3] (1998) 577-579

Thoma, C. - S. Lauer, Die Gleichnisse der Rabbinen I: Pesiqta deRav Kahana (PesK). Einleitung, Übersetzung, Parallelen, Kommentar, Texte (JudChr 10), Bern u.a. 1986
- Die Gleichnisse der Rabbinen II: Von der Erschaffung der Welt bis zum Tod Abrahams. Bereschit rabba 1-63. Einleitung, Übersetzung mit Kommentar, Texte (JudChr 13), Bern u.a. 1991

Thoma, C. – H. Ernst, Die Gleichnisse der Rabbinen III: Von Isaak bis zum Schilfmeer BerR 63-100; ShemR 1-22. Einleitung, Übersetzung mit Kommentar, Texte (JudChr 16), Bern u.a. 1996

Thüsing, W., Die neutestamentlichen Theologien und Jesus Christus. Grundlegung einer Theologie des Neuen Testaments, Bd. 1-2, Münster [2]1996 ([1]1981).1998
- Zwischen Jahweglaube und christologischem Dogma. Zu Position und Funktion der neutestamentlichen Exegese innerhalb der Theologie (1984), in: ders., Studien zur neutestamentlichen Theologie, hg. v. Th. Söding (WUNT 82), Tübingen 1995, 3-22

Tilborg, S. van, The Jewish Leaders in Matthew, Leiden 1972

Tödt, H. E., Der Menschensohn in der synoptischen Überlieferung, Gütersloh 1959

Tolbert, M.A., Perspectives on the Parables. An Approach to Multiple Interpretations, Philadelphia 1979

Tov, E., Three Dimensions of LXX Words: RB 83 (1976) 529-544

Trilling, W., Das wahre Israel. Studien zur Theologie des Matthäus-Evangeliums (StANT 10), München [3]1964 (1959)
- Zur Überlieferungsgeschichte des Gleichnisses vom Hochzeitsmahl Mt 22,1-14: BZ.NF 4 (1960) 251-265

Tripp, D. H., Zizania (Matthew 13:25). Realistic, If Also Figurative: JThS 50 (1999) 628

Tuckett, C.M., Mark's Concerns in the Parables Chapter (Mark 4,1-34): Bib. 69 (1988) 1-26

Vahrenhorst, M., Art. μυστήριον: TBLNT 2 (2000) 1431-1435
- Gift oder Arznei? Perspektiven für das neutestamentliche Verständnis von Jes 6,9f im Rahmen der jüdischen Rezeptionsgeschichte: ZNW 92 (2001) 145-167
- „Ihr sollt überhaupt nicht schwören". Matthäus im halachischen Diskurs (WMANT 95), Neukirchen-Vluyn 2002

Vanoni, G. - B. Heininger, Das Reich Gottes (Neue Echter Bibel - Themen 4), Würzburg 2002

Vermes, H., Jesus der Jude. Ein Historiker liest die Evangelien (engl. 1973/1981), Neukirchen-Vluyn 1993

Via, D. O., Matthew on the Understandability of Parables: JBL 84 (1965) 430-432
- Die Gleichnisse Jesu. Ihre literarische und existentiale Dimension (BEvTh 57) (am. 1967), München 1970

Vögtle, A., Das Neue Testament und die Zukunft des Kosmos (KBANT), Düsseldorf 1970
- Gott und seine Gäste. Das Schicksal des Gleichnisses Jesu von großen Gastmahl (Lukas 14,16b-24; Matthäus 22,2-14) (BThSt 29), Neukirchen-Vluyn 1996

Vorster, W. S., The Structure of Matthew 13 (1977), in: ders., Speaking of Jesus. Essays on Biblical Language, Gospel Narrative and the Historical Jesus, hg. von J. E. Botha (NT.S 92), Leiden u.a. 1999, 139-148

Vouga, F., Jesus als Erzähler. Überlegungen zu den Gleichnissen: WuD 19 (1987) 63-85
- Formgeschichtliche Überlegungen zu den Gleichnissen und zu den Fabeln der Jesus-Tradition auf dem Hintergrund der hellenistischen Literaturgeschichte, in: F. van Segbroeck u.a. (Hg.), The Four Gospels 1992. FS F. Neirynck (BEThL C), Leuven 1992, I 173-187
- Zur form- und redaktionsgeschichtlichen Definition der Gattungen: Gleichnis, Parabel/Fabel, Beispielerzählung, in: U. Mell (Hg.),Gleichnisreden 75-95
- Die Parabeln Jesu und die Fabeln Äsops. Ein Beitrag zur Gleichnisforschung und zur Problematik der Literarisierung der Erzählungen der Jesus-Tradition: WuD 26 (2001) 149-164

Wahlde, U. C. von, The Relationships between Pharisees and Chief Priests. Some Observations on the Texts in Matthew, John and Josephus: NTS 42 (1996) 506-522

Walter, N., Art. σπλαγχνίζομαι: EWNT III (²1992) 633f

Wanke, J., Art. δεῖπνον κτλ.: EWNT I (²1992) 673-675

Weber, B., Schulden erstatten - Schulden erlassen. Zum matthäischen Gebrauch einiger juristischer und monetärer Begriffe: ZNW 83 (1992) 253 - 256

Weder, H., Die Gleichnisse Jesu als Metaphern. Traditions- und redaktionsge-schichtliche Analysen und Interpretationen (FRLANT 120), Göttingen ⁴1990 (¹1978)
- Neutestamentliche Hermeneutik, Zürich 1986
- Metapher und Gleichnis. Bemerkungen zur Reichweite des Bildes in religiöser Sprache: ZThK 90 (1993) 382-408

Weinrich, H., Tempus. Besprochene und erzählte Welt (Sprache und Literatur 16), Stuttgart ²1971 (¹1964)
- Sprache in Texten, Stuttgart 1976

Weiser, A., Die Knechtsgleichnisse der synoptischen Evangelien (StANT 29), München 1971
- Art. Gleichnis II. Neues Testament: LThK 4 (³1995) 743f

Weiß, H.-F., Noch einmal: Zur Frage eines Antijudaismus bzw. Antipharisäismus im Matthäusevangelium: Zeitschrift für Neues Testament 4 (2001) Heft 8, 37 - 41

Weiss, J., Die Predigt Jesu vom Reiche Gottes, hg. von Ferdinand Hahn, mit einem Geleitwort von Rudolf Bultmann, Göttingen [3]1964 ([2]1900.[1]1892)

Wenham, D., The Structure of Matthew XIII: NTS 25 (1979) 516-522

Westermann, C., Vergleiche und Gleichnisse im Alten und Neuen Testament (CThM.BW 14), Stuttgart 1984

White, K. D., The Parable of the Sower: JThS 15 (1964) 300-307

Wiefel, W., Das Evangelium nach Lukas (ThHK 3), Berlin 1988
- Das Evangelium nach Matthäus (ThHK 1), Leipzig 1998

Wilder, A. N., Early Christian Rhetoric. The Language of the Gospel, Cambridge 1971 ([1]1964)

Wilkens, W., Die Redaktion des Gleichniskapitels Mark. 4 durch Matth.: ThZ 20 (1964) 305-327

Wolter, M., Art. ὀφειλέτης κτλ.: EWNT II ([2]1992) 1344-1346
- Art. ὀφειλή, ebd. 1346f
- Art. ὀφείλω, ebd. 1347-1350
- Interaktive Erzählungen. Wie aus Geschichten Gleichnisse werden und was Jesu Gleichnisse mit ihren Hörern machen: Glaube und Lernen 13 (1998) 120-134

Wong, K.-C., Interkulturelle Theologie und multikulturelle Gemeinde im Matthäusevangelium. Zum Verhältnis von Juden- und Heidenchristen im ersten Evangelium (NTOA 22), Freiburg/Schw. – Göttingen 1992

Wouters, A., „... wer den Willen meines Vaters tut". Eine Untersuchung zum Verständnis vom Handeln im Matthäusevangelium (BU 92), Regensburg 1992

Wrege, H. Th., Art. καρπός κτλ.: EWNT II ([2]1992) 619-623

Yamasaki, G., John the Baptist in Life and Death. Audience Oriented Criticism of Matthew's Narrative (JSNT.S 167), Sheffield 1998

Young, B.H., Jesus and His Jewish Parables. Rediscovering the Roots of Jesus' Teaching (Theological Inquiries), Mahwah 1989
- The Parables. Jewish Tradition and Christian Interpretation, Peabody [2]2000 ([1]1998)

Zeller, D., Zu einer jüdischen Vorlage von Mt 13,52: BZ.NF 20 (1976) 223 - 226
- Die Bildlogik des Gleichnisses Mt 11,16f/Lk 7,31f: ZNW 68 (1977) 252-257
- Art. Mysterien/Mysterienreligionen: TRE 23 (1994) 504-526
- Art. Mysterium: NBL 2 (1995) 860-864

Zenger, E., Art. Herrschaft Gottes/Reich Gottes II. Altes Testament: TRE XV (1986) 176-189

Zimmermann, R., Metapherntheorie und biblische Bildersprache. Ein methodologischer Versuch: ThZ 56 (2000) 108-133
- Geschlechtermetaphorik und Gottesverhältnis. Traditionsgeschichte und Theologie eines Bildfeldes in Urchristentum und antiker Umwelt (WUNT II 122), Tübingen 2001
- Das Hochzeitsritual im Jungfrauengleichnis. Sozialgeschichtliche Hintergründe zu Mt 25.1-13: NTS 48 (2002) 48 - 70

Zumstein, J., La condition du croyant dans l'Évangile selon Matthieu (OBO 16), Freiburg/Schw. - Göttingen 1977

Zymner, R., Uneigentlichkeit. Studien zu Semantik und Geschichte der Parabel (Explicatio), Paderborn u.a. 1991

Sachregister

Adressaten 22, 52, 54f, 68f, 77f, 79-81, 97-100, 127f, 277f, 293f, 306
Allegorie, Allegorese, Allegorisierung 10-12, 14, 15, 18[96], 19, 23f, 27-32, 34[202], 35, 40, 43, 48-50, 56f, 59f, 161, 175, 182, 250, 275f, 289f, 297
Apologie 70, 78f, 98, 299
Autonomie 39f, 57, 64f
Bildfeld 30, 32, 36f, 161, 184-206, 212, 225, 248, 296f
Endzeit, Endgeschehen 35, 69, 186, 190, 196f, 299
Erbe, erben 189f
Erzählung 7, 13, 30, 33, 37, 38-40, 42, 43, 47f, 59f, 82, 141-143, 161-183, 205f, 212, 225, 226-231, 247f, 294f
Extravaganzen 39, 42, 59, 161, 175-183, 212, 226f, 296
Fabeln 5, 147f, 305
Formelsprache 208-212, 225, 248, 296, 304
Fragen 19, 60, 158-160, 217f, 255f, 287
Gemeinde, Kirche 20-22, 23, 45f, 55f, 68-70, 122f, 191, 196, 265f, 267f, 268f, 270-273, 277f, 299
Gericht 108-110, 186, 188f, 193, 194, 208f, 211f, 216f, 264, 266, 268
Geschichte 34f, 49f, 138-140, 156, 262-273, 275f, 287f, 297f
Gleichniseinleitungen 19, 41, 59f, 129-160, 182f
Gleichniskompositionen 19, 72, 181f, 219-226, 248, 305
Gleichnisschlüsse/-deutungen 10-12, 19, 42, 45, 59f, 88, 126f, 182f, 249-290, 295, 297f, 304f
Gott 107f, 192, 195, 198-201
Handeln 49, 71, 187f, 194f

Herr 198
Himmelreich, Gottesherrschaft 32f, 35[208], 41, 46, 71, 83, 102f, 127f, 132f, 144f, 148f, 154f, 304, 305f
Imperative 155-158, 258f
Johannes der Täufer 68f, 203, 263, 269f
Jünger 68, 91, 97, 114f
Israel 115, 120f, 185, 189-191, 191, 195, 200, 203f, 263, 270-273
König 199
Kontext/Rahmen 19, 26, 37, 42, 43, 45f, 51, 53, 54f, 57, 58f, 63-72, 134, 150[88], 218f, 227f, 248, 251, 277-279, 289, 296, 299f
Lehren, Lehrer 66f, 76, 259
Mahnungen (Paränese) 18, 35, 46, 49, 50, 210, 258f, 287
Mensch 107f, 185
Menschensohn 185f, 266f
Metapher, Metaphorik 27-44, 60, 161, 175, 183, 184-206, 227-231, 248, 296f
Offenbarung 49, 101-103, 124f, 156f
Propheten-Theologumenon 203f
rabbinische Gleichnisse 4, 47f, 141, 145-147, 194f, 199, 305
Scheidung 99f, 104f, 121, 125, 301
Sentenzen 259-262, 278, 287, 298
Situation 13, 17, 20-22, 26, 55f, 58, 63-65, 130[20], 251, 299f, 306
Sohn 200f
Sprecher 33, 37f, 40, 46, 56, 66-68, 69, 127f, 256f, 259, 262, 273, 293
Sünde, Schuld 193, 212f
Tempus 19, 138-140, 163, 173, 247, 258f, 262
Vater 200f
Verstehen 70, 79-81, 82f, 84f, 111-114, 121, 123, 125, 127f, 150, 155-157, 159, 301-303
Verstockung 85, 118-121, 124[249]

(Begriffe, die sich problemlos den
Bildfeldern in B.IV.2.a zuordnen lassen, wurden nicht aufgenommen.)